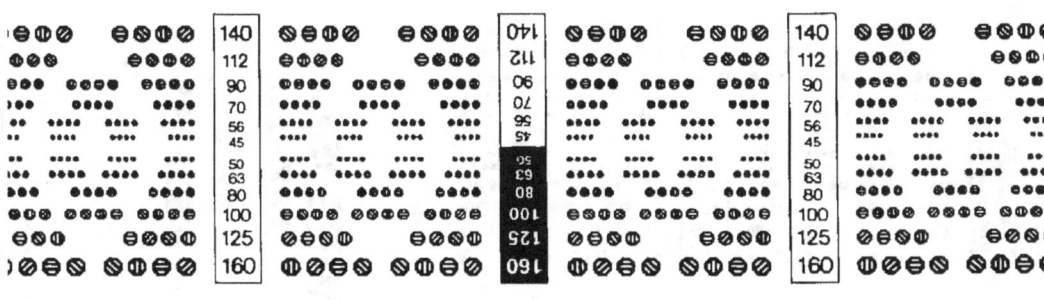

338.57.70
phicom

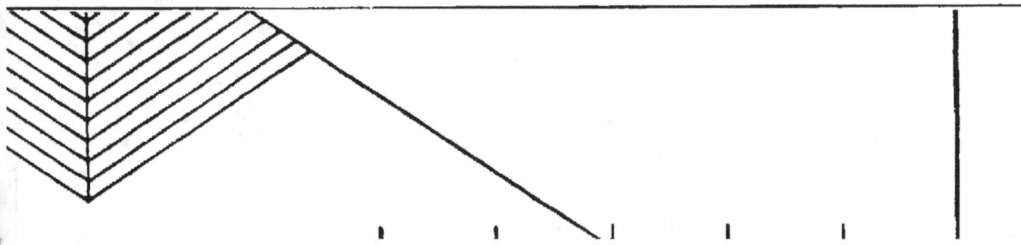

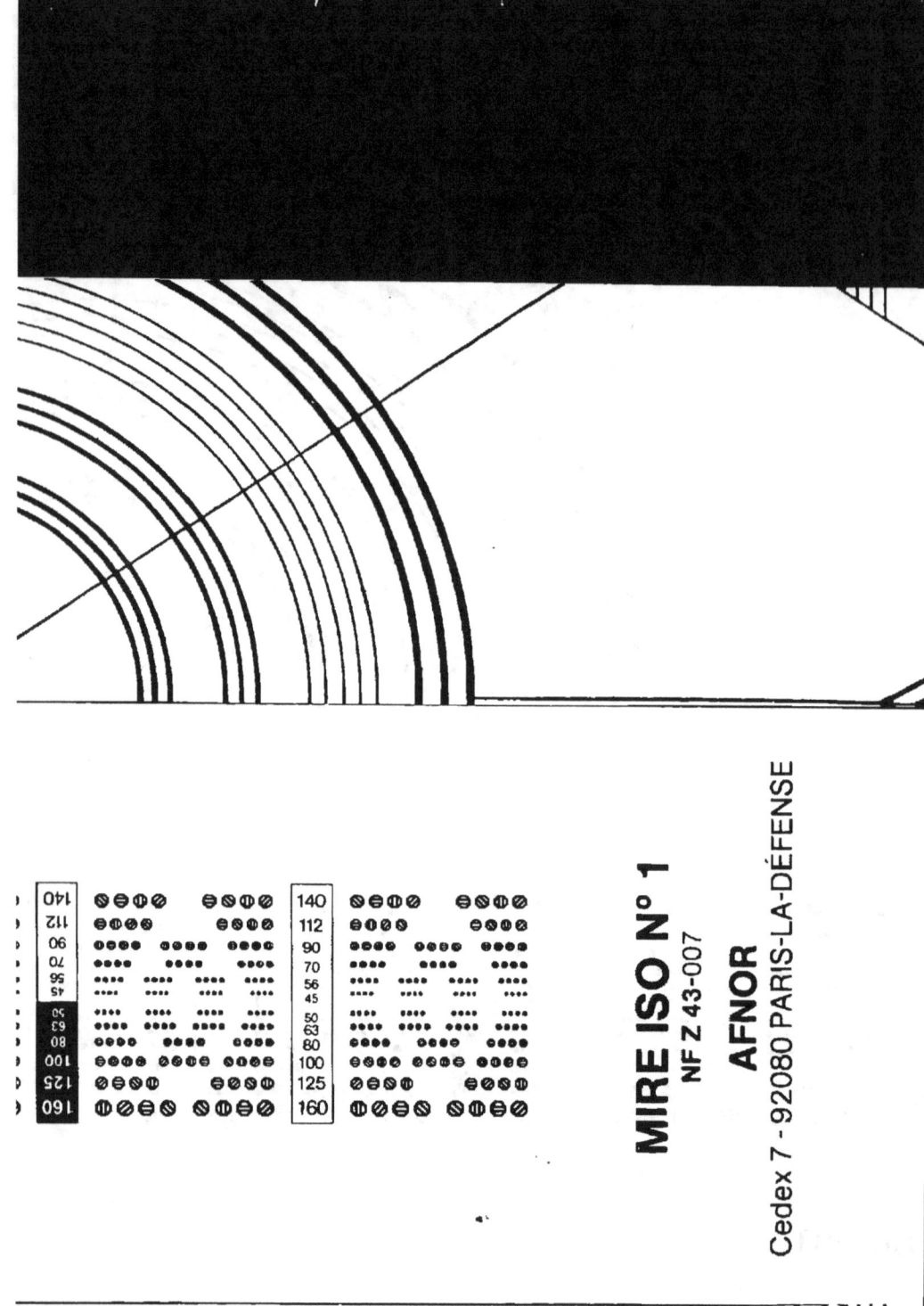

**PHOT. BIBL. NAT. PARIS
REPRODUCTION INTERDITE SANS AUTORISATION.**

LES OEUVRES PROTÉGÉES PAR LA LÉGISLATION SUR LA PROPRIÉTÉ LITTÉRAIRE ET ARTISTIQUE (LOI DU 11 MARS 1957) NE PEUVENT ÊTRE REPRODUITES SANS AUTORISATION DE L'AUTEUR OU DE SES AYANTS DROIT.

DANS L'INTÉRÊT DE LA RECHERCHE LA BIBLIOTHÈQUE NATIONALE TIENT UN FICHIER DES TRAVAUX RELATIFS AUX MANUSCRITS QU'ELLE CONSERVE.

ELLE PRIE LES UTILISATEURS DU PRÉSENT MICROFILM DE LUI SIGNALER LES ÉTUDES QU'ILS ENTREPRENDRAIENT ET PUBLIERAIENT A L'AIDE DE CE DOCUMENT.

CE DOCUMENT A ÉTÉ MICROFILMÉ
TEL QU'IL A ÉTÉ RELIÉ

BIBLIOTHEQUE NATIONALE DE FRANCE

DEPARTEMENT RESERVE DES IMPRIMES

FILMOTHEQUE DE SECURITE

Res. PYc 1627

Entier

R 115944

Cde : 4430 Volts : 73 : 5
Date : 21.04.98 EF

Service de la Reproduction
PARIS-RICHELIEU

Réserve
p Y c 1627.

LE GRAND
Olympe des Histoires poëtiques du prince de poësie Ouide Naso en sa Metamorphose, Oeuure authétique, & de hault artifice, pleine de honneste recreation, Traduyct de latin en Francoys, & imprimé Nouuellement.

1 5 3 2

LE GRAND OLYMPE.

On les vend a Lyon, en la boutique de Romain Morin libraire en Rue Merciere.

E diuin Philosophe Plato estãt malade:& voiãt les limites de sa vie:cõmãda luy estre faict oreillier du liure de Sophron poete mimographe estimãt poesie estre parfonde philosophie couuerte du rideau de infatigable delectation & ayant la cognoissance de la vie de Lhomme, que nest que vne fable voulut morir sur icelluy. A ce mesmes exemple Alexandre le grant souloit prendre sommeil sur la Iliade Dhomere: laquelle lesmouuoit a cheuallerie & haultz faictz. Tãt est certaine la energie dicelluy que Horace a ose dire que le poete forme la tendre bouche de lenfant & polit la langue balbutiente. Mais entre tous le pris en a reporte lamoreux poete Ouide en ses transformations: oeuure de si grand pris & de tant de grace que les Grecz lont traduyct en leur langue. Ce que aussi dernierement a este faict en la lãgue Francoyse:digne que tel liure soit par icelle leu selon le naturel du liure sans allegories: lesquelles myeulx que aillieurs sont traictees par Fulgence en ses Mithologies, leql auec celeste faueur au premier iour parlera Francoys, Et par ainsi a chascun auteur sa louãge sera gardee.

LE PREMIER LIVRE DV GRAND
Olympe des Histoires Poetiques.

Briefue proposition de Loeuure auec Inuocation.

Rins mest vouloir descripre, & reciter les mutations & admirables formes: transmuees dune incredible Metamorphose en nouueaulx estranges & variables corps figures & especes. Nõ pas sans premieremẽt implorer le secours & faueur obtenu de leurs Autheurs q̃ les ont ainsi transformees. Lesquelz de present ie inuoque a vouloir ayder a leur ouurage. En deduysant mon stile perpetuel & cõcathene des le commencement des choses, & premiere origine du mõde que

a ij

LE PREMIER LIVRE

le Aage doré commença iusques a mon temps, que le Pere du pays Octouien Auguste le instaurateur de paix la reuocque & estably par tout luniuersel empire de Rome.

☞ Narration cōmencant a la resolution de Chaos, & separation des elemens.

Vant que la grand & spacieuse mer Occeane fust en sa source, Terres feussent descouuertes, & ciel cōpnisse & enuelop passe toute la machine & fabrique du monde. En Nature mere de toutes creatures nestoit qung aspect confuz & face couuerte de nulle variete distincte, laquelle tesmoignant lantiquité lō appelloit Chaos vne masse de choses indigestes embroillees & mal ioinctes. Et nestoit aultre chose qung poix lourd difforme & immuable sans art & artifice, ensemble vng

grand amas de semêces discordātes de choses entremeslees, & confuses. La grand lanterne du ciel le Soleil de ses raidz estincellās encores nescleroit point le iour. Encore la Lune inconstante ne renouelloit point tous les moys ses cornes. Encores la terre soustenue de son poix & pendue au milieu des elementz nestoit mise a son fil, & plomb solide, & fixe en sa rondeur sphericque. Encore la grand mer nauoit estandu ses longs & larges bras a lentour de la terre. Car la ou estoit la terre, indistinctement estoit la leaue ensemble lair & le feu. Et par ainsi la terre estoit instable, leaue innauigable, lair sans lumiere, & le feu sans chaleur. Parquoy il ne stoit element qui eust sa nature, forme & figure. Il ny auoit que repugnante contrariete entre inequale & dissonante proportion, Qualitez contraires estoient en vng subiect. Car en vng corps enueloppe le froit contredisoit au chault, le moyct resistoit au sec, le mol batailloit auec le dur, & le legier discordoit au pesant. Mais dieu ayant meilleure nature accorda ce different: car il separa le ciel dauec la terre, tira les eaues des sources : & desassembla le feu cler de lair espoix. Et aps toutes ses choses desassemblees & faict a parcelles ses extraictz distinctz dung monceau barbouille & obscur, va obliger les elementz en paix lung auec laultre, combien que encore leur dure la memoire de lancienne noyse.

La situation des elementz.

LE PREMIER LIVRE

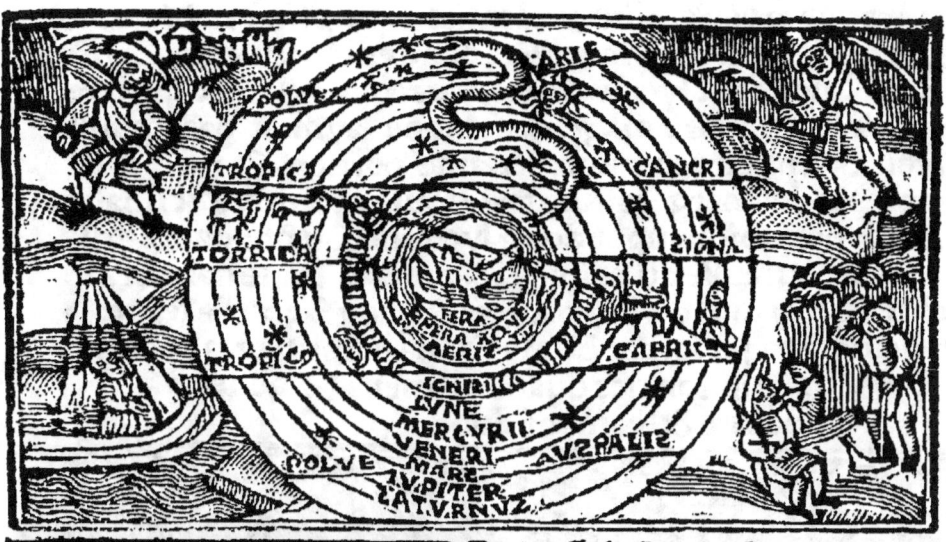

Es incōtinēt que les elementz se trouerēt chascũ a parsoy & nestre plus lye lung auec lautre chascũ va choisir son lieu selon son inclinatiō & nature, & prēdre possession de son propre siege. Le feu pur agile luysant & chault cōe principal & greigneur va eslire son estage & residence eminente au plus hault lieu tout au pres de la voulte cōcaue du ciel. Lair qui assez estoit legier dehayt & deslye, suyuist le feu prenāt place au pres de son frere. La terre espoisse & graue, ayant en soy le dur le rude & le pesant, laqlle resta au fons du chauderon pour lye & crasse apres que les aultres elemētz furēt purifiez, pour sa poysanteur fust contraincte de se cōtenter du plus bas lyeu. Leaue voyant que chascũg auoit desia sa situatiō & loge, fut grandemēt dobteuse ou elle feroit sa de

DV GRAND OLYMPE. Fueillet. IIII.

meure pour sa variabilite, volentiers eut prins habitation auec le feu, si lancienne inimitie dêtre eulx deux ne lê eust gardee:& ne voyāt lyeu vaccant, va requerir lair & la terre lavouloir loger. Lair qui grādement ne laymoit pas, pmist en lyeu & têps en recepuoir certaine portion. & puis bien tost apres la deschargeroit. La terre toute estourdye & si lasse que ne se pouuoit bouger dung lyeu, fut côtente dauoir ql̄ cūg q la secoureusse au besoing, & pmist a leaue habiter a lē tour delle, & p tout ou luy plairoit. A quoy saccorda leaue, & va tellemēt acoller sa seur q̄lle la côfina p sesriuages & bortz.

¶ Description des quatre elemens & de leur nature & composition.

Pres ces choses ainsi esgallement disposees, & que la machine eust ses membres bien qualifiez, & par ordre proportionnez. Celluy grād Facteur voulut que la terre prinst figure rōde, en laquelle puys apres feit distinctions de fontaines, sources, riuieres, estancs, lacz, paluz & marestz. Et voulut que les riuieres fussent tortues & obli

a iiij

LE PREMIER LIVRE

ques,& que les grosses englotissent les petites,& puys dūg cours perpetuel sallassent plonger dās le ventre de leur mere. Cōmanda pareillement que les champs fussent estanduz en belles plaines & landes plantureuses. Les vallees basses & courbes,les mōtaignes enflees & bossues,les forestz couuertes de ramee, les arbres vestus de robbes vertes, les prez dyaprez & tapissez dune gaye & reiouissante verdure enrichiz & aornez dherbes ayans pour leur legitime du patrimoine de leur mere Nature fleurs colorees odorantes & delectables, fueilles comestibles & salutaires, racines appetissantes & medicinales. Parmist aussi a la mer indignation & courroux, a se tormenter aulcunefoys par grād fureur & rage,& ruer ses inundations & torbillons terribles iusques aux nuees, & tantost apres continuant ses tēpestes & orages les deprimer iusques au creux des abysmes, & menasser la terre de submersion p impetueusete de vagues redoublees. Ordōna de rechief que le ciel fust ceinct de cinq cercles appellez zones, & autant la terre; & voulut que la zone du millyeu feusse de la plus ardāte & inhabitable par force de chaleur, Et les deux des extremitez semblablemēt inhabitables p le grād froit excessif qui est. mais entre la chaulde & les froides en colloqua deux attrempees p la participation du froit & du chault,& par ce habitables des creatures.En aps decreta q̄ Lair de sa nature serain recepuroit nuees,pluyes, exhalations,gresles,bruines,vapeurs, fumees, impressions, esclairs,tonairres espouuentables. fouldres,& trestous les vens; cōbien q̄ ne parmist point q̄ tous ensemble vomissent les grosses goulees dair sur la cāpaigne, mais a chascun sa pr̄opre region fut assignee,& tēps designe a souffler, affin q̄ de leur rēcontre,entrebattemēt & violence ne destruysissent le mōde si grād est le discord des freres,pquoy il logea Eurus dict Subsolā au pays du leuāt au chasteau de Laulbe sa mere seignorisant sur la cōtree orientalle Nabathee & de Perə

DV GRAND OLYMPE. Fueillet.V.

se: auec les môtz vassaulx des raids du soleil leuāt,& luy fut assignee Leste a dominer & regner sur sa terre. Puis voyant le gratieulx delicat & doulcet zephir⁹ tout mignot & amoreux, enramelle de fleurs & appimpelotte de gaye verdure lenuoya au Ponant auec samye Flora au palays du Vespre prince des parties Occidentalles, & luy commanda reparer de sa doulce & souefue halayne les richesses & aornemens du plaisant Ver destruyctes par la cuysante & mal gracieuse Bise, appellee la trauerse, aultrement la baley du ciel, laquelle fust enuoyee en poste tenir garnison sur la mer Septentrionalle & Scythiq̄,a rechiner contre son vieulx mary le paresseux fourre trēblāt & crotteux Hyuer. Mays Hauster le fumeux & bouillant, aymant bonne chere & gros feu alla prēdre dassault la cuysine du soleil vers Mydi, la ou Phebus faict sa disnee, & va prendre accoinctāce auec la despenciere de lānee nōmee Leste bien pourueue de vitaille & monitiō, & auec le gros boteillier maistre Automne enyure de moust rēplist si fort sa vessie, que endespuis iamais ne souffle que ne pisse ou peu ou prou,& que ne remplisse de humidite les esponges de lair.

LE PREMIER LIVRE

tirant plus fus louurage diuin que humain, luy faire clere﹣
ment veoir les perfections excellences & beaultez celestes:
ce quelle fit & le transporta au ciel. Prometheus bien esmer
ueille voyant que les corps celestes estoient esmeuz & ani﹣
mez par la chaleur, se pensa pour laccomplissement de son
oeuure ql luy failloit auoir de ce feu. & passant pres du cha
riot du Soleil va desrobe de ce feu, & en alumavne entorche
laquelle apres quil fut en terre mist dans la creuse poictrine
de son manequin. Limage va sentir incontinent la challeur
vitale, & se va remuer, & commenca a viure: & eut nõ Pan
dora que vault autant a dire comme comble a tous biens &
fornissement de tous dons & voluptez.

Laage dore.

Regnant Saturne apres que le monde commē﹣
ca a se peupler: vinst Laage dore faict par les
bonnes gens & preudes personnes que pour
lors nourrissoit Nature, Lesquelles sans refor﹣
mateur aulcung, Loy & precepte: de leur bõ

DV GRAND OLYMPE. Fueillet. VII.

gre, & franche volente gardoient par grande veneration a chascun, Foy, Droit, & Honnestete, auec toute aultre vertu duysible a gens debonhaires & paisibles. Crainste nauoit point lieu: car les peines nestoient encore sur les rēcz, pour la transgression du commandement que encore estoit incō gneue. Encore certaines parolles plaines de menasses & pro hibitions grauees en tables darain, & affigees en lieu publi que, ne contraignoient a obseruations la gent simple & trastable. Le visage graue & seuere du Iuge rigoreux encore nestoit a horreur faisant paour a la suppliãte multitude des citoiens. Car ilz estoient sans iuges: proces Aduocat, plaide rie, & sentēces, bien seurs & daccord. Superiorite & Inferiorite encore estoient mussez & tappis dans lespelonque des maulx. Ilz estoient tous esgaulx selon lordre de Nature & Raison. Encore le hault & gros Sapin nestoit par force descendu de sa montaigne, & entre a la mer pour aller en pelerinage aux regions barbares & loingtaines, descouurir terres neufues. nul ne se occupoit au nauigaige, a fabriquer nauires & galions, chascun estoit content de ce que luy apportoit sa prochaine terre, & ne scauoit on plus loing q̃ de son riuage. Les citez ouuertes, & villes patentes a chascun: nestoient encore munyes & ramparees de parfonds fossez, imprenables renfortz: belouards, & grosses forteresses. La trompette & le tabourin nauoiēt encore esueille le furieux dieu Mars qui parfondement dormoit, lon ne scauoit que cestoit darnois de guerre, de bataille, garnison, & gensdarmes. Car la pacifique gēt iouyssoit a souhaict de delectable repos. Pareillement la terre qui estoit vierge, nestoit encore souillee de sang humain, voire violee & nauree de fer. Sans la cōtraindre par laboraige, elle de parsoy exposoit ses biens abundamment a chascun par equalite. Suffisance contentoit les appetis des viādes produyctes sans trauail, & moyen de lhõme. Le Soleil leur cuysoit les doulx fruictz, les vergoingneu

LE PREMIER LIVRE

ses & humbles fraises leur estoient pour viandes delicieuses & exqses. Le teps ne se chāgeoit iamais, tousiours estoit serain, tousiours fleurs & fruict ensemble. incessamment soufloit le gratieulx & tiede Zephire. Lō ne scauoit que cestoit de froit & chault. Leaue des ruisseaulx estoit laict, les grādes riuieres estoient pur vin, plus doulx que Hypocras & Maluesie. Le miel distilloit tout au long des arbres. La terre estoit tousiours couuerte de toute fertilite & abondance plāteureuse. Et ce tēps precieux & de incōparable suauite dura tout au long du regne de Saturne.

De laage dargent, & du tiers aage.

Pres que la plaisante & venerable vieillesse du bon roy Saturne fut contrainéte par la violence & oppression de son filz Iuppiter prendre le chemin tenebreux de la mort: succeda Iuppiter lequel reduict le mōde soubz sa puissance & main; & lors prinst sa naissance la Ligne

DV GRAND OLYMPE. Fueillet.VIII.

Dargent,non pas si noble bonne & riche que celle de Lor, ne si aysee & plaisante. Car Iuppiter de lors queust prins le sceptre & administration de la Monarchie, va retirer & abreger celluy perpetuel Bon temps, le separāt en quatre parties,en Ver,Este,Autonne & hyuer. & cōfina dans ces quatre temps Lan reuolu, alors commenca froit & chault, seicheresse & humidite, cler & obscur, souci & peine, plaisir & douleur, pourete & richesse, Meum & Tuum. Maysons commē carent estre construictes non pas de prodigieuse sumptuosete, & prodigue opulence, mais sobrement & de contentement naturel. Lors fut despucellee la grand mere la Terre, & luy fist on de longues playes, Lon comenca emprūpter les thresors de la deesse Ceres pour les ensepuelir dedans la terre. Les sauluages & fortz toureaulx furēt lors reduictz en seruitude, cōtrainctz pster le col & gemir soubz le ioug. Et ne tarda guieres apres que laage Dargēt fut decede que on dōna place au tiers aage, dict laage Darain, excedent en malice & maulueistie laage Dargēt son predecesseur:& lors commenca lon a mettre a bon essient la main au couteau. Cupidite la nourrice diniquite commenca getter ses alumettes dans la fournaise du cueur mortel, nonobstant lentēdement humain nestoit encore descēdu de la haulte estage de Raison: encore lon nauoit pas mis la masque a amytie: Promesse encore estoit de bon aloy, & nestoit point rōpue, ors vng peu escornee a vng bout. Vergoingne encore tenoit sa marque au front des femmes. Bobāce & Sompueusete estoient en enfance, & a grand peine se scauoient encore habiller, iusques que le dernier Aage de fer le dehonte & iniquiteux, eust gaigne le fort, & prins dassault le ruyneux & affame couraige de Lhōme par la trahison de Sensualite.

☙ Le dernier aage dict laage de fer.

LE PREMIER LIVRE

LE dernier Aage le conducteur & guyde de tous maulx, heritier & poſſeſſeur vnique de tout le monde, a ſon entree aux Vertus que auoient ſeruy ſes predeceſſeurs. Liura conge, & deliura les priſonniers & criminieux vices & les affranchit leur donnant grace de plenitude de pouuoir. Leſquelz furent treſbien receuz. & ſinguliereme̅t celluy deſloyal couuoiteux & inextigible feu da uarice qui tellement embraſa le fourneau de L appetit des gens, que Conſcience y fut bruſlee:& en telle forme deſſiguree, q̃ en deſpuis eſt cheute de pris ſans en tenir gra̅d co̅pte. Les voilles alors commencerent eſtendre leurs bras & enfler leur ſein, les pilotx & maronniers ſe vont fier a leaue & aux vens qui ne congnoiſſoient pas: le gros arbre vint ſaulter & trebuſcher dans la mer, la terre que paraua̅t eſtoit entiere & commune, commenca a eſtre deſchiquettee & miſe en pieces recepuant limites & beſſolles par diuerſes appellations & diuers maiſtres. Et non tant ſeullement fut co̅tent le deſrigle Deſir dauoir de ce que amplement la terre

DV GRAND OLYMPE. Fueillet.IX.

germinoit, mais encore faulsit aller au ventre & entrailles de la terre, & luy saigner la riche & maistresse veine pour en auoir le sang. Alors le nourrissemēt & entretient de toꝰ naulx a este de terre. Le fer a este en vogue pour exercer tout malefice sans punition. Homicide a este receu, larrecin & destrosserie a entretenu les passaiges: lon a commencé viure de rapine, & tellement q̄ endespuis lhoste enuers son hoste nest pas sur, le parent enuers le parent, lung amy à laultre, le mary enuers la femme. Brief Pitie est prosternee & conculquee. Toutesfois encore la redoubtable vierge Astree vertu de Iustice nauoit encore abandonne son siege comme les aultres ses seurs, mais voyāt que malheur desriuoit sur toute la face mundialle, & que plus ne tenoit lon compte delle, se benda les yeulx pour ne veoir tāt de maulx, & remist son glaiue a repos, & laissa les terres se retirant vers son pere au ciel.

❧Lentreprinse & pernicace des geans enuers le ciel, & de leur deiection.

b

LE PREMIER LIVRE

T affin que la haulte regiõ ne se peusse vanter destre plus en seurte que les parties inferieures, lon dit que les Geans mẽbreux & robustes filz de la terre, affectarent temerairement le royaulme celeste, & le voul[u]firent inuader p force: car tous dune proterue entreprinse osèrent bien assembler les plus haultes montaignes de la terre: les rengeant lune sur lautre si bien que peu sen failloit que ne touchassent desia les cornes de la Lune. Mays Iuppiter voyant telle audace, & plus que hardie temerite, enuoya vers son forgeron Vulcan aulx fournaises de Ethna querir des pl9 gros & massifz fouldres & les leur enuoya par telle rudesse: que le hault mont Olympe de Macedoine en fut brise. Les renommees montaignes de Thessale, Pelion & Ossa furent desassemblees lune de lautre par pieces & esclaz. Et ses grands & pondereux corps fouldroyez & opprimez de leur pesanteur estans estanduz lon dit quilz arosarent grandement le sein de leur mere de sang noir & espoix, duquel affin que laissassent quelque memoire deulx, furẽt procreez hõmes sanguins & coleriques mesprisans les dieux: & naymãs q̃ murtres & sang espandu faisans ample foy de leur origine. Ce que voyant le grãd p[e]re Iuppiter filz de Saturne en fust bien marry, & en contemplant la malice du monde, se va arrester sur la cruaulte du tyrant Lycaon roy Darcadie & en va concepuoir grandes indignations, & ires dignes de Iuppiter. Par quoy par son herault Mercure fist conuoquer conseil, & appeller tous les dieux, lesquelz sans dilation vindrent au consistorre a ce destine.

DV GRAND OLYMPE. Fueillet. X.

Le conseil des dieux pour destruire le monde.

IL y a vng chemin esleue en hault lequel se manifeste en ciel serain nomme Galaxia, cercle de laict: tresapparāt pour sa blancheur, cest le chemin, & par la passent les dieux quant vont au grand palaix de Iuppiter & maison royalle. Et des incontinent que les dieux furent appellez & conuoquez par le herault Mercure, ce chemin fut rē[m]ply de Dieux tendans vers le grād conseil & palays de leur [sei]gneur. Et ia se commencoit a ouyr le bruict de la multitu[de] desia assemblee: car les maysons des nobles & puissans [sei]gneurs sont celebrees & frequentees a portes patentes & [ou]uertes. Et estans tous les Dieux dedās la grand salle, cha[c]un prinst son lieu selon son degre & tiltre sur beaulx & ri[ch]es sieges de marbre. Et au plus hault & eminent lieu fut [Iu]ppiter tout debout appuye sur son sceptre diuoire. Lequel [d']une grauite heroique pensa vng peu regardant la terre, ce [pe]ndant lon fit grande silence. Puys gettāt ses yeulx de lōg

b ij

LE PREMIER LIVRE

& de lautre couste, dune, seuerite pondereuse va mouuoir troys ou quatre foys sa redoubtee & venerable barbe, par laquelle faict trembler la terre, la mer & les estoilles, & dung visaige esmeu & indigne va parler ainsi.

¶ Le temps dieux conscriptes que la lignee serpentine des Geans pretendans chascun a son endroict ruer cent mains a nostre empire celeste comme bien scauez, ne me troubla fort & mist tant de cures & sollicitude a mon cerueau, que de present iay. Car combien que les Geans feussent ennemis terribles & cruelz: touteffois la bataille dune nation & congregation pendoit, & nauoye affaire qua gens dung lignage. Mays maintenāt tout ce q̄ le grād Occeane enuirōne est de poincte contre moy, & me liure lon de chesque coste les dures & grosses alarmes de rebellion & desobeissance. Par quoy destruire fault le mortel genre, ie iure les fleuues infernaulx quil sera ainsi. Touteffois p̄mierement fault assaier toutes choses, affin que les bons ne perissent parmy les mauuais. car la playe ingueriffable du membre pourry fault coper, affin que ne corrompe le demeurant du corps: & posse de plut auant. Iay labas de demy dieux, de Rustiques, Fanes: Nymphes, Satires, & les Siluans monticolles lesquelz encore ie ne repute dignes quilz soient receuz au ciel, & du tout deifiez: par quoy les terres & habitations que leur auons donnees laissons les leur posseder. Mays pensez vou o superieurs, quilz soyent assez seurs quant a moy qui contiens & gouuerne & le fouldre & vous, le renomme tyran Lycaon a tendu trahyson & ma volu inuader? A ces paroles tous les dieux commencerent a murmurer & fremir, & requerirent soingneusement qui estoit celluy pour en prēdre punition.

☙ La cruaulte de Lycaon enuers Iuppiter.

DV GRAND OLYMPE. Fueillet.XI.

Vppiter alors oyant le bruyt
esmeu par tout le theatre: va cō
mander & de voix & de mains
filēce. Et quant le bruit fut ap
paise pour la grauite du regẽt
Iuppiter reprinst parolle disāt.
Mettez a part ce soing, car Ly
caon est desia de son faict re
compense. Nonobstant veulx
bien q̃ sachez & le delicte & la
vengeance. Linfamete du cie
cle estoit desia par trop en noz
reilles, laquelle desirant nestre pas vraye, vouluz scauoir la
erite, si descendis de nostre olympe en bas, & soubz forme
umaine enuironniz toutes les terres. Trop fauldroit de
emps vous denombrer cõbien de maulx par tout trouoys
que lon commettoit: tellement que lexecrable malefice sur
ontoit presque toute verite. Desia iauoys passe la perilleu

b iij

LE PREMIER LIVRE

se montaigne Darcadie. La Menalle gitte a bestes cruelles auec les autres montz voisins, Cyllene & le froit Lyceus, quant ientriz au territoire du tyrant & prins logis en son chasteau. Et vers le soir donniz signe quung Dieu estoit venu, tout le peuple commenca reueremment me prier & adorer, fors le traistre qui sen mocqua & proposa le soir venant assayer si iestoys immortel ayant deliberation me murtrir en mon sommeil. Et non content de cecy vng des Molosses qui vers luy estoient en obstaiges mist a mort, & la chair fist cuyre pour men seruir au repas. Mays quāt serui ie fuz de tel metz plus mon ire ne peulx contenir que ne cōmandasse au feu qui pres estoit den prendre la vengeance. Le cruel voyant le feu prestement obeyr a mon commandement, & mettre en execution par toute sa maison la vengeance desmeritee espouuente print fuite, & se retira errant p̄ les boys, & vrlant comme vng loup qui desia a demy estoit. Et perdu auoit parolle quant ses robbes furēt muees en peau vellue, les bras en cuysses, touteffois la blanche vieillesse quil auoit luy demoura les yeulx extincellans, & la mesme cruaulte & endespuis lardeur quil auoit de murtrir, exerce enuers les simples brebis, & a ioye de sang espandu.

¶ Vne seulle maison a este destruicte, mais vne seulle maison seullement na pas estee digne destre destruicte, quāt par tout vniuersellement regne inhumanite. Vella ma sentence que sans delay le mōde puny iouxte son demerite sera, & totallemēt destruict & efface. A ces dernieres parolles eut grāt controuersite entre les Dieux, & estoyent fort differens en opinions, car plusieurs auoyent compassion & doleur de la perte de lhumain lignage. dautres approuuoyent la Iustice. Touteffois fust enquise la forme de la peine & par quelle sorte seroit la terre vefue. Oultreplus se complaingnoient les aulcungs qui seroit puys apres q̄ mettroit lencens sur lautel & sacrifieroit. Assauoir mon si les bestes tant seullement

DD GRAND OLYMPE. Fueillet. XII.

possederoient dores en auant toute la terre, & habiteroient par les belles citez & maisons royalles. A telles demande respond Iuppiter. Iay assez de soucy & sollicitude de cecy, nen ayez crainckte car ie pouruoyray le monde de nouuelle lignee par merueilleuse naissance, laquelle sera differente a ceste cy. Et en disant ces motz, commanda aulx Cycloppes luy apporter multitude de Fouldre, car mettre vouloit le feu aulx quatre quarres du monde, touteffois vng peu apres se aduisa que quant le monde seroit bien allume & embrase, le feu pourroit attaindre iusques a laisseul du ciel & mettre les dieux en danger. Aussi se souuinst que les Destineez auoient decrete que temps viendroit que tout le monde brusleroit: par quoy fist retirer les fouldres. Et se pensa que myeulx seroit si la totalle destructiõ se faisoit par eaue. Ce q̃ dung commun consentement fut accorde entre les dieux.

Le deluge.

b iiij

LE PREMIER LIVRE

Ors mist bise en prison, & tous les vens seichans aussi. Et laissa courir Not⁹. Eolus & tous les vens qui font pluie. Notus assubla sa pluuieuse chappe, si fist plouuoir & venir eaue bouillōneuse par telle maniere & si lōguement q̄ tout le monde se cōmeça a esbahir. Iris fut par lair estédue pour leaue desabismes reboire, & la respādre sur la terre tellemēt que tous les biēs de la terre surēt effondrez & periz. A tant ne souffit pas a Iuppiter, Car il commāda a Neptune le dieu de la mer: quil fist son effort pour la periclitation & perdition du monde. Neptune obeit tantost a son cōmandemēt, tellemēt que en peu dheure sembloit de tout le monde vne seulle mer. Alors pouoit on prēdre les poissons par dessur les arbres. La pluspt du monde fist Iuppiter par leaue perir, & ceulx qui par eaue ne furent mors, perirent de fain & de paour. Entre Achaye & Thebes auoit vne terre que iadis estoit plantureuse & riche. Et la auoit vne montaigne la plus haulte du monde qui estoit appellee Parnasus, sur ladicte mōtaigne auoit vne paire de gens qui songneusement adoroient & seruoient dieu. Lhomme auoit nom Deucalion, & la femme Pyrrha. Ces deux se mirent en vne petite nacelle, & par ainsi furent sauluez. Quant Iuppiter vit tout le mōde perir, & le preudhōme Deucalion & sa femme sauluez. Il separa les nues & fist la pluye cesser & mer fist retirer en sa source & chascune riuiere en son droit lieu. Et puis fist Bise & Zephirus vēter pour seicher la terre, & ainsi se apparurent les arbres sur la terre.

☙ De la reparation du monde par Deucalion
& sa femme Pyrrha apres le deluge.

DV GRAND OLYMPE. Fueillet.XIII.

QVant Deucalion veit le monde a plain il vint a sa femme,& en laccolant luy dist telles parolles.Ma doulce amye vous mauez tousiours este loyalle & mauez tenu bonne cōpaignie. Nous sommes la mercy dieu gardez de grand peril,en tout le monde nest demoure que nous deux seullemēt. Et sachez que se vous fussiez perie,ie me fusse noye,car la voye delhomme seulle est mauldicte. Or nous conuient il aduiser comment nous pourrons restaurer lhumain lignage. Lors commencerent eux deulx moult fort a plourer.Apres conclurent daller requerre les diuins sortz, pour scauoir p̄ q̄lle maniere ilz pourroient repeupler la terre. Tātost du lieu se partirēt & cheminerēt tāt qlz vindrēt au riuaige de Cephisi⁹ ou ilz prindrent de leaue & la sacrarent, puis en arrosarent leurs vestures. Apres se mirent a la voye & sen vindrent droict au temple de Themis ou ilz trouuerent les huys ouuers,mais ilz ny trouuerent feu ne lumiere, dont ilz peussent faire sacrifice. Ilz entrerent au temple: & firent a la deesse leur oraison en telle maniere.O Themis treshonnoree dame,se par vostre

LE PREMIER LIVRE

priere les dieux du ciel,& de la terre pouuoient estre amol
liz & rapaisez,vueillez nous conseiller par vostre debonai
rete , comment nous pourrons lhumain lignage restau
rer & reparer. Themis la deesse ouyt la priere,si leur tramist
vne voix qui leur dist ainsi. Chascun de vous se descinde sa
saincture,& enueloppe sa teste de sa robbe,& gette derriere
luy les os de sa grand mere. Deucalion & Pyrrha regarde
rent lung laultre moult esbahys & esmerueillez de lobscu
re responce quilz auoient ouye. Lors dist Pyrrha que les
os de sa grand mere ne prendroit elle pas.Car lame perdroit
son repos. Moult examinerent entre eux deux le obscur sort
dont Deucalion dist. Amye le sort que nous auons ouy a
aultre entendement que ne scauons comprendre. Car nostre
grand mere est la Terre. & les os ce sont les pierres: de ces
os entend Themis la deesse.Et ceulx pour recouurer lhu
main lignage deuons nous getter derriere nous. Pyrrha
sappaisa vng peu a la raison de son mary Deucalion, Mays
fort dur luy estoit a croire cestuy entendement. Lors se par
tirent du temple,si enuelopperent leurs testes, & osterent
leurs ceintures, puis prindrent les pierres:si les gecterent
& ruerent derriere leur dos, & les pierres samollisoient en
peu dheure petit a petit:& se formoient en forme de crea
tures Humaines.Celles que Deucalion gettoit auoient for
me dhommes, & celles que Pyrrha gettoit auoient for
me de femmes . Et ainsi fut lhumain lignage restably &
restaure.

De la vaillance & conqueste de Phe
bus contre Python le grand serpent,
Et des amours de Phebus a la
belle nymphe Daphne.

DV GRAND OLYMPE. Fueillet.XIIII.

Pres ce deluge du lymon pour
ry de la terre nasquist vng ser
pent de tresmerueilleuse gran
deur nomme Python, lequel
estoit si long quil comprenoit
vng Arpēt de terre de lōgueur.
Cestuy serpent estoit tant fier
& tant orguilleux que homme
de luy nosoit approcher. Pheb9
occist ce serpent de son traict.
Et apres ce quil leust occis, il
deuīt moult haultain & orguil
leux pour ceste victoire, car le serpent auoit de lōgueur biē
trois mesures de terre. Et en signe dicelle victoire establyt
vng ieu quil fist appeller la feste Pythia. Et estoit vne course
de ieunes gens, & celluy qui myeulx fuyroit auroit corōn
ne de nefflier, car en ce tēps nestoit point encore de laurier,
car sil en eust este Phebus leust porte pour la victoire quil
auoit eue. Et loccasion pourquoy le laurier vint premiere

LE PREMIER LIVRE

priere les dieux du ciel, & de la terre pouuoient estre amol
liz & rapaisez, vueillez nous conseiller par vostre debõnai
rete, comment nous pourrons lhumain lignage restau
rer & reparer. Themis la deesse ouyt la priere, si leur trãmist
vne voix qui leur dist ainsi. Chascun de vous se descinde sa
saincture, & eueloppe sa teste de sa robbe, & gette derriere
luy les os de sa grand mere. Deucalion & Pyrrha regarde
rent lung laultre moult esbahys & esmerueillez de lobscu
re responce quilz auoient ouye. Lors dist Pyrrha que les
os de sa grand mere ne prendroit elle pas. Car lame perdroit
son repos. Moult examinerent entre eux deux le obscur sort
dont Deucalion dist. Amye le sort que nous auons ouy a
aultre entendement que ne scauons comprẽdre. Car nostre
grand mere est la Terre. & les os ce sont les pierres: de ces
os entend Themis la deesse. Et ceulx pour recouurer lhu
main lignage deuons nous getter derriere nous. Pyrrha
sappaisa vng peu a la raison de son mary Deucalion, Mays
fort dur luy estoit a croire cestuy entendement. Lors se par
tirent du temple, si enueloperent leurs testes, & osterent
leurs ceintures, puis prindrent les pierres: si les gecterent
& ruerent derriere leur dos, & les pierres samollisoient en
peu dheure petit a petit: & se formoient en forme de crea
tures Humaines. Celles que Deucalion gettoit auoient for
me dhommes, & celles que Pyrrha gettoit auoient for
me de femmes. Et ainsi fut lhumain lignage restably &
restaure.

De la vaillance & conqueste de Phe
bus contre Python le grand serpent,
Et des amours de Phebus a la
belle nymphe Daphne.

DV GRAND OLYMPE. Fueillet. XIIII.

Pres ce deluge du lymon pourry de la terre nasquist vng serpent de tresmerueilleuse grandeur nomme Python, lequel estoit si long quil comprenoit vng Arpēt de terre de lōgueur. Cestuy serpent estoit tant fier & tant orguilleux que homme de luy nosoit approcher. Phebus occist ce serpent de son traict. Et apres ce quil leust occis, il deuit moult haultain & orguilleux pour ceste victoire, car le serpent auoit de lōgueur biē trois mesures de terre. Et en signe dicelle victoire establyt vng ieu quil fist appeller la feste Pythia. Et estoit vne course de ieunes gens, & celluy qui myeulx fuyroit auroit coronne de nefflier, car en ce tēps nestoit point encore de laurier, car sil en eust este Phebus leust porte pour la victoire quil auoit eue. Et loccasion pourquoy le laurier vint premiere

ment le ie compteray prestement.

LA premiere amour que Phebus eust onques: ce fut a vne nymphe appellee Daphne. Phebº ayma celle nymphe par aduenture & desmou uant amour. Et ce aduint par courroux de Cu pido, sicomme ie vous compteray. Cupido sen alloit iadis iouer pour son temps passer, & en soy esbatant comme vng ieune enfant quil estoit auoit vng arc & plante de flesches dans sa petite trousse. Phebus qui nouuellement auoit occis Python le grand serpent dont il se tenoit moult oultrecuyde & fier, vint a Cupido, & luy dit ainsi comme par mouquerie. Cestuy arc ne ces flesches ne te affierent point: pas ne les doibs porter deuant moy: baille les moy q̄ suis grād & fort, & qui ay occis le serpēt Pythō, Ie les doibs myeulx porter q̄ toy, ne aussi tu ne te doibs pas comparer a moy. Cupido fut lors durement corrouce a Phe bus & luy dist. Saches que ie te feray bien tost ma force sen tir: scauoir & apparceuoir se mes flesches auront ne force ne vertu, car ie ten cuyde par temps si griefuement blesser, que a peine sera la playe curable. A tant Cupido sen vola, q̄ tant estoit courrouce sur Phebus que plus ne pouuoit, & se assist sur le mont Parnasus. Puis tēdit son arc & tira deux flesches diuerses lune a laultre. Lune auoit pointe de fin or, & qui de celle estoit feru: il cōuenoit quil aymast & fusse amoureux: & laultre auoit pointe de plōb: & qui de celle estoit touche, il estoit entache de courroux & plain de reffuz & de hayne. Cupido pour se venger de Phebus print la flesche doree: & la tira droict au cueur de Phebus. Celluy fut tantost esprins de lamour de Daphne tellement que sans elle ne pouuoit vi ure ne durer. Puis prinst Cupido la flesche plombee, & en tira au cueur de Daphne, & elle ne fist puis q̄ hayr Phebº. Celle Daphne lors estoit la plus belle nymphe du pays: & si nauoit cure dhomme ny de mariage. Ains estoit toute sa cu

DV GRAND OLYMPE. Fueillet. XV.

re|en chasses & a seruir Diane la deesse des boys: qui vierge
estoit.

Phebus ardoit tout enflābe tant surprins estoit de lamour de la belle Daphne, tellemēt quil ne se scauoit maintenir, Il la poursuyuoit tous les iours par boys & forestz. Mais ce estoit pour neant & sans raison: car celle a luy rien nen cōptoit. Souuent Phebus luy disoit telles ou semblables parolles. Helas dame ma tresdoulce amye ayez de moy pitie & mercy, cōme de celluy qui pour vostre amour viure & durer ne peult. Regardez amye pas ne suis homme pour estre desprise ne refuse: car ie suis roy des isles de Delphe de Claros, de Tenedos & de Pataree, & suis filz de Iupiter le souuerain dieu, & suis le soleil q̃ tout le monde enlumine. Iay trouue lart de medecine: de phisicq̃ & de musiq̃. Mais tout mon scauoir ne ma puissance nont pouuoir remedier enuers la tresgriefue & īportable maladie q̃ amours me donnent, dōt ne puis guerison aulcune auoir sinō p vo⁹.

La belle dame qui auoit mise son amour & entēte aillieurs ne faisoit compte des parolles ou prieres de Pheb⁹, ne a chose quil dist ne prestoit son oreille, car elle vouloit sa virginite garder. Phebus qui attendoit & esperoit guerison de samye & veoit que par priere ne aussi par don ou promesse ne la pouuoit conuertir ne auoir a sa voulēte, si la voulut efforcer. Daphne q̃ ce appceust se mist a fouyr pour luy eschapper. Et Phebus se mist a courre apres elle, & de si pres laggressoit & approchoit: que la pucelle ne sceut plus que faire, sinō reclamer sa maistresse Dyane que a cest extreme besoing la voulsist ayder. Et tantost la deesse ouyt sa priere, si la cōuertit & mua en laurier. Et quāt Phebus la vit ainsi muee, il laccolla & baisa & luy dōna telle

LE PREMIER LIVRE

son mary elle luy demanda dont celle vache venoit, comm[e] celle que y pensoit malice. Iuppiter luy respondit en me[n]ta[nt] pour couurir son meffaict: que elle venoit de terre. Donc [je] vous prie & requiers par amour dist Iuno que vous me l[a] donnez. Quant Iuppiter oyt celle nouuelle requeste il n[e] sceut que dire & fut tout esbahy, car de bailler son amye [a] son ennemye ce luy sembloit trop griefue chose a faire, N[e] antmoins pour plus grant mal escheuer & pour loster d[e] souspecon il la luy donna & octroya. Quant Iuno eut la va[c]che a sa voulente elle fut fort ioyeuse en son couraige: & d[e] laultre part elle eut grãd paour que on ne la luy emblas[t] car de cas semblables elle aultresfois auoit estee deceue & trompee de Iuppiter. Pour laquelle cause elle la bailla a ga[r]der a Argus son vacher: car elle pensa que bien la garderoi[t] Cestuy Argus auoit en son chief cent yeux, dont tandis qu[e] les vngz prenoient leur repos les aultres veilloient, & ain[si] ne pouuoit on par nul lieu la aller que tãtost ne lapperceu[st] Argus donc print la vache par le commandemẽt de sa dam[e] Iuno en garde, & la viuoit dherbes ameres & deaues trou[bles cõmẽt les aultres vaches. Elle estoit liee par le col dun[e] corde: dont moult luy desplaisoit. Elle dõc ainsi malheure[use] se eust voulentiers prier & requis mercy & pardon a Argu[s] mais elle ne pouuoit estandre les bras. Elle voulut parler cõ[m]me accoustume auoit, mais vne telle voix mist dehors, qu[e] mesmes elle sen espouuenta. Auint vng iour q̃ la vache al[la] sur la riuiere Inachus son pere, ou naguieres se souloit es[ba]tre. Si resgarda en leaue; & quãt elle se vit en forme de vach[e] ayant la teste cornue, elle fremist tout de paour. Ses compa[i]gnes ne la congnoissoient, Ne mesmes Inachus son prop[re] pere, ne aussi ses seurs. Io fut moult doulente de sa mutati[on] mais amender ne le pouuoit pour ceste heure. Inachus q[ui] moult estoit courroce de la perdition de Io sa fille: sẽ all[a] vng iour esbatre par la prayrie enuirõ sa demeure, si vit cel[le]

DV GRAND OLYMPE. Fueillet. XVII.

...ache costoier la riuiere. Il la suyuit & pensa la contenāce &
...aniere delle. Et en cestuy pensement regarda vers terre &
...ist en la pouldre ou la vache auoit passe le pie commēt rōd,
...parmy vng traict auoit pour la fente du pied de la vache.
...ors sappensa Inachus que le traict qui parmy le rond estoit
...la rondesse ouquel ces deux lettres signifioient le nom de
... fille: & ce luy donna vraye approbation que cestoit sa
...lle Io. Lors Inachus accolla la vache & coniouist & luy ar-
...cha des herbes & luy dōna a māger. La vache luy leschoit
... mains: & ploroit moult abundamment. Inachus lancien
...oult triste de ce quil veoit ainsi sa fille: luy commenca a di
... telles parolles. Helas ma belle fille ie ton miserable pere
... tant quise par diuerses terres que ie tay trouuee. A dure
... male heure te partis de moy, certes tu feusses maintenant
...ultement mariee a aulcun puissant & renomme prince, &
... meust grand ioye este, & encores plus grāde es enfans
...es nepueux qui de toy fussent venuz. Sicomme Inachus
...isoit telz & semblables regretz & plainctes sur la vache sa
...lle: suruint Argus lequel rudement la luy tollit. Si lemme-
... en vng lieu destourne, & il se mist en hault dessus vne ro-
...e, affin que plus tost peust regarder & veoir enuirō de luy.

Vppiter q toutes ces choses regardoit ne
peust pl9 souffrir samye estre detenue en
tellevilite. Si appella Mercure son filz: &
luy dist. Vois tu dit il illec sur celle ro-
che ce pasteur q regarde sur celle vache,
sache que cest Io ma tresdoulce amye.
Va & si fais tant par tes sciences & ars q
tu occies le pasteur, & deliure Io mamye
...es mains. Mercurius au commandemēt de son pere Iup-
...er sappresta tantost & mist ses esles en ses piedz. Sa verge
... fait endormir print en sa main: & couurit ses cheueulx
...rez. affin que de nully ne fust congneu. Puis descendit

c

LE PREMIER LIVRE

en terre. Mais tantoſt quil approcha du lieu ou Argus gar
doit Io la vache: il ſe miſt en ſemblance de paſteur. Si prin
vng baſton en lune de ſes mains, & vng flaiol en laultre.
Puis ſen alla vers la roche ou ſeoit Argus pas apres aultre
moult ſouefuemēt flaiolant. Quant Argus qui pas ne le cō
gneut: ouyt le doulx ſon du flaiolet: il fut tant deſirāt de leſ
couter, que tout ſentreoblyoit de la garde a luy baillee de ſ
vache. Et de faict requiſt Mercure quil ſe voulſiſt ſeoir emp
luy. Mercure qui aultre choſe ne pretendoit voulentiers l
fiſt: & commenca a flaioler treſdoulcement & myeulx qu
parauant nauoit faict. Et Argus luy demanda ou il auoit e
ce flaiolet, car il nauoit oncques veu le pareil. Mercuriꝰ lu
reſpondit en flaiolant pour le fol myeulx decepuoir en tell
maniere.

Linuention du flaiol par lamour du dieu
Pan a Syringa laquelle fut muee en cannes.

DV GRAND OLYMPE. Fueillet. XVIII.

EN Archade eut iadis vne tresbelle pucelle nōmee Syringa fille de vng puissant homme nomme Ladon. Maintenāt est vne riuiere large en maniere dung lac. Celle pucelle fut requise & aymee de maintz hommes moult puissans, comment le dieu des vens, Le dieu des montaignes: le dieu des champaignes: & les Satyres, lesquelx souuēt auoit fait amuser. Elle habitoit en Ortige, & estoit vierge de Venerie comme Diane, & de tel attour. Car ceulx qui la veoient cuydoient delle que ce fust Diane proprement, car elle estoit ceincte comme elle, & y auoit aultre difference: sinon que Syringa portoit vng arc ferre de corne, & Diane le portoit ferre de fin or. Pan vit celle pucelle Syringa qui du tertre de Lycie vint: qui moult la requist & pria de son amour, en disant que voulentiers la prendroit, en mariage se a luy se vouloit cōsentir. Mais celle le refusa & neust oncques cure de luy, & affin que force ne luy fist elle senfuyt vers la riuiere Ladon son pere: & la sarrera. Pan qui de pres la poursuyuoit se hasta en intention de la prendre & de la defflorer, mais elle pria a ses seurs que sa forme luy fust muee, laquelle chose fut tātost faicte, car quāt Pan la cuyda saisir, il print plain son poing de roseaulx. Quant il se veit ainsi trōpe & deceu pour lamour de la belle se print fortment a souspirer, & fist des roseaux flaioletz dont cestuy est est vng.

> La mort Dargus, & de la translation
> de ses yeulx aux queues des pans
> qui traynent le chariot de Iu
> no, & de la restauration
> de la vache Io en
> femme.

e iij

LE PREMIER LIVRE

Andis que Mercure en flaiolant racõpta celle fable il endormit Argus, lequel clouyt tous ses yeulx lung apres laultre. Lors Mercurius qui a aultre chose ne pretendoit que a lendormir, en dormãt luy trẽcha la teste. Quãt Iuno sceut que son pasteur Argꝰ fut ainsi occis en son seruice elle en fut tant doulente & courroucee que plus nen pouuoit. Si descendit du ciel en terre: & print tous les yeulx qui en la teste Dargus estoient, & pour reuerẽce & hõneur de luy la mist en la queue de son oyseau nomme Paon, & de ce est il que la queue du paon est ainsi enluminee en maniere de yeulz. Apres fist Iuno(qui tant estoit courroucee) la vache espoindre & chasser par tout luniuersel monde, & couroit cõe beste forcenee, mugissant & braiant sans auoir aulcung repos. tant quelle vint sur la riuiere du Nil. Illec sa genoilla & dressa la teste vers le ciel, & reclama en gemissant son seigneur Iuppiter, par qui elle estoit ainsi muee, & viollee. Iuppiter ouyt sa priere. Si vint a Iuno sa femme & luy pria tant cõme il peut que son maltalent luy voulsi

DV GRAND OLYMPE. Fueillet.XIX.

ardonner par tel cōuenāt quil luy promiſt q̃ iamais nauroit
ompaignie a elle. La deeſſe Iuno fut lors rappaiſee, & luy
ardonna la faulte. Si reprint Io ſa forme, & retourna en ſa
remiere beaulte. Puis elle ſen alla en Egypte ou elle fut te
ue pour deeſſe. Et les aulcungs lappelloient Iſis. Elle eut
ng filz de Iuppiter qui fut nommé Epaphus.

꧂ Du debat qui ſourdit entre Epaph⁹
& Phaetō ſon compaignon qui ſe
diſoit filz de Phebus.

Eſtuy Epaphus, auoit vng compaignon de
telle ſemblance & tout pareil a luy daage nom
me Phaeton. Et eſtoit filz de Phebus le dieu
du ſoleil, dont il ſen tenoit moult orgueilleux
& fier. Lequel auoit Epaphus en deſdaing & p̃
ſon orgueil le vouloit ſuppediter, & ſouuent le
aſmoit & diſoit telles ou ſemblables parolles. O Epaphus
es bien pouure de ſens & dentendement chetif, quant tu
ois tant les menſonges de ta mere diſant que tu es filz du

c iij

LE PREMIER LIVRE

Andis que Mercure en flaiolant racõpta celle fable il endormit Argus, lequel clouyt tous ses yeulx lung apres laultre. Lors Mescurius qui a aultre chose ne pretendoit que a lendormir, en dormãt luy trécha la teste. Quãt Iuno sceut que son pasteur Argꝰ fut ainsi occis en son seruice elle en fut tant doulente & courroucee que plus nen pouuoit. Si descendit du ciel en terre:& print tous les yeux qui en la teste Dargus estoient, & pour reuerêce & hõneur de luy la mist en la queue de son oyseau nomme Paon, & de ce est il que la queue du paon est ainsi enluminee en maniere de yeulz. Apres fist Iuno(qui tant estoit courroucee) la vache espoindre & chasser par tout luniuersel monde, & couroit cõe beste forcenee, mugissant & braiant sans auoir aulcung repos. tant quelle vint sur la riuiere du Nil. Illec se genoilla & dressa la teste vers le ciel, & reclama en gemissant son seigneur Iuppiter, par qui elle estoit ainsi muee, & viollee. Iuppiter ouyt sa priere. Si vint a Iuno sa femme, & luy pria tant cõme il peut que son maltalent luy voulsi

DV GRAND OLYMPE. Fueillet.XIX.

rdonner par tel cōuenāt quil luy promist q̄ iamais nauroit
ompaignie a elle. La deesse Iuno fut lors rappaisee, & luy
rdonna la faulte. Si reprint Io sa forme, & retourna en sa
remiere beaulte. Puis elle sen alla en Egypte ou elle fut te
ue pour deesse. Et les aulcungs lappelloient Isis. Elle eut
g filz de Iuppiter qui fut nomme Epaphus.

☙ Du debat qui sourdit entre Epaphᵘ
& Phaetō son compaignon qui se
disoit filz de Phebus.

Estuy Epaphus, auoit vng compaignon de
telle semblance & tout pareil a luy daage nom
me Phaeton. Et estoit filz de Phebus le dieu
du soleil, dont il sen tenoit moult orgueilleux
& fier. Lequel auoit Epaphus en desdaing & p
son orgueil le vouloit suppediter, & souuent le
asmoit & disoit telles ou semblables parolles. O Epaphus
es bien pouure de sens & dentendement chetif, quant tu
ois tant les mensonges de ta mere disant que tu es filz du

c iij

LE PREMIER LIVRE

grand dieu Iuppiter & que pour tel te tiens. Et Epaphus lu[y] respondit. Mais toy tu ne deuroys estre si fier ne si orgui[l]leux comme tu es: car tu te fais filz du soleil & tu ne luy a[p]partiens en riens, ains es vng bastard trouue non saichant fust ton pere. De celle parolle eut Phaeton grãd vergongn[e] & se teust, mais en son cueur pensa que la verite briefueme[nt] en scauroit ou il mourroit en la poursuyte. Si se ptist dille tout prestement: & sen alla deuers Clymene sa mere mou[lt] doulent, & luy compta du tout ce que Epaphus luy auo[it] dit a la verite, & puis commenca Phaeton a prier sa me[re] moult humblemẽt en telle maniere. Ma treschiere & tresa[y]mee mere pour toute lamour que vous auez vers moy ne tous les dieux, dicte moy la verite si ie suis filz de Phebus dieu du Soleil: & men dõnez telles enseignes que ien so[ye] acertene: & que mon pere me recongnoisse pour filz. Be[au] filz respondit Clymene qui lors tendit les mains vers le cie[l] Ie te iure par le haultain luminaire du Soleil que la voy[s] tu es filz du Soleil Phebus qui nous esclaire lequel te e[n]gendra en moy. Et se croire ne me veulx scauoir le peulx luy: la maison ou il demeure nest gueres loing dicy. Qu[ant] Phaeton eut ouy la responce de sa mere, il se leua mou[lt] ioyeulx: & dist q̃l narresteroit iamais tant q̃ certaines no[u]uelles en scauroit. Lors se mist Phaeton au chemin par le [ex]hortemẽt de sa mere qui iamais puis ne le verra. Et tant al[la] par ses iournees quil arriua en Orient en la sale ou Phebu[s] habitoit.

 Finit le premier liure du
grand Olympe.

DV GRAND OLYMPE. Fueillet.XX.

Cy commēce le second liure du grand Olympe des histoires, lequel descript le triumphe de la sale de Phebus.

A sale a Pheb9 estoit assise sur haultes colonnes cleres com‑ me fin or couuertes diuoire: ayant double porte dargēt dōt louuraige surmontoit la matie re. En ceste sale auoit Mulciber entaillees eaues q̃ enceindent la terre, & le ciel enuironnant le monde. Triton estoit en mer & Prothe9 en terre, & Egyō le geant qui cheuauchoit les ba‑ laines. En terre estoiēt painctz hōes, bestes: nymphes: villes &c. Par dessus ces choses estoit painct subtilement la figure du firmament. Six signes auoit deuers dextre, & six deuers senestre. Lenfant Phaeton vint

c iiij

LE SECOND LIVRE

la,& se tint loing de son pere doubteux car la lumiere ne p[ou]uoit souffrir. Phebus estoit assis en vne chayere noblemen[t] attourne. Enuirō luy furēt de tous coustez les ans, les moy[s] les sepmaines, les iours, les heures & minutes,& tous les si[e]cles ordonneement. Le printemps y estoit pare de diuers[es] fleurs. Este y estoit tout nud,& portoit chappel despics en s[a] teste. Autōne y estoit charge de raisins & de fruictz. Et yu[er] plaī de gelee la teste chargee de cheueulx gris y estoit auss[i] Au millieu de toutes ces choses seoit Phebus qui vit Pha[e]ton en la salle deuant luy lequel estoit tout esbahy. Si lap[ellа Phebus,& luy dist. Beau filz que fais tu la? Quāt Pha[e]tō se ouyt filz appelle de Phebus: il luy respondit. Beau p[e]re qui le monde enluminez, se vous droictement me nom[mez & veritablement par ce nom,& que vostre filz soye. Ie vous prie que vo[us] me octroyez tel signe & tel dō q̄ chascun[g] le croye fermement. Lors Phebus abaissa vng peu ses raid[s] & lenfant sapprocha de luy, si lembrassa Phebus,& luy di[st] en telle maniere. Saches de vray que ie tay engendre en Cli[mene ma droicte amye,& si te iure le palus denfer que tu auras ce que tu demanderas.

La presomptueuse & temeraire petition
de Phaeton a son pere Phebus pour
regir son chariot.

Vant Phaeton ouyt la promesse de Phe
bus son pere, moult en fust orguilleux
en son couraige,& pensa quil deman[deroit don assez haultain. Si dist a Phe
bus. Treschier pere ie vous demāde hū[blement;& si vous requiers au nom du don que vous mauez octroye, que vous me dōnez la charge du soleil a cōduire du tout a ma voulēte;& q̄ ie puisse mener & cōduire vng en

DV GRAND OLYMPE. Fueillet.XXI.

[...] iour les cheuaulx du soleil. Quāt Pheb[us] ouyt la folle req[ueste]
[...] de son filz Phaeton faicte, trop se repentit du don q̄ faict
[...] auoit,& luy dist. Saches beau filz q̄ se ie pouuoye muer
[...] promesse que ie tay faicte,que ie le feroye voulentiers.
[...]mment oses tu demāder telles choses? Tu as bien demā[dé]
[...] ta mort, car iamais ne pourrois endurer la peine quil y cō[ti]
[...]nt & appartient. Nul homme mortel aultre que moy ne
[...]ourroit faire. Iuppiter mesmes qui est nostre souuerain
[...]u celestiel & qui tout peult,ne le pourroit mener & con[du]
[...]ire. Moy mesmes quant ie voy si hault & dessoubz moy
[...]erre & la mer ay grand fraieur & horreur. Et encores y
[...] aultre chose, car le ciel tourne tousiours, & maine apres
[...] les estoilles. Si conuient que ia pour le mouuement du
[...]l ne me desuoye. Or me dis comment tu pourras ce faire
[...]s toy desuoyer? Attendu aussi que les cheuaulx sont tāt
[...]des quon ne les peut tenir quāt ilz sont eschauffez,& leur
[...]aleur Resplēdit. Saches que tost te auroient maistroier &
[...]struict. Encore te admōneste & aduise q̄l te fauldra tātost
[...]se p deuāt les cornes du fier toureau, puis deuāt la gueu[le]
[...]du fier lyon. Et en apres deuant la queue du fel escorpiō,
[...]ur lesq̄lz signes les cheuaulx silz ne sont fort detenuz de
[...]rs resnes, ilz ont accoustumer de fremir & eulx espou[en]
[...]ter. Ilz soufflent & fremissent si fort que moymesmes ay
[...]d peine de les detenir. Si que beau filz aduise toy & prēs
[...]e de toy mesmes tandis que tu as le chois & le loisir de
[...]faire. Bien scay que grand desir as de scauoir se tu es
[...]n filz,& comme ie tay dit bien en peux estre certain, car
[...]mme pere ie pour ton bien te conseille que tu desistes de
[...] requeste. Phaeton pour chose que son pere luy dist ou
[...]nseillast, ne se voulut oncques desporter quil ne obstenist
[...] requeste. Pour quoy quant Phēbus vit ce il luy dist. Puis
[...]au filz que croire ne me veulx saches que quoy quil me
[...]ibue coster tu lauras, puis que promis le te ay. Lors lem[...]

LE SECOND LIVRE

mena Phebus pour veoir le chariot s'il s'en vouldroit os[ter]
Duquel les aix & le timon furent d'or fin, les gantiers fure[nt]
dorez:& les rais argentez, par lieux auoit crisolites: esmer[au]
des: topaces, & aultres pierres precieuses qui par la reflec[tion]
du soleil rendoient grād clarté. Phaeton le regarda, & mo[ult]
se esmerueilla de la grād beaulté q̄ en se chariot estoit, m[ais]
oncq̄s pour ce poīt ne laissa son opiniō: ains pl[us] fort que [a]
uant ardoit, & couuoitoit de l'auoir en son demaine.

¶ Enseignement de Phebus a Phaeton
pour regir le chariot & le conduyre
d'orient en occident.

Tant cōmenca a apparoir l'aulbe deuers o[rient]
qui chassa Lucifer & les aultres estoilles de[s]
luy qui derraines demeurent en place au c[iel]
Quant Phebus vit le monde rougir & l'aul[be]
esclarcir. Il appella les heures & leur comm[an]
da atteler les cheuaulx au chariot, & tant[ost]
elles firent son commandement. Tādis Phebus oingnit [son]
filz Phaeton d'ung oingnement precieux affin que la ch[a]
leur ne luy nuysist. Puis luy mist les raids au chief. Et en [in]
spirant luy admonnesta de tenir roidement les resnes [des]
cheuaulx. Ne les haste dist beau filz, car grand trauail e[st de]
les tenir parmy les airs. Ne va pas ou la voye est trenche[e a]
trauers en la fin vers les trois zones. Et ne tiens pas le ch[ariot]
vers bise ne vers boreas qu'on appelle aquilon, ains tien [le]
chemin royal ou la trasse des roues de ce chariot appert [par]
pour donner esgallement chaleur au monde. & ou ciel [tu]
va ne trop bas ne trop hault. Car tu arderoyes le mon[de se]
trop bas alloyes. & se trop hault tu arderoyes le ciel ou [tu]
[e]royes. Seur seras p[ar] tenir le moyē chemin. Ne tiens p[oint]
voye a dextre au serpēt. N'ē celle a senestre au pol artic[que]
va saigement entre deux. A dieu te commande dist [Phe]
bus. & fortune te garde, plus loisir n'auons de parler e[nsemble]

DV GRAND OLYMPE. Fueillet.XXII.

, la nuict sen va & le iour vient. Monte au char : &
ens les resnes, ou tu te repentes & change ta fole intentiō
retiens mon admonnestement tandis que tu as le loisir &
ouoir si me laisse mener mon char. Phaeton de ce ne vou
rien faire, ains sest sur le chariot assis. Si tient les resnes &
cueur moult ioyeulx de son mal qui luy est prochain.
emercia son pere, mais le pere qui nauoit cure de ses mer
souspiroit, & craignoit sa male aduenture qui prochaine
eftoit

☞ Du mauluais gouuer que fist Phaeton
du chariot de Phebº & de son tresbuchemēt.

Es cheuaulx du soleil furent tantost attelez &
estoient de telles couleurs. Pirous estoit tout
rouge. Eous estoit tout blanc. Ethon resplen-
dissant. Et Phlegon de chaleur. Ces quatre che
uaulz sont plains de tresgrand fierté. Ilz hur-
terēt aux barres des piedz. Et Thetis leur ou-
ir la porte, qui pas nestoit certaine de son nepueu cōment

LE SECOND LIVRE

grand meschance luy estoit prochaine aduenir. Quant [les]
cheuaulx furent au chemin, ilz sentirent tantost quilz n[e]
uoient pas le faix quilz souloiēt auoir, & que point nauo[ient]
leur maistre. Si sesmeurent & desuoyerent tantost, & le c[ha]
riot print a saillir & a chanceller par lair, ainsi comme fer[oit]
vne petite nacelle qui est vuide & sans conducteur par t[em]
peste en la mer. Lors eut Phaeton grand doubte, quant il v[ist]
quil ne pourroit gouuerner ne maintenir les cheuaulx,
quilz couroient si durement. Moult se repentoit de sa fo[lle]
entreprinse, & ce fut trop tard. Car quāt il se vist si hault v[ers]
le ciel, & il regarda vers la terre il eut telle paour que a p[eine]
que le cueur ne luy faillit. Et la lumiere des rays laueug[la]
en telle maniere, que a peine se veoit il conduyre. Et lo[rs]
aymast myeulx Phaeton que il neust oncques veu son p[ere]
ou au moings quil leust creu, mais trop tard estoit du rep[en]
tir. Lune heure regardoit en orient, & laultre regardoit [en]
occident, tant quil vist en lair vng grand dragon, duque[l il]
eut si tresgrande paour, quil se oblia tout: & laissa aller [les]
resnes. Et quant les cheuaulx se sentirent du tout a leur fr[an]
chise, ilz se mirent hors du droit chemin, & commencere[nt]
a courir sans tenir sente ne voye parmy le firmament. Si a[d]
uint quilz allerent trop bas, pourquoy ilz ardirent la te[rre]
en plusieurs lieux villes & chasteaux, & la pluspt de la m[er]
seicha. Lors perdit Lybie sa moiteur qui est maintenāt tou[te]
seiche & sablonneuse. Et les ethiopiens prindrent lors leu[rs]
noires couleurs par la force de la grand chaleur. Fontain[es]
puys & lacz tarirent & seicherēt en diuerses parties du m[on]
de. Ceulx de Thebes perdirent Dirce. Ceulx de Arges Am[]
mone. en Ephyre faillit Pyrene. en Esdoch Alpheº, en Me[so]
potamie Tigris. En Lacone Eurotas, en Egypte le Nil, en A[r]
menie Euphrates, en Inde Ganges, en Sirie Orōtes, en Es[pai]
gne Tagus, en Alemaigne le Rhin: en France le Rhosne [en]
Italie le Pau, a Romme le Tymbre. Pas ne puis toutes le[s]

DV GRAND OLYMPE. Fueillet. XXIII.

res nommer, mais en quelque lieu quelle fussent elles ta
nt & secherent. Neptunus eut grant paour q la mer veoit
& la terre veoit ardoir. Et se complaignit au souuerain
Iuppiter en telle maniere. Beau sire dieu & souuerain
tout creas ne veulle pas côsentir que la machine du mô
insi perisse. mais sil te plaist q̃ par feu soit destruicte alu
moy & esprens de ton feu. Tu sçez que ie suis ordonne
tout porter. Et ainsi se ie failloye il conuiendroit le mô
aillir, car Athlas ne pourroit plus soustenir le monde.

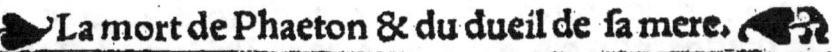

La mort de Phaeton & du dueil de sa mere.

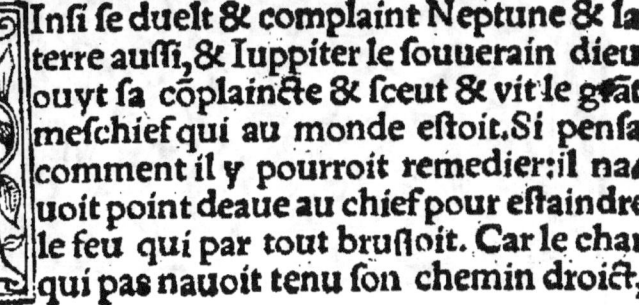

Insi se duelt & complaint Neptune & la
terre aussi, & Iuppiter le souuerain dieu
ouyt sa côplaincte & sceut & vit le g̃rat
meschief qui au monde estoit. Si pensa
comment il y pourroit remedier: il na
uoit point deaue au chief pour estaindre
le feu qui par tout brusloit. Car le char
qui pas nauoit tenu son chemin droict,

LE SECOND LIVRE

& q aulcunesfois estoit alle trop pres du ciel, lauoit en t
maniere seiche qui ny auoit point de liqueur: ne de moi
pour attreper & moderer sa rage. Pource enuoya dieu
effouldre & vng grand tonnoirre tellement quil cheut
Phaeton & loccist sans en rien dommaiger les cheua
mais le char fut tout despece & rompu tellement q̃ rien
demeura entier. Et les cheuaulx pour la tresgrãde fray
quilz eurent sen fouyrent lung ca laultre la, & rompi
tout ce a quoy ilz estoient tenuz & lyez. Ainsi fut Pha
par sa grand oultrecuydance occis & fouldroye en terre
la haulteur du ciel. Si fut enterre en Eridamon & escrip
sur la tumbe de luy. Cy gist Phaeton qui par orgueil v
lut mener le char du soleil.

Le dueil de la mere & seurs de Phaeton
pour sa mort & de leur Metamorphose, Et de la
plaincte de Cygnus & de sa mutation.

DV GRAND OLYMPE. Fueillet.XXIIII.

CLymene pour la mort de son filz Phaetō fust si doulente que plus nen pouuoit. Si se mist a decourir par le monde plourant & criant horriblemēt comme hors de son sens, demandant a tous ceulx q̄lle rencontroit nouuelles de son filz Phaeton. Tant erra & chemina la esploree & fole quelle vint en occident ou elle trou[ua le] tumbeau de son filz:& y veist vng epitaphe qui estoit [des]sus escript quelle lisit,& recōmēca son dueil & ses pleurs. [Les] Heliades, Phaethuse, Lāpetie & Phebe seurs de Phae[ton] qui illec suruindrent demenerēt aussi si tresgrand dueil, [que] par la grād destresse quelles menoient elles deuindrent [arbr]es. Quāt Clymene vit ses filles ainsi en arbres trāsmuees [nen] ny eut que courroux. Si recommenca plus fort dueil & [plus] piteulx regretz que deuāt. Et print les arbres a accoller [com]me celle qui les cuydoit arracher & emporter auec elle. [Et el]le en desrompit les rains. Et ainsi comme elle hochoit [& co]rrompoit les arbres: elle desrompoit ses filles, tellement [que] tous les arbres en deuenoient sanglans. & cryoient de [gr]and angoisse. Les Heliades pleurent leur frere Phaeton [en E]ridan:& furent en arbres muees: encore pleurent les [ell]es lermes, lesquelles deuiennent ambre & flottent par [l'ea]u, dont les dames Ditalie se fardent & esclarcissent leurs [visa]ges.

[C]Ygnus vng roy de Lōbardie qui estoit extraict du lignage des Heliades nepueu de Clymene filz du Soleil & de la nymphe Steleine grand & puissant seigneur en Italie fut present a celle mutation. Et quant il vit Phaeton son frere de par son pere Phebus estre par la sentence de [Iup]iter le souuerain dieu ainsi fulmine & fouldroye pour [c]eux desquelz il auoit emflambe & brusle la pluspart du

LE SECOND LIVRE

monde ploura tant & en si grand abondance quil sembl[e]
que de ses yeulx saillissent deux fleuues accõparez au f[leu]
ue de Eridanus, & lequel venant regarder ses seurs q[ui] m[ues]
estoient en arbres comme dit est:& considerant le tresou[dai]
ment de son frere Phaeton eut si grande frayeur au cue[r q]
il fut subitemẽt mue en vng blanc oysel qui est nomme[cig]
ne.Et pource que Phaeton par trop hault mõter & par sa[mor]
de oultrecuydãce fut fouldroye ne voulut oncques des[puis]
le Cyne hault voler.Ains se tient en bas dessus les eaue[s.Le]
col de Cygn⁹ en sa mutatiõ deuint lõg estẽdu:ses piedz [se]
cloirent & deuindrent noirs:son corps deuint charge [de plu]
mes blanches & nettes.Il hayt a merueille le feu,pour[ce q]
son frere Phaetõ que tant aymoit en auoit este brusle &[ter]
mine.Et celle estoit la prĩcipale cause:parquoy il voulut [de]
puis habiter enuiron & dessus les fleuues & estangs:cõ[si]
derant que leaue est le cõtraire du feu,& illec pour son f[rere]
gemist & souspire perpetuellement.

☙ La cõplaincte de Phebus sur la mort de son filz P[hae]
ton.Et de lamour de Iuppiter enuers la belle Cali[sto]

DV GRAND OLYMPE. Fueillet.XXV.

E Phaeton auez ouy auquel il mescheut p son orgueil, pourquoy Phebus fut si courrouce & si triste & eut si grād despit quil voulut mettre le mōde en obscurete, pource que Iuppiter auoit ainsi son filz brusle & occis. Tantost saueuglist & sobscurfist, & le monde vint comme en tenebres. Lors dist Phebus en soy cōplaignant, Onqs en iour de ma vie ne cessay da peine sans aulcung guerdon. Souffrir ne veulx de moy trauailler pour seruir le monde, qui le chariot veult me
 le maine pour donner clarte au monde. Et sil nest au
qui le sache ou puisse faire, si viengne esprouer son art
science, celluy qui mō filz a fouldroye: pource que mal
uuernoit. Bien scay que se il le menoit: il auroit le col si
ge ql luy prēdroit pitie de moy, de ce ql me auroit mō
ollu & occis. Ainsi comme Phebus se cōplaingnoit en
ettant son filz Phaeton toutes les deitez celestes lenuie
erent a simple chiere en luy priant & requerant hūble
t quil ne aueuglast le monde. Iuppiter luy mesmes len
 & se nommit en soy excusant de la mort de Phaetō son
disant quil vault myeulx perdre vng seul homme q̄ tout
onde perist. Lors Iuppiter qui vsa de sa souueraine puis
e luy dist. Ne soyez si courrouce, ne si mal vueillant au
de Phebus, allez & faictes vostre office ainsi cōme vous
z accoustume & que le soulies faire. Et se obeir ne me
ez sachez que griefuement & a la rigueur vous en pu
ay. Phebus au commādement de Iuppiter nosa contre
ains rassembla les cheuaulx fort ireement. Lesquelz
ient dispars en diuers lieux, & qui tous trembloient de

d

LE SECOND LIVRE

paour quant ilz virent leur maistre. Phebus moult les b[...]
cha & aguillonna en leur reprouchant la mort de Pha[eton]
son filz.

LE feu que Phaeton auoit alume e[t]
fine & estainct, & le siecle par Pheb[us]
lumine comme il souloit. Iuppiter re[gar]
da par tout le ciel si le feu lauoit dom[ma]
ge en riens, mais il ny trouua que re[pa]
rer. Puis descendit en bas: & alla vi[siter]
la terre pour apoit la remettre, car m[oult]
endommagee estoit. Il vint en Archa[die]
pource que myeulx sy aymoit que en aultre part. Et ce p[our]
loccasion de sa nourriture, Si y reuerdit la terre, & remp[lit]
les riuieres qui seiches estoient. Tandis quil alloit & ven[oit]
parmy cestuy pais, il trouua vne belle & gente damoys[elle]
de Archadie. Et si tost cõe il la vit, il fut si espris de sõ amo[ur]
que nullement durer ne pouuoit. Celle pucelle estoit ap[ri]
se de chasser auz bestes sauuaiges, Dart pourtoit, arc & [car]
quas plain de flesches. Elle estoit compaigne a la deesse [Dia]
ne la plus prochaine & la mieulx aymee delle, & tousi[ours]
estoit a son coste. Mais humaine puissance ne peult a[uoir]
duree. Car Diane luy tollit tost sa grace comme prestem[ent]
vous orrez.

ON dit en vng commun vers. Amour de ri[che]
trop peu dure. Fol est celuy qui si asseure. [Plu]
sieurs sont auiourdhuy, que auõs veu desp[uis]
na gueres estre bien en la grace des grands
puissans seigneurs qui despuis en peu dhe[ure]
perdẽt leur grace & bienveuillãce & pour [peu]
doccasion cheent en grand honte, ainsi pour petit de ch[ose]
perdit la belle qui estoit nõmee Calisto lamour de sa da[me]
Diane. Si vous diray pourquoy & toute la maniere. [Vng]
iour enuiron heure de nonne que Calisto estoit traua[illee]

DV GRAND OLYMPE. Fueillet.XXVI.

[la]ssee de chasser au bois la sauuagine, & de courir apres
[...]ra en vng bois pour en lombre se reposer. Elle destendit
[son] arc & mist ius son carcas, puis se coucha sur la verdure,
[cui]dant illec estre seure. Iuppiter la vist lasse & fo[ll]e, si se
[pen]sa que lors estoit heure ou iamais daccomplir delle sa
[vou]lente, & que Iuno sa femme ia ne le scauroit. Et selle par
[aue]nture le scauoit(dist Iuppiter) si nen tiens ie compte,
[pui]s que temps & lieu ay de faire chose q̃ me plaise, & point
[ne] doubte sa hayne. A tant sen alla vers la pucelle, & pour
[my]eulx decepuoir, print la forme & la contenance de da[me]
Diane. Puis sapprocha delle & luy dist. Vierge belle cõ[pai]gne tu as huy toute la iournee chassé & fort trauaillé tõ[ps], dont tu es fort lassee. Celle q̃ la vit & ouy cuida vraye[me]nt que ce fust Diane sa dame, si se leua deuant elle & luy
[dist]. Treschiere dame plus noble & plus vaillante deesse q̃
[Iu]piter, se il veult si me oye, ioye & honneur vous viẽgne.
[Iu]ppiter loyt car il estoit present, mais chose quelle dist ne
[luy] despleut, ains se esiouyssoit quant en le desprisant la pri[soit]. Vers elle sapprocha Iuppiter, si lacolla & baisa pl[us] estroi[te]mẽt q̃ vierge ne deust faire avne aultre. Plus se traioitvers
[elle] que Diane ne souloit faire tant quelle luy vouloit dire
[qu]elle estoit allee chasser. Iuppiter lembrassa & la gesta sur
[lher]be ou il la despucella. Selle eust peu voulẽtiers deffẽdue
[se f]ust: mais riẽs ne luy eut valu. Se Iuno leust sceu moins
[en] eust haye par apres. Quant Iuppiter eut de la belle Cali[sto]
[sa] voulente faicte, il monta au ciel. Calisto fut doulẽte de
[son]esaduenture, & moult hayt le lieu depuis ou elle auoit
[per]du son pucellaige. Si se ptit de la toute esbahye & moult
[ho]nteuse, & peu sen faillit q̃ au despartir quelle ne obliast
[son] arc & son carquas. A tant vint dame Diane par les mon[tai]gnes, ses compaignes auec elle, auec grande plante de sau[ua]gine. Calisto la vit & moult se doubta, mais quant elle vit
[les] routes & compaignies des aultres dames ensemble estre,

d ij

LE SECOND LIVRE

Bien vist quil ne luy conuenoit doubter, si sassembla a[uec]
elles. Aultruy quelle dessoubz le ciel ne scauoit quelle f[ust]
despucellee, mais il nest chose si secrete, q̃ en fin ne soit re[ue]-
lee, [et le f]aict ne se peult celler, & tousiours cuyde le mal[fa]-
cteur que on parle de son meffaict. Ainsi estoit aduis a Ca[li]-
sto quant Iuppiter leut despucellee tant honteuse & verg[o]-
gneuse estoit, que personne nosoit a son viaire regarder. [A sa]
face estoit bien apparant, laq̃lle souuent rougissoit & mu[oit]
couleur quelle auoit este deshōnoree, car point nestoit si [bien]
parlee ne si ioyeuse que deuant auoit accoustume, ne si i[oinc]-
cte au coste de Diane sa dame, ne point ne alloit deuant si[com]-
me elle souloit, ains se tenoit tousiours derriere.

Diane ne ses compaignes ne sen apperceu[rent]
a quelque signe quelle fist. Car point nau[oit]
telle chose esprouuee. Ia auoit huyt moys [pas]-
se & grand p̃tie du neufuiesme, quāt vng io[ur]
apres midy quil fist bien chault, & Diane [qui]
pour le chault de la chasse estoit lassee, vint [en]
vng froit boys auquel auoit vne tresbelle fontaine. Lors [dit]
Diane a ses compaignes, cy enuiron na repaire & nully [q̃]
doubter nous puissions, ie veulx que nous toutes nous b[ai]-
gnons. De celle chose fut Calisto moult doulente, car b[ien]
scauoit quant'elle seroit deuestue lon apperceuroit a son [ven]
tre la verite de son faict. Les aulcunes qui estoiēt ia desp[oil]-
lees, & les aultres saillies au baing la despoillerent voul[ust]
ou non & la desuestirēt. Et lors vit & sceut chascune a pl[ain]
quelle estoit grosse, combien quelle couurist son ve[ntre]
de ses mains le mieux quelle pouuoit. Pource Diane luy [de]-
fendit q̃ auec elle nentrast au baing, ains sans arrest sen a[lla]
hors de sa compaignie.

DV GRAND OLYMPE. Fueillet.XXVII.

Antost apres sceut Iuno q̃ Cali
sto estoit deliuree dung beau
filz que Iuppiter son mary auoit
en elle engendre. Leq̃l moult
bien le ressembloit, si fut Iuno
moult courroucee sur Calisto,
pourquoy toute esprise de ia-
lousie descendit du ciel:& vint
a Calisto q̃lle accueillit de pa
rolles moult orguilleusement
en luy disant. Folle garce com
ment fus tu si osee ne si hardie [que] mon mary me soubztrahis, trop te fias en la beaulte de [ton] visaige. Ie la te osteray & liureray a honte, adõc luy cou[rt] sus & la tira p̃ les cheueulx & abbatit a terre toute esche[uele]e:si la deffoula & traicta villainement.Et celle luy ten[doit] ses bras & luy pryoit humblemẽt:mais sa priere ne luy [valu]t riens:car Iuno luy tollit & osta sa belle forme, & la [mua] en vne vielle ourse, Pas neust creu qui lors leust veue,q̃ [on]ques a Iuppiter eust este amye. Quant elle cuydoit par[ler v]ng si horrible son rendoit, que cestoit pour soy espouuẽ[ter.] Riens ne luy demoura que la pensee & lentẽdement de [ce q]ue elle eust oncques premierement eu, continuellemẽt [se la]mentoit:& telles mains & telz bras quelle auoit tendoit [vers] le ciel,& se complaingnoit en son cueur de celluy qui [lauo]it deffloree & ostee sa virginite, par quoy elle estoit ve[nue] a icelle deshonneste beste, & auoit tout honneur p[er]due, [& en] auoit trop peu de son plaisir. Elle nosoit demourer seulle [es b]oys, ains alloit folloyant par les champs, & fuyoit deuãt [les] chiens qui labbayoient & infestoient sans auoir ayde ne [sec]ours dhomme. Et si conuenoit quelle se desuoyast pour [les] aultres ours:quant elle les veoit en aulcun lieu:combiẽ [que]lle fust fille de Lichaon qui fut mue en loup.

d iij

LE SECOND LIVRE

Alisto fut quinze ans en ceste misere, [Ar]
chas son filz qui ia estoit grand & ap[pre]
tendoit vng iour vne de ses rehtz par [le]
boys pour prēdre sauuagine. Si vit [sa]
mere dauenture, mais il ne la reco[n]
gneut point:& la mere le recongne[ut]
tantost. Si sarresta quant le vit, & le v[ou]
lut baiser & festier, mais lenfant qui [ne]
de la vit,& qui de son accointance cure nauoit comm[e]
ca a fouyr. & print son dart & le lancea contre elle. Frapp[é]
leust en la poicttrine sans arrest, mais Iuppiter qui lau[oit]
aymee la deffendit de la playe & de mort,& ne souffrit q[ue]
Archas la touchast,ains rauit & porta au ciel le dart du [ieu]
uēcel & lourse ensemble. Encore y est appellee ourse lest[oil]
le en quoy Calisto fut muee.

❦ Le courroux de Iuno & de la mutatiō
de Calisto en estoille.

DV GRAND OLYMPE. Fueillet. XXVIII.

Vno auoir entendu que Califto quelle auoit en ourfe muee eftoit tranflatee en eftoille ou ciel,& q̃ plus ne luy pouuoit nuyre.Elle fuft fi courroucee que plus nen pouuoit.Si fen alla aux dieux de la mer qui trefhonneftement la receurent, & luy demanderent loccafion de fa venue.Celle leur dift en telle maniere. Ia vous celeray mon dueil.Dame & deeffe fouloye eftre des [ieu]x du ciel.Or ay ie maintenant contre moy maiftreffe q̃ [v]alt tenir le ciel.Si toft que la nuyt viendra bien pourrez [re]ceuoir & veoir fi ie vous dy verite.Sept eftoilles nouuel[leme]nt affifes pourrez veoir au firmament pres du derrain aif[fel] vers feptentrion,dont douléte fuis.A Califto, q̃ meffait [av]oit,auoye fa forme tollue & mife en ourfe,or eft eftoille [dev]enue pat Iuppiter mon mary;dont ie fuis plus doulente [qu]e ce remife leuft en fa premiere forme.Bien vouldroye q̃l [la] fift royne du ciel & me laiffaft pour elle. Quant Iuno fe [fut] ainfi complainéte:elle leur pria en telle maniere.Ie vous [pri]e dift Iuno que fe oncques vous me aymaftes q̃ voftre [me]r ne la laiffez defcédre.Les dieux de la mer luy octroye[re]nt preftement fa requefte.Puis quant Iuno les eut remer[cie]z elle fen retourna moult ioyeufe au ciel.Lourfe eft fichee [au] cercle du firmament,& commence fon tour en feptétriõ, [tel]tant ne peult tournoyer quelle ne foit loppofite de midy. [De] ces fept eftoilles dont ie vous dis eft appellee la region [q̃] apparentes font feptentrion pour nombre de fept. Et ce [poi]nt on que en mer ne fe extéde point,car pres du point du [io]ur font affifes ou le firmament fait fon tour,fi ne font que [to]urnoyer enuiron ne nul temps ne fe eflongnent.Mais de[f]les perdons nous fouuent la veue:qui du point font loig[les] veons diuerfement felon la diuerfe motion du ciel en [di]uerfes faifons,& pource lourfe a nõ chartardif.Car on la

d iiij

LE SECOND LIVRE

peult veoir touſiours pres du point lequel ſappelle Poluſ-
ticus, ou par ſemblance fait ſon tournoyment.

Apres ce que la requeſte de Iuno fut conferme
elle ſe leua en lair en vng chariot que les pa
tiroient qui nouuellemēt eſtoit painturee d
yeulx de Argꝰ. Le courbeau qui premierem
auoit eſte blanc, mais par ſa ianglerie & ra
port mauluais, & par ſon non ſcauoir deui
noir, paſſoit par la. Si vous vueil racompter cōe ce luy adu
& pour quelle cauſe il fut ainſi mue en plumes noires.

≫ Par ianglerie le Corbeau, neut
oncques deſpuis ſon coprs beau.

EN Theſſalie eut iadis vne belle pucelle & p
ſante nee de la cite de Lariſſe nōmee Coro
qui alors auoit vng blanc oyſeau nomme C
beau, lequel ayma priueement Phebꝰ. Ceſt
oyſeau apperceut vng iour Coronis ſa da
qui du ieu damours ſe eſbatoit moings q̄ h

DV GRAND OLYMPE.   Fueillet.XXIX.

ement auecques vng aultre que son maistre Phebus. Si
ist au chemin pour aller hastiuement dire a Phebus la
uelle de ce quil auoit veu. La Corneille le rencontra, si
demanda ou il alloit si hastiuement: il dist quil alloit a
eigneur Phebus telle chose dire de sa dame, dont parad
ture elle sera triste & honteuse. La Corneille luy descon
la dy aller: car tousiours dist elle vient trop tost qui mal
ouuelles apporte. Et saches que tu pourras bien cour
cer Phebus, & si tu le courrouces ten pourra mesadue
par quoy mesmes te peulx mirer q̃ toute verite nest pas
ne a dire, ma loyaulte ma fait dommaige irreparable, se
ne veulx ouyr & mes parolles noter, bien te pourras par
y chastier & retarder de ton entreprinse.

Iadis fuz toute maistresse de lhostel Palas la
deesse de force & de sapience, & elle maymoit
moult bien, mais despuis trop me hayt & sans
cause. Si te diray commēt, Vulcã le despiteux
vilain qui par sa laydure & difformite perdit
la grace des dieux, & qui la fouldre de Iuppi
orgea, couuoita & ayma par sa folie ma dame Palas ma
istresse, mais de luy elle ne tenoit compte. Si aduint vng
quil la voulut p force cõtraindre a son amour & auecq̃s
gesir, mais la dame si biē se deffendit: quil ne luy peust
une chose faire. Si sespandit son germe dont sengendra
a terre vng filz nõme Erichthoniꝰ, qui auoit corps dhõ
& pied de serpēt. Cestuy enfant mist en vne boyte ma da
Palas, & le bailla a garder en Athenes aux trois filles du
Cecrops. Si leur deffendit estroictement & sur grandes
nes quelles ne ouurissent point la boyte. Laisnee eut nõ
ndrosos, la moyenne Herse, & la tierce Aglaros. Celle fut
s musarde des aultres, car elle trespassa le cõmandement
ma dame & ouurit la boyte: si vit ce qui estoit dedans. Et
y qui estoye tappie & mucee pour veoir si elles trespasse

LE SECOND LIVRE

roiēt le commādemēt de ma maſtreſſe. Si toſt que ie vy q̃
leurēt treſpaſſe, ie lalay a ma dame Palas dire, cōe a celle q
moult luy cuidoye complaire, mais ſi toſt que ie luy eu d
delle fus ſi mal quelle me deffendit & dechaſſa de ſon hoſ
ſi ne my oſay oncques puis veoir.

❦ Coronis pour rapporter mauluaiſes nouuelles fut muee en corneille.

Occaſion pour quoy ie ſu
corneille: dit elle au corbea
ie vous diray. Iadis fuz de tr
grand beaulte & euz nom C
ronis fille du roy Coroneus
Ie ne vouluz oncques auo
mary: ains vouluz ma virgin
te preſeruer, & garder. Aduī
vng iour que ialloye ſur la r
ue de la mer eſbatant, ſi me
Neptunus tant belle quil ſe
amoura & me reqſt damou

Et ie qui vouloye viure chaſtemēt nen euz cure. Mais il
volut efforce, & moult ſe trauailla pour moy corrompre,
quant ie vy que ne me pouuoye deffendre ne courir q̃ tou
iours il ne maconſuyuiſt. Ie requis & ſuppliay a Palas n
dame quelle me voulſiſt ſauluer de ceſte honte, & elle le fi
car elle me mua en vne corneille, & par ainſi fuz garātie
ſauluee. Si ay touſiours deſpuis ſeruy ma dame iuſques
lheure quelle me debouta & chaſſa pour le doulent rapp
que ie luy feiz. Si eſt & ſert en mon lieu la Chauuette qui
ſe voler fors que de nuyt.

❦ La naiſſance de Eſculapius prince de me dicine, & de la mort de ſa mere Coronis fille du roy Coroneus de Grece.

DD GRAND OLYMPE. Fueillet.XXX.

Vant le corbeau ouyt le cõpte de la cor-
neille il la mesprisa & despita moult : &
dist quil ne pourroit souffrir tel deshon-
neur a son seigneur, & qui luy yroit in-
continant anoncer. Lors vint le corbeau
a Phebus son seigneur : & entierement
luy cõpta la chose de la dame Coronis.
Quant Phebꝰ lentendit, tel dueil en eust
a peu ne forcenna. Il tendist tantost & benda son arc, &
contre Coronis samye qui grosse estoit de luy, quil asse-
Elle sẽtãt le coup mortel cõmẽca a crier en hault disant.
mon trescher amy Phebus ie pers par vous la vie, & cõ
q̃ lauoye assez desseruy en noz amours faussant. Mais
tes auis mestoit que point ne deussiez auoir este si hastif
prendre si griefue punition, ains deussiez auoir attendu
deliuree fusse du fruict quen moy auez engẽdre. Or en
ez occis deux de vng seul coup dont lung estoit innocẽt.
uant Phebꝰ louyst si piteusement cõplaindre & regretter

LE SECOND LIVRE

sa portee, pitie luy en print:& moult se repentist & blas[
de si hastiue vengeance. Grand dueil en fist, mais de ce[
scauoit a qui sen prendre fors au corbeau qui les maulu[
ses nouuelles luy auoit apportees. Phebus vint a samye q[
trouua desia morte. Si sapensa que pas ne laisseroit le fru[
quelle portoit, si luy ouurist le coste & en tira lenfant vis[
sain, qui despuis fust moult saige: & eut nom Esculapi9; l[
trouua lart de nigromãce, & scauoit tant de medicine q[
faisoit les mors ressusciter. Phebus mist cestuy enfant en g[
de a Chyron qui bien & diligemment le nourrist & end[
&trina, & Coronis fust par Phebus arse & la cendre mise [
vng pot, & enterre a grand honneur. Le corbeau qui me[
& guerdon attendoit de Phebus pour la nouuelle que [
portee luy auoit: fust par son courroux dechasse de luy, &[
signe de douleur luy mua ses blanches plumes en noires[
oncques despuis ne fust veu blanc corbeau.

⁂ La nayssance de Chyron le centaure
demy homme & demy cheual.

DV GRAND OLYMPE. Fueillet.XXXI.

Richthoniº lenfant creuſt & moult amē̄da en peu de temps, car Chyron y miſt grande peine & grāde cure pour le grād merite & guerdon quil en attendoit de Phebus:& a brief dire ſi bien en pēſa ql luy apprīt toute lart de medicīe ql auoit iadis apprins, ſicomme la fable le racompte en ceſte maniere. Saturne lempereur [de] Crete fut iadis ſon pere:& pource que Saturne ſceut de la naiſſance de Iuppiter quen ſa femme deuoit engen[drer] vng filz qui ſa terre luy tolliroit, il quiſt engin dauoir propice ou retraire ſe peuſt,& dōt deſherite ne le ſceuſt: [il] penſa que ſa femme laiſſeroit & aultre accointance pren[droi]t. Saturne reſolu en ceſte opinion ſaccointa dune belle [d]oiſelle nōmee Philire. Mais pour la doubte de Cybele [fe]mme & affin q̃lle ne cheuſt en ialouſie, Saturne ſe miſt [en f]orme de cheual, & p ainſi deceuſt ſadicte femme. Et en [celle] forme conceut en Philire Chyron demy cheual & de[my] homme. Ce filz ayma tant Saturne, quil le fiſt immortel [&] ly donna diuine forme,& ſi luy apprint lart de medici[ne &] [l']art de harper. Et auſſi la maniere de tirer de larc,& pour [tā]t il appelle Sagittaire.

☙ Le deuinement de Ocyroe la
diuineresse a Esculapius.

Gyron par grand cure nourriſſoit lenfant e[n] vng trou en repoſt, car il en attendoit grād merite comme diſt eſt, ceſtuy Chyron auoit vne moult belle fille qui ſcauoit lart de deuiner. La pucelle eſtoit nommee Ocyroe, quant elle viſt lenfant elle ſceut tātoſt qui luy eſtoit a ad[uen]ir. Et luy diſt choſe dont abſtenir ne ſe peut, enfant tu es [g]rande deite: tu saulueras grande partie du monde,& fe[ras les] mors reſſuſciter. Mais les dieux auront pource ſur toy

LE SECOND LIVRE

enuye,& toy qui maintenant es immortel feront mort
fi feras par ton ayeul fouldroye pource quil fe courrou
de ta gloire,& puis tu viuras par le fait de tō doulz pere
durablement,ainfi que par deftinee viure doibz,veu qu
nature diuine eftes,& fi verrez encore le venin du ferp
Hercules occira en leaue dont voftre corps fera telle
furprins q̄ durer ne pourrez de la grāde angoiffe, vo9
rez a Hercules defpaigne q̄l demeure auecq̄s vous,&
bergerez & toucherez fes flefches q font entoxiquees
nin.Lune vous cherra fur le pied dont vous ferez for
blece,& en fouffrirez long tēps grand ardeure.Puis de
bleceure mourrez,& apres ferez deifie,& voftre corps
ftellifie en vng figne celeftiel.Et ie feray muee en iume
viuray beftiallement.Auec ce mot luy deftourna la pa
& la langue,tellemēt q̄lle ne pouuoit plus mot dire. M
luy vaulfift moins fcauoir q̄ auoir la malueillance de d

☙ Du banniffement des cieulx Dapollo;&
de fa bergerie,& du larcin de Mercure,
& de la trahifon de Batt9 & de fa punitiō.

DV GRAND OLYMPE. Fueillet.XXXII.

Hyron pleure & maine grãd dueil pour sa fille Ocyroe q muee estoit en iument,& qui sa belle forme auoit ainsi perdue. Dont tous ceulx qui la uoiẽt veue & cogneue estoiẽt tous esbahys. Car quant elle cuydoit parler elle hãnissoit. A ceste besongne luy fust le se cours de Apollo moult loing taing. Et combien que p̃sent eust este a ceste mutatiõ,si ne [pouoit il] pas quil luy eust peu faire aulcune ayde, ne deffaire [le fai]tz de Iuppiter. Car Phebus encore doulant & cour[roucé] de la mort de son filz Phaeton que Iuppiter auoit foul[droyé,] fist mourir plusieurs geans qui forgeoient la fouldre [de Iu]ppiter: dont les dieux & deesses lexillerent & bannirẽt [d'eul]x,& luy tollirent sa dignite. Adonc sen alla comme [vng] serf sans aulcun riche attour garder les bestes. Il auoit [vng fl]aiolet, duquel il flaioloit tousiours parmy les champs, [et es]batoit auec les aultres pastoureaulx au deduyt de son [chan]t,& demenoit dances & Karolles sans entendre a ses [bestes]. Et auec ce auoit habit de pasteur,& si auoit vne croce [sau]uaige oliuier pour garder & guyder ses bestes. Vng [iour v]it Mercurius les bestes de Phebus vagabũdes & sans [garde] par les champs de la cite de Pylion en Messenne,si les [abst]rahist par son enchantement,& dehors du chemin [les mi]st en vng obscur lieu. Ce larrecin ne vist nul fors vng [homme] de Pylion nomme Battus quil gardoit les cheuaulx: [auque]l il pria que point ne laccusast,& il luy donneroit vne [vache] blanche telle quil vouldroit choisir au troupeau. Le vi[eillart] luy respondit quil allast seurement,car ie te iure dit il, [ceste] pierre accuseroit plus tost ton larrecin que moy: &

LE SECOND LIVRE

luy monstra la pierre. Lors luy donna Mercurius la v
& puis se partit dilec a tout ses bestes. Mais il y retou[r]
tost en vne aultre forme, & dist a Battus en telle mani
Amy as tu point nagueres veu par cy passer vng troupe
beufz: enseigne les moy si tu les scez, & ie te donneray
vache & vng veau. Quant Battus ouyt la promesse q m
valoit que la premiere y luy enseigna les beufz. Et di[st]
vng homme qui nagueres passoit par la les auoit embl
luy enseigna le val ou il les auoit mussez & retraictz. M
rius commenca a rire & luy dist par grand desdaing.
& desloyal vilain vous estes desia periure, vous me trah
car ie suis celluy qui vous donnay nagueres la blanch
che. Lors mua Mercurius Battus en pierre de touche
lon assaye lor, & endespuis icelle pierre ne sert q̃ a remo[

La paix entre Phebus & Mercure.

Vant Phebus apperceut
auoit ses beufz perduz,
moult courrouce, & bie[n
sa que Mercure les auoi
blez : mais il auoit ses
tes emblees, pource quil
toit son traict. Lors fut Ph
plus doulent & plus cpu[r
ce que deuant & plus esb
pource que Mercure par
fois lauoit deceu, mais M[ercu
re p sa belle eloquence &
ce parolle fist, tant a Phebus quil eut sa begniuolence &
ce. Et affin que son maltalent luy pardonnast, il luy d[onna
sa harpe quil auoit faicte & côtrouuee & ordonnee de
cordes. Et lors luy pardonna Phebus, & luy donna sa c
dont guider & conduire souloit ses bestes. Despuis M[ercu
re appella icelle croce caducee & en fist maintes merue[illes

V GRAND OLYMPE. Fueillet.XXXIII.

fift de celle croce maint mort viuifier & reffufciter.
gz en endormoit & les aultres en efueilloit, & si en
it les ames tirer hors denfer.

Le voyage que fist Mercure vers
Athenes, & des amours quil y fist.

Vant Battus fuft mue en pierre Mercure laiffa
la terre ou cefte mutatiõ auoit efte faicte pour
la defloyaulte q̃ trouuee y auoit, & sen vola
par lair en Athenes: ou il rencontra dauenture
vne affemblee de ieunes pucelles belles & gẽ-
tes: qui du temple de Palas venoient de porter
ces. Dont chafcune delles portoit vng panier plain de
tes en son bras. La plus belle delles toutes eftoit Herfe
mee. Laquelle reluyfoit en beaulte oultre & par deffus
ltres plus que leftoille du iour par deffus toutes les aul
ftoilles. Quant Mercurius vift la belle Herfe il fuft si
de son amour que il delaiffa son chemin q̃ entreprins
pour aller auec elles. Mercurius eftoit trefbel hõme,

LE SECOND LIVRE

& si estoit tresbien aorne de tous habillemēs. Vng chapp[eau]
auoit p cointise dessus son chief cōe amoureux hōme
ne & pare de toutes fleurs, & ainsi coint & pare se mist [a]
voye deuers lhostel Herse. La maistresse maison ou elle
mouroit estoit couuerte avoulte de yuoire, & si y auoit t[rois]
chambres ou trois pucelles demouroiēt qui estoiēt filles [du]
roy Cicropos. Celle qui demeuroit en la dextre cham[bre]
auoit nom Pādrosos. Aglauros demeuroit en la senestre
Herce en celle du millieu. Aglauros apperceut premiere[ment]
venir Mercure. Celle estoit moult orgueilleuse & despite[use]
demāda a Mercure assez orgueilleusemēt q̄l q̄roit la. Et M[er]
cure luy respondist. Ie suis dist il le messagier truchemē[t &]
poste des dieux. Point ne celeray mō vouloir. Ie suis yci [ve]
nu pour Herse ta seur auoir en mariaige. Par ma foy
Aglauros point ne lauras, car ie le desconseilleray a mō [pe]
re & a ma mere se tu ne me dōne grād auoir. Ia ne deme[u]
ra ce dist Mercure puis q̄l ne tiēt q̄ a lauoir. Lors luy en b[ail]
la Mercure tāt q̄ Aglauros luy ṗmist dauoir sa seur en [ma]
riaige comme il fist.

❧Le recours de Palas a ēuie pour soy vēger Daglau[ros]

V GRAND OLYMPE. Fueillet.XXXIIII.

Vãt la deesse Palas vist la grãd desloyaul
te de Aglauros qui sa seur vendoit pour
auoir. Lors luy souuint du cõmãdemẽt
quelle auoit trespasse quant la boyte ou
urist. Si sappensa que de tout ensemble
se vouloit maintenant venger, & q̃ nul
ne luy pourroit si bien ayder a ce faire q̃
dame Enuie feroit. Celle Enuye estoit
laide & la pl⁹ descolouree figure du mõde. Elle auoit
alaine, & si estoit sa coustume q̃ quant elle scauoit aul
personne auoir du bien: elle en auoit tel dueil q̃ a peine
ouroit. Tous maulx & toutes ordures vsoit. Elle ne vi
inõ de veni. Celle ẽuye faisoit sa residẽce en vng moult
val & froit ou Soleil ne Lune ne pouuoit luyre. La
Palas vint a lhostel Dẽuye q̃ moult estoit tenebreux,
scur. Si hurta a la porte: car dedans ne voulut elle pas
r. Enuye mangeoit lors ses entrailles: & beuuoit venin
ne celle qui daultre chose ne viuoit. Quant la porte fut
rte, Palas destorna son regard arriere, car point veoir ne
it la contenance denuye, que tantost se leua de terre
le estoit assise, & laissa les viandes serpentines q̃lle man
, & sen ala a lẽt pas deuers la deesse souspirant de dueil
yre pour le sens, pour la beaulte & pour la bienheurete
la deesse estoit plaine. La forme denuye estoit layde &
hydeuse que descripre ne scauroye passe & deffaicte cõ
me malade. Tousiours regardoit de trauers. Elle auoit
ens plaines de rousse pourriture. Oncques ne dormoit
posoit pour pẽser ou pourchasser dommaige dautruy.
ant elle veoit aulcune bonne aduenture venir a aulcu
ersonne elle fendoit de ire & de maltalent. Et cestoit la
qui plus la blessoit & greuoit, tousiours estoit mesdi
Et combien que Palas la hayst touteffois si lappella elle
de bonne sorte. Va dist Palas a Enuie: ie le te comman

e ij

LE SECOND LIVRE

de a la riche cite Dathenes:& prens lune des filles Cicro[...]
celle qui a nom Aglauros. Si luy fais porter la banniere[...]
ta puante pourriture. A tant se partist Palas sans plus dir[...]
Et Enuye ne pouuoit mettre en refuz son commandeme[nt]
Et aussi bien luy plaisoit le mettre a execution puis qu[...]
auoit le commandement de mal faire. Lors sappresta Enu[ye]
au plustost quelle peust. Et sans arrester print vng tourtu[...]
ston despine enuironne de eguillons moult poingnãs, si [...]
alla vers Athenes couuerte dune obscure nuee. La puna[...]
que yssoit de son alaine honnissoit & enuenimoit citez [...]
chasteaulx par ou elle passoit. Tant erra dame Enuie que[...]
cite Dathenes vist plaine de grans noblesses, de ieux des[...]
temens, de paix:& lyesses, de sens & dauoir. Et a peine se[...]
stint de plorer: car riens ny vist que ne luy despleust. Elle[...]
deuant Aglauros pour le commandement de dame Pala[s]
complir. Si luy emplist le couraige, & toutes les entrai[lles]
de venin, & luy changea sa maniere en telle condition [...]
auoit. Et pour la plus greuer luy mist au deuãt Herse sa [...]
a loeil que tant estoit preux & saige, & qui si riche maria[ge]
auoit fait du dieu Mercure qui tant laymoit & prisoit.[...]
quant Aglauros la regardoit a peu que le cueur ne luy d[...]
toit de dueil. Trop luy greuoiët les biens quelle veoit a[...]
a sa seur. Elle aymast myeux estre morte que de veoir sa [...]
auoir tant dhonneur & de reuerence, ne quelle eust tant[...]
biens. Moult pensoit & proposoit delle greuer celle pou[...]
Vng iour estoit a porte close, & celle estoit au guichet a[...]
& pourprenoit toute lentree. Mercurius qui par la pa[...]
pria quelle se tirast dung lez, & quelle le laissast passer. C[...]
resdondit que non feroit, & que de la ne se moueroit. [...]
dist Mercuriꝰ ireemēt. Ie prie a dieu que a tousiours y p[...]
tu estre. Sa priere fust tost ouye, car quant Aglauros se cu[...]
leuer, elle ne se peut mouuoir. Et ainsi elle y demeura iu[...]
a tãt qlle mourust, & quãt elle fut morte, si fut muee en pie[...]

DV GRAND OLYMPE. Fueillet. XXXV.

Vant Mercurius se fust ainsi asprement de Aglauros venge il se partit de Athenes & sen vola par lair a Iuppiter son pere qui le appella pour lenuoyer a vng siē messaige, mais pas ne luy dist ce ql proposoit de faire. Va beau filz dist Iuppiter a Mercure: & si maine les beufz du riuaige q̃ tu vois paistre en la mōtaigne. Mercurius sans delay fist son commandement

La trahison de Danaus quil commist
enuers les filz de son frere mariez a
ses filles.l. & de la noblesse de
Hipermestra q saulua
son mary.

E pendant Egistus filz de Epaph⁹ roy de Egypte qui auoit cinquante filz: desquelz moult se tenoit sur destre par eux aduance, & Danaus son frere auoit autant de filles. Ces deux freres tenoient vng seul royaulme. Mais ilz estoient en discord pource que chascun deulx vouloit

e iij

LE SECOND LIVRE

auoir la principale seigneurie. Mais en la fin ilz saccord[ent]
par telle condition quilz assembleroient ensemble par [ma]
riaige leurs cet enfans & en feroient les nopces tout en [vng]
iour. Ainsi le cuyda Egistus, mais Danaus eut vne aul[tre pen]
see. Point nest de huy ne de hier que trahyson est com[men]
cee. Le premier qui nasquist de mere tua son frere en tra[hy]
son. Danaus fust traistre. Si pensa que ses gēdres enyure[roit]
le iour: & si donneroit a vne chascune de ses filles vng c[ou]
steau trenchant pour copper les gorges a leurs maris & [cou]
sins, & leur dist que chascune occist le sien quant ilz ser[oient]
endormis. Et celle qui fauldroit fust seure de mort. Gr[ans]
furent les nopces des cousins & des cousines. Helas poin[t ne]
scauoient les espousez que Danaus leur oncle & beau p[ere]
fust si malueillant. Quant se vint a la nuyt que les mari[s fu]
rent tous endormis chascune de ses filles occist son mary [ex]
cepte Hipermestra qui tant fut franche que trahyson ne [vou]
lut faire.

Vāt Hipmestra entēdit lhorreur & la fra[yeur]
les sanglotz & souspirs des mourans que [ses]
seurs auoient occis commenca a plourer. G[rant]
angoisse a son cueur auoit de sō mary q p[ar]
dyuresse dormoit decoste elle en son lict. C[o]
mande luy estoit que en dormant loccist [sur]
peine de la mort. Si se commenca a lamenter & compla[indre]
en ceste maniere. Lasse dist Hipermestra chestiue que ie [qui]
oncques en iour de ma vie ne sceuz quest meurdre ne tr[ahi]
son, cōmetraay ie tel horreur en mō cousin mon amy & [mon]
espoux. Ouy? Mon pere que si mauluais est & si inhum[ain]
ma dit quil me occiroit mesme se ie naccomplissoye son [com]
mādemēt. A ce mot se dressa Hipermestra en estant, si p[rint le]
cousteau en sa main, & en eust occis son mary ce de pao[ur &]
de pitie le cousteau ne luy fust cheu de la mai a terre. Lo[rs]
cōmēca a faire ses regretz de rechief. Cōmēt dist elle occ[iray]

DV GRAND OLYMPE. Fueillet.XXXVI.

on cousin & mõ espoux, ia nen souilleray ne ensanglã-
ma main. Puis dist. Hee seray ie la plus pytoyable de
seurs, chascune a desia occis son mary, & pour quoy ne
e ainsi comme les aultres en occiant le mien. Pour riens
cciroye, ains ayme myeulx perdre la vie de par mon pe
e luy oster la sienne. Quelle chose me a il meffait ne ses
s aussi qui sont mors. Lont ilz desseruy pour maintenir
royaulme qui leur appartenoit de droit. Certes nenny.
z lauoient desseruy si ne ay ie pas talent destre homici-
e meurdriere. Ia dieu ne plaise que moy qui suis pucelle
meurdriere de mon espoux.

Insi plouroit Hipermestra, souspi-
roit & trẽbloit de paour pour son
mary. Et en fin a basse voix lappella
& esueilla, puis luy dist. Linus mõ
doulz amy tous voz freres sont ia
mis a mort, & aussi serez se voʔ de-
meurez icy tant q̃ le iour viẽgne.
Prenez hastif conseil de vous saul-
uer, car par le commandement de
mon pere sont tous voz freres mis
a mort de ceste heure. Quant Linʔ
t dire ces parolles il fust moult effraye, attendu quil ve-
de dormir. Si dist a Hipermestra. Ma doulce cõpaigne
ui les a occis? Et vous que voulez voʔ faire qui tenez en-
s le cousteau en la main? Amy dist elle se de vous saul-
ne pensez deuant que mon pere vous treuue:il vous cõ-
dra mourir. Lors print Linʔ cõgie de samye & senfouyt
r doubte de la mort qui prochaine luy estoit. Et Hipme-
demeura seulle doulente & esplouree iusques au iour q̃
elon mauluais & cruel roy se leua & a tous ses sergens
chercher en toutes les chãbres de ses gendres mors vng
ng. Et tous les trouua mors excepte vng. Cestoit Linus le

e iiij

LE SECOND LIVRE

mary de Hipermeſtra. Lors luy demanda quelle auoit [
de ſon mary, & pourquoy mort ne luy rendoit comme
aultres. Hipermeſtra qui moult eſbahye fut reſpondit a[
pere quil ſen eſtoit fouy: & quil lauoit meſmes volu oc[
Lors la print le roy p les cheueulx, & moult la traicta in[
mainemẽt. Puis la fiſt getter en vne obſcure chartre, & e[
le viel Egiſtus ſon pere: & Lin⁹ ſen eſtoit fouy ie ne ſcay [
pour garãtir ſa vie. Et ainſi euſt Danaus le traiſtre tout[le
aulme en ſon gouuernemẽt, mais ainſi q̃ lauctorite diſt d[
poſſeſſiõ. De choſe mauluaiſemẽt acq̃ſe ne doit iouyr ſõ t[
hoir. Ainſi ne demeura gueres q̃ Lin⁹ q̃ eſchappe eſtoit [
lemẽt laſſaillit quil luy tollit ſon royaulme & la vie. Fai[
telle iuſtice de luy que on deuoit faire dung traiſtre. [
pareillement fiſt il de toutes ſes filles, qui ſes freres me[
dry auoient, fors Hipermeſtra ſa bonne femme qui lau[
garanty de mort. Pour la deſloyaulte de ſes filles elles [
toutes en enfer a dueil & a honte, & a pardurable tourm[
& ont empres elles vne beſongne quelles ne peuent ac[
uer ne accomplir. Ceſt quelles cuydent emplir les crib[
que chaſcune porte au pres de vne eaue pour eſpuyſe[
vuyder le fleuue, mais elles ne peuent leur folle entrepri[
parfaire. Car touſiours puiſent; & en vain ſe trauaillent.
ainſi ſont en peine pardurable.

☙ Le rauiſſement de Europe faict par
Iuppiter en forme dung thoreau.

DV GRAND OLYMPE. Fueillet.XXXVII.

Ercure le meſſaigier deſia auoit les beufz
menez de la prayerie en la montaigne,
Illec ſe ſouloit eſbatre Europa auec ſes
pucelles. Sō pere eſtoit nomme Agenor
le roy de Sidonne. Et eſtoit moult puiſ
ſant & riche. Il auoit de ſon eſpouſe trois
filz & vne fille de treſſouueraine beaul
te. Lūg eut nō Fenis,ceſtuy fut roy de Fe
Le ſecond eut nom Cilix. Lequel fut roy de Cilice, Ces
nommerent les royaulmes de leurs noms. Et le tiers
uſt nom Cadmus qui premierement eſcript le langai
es Grecz. Ces trois filz furent vaillans & puiſſans hom
Or vous diray de Europa qui tant eſtoit belle que na
a la former nauoit riens oblye. Celle ayma Iuppiter tāt
fermement: que pour elle laiſſa ſa forme diuine: & miſt
eite toute en non chaloir. Celluy qui damours eſt eſpris
pas du tout a ſon vouloir, nonobſtant quil ſoit de hault
aige. Amour veult les aymans maiſtrier, & ſi ne veult
maiſtriee. Contraires ſont amours & ſeigneurie, telle

ment que enfemble ne peuuēt eftre par bonne compaig[
Amour eft franche & debonhaire. Et feigneurie eft dan[
reufe. Orgueilleufe & defpite:& veult q̄'on la ferue &[
gne. Et amour veult quon foit debonhaire & feruiable,[
veult auoir pareil & non maiftre. Iuppiter qui tonne &[
& gette fouldre par tout le monde quāt il luy plaift,[
ne peult force contre amour, car amours le mift en tel[
que a aultruy luy conuinft obeir. Pource ne doibt on[
merueilles fe aulcun aymant eft affotte par amour. En[
prayerie pres du riuaige de la mer paffoit la vacherie ro[
& le dieu q̄ amours fupportoit laiffa fa diuine forme p[
le defport de la belle Europa. Si deuint beuf & fe main[
comme vng beuf pour a lamour de icelle paruenir. Ce[
beuf eftoit tout blanc & de trefbelle forme & plaifant a[
garder. Il eftoit fimple & fans defroy. Moult fefbahift E[
pa de la grande beaulte de ce beuf,& de la fimpleffe qu[
y vift, & moult fe delectoit a le regarder. Et fe per verg[
gne ne leuft laiffe elle de la main leuft touche. En fin p[
Europa hardemēt en elle. Si fapprocha du thoreau & luy[
na a manger. Et Iuppiter que amours tenoit en fon dang[
en femblance de thoreau luy lefchoit & baifoit les bell[
blanches mains. Et moult fefiouyffoit du prefent quell[
faifoit, & fe enuiron de eulx neuffent efte aultres, il euft[
faict delle fa voulente & defir, & a peine fen pouuoit il a[
nir. Moult fe defduifoit & defgoiffoit le thoreau pour la[
le qui le taftinoit. & qui chappelletz de fleurs luy donn[
& mettoit deffus fes cornes. Si alloit par lherbe comme[
aultres beufz defduy fans. Et tant enchanta la belle que[
qui ne le congnoiffoit monta fur fon dos. & le thoreau[
a pas la porta iufques a la mer, puis fe bouta dedās & fe[
a nager pourtant fa proye fur fon dos. La pucelle moul[
efbahift & defconforta & regarda le riuaige, & les puce[
crians & plorans apres leur dame que emporter veoye[

V GRAND OLYMPE. Fueillet.XXXVIII.

celle se tint aux cornes de la main senestre, & de la de
tint sur le dos. Le dieu se entremist tant a nager ql arri
Crete. Illec reprit sa droicte forme, Il descouurist a Eu
on courage & ses amours:& puis la despucella & eno
en elle Minos qui toute Crete tint, & en fut roy toute
. Se la fable ne ment, par luy sont faictz denfer les iuge
. Et donne a chascun selon ce quil a desseruy. Iuppiter
ma la tierce partie du monde en lhonneur de samye Eu
Et luy en fist present.

☙ Fin du second liure. ❧

☙ Le tiers liure du grand
Olympe des histoires.

☙ La peregrination de Cadmus, & de
loracle quil eust de Apollo. Et de la
mort de ses compaignons.

LE TIERS LIVRE

Vppiter tenoit Europa sa[...] en Crete en sa sale roya[le...] auoit mis sa forme de tho[...] ius & reprins son diuin at[...] & se desduysoit illec auec [...] en grand ioye lyesse & sou[...] quāt Agenor sceut & cōg[neut] quil auoit sadicte fille Eur[opa] perdue, il appella Cadmus [son] filz, & luy cōmanda quil a[last] par toute la terre cherche[r sa] seur Europa: & estroiteme[nt] luy deffendist de iamais en sa terre retourner se auec luy [ne] ramenoit sa seur Europa. Cadmus en obeissant au comm[an]dement de son pere sattourna au myeux quil peust, & p[uis] se mist en chemin moult esbahy car il ne scauoit quel c[he]min prendre ne retenir pour recouurer Europa sa seur. E[t] nosoit retourner en sa terre, se retrouuee nestoit. Cadm[us] mist grand peine & grand trauail, ains que trouuer la p[eut] ne ensuyuir, ou prouuer les larcins & faictz de Iuppiter. T[out] premierement il sen alla au temple Apollo pour cōsult[er et] enquerre quel chemin il deuoit tenir. Il eust respōce q[ue en] voye il trouueroit vng ieune beuf qui oncques nauoit p[orté] le ioug de la charue: quil le suyuist: & au lieu ou le verro[it s']rester il fist son manoir, & illec edifiast vne cite quil app[elle]roit Boecie. Cadmus ioyeulx de la responce rendist g[races] & louanges aux dieux, & se partit dillec, mais il neust g[ue]res longuement erre que deuant luy vist le beuf en son che[min comme le dieu Apollo dist luy auoit. Il se mist a [aller] apres luy, & le beuf tint la voye entre le gue de Cephe[...] en delaissant la terre de Panopeye. Et quant il apperceut [ce]luy qui le suyuoit: il se arresta & a terre se coucha en la[...] dant, & dressa ses cornes en hault deuers le ciel en mug[...]

V GRAND OLYMPE. Fueillet.XXXIX.

te voix.Quant Cadmus vist le beuf couche il en fust
ioyeux,car il auoit illec trouue la fin de son exil.Si en
la terre & salua les montaignes denuiron.A Iuppiter
t sacrifie affin quil luy donnast bonne aduenture de
yage.Ses gens & compaignons enuoya a leaue viue
ontaine qui estoit dedans vne vielle forest pres dillec
ettoier le sacrifice,& ceulx firent tantost son commã
nt.Quant ceulx cuyderent en la fontaine puyser de
vng serpent de terrible grãdeur & iaune pour le grãd
dont il estoit plain qui auoit trois testes & trois ordres
tz estoit muce & en repos en la fontaine.Lequel quãt
ndit le son des potz ou ceaulx puyser:il saillist hors &
t les seruiteurs de Cadmus:& les deuora tous & mist

¶La vaillance de Cadmus contre le
serpent qui luy auoit tue ses
compaignons.

Ant attendit Cadmus ses gens
quil fut noire & obscure nuyt,
& moult sesbahissoit de leur
demeure, & ne scauoit quel
le cause les detenoit illec si lon
guemẽt.Il estoit biẽ arme dũg
cuir de lyon fort & dur a mer
ueilles. & si auoit en sa main
vng dard moult fort trenchant
& affile.Si se mist a chemĩ pour
aller querir ses compaignons
au boys,mais il les trouua tous
& occis,& le serpẽt estãt sur leur corps pour leur sang
Moult fust Cadmus hardy quant il ne sespouuẽta de

LE TIERS LIVRE

Vppiter tenoit Europa [sa m...]
en Crete en sa sale royale, [&]
auoit mis sa forme de thore[au]
ius & reprins son diuin atto[ur]
& se desduysoit illec auec e[lle]
en grand ioye lyesse & soula[s]
quāt Agenor sceut & cōgne[ut]
quil auoit sadicte fille Euro[pa]
perdue, il appella Cadmus [son]
filz, & luy cōmanda quil all[ast]
par toute la terre chercher [sa]
seur Europa: & estroictemē[t]
luy deffendist de iamais en sa terre retourner se auec luy [ne]
ramenoit sa seur Europa. Cadmus en obeissant au comm[an]
dement de son pere sattourna au myeux quil peust, & pu[is]
se mist en chemin moult esbahy car il ne scauoit quel che[*]
min prendre ne retenir pour recouurer Europa sa seur. Et [*]
nosoit retourner en sa terre, se retrouuee nestoit. Cadm[us]
mist grand peine & grand trauail, ains que trouuer la pe[*]
ne ensuyuir, ou ,puuer les larcins & faictz de Iuppiter. T[out]
premierement il sen alla au temple Apollo pour cōsulter [&]
enquerre quel chemin il deuoit tenir. Il eust respōce q̄ en [sa]
voye il trouueroit vng ieune beuf qui oncques nauoit po[rté]
le ioug de la charue: quil le suyuist: & au lieu ou le verroit [se]
rester il fist son manoir, & illec edifiast vne cite quil appell[e]
roit Boecie. Cadmus ioyeulx de la responce rendist grac[es]
& louanges aux dieux, & se partit dillec, mais il neust g[ue]
res longuement erre que deuant luy vist le beuf en son ch[e]
min comme le dieu Apollo dist luy auoit. Il se mist a al[ler]
apres luy, & le beuf tint la voye entre le gue de Cephes[*]
en delaissant la terre de Panopeye. Et quant il apperceut [*]
luy qui le suyuoit: il se arresta & a terre se coucha en latt[en]
dant, & dressa ses cornes en hault deuers le ciel en mugi[*]

DV GRAND OLYMPE. Fueillet.XXXIX.

ulte voix.Quant Cadmus vist le beuf couche il en fust
lt ioyeux,car il auoit illec trouue la fin de son exil.Si en
a la terre & salua les montaignes denuiron.A Iuppiter
ult sacrifie affin quil luy donnast bonne aduenture de
voyage.Ses gens & compaignons enuoya a leaue viue
e fontaine qui estoit dedans vne vielle forest pres dillec
r nettoier le sacrifice,& ceulx firent tantost son commã
ent.Quant ceulx cuyderent en la fontaine puyser de
e,vng serpent de terrible grãdeur & iaune pour le grãd
in dont il estoit plain qui auoit trois testes & trois ordres
entz estoit muce & en repos en la fontaine.Lequel quãt
tendit le son des potz ou ceaulx puyser:il saillist hors &
llit les seruiteurs de Cadmus:& les deuora tous & mist
ort.

☙La vaillance de Cadmus contre le serpent qui luy auoit tue ses compaignons.

Ant attendit Cadmus ses gens
quil fut noire & obscure nuyt,
& moult sesbahissoit de leur
demeure, & ne scauoit quel-
le cause les detenoit illec si lon
guemẽt.Il estoit biẽ arme dũg
cuir de lyon fort & dur a mer-
ueilles . & si auoit en sa main
vng dard moult fort trenchant
& affile.Si se mist a chemĩ pour
aller querir ses compaignons
au boys,mais illes trouua tous
s & occis,& le serpẽt estãt sur leur corps pour leur sang
r.Moult fust Cadmus hardy quant il ne sespouuẽta de

LE TIERS LIVRE

la grandeur du monstre. Il passoit celluy de grandeur
depart lourse du ciel. Il nest hôme mortel que du regar[d]
celluy seullement ne deust auoir grand paour & grand [hor]
reur. Cadmus lassaillit moult hardiement sans en riens [s]
esbahyr, & le alla ferir dune grande & pesante massue [sur le]
dos. Mais sa dure escorse le preserua & garantit, tellem[ent que]
ce cop ne luy fist aulcun mal. Touteffois le cop fust si r[ude]
quil deust auoir froisse vne tour se ainsi leust attaicte. A [laul]
tre cop le ferit Cadmus dung dart dacier en leschine si [ru]
dement quil luy fist vne grande playe dedãs le corps. A[dõc]
print le serpent a fremir dangoisse & regarda sa playe. Si [se]
a mordre le dart par grand ire, & tant fist que le fust en [mit.]
Mais le fer y demeura. Moult se demenoit horribleme[nt &]
enuenimoit, alumoit, & fort escumoit. Si faisoit trêbler l[a ter]
re dēuirõ luy. Lalaine qui du corps luy sailloit, brusloi[t &]
seichoit fleurs & arbres. Il se deffendoit si ireement qui[l a]
batoit tout ce quil recõtroit. Mais Cadmus qui expert e[stoit]
& legier luy lansoit lespieu quil tenoit en sa dextre main [&]
la targe quil tenoit en sa senestre. Le serpêt sans cesser l[a bat]
loit moult ireement, & Cadmus se deffendoit moult vi[gou]
reusement comme preux & vaillant quil estoit. Quant l[e ser]
pent luy couroit sus de ses dêtz il recepuoit la morsure [a]
sa lance. Que iroye ie faire long compte. Cadmus lance [&]
brandist son glaiue par si grand vigueur que quant le se[rpent]
sentist la rigueur du fer il se print a reculer. Et lors le h[urta]
Cadmus de si pres que contre vng chesne laccula tellem[ent]
quil ne se pouuoit plus remouuoir. Soubz la pesanteu[r du]
serpent conuint larbre ployer. Moult fut ioyeulx Cad[mus]
quant il eut se serpêt vaincu. Si le regarda & sesbahit m[oult]
car il estoit merueilleusement hideux & terrible a rega[rder.]

☙ Cadmus seme les dês du serpent &
naissent gensdarmes lesquelz sentretuêt.

DV GRAND OLYMPE.   Fueillet.XL.

E demeura gueres q̃ vne voix foubdainemēt vīt a Cadm⁹ & ne fceut q̃l luy dit aīfi. Cadm⁹ ne tefiouys point trop pour le ferpent q̃ tu as occis & defconfit, car deuant ta mort tu feras oncores ferpent. Quant Cadmus ouyt fes parolles, fort efbahy en fut & perdit toute memoire, & comme vne ymage de boys ne fe ret. A tant defcendit Palas de lair pour le raffeurer. Si fapa luy & luy commanda quil laboraft & araft la terre, maft les dens du ferpent pour faire croiftre & germer ple aduenir qui en deuoit yffir. Cadmus acompliſt le handement de la dœffe Palas Et tant creuft la femence ens femez par luy que toft en nafquirent cheualiers z preftz a faire bataille. Cadmus les vift dont il en eut e merueille. Si apprefta incontinent de combattre fe er en eftoit: mais lung de eulx fefcria & luy dift quil us fes armes & que point ne fe meflaft de leur debat & ullement ne fe dobtaft deulx. A ce mot lança celluy fa

LE TIERS LIVRE

lance & tua vng de ſes compaignons. Et puis vng aultre
tua. Et ainſi ſentretuerent tous les freres: exceptez cinq
par le conſeil de Palas laiſſerēt leut debat & furēt touſio[urs]
bōs amys enſemble, & ſentreaccointoiēt to⁹ cinq a Cad[mus]
& luy ayderent a edifier ſa riche cite qui fut plus noble [que]
celle de Thyer. Cadmus la nomma de dieu & du beuf [qui]
la mene lauoit, & lappella Thebes. Puis manda par tou[t le]
royaulme des gens, & les y fiſt venir pour habiter ſa nou[uel]-
le cite.

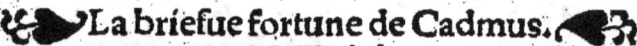
La briefue fortune de Cadmus.

Admus regnoit en Theb[es]
cite quil auoit nouuelle[ment]
fondee en grand proſperi[te]
Et peu luy chaloit lexil q[ue]
pere Agenor luy auoit i[mposé]
Car bien luy en eſtoit v[enue]
grande fortune. Il print a[fem]-
me vne moult belle & va[illant]
damoiſelle fille a Mars le [dieu]
de bataille, & a Ven⁹ la d[eeſſe]
damours, de laquelle il [eut]
de moult vaillans hoirs f[ilz &]
filles. Moult ſe viſt Cadmus emparente & doubte de to[us ſes]
voiſins. Et moult luy fut fortune fauorable, qui trop ſ[e chan]-
ge en peu dheure, car les biēs de Fortune ſont muables[. Folz]
ſont ceulx qui en eulx ſe fient. Fortune qui auoit Cad[mus]
exaulce & eſſeue en ce monde en tant grans honneurs [com]
me diſt eſt, leuſt en peu dheure precipite & abaiſſe en ru[ine]
Tel rit au matin q auveſpre pleure. Et le dernier iour eſt[des]
iours a attendre a lhomme eſtre dit bien heure & nulle[ment]
deuant la mort, car la roue de fortune tourne inceſſam[ment]
tout ainſi que aduinſt a Cadmus lequel au millieu de ſa[]
cite eut de triſteſſe pour vng ſien nepueu.

DV GRAND OLYMPE.　　Fueillet.XLI.

℣ La piteuſe fin de Acteon le veneur mue
en cerf pour auoir veu Diane nue
qui fuſt par ſes chiens vene.

Admus eut de Hermione quatre filles
que moult aymoit. Laiſnee eut nõ Atho
noe. Celle fut mere de Acteon le gentil
eſcuyer qui tant fut ententif de chiens
tenir & de chaſſer que finablement en
perdit la vie. Il fut mue en cerf, & par ce
ſes chiẽs meſmes en furẽt deceuz, car ilz
cuyderent q̃ ce fuſt cerf ſauuaige, & ne
gneurẽt: ſi le deſuorerẽt. Mais q de luy enquerroit, ie
q̃ on ne trouueroit que oncq̃s en ſa vie il euſt mal faict
deſſeruit mort. Il alloit vne fois par ſes foreſtz chaſſer
accouſtume eſtoit & auoit moult prins de ſauuagine. Il
t ia heure de nonne & faiſoit chault. Si eſtoit laſſe de
re, & pource diſt a ſes gens. Nous auõs ſauuagine aſſez
mmes trauaillez: repoſons nous meſhuy car bien en eſt
os: & demain ſi vous ſemble bon nous retournerons.
ſans plus darreſt sappreſterent les compaignons de de
dre au commandement de leur ſeigneur, & commãce
a cueillir des roſeaulx,

R vous vueil racompter comment il
meſaduint au iouuencel Acteon. Tan
diz que ſes compaignons coppoient &
aſſembloient roſeaulx, il ſen alla tout
ſeul eſbatant parmiſt la foreſt. Il trouua
vne vallee nõ gueres loing dillec moult
delectable & plaiſante plaine de ſappis
& de cypres. Ceſte valee eſtoit ſanctifiee
ane: & auoit nom Gargaphie. Au chief dune valee auoit
foſſe encloſe darbres ſans oeuure dhomme mortel, que

f

LE TIERS LIVRE

nature y auoit p̄ maiſtriſe taillee. Vng arbre y eut p̄ na
faict de liege & de ponce treſbien & ſubtilement. A de
auoit vne clere fōtaine, ſur larene reſōnoit le ruyſſel q la
de herbe enuirōnoit. La ſe ſouloit accouſtumeemēt baig
Diane toute nue. Et lors y eſtoit venue. Si auoit baille a
ſienne damoyſelle ſon arc & ſon carquas & ſon iauelot.
aultre luy oſtoit ſon mantel, & deux aultres la deſchauſſ
Crocale luy treſſoit les cheueulx. Et quatre aultres dam
les Nymphes, Hyale, Rhanis, Pſecas. & Phiale puiſoiēt l
en la fontaine pour la lauer. Tādis cōe elle ſe lauoit: vi
cōme fortune lamenoit Acteō filz de la fille de Cadm⁹
Diane riēs ne ſcauoit. Diane q̄ nue en la fōtaine eſtoit v
iouueēcel. Moult furēt les pucelles eſbahyes pource qu
ſtuy les auoit veues nues; & pl⁹ pour leur dame q̄ pour e
meſmes; & ſelles euſſent peu voulentiers leuſſent couue
Si lenuironnerent, mais tant ne la ſceurent elles mucer
elle qui plus grande delles eſtoit ne apparuſt par deſſus
le chief franc. Si la veoit Acteon au viſaige.

DV GRAND OLYMPE. Fueillet. XLII.

Vant Diane sceut que Acteon leut apperceue: elle se rougist de honte:& se elle eust eu son arc prest len eust occis, mais a cause q̄ point ne lauoit, de aultre chose se voulut venger. Elle luy arrosa la face deaue, & luy dist. Te plaist il moy toute nue veoir baigner. Se tu peux si ten vante aux dames la ou tu seras ie tē octroye le conge se faire, le peux. Et lors fut mue en cerf. at Acteō vit sa figure estre ainsi muee de hōme en cerf, il ist a fouyr par le boys. Et ses chiēs mesmes le chasserent uelz il congneut bien a labbay & au glatissement, mais er ne appeller ne les pouuoit. Helas sil eust eu sa premie gure: il ne luy fust pas ainsi mesaduenu. Tant ne peust ō fouyr quil ne fust attaint en vne champaigne. Melā le saysit, & puis Ychnobathes, Pamphagus, Lelaps. The Agre, Nape, Ladō. Aromas, Tigre, Alce, Lencō. Thous, palos, Labros, ceulx & tous les aultres lenuironnerēt & uorerent, si en print chascun sa piece.

Le despucellaige de Semele faict par Iuppiter, Et de la vengeance que en print Iuno.

f ij

LE TIERS LIVRE

essus vous auez ouy la fab[le]
recite comme Acteõ fut p[ar Dia]
ne mue en cerf & deuore [par]
ses propres chiens. Moult [le de]
plore & regrette de tous c[eulx]
du pays, car moult estoit sa[ige]
& vertueux. Cadmus en m[ena]
grand dueil, car fortune q[ui le]
lauoit en tresgrand haul[teur]
dhonneur, dauoir, & dam[e]
maintenant le deffouloit & [le]
pestoit. Despuis que Cadm[us]
eut faicte sa cite auoit maintenu le regne en grande pro[spe]
rite iusques a celle aduenture de quoy fortune lestrena. D[ont]
il esprouua & sentit que homme ne se doit en fortune f[ier]
ne en ses biens & promesses. Apres ce dueil en eut Cad[mus]
vng aultre de sa fille Semele cõme vous or[rez.]
Emele fille de Cadmus fut vne plaisante damoi[sel]
le. Celle despucella Iuppiter, & fust la chose t[ant]
celee q̃lle conceut. Quant Iuno le sceut mo[ult]

DV GRAND OLYMPE. Fueillet. XLIII.

de ialousie esprinse & moult sen courrouca. Si descendit
[c]iel couuerte dune obscure nuee & vit vers Semele, mais
[...]ois se estoit desguisee, & auoit prins la forme de Beroe
[...]eille nourrice de Semele. Et auoit laisse sa forme diuine.
[Qu]ant Iuno fut aupres de Semele qui cuydoit que se fust sa
[nou]rrice. Elles parlerent de plusieurs choses ensemble, mais
[Iun]o qui ne tendoit a aultre chose q̃ a decepuoir la damoy
[selle] par parolles obscures luy parla tãt dunes & daultres q̃
[de I]uppiter commencerent a parler. Semele qui damours fut
[esp]rinse & affolee, se commenca a vanter de ses amours, & a
[se] louer de son amy Iuppiter. Iuno qui ses parolles enten[d]
[oit] de son mary en auoit grand dueil. Mais bien sceut lors
[celer] son courage pour myeulx decepuoir la belle. Si iecta
[vng] souspir par faintise en disant. Ma belle fille bien & haul
[tem]ent as assis tõ amour se ton amy te ayme comme tu dis,
[mai]s on ne doit pas chascũ croire. Point nest verite tout ce q̃
[lon] pense. Mains ieunes hommes mettẽt leur estude a decep
[uoir] les ieunes filles & innocentes pucelles, & leur font sou
[uen]t a croire plusieurs mensonges pour elles myeulx dece[p]
[uoir] & trahyr. Et de ce font grans sermens iusques a tant q̃
[a leur] voulẽtez les ont attraictes. Si me doubte pour toy. Et sil
[est] dieu comme tu dis: & il ne tayme que te vault son accoi[n]
[tan]ce, Fille en ceste chose as mestier & besoing de conseil.
[Croy] moy, & la premiere fois quil reuiendra vers toy demã
[de l]uy asseurance de son amour, & puis luy requiers en nõ
[de] guerdon vng tel don que tu vouldras. Et quant il te aura
[iu]re: requiers luy quil tembrasse ainsi comme il faict Iu[no]
[s]a femme quant auec elle se desduyst. Semele qui de la tri[che]
rie de Iuno ne se apparceuoit: luy eut en conuenant que
[ains]i le feroit: dont trop tart viendra a repentir.

☙ La mort de Semele pour demander lacco[u]
lement diuin, & de la naissance de Bacchus.

f ii

LE TIERS LIVRE

Tant fina le parlement de Iuno & de
mele, & se despartist Iuno qui reprin
forme diuine: &se remonta au ciel. E
mele demeura en sa chambre attend
lauenue de Iuppiter son amy qui gue
ne demeura. Bien souuint a Semele d
requeste que Iuno luy auoit coseille
faire. Si requist a Iuppiter vng don
le nommer. Iuppiter luy promist vouletiers, & luy o
ioyeusement cuydāt que reqrir deust aulcune chose io
se. La damoyselle moult contente de loctroy de son amy
dist en ceste maniere. Treschier & doulx amy le don q
vous requiers est q sans delay mēbrassez & accollez ains
pareillement comme vous faictes Iuno quant auec elle
soulaciez & desduysez par amours. Quant Iuppiter ouy
ste requeste moult se repentit de ce que octroye luy auoit
commenca a souspirer de la douleur que il sentoit au cue
car il scauoit bien quelle en mourroit. Iuppiter mōta au
& print auec luy pluye: vent: tōnoire & fouldre. Et ainsi
torne retourna moult pensif & melencolique a lhostel de

DV GRAND OLYMPE. Fueillet.XLIIII.

[...] samye qui ne pouuoit souffrir le tourment ne la cha-
[...] & len conuint tantost mourir. Lenfant dõt grosse estoit
[...] ire hors de son ventre qui encores nestoit parfaict, & fut
[...] u a la cuysse de son pere, & la se nourrist comme au ven-
[...] de sa mere iusques au iour de sa naissance. Il fut surnom-
[...] Bacchus. Yno le nourrist en sa ieunesse. Mais despuis fut
[...] e celeement en la cite de Nyse nourrir pour la paour de
[...] o qui le hayssoit.

Acchus creut en peu de temps
& deuint bel & fort iouuencel
& pource quil se sçauoit estre
filz de Iuppiter, il triumphoit a
tout grãd exercite es desers de
Libie ou il eut a merueille soif,
& toute sa gẽt, pour lequel mes-
aise il reqst & pria son pere Iup-
piter que a luy & aux siens il
voulsist donner eaue pour boi-
re, ou aultrement il leur cõuien-
droit mourir a mesaise. Tantost
[Iu]ppiter ouyt la priere de son filz il sapparut a luy en espe[ce]
[de] mouton, lequel de son pied frappa la terre dont tãtost
[so]rtist eaue en habondance, de laquelle il & son ost se refres[chi]-
rent. Pour laquelle cause Bacchus edifia illec en lhõneur
[de] son pere vng temple, & y mist vne ymage de mouton cõ[me]
son pere sestoit a luy apparu. Et ainsi despuis fut de tous
[ap]pelle le temple hamon le sec, & pource quil sestoit appa-
[ru] en armes il donnoit vray respons a tous.

☙ La question de Iuppiter & Iuno touchãt
le ieu damours, & du iugemẽt que fut faict.

f iiij

LE TIERS LIVRE

Acchus cestoit long temps
le pour Iuno qui le vouloit
struire, mais ia estoit deue
si grand & si puissant que
tit doubtoit sa maluueillan
Iuppiter & Iuno auoient
heure tant beu de doulx b
uages q̃ tous deux en furet
yurez, ilz furēt moult ioye
si commencerent a parler
bourder de plusieurs truffes
Entre lesquelles ilz se prind
a parler de leurs natures damours. Si voulut Iuppiter ma
tenir que quant lhomme & la femme sont charnellement
semble, la femme par nature y prent plusgrand plaisir q̃
me, & Iuno si disoit au contraire. Talent leur print de en
uoir la verite: si dirent. De ceste chose nen pouuons scauo
le vray de par nous, mais allons par accord querre iugem
en vng saige hōe q̃ est nōme Thiresias, cestuy n{us} en sca

DV GRAND OLYMPE.   Fueillet.XLV.

emēt la verite rendre, car il a este femme. Et la cause pour
y il le fust luy aduīt p̄ telle maniere. Thiresias sen alloit
iour esbatant par les prez delez vng boys, si vist dauen
deux serpens ensemble luxuriant, il print vne pierre &
separa. Et tātost quil eut ce faict sa forme & sa nature luy
gea: & deuint femme ayāt tout ce q̄ a nature de fēme ap
ient. Et fut en cestuy estat bien sept ans, si esprouua en ce
ne les meurs & natures des fēmes. Au huytiesme an luy
it q̄l repassa au lieu mesmes ou les serpēs auoit gectez &
sa nature luy auoit este muee. Si les y retrouua luxuriās
deuāt. Si sappēsa q̄l les en gecteroit ēcores pour scauoir
araduenture il pourroit sa forme rauoir & reuenir en
u dhōme cōe il souloit estre, si les en gecta cōe autre fois
it faict, & tantost retourna en sa premiere semblāce dhō
A cestuy vindrēt Iuppiter & Iuno querre iugemēt. Thi-
s leur respōdit & dist pour iugemēt q̄ la femme se dele-
deux fois pl⁹ au ieu plaisant q̄ ne faisoit lhōme. De ce
mēt fust Iuno tant doulente & tant courroucee, quelle
celle cause tollit a Thiresias la veue & le fist aueugle.

I Vppiter fut trop doulēt de Thiresias son iuge
qui auoit la veue perdue: & moult voulentiers
luy eust rendue sil eust peu par aulcune ma-
niere, mais a lung dieu nappartiēt point a des-
faire ce q̄ laultre faict. Pource le fist Iuppiter
en restitution de sa veue diuin tel quil scauoit
es choses aduenir. Si vindrent a luy plusieurs hommes
emmes de tous estatz pour scauoir la verite de plusieurs
es, & il en rendoit responces.

⚘ De la responce de Thiresias a la
mere de Narcissus. Et de la beaul
te de Narcissus.

LE TIERS LIVRE

R vous ay compte de Thire
qui femme deuint,& par lu
perdit la veue,& puis par l
piter deuint deuin. Tellem
quil faifoit fcauoir au peupl
verite de leur doubte. Ad
vng iour que vne damoy
de grand parage nommee
riope femme dung puiffant
me nōme Cephefus vint a T
refias pour fcauoir de luy l
rite de fa doubte, & lefpro
pmieremēt ainfi, Cefte dame auoit nouuellement enfa
le plus beau enfant mafle que oncques euft efte veu. Lē
eut a nō Narciffus. Pour la grand beaulte de luy chafcū
moit & defiroit voulfift ou non. La mere q fermēt leuft c
vint fcauoir a Thirefias fa deftinee, & pour fcauoir fe lō
ment pourroit viure. Le deuin luy dift quil viuroit long
ment,mais quil fe gardaft de foy mefme veoir. Ceulx

DV GRAND OLYMPE. Fueillet.XLVI.

rent ceste respõce la tindrent pour vaine & pour folle,et
en firẽt que rire & gaber: mais en fin fust trouuee verita
Il aduint.xxj.an apres que cestuy Narcissus eut le renõ
toutes terres loing & pres que il estoit le plus beau iou-
cel du monde:par tout en couroit la voix. Plusieurs da-
& damoiselles laymerent par amour, mais si fier & or-
illeux estoit que nulles nen daigna aymer. Mais il mist
e sa cure en deduit de chasserie.

¶ Les amours de la nymphe Echo a Nar-
cissus,et du refus quelle en eut.

Ng iour dauanture le veit Echo qui bel
le pucelle estoit & sage alors: mais main
tenant nest aultre chose q̃ son. Elle auoit
en ce tẽps aucun vsage de parler quelle
na maintenãt. Elle fut iangleresse & grã
de languagiere, mais cõmencer aucune
raison ne pouoit delle mesme, & se aucũ
mot disoit elle resumoit la fin de la paro
prinse. Ceste chose luy aduint par Iuno q̃ lauoit reprin
ne faulte que Echo luy auoit faicte. Quãt Iuno vouloit
dre sur le faict les nymphes qui couchoiẽt auec son ma-
cho la detenoit en long propos, tellement que les nym-
auoiẽt loysir de sen fouyr. Er quant Iuno se apperceut
cautele,elle luy dist ainsi. Echo souuẽt mas amusee par
ngue affilee & iangleresse, mais iamais tu ne me ramuse
ors Iuno abregea sa parolle tellemẽt que oncques puis
õmencea aucune raison:mais qui la cõmence elle la fine
corde les derniers motz, sicõme celle qui encores ne se
taire. Echo veit dauãture le beau Narcissus vng iour er-
tout seul par lieux desvoyables, tãt luy sembla bel & hõ
e que de son amour fut toute esprinse, si le print a le suy-
eleemẽt, tellemẽt que Narcissus nẽ prenoit garde, & cõ-
lle le suyuoit & regardoit, de tant plus luy enflamboit

LE TIERS LIVRE

le courage damours. Elle leuſt voulũtiers mys a raiſon [ſi]
euſt peu, mais cõme dict eſt elle ne pouoit cõmencer au[cune]
raiſon, mais bien recitoit la fin de la raiſon dicte. Echo [eut]
toute ſon entẽte a ſuyuir le iouuencel & a eſcouter ſ[i el]le
orroit mot dire, parquoy elle peuſt reſpõdre. Narciſſus q[ui da]
uanture ſe trouua ſeul & eſgare par le bocage eſcria ſe[s com]
paignons, & diſt en hault. Hee qui vient la, & Echo reſp[õdit]
qui vient la. Narciſſus ſi ouyt la voix ſi ſe retourna, mai[s il ne]
veit ame dont il fut moult eſbahy. Il recõmencea a cri[er]
vien, & elle reſpõdit, vien. Narciſſus ſe courrouca, & reg[arda]
ſil verroyt celuy ou celle q̃ il auoit ouy, mais il ne veit r[ien]
dont moult fut eſbahy, & diſt en hault. Pourquoy me [fuis]
Narciſſus qui eut grant merueille ſarreſta & regarda en[uiron]
luy: mais riens ne veit dont il eut plus grant frayeur qu[e de]
uãt, & de recheif ſeſcria. Aſſemblons, & Echo reſpõdit a[ſſem]
blons, Narciſſus ne ouyt iamais voix qui tant luy deſpl[eut]
Et lors ſen yſſit du bois & vint a la plaine. Echo ſapparu[t]
deuant luy, & ſe tira deuers luy le cuidãt embraſſer, ma[is]
luy qui fier & deſdaigneux eſtoit pour ſa grãt beaulte [reſ]
fuſa, & diſt ainſi. Pas ne ſuis ſi abandõne que ia de moy [aye]
copie. Echo de ceſte parolle fut ſi honteuſe & ſi dolent[e q̃]
ne peult reſpõdre mot de courroux fors copie, et de ho[nte]
tapit au bois en vne foſſe: et oncques deſpuis de la ne [uou]
lut yſſir: mais pource ne ſe remua ſon cueur, ains ayma [tou]
iours deſpuis Narciſſus, & moult creut ſa douleur & an[goiſ]
ſe pource que ceſtuy lauoit refuſee. Tãt engreſſa & po[ur les]
amours Echo quelle toute deſcõfortee ſen alla toute en[gref]
& a neãt & perdit toute humidite. Ses os gros & menus [ſont]
deuenus pierres, & ſa voix ſeulemẽt luy eſt demouree, [qui]
eſt ouye en boys ou en vallee acouſtumeemẽt. Son ſo[n eſt]
pardurablemẽt: mais elle ne ſera iamais veue ne trouu[ee.]

☞ Des infructueuſes amours du beau Narciſſus q[ui fut]
amoureux de ſa beaulte, leq̃l pour en iouyr morut.

V GRAND OLYMPE. Fueillet. XLVII.

Ne fontaine nette & clere sans limon enuiron̄ee darbres tellement que le soleil ny pouuoit nuyre ne greuer estoit en vng delectable lieu, ou riens ne repairoit qui troubler la peust. Narcissus qui sentremettoit de chasser vne heure estoit trauaille de chault & lasse de courir aps uagine, car maint cours auoit fait celle iournee. Vint fontaine sicomme fortune & meschance le menoit, il a pour boire. La luy destrempa amours vng tel breu lle luy fist sa soif doubler. La se sceut amours de luy r qui tant lauoit despite par son orgueil & par son oul dance. Ainsi que Narcissus beuuoit a celle fontaine, il ymage dedans resplendir par la reflection de leaue & tantost quil vist sa belle face: auis luy fut que cestoit ne belle dame ou damoiselle. Si fut tant fort de son esprins comme celluy qui oncques nauoit senty que daymer: quil ne scauoit quil peust faire, ne il nen pou traire son regard. Et comme plus amoureusement le doit, aussi faisoit luy son vmbre. Si que il luy estoit

le courage damours. Elle leuſt voulūtiers mys a raiſon ſelle
euſt peu, mais cōme dict eſt elle ne pouoit cōmencer aucune
raiſon, mais bien recitoit la fin de la raiſon dicte. Echo miſt
toute ſon entête a ſuyuir le iouuencel & a eſcouter ſelle luy
orroit mot dire, parquoy elle peuſt reſpōdre. Narciſſus q̃ dauanture ſe trouua ſeul & eſgare par le bocage eſcria ſes cōpaignons, & diſt en hault. Hee qui vient la, & Echo reſpōdit
qui vient la. Narciſſus ſi ouyt la voix ſi ſe retourna, mais il ne
veit ame dont il fut moult eſbahy. Il recōmencea a crier, ca
vien, & elle reſpōdit, vien. Narciſſus ſe courrouca, & regarda
ſil verroyt celuy ou celle q̃ il auoit ouy, mais il ne veit riens,
dont moult fut eſbahy, & diſt en hault. Pourquoy me fuys.
Narciſſus qui eut grant merueille ſarreſta & regarda enuirō
luy: mais riens ne veit dont il eut plus grant frayeur que deuāt, & de recheif ſeſcria. Aſſemblons, & Echo reſpōdit aſſem
blons, Narciſſus ne ouyt iamais voix qui tant luy deſpleuſt.
Et lors ſen yſſit du bois & vint a la plaine. Echo ſapparut lors
deuant luy, & ſe tira deuers luy le cuidāt embraſſer, mais cel
luy qui fier & deſdaigneux eſtoit pour ſa grāt beaulte, la re
fuſa, & diſt ainſi. Pas ne ſuis ſi abandōne que ia de moy ayes
copie. Echo de ceſte parolle fut ſi honteuſe & ſi dolente: q̃lle
ne peult reſpōdre mot de courroux fors copie, et de honte ſe
tapit au bois en vne foſſe: et oncques deſpuis de la ne voulut yſſir: mais pource ne ſe remua ſon cueur, ains ayma touſ
iours deſpuis Narciſſus, & moult creut ſa douleur & angoiſ
ſe pource que ceſtuy lauoit refuſee. Tāt engreſſa & poignit
amours Echo quelle toute deſcōfortee ſen alla toute en exil,
& a neāt & perdit toute humidite. Ses os gros & menus ſont
deuenus pierres, & ſa voix ſeulemēt luy eſt demouree, celle
eſt ouye en boys ou en vallee acouſtumeemēt. Son ſon vit
pardurablemēt: mais elle ne ſera iamais veue ne trouuee.

☙ Des infructueuſes amours du beau Narciſſus q̃ fut
amoureux de ſa beaulte, leq̃l pour en iouyr morut.

DV GRAND OLYMPE. Fueillet.XLVII.

Ne fontaine nette & clere sans limon enuironnee darbres tellement que le soleil ny pouuoit nuyre ne greuer estoit en vng delectable lieu, ou riens ne repairoit qui troubler la peust. Narcissus qui sentremectoit de chasser vne heure estoit trauaille de chault & lasse de courir aps la sauluagine, car maint cours auoit fait celle iournee. Vint a celle fontaine sicomme fortune & meschance le menoit, il sabaissa pour boire. La luy destrempa amours vng tel breuuage qlle luy fist sa soif doubler. La se sceut amours de luy venger qui tant lauoit despite par son orgueil & par son oultrecuydance. Ainsi que Narcissus beuuoit a celle fontaine, il vist son ymage dedans resplendir par la reflection de leaue clere, & tantost quil vist sa belle face: auis luy fut que cestoit aulcune belle dame ou damoiselle. Si fut tant fort de son amour esprins comme celluy qui oncques nauoit senty que cestoit daymer: quil ne scauoit quil peust faire, ne il nen pouoit retraire son regard. Et comme plus amoureusement le regardoit, aussi faisoit luy son vmbre. Si que il luy estoit

LE TIERS LIVRE

aduis au regard de son vmbre, que de luy fust aym[e]
Si approcha la fontaine, & comme plus lapprochoit plus [la]
representation sapprochoit: & maintesfois baisa leaue, & lu[y]
estoit aduis quil baisoit celluy. Puis mettoit ses bras deda[ns]
la fōtaine, il ne sen pouuoit saouler, & ne luy souuenoit [de]
boire ne de manger, ne dormir. Moult mist Narcissus parf[ai]
ctement son entente a remirer son ymage dedans la fonta[i]
ne, & de faict il ne sen pouuoit oster ne eslongner. Lors [se]
dressa sur piedz, & cōmenca a faire piteux regretz & cōpla[in]
ctes disant en telle ou semblable maniere.

Elas tressouuerains & puissans dieux [que]
mest il auiourdhuy aduenu quāt ie m[e]
abaisse pour baiser celluy qui deda[ns]
celle fontaine voy, a qui iay mis tout[e la]
mour de mon cueur. La fontaine pr[ent]
le baiser: & me semble a peu que laye[ue]
O enfant que la dedans voy vien a mo[y]
ie ten prie, pour quoy me decois tu a[in]
si. Oncques ne trouuay qui me voulsist decepuoir forsq̄ to[y]
que ne viens tu quant ie tappelle. Gratieux suis a merueill[es]
& de tresbelle forme & aage conuenable. Ainsi cōme ie t[e]
me me ont ayme maintes dames & maintes damoiselles b[el]
les & cointes & a merueilles plaisātes, mais delles ne ten[oye]
lors compte, Tu me mōstres signe damour & daccointa[nce]
a la contenance que tu me monstres de ta face. Car quāt v[ers]
toy estands mes bras, tu estands aussi les tiēsvers moy & se[m]
ble que tu me vueilles accoller & point ne le fais. tu ris q[uant]
tu me vois rire: & si ploures quant tu me vois plourer. Bri[e]
uement tel semblans prens & telle maniere comme ie fa[is]
Et quant ie parle tu ouures ta bouche pour respondre, ma[is]
ouyr ne te puis. Amours & Folie me decoiuēt. Biē appar[ce]
uoir me puis que ce fais ie mesmes qui ainsi mayme, ma f[em]
me ne me ment point: ie porte le brandon & la flamme, d[ont]

DV GRAND OLYMPE. Fueillet.XLVI.

y mesmes suis ars & esprins. Trop suis mallement deceu
uis le requerant & le requis. Oncques mais ne fust si tres
amoureux cōme ie suis a p̄sent. Iay auec moy & en moy
ue ie demande & requiers de nous deux,& nen puis fai
espartie,& tant ay dangoisse que ie pers ma force & ma
eur & tellemeat que longuement en ce point ne puis vi
mais biē mourir pour estre quicte & deliure pour la grā
eine que ie seuffre. Helas la mort ne me desplaist & me
aggreable & plaisante, mais que celluy que tāt ayme &
ire eust plus longue vie que moy. Pour luy seullemēt me
ne,& de moy ne me chault. Mais deux dung accord con
nt mourir en vne seulle ame tout a vng cop. Ainsi se lamē
& complaingnit Narcissus moult lōguement: puis retour
la fontaine & senclina pour lombre regarder, si troubla
ue de ses pleurs tellemēt que lōbre perdit. Et lors se prent
ier comme beste enragee. O cruel enfant sans pitie pour
y nes tu demeure encore vng petit. Ie te prie seuffre que
voye puis que aultrement ne te puis auoir.

Arcissus sen va ainsi complaingnant &
lamentant par grand douleur & p̄ grād
ire desrompit sa belle robbe tellement q̄
la blanche poictrine apparoit, laquelle
en frappant de sa main deuint rouge &
vermeille. Trop estoit belle a veoir. Et
quant il vist rasseoir leaue & sa semblan
ce apparoir comme deuant, si grant an
se luy commenca a croistre que tout le faisoit fondre &
comme feu la glace. Ou comme le soleil la neige, sa face
st & perdit sa beaulte qui tant souloit estre belle & cou
e. Tout perdit & force & vertu,& fut son corps si conqs
foible que plus ne pouuoit. Quant Echo le vist en tant
goisses, iacoit ce quelle fust doulente & courroucee de ce
reffusee lauoit aultrefois, pitie len print & moult fut tri

LE TIERS LIVRE

ste de Narciſſus que amour ſi fort le deſtignoit, & toute
quil ſe complaignoit elle ſe cõplaignoit pareillemẽt, &
il ſe complaingnoit & frappoit & il remuoit, elle ſe don
ſemblables coups. Tant trauailla amour Narciſſus q̃ la v
luy alla deffaillant. Mais auant q̃l euſt la bouche cloſe c
la mort lagreſſoit, il diſt. Hee enfãt ayme pour neãt. Et E
reſpondit pour neant. Puis diſt Narciſſus a dieu, & celle
ſpondit a dieu. Adonc Narciſſus ſenclina ſur lherbe &
mourut par ſa veue, ſi eſt liure a martyre en enfer ou il ſe
re touſiours ſa face en vne tenebreuſe & obſcure eaue n
mee Stix.

Vant les Nymphes ſeun
Narciſſ? ſceurẽt ſa mort m
en furent dolentes, Vng ſe
rẽt & appareillerent le tõb
pour y mettre le corps, ma
fut pour neant, car tant q
ne le ſceurent que trouu
peuſſent: pource q̃ deſia e
mue en iaune fleur, fors ta
blanches taches a lẽuiron.
telles fleurs eſt toute pou
ſe la fontaine ou Narciſſus
luy mirer perdit la vie, qui du nom Narciſſus eſt nomm
La fontaine eſt de grand renom, & eſt appellee la font
de Narciſſus.

❧ Lhiſtoire du dieu Bacchus. Et de la ve
nue quil fiſt a Thebes & de ſon ſacri
fice, & du deſpris que tinſt Pẽtheus.

DV GRAND OLYMPE. Fueillet.XLIX.

Veree est la pphetie du deuin Thiresias, pourquoy il fut moult exaulce & renomme par toute la cite de Thebes, & par tous les royaulmes voysins. Mais Pentheº q estoit de Thebes nepueu de Cadmº & filz de Acteon despitoit les dieux, & ceulx de toute la region, & aguillonnoit le deuin Thiresias & gaboit de sa veue, disant que a bon & de droict luy auoit este ostee. Thiresias crosla la teste & y dist, Bien eureux seroyes se auoyes perdu la tienne, car ant vis que tu voye les sacrifices du dieu Bacchus tu ten petiras. Sire vieil rassote dist Petheus: que ay ie affaire des rifices de Bacchus: ne quelle perte ou dōmage me peult duenir. Ie prophetise & afferme dit Thiresias, que Bacchº dieu du vin viendra prochainement en ceste cite, & se fera rifier. Et ceulx q ne le vouldront congnoistre mourront a

g

LE TIERS LIVRE

tourment. Et toy mesmes en seras detire piece a piece
tes amys propres charnelz, par ta mere & par tes tantes.

Entheus fist despit au deuin Thiresi[as]
ceste chose luy racōptoit, mais a la[ ]
luy en aduint ainsi que pphetise lau[ ]
Bacchus le dieu du vin vint vailla[nt]
puissant en la cite de Thebes, grād io[ye]
eurent de sa venue, grās & petis, ieun[es]
& vieulx, dames & damoiselles. Par T[he]
bes ouyssiez sonner cors & buccines,[ ]
pes & tabours, & veissies cierges: torches, falotz & aultres
minaires tous ardās, & encens fumer par les tēples. Au n[ ]
uel dieu alloient faire sacrifice tous les citoyens de Theb[es]
leurs testes couuertes de beaulx chappeaux de vigne[ ]
en leurs mains portans brandons ardās. La veyssiez de io[ ]
faire estriuees de boire. Ilz nauoient point aprins de bo[ ]
tel breuuage, pourquoy la force du vin tantost les enyur[a]
affola la teste: tellement quilz chanceloient, & cheoye[ ]
crians & huyans cōme forcenez. Mais Pentheus par sa n[ ]
te & folie desprisoit Bacchus & ses sacrifices, & tenoit a [ ]
ces & forcennez les sacrifians & moult les blasmoit & ch[ ]
stioit disant. Ha a gens ingenieuse preuse & cheualler[ ]
qui du fier serpent estes nez & venuz, commēt estesvous[ ]
cenez quant pour les tabours & sons de trompettes & bu[ ]
nes, & pour les cris & vrlemens feminins sans lance ne s[ ]
escuz, estes si vaincus dyuresse q̃ en vous na mesure ne se[ ]
Ie mesmerueille des vieillars qui de Thyr vindrēt fuyā[s]
passerent la mer a nager qui sont maintenāt par le breuu[a]
ge si plain dyuresse. O vous preux iouuēceaulx qui deuss[ ]
armes porter, poindre cheuaulx, assaillir forteresses, & pr[ēn]
dre citez. Ie vo⁹ prie mettez ius les chappeaulx de vigne[ ]
vous souuiengne de vostre fiere extraction q̃ est du serp[ent]
qui pour sa fontaine, & sa droicture garder trait tant

DV GRAND OLYMPE. Fueillet.L.

ne, maintz forts hões & bien armez mist a desconfiture. vous vous laissez liurer a honte, confondre & decepuoir le breuuage dũg enfant desarme, qui oncques napparut atailler, ne oncques ne fist fors que soy cointir. Ha a dist ieu quelle honte nous est auiourdhuy aduenue, se The‐ s doit ainsi finir:ie voulsisse & aymasse myeulx q̃ par ba‐ lle fust destruicte & confondue par feu ou par aultre que on prinse, que en si vile & abhominable maniere finir. Et e nous nous reuengissions dont sans honte peussions re‐ uoir mort. Et que celluy en peust eschapper qui laduẽtu en auroit. Grand honneur auroit on de racompter sa for‐ ne. Tous aurions patience de nostre perte. Mais honteux sans escuz sommes vaincus parvng nice enfant yurõgne. ne feray recepte de luy ne feste ne feray de ses sacrifices. e nest que vng fol & decepueur de simples gens, prochai‐ ment luy feray repentir sa tricherie & barat. Et pourquoy faict telz sacrifices, ne pourquoy il se vante quil est filz des eux, & que luy mesmes est dieu. Bien doit cõparer tel mes‐ ict, mal nous est venu cy gaber. Preux fut Acrisius q oncq̃s e le daigna recepuoir, car quant il cuyda venir en Arges, il t clorre ses portes au deuant de luy a celle fin quil ne for‐ aist ses citoyens. Quant Pentheus eut son oraison finee, il õmãda a ses sergens quilz luy amenassent prins cestuy me estrel q telz sacrifices souffroit luy estre faictz & celebrez.

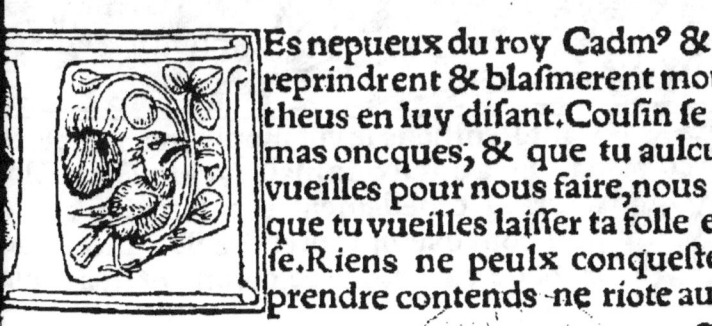

Es nepueux du roy Cadm⁹ & Athamas reprindrent & blasmerent moult fort Pẽ theus en luy disant. Cousin se tu no⁹ ay mas oncques, & que tu aulcune chose vueilles pour nous faire, nous te prions que tu vueilles laisser ta folle entrepriñ se. Riens ne peulx conquester dentre‐ prendre contends ne riote aux dieux.

g ij

LE TIERS LIVRE

Tant plus le chaſtioient ſes parens, & tant plus ſe cour[ou]-
coit & eſmouuoit & forcenoit Pentheus contre eulx & c[on]-
tre le dieu Bacchus, ſicomme faict la riuiere courante ou l[on]
meſt aulcũe choſe a elle deſtourber & empeſcher ſon [cours]
Laquelle touchant la choſe qui la deſtourbe ou faict aul[cun]
empeſchement bruyt en courant ſon fil & auſſi ſa voye. P[en]-
theus demanda a ſes ſergens quant ilz retournerent du ſa[cri]-
fice, ou Bacchus auoient mis, & que faict en auoient. Sire [re]-
ſpondirent les ſergens nous auons eſte le chercher par to[ut]
ou nous penſions que il peuſt eſtre, & ou on nous auoit e[n]-
ſeigne que il ſoloit habiter & tenir ſon repaire & demeu[re]
& point ne lauons trouue, mais nous vous amenons vng [qui]
eſt de ſa meſgniee des plus grans & qui plus va ſemonn[ant]
les gens & eſmouuoir a ſon ſacrifice, vee le cy prins & lye[.]

Vant Pentheus le viſt moult ireement le reg[ar]-
da. Or ca diſt il que mal ſoyes tu venu, Mou[rir]
te feray ſi cruellement que tous les aultres
pourront exemple prendre. Dy moy quel
es, & de quel lignaige: comment tu as nom,

DV GRAND OLYMPE. Fueillet. LI.

urquoy tu fais & admōnestes au peuple ces sacrifices fai
Ia de mot ne vous mentiray, respondist celluy qui mon‑
oit que gueres nestoit esbahy: pource quil auoit tant de
beu que surprins estoit dyuresse. Iay dist il nom Acetes
suis ne de Meonie. Pas ne suis de tresgrand lignage, ains
is de petites gens venu, qui oncques neurent riens vaillāt.
e de mō pere ne de ma mere ne euz oncques riens fors ce
e ien ay retenu. Mon pere toute sa vie se mesla de pesche‑
: & ie mesmes selon luy suis pescheur: plus nay en patri‑
oine. Iay aprins a pescher & a congnostre les estoilles : &
portz de mer si bien que nul ne le scait myeulx q̄ moy.

I aduint vng iour parauenture q̄ ialoye
en Delō menāt ma nef, si arriuay & pris
port a la terre de Chye, & seiournay vne
nuyt, & le lēdemain au point de la iour‑
nee me leuay & feis mes cōpaignons le‑
uer, si les enuoye courre pour auoir de
leaue doulce a vne fontaine pres dillec,
& ie monte sur vng petit tertre pres de
pour scauoir quel vent nous pourrions auoir pour retour
r. Puis reuins en ma nef & dis a mes compaignons q̄ bon
uions pour nous en retourner. Et sicomme noƷ debuiōs
rtir ie veis venir deuers ma nef premierement Offeltes q
menoit auec luy vng petit enfant de tresbelle figure ayant
rme feminine. Et lauoit en vne place deserte trouue : cuy‑
ant que ce fust proye, luy & les aultres grand ioye en firēt.
enfant plain dyuresse aloit par le riuage chancellant, si tost
ue ie le vy ie apperceuz bien a sa contenāce quil estoit dieu
u vin, & si luy dis ainsi. Dieu quel que tu soye ie te prie par‑
onne a ces gens leur mesprison & leur folie. Lors me dist
ictys, ia pour nous ne prie, cestoit celluy qui premier mon
it sur le mast, chascun des compaignons me reprint & blas
a trop durement de ce que pour eulx prioye. Ilz voulurēt

g iij

LE TIERS LIVRE

lenfant en ma nef mener, & luy cõtredire le vouloit, & ie d[i]
q̃ ia ny entreroit: puis que au dieu vouloiẽt faire force & i[n]
iure. Ie montay dessus le bort de ma nef pour eulx contre[di]
re le passaige, mais Lycabas qui estoit vng varlet de Theb[ai]
ne & de sa terre exille, pour vng murdre quil auoit faict [fu]
si durement courrouce que a peine quil nenrageoit. Il vin[t a]
moy q estoye de ire plain & de rage, & me frappa si durem[ent]
de son poing en la poictrine que a peu pres me fist tumb[er]
dedãs la mer. Mais ie cheuz en trauers, & me retins au m[ieulx]
mal que ie peuz en ma nef. Chascun des compaignons di[rent]
que ledict Lycabas auoit tres bien faict. Bacchus qui fut d[e]
yure & quicte de son yuresse ouyt le cry deulx. Quant il
vit a tous costez entreprins il leur dist. Seigneurs que voul[ez]
vo[us] de moy faire: pourquoy mauez vous retenu & me vo[u]
lez foruoyer & emmener. Proreus luy dist. Ne tes bahys d[e]
riens car la ou tu vouldras estre no[us] te menerõs. Ie veulx d[ist]
lenfant que vous me menez a Naxõ, cest mon pays: se la v[ous]
me pouuez mener bien ie vous logeray tous. Lors luy esc[ri]
rent tous á vne voix. Nous te iurons par tous les dieux q[ue]
a sauluement ty menerõs. Puis me dirent que ie tendisse m[a]
voile & ma nef gouuernasse. Naxõ estoit a dextre & celle pa[rt]
ma nef destournay pour y aller: mais Opheltes vit a moy &
me demanda que iauoye en pẽsee, & quelle part ie voulo[ye]
mener. Lors vy bien que chascun estoit en doubte, car bie[n]
la moytie de la gent me guignoit & faisoit signe que laissa[s]
se le chemin a dextre & tournasse ma nef a senestre, & lau[l]
tre partie me venoit bas conseillant en loreille que ie laissa[sse]
aller dune aultre part. De ce fuz esbahy & laissay le gouu[er]
nement de ma nef, & dis que plus ne men entremectroye,[&]
que ia ne consentiroye leur male felonnie, & que quil vou[l]
droit cõduire la nef si la conduist. Lors ilz me commence[rent]
tous a mauldire, & Ethalion me dist. Tu nous cuides bie[n]
auoir mis au bas & entre piedz: se tu nous faulx il no[us] en [...]

DV GRAND OLYMPE. Fueillet.LII.

endra souffrir. Lors emprint celluy mon office, & tourna
nef aultrepart que onques vers Naxon nalla.

Ors fist Bacchus fort lesbahy
de semblance quil sapperceut
de trahyson, combien ql sceust
la voulente de chascun. Il re‑
garda deuant soy en la mer, &
dist ainsi cōme en plorant. Ie ne
vueil pas aller a ce riuaige que
la deuant ie voy. Hee mariniers
dist il que voꝰ puis ie auoir mes
faict qui sans cause & sans rai‑
son me voulez decepuoir. Quel
le gloire vous sera il de trahir
ng enfant seul, chascū vous en deburoit hayr & blasmer. Ie
our la grande pytie que de lenfant auoye commēcay a plo
er: & tous les aultres me commencerent a esguillonner. Si
ōe ie cuydoye que nous deussions nager le plus fort aux
oilles & aux auirons, la nef sarresta emmy la mer. Lors fu‑
ent tous les mariniers esbahys, car comme plus grande pei
e faisoient pour tirer auant, plus se tenoit coye la nef. Lors
duint ie ne scay par quelle aduenture que les auirons surēt
ourprins de fueille de yerre. Et fust aduis a trestous ceux q
egardoient Bacchꝰ quil estoit couuert devertes fueilles de
ignes & de raisins, & quil lanceast & esbranlast par fierte
ne lance: & quil fust ceint de Pantheres, de Linx, & de Ti‑
gres cruelz. Lors ny eut celluy qui de paour ne tremblast, &
de celle grand paour quilz eurent saillirent tous en la mer,
& deuindrent poissons. Les vngs saulmons, les aultres Daul
phins, & Esturgeons. Et adonc cuiday bien estre venu a ma
fin, & peu prisay ma vie quant seul me trouuay en la nef. Le
dieu qui me vit ainsi seul sceut bien que iestoye esbahy, &
me dist q̄ doubte neusse, & q̄ ma nef tournasse en Chie dont

g iiij

LE TIERS LIVRE

tous estoient venus. Ie fis tantost son cõmandement. Et qu[e]
nous fusmes au port ie me mis a le seruir & a celebrer ses s[a]-
crifices. Tousiours lay despuis seruy & seruiray toute ma [vie]
sans en estre lasse, ne aultre dieu ne vueil seruir.

☙ La mort de Pentheus pour le mespri[-]
sement quil fist de Bacchus.

Ors dist Pentheus a Acetes[.]
Longues truffes nous as or[es]
racomptees; & longuemēt t[ay]
escoute pour plus ma grād i[re]
doubler. Tes truffes me fōt tr[em]
bler de courroux & de ire, ma[is]
tantost seras tresuilement me[ne]
ne. Puis dist a ses sergens, Pre[-]
nez ce glouton & le gettez a[u]
parfond de ma chartre, & ille[c]
le faictes mourir de villain[e]
mort. Lors fut Acetes prins &

DV GRAND OLYMPE. Fueillet.LIII.

[...]i de toutespars, mais tandis que les sergens appareilloiēt
[...]ins pour le martyrer Bacchus qui souffrir ne peust q̄ on
[t]yrannie a son seruiteur fist vng beau miracle, car les fers
[...]t Acetes estoit enferre des pieds, & les portes de la char[tre]
[s']ouurirent, tellement que hors tout deliure il sen tourna
[en s]oye. Quant Pentheus sceut ceste chose il le poursuyuist:
[& q]uatre de ses sergens enuoya apres luy. Quant il ouyt la
[noi]se que les sacrifians faisoient & demenoient du dieu Bac
[chu]s. A peu quil nenragea & forcena de ire & de mal talent.
[Pre]miere le vist sa mere qui estoit plaine de rage: & cuyda
[veoi]r vng sanglier, si luy embrasa la teste dung grand bastō
[de f]eu ardant par lyuresse qui la surmōtoit: vers luy vint tou[tes]
[sa p]remiere si prit a crier & a hurter. Ores oyez Ino ma seur
[An]thonoe venez en mon ayde, car vecy vng grand sanglier
[qui] me veult estrangler. La grande tourbe enyuree sadresse
[vers] le damoisel tenāt chascunvng grād tisō de feu. Et quāt
[il]le⁹ vist ceste cōpaignie il se commenca a repētir de son
[ent]reprinse & leur crya mercy, mais riē ne luy valut, car cel[les]
[le] despecerent piece a piece. Ino luy rompit le senestre
[bra]s. Et Anthonoe le dextre. Et puis sa propre mere luy osta
[la t]este, moult en renforca le dueil a Cadmus & a ceulx de la
[cité], & par tel exēple furent tous esmeuz a faire au dieu Bac[chu]s sacrifice plus que par auant fait nauoient.

☙Cy fine le tiers liure du grand Olympe
des histoires.

☙Le quatriesme liure du grand
Olympe des histoires.

LE QVATRIESE LIVRE

Outes les Hifmenidiēnes &les Thebē-
nes facrifioient au dieu Bacchus & l'ho
noroient comme lung des fouueraī
dieux celeftiaulx. Ilx faifoient par fes tē
ples & tabernacles encens fumer crīãs
& chantans. Oe oe oe:mais Alcitoë &
fes feurs filles Minea oncqs pour la trã
merfion des mariniers ne leurs mutatiō
en poiffons,ne pour loccifion de Pentheus ne fe voulurēt
abftenir de defprifer Bacchus,& au dieu riē ne acompare
ne a fes facrifices, & difoient quoy que le peuple en diſt q
oncques nauoit efte filz de Iuppiter.Les preftres celebrās
deuotement la fefte, & faifoient cōmandement a tout le peu
ple garder folennellemēt la fefte du roy & puiffant dieu Ba
chus, &q tous vinffent folennizer leurs teftes efcheuelees de
chappeaulx de vigne & couuertes leurs poctrines de peaux
& en leurs mains vng vert tifō fueillu, & qui ny fera il cou
roucera le nouueau dieu.Par quoy il luy en pourra biē mal
aduenir,tous facrifioiēt au dieu nouueau,& par nouueaux

DV GRAND OLYMPE.   Fueillet.LIIII.

...ns le nommoient. Les vngz lappelloiẽt Liber, Bromius,
...us, Nyctileus, Les aultres lappelloyẽt Nyseus, Thyoneꝰ,
...eꝰ, Iacchꝰ, Euan, Leneus, & pere Bacchus. Et par maĩtz
...res diuers noms, & si lappelloient dieu de permanable
...nesse. Le plus quon peust trouuer secourãt les desuoyez,
...n de force. Tout le monde par toy se resiouyt. Toute la
...on Dorient as surmonte, les Ganioys aux harpes dan-
...es sont par toy mors. Pentheus & les marõniers de Meo
...qui te desprisoient sont mis a fin. Apres toy court gran-
...ompaignie de prestresses Bacchantes, Satyres, & le bon
...llard Sylenus sus vng asne qui ne pẽse que de boire. Tu
...tenir ces belles tables & donnes metz q̃ sont delicieux.
...fais commencer festes, caroler, dancer, chanter & sonner
...s & buccines. Briefuement toute assemblee & toute com-
...gnie est sans ioye & sans lyesse se tu ny es. Ainsi luy fai-
...t trestous ceulz de Thebes grãd feste, & de ses merites,
...miracles recordoiẽt: excepte les trois seurs filles Mineyꝰ,
...tandis q̃ les aultres aoroient le dieu, celles laboroient, fi-
...nt & tissoient en leurs maisons secretement, & en paix,
...i contraingnoient leurs mesgnies a plus fort labourer q̃
... aultre iour. Lune delles disoit aux deux aultres. Belles
...rs nous deburiõs pour passer temps & allegier nostre la-
...ur racompter aulcunes belles & honnestes fables. Les aul-
...s dirent que voirement bõ & honneste seroit, & que elles
...tes si accordoient, mais que elle voulsist cõmencer, & cel-
...accorda & cõmenca a pẽser q̃lle chose elle pourroit dire.

A damoiselle ne scauoit que faire de leur racõ-
pter en nom de fable ou de compte vng mer-
ueilleux cõpte quelle scauoit: cestassauoir cõ-
ment iadis en Babiloine vne chãberiere nom-
mee Dirce. Que ceulx de Palestine virẽt des-
puis muee en poisson. Ou celle diroit commẽt
...ille deuint columbe, ou celle racompteroit commẽt Nay-

LE QVART LIVRE

la decepuable par ses herbes & poisons & par ses cha[n]
muoit les hõmes en poissons. Aultre fable scauoit la dam[oi]
selle plus belle & plus honneste:cestoit comment la m[ore]
qui estoit blanche estoit deuenue noire,celle fable luy p[lut]
a racompter,si le dist & racompta en telle maniere.

¶ Les infortunees amours de Pyramus
& de la belle babyloniêne Thisbee.

N la cite de Babyloine eust iadis [deux]
hommes riches & puyssans de haul[t]
& de lignage,ayans leurs maisons [con]
tigues & ioingnans lune a laultre[, seu]
lement queung vieil mur estoit le d[epar]
tement dentre elles. Ces deux hom[mes]
eurent deux enfans dune beaul[te &]
dung aage,& auoient surmonte to[us]
aultres enfans en bonte,en beaulte: & en toutes aultres [ver]
tus.Le filz eut nom Pyram⁹ & la fille fut nommee Thy[sbee]
Ces deux enfans sentreaymerent des quilz nauoient q[ue]

V GRAND OLYMPE.   Fueillet.LV.

ource quilz estoient esgaulx de semblāce:& quilz sen﹅
oient souuent. Tousiours estoient ensemble ou ilz ne
oient durer.& si ne se pouuoient saouler de lung laul﹅
garder:& ne retournoient a leurs hostelz fors le plus
uilz pouuoient.En telle maniere se maintindrent tou
r ieunesse & enfance.Et pource q̄ enfans estoient lon
 prenoit de garde,mais quant ilz vindrent a leur aage
 se peurent maintenir comme ilz auoient faict deuant.
conuint que ilz se gardassent & celassent si cōme leur
r leur apprenoit,mais ilz ne se sceurent si bien celer q̄
 seruiteur du pere de Thysbe ne fust leur amour ap﹅
ue,si le compta a la mere delle cōmēt les enfans sentre﹅
ient.Lors appella la mere vne sienne chamberiere:&
ōmāda tant quelle peust que bien gardast que Thys﹅
ssist hors de lhuys:ne quelle nentrast en lieu ou veoir
 Pyramus,& adonc paraduenture sourdist rancune &
lent entre les parens des enfans,qui despuis dura tou﹅
r vie,ce les destourba dassembler ensemble par maria﹅
r se ce ne fust ilz estoient assez pareilz pour auoir lung
e.Moult furēt les enfans a grād meschief pour lamour
 de laultre.Les amys de Thysbe luy deffendirent expŕ
nt sur peine de correction q̄lle ne se monstrast a lhuys:
a fenestre ou elle peust Pyramus veoir.& pareillement
e de Pyramꝰ luy deffendit quil nallast en lieu ou Thys
t.

¶Yramus dōcq̄s & Thysbe ieunes enfans furēt
en moult grand meschief pour le destroict cō﹅
mandement de leurs parens,car comme plꝰ ve
noient auant,tant plus croissoit leur amour,&
leur dueil plus asprement pour la deffence. Ilz
vindrent en laage de quinze ans ou plus. Pyra
ne scauoit que faire pour lamour de Thysbe q̄ lagres﹅
 muoit souuent couleur,& menoit grand dueil,& pi﹅

teufes cõplaiƈtes.Et deſſus tout il ne ſe pouuoit tenir de
rer.Il ne ſcauoit comment il ſe peuſt maintenir,car nuy
iour nauoit repos.Pale & deſcouloure ſen ala vng iour
ple de Venus,& la tout triſte & de melancolie plain ſe
cha deſſus vne pierre de marbre,& la commêca ſon or
en priant a la deeſſe quelle luy voulſiſt conſentir que br
uement peuſt parler a Thyſbe ſamye qui daultre part
ſe eſtoit & noſoit yſſir:& par ainſi auoit encore plus a
rer que Pyramus.Elle menoit ſi grand dueil:& tant pit
ment ſe complaignoit que la moytie nen pourroit eſtre
ptee.Et icelluy dueil quelle menoit ſadreſſa vers la m
de Pyramus. Car entre leurs deux maiſons ne auoit
vng mur qui faiſoit la diuiſion,ſi prochains voiſins e
leurs parens.Thyſbe vint vers le mur, & aduiſa vne p
creuace que y apparoit,elle print le pendant de ſa cein
& le bouta en la fente ou creuace tellemêt que elle app
ſoit de laultre part du mur en la chambre Pyramus.Q
Pyramus reuinſt a lhoſtel il ſen entra en ſa chambre q
ma,car il ſevouloit celer.Il regardavers le mur,ſiviſt le p
de la ceiƈture de ſamye apparoir.Si alla haſtiuemêt celle
& la print.puis diſt.O Thyſbe ma treſchiere amye par
ſtre enſeigne ſuis icy venu.Sil eſt ainſi q̃ aulcune choſ
ſoit de moy,riens ne vous tiendra que ne viengnez a m
Si rendz aux dieux louenges quãt y leur prent pitie de
amours,& de ma dure langueur a laquelle ſe brief re
ny eſt trouue:mourir me conuiendra a grãd douleur.

Hyſbe la pucelle eſtoit de laultre part q
toit les parolles que Pyramus diſoit.Elle
les yeulx a lêdroit de la creuace,& regard
amy cuydant parler.Mais elle fut ſi ſur
quelle ne ſceut q̃ dire,& de crainƈte amo
ſe mua couleur.mais quant elle fut reue
ſoy,elle miſt la bouche a la creuace,& diſt.Treſchier

DV GRAND OLYMPE.   Fueillet.LVI.

mus,ainsi vous ose ie nommer.Iay este celle qui p̄mier
nt ay aduise cōmēt nous pourriōs par cy parler ensem
rs vous ne me puis ne vueil celer.Conseil nous cōuiēt
er comment icy puissiōs venir sans estre apperceuz de
nne.Car comme plus ayme lon fort,tant plus doit on
desirant de bien celer.Amy ie vous ay ouy lamenter,
bien vous deussiez deporter,car vostre douleur nest q̄
regard de la mienne.Myeulx & plus me doibz plain
ue vous,qui nay repos ne nuyt ne iour.Mō doulx amy
ne puis mot dire,souspirs me tollent le parler,& les lar
ne troublent tellement la veue,que plus ne vous puis
ne aussi plus riens dire.Dicy me partiray pour doubte
e soyons apperceuz.Mais pēsez de icy retourner le ma
pourrons deuiser bien a plus grand loysir.

Lors se partirent les deux aymans iusques a lē
demain au matin que tous deux y reuindrent.
Si parla Pyramꝰ p̄mier & dist.Helas ma tres
doulce amye q̄ iay pour vostre amour de tour
mēt,de dure destresse,& de griefues douleurs
long temps souffert & endure:dont grād mer

LE QVAAT LIVRE

ueilles ay comment ay tant peu viure ne endurer. Et e[n]
res nen puis eschapper se par voſtre debonhairete naue[z]
tie de moy. Ie ſuis voſtre,& celluy qui oncques aultre q[ue]
nayma ne iamais naymera iour de ſa vie. Thyſbe luy [re]
dit. Beau doulx amy Pyramus ie voy & ſcay bien certa[ine]
ment que vous maymez,& q̃ mainctes douleurs auez p[our]
moy eues, mais ie vueil que vous vous recōfortez: car ſa[chez]
que ie ſuis toute voſtre,& plus meſt cent fois de vous q[ue]
neſt a vous de moy. Reſpondit Pyramus. Ma doulce am[ye]
par voſtre blanche main vous peuſſe tenir & veoir pl[us]
voſtre gratieuſe & doulce face ie ſeroye tout gary. Fai[tes]
vne choſe que ie vous diray. Emblōs no[us] de nuyt au mi[eux]
que nous pourrons:& alons a la fontaine deſſoubz le m[eu]
rier emmy les predz ou Ninus fut enſepuelir. Illec pou[rons]
parler enſemble a noſtre habandon. Myeulx vault que [ainſi]
le faiſons que de mourir en telle langueur & ie memb[le]
au ſoir que on ne ſen prendra garde. Thyſbe diſt. Amy
ainſi comme vous le dictes ie loctroye. Ie me partiray
ceans au premier ſomme en telle maniere quon nen ſç[aura]
riens. Venez a la fontaine & vous my trouuerez.

❧La deſplorable mort des vrays aymās Pyramus,& de la helle Thyſbe.

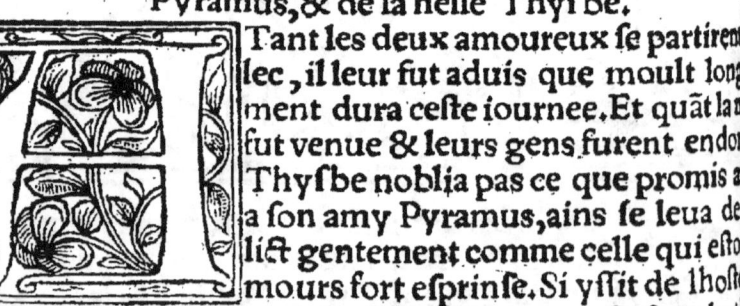

Tant les deux amoureux ſe partire[nt]
[il]lec, il leur fut aduis que moult long[ue]
ment dura ceſte iournee. Et quāt la [nuyt]
fut venue & leurs gens furent endo[rmis]
Thyſbe noblia pas ce que promis a[uoit]
a ſon amy Pyramus, ains ſe leua de [ſon]
lict gentement comme celle qui eſto[it d'a]
mours fort eſprinſe. Si yſſit de lhoſt[el]
ſon pere que oncques ne la detint fermeure,& ſen ala t[oute]
ſeulle par la rue: tāt quelle vint iuſques au mur moult h[aſtiue]
ment. Vne guette qui deſſus les murs eſtoit lapperceut [v]

DV GRAND OLYMPE. Fueillet.LVII.

...e feulle, mais en nonchalloir la tint pource quil cuyda q̄
...ft aucune deeffe:& la laiffa aller. Thyfbe alla tāt quelle
... a la fontaine ou ilz auoient lung a laultre promis heu‑
... faffift fur le marbre de la fontaine, fi commenca a pen‑
...n quelle maniere elle pourroit gaber fon amy Piramus
...t il viēdroit illec. Lors vit defcēdre dune mōtaigne & cou
...ng lyon parmy les prez vers la fontaine, ce Lyon auoit
...āgle beftes fauuaiges & encores en auoit le mufeau tout
...glāt,& luy pendoient les entrailles au tour de la tefte.
...enoit boire a la fontaine. Et quant Thyfbe lapperceut ve
...moult durement fut effrayee fi quelle ne fcauoit de foy
...l confeil prendre. Si fen fouyt le plus haftiuement quelle
...t par vne voye dedans le boys, mais en fuyant luy cheut
... couurechief derriere, tellement quelle neut loifir de le
...ueillir. Elle fen alla muffer deffoubz & en lombre dung
...andier. Et le lyon alla tādis a la fontaine ou il beut, puis
...int es prez, fi trouua en fa voye le couurechief q̄ Thyfbe
...it laiffe choir. Si fe prit a fen torcher le mufeau enfanglā
...uis dillec fe partift. Et Pyramus tantoft vint apres celle
...ye qui vift aux raidz de la lune le couurechief blāchoier.
...approcha & apperceut comment il eftoit enfanglante.
...is vift par deffus la pouldre les traces de la patte du lyō.
...fi trouua la fōtaine trouble du fang. Il regarda a tous les
...tez, mais il ne peut veoir famye: car elle ne fe pouuoit mo
...r du lieu ou elle feftoit mucee pour la doubte du lyon.

¶ Des piteux regretz que fift Pyramᵘ
  ala fontaine pour lamour
    de Thyfbe famye.

h

LE QVART LIVRE

Vant Pyramus ne trouu[a]
mye Thyſbe bien cuyda q[ue]
lyon leuſt deuoree. Si fut e[n]
dyre & de rage que oncq[ue]s m[ais]
douleur q[ui] a icelle ſacō par[a]
commēca merueilleux due[il]
fiſt moult de piteux regretz
telle ou ſēblable maniere. H[elas]
treſſouuerain dieu que ce [est]
urechief me repreſente ou[tra]
geuſe douleur a mō cueur. [O]
beſte enragee & ſauuage c[om]
ment fuz tu ſi oultrageuſe & hardie que tu as ma mye oc[cis]
Helas quel dommage de vous ma treſdoulce amye Thy[ſbe]
& tout cecy a eſte par moy que toute ſeulle & par nuyt v[ous]
ay icy faiſt venir. O toy lyon qui deuoree las viens aua[nt]
ſi me occis. Tu as beu ſon ſang ou eſtoit ſa doulce & deb[on]
haire ame. Or viens boire le myen ſi coucherons to[us] d[eux]
ex vng ſercueil. O treſdoulce amye q[ue] ne fuz ie a voſtre m[ort]
ſi fuſſe mort auec vous. Amye puis que vo[us] eſtes morte p[our]

DV GRAND OLYMPE. Fueillet.LVIII.

[m]n amour, bien est raison q̃ pour lamour de vous ie recoi[s]
[la] mort, car sans vo⁹ ne veux ne ne puis viure. Hee mourier
[mo]urier, droit dessoubz toy fut lheure assignee, & tu as con[sen]ty la destruction & la mort de celle qui viuoit au monde
[sa] pareille, bien doibs estre nomme arbre de tristesse, & de
[mo]rtelle douleur. Ie prie au souuerain dieu que pour la dou[leu]r qui soubz toy sera aduenue (car puis que celle qui me
[fais]oit viure y est morte ie y fineray) quil y vueille demon[stre]r vng tel miracle dont memoire en puist estre perpetuel[leme]nt. Aps ces regretz tyra Pyram⁹ son espee, & leua le cou[re]chief ensus du mourier, puis sen frappa parmy le corps.
[Et] tandis quil mouroit il baisoit le couurechief. Et les meu[res] noircirent qui auoient tousiours este blanche iusques a
[cel]le heure en signe de douleur.

Thysbe reuenoit affin quelle
ne deceust son amy Pyramus.
Moult desiroit de luy dire de
quel peril elle estoit eschappee
bien cuydoit accõplir son vou
loir que tãt auoit desire. Ia luy
estoit aduis quelle estoit delez
luy: & quilz sentrebaisoient.
mais quãt vint au mourier elle
fut toute esbahye pour le fruit
qui mue estoit de blãc en noir.
Tandis que Tysbe regardoit
[ce]t arbre en alant deuant soy, elle ouyt Pyramus souspirer,
[pla]indre & sangloutir, puis le vist couche en baisant le cou[r]echief. Adonc sapprocha pres. Et quant elle vist lespee &
[la] playe au corps de son amy de la grãd angoisse quelle eut
[el]le se pasma, & quant elle fust reuenue a elle le plus grand
[d]euil du monde commẽca a faire: & les plus piteux regretz.
[P]uis senclina sur le corps & le commenca a baiser. Puis prit

h ij

LE QVART LIVRE

son espee & la tint côtremont & dist. Hee espee tu mas [esté]
mõ amy tout mõ cõfort & tout mõ deduict. Tu es en[fan]
tee de son sang,& ie veux q̃ tu le soyes aussi du mie. N[e]
nõ peusmes ensẽble assẽbler vifz. Mais la mort no[us as]
blera, mais tout auãt ie prie aux dieux imortelz q̃ pui[ssions]
tous deux estre mis soubz vng tombeau. Lors se recli[na sur]
le corps & le baisa, & puis dist. Or mon doulx amy Pyr[ame]
voicy vostre amye. Regardez & luy donnez aulcun s[igne]
deuãt sa mort. Le iouuencel ainsi quil mouroit entreou[urit]
ses yeulx: & vist q̃ cestoit samye Thysbe, parler cuyda m[ais]
il ne peut pour la mort q̃ si pres laggressoit, toutesfois d[ist]
Thysbe mamye qui vous a en vie remis. A tant se teu[t &]
plus ne parla, puis la regarda & en souspirant luy parti[t la]
me du corps. Lors se pasma Thysbe de rechief: & quan[t de]
pasmoison reuint,elle prit lespee & sen frappa parmy la [poi]
ctrine dessoubz la mammelle, si cheut sur le corps que [elle]
baisa & accolla estroictemẽt tant quelle eut vie, & ainsi m[ou]
rut. Ainsi sentreaymerent les deux aymans, desquelz l[un]
se mist a mort pour laultre. Les parens qui les trouuere[nt les]
mirent en vng seul sepulchre. Et la moure qui parauã[t estoit]
blanche receut couleur noire en signe de douleur.

☙La honte que fist Vulcan a
Mars & a sa femme Venus
trouuez sur le faict
damours par
Pheb⁹ q̃
descou
urit le
secret.

DV GRAND OLYMPE. Fueillet. LIX.

pres Leucothoe s'auanca & cõmenca la sienne en telle maniere. Puis que nous sommes entrees a parler de matieres amoreuses. Ie veux faire mon compte de Phebus qui enlumine tout le monde, lequel pour lamour dune damoiselle estoit surprins merueilleusemẽt. Or voꝰ diray cõment cestuy dieu q̃ plus cler voit que aultres, sapperceut que Mars le dieu des tailles auoit accointe Venus la deesse damours, & quilz soient ensemble le passe temps. Moult en fut Phebꝰ douẽt. Si le ala dire a Vulcã le mary de Venus qui est dieu du ....Si luy dist toute la maniere & luy monstra le lict ou ilz soient ensemble. Quant Vulcan le sceut, il en fut tant courruce & esprins de rage & de ire que a peu q̃l ne sortist hors

h iij

LE QVART LIVRE

du sens: loeuure quil forgeoit luy cheut des mains. Lors[...]
souuint de sa grand malice, car pour prendre les deux am[ou]
reux au faict il forgea hastiuement vne chaine de dyam[ant]
& darain: de si tresmenue maille que on nen pourroit f[aire]
vne si menue de soye ne si deliee. Et y fist plante de las c[ou]
rans faictz si subtilement & par telle maniere, que on ne [la]
pouuoit apperceuoir ne rompre. Puis les tendit sur le lit [en]
plusieurs lieux moult subtillement. Quant Mars & Ven[us]
vindrent coucher ensemble en ce mesmes lict tantost fur[ent]
pris au mesme laz, & comme plus se euidoient deffaire, [de]
plus senlacoient. Lors fist Vulcan ouurir les huys & fe[ne]
stres pour faire apparoir la faulte de sa femme tout clerem[ent]
& y mena plusieurs dieux auxquelz il monstra ceste cho[se]
Les dieux commencerent fort a rire quant ilz les virêt t[ous]
nudz ainsi prins & enlacez ensemble. Moult sen mocqu[e]
rent. Et tel y eut des dieux qui bien voulsist estre en ce po[int]
& de semblable cas reprins, car tantost fust la chose sceu[e]
Vulcan le forgeron auoit trouue sa femme nue gisant a[uec]
le dieu Mars. Moult en fust Venus courroucee, mais pui[s]
ainsi estoit il ne luy challoit quelle chose on en dist. Onc[ques]
pour celle hôte ne pour la doubte de son mary ne sen abs[tint]
Adocqs fust Vulcan moult doulent de ce quil auoit sa h[on]
te manifestee, car Venus len hayt despuis, & laissa sa comp[a]
gnie & ala demener publiquemêt sa paillardise auec M[ars]

¶ La vengeance que prinst Venus de
Phebus pource quil auoit decele
son secret en amours.

Venus neut pas oblie que Phebus lauoit ac[cu]
see. Si sappensa quelle luy rendroit & guer[e]
neroit quant point & temps en seroit. Elle [luy]
iour lesprint de son amyable amour, & luy [fist]
sentir & esprouuer côment se deullent les [hu]
mans desqlz les amours sont reuelees, & a[...]

DV GRAND OLYMPE. Fueillet.LX.

valent celles qui sont celees ou secretes. Phebus fut dōe
[e]ins de lamour dune belle plaisante pucelle qui eut nom
[Leu]cothoe fille de Orchamus le roy de Sabe, tellement que
[n]ulle aultre ne luy challoit fors dicelle. Mais elle ne acō[rdoi]
[t] a luy riens, & tant plus laymoit celluy moins laymoit
[ell]e. Mais en la fin par sa subtilite il la deceut, car il vint vne
[fois] tādis q ses cheuaulx reposoient en la chābre de Leuco
[tho]e en semblance de la royne Eurynome sa mere. Ceste pu
[cell]e auoit auec elle treize femmes. Phebus dit quil vouloit
[a e]lle parler de conseil. Leucothoe qui bien cuydoit que ce
[fust] sa mere fist partir toutes les aultres. Et lors luy dist Phe[bus]
[bus]. Ma doulce amye ie suis le souuerain inluminateur de
[tou]t le mōde Phebus le dieu du soleil que toute mō amour
[ay] mise en vous. Si vous prie tresamoureusement que vous
[reti]enez mamye. Lors fut la damoiselle moult esbahie. Elle
[cre]it: mais sa quelongne luy cheut des mains : car Phebus
[est]oit reuenu en sa premiere forme. Si print Leucothoe entre
[ses] bras, & fist tant quil lefforca & coucha auec elle. La da[mo]
[y]iselle souffrit la force en gre. celle chose ne peult estre lō
[gu]ement celee, car Clytie que Phebus eut longuement ay[me]
[e] sen apperceut : & comme ialouse nonca a Orchamus cō
[me]nt sa fille le decepuoit & couchoit chascune nuyt entre
[les] bras de Phebus. Quant Orchamus le sceut, il fut tāt cour
[rou]ce quil fist sa fille enfouyr toute viue en terre, ne oncques
[pu]ie ne len print.

Vant Phebus sceut & congneut la mort
de sō amye pour sa coulpe moult en fut
doulent. Si fist la sepulture ou elle gisoit
fendre a ses raidz, tellement que elle sen
peust bien leuer se elle eust vie. Mais le
corps mort gisoit. Lors fut Phebus dou[
]lent. Et voulentiers luy eust rendu la vie
se il eust peu, mais il ne pouuoit. Si arro[
]h iiij

LE QVART LIVRE

fa le corps de pigment tellemēt que la terre abbreuua da
fine odeur & odorifere dont se peupla & ēracina vne d
vergette dencens haulte de la lōgueur du corps. Et ainsi
Leucothoe en encēs muee. Pheb⁹ nayma oncques puis
tie pour sa ialousie, ains la mist toute en refus: & quant
se vist refusee & reboutee de son seigneur, tel dueil en eu
oncques puis ne coucha en lict; ains perdit sens & toute
moire & deuint vne fleur qui est nommee Soussie. Laqu
est entremeslee de iaune & de rouge, & de sa nature elle s
encores le Soleil son amy.

   Du tendre & delicat Hermaphrodite qui
   pour le refuz damours quil fist a vne
     Nymphe eut les deux natures.

Pres ce commenca a dire son compte La d
moiselle Alcithoe qui oyseuse ne fut de sa
sure auancer. Et quant la compaignie fut a
paisee elle dist. Bien vous racompteroye di
damoiselle le compte de Daphnis pasteur
Troye qui estoit petit homme & poure. Co
ment vne haulte dame le ayma par amours. Et comment

DV GRAND OLYMPE. Fueillet. LXI.

neut cure,& pource la dame le fist en pierre muer:mais
est la fable commune. Si vous diroye bien commēt Scy
contre nature se diuersifioit tellement que vne heure
homme,& laultre heure estoit femme. Ou bien vo9 di
comment Celmus en son enfance eut lamour de Iuppi
qui enfant estoit,& puis fut mue en aymant. Ou commēt
peuples des Curettes nasquirent iadis des grans pluyes
cheurent. Et comment Crocus & Smilax sa femme fu
muez en deux florettes. Daultres comptes recreatifz &
ueaulx scay assez lesquelz lairray,& en diray vng moult
isant a ouyr, cest de la fontaine nommee Salmacis, laqlle
telle nature que quelque homme qui si baigne tantost
uient demy femme,& la femme qui si baigne deuiēt de
homme:& si vous diray comment.

E dieu de eloquence Mercure
& dame Venus eurēt iadis vng
enfant de telle semblance que
en son visaige pouuoit on bien
congnoistre les semblances de
ses pere & mere:& selon eux
deux il fut nōme Hermaphro
ditus. Moult fut grande la re
nommee de luy & de sa beaul
te. Si aduint enuiron son aage
de quinze ans quil mist moult
son entēte a cheminer & errer
estranges terres pour enquerir & pour scauoir des diuer
z du monde, especiallement des Fleuues: car moult estoit
ple & peu malicieux. Il estoit partit des Caroys & vīt par
uenture en Lycie. Et ainsi quil sen aloit deduysant & esba
t,il se arresta sur vne fontaine q moult estoit belle,clere &
rie. Si se embatit sur luy vne pucelle bien mignote, qui
siours ioyeuse estoit, car oncques ne auoit apprins a aul

LE QVART LIVRE

cune chose faire. Celle damoiselle auoit nõ Salmacis. Si [...]
quelle vit le iouuencel, durement fut de son amour espri[...]
Si vint tãtost a Hermaphrodit? & le mist a raison, mais p[...]
estre plus plaisante elle saorna moult coinctement. En[...]
dist la damoiselle Salmacis. Tu es tant bel & tãt plaisant[...]
on te deburoit biẽ nommer dieu. Se tu es Cupido le dieu[...]
mours, bien sont nez tous ceulx qui te appartiennẽt, & e[...]
res sera plus heureuse sera celle q̃ tu atoucheras en cha[...]
delict & qui sera ton espouse. Si te prie & requiers que[...]
maymes, & demenons icy celeemeut noz amourettes, [...]
me prens a fẽme par mariage, car ie suis gẽtille & de hau[...]
gnage, tu seras moult prise & exaulce pour lamour de m[...]
Lors se teut la damoiselle pour ouyt la responce de len[...]
Mais Hermaphrodit? ne sonna oncques mot, comme cel[...]
qui moult estoit honteux & qui oncques nauoit sentu [...]
cestoit damours & par vergongne rougit. Quant Salm[...]
vit sa face rougir, plus y vit de beaulte quelle nauoit fait[...]
auant. Si senamoura plus fort que deuant. Lors le comm[...]
ca a accoller & baiser. Et Hermaphroditus luy dist & i[...]
certainement que si elle ne le laissoit en paix, il senfouy[...]
Salmacis eut paour ql ne sen fouyst. Si le laissa en paix [...]
dist. Ie scay biẽ que ie tẽnuys pourquoy ie mẽ iray. Lor[...]
semblãt quelle sen alloit, mais elle se muca derrier vng [...]
son pour veoir la contenance de luy quãt seul se trouue[...]

Vãt Hermaphroditus vist q̃lle sen estoit [...]
& que seul estoit, il se despoilla tout nud &[...]
alla baigner en leau de celle fontaine. Et q[...]
Salmacis le vit nud & regarda sa belle & t[...]
dre chair qui par leaue se iouoit & naige[...]
elle fut plus eschaufee que deuant. Elle se [...]
pouilla semblablement toute nue en lombre dung buis[...]
Puis sen vint tout secremẽt bouter en la fõtaine, & embr[...]

DV GRAND OLYMPE. Fueillet.LXII.

[e]ftement son amy Hermaphroditus en disant. Or ay ie
tenant ce que ie desire. Puis le commenca a baiser & a
[io]indre a luy & entrelacer entour de luy, mais oncques
ceste chose ne sesmeut le iouuencel, quant celle vist q̃
baiser ne pour estraindre ne le pouuoir esmouuoir a so
[s]r,elle dist par grand desdaing. Malheureux il tappa
a tãtost q̃lle chose vauldra ta deffence, car certes iamais
[n]e eschapperas. Beau sire dieu dist elle ie vous requiers
[m]e octroyez que iamais ne puisse estre desioincte de ce
cy, ains soye tousiours serree a luy tellement que iamais
[n]yssions estre despartis. Les dieux ouyrent sa priere & y
[mon]strerent tantost tel miracle, que eux deux furent ioings
[ense]nble par telle maniere que de leurs deux corps ne sem[bl]
[oi]t vng, & que leur nature fut moytie homme & moy[tié fe]
mme. Quant Hermaphroditus se vit moytie homme&
[moy]tie femme. Il tẽdist ses bras vers le ciel & se escrya a voix
[di]uine. Pere & mere qui me engendrastes, & qui vraye[ment]
homme me creastes octroyez moy tel don pour la de[liu]
strance que en ceste eaue ay perdu la moytie de ma na[ture]
masculine, que to[us] hommes qui ceste eaue attoucherõt, [vie]
[n]ent deuenir demy femme, & les femmes qui si laueront [de]
[ui]ennent demy hõmes. Tãtost fust son oraison ouye, & ce [la]
[f]ut cause pourquoy, que quiconques se lauoit en celle fon[taine]
[re]muoit la moytie de sa nature, & fut tousiours despuis [appel]
[lee] la fontaine Salmacis.

¶ Du mesprisement des Mynediẽnes
enuers les sacrifices de Bacchus
& de leur punition.

LE QVART LIVRE

Es propos finiz entre les
eurs Mynediennes point
cesserent de labourer en de
sant la feste que chascū fai
de Bacchⁱ. Le dieu se cou
ca & enuoya a la maiso
elles ouuroient tabourins
panions & grands lumin
fleurās souef & myrrhe &
les dyrre. Leurs toilles fu
muees & deuindrent vne p
tie fue illes de vignes. Il sem
aux seurs que elles ouyssent bestes sauluages vrler qui d
rer les voulsissent. Si sen fouyrēt de la chambre, & sen al
mucer au plus obscur lieu de lhostel cestoit en la valee, &
rent muees en chauues souris.

☙ La malice de marastre enuers
ses fillastres.

DV GRAND OLYMPE. Fueillet. LXIII.

Rand ioye faisoit Yno & moult senorgueilloit pour Bacchus son nepueu qui tant auoit de puissance. Et moult entra en grand orgueil pour ses enfans & pour sa richesse, & encores plus pour sa prouesse. Athamas son seigneur fut vng riche roy ne de Thebes. Deux enfans auoit de Yno sa femme, & deux aultres dune aultre dame, qui auoit a nom Nephele. De ces deux enfans lung auoit nom Phrixus & laultre Helle. Ilz estoiēt tāt [be]lx & de si bonne doctrine que chascun les prisoit & hō[norio]it sur tous aultres. Yno qui leur marastre estoit quant vit que ces deux enfans estoient si honnorez & prisez dessus les siens elle se doubta quilz ne fussent encores [seig]neurs de la terre. Si commenca a querir tours & manie[res c]omment ilz peussent estre desheritez & chassez du royau[me]. Lors elle sappensa dune grand malice & commanda [a tou]s les puissans du pays qui labouroient & gaignoient la [terre], & leur donna grands dons, affin quilz ne semassent q[ue] cuyt. Et ainsi en firent ilz, car ilz nosoient passer ne des[obey]r son commandement. Saichans que silz desobeyssoiēt [ilz se]roient destruictz. Ceste chose fist elle si secretemēt quō [ne sen] apperceut oncques. Et quant la saison vint que bledz [deu]oient croistre & fructifier, il nē auoit en tout le pays riēs [app]arant. Lors commenca tout le commun peuple fort a se [desc]onforter & esbahyr. Et Yno fist tant par dons & par pro[messl]es aux prestres & prescheurs quilz allerent prescher & [man]ifester par toute la contree au peuple que tāt q̄ Phrixus [& H]elle sa seur seroiēt au pays aultre chose ny viendroit ne [c]roistroit sur la terre, & que ainsi lauoient les dieux ordō

LE QVART LIVRE

ner, qui vouloient q̃ on les deboutast du royaulme, car
leur mauuaistie perissoient les semences.

Ar tout le pays en coururent les nou-
les, tellemẽt que le peuple ayma mie
que ces deux enfans fussent desheri
& mis dehors du pays & priuez du
gne q̃ tout le peuple alast en perditiõ
en exil. Par telles manieres furent
deux ẽfãs exillez & boutez hors du
aulme de Thebes leur patrimoine
tãt sen allerẽt par leurs iournees de nuyct & de iour q̃lz
drẽt par aduẽture a la mer. & quãt ilz y furent ilz ny tro
rẽt ne nef ne pont, par ou ilz peussent passer, si furent m
esbahis: silz retournoiẽt, ilz sçauoient bien q̃lz estoiẽt m
& pduz. Lors Iuppiter print pitie deulx, & leur trãsmist
moutõ qui auoit toute la laine doree, & si auoit deux co
au frõt toute de fin or.

Lorigine de la toison dor, &
de la mort de Helle.

DV GRAND OLYMPE. Fueillet.LXIIII.

Vant les deux enfans Phrixus & Helle sa seur virent le mouton doré, Phrixus dist. Ma doulce seur puis q̃ les dieux no9 ont par leur misericorde transmis & enuoye ce noble & ce riche moutõ:q bien semble estre chose diuine. No9 par mon conseil monterons dessus & prẽdrõs [n]tre aduenture telle que les dieux nous enuoyeront. Car [v]oire quilz nous conduiront a sauluete. La pucelle Helle du tout se vouloit conduire & gouuerner par le conseil [d]on frere Phrixus luy octroya. Si monterent euz deux sur [le] mouton doré:& tantost il se mist a nager. Helle qui ieune [t]endre estoit endurer & souffrir ne peust les vndes de la [tou]rmente de la mer. Pourquoy elle cheut dedãs & se noya, [p]ur celle cause la mer ou Helle se noya, eut nõ Hellespõt. [e]ncores luy demeure celluy nom iusques auiourdhuy. [m]ult fut doulent Phrix9 de la submersion de Helle sa seur, [m]ais amender ne le pouuoit. Car le mouton lemporta isnel[leme]nt naigeant parmy les vndes de la mer tant quil arri[ua] en lisle de Colchos. La presenta le iouuencel Phrixus au [die]u Iuppiter le mouton en oblation du tresgrand benefice [q]e faict luy auoit.

☙La hardiesse dung amoureux
& de la mort de Leander
en allant veoir
samye.

LE QVART LIVRE

M Abidois auoit iadis vng iouuen[
auoit nom Leander, qui fort aymoi[
amours vne damoiselle nommee H[
laquelle demeuroit de laultre coste[
celle mer en vng fort chasteau tell[
que la mer despartoit les aymans. Q[
Leāder vouloit aller veoir samye i[
geoit de nuyt oultre celle mer. Et [
le faisoit affin quil ne fust apperceu. Et quant il faisoit obs[
Hiero se tenoit aux fenestres dune tour a tout vng bran[
de feu. Et Leander sadressoit illec a la clarte. Longuement[
menerent leurs desduictz celeement que oncques perso[
ne sen apperceut. Aduint vng iour que vne tempeste mo[
sur mer si grande & qui dura tant longuement que hien p[
huyt iours nul ne se osoit mettre sur mer. Et parce coue[
que Leander sabstenist de aller veoir son amye, car se il l[
fust mis il eust este tantost pery. Si sen abstint par lespace [
sept iours a moult grand peine. Il nest douleur si grand[
il ne sentist quant il pensoit a samye & aux grands soula[
il en auoit eu. Moult faisoit Leāder de piteuz regretz & i[

DV GRAND OLYMPE. Fueillet.LXV.

uyt ne pouuoit reposer. Tant fut oppresse damours quil
ouuoit durer, si sappensa quil saduentureroit ne ia pour
mpeste ne laisseroit quil nallast veoir celle que de si lōg
ps nauoit veue. Lors saillit en mer. Et se mist a naiger,
is il ne fut guiere loing quant la tempeste par trois fois le
enfondrer dedans la mer. Quant Leander veist ql ne pou
t plus auant aller, il retourna & yssist hors puis sassist sur
roche & regarda vers la tour ou estoit samye. Lors se re
manca a doulourer & a complaindre disant. Helas & ne
iamais ceste mer tranquille & paisible affin que ie puisse
veoir celle qui est maistresse & garde de mon cueur.
rquoy ne ordonna dieu que nous deux ne fussions dūg
aulme, riens ne me tint q̄ ne laillasse veoir tous les iours
sieurs fois. Mieulx me vaulsist estre a lung des bous du
nde que destre icy, ou ie vois tout a plain ce que tāt desi
& si ne le puis tenir? Trop ay long temps a attēdre se attē
vueil que la mer soit paisible. Mieux me vault mettre a
uenture du tout & que meure se mourir doibs, que ainsi
guement languir en tel martyre. Aumoins se ie meurs
aduenture pourray arriuer au coste de dela, & me pour
encore mamye tenir entre ses bras. Et se ie meurs icy elle
me verroit iamais a nul iour.

N telle maniere plaignant doulosant & regre
tant Hiero attendit Leander iusques au huy
tiesme iour. Et quant la nuyt fut venue, il ne
pouuoit plus attendre, car il veoit le brandon
alume que son amye tenoit. Pour tempeste ql
feist il ne sen peut abstenir quil ne se mist au
ger vers la tour, & quāt il vint bien auāt en la mer le brā
n que Hiero tenoit extaignit pour le grand vent quil fai
t. Lors ne sceut Leander sa voye tenir & la tempeste le tra
illa tant quil fut en peu dheure perille & noye.

i

LE QVATR LIVRE

Iero estoit daultrepart de[s] la tour en aguet pour Lean[dre] son amy que elle attendoit, moult estoit a grand mes[chef] & a grand mesaise. La bel[le] print a penser & vng peu s[e] mit. & luy fut aduis en son [dor]mant que son amy lembra[ssoit] & que en vng lict estoient d[e]duisans & solatians comme [aul]trefois auoiēt estez. Lors se [es]lecta vng peu, mais au res[vei]ler se plaignit & souspira de douleur. Et pria aux dieux q[ue] si quelle lauoit veu en songe, elle le peust veoir de faict. P[uis] le commēca a cōplaindre en telle maniere. O mō tresdo[ulx] amy Leander pensez de venir, car par le plaisir des dieux [y] passerez. Et se en vostre couraige ne vous vient a plaisir, a[u] moins venez emmy la voye, & ie daultrepart yray a len[con]tre. Si nous entrebaiserons & iamais ne pourrons noyer [en]semble, mais myeulx vault que nous venions au riuaige [&] parlerōs a loysir & ferōs nostre plaisir. Lasse se tāt ne fusse [ver]gongneuse pas ne fusse, en telle destresse pour amour, ie [me] lasse appertemēt auec toy, & ne fusse iamais ailleurs. Et p[our] ainsi iamais nauroye desplaisir ne tristesse; mais trop cra[ins] renom mauluais. Amour & hōte sont fort cōtraires. Amo[ur] veult de tous ses desirs laccōplissement. Et honte nose. H[e] amy dist Hiero ie ne puis croire quil vous soit tant de m[al] pour ceste heure comme il vous est des aultres fois: car r[ien] ne vous tiendroit que ne venissiez vers moy. Et comme[nt] dist elle me pourroit il mettre en obly? Ia scait il bien que [ie] suis sienne, si ne puis ie croire que il me habandonnast, at[ten]dues les grandes promesses & les plaisirs q̄ auons ensemb[le] mais pour certain ie le laisse & excuse pour le mauluais

DV GRAND OLYMPE.　　Fueillet.LXVI.

r tẽps &pour la mer.Hee Neptun9 naymas tu iamais par
hours? Pourquoy nous es ſi tu aduerſaire ? Pas neuſſes
e ioyeux qui ainſi te euſt guerroyer cõme tu fais nous.

N ce dueil que Hiero deme‐
noit,elle ſendormit & ſongea
vng ſonge dont fort eſbahye
eſtoit.Le ſonge fut quelleveoit
vng grand Daulphin mort &
arriue deſſoubz la tour, dont
moult doulente eſtoit.Et quãt
elle fut eſueillee moult tendre
ment ſe trouua plourant, & ſi
auoit ſon viſaige tout plain de
lermes.Elle ſe leua bien haſti‐
uement,& deſcẽdit de la tour
our ſcauoir q̃lle ſignificatiõ ce pourroit eſtre.Si ſen alla au
ort ſur la riue de la mer,& regarda dedans,&y viſt ſon amy
ander noye qui venoit flotant deſſus leaue vers la riue aiſi
ue les vndes lamenoiẽt & le recongneut.Lors ne fault pas
emander ſelle eut grand dueil au cueur,car elle en eut tãt
uil ne pourroit eſtre racõpte ne eſcript.Elle comme toute
eſeſperee ſaillit en la mer ſans conſideration de nul peril,ſi
ioingnit a luy & lembraſſa eſtroictement.& en ce faiſant
le mourut de dueil,& auſſi de leaue qui la noya . Et ainſi
riuerent tantoſt les corps des deux aymans au port de
urte.

☙Le voyage de Iuno aux enfers pour
querir Tyſiphone a ſe venger de
Yno la deſpriſante.

i ij

LE QVART LIVRE

Vant le bruyt de lexil de Ph[r]-
xus & ſa ſeur Helle feut ven[u]
aux aureilles des dieux ilz [ne]
peurent ſouffrir celle inhum[a]-
nite, laquelle auoit eſte faic[te]
ſoubz la couuerture deulx q[ue]
le ne fuſt amēdeę. Iuno la d[eeſ]-
ſe q̃ moult hayoit Yno eut d[e]
ce faict grand deſdaing, & d[e]
lorgueil q̃lle demenoit. Si ſap[en]-
penca & puis diſt. Peu me p[riſe]
ſe diſt Iuno ſe ie nabaiſſe lo[r]-
gueil de la deſloyalle Yno. Ia peuſt tāt Bacchus q̃ ie ne pui[s]
en mer noyer les mariniers. Et faire la mere au filz tranche[r]
la teſte. Celluy me monſtre q̃lle choſe ie doibs faire de ceu[lx]
qui me courroucent & qui me meſferont, par mon ennem[y]
puis apprēdre que ie doy faire. Trop a Yno la deſloyalle m[e]
prins vers moy; dont briefuemēt ie men vueil venger. Lo[n]

DV GRAND OLYMPE. Fueillet.LXVII.

cendit Iuno du ciel,& vint droict au manoir Plutonique
ur pcurer mal a Yno sson ennemye.La voye est tortue,bo
e,tenebreuse,chardonneuse & espineuse.Plaine de mor
 arbres.Styx le palus y donne vne eaue plaine de rancu
 qui empuantissoit tout le chemin.Par celle voye venoiēt
ames en enfer.Mille entrees y a pour recepuoir tous ve
ns,& ia ne sera plain.

Vno vit en enfer par celle voye
Et quant Cerberus le portier q
a trois testes la vit venir toutes
trois les leua,& trois abboye
mēs ēsemble dōna.La porte dē
fer trēbla & tous les infernaux
quant la deesse sentirent. Iuno
appella les trois deesses de for
cenage qui la seoient deuāt la
porte pigneans & parans leurs
cheueulx serpentins.Elles se le
uerent du lieu ou elles seoient
our la reuerence de la deesse.Et vindrent contre Iuno q re
ardoit les peines & les tormens des ames par les sortz des
uches par qui les trois iuges baillent leurs sentences. Ti
us y est q tousiours baille ses entrailles aux voultours pour
anger.Et Tātalus y est qui meurt de fain & de soif.Et si a
 mēgier dessus son nez,& a boire iusques au mēton.Et Ixiō
toit couche le vētre dessus vne roue de fer trenchant & ar
ant qui ne cesse de tourner.Et Sisyphus qui a moult de pei
e pour appuyer vne grād roche.Les niepces de Bel⁹ y sont
ui se peinent & trauaillent incessamment de puyser eaue
ourante en vaisseaulx sans fons.Tous ceulx vist Iuno & Si
yphus principalement,si dist.O vous dieux de lobscure con
ree pourquoy porte Sisyphus qui est chief de son lignage
l torment sans Athamas q est plain dorgueil & de oultre

i iiij

LE QVART LIVRE

euidance?'luy & sa femme sont trop orgueilleux. Ilz me desprisent & ne me daginēt obeir. A vous me plains de leur oultrage? Ie vous prie & commande que leur donnez la rage. Ainsi se plaingnit Iuno la deesse aux dieux denfer. Et leur cōmanda que Athamas & sa femme fussent sans plus darrest punis. Tysiphone qui mainte noise auoit esmeue leua la teste, & luy dist que sa requeste seroit hastiuemēt faicte & pria a la deesse quelle sen retournast, car en si douloureux lieu ne deuoit gueres demourer.

Tant se partit Iuno: & les troys seurs de forcennerie pensert dacomplir sa requeste. Tysiphone sappresta, & print vne torche ensanglantee & fut toute entortillee de serpens, & sa robbe souillee & taincte de soing abhomiable & vil. Denfer yssit la hydeuse portāt en son regard pleurs & paours, esbahye & tremblant, noircie de courroux. Sur le sueil de lhuys Athamas sassist & pourprist toute lentree. Elle fist toute la sale trembler & apalir la porte. De toute la contree sen fouyt le soleil & couurit son visaige. Yno fut esbahye pour le monstre qui illec estoit assis, & Athamas seffraya pour la grād forcennerie de la rage quil sentit. Il sen voulut fouyr, mais il ne peut pour la rage qui le contraignit & cōtresta de demourer, & qui tout lhuys auoit pourpris, & alla croissant & hochant sa cruelle teste qui toute estoit pour prinse de serpens qui donnoient entour elle grans sifflemēs. Ilz estoient plains dordures & puans, & yssoit deulx tresgrā de puanteur.

La cruaulte de Athamas & la fin de Yno & de ses enfans.

DV GRAND OLYMPE. Fueillet.LXVIII.

Yſiphone arracha de ſa teſte deux grans & horribles ſerpens:& les getta au ſein de Athamas & de ſa femme qui les remplirent de puanteur & de venin parmy leus cueurs. Mais au corps ne les attoucherent ne es membres ne les bleſſerent mais leurs pēſees & vouloirs troublerēt de vain erreur,dobſcur obly,de felonie, e noiſe & de triſteſſe eut Tyſiphone compoſe vng breuuae & deſtrempe de ſang & damertume,ſi leur tua es couraes,& aux viſaiges tãt quelle empliſt toutes leurs entrailles. uis pour eulx plus mettre a meſchief elle brãdoya entour ulx en tournoiant vng brandon de feu ardant,bien acheua rage q̄ Iuno luy auoit enioinct.Puis reprint ſes deux ſerpens & ſen retourna en ſa tenebreuſe contree. Thamas fut plain de forcenerie, & eut ſens & auſſi memoire perdu.Si ſe print courir comme beſte poincte & picquee.Il rencontra emmy la ſalle Yno ſa femme q̄ ſes deux filz portoit Lear

i iiij

LE QVART LIVRE

chus & Melicerta, & cuyda que ce fust vne lyōnesse q̄ deux lyons menast, Si les chassa pour occire. Learchus vint vers luy riant & tendant ses bras par amours comme accoustumé auoit, mais Athamas ne sceut lors que cestoit damoiselle ne de pitié, si print Learchus quil arracha hors des bras de sa mere & le iecta contre vng pillier en telle maniere que il loccist. Et Yno se desconforta & sen fouyt portant Melicerta hulant comme beste mue & criant euoebacche. Iuno q̄ ceste vengeāce veoit estoit moult ioyeuse de leur honte & dōmage. Yno plaine de forsennerie & de rage sen alla monter sur vne haulte roche & roide sur la riue de la mer: qui soubz le chasteau au pied fut cauee, & dillec auec son filz se iecta en mer parfonde. Et ainsi forcennez finirēt Athamas & Yno leurs iours.

☙ La transformation de Cadmus, & de sa femme en serpens.

DV GRAND OLYMPE. Fueillet. LXIX.

Admus cependent ne scauoit rien du deifiement de sa fille Yno & de son petit nepueu qui desia estoient dieux de mer parquoy aggraue de multiplicite de maulx plora moult & plaignit pour la perte de Yno sa fille & de son filz qui noyez estoient. Il laissa sa terre & exille par desplaisir sen fouyt, & auec luy sa femme, & tant errerent quilz vindrent en Esclauonie ou en grã pourete vesquirent gaignans leurs vies aux labeurs de eurs mains. Moult se plaignoit Cadmus & regrettoit sa grã perte vsant sa vie en grand angoisse. Et en fin se repentit u serpent quil auoit occis a la fontaine disant que oncques uis bien ne luy estoit aduenu. Puis dist. Et se aduenir doit ue ie soye serpent, bien le veux estre au lieu de celluy que y occis. Cadmus sestendist sur son ventre, & tantost il deuint serpent, & en ce faisant il cõmenca fort a plourer. Il estẽ it ses bras vers sa femme & la cuida appeller & a elle parler ais il ne peut, ains siffla comme serpent. Quant sa femme vit ainsi mue plourant senclina sur luy, & pria aux dieux uelle deuinst tel serpent comme luy. Laquelle chose tan ost luy aduit. Puis sen alleret eux deux en vng obscur boys ucer ou ilz furent paissibles & debõhaires, & ne faisoient ul mal a aulcune creature. Bacchus les cõfortoit, qui fut de ur lignaige & par le monde estoit lors pour dieu honnore.

Iuppiter pour rauir damours le
tresor se mua en goutte dor, &
cheut dedans le cein de la
belle Danaes de q fut
conceu le hardy
Perseus.

LE QVART LIVRE

Vis q̄ Cadmus fut party a grā-
honte de sa cite de Thebes. A-
crisius son oncle tint le regne,
& aussi Darges tout lhonneur.
Cestuy Acrisius fut seul en tou-
te la terre qui osa contrester cō-
tre Bacchus qui tant estoit re-
nomme. Bacchus sen alla guer-
royer en Inde. Et mena les
Bacchantes auec luy, & fit tant
par son effort q̄l suppedita les
Indiens, Et la fist la cite de Nise
laquelle ainsi appella pour son nom. Et quāt il voulut retour-
ner dont party estoit: Acrisius fit contre luy clorre les portes
& ne le voulut recepuoir en luy deniant comme son enne-
my sa terre & son heritage.

Crisius eut vne moult belle fille courtoi-
se & sage, plus belle nauoit en Grece.
Celle damoiselle auoit nom Danaes. Sō
pere la fist enfermer en vne tour darain,
pour garder quelle ne fust daulcun de-
ceue par priere, par dons, ou par force.
Iuppiter aymoit la belle a merueilles. Si
dist que peu prisoit sa deite, son sens, &
son scauoir, se auoir ne la pouuoit a sa volente. Lors Iuppiter
se mua en pluyes dor: & entra en la tour ou la pucelle estoit
enfermee ou oncques nauoit eu porte deffermee, ne fenestre
ouuerte, & la se descouurist le dieu a la pucelle, & en iouyt
amoureusement. Et ainsi cōceut en elle Perseus q̄ fut moult
noble, & fut par toutes terres renomme. Acrisius ne scauoit,
& ne creoit que sa fille fust amye a Iuppiter. Et pource se
tint pour deceu quant il la vit enceinte, car il neust iamais pē-
se que de Iuppiter ne de sa semence elle fust enceinte. Apres

DV GRAND OLYMPE. Fueillet. LXX.

aissance de lenfant Perseus le fier Acrisius au dur coura
chassa la mere & lenfant hors de sõ royaulme, car aymer
les pouuoit. Lesqlz vaguerẽt lõg tẽps en mer en vng vais
u de verre. Tant nagerent que la ou dieu pleut arriuerẽt.
tarda guieres apres que Perseº ne deuinst sage, preux &
issant & plain de grand vaisselage. Il alla voulant par lair
maintes regions, ou il acquist grand renomme. Lors peut
e Acrisius doulent quant dentour luy lauoit deboute. Il
prochaine repentãce du tort & despit que faict auoit au
u Bacchus quant pour le debouter de sa terre auoit faict
portes contre luy clorre.

La vaillance de Perseus & le decolle
ment de Meduse la gorgone.

E roy Phorcus auoit iadis trois filles qui toute
trois nauoient queung seul oeil. Lune auoit nõ
Euriale, laultre Stennio. La tierce qui plº estoit
renommee auoit nom Meduse la gorgone. Cel
le pour son cler viaire amusa maintes person
nes. Ses cheueulx qui plus luysans estoiẽt que

LE QVART LIVRE

Vis q̃ Cadmus fut party a grã honte de sa cite de Thebes. Acrisius son oncle tint le regne, & aussi Darges tout lhonneur. Cestuy Acrisius fut seul en toute la terre qui osa contrester contre Bacchus qui tant estoit renomme. Bacchus sen alla guerroyer en Inde. Et mena les Bacchantes auec luy, & fit tant par son effort q̃l suppedita les Indiens, Et la fist la cite de Nise laquelle ainsi appella pour son nom. Et quãt il voulut retourner dont party estoit: Acrisius fit contre luy clorre les portes & ne le voulut recepuoir en luy deniant comme son ennemy sa terre & son heritage.

Crisius eut vne moult belle fille courtoise & sage, plus belle nauoit en Grece. Celle damoiselle auoit nom Danaes. Son pere la fist enfermer en vne tour darain, pour garder quelle ne fust daulcun deceue par priere, par dons, ou par force. Iuppiter aymoit la belle a merueilles. Si dist que peu prisoit sa deite, son sens: & son scauoir, se auoir ne la pouuoit a sa volente. Lors Iuppiter se mua en pluyes dor: & entra en la tour ou la pucelle estoit enfermee ou oncques nauoit eu porte deffermee, ne fenestre ouuerte, & la se descouurist le dieu a la pucelle, & en iouyt amoureusement. Et ainsi cõceut en elle Perseus q̃ fut moult noble, & fut par toutes terres renomme. Acrisius ne scauoit, & ne creoit que sa fille fust amye a Iuppiter. Et pource se tint pour deceu quant il la vit enceinte, car il neust iamais pẽse que de Iuppiter ne de sa semence elle fust enceinte. Apres

DV GRAND OLYMPE. Fueillet. LXX.

naiſſance de lenfant Perſeus le fier Acriſius au dur coura-
chaſſa la mere & lenfant hors de ſõ royaulme, car aymer
les pouuoit. Leſqlz vaguerẽt lõg tẽps en mer en vng vaiſ-
au de verre. Tant nagerent que la ou dieu pleut arriuerẽt.
e tarda guieres apres que Perſeꝰ ne deuinſt ſage, preux &
aiſſant & plain de grand vaiſſelage. Il alla voulant par lair
maintes regions, ou il acquiſt grand renomme. Lors peut
re Acriſius doulent quant dentour luy lauoit deboute. Il
t prochaine repentãce du tort & deſpit que faiſt auoit au
eu Bacchus quant pour le debouter de ſa terre auoit faiſt
s portes contre luy clorre.

La vaillance de Perſeus & le decolle-
ment de Meduſe la gorgone.

E roy Phorcus auoit iadis trois filles qui toute
trois nauoient queung ſeul oeil. Lune auoit nõ
Euriale, laultre Stennio. La tierce qui plꝰ eſtoit
renommee auoit nom Meduſe la gorgone. Cel
le pour ſon cler viaire amuſa maintes perſon-
nes. Ses cheueulx qui plus luyſans eſtoiẽt que

LE QVART LIVRE

fin or furent muez en horribles couleuures, pource que son temple lauoit Neptune deffloree. Oncques puis ne la vit nul ne nulle tant horrible estoit a regarder que seullement de la veoir ne deuinst en pierre. Quant Perseus vint en la terre ou ses trois seurs demeuroient q̃ nauoient que vng seul oeil dont chascune en vsoit a son tour, & les deux aultre demeu roient sans lumiere, ainsi vsoient de loeil diuersement. Si aduint que tandis que les deux qui setrebailloient loeil lune a laultre Perseus le print que garde ne sen donna Sternio ne Euriale. Dilec a tout loeil sen alla Perseus a Meduse: & vist tous plains les chemins de ceulx qui muez estoiẽt en pierres, qui celle Meduse auoient veue. On ne losoit veoir q̃ on ne deuint tel que ceulx qui muez estoient. Mais Perseus la vist en la resplendeur de son escu. Si luy trencha le chief en dormant. Du sang de celle Meduse nasquist prestement, & sans arrest Pegasus vng cheual volant, sur lequel Perse⁹ monta en lair qui le porta & vola tant quil arriua en la mõtaigne de Eliconie: & la descendit par grand roideur. Soubz son pied sourdist la fontaine de diuine sapience & de clergie, & de Philosophie.

Bellorophon noble cheualier
occist plusieurs monstres, &
acheua plusieurs mer
ueilles au mõde.

DV GRAND OLYMPE. Fueillet.LXXI.

N Grece eut anciennement vng puissant prince sage en guerre: & qui grand tenement auoit, Cestuy estoit appelle Pretus. Il desherita a tort & contre raison le roy Acrisius. Ce roy Pretus eut vng filz tel & si adresse que dessoubz le soleil n'auoit son pareil. Lequl eut nõ Bellorophõ, sa mere mourut parquoy Pretus se remaria, & print a femme vne damoiselle nõmee Stenoble, folle estoit, mal apprinse, plaine de mõdanite, elle ayma Bellorophon son fillaistre, & le requist de folle amour. Bellorophon qui sage & prudent estoit la refusa dont elle eut tel dueil qu'a peu que du sens ne yssist, Et commenca a penser commment & par quelle maniere elle sen pourroit venger, si se descheuela & esgratigna son visaige, & si rompit sa robe, Et en ce poit en vint plaindre a Pretus son mary de Bellorophon son filz, & luy fist a croire que violee lauoit a force. Quant Pretus vit son espouse sanglante & entendit sa plainte bien cuyda que ce fust verite, si en eut tel dueil que peu sen faillit quil ne

forcenna,& plus en eut despit que se vng estrãge leust fai[t]
Moult eut en son cueur de diuerses pẽsees quil feroit de so[n]
filz sil locciroit, ou sil lenuoyeroit en exil. En la fin sappe[rceut]
que en la terre de Cecile auoit vne beste qui estoit mou[lt]
fiere & horrible, cestoit vng monstre a triple forme conue[r]-
sant en vng desert, lequel auoit destruict ledict royaulme [&]
mis a perdition. Il auoit teste & poictrine de lyon, ventre [de]
vil bouc puant,& queue de serpent:& se nommoit Chime[-]
re. La enuoya Pretus son filz pour le faire occire, mais Bell[e]-
rophon fut preux & vaillant si occist celle beste, par quoy [il]
gaigna le cheual Pegasus qui puis le porta par lair volant.

Le roy geant Atlas pour denier logis a Perseus.

TOutessois Perse[us] qui auec les tallieres de M[er]-
cure volloit a aise & franchement tant volla [de]
toutes pars quil neut contree en tout le mon[de]
ou il ne fust. Vng iour aduint quil volla en oc[-]
cident & passa par la terre du roy Atlas. Il s[e]
resta pource quil y veit le soleil absconser & l[e]
iour desiner, cal il doubtoit la nuyt qui approchoit, & ne s[e]
osoit par nuyt mettre a la voye. Pourtant chex Atlas sadres[sa]
qui regnoit es dernieres parties Doccidẽt, cestuy Atlas esto[it]
moult riche & puissant, entour luy nauoit prince que de lu[y]
ne tenist. il auoit vng arbre de fin or q̃ tout estoit charge d[e]
fleurs, de fueilles & de fruict dor. Moult ayma Atlas larbr[e]
mais Themis la deesse deuineresse luy auoit iadis dit que l[uy]
viẽdroit le filz Iuppiter qui luy embleroit les pommes dor[.]
Et pource fist Atlas enclorre son iardin &ferme que par me[r]
ne par terre on ny pouuoit fois q̃ par son gre mettre le pied[.]
Il ny laissoit homme mortel approcher: vng serpent y auoi[t]
mis qui le gardoit,& qui ny laissoit entrer homme estrange[.]
Perseus requist logis par amour a Atlas,& il luy respondi[st]
que tost sen allast: ou que mal estoit la venu. Perseus ne pri[t]

DV GRAND OLYMPE. Fueillet. LXXII.

oint a plaisir icelle respōce de Atlas qui le voulut chasser,& estoit nuyct & commencoit a obscurcir.Il ne scauoit ou lois querre,pourquoy il conclud que pour riens il ne laisseoit la place,ains plustost la conquerroit par force.Et quant vit que force ne priere ny valoiēt, il leua le chief de Meduse:& se tourna affin quil ne le veist.Atlas qui sans amoursvilsinement deboutoit Perseus vit le chief de Meduse, pourquoy sans arreste il fut mue en vng grand mont qui touche au ciel & tout ce que luy appartient.Lors vint Perseº au iardin des Hesperides ou il desconfist le serpent:& ainsi congst arbre dor par force,& emporta les riches & pcieuses pōmes.

☙Le deliurement de la gēte brunette Andromeda de la guelle du dragon faict par Perseus.

Perseº le lēdemain au point du iour lia ses deux isnelles esles a ses piedz,& ceignit son trēchāt faulcō, & laissa la terre occidētalle: & vint en lorientale au pays Dinde, ou estoit vng simple roy & paisible nōme Cepheus.Sa femme Cassiope par orgueil sestoit vantee en beaulte cō

tre Iuno: dont Iuppiter Hamō eut desdain du mesdict. L[e]
roy & la royne auoient vne fille quilz moult aymoient pl[us]
belle, plus sage, plus simple & pl[us] courtoise ne peut on trou[-]
uer. Hamon pour soy véger de la royne qui sa femme auo[it]
desprisee fit sa fille lyer toute nue sur vne pierre: & pend[re]
aux roches sur mer pour deliurer a la Bellue. Ceste Bell[ue]
estoit vng monstre de mer moult grand & horrible de la[r]
gueur de quatrevingtz & dix couldees. Quant Perseus v[it]
ou la pucelle estoit nue attachee aux roches, & il vit sa be[lle]
& tendre chair & son viaire enlumine plus que rose verm[eil]
le nest au moy de may, moult sen esmerueilla, & cuyda q[ue]
ce fust aulcune ymage que on eust entaille illec en forme [de]
femme & coulouree. Mais ad ce que ses cheueulz vit vole[ter]
au vét & la vit larmoyer, il sceut bien q̄ cestoit vne pucell[e]
Si la regarda mout ententiuement, sans couuerture la pou[r]
uoit veoir a destroict liee. Car couurir ne se pouuoit, don[t]
elle fut moult honteuse. Et lors fut de son amour espris, il l[a]
salua courtoisement, & luy enquist son nō, sa terre, son est[re]
qui elle estoit, & la cause pourquoy elle ainsi estoit illec lie[e]
La pucelle fut moult honteuse de ce que le iouuencel la v[it]
nue, & voulétiers selle eust peu elle se fust couuerte. Elle e[ut]
telle vergongne que parler nosa de prime face: si se teut vn[g]
peu & ploura tendrement, Apres sappensa quelle luy diro[it]
affin quil ne pésast, que la fust par sa desserte, si luy dist ains[i]
Sire dist la pucelle on me appelle Andromeda, & quoy qu[e]
chetiue & malheureuse me voyez, si suis ie fille au roy Ce[-]
pheus. Icy suis liee & iugee a mort par loultrage & oultre[-]
cuydance de la lāgue de ma mere qui sest preferee en beau[l]
te aux deesses. Celle neut pas sa raison finee quant de gran[d]
randon vint par mer la beste pour la deuorer. Andromed[a]
qui sa mort vist approcher prist a prier le chenalier de son a[y]
de & plorer piteusement. Ses parens & amys que la deuoié[t]
aymer estoiét entour elle assemblez sur la riue de la mer, de[?]

DV GRAND OLYMPE. Fueillet. LXXIII.

enans grād dueil: moult angoisseux estoiēt ses pere & me
& mauldissoient la langue qui auoit este cause de si gran‍
angoisse. Ilz laccolloient & baisoient, car aultre ayde ne
y pouuoient faire.

Ors dist Perseus aux parens de la pucel‍
le, seigneurs & dames laissez vostre com
plaincte & vostre dueil, car riens ny pou
uez conquester, & procurez que celle
pucelle soit deliuree de mort. Se du
monstre de la belue dist Perseus ie la de
liure sans danger ou empeschement, La
me donnerez vous a femme? Et affin q̄
chez, bien & haultement seroit a moy mariee, car filz suis
Danes & de Iuppiter q̄ en pluye dor me conceut. Ie suis
ii ay conquis le chief Meduse, & q̄ ay acheue mainte pro‍
se q̄ vole par lair; se on me veult de la belle ou iay mis ma
re guerdonner, en aduēture me mettray pour celle meri
Ie la cuyde deliurer de mort se les dieux y cōsentent. Toꝰ
y eurent en conuention & luy fiancerent & promirēt par
ment que quant deliuree lauroit ilz la luy donneroiēt en
ariage, & quil tiendroit toute la terre, & le royaulme a de‍
ure & en douaire. Le monstre approchoit fort & asprement
ndant la mer a force de sa poictrine, & briefuement la vie
la pucelle eust este finee se prochaine ayde neust eu. Car
monstre estoit ia pres comme au iect dune pierre. Lors sa‍
anca Perseus en lair isnellement. Et le monstre qui par mer
noit nageant apperceut lombre de Perseus, & cuyda que
fust sa proye, si commenca a lancer apres pour le deuorer.
t Perseus descēdit plustost que vne aigle ne voleroit, si frap‍
le monstre de son trenchant faulcon dacier, tellemēt que
corps luy bouta iusques au manche & maintz corps luy
nna sur les cuisses, sur la teste, & sur leschine. Et le mon‍
re lune heure se destournoit, laultre se surleuoit contremōt

k

LE QVART LIVRE

en lair pour le iouuencel greuer, & puis se replongeoit
parfõd de la mer, & se retournoit parmy lõde & faisoit leau
contremõt saillit. Il se demenoit fieremẽt: & Perseus lassailloit
asprement. Mais le monstre fist tant deaue saillir contremõt
quil en mouilla tellement les esles a Perseus que pl⁹ ne si en
fier. Lors se afficha Perseus a vne roche quil vit prochaine.
Et la se tint dune main, & de laultre frappa tant le monstre
quil loccist.

Ous furent lors moult ioyeux ceulx
sur le riuaige estoient pour la deliura-
ce de Andromeda. Le pere & la me
emmenerent leur fille quant deliure
fut a grand ioye en leur cite & moult
stoyerent & conioyrent Perseus q gr
louange acquist pour loccision du m
stre. Perseus laua ses mains & puis dh
bes vertes & de fueilles ioncha le riuaige, pour le chief de
gorgõne reposer affin q̃ mal ne luy vist. Par tout ou le ch

DV GRAND OLYMPE. Fueillet.LXXIIII.

toucha les vergettes roidirẽt cõme roches. Moult sen esmerueillirẽt les Nymphes de mer q ce virent:& de rechief essaierẽt la force du chief,& moult sen esioyrent,car les verges roidissoiẽt par tout ou elles attouchoient le chief. Et ce q estoit couuert de mer demoura vergette tendre & verte, & ce q apparut dessus fut pierre. Il appert encores par le corail,car tãt quil est dessoubz leaue il est vne tẽdre vergette verte,& quãt il est dessus il est vermeil & dur comme pierre. Plus narresta Perseus. Trois aultelz fist apprester, &trois feux dessus pour faire a trois dieux sacrifice. Pour Pallas sacrifia vne genisse q estoit a dextre, sur la senestre sacrifia vng veau a Mercure. Et Iuppiter au moyen autel eut sacrifice dung thoreau. Puis mena Perseus sa nouuelle espouse au palays du roy son pere & lespousa a grand ioye. Tous les princes & barons du royaume furent aux nopces. Et y fist on moult desbatemẽs. Quant chascun eut beu a loysir & mange a son plaisir, Perseus commẽca a enquerre lusage de la terre & la maiere des gens. Et lancien baron luy dist tous par ordre. Puis luy enquist du chief de Meduse comment il leut acquis, & Perse9 luy racompta. Mais ainsi quil eust parfaict son compte, fut muee la feste en courroux,& luy voulut on tollir sa femme & sa terre.

ಳ️Fin du quart liure du graud Olympe
des histoires Poetiques.

ಳ️Le cinquiesme liure du grand
Olympe des histoires.

ಳ️La dure bataille de Phineus oncle de Andromeda qui la voulut tollir a Perseus qui
a bonne querelle lauoit conquise, &
de la deffence que fist Perseus
vaillamment.

k ij

LE CINQVIESME LIVRE

Andis que le vaillant Perseus racomptoit plusieurs memorables choses & hardies aduentures entre les gens du pays. La salle fut troublee, & y faillit toute ioye. Si crya lon aux armes haultemēt. A tant vint au palays Phineus qui estoit frere du roy Cepheus prest desmouoir la meslee. Si tost quil vist Perseus il le railla & p grād ire luy dist. Vassal dist il vous scaurez par temps le guerdon que vous aurez de ce que me tollez mamye, il nest riens qui de ce vous puisse garantir ne defendre. Et ce disant il balança ses bras pour luy vng dart lancer. Quant Cepheus le roy vist cecy se escria. Frere dist il pour quelle forcennerie veulx tu commencer tel oultrage ne contēds en mon hostel? Sera ce donc le guerdon que luy rēdras pour sa peine de ce quil a gardee ton amye de mort, que Iup

DV GRAND OLYMPE. Fueillet.LXXV.

piter auoit deliuree au monstre pour la deuorer? Point ne te la Perseus tollue, mais Iuppiter qui a la Bellue la iugea qui tantost leust occise. Des ce quelle fut iugee a mort la perdis tu. Il est verite que a femme la debuoyes auoir, & q̃ voyans mes gens la te promis. Mais puis fut cestuy couuent rompu quant Iuppiter par son courroux la iugea a martyre. Perseº la promist deliurer par telle conuenance que il lauroit a femme se deliurer la pouuoit: nous len assurasme par sermẽt, tu y fus, & si ny mis onq̃s contredict. Or la garantie par sa proesse & tu en veux auoir la seigneurie & aussi du royaulme, poĩt nest raison que on luy faille de sa promesse. Car se nous luy en faillions, nous luy ferions force & grand tort, si en auriõs blasme & deshonneur a tousiours. Quant ma fille estoit liee en la roche tu la deusses auoir deliuree, si leusses eue sans contredict auec le royaulme. Mais onques delle deliurer ne te auancas, & si souffris les conuenances estre faictes a Perseus. Et pourtant te dis que desmouuoir contre luy contẽds tu te mesfaiz & te abuses grandement. Cuydoys tu que il te aymast tant que en peril de la mort se fust mis pour toy que re femme, & si ne te auoit oncques veu ne congueu? Certes nenny? Oncques nen eut voulente, il le fist pour son pufsit. Or a desconfit la beste, & deliuree ma fille, regarde se cest raison que tu en aye la saisine? Phineus ne respondit oncques mot a ses vrayes raisons. Mais ireement regarda lung & laultre, & vers eulx se tira, & sil eust peu voulẽtiers les eust occis. Mais ne scauoit auquel commencer. Touteffois il lanca vng dart a Perseus: mais il le faillit & ferit au mur bien vng pied dedans. Perseus print le dart & luy renuoya par maltalẽt en la force de son bras. Phineus se destourna derrier vng autel, tellement que point nen fut attaint. Lautel qui le deust confondre le garantit, nompourtant receut il dommage du cop, car vng homme de grand parage qui estoit de son conseil en fut attaint au chief durement. Cestuy tira hors le dart q̃ trop

k iij

LE CINQVIESME LIVRE

languissoit,& tantost cheut a terre mort.Lors peut onveoir parmy les sales flesches & dars.Tous commencerent a menasser le roy Cepheus,& Perseus son gendre. Mais lors le roy sans delay se partit dillec,& entra en sa chābre, car point ne se voulut mettre en la menace de son frere ne de sa gent, & moult luy despleust du debat & contends qui commāce estoit a tort en sa maison.

A batailleresse Pallas acourut son frere secourir de son escu affin q̃ au descouuert ne fust trouue de ses ennemis, qui fierement de toutes pars le guettoient. Bien se deffendoit Perseus, a ses ennemis destrēchoit piedz & poings, & pourfendoit entrailles & testes tant que cestoit grand merueilles. Entre les aultres il vit Atis si dien ieune de quinze ans & bel a merueilles: richement aorne dung vermeil mantel de pourpre esmaille dor.Celluy tendoit vng arc don bien scauoit greuer ses ennemis,& vouloit traire a Perseus: mais Perseus isnellemēt le approcha.Et dūg gros tison ardant luy donna tel coup au hatereau que mort labbatit, voyant Lyabas assirien qui moult laymoit. Celluy en fut moult doulent,si print sans arrest larc que la mort tenoit tendu,& en tira vne flesche disant.Plus doit auoir reproche qui cest enfant a occis que louenge,pour rien ne lairoye que nen prinsse vengeance.Adonc descocha la flesche pour ferir Perseus,& Perseus guauchit pour sauluer sa vie: si ficha la flesche en sa robe sans luy dommager, mort rendu leust se droict leust assene.Perseus tint traicte lespee,si en ala frapper Lassirien au pis tellemēt que mort labbatit deuant les gens. Phorbas de Alexandrie filz de Methion & Amphimedon q̃ couroiēt par la sale pour faire estrif,si cheurēt par le sang des mors.Et Perseus les hasta a son glaiue trenchant tellement q̃ ains quilz se peussent redresser il frappa Amphimedon en les

DV GRAND OLYMPE. Fueillet.LXXVI.

hine & loccist. Et puis refrappa Phorbas auquel il trencha la gorge. Adonc vint contre Perseus Eritheus pour loccire dune trenchāte hache bisague quil tenoit. Sus luy saillit Perseus, & vit sus vng dressoer vne coppe dor moult belle q biē pesoit quinze marcs, a deux mains len frappa au visage par telle vertu que mort labbatit. Puis tua Polidemon de babyloine. Moult sesuertua & pena de greuer ses ennemis. En peu dheure en mist cinq a mort Abaris, Licetus, Elices, Phlegias, & Clytus.

Vant Phineus vit ses gens ainsi desiner a peu que de ire & de dueil il nenragea, voulentiers sil pouuoit en prendroit vengeance. A Perseus gecta vng fort & agu dart de cypres, mais point nalla droict, ains assena Idas q de celle noise riens ne se mesloit. Cestuy sās arrest traict le dart & dist a Phineus. Mis me as au nombre de tes ennemis, si est bien raison que ie le soye: lācer luy voulut, mais de sang tāt luy cheoit a terre ql ne peut, ains cheut

k iiij

LE CINQVIESME LIVRE

mort. Odites le maistre commādeur de toute lempire aps le roy frappa Climeus dune trenchant espee tellement q̃ mort labbatit. moult se pena en la bataille pour Phineus son seigneur, si frappa Ipseꝰ, Prothenor & Licides, & fut Prothenor frappe tellemēt q̃ mort emps celluy labbatit. Vng vieil preudhōme y auoit & saige qui de bon cueur seruoit les dieux. Il auoit nom Emathlon, & aymoit paix, il auoit tant vescu q̃ de riote nauoit cure, Moult blasmoit ceulx q̃ ce debat auoiēt esmu & commēce. A vng autel estoit alle a sauluete: moult fist de mal Cromis & grande crudelite quāt sur lautel le ala decoller, & fist le chief voller au lieu ou il auoit sacrifie. Les deux freres Hammon & Brotheas a plombees dacier cheurent mors par la main de Phineus. Quant Phineus vit de sa gent la grande occision moult doulent en fut. Peu se prise si ne les venge. Du brant dacier decolla Alphytus le prestre de la deesse Seres. Iapetides en la salle estoit qui moult peu scauoit de cheuallerie. Vne harpe tenoit & en iouoit vng doulx lay en chātant, daultre chose ne se scauoit entremettre. Lors luy dist Pettalus. Va chanter le demeurant aux enfers, & le frappa au temple de son espee tellement que mort labbatit, & celluy en mourant encore touchoit les cordes de sa harpe laquelle resonnoit vng son lamētable. Moult fut sa mort cher vendue a celluy qui lauoit occis. Lycormas arracha la barre dung huys, & par maltalent len frappa au chief tellement q̃ a terre lestendist mort. Pelates vouloit arracher lestache dūg huys, & tandis quil tiroit, dune ague lance luy cousit Coritus la main au boys, & Abas luy trencha le coste dune trenchante hache: & ainsi le laissa mort a lestache pendāt, Tāt y eut de cheualliers affolez, & mortz, que on si pouuoit au sang baigner. Perseus moult bien si esprouua, mais moult y receut grand dommaige. A cest assault perdit Meneleus son vassal: & le riche Dorilas. Halcyoneꝰ le frappa parmy layn si labbatit mort. Et puis luy dist cōe, par mocquerie. Dorilas

DV GRAND OLYMPE. Fueillet. LXXVII.

'tant de terroir que tu as, tu nen auras que cestuy de la ngueur de ton corps.

Oult despleu a Perseus quant ainsi vit ses gēs occire pour prē dre la vengeance de ses aduersaires. Il tira sa lance hors du mort, & vers Althione⁹ la lāca entre deux yeulx tellemēt que la ceruelle luy tresperca & loc cist. Puis de celle lance occist Clytius & Danus son frere : & Celadon & Astreus le bastard, & puis Ethion. Puis vainquist Thoactes lescuyer du roy, & Agyrtes qui son pere auoit comme, fol par desroy occis. Des mors & des affollez fist Perseus la salle ioncher, & tāt en y auoit, que sans nombre estoient. Mais trop luy greua q̃ dix fois y auoit plus de combatās que de mors, qui auoiēt cueu

LE CINQVIESME LIVRE

& vouloir de le tue. Qui lors leust veu esuertuer pour se deffendre, destrencher testes, piedz, & poings, bien luy deust remembrer de hõe plain de grand vasselage. Voulētiers luy eust ayder le roy Cepheus sil eust peu. Mais tant fut grãd le deu roy des ennemis, que par commandement, par priere, par amour, par promesse, ne par menasse ne peut ses aduersaires appaiser ne amoderer. Car trop estoient contrarieux. Moult faisoit grãd dueil la nouuelle espousee, & moult doubtoit de perdre son amy qui entre cent ennemis le veoit seul & sans aide. Pour luy deuotemēt prioit & reclamoit les dieux. Aussi faisoient le roy & la royne. Grand fut le crys & piteux les regretz que ces trois faisoient pour lamour de Perseus. Toute la salle en retētist. Mais plus resonnoit pour le bruyct des armeures que des regretz, car trop estoit grande la complainte des mourans & des naurez. Phineus ralia ses gens, dont grand somme en auoit, & renouuella la bataille. On ne vist oncques pour vng seul homme telle bataille assembler, des soubz eulx trembloit la terre, de toutes pars lassaillirent tellement quon ne vit oncques au moys de Mars plus espesse ment tomber gresse comme on veoit lors sagettes & dars voler. Tous gectoient dunevenue pour affoller & occire le frãc vassal, mais pour estre a seur par derriere, il sadossa contre le mur. Ha dieu comme il estoit sage: preux, & hardy & plain de grand vasselage, quant en tel point nestoit espouuente ne nullement esbahy non plus comme sil fust en vne forteresse. Et sil eust eu aulcuns de telz compaignons comme luy & de tel couraige tantost eust este le debat fine: mais il estoit seul & sãs aide. Pourtãt ne les espgnoit il pas, mais les detrēchoit & abbatoit de sa trenchante espee dacier. Deuant les aultres lassaillirent de pres & defierẽt Ethemon qui estoit Dorient par deuers dextre: & Molpheus de Caonie deuers senestre. Perseus ne sceut lequel premier frapper pour soy deffendre. Bien voulsist courre a tous deux ensemble, mais enuers sene

DV GRAND OLYMPE. Fueillet LXXVIII.

[...]e se tourna & trencha a Molpheus vne cuisse. Quãt Ethe[...] [...]õ vist ce moult en fut dolēt: si haulca a deux mains lespee [...]ur frapper Perseus, mais le cop descēdit en vne barre, & la [...] brisa lespee dõt la poincte luy frappa en la gorge de quoy [...]cheut a terre. Et Perseus le paracheua. Moult se esuertuoit [...]erseus, mais peu luy valoit sa force, car la turbe de ses enne [...]is multiplioit tousiours. Ia leussent tue ou prins quant du [...]ief Gorgõne luy souuint. Adoncqs dist il par grand fierte. [...]uis que contre mes ennemis ne puis resister par force. De [...]on ennemy me conuiēt prandre aide. Lors leua il le chief [...]e Gorgonne & dist aux gēs de sa compaignie. Mes amys [...]e regardez pas vers le chief. Thessalus luy dist, quiers qui [...]our tes dictz & pour ta merueille sespouuente: car ia pour [...]ose que tu die neschapperas de mort. mais si tost q̃ celluy [...]garda le chief il fust mue en pierre en telle semblance com [...]e il estoit, & pareillement son compaignon Amphix tātost [...]uil eut le chief veu. A tant Nileus arme richement portant [...]scu pourtraict a ruisseaulx, pource q̃ de Nilus se faisoit filz: [...]ais en rien ne luy appartenoit: dist par son orgueil a Perseº [...]egarde en ma force, car en mon bras gist ta mort. Et ce te se [...] grand allegement quant si noble homme comme moy te [...]ura mis a fin, mais en ce disāt fut par le chief Gorgõne mue [...]n pierre. Erix le vit & moult sen yra, si dist. Nous ne enroi [...]ssions fors par nostre couardise: courons a luy tous ensem [...]le si le abatons, il y voulut courir, mais il ne peut, car il fut [...]ntost mue. Aconteus qui estoit moult ayme de Perseus, & [...]ui pour luy se combatoit vit le chief si fut mue en pierre, & [...]stiages q vif le cuyda, luy courut sus & le frappa. Mais le [...]op ressortit cõe sus roche, dont moult sen esmerueilla. Et en [...]e esbahyssant ne se garda si vit le chief. Pourquoy il fut mue [...]n pierre comme luy.

LE CINQVIESME LIVRE

Rop y conuiendroit long seiour & g[rant] de escripture qui vouldroit racõpter [tous] ceulx que Perseus fist en ce iour finer. B[ien] en y eut deux cens occis, & deux ce[ns] muez par le chief Gorgone, & bien en [y] auoit encore deux cens prestz de cõ[bat]tre. Et quant Phineus apperceut & v[it] ses gens tous desconfitz il ne sceut q[ue] faire. Moult en fut doulent, & moult se repentit de sa folli[e]. Ses hommes vit muez en pierres:& bien les congnoissoit [&] scauoit nommer. Si leur prioit que chascun luy aydast, m[ais] ne luy respondoient rien. Adoncques les tasta si congneu[t] deuenuz estoient pierres. Dont il eut grand dueil & gra[nd] paour de la merueille. Bien vit & congneut quil en auoit [le] pire. Si sen tourna moult doulent affin quil ne vist le chi[ef] de Meduse. Lors Phineus vint vers Perseus & luy crya m[er]cy, & luy dist en telle maniere. Sire dist Phineus iay vers v[ous] moult mespris dont ien ay receu grand dommage. Ie vou[s] prie par amour que vueillez oster ce hideux chief. La guer[re] de nous deux nest pas hayne par enuie, ne pour couuoiti[se] du royaulme, mais seullement pour lamour dune pucell[e] digne pour sa formosite & excellence de nature que lõ pr[e]gne plus grand debat par quoy chascun de nous auoit bo[n]ne & hõneste cause, mais myeulx auez la dame desseruye q[ue] moy, car cõbiem que promise me auoit este; neantmoins vo[us] lauez conquise & gardee par vostre proesse & vertu ou p[our]lauoye, Vous mauez cherement vendu le contredict que i[e] y mettoye, Vaincu mauez & point ne mē desplaist, car plai[n] estes de grād proesse. A vous octroye mõ corps & mon auo[ir] en pur don & la femme sans contredict & q̄ me laissez la vie[.]

¶ La vengeāce q̄ prinst Perseus de Phineus
qui luy voulut tollir ses amours qui si
vaillamment les auoit gaignees.

DV GRAND OLYMPE. Fueillet. LXXIX.

Vant Perseus vist Phineus cryer mercy, il en fut moult ioyeux. Et p̄ moult grād fierte le arraisonna, & luy dist en ceste maniere. Mauluais couart & cueur failly, si tu eusses peu tu me eusses occis. Soye certain que ia de ce coup de glaiue ne mourras: mais tu demourras en perpetuelle remēbrance en ce palays: si ſerra mon espouse souuent la semblance dūg mary, & se cō⸗ ꝑtera a toy veoir vaincu. Lors leua le chief Gorgone celle ꝑart ou Phineus regardoit, & quāt il leut veu il enroidit cōe ɩarbre, & demoura illec de telle semblāce q̇ l estoit mōstrāt ɩ chere cremitiue & suppliant a ioinctes mains. Quāt Phi⸗ ɩeus virent abaisse & vaincu ceulx q̇ pour luy se cōbatoiēt, ōtretenir ne se peurēt, ains oncq̇s puis ny eut lāce ne traict. ꝑerseus prist a sa deuise vengeāce de ceulz qui lauoiēt faict ɩolent & si en fist aspre iustice, & a ceulz qui lauoiēt deffen⸗ ɩu & ayde rendit graces & bon loyer.

LE CINQVIESME LIVRE

☙ Pour mal Perseus rend le bien a
son grand pere Acrisius, prenant
vengeāce de ses ennemis
& le restituant au
sceptre.

Vant Perseus eut eu la victo[ire]
contre Phineus & les siens q[ui]
desherité le vouloient de sa [pe]-
re & de sō amye, & il eut cha[s]-
cun guerdonné selon le ser[ui]-
ce que on luy auoit faict, il s[en]
alla en sa terre en la cité de A[r]-
ges a grand compaigne & e[m]-
mena son espouse auec luy, [&]
ilz furent receuz a grand ho[n]-
neur. Mais il trouua son gra[nd]
pere Acrisius getté hors de so[n]
royaulme par le roy Pretus qui len auoit deschassé a force.
Perseus en eut grād dueil, Il ne print par garde au messa[ige]
que iadis luy auoit faict Acrisius q̄ sa mere & luy auoit e[nclos]
le, & enchassé par mer en vne nef de voirre, pour mal luy
dit bié. Oncq̄s tour, chasteau, ne forteresse ne peurēt gara[ntir]
ne deffendre Pretus & les siés. Car quāt Perse⁹ le peut attr[a]-
per, le chief Gorgōne luy monstra qui lenroidit en dure pi[er]-
re, & puis rendit franchemēt a son grand pere Acrisi⁹ son [he]-
ritaige. Polyctedes roy de lisle de Seriphe desprisoit mo[ult]
Perseus, & disoit que oncques nauoit Gorgōne occise, d[ont]
Perseus eut grād desdaing, si lē fist certain par espreuue, [et]
muer le fist en pierre dure.

☙ Le voyaige de Pallas a la fontaine
scientifiq des Muses en Heliconę
& des propos quil y eust.

DV GRAND OLYMPE. Fueillet.LXXX.

Allas la deeſſe belligerente iuſques icy tinſt loyalle compaignie a ſon frere Perſeus qui moult laymoit. Si print conge & dillec en volant paſſa la mer, & vint a Thebes couuerte dune creuſe nuee. Et en ce point ſen alla a la fontaine de ſcience, pour philoſophie entẽdre q̃ lors y habondoit. Les neuf Muſes y trouua ſi les regarda & diſt que la renommee qui ſeſpant par tout de la fontaine qui la couroit qui deſſoubz Pegaſus fut faicte, maieſte dicte de nouueau. Et pour la veoir ſuis icy venue pour la merueille enquerre, dont tout le monde ſeſmerueille. Vranie qui compaigne eſtoit de leſcole reſpondiſt debonnairement. Dame vous ſoyez la treſbien venue, ioyeuſes ſõmes de voſtre aduenement, quelle cauſe que voꝰ ayez de venir. Adonq̃s lẽmena veoir le bois & la fontaine, dõt Pallas regarda la ſituatiõ ententifuemẽt, & moult ſeſmerueilla cõmẽt Pegaſus le peut faire, & grãdemẽt remira le plaiſant repaire du lieu & de la fontaine. Et tint a bien nees les compaignes qui

LE CINQVIESME LIVRE

en ce lieu estoiēt ordōnees destre, dōt sa piéce sourt. Lune d[es]
cōpaignes luy dist. Dame treshonnoree se a plus grand h[on]
neur recepuoir ne feussiez ordōnee: auec nous vo[us] peuss[iez]
retenir en lestude de la fontaine, mais en plus hault pris [vers]
a Iuppiter vostre pere esleuee: car vous en estes bien dign[e]
O treschere dame moult feussions bien heurees se paix e[us]
sions, mais chascū meēt sa cure maintenāt a no[us] faire inj[u]
auec pturbation. Ce no[us] espouuēte tellemēt q̄ grand doub[te]
auons aucunesfois de yssir de droicte voye. Encores mest
aduis q̄ ie voye le tyrant Pyreneus q̄ nous espie pour no[us]
hir & decepuoir. Et de la paour q̄ il no[us] a faicte encores so[u]
spire mon cueur, & tressue de frayeur.

Yreneus dist lune des damoiselles tenoit n[a]
guieres vng royaulme par force ql auoit cō[quis]
droict tollu & rauy, Il estoit trop nostre adue[r]
saire. Car no[us] allions pelerines na pas lōg tē[ps]
au tēple Themis la deesse pour faire oraison[s]
passames par son hostel auq̄l sainctemēt no[us] h[ō]
nora tant que la pluye fut passee, car lors faisoit a merueille
lait temps. Si demeurasmes pour la tēpeste par sa priere en [son]
palays tāt que le tēps fut bien esclarcy. Puis no[us] voulum[es]
partir, mais il ferma sa maison, & nous voulut dedans enclo
re & efforcer. Et lors en vollāt par lair eschappasmes, & ain[si]
nous sauuasmes en ceste maniere, mais encores luy non co[n]
tent de ce nous voulut il fouller en lair par son orgueil. Et s[e]
crocha dessus vne tour le desuoye & forcene, de laquelle d[u]
sommet tres bucha a terre, & ainsi se tua par son oultrage.
Auāt q̄ celle pucelle eust mis fin a son parler elles ouyre[nt]
iargōnerie doiseaulx voletās p lair, & apportās voix de salu[t]
& pies estoiēt lesq̄lles auoiēt este pucelles & filles du roy P[y]
rene[us], pourquoy elles auoiēt nō Pyreneides, q̄ de nouue[au]
estoient muees en pies.

DV GRAND OLYMPE.　Fueillet.LXXXI.

¶ Des disputes des neuf Muses & des neuf filles de Pyrene? Et de la punitiō de cuyder trop scauoir.

Vant Pallas eut ouye leur voix dōt chascune delles disoit dieux vo9 saulue.Elle regarda cō tremōt leur chere quelle ouyt esiouyr cuidāt ouyr voix des hōmes.Mais la Muse luy dist q̄ cestoiēt pies qui ainsi se demenoiēt, & q̄ iadis auoiēt este pucelles,q de elles auoiēt este vainc ues par estrif & vrays argumens ainsi muees en oyseaulx. De loingtaine terre dist la Muse vindrent elles pour dispu ter & arguer contre nous,& nous prindrent a villēner & re prendre disans en no9 opprobriāt.Pourquoy decepuez vo9 es gens par fainctes & faulces melodies, prestes sommes de striuer avous se tant estes hardies,car autant sommes cōme vo9 estes,affin q̄ si de no9 estes mattees & cōfuses le demaie de lestude & de la fontaine nous lairez,& si lairez voz dece ptions & fallaces.Et se vaincues sommes en aultre regiō suy rons & lairons vostre habitation,& de ce voulōs attendre iu gement.Trop lait nous sembla de contendre & destriuer a

l

LE CINQVIESME LIVRE

elles,& encores plus de nous rendre vaincues.Si furet[
stes nymphes qui iurerēt q̄ le droict iugeroiēt selon ce q[
orroient.Et adoncq̄s se assirent sus vne viue roche.La p[
stiue des neuf delles sans ordre & sans election print a p[
ler & cōmenca a dire cōmēt les geans auoiēt faict bataill[
tre les dieux les desprisās,& leur louēge appetissāt,& m[
fort exaulsoient les geans.Et dist ainsi q̄ Typhoe yssit de[
re pour les dieux chasser.Et lors les dieux q̄ la guerre d[
terent sen fouyrent en Egypte,& la se tapirent & muce[
pour peur de la mort.Elle disoit en oultre que Typhoe[
apres eulx,mais pour son aduenement les dieux se mue[
diuersemēt,car dist elle Iuppiter deuint mouton,q̄ puis[
uint cornu en Lybie ou lōg tēps fut tenu pour dieu. Ap[
en corbeau.Bacch⁹ en bouc.Diane en chat.Iuno en va[
Mercure en cigongne.Et Venus print forme de poisson.[

Insi fina celle son propos & q̄stiō q̄ les gr[
dieux despitoit.puis sans arrest esleusmes [
liope la saige qui pour nous parlast & p[
le faict & lestrif.Celle estoit bien emparle[
estoit de rameaulx dierre toute couronn[
couuerte.Elle se dressa en tenant sa harpe [
accordee,& vng peu le chief enclin,& cōmēca chanson[
lodieuse en hault,& dist ainsi.Ceres hara& cultiua pr[
remēt la terre & fist les bledz semer.Ceres faict les seme[
croistre,& delle vient la grande habondance dont le m[
est soustenu,bien la debuons aymer.car delle tous biē[
venus.Elle donna premieremēt les loix & lesestablisser[
que tous deuons croire & garder.Si veulx a sa louēg[
mencer ma chanson.Et certes bien vouldroye faire di[
fust a sa plaisance,& que en gre elle daignast recepuoi[
digne est de louange auoir. Du geant Typhoe q[
dieux se voulut faire roy vous diray,& qui voulut m[
au ciel les geās & les dieux en dechasser.Pource forfait[

DV GRAND OLYMPE.　　Fueillet.LXXXII.

 dieux en terre prosterne, & puis fut lisle Trinacris q̃ cõ
ent en sa pourprise trois montaignes qui sont en Cicile sur
y assise, car aultrement ne le pouuoiẽt occire. Il eut le mõt
lore sur sa dextre, & vng aultre nõme Pachin sur sa senes
re, & sur les cuysses eut le mont Lilibeus. Et sur son chief
mõt Ethna. Duql̃ pour le soufflement diceluy geant sault
mees plaines de souffres. To⁹ ces montz furẽt sur luy assis
ui durement le compressoient. Il print a getter feu ardant
ar la bouche, & moult sefforca de soy dresser, & tant quil
locha les montaignes, & fist le monde & la terre crosler &
embler, dont ceulx denfer qui sentirent le croslemẽt, doub
erent que leur habitation ne cheust, ou que telle clarte ny
rappast par la terre qui trop beoit, si q̃ les infernaulx en fu
ent effraiez, & speciallement le roy denfer.

❧ Le rauissement de Proserpine faict par Pluton. ❧

Our celle doubtãce le roy Pluto yssit Denfer de
son tenebreux cẽtre & siege, & chercha enuiron
son tenement q̃ aulcune deffaulte ny eust. Ainsi
cõe il tournoit enuirõ son regne esbatãt sur trois

l ij

LE CINQVIESME LIVRE

cheuaulx noirs qui le portoient. Venus le vit, laquelle seoit & sesbatoit a son filz Cupido sur son mōt. Venus en baisant & accollant son filz luy pria doulcement en disant. Beaux doulx filz en vous seullement gist tout mon honneur, ma seignorie, ma victoire & ma gloire. Tu es ma lance & mon escu vers lesquelz ne dure armeure par quoy iay maintayment vaincu. Ie te prie que sans arrest prennes vne flesche & vireton pointu & fiers le roy Denfer qui va hors de sa iurisdition, esprouue ton pouuoir en luy si le fais par amour aymer. Tu as par ton effort dōpte Iuppiter le tout puissant, par tout as iurisditiō fors sur les abysmes, mais bien appercoy q̄ aulcuns des dieux ont nostre pouuoir en vilite, malgre nous viuent virginallement. Si cōme Pallas & Diane. Et aussi voulut faire Proserpine. Fais la ioindre a ton oncle, & ne les souffrons plus vierges, si soit sa femme dame & royne Denfer.

E petit dieu Cupido au commandement de sa mere Venus print erramment son arc & mist en coche la meilleure flesche & la plus aceree que entre mille peust eslire, si tira & en attaint Pluto le roy Denfer parmy le cueur, pres Denfer en vne valee dessoubz le mont Ethna auoit vng lac entour lequel auoit plante de beaux arbres verdoyans en toutes saisons, dont le lac estoit si bien enuironne q̄ les raidz du soleil ne le pouuoient eschauffer sinon attrempeement. La terre denuiron estoit plaine de verdure, assez y auoit de fleurs diuersement coulourees. Le lieu estoit tresbeau & tresdelectable, Printemps y estoit pardurablement Ce lieu sappelloit Pergusa. La se iouoit Proserpine auec Venus & Diane, & cueilloit roses & violettes & aultres diuerses fleurs, cestoit sa cure & son delict. Tandis que la pucelle entendoit a cueillir fleurs pour emplir son sein & girō. Pluto vint la par aduenture, & vit la belle de laquelle tantost sut esprins damour, & par force la rauit & lemporta en so

DV GRAND OLYMPE. Fueillet LXXXIII.

noir chariot que tiroient quatre noirs cheuaulx par lair dõt la pucelle fut fort effrayee, si se print fort a crier sa mere & ses compaignes, & a dessirer sa robe tellement que les fleurs q̃ cueillies auoit luy cheurent, dont par la simplesse & innocẽce delle elle en fut plus triste que pour le rauissement. Pluto le roy Denfer emporta Proserpine, semonnant ses cheuaulx par poincture, & habandonnant a eulx leurs resnes. Si passa les estangz de souffre qui sont sur le mõt Ethna, & maint autre mauluais lieu, & ainsi conduysit tout droit son chariot a lestang de Cyane, & par la voulut descendre en Enfer. Mais quant Cyane qui dame du lieu estoit veit q̃l emmenoit Proserpine, elle se dressa au millieu de la fontaine, & dist au roy. Veulx tu par rapine auoir Proserpine a femme & estre le gẽdre de Ceres. Point ne sera ioyeuse quãt elle scaura ceste violence que point ne deusses faire: telle proye debuoit estre requise par prieres non pas par rauissement & violence, puis tendist Cyane ses bras pour luy contrester & contredire le chemin. Quant Pluto vit que celle larrestoit, moult courouçablemẽt & sans mot dire brocha ses cheuaulx en leaue & la terre se ouurit deuant luy, si descendit par la en sa contree. Mais Proserpine dauenture laissa cheoir sa ceinture en la fontaine, q puis cherement fut comparee, Cyane eut grãd dueil du cassement de sa fontaine & de la pucelle rauie, oncq̃s puis ne peust ce dueil oblier. Ce dueil la fist fondre en larmes, & tant en ploura quelle se noya & decourut en pures larmes si fut muee en sa fontaine.

☙ Les aduentures de Ceres querant sa fille p̃due & de lenfant qui se mocqua delle.

Ceres la mere Proserpine fut moult esp̃due, & en grande peine entra pour sa fille quelle auoit perdue. Et tant alla Ceres sans cesser querant sa fille par terre & par mer ca & la quelle fut moult trauaillee & de chault lassee. La deesse nauoit auec

l iiij

elle dont elle rapaifaſt ſa ſoif. Mais elle veit dauenture vne
baſſe maiſonnette ou elle alla hurter. Et vne vieille vint a
lhuys. Ceres luy requiſt a boire, & la vielle luy donna de la
bouillie. Tandis que Ceres beuuoit vng enfant nommé Iam
bus luy diſt par maltalent quelle eſtoit gloute, quant toute
la bouillie auoit beu. Quant Ceres ſe vit mocquer de ceſtuy
enfant du breuuaige quelle beuuoit elle luy arroſa le viſai
ge. Dont ceſtuy par la force du breuuaige deuint tout vert,
& plain de iaunes gouttes & moult greſle, ſes bras deuindret
cuiſſes, & fut mué en ſemblance de Leſarde. Si eut nom Stel
lion, pource quil eſt eſtelé de gouttes variolees. Tãtoſt que
ceſtuy fut mué il fouyt la clarté & ſen alla tappir & mucer es
bois moult obſcurs, moult fut ſa mere eſbahye de la merueil
le, & moult plora de ſon filz quelle vit ainſi mué.

Les enſeignes de Proſerpine a Ceres & du paƈe de ſon rappeau.

Eres ne peut tout le mõde ſouffrir pour
ſa fille querre. Quant par toute terre eut
cherché & vit que point ne la trouuoit.
Elle ſen reuint par Sicile & ſarreſta ſur
Cyane la fontaine. Se celle ne fuſt muet
te dit luy euſt le rauiſſement de ſa fille
Proſerpine, car bien le ſcauoit, mais par
ler ne pouuoit. Non pourtant pour luy
donner ſigne affin quelle ſen apperceuſt luy monſtra la cein
ture de ſa fille q dauenture luy eſtoit cheute quant Pluto le
menoit. Quant Ceres veit celle ceinture bien ſceut que ſa fil
le eſtoit rauie, mais ne ſcauoit de qui ne ou elle eſtoit, dont
elle fut moult doulête & angoiſſeuſe. & ſi comme elle eſtoit
eſcheuellee, print a rompre ſes cheueulx & ſes garnymens
& a battre ſon pis en regrettant ſa fille Proſerpine, & deuant

DV GRAND OLYMPE. Fueillet.LXXXIIII.

toute la terre de Sicile ou lentreseigne de sa fille auoit veue pourquoy les charrues despeça, & corrumpit les beufz & bouuiers, & fist les semences perir aux champs, tellement quilz deuindrent brehaignes de labouraiges & de fruictz. Tout perissoit par trop grãd seicheresse, par trop de pluye, ou par trop de chardons, ou Zizanie absorboient les bledz, ou les oyseaulx & bestes les degastoient. Arethusa vit la famine & la pourete que Ceres faisoit pour sa fille; dont tout le monde estoit a meschief, si tira son chief de sa fontaine, & appela Ceres & luy dist. Dame deesse des bledz qui tant te trauailles pour ta fille requerre, repose toy & ie te diray ou ta fille est, si la rauras. Or ne monstre plus ton ire a la terre, car pas na desseruy le grãd meschief que tu luy fais, car malgre elle souffrit le rauissement de ta fille. Point ne le dis pour Sicile dont ie suis nourrie, car ien suis hors peregrine, le lieu de ma nation est Pise, en Elide est ma natiuite. Mais par tres grande subtilite suis icy venue soubz terre sans point apparoir a nully: si me relieue & me monstre tresapoint & a plain a la veue de chascun, si suis illecques demeurant, & vois courant par Ortige: cest mon siege & la me plaist a demourer. si te prie dame que tu gardes ce mien lieu de contraire & de meschief. Et se tu veulx sçauoir pourquoy ie demeure en ceste terre. Et parquoy ie layme plus que celle ou ie fuz nee. Aultresfois le te pourray dire quant tu seras hors de ennuys, & que tu rauras ta fille Proserpine.

I iiij

LE CINQVIESME LIVRE

elle dont elle rapaisast sa soif. Mais elle veit dauenture vne basse maisonnette ou elle alla hurter. Et vne vieille vint a lhuys. Ceres luy requist a boire, & la vielle luy donna de la bouillie. Tandis que Ceres beuuoit vng enfant nomme Iambus luy dist par maltalent quelle estoit gloute, quant toute la bouillie auoit beu. Quant Ceres se vit mocquer de cestuy enfant du breuuaige quelle beuuoit elle luy arrosa le visaige. Dont cestuy par la force du breuuaige deuint tout vert, & plain de iaunes gouttes & moult gresle, ses bras deuidrā cuisses, & fut mue en semblance de Lesarde. Si eut nom Stellion, pource quil est estelle de gouttes variolees. Tātost que cestuy fut mue il fouyt la clarte & sen alla tappir & mucer es bois moult obscurs, moult fut sa mere esbahye de la merueille, & moult plora de son filz quelle vit ainsi mue.

Les enseignes de Proserpine a Ceres & du pacte de son rappeau.

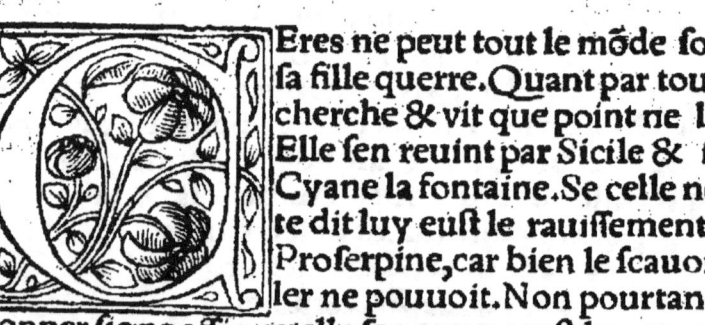

Eres ne peut tout le mōde souffire pour sa fille querre. Quant par toute terre eut cherche & vit que point ne la trouuoit. Elle sen reuint par Sicile & sarresta sur Cyane la fontaine. Se celle ne fust muette dit luy eust le rauissement de sa fille Proserpine, car bien le scauoit, mais parler ne pouuoit. Non pourtant pour luy donner signe affin quelle sen apperceust luy monstra la ceinture de sa fille q dauenture luy estoit cheute quant Pluto lē menoit. Quant Ceres veit celle ceinture bien sceut que sa fille estoit rauie, mais ne scauoit de qui ne ou elle estoit, dont elle fut moult doulēte & angoisseuse. & si comme elle estoit escheuellee, print a rompre ses cheueulx & ses garnymens & a battre son pis en regrettant sa fille Proserpine, & deuant

DV GRAND OLYMPE. Fueillet.LXXXIIII.

oute la terre de Sicile ou lentreseigne de sa fille auoit veue pourquoy les charrues despeca, & corrumpit les beufz & bouuiers, & fist les semences perir aux champs, tellement quilz deuindrent brehaignes de labouraiges & de fruictz. Tout perissoit par trop grãd seicheresse, par trop de pluye, ou par trop de chardons, ou Zizanie absorboient les bledz, ou les oyseaulx & bestes les degastoient. Arethusa vit la famine & la pourete que Ceres faisoit pour sa fille, dont tout le monde estoit a meschief, si tira son chief de sa fontaine, & appela Ceres & luy dist. Dame deesse des bledz qui tant te trauailles pour ta fille requerre, repose toy & ie te diray ou ta fille est, si la rauras. Or ne monstre plus ton ire a la terre, car pas na desseruy le grãd meschief que tu luy fais, car malgre elle souffrit le rauissement de ta fille. Point ne le dis pour Sicile dont ie suis nourrie, car ien suis hors peregrine, le lieu de ma nation est Pise, en Elide est ma natiuite. Mais par tres grande subtilite suis icy venue soubz terre sans point apparoir a nully: si me relieue & me monstre tresapoint & a plain a la veue de chascun, si suis illecques demeurant, & vois courant par Ortige: cest mon siege & la me plaist a demourer. si te prie dame que tu gardes ce mien lieu de contraire & de meschief. Et se tu veulx scauoir pourquoy ie demeure en ceste terre. Et parquoy ie layme plus que celle ou ie fuz nee. Aultresfois le te pourray dire quant tu seras hors de ennuys, & que tu rauras ta fille Proserpine.

LE CINQVIESME LIVRE

Icõe doncqs par voyes ſoubz terraines vins icy, par enfer treſpaſſay ſi y vey ta fille qui dame & royne en eſtoit: & femme au roy Pluto. Et encores alloit plourant & ſouſpirant, & eſtoit paoureuſe & douloureuſe, de mes flotz lay arroſee. Quã Ceres eut ouye la nouuelle, elle deuint comme vne roche. Et quãt ſa penſee luy reuint, es cielz ſans arreſt monta & moult doulẽte & eſcheuelee deuãt Iuppiter ſarreſta & luy diſt. Redoubté ſire & pere pour Proſerpine ta fille & la miẽne, ſuis icy ſans ioye venue, ſi te requiers hũblemẽt aide. Biẽ doibs eſtre eſmeu par ta lignee. Point ne ſoit pource deſpitee ſe enfantee lay de ta chair. Long tẽps a que ma fille auoye perdue, & ſi ne ſcauoie ou elle eſtoit, or la ſcay ie maintenant. Et ſe ſcauoir le veulx ie te dis que Pluto le roy Denfer la ma rauie, & la tiẽt en ſon palays infernal. Si te prie que la me faſſes rendre. Tu ne deuſes point auoir tel gendre qui par iniure & par rauiſſemẽt euſt prinſe noſtre fille. Lors luy reſpondit Iuppiter. Doulc

DV GRAND OLYMPE. Fueillet. LXXXV.

mye point ne dis que ta fille ne soit la mienne, car ie lengen
dray, si la te rēdray. se tu veulx par condition quelle ait garde
sa ieusne sans enfraindre:& que du fruict de la region infernale nait mangé despuis quelle y a este, mais saiches que ain
sy portent les destinees que selle a gouté du fruict denfer ou
daultre viande iamais elle nē pourra partir, car qui sa ieusne
y enfrainct illec le conuient demourer. Bien cuide Ceres rauoir sa fille sans destourbier, mais aultrement va la chose: car
la belle si a gouté par ignorance du fruict denfer. Sicōme for
tune la menoit qui main homme & mainte femme a greue,
sept grains dune pomme de grenade que dans le verger in
fernal prēdre luy vit Ascalaphus mangea: qui laccusa & empescha sa retournee.

Ascalaphus fut mué par la royne Denfer en chouette.

LA royne Denfer print a gemir quāt elle vit son
retour empesché par laccusation de Ascalaphꝰ
elle luy arrousa le chief deaue & le fist deuenir
oyseau ort & vil, lequel de nuyt volle cōme Fre
saye ou Huan. Cestuy oyseau nest pas aymé
des gēs pource quil signifie malheur. Or a Ceres moult affaire a retraire sa fille Denfer se secourue nest de
Arethusa q̄ parmy Enfer decourt. Celle auoit Proserpine ar
rousee. Tant cria Ceres & se doulosa deuant Iuppiter, & tāt
luy pria deuotement que sa fille luy fist rauoir q̄ sil eust peu
sans mesprendre il luy eust rendu quictement. Mais Pluto
daultre part arguoit & proposoit les droictz & priuileges in
fernaulx, disant que Proserpine luy debuoit demourer se on
luy faisoit droit par le point de la destinee, puis que du fruict
Denfer gouste auoit, mais Iuppiter qui eut pitié de sa fille, &
pour faire le gre de Ceres la voulsist bien soubzstraire Den
fer en aulcune maniere. Il partit le temps esgallement par cō
mun assentement en nuyct & en iour, & la nuyct seroit de

LE CINQVIESME LIVRE

Proserpine,& iugea q̃ la belle Proserpine seroit la moitie du tẽps auec Pluto sõ mary,&laultre moitie auec Ceres sa mere es cieulx.Ainsi eut Proserpie la saisine des deux royaulmes.
Lorigine des Seraines.

Vant Pluto rauit Proserpine qui cueilloit fleurettes elle auoit auec elle plusieurs pucelles q̃ la seruoient & luy tenoient cõpaignie.Elles allerent par tout le mõde querir& chercher leur maistresse.Mais quãt elles requirẽt aux dieux q̃lles eussent esles affin de la chercher en lair, & par dessus la mer.Les dieux accomplirent leur requeste, Si eurent incontinent esles pour paracheuer leur emprinse. Despuis ont faict maint hõme douloir.Encore quierẽt elles par la mer Proserpine leur maistresse que tant aymoient, & encores ont elles formes humaines & sont nõmees seraines: folles sont & plaines de deceptions.Elles ont trois diuerses semblãces,cestassauoir de forme humaine:doyseau&de poisson.Si chantent toutes trois moult accordablement & melodieusement.Lune en harpe,laultre en buccine, & lautre en

DV GRAND OLYMPE.   Fueillet.LXXXVI.

voix feminine. Par leurs doulces voix enchantent & endorment les mariniers quant ilz viennēt en leur cōtree, puis les noyent: & enfondrent au parfond de la mer leur nauires: & ainsi perdent tout.

¶ Arethusa racompte a Ceres la maniere de sa mutation en fontaine.

Avant Ceres eut trouué sa fille mout en fut ioyeuse, & eut desir de ouyr cōmēt Arethusa deuint fontaine & pourquoy elle habitoit en Sicile plus quen Elide ou elle auoit esté nee. La dame leua son chief demmy sa parfonde fontaine & abatit londe de ses cheueulx. Puis dit & racompta a Ceres lancienne amour de Alpheus vers elle. Et lors les eaues sarresterent & escouterent leur dame parler. Vng temps fut iadis que chasseresse estoye, & mētremettoye de chasser es forestz & de tendre rethz pour prēdre sauuagine. Le loz auoye destre belle, dōt peu me de estoye, car comme preude femme tenoye a deshonneur ce dont aulcunes maintenant sesiouyssent & tiennēt a honneur. Vng iour venoye du bois ou iauoye chasse, il faisoit fort chault, & si estoye lassee. la lasseur doubla en ma chaleur. Vne clere eaue & serie sans tache q̄ soubz buyssons couroit auoit si simplement couuerte quil ny apparoissoit comme rien par lombre de plusieurs arbres. A celle eaue vins, si mouillay premierement larteil de mes piedz & les plātes & puis mes genoux. Et quant ie la sentis de si bonne attrempance, pas ne me tins a tant, ains me despouillay toute nue & mis mes draps en vne saulsoye qui sur lune des riues estoit, & puis me lancay dedans leaue pour amoderer ma chaleur. Tandis que la ain, si me iouoye & māgoye parmy la fontaine: ie oys ie ne scay quelle murmure, dont ie euz grand paour & men souys a la riue dōt iestoye la plus pres. Alphe^9 demmy la riuiere prit a cryer ou ie couroye. Et ie couroye toute nue. Et auoye laisse

LE CINQVIESME LIVRE

mes vestemens daultrepart de la riue. Quant Alpheus me vit ainsi nue ie luy semblay plus preste pour de moy faire a son plaisir: q sans arrest couroye plaine de paour & de esmoy deuant luy qui se hastoit apres moy. Tant couruz que a Orchomenon, Sophide, Erimanthon: & Elin, & les portz de Menalie paruins. Il nestoit pas plus isnel que moy, mais tant ne me pouuoye trauailler que luy qui homme estoit. Son alaine pouoit plus longuement durer que la mienne. Non pourtant fuyoye par mõs par vaulx & par plains, & par lieux ou point nauoit de voye. Tãt que en fuyant me fut aduis que par le Soleil qui derrier moy luy soit veoye sur moy son vmbre, & vray estoit. Car le son de ses piedz ouyoye & sentoye sõ alaine souffler parmy les cheueulx de mon chief. Lors fus moult doubteuse. Si fis ma priere a la deesse Dyane en ceste maniere. O Dyane deesse trespure & ma treschere maistresse donne prestement aide a ta chamberiere. Ie suis prinse se ne me secours hastiuemẽt. Car tãt suis lassee q̃ plus ne puis courir. Tu me souloye bailler a porter ton arc turquois, tes flesches, & ta pharetre. Ie te prie que a ses entreseignes il te plaise de moy suruenir. Lors Dyane de pitie esmue me couurit dune nue espesse tellement que Alpheus ne me peut veoir. Il pensa bien quen la nuee estoye enclose, Si me quist entour & en uiron. Et quant si pres de moy le vis ie fuz en grand paour & en moult grande destresse. Et mouuoir ne me osay non plus que la brebis qui sent le loup entour le parc. Et comme le lieure se cele au buysson quãt il oyt le glatissemẽt des chiẽs. Ie q estoye en celle nue enclose toute nue & qui craignoye tousiours destre prinse, fuz si pourprinse de froide sueur que quelq̃ part que ie me mouoye de mes piedz estoit la terre mouillee, & si cheoit de mes cheueulx la rousee. Et briefuement a dire tantost fuz muee & fondue en eaue ou ie cours encores. Le dieu qui me ayme de present me aymoit adonc. Et a pour mon amour mis ius la forme dhomme quil auoit

V GRAND OLYMPE. Fueillet. LXXXVII.

rinse. Et pour se ioindre a moy cest tourne en ses propres
aues:& les assemble a la miēne. Dyane pour faire voye sen
tit la terre ou ma riuiere seffondra. Si men vois mucant des
oubz terre sans apparoir a nulle gens iusques a Ortyge ou
e saulx hors a plain, que iayme pour lamour de ma dame
Dyane.

❦ La restaurarion des bledz par Triptoleme. ❦

E propos par Arethuse finy,
la deesse Ceres print sa droicte
voye par lair en Athenes cou-
uerte dune obscure nue. Pitie
luy print du mõde que de faim
veoit perir. Lors print Triptole
me son seruiteur & lēuoya por
ter la semence au monde dont
le bledz croist. Elle lenuoya en
terre semer, & cestuy y ala en
vng chariot que tiroient deux
serpēs par lair vollans. Il porta

LE CINQVIESME LIVRE

au monde de la semence, par quoy le peuple eut habondan[ce]
ce & multipliement de bledz, & remplist mainte côtree qu[i]
long temps auoit este affligee & sterile, Il passa parmy Eur[o]
pe la riche & vint en Asie, & la voulut descendre & semer l[a]
semence. Il ariua chez Lyncus qui roy estoit de la terre pou[r]
luy demander hostel. Le roy Lyncus luy demanda dont [il]
venoit, ou il alloit, & quil queroit. Et il respondist. Ie suis D[e]
thenes ne, & si ay passe maint pays & suis venu sans pied pa[r]
terre, & par mer sans nauire. Ie volle par lair & porte le pro[
fitable don de Ceres la riche deesse des bledz: par qui la te[r]
re est rassasie, & tout le môde soustenu & gouuerne, & pou[r]
ceste cause icy suis venu pourtant la noble semence pour e[m]
bellir vostre terre & toutes les aultres. Le roy Lyncus en e[ut]
grand enuie, si sappensa quil le hebergeroit & en dorma[nt]
locciroit pour luy soubstraire tel noble office. Meudry leu[s]
se Ceres ne leust saulue qui fist Lyncus muer en vne bes[te]
dicte Linx. Celle beste a la veue si tresague q̃ de sa veue pe[r]
ce vng mur.

A plus grande des nostres auoit desia [fi]
nis ses propos & ses doctes chantz qu[e]
dun commũ accord les deesses arbitra[
res iugerent pour les Muses: & les Pi[eri]
des, non obstant quelque condemna[tion]
se mocquerent des Muses plus fort q[ue]
parauant. Et combien que feussent va[in]
cues le contredirent & ne vouluret r[ien]
tenir de celle sentence, ains de rechief moult commence[rent]
a les irriter & poindre de parolles esgues. Les villennies [de]
leurs bouches ne peusmes plus souffrir, si les muasmes to[u]
tes neuf par leur ianglerie en pies qui sont oyseaux variol[ez]
de blanc & de noir qui encore vont iargonnant & de peu

DV GRAND OLYMPE. Fueillet. LXXXVIII.

chose font grād plait. Et se leur est demoure vne garrulité en
despuis enrouee, & vng trop grād estude de vouloir parler.

¶ Fine le cinquiesme liure
du grand Olympe des
histoires Poe-
tiques.

LA SECONDE PARTIE DV GRAND

Olympe des histoires Poëtiques
contenant cinq liures ensuyuans
de la Metamorphose de Oui=
de Poéte elegant, & sur tous le
myeulx disant.

LE GRAND OLYMPE.

M·D·XXXII·

POESIE mere de subtile & ioyeuse iuētiō soub vne couuert de Fable ele gāte a si vray mēt exprimē la doctrine moralle & humaine, que si lentēdemē du liseur nest du tout efface par ignorā ce,il en tirera hōnestes enseignemens,& maniere de bien viure:car ce nest q̄ pure philosophie latēte, a laq̄lle.s.Augusti au ij.de sa doctrine Chrestiēne p̄hibe faire allegories,cōe assez delle mesmes alleḡ risant.Parquoy en ce grād Olympe sōt obmises en gardāt le naturel de Lauteur tāt q̄ faire cest peu, ainsi q̄chascū est tenu

DV GRAND OLYMPE. Fueillet. II.
Le debat entre Pallas &
Arachne.

Allas escoutoit la merueille q̃
la Muse luy racõptoit des neuf
pies nouuellement muees, &
bien loua leur disputatiõ, puis
dist ainsi en basse voix, & que
me vault ce que pour vous me
lasse. Trop suis yree de ce que
Arachnes par son orgueil ne
me daigneroit obeir, pource q̃l
le est ouuriere & bien tyssant,
aller la veulx assaillir, & luy se
ray cõparer son orgueil se reue
ence ne me porte. Celle Arachnes dont Pallas pensoit estoit
xtraicte de bas parage, & en vng petit village demeurant,
nais de laine estoit moult subtille ouuriere, & moult bien
cauoit couldre & escarder, pigner, carpir & filer de laine, de
aidre, & de tistre nauoit si subtille en toute la cõtree, moult

A ij

LE SIXIESME LIVRE

en auoit grand renom par toute la terre de Lyde. Les Ny[m]
phes de toute la region denuiron venoient pour veoir ce [qu'el]
le faisoit, car son oeuure estoit moult bel & moult plaisan[t]
Nulle aultre nen scauoit tant, fors Pallas qui grand enuy[e]
auoit de ce que celle lauoit en desdaing, & quelle se vento[it]
par sa follie que plus en scauoit que Pallas. Pallas qui cel[le]
ventance sceut se mist en forme de vieille, & vi[n]t chez Arac[h]
nes soy appuyant dung baston toute tremblant. si la mist [a]
raison & luy dist. Fille venue suis icy pour toy chastyer, [tu]
ne me doibs despiter ne despriser se ie suis vieille: car vieill[es]
gens peuuent bien telle chose dire dõt ieusnes peuuẽt auo[ir]
prouffit, or me croy si feras grand scauoir. On te tiẽt a mo[ult]
bõne ouuriere en to[us] estatz de laine, mais tu fais folie de t[e]
comparer a la saige deesse Pallas qui controuua premier[e]
ment tout lart de la nauette & de tistre. Repẽs toy & reqe[rs]
a la dame pardon & si laisse ta folle presumption, aultrem[ent]
elle te donnera sa malueillance. Bien te dois suffire dauo[ir]
gloire & louenge par dessus les mortelz de plus scauoir q[ue]
ne font, mais iamais ne te accompares aux dieux ou dees[ses]
ce seroit trop grand oultraige a toy. Celle qui de chastiem[ent]
neut cure, regarda la vieille moult oultrageusemẽt, & par [des]
daing laissa loeuure q[u']elle tenoit & a peine se abstint de la [bat]
tre. Elle noircist de courroux & de ire & p[ar] grãd orgueil l[uy]
dist. Dame faulce vieille malheur vous a icy amenee cest [do]
mage q[ue] vo[us] viuez, si filles auez ou niepces si les chastiez, a[ssez]
suis ie sage, ia pour vostre admonnestement ne changer[ay]
mon courage, & se celle estoit cy presente pour qui vous [me]
chastiez. Ia pour tant ne laisseroye de vous dire, & a e[lle]
ce q[ue] ien dis maintenant. Viengne auant se tant est osee po[ur]
estriuer a moy de tistre. Pas ne ay soing que par elle soye [vain]
cue. Lors luy dist Pallas. Pallas est venue ia la verras sãs c[ou]
uerture. Adonc se monstra en sa droicte forme & mist ius [sa]
vieille figure. Y ny eut Nymphe que ne luy fist honneur

DV GRAND OLYMPE. Fueillet.LIII.

grande reuerence, & qui ne la doubtast fors Arachnes tāt seullement. Nonobstant luy rougist le visaige & tantost blāchist, mais de neant ne se humilia vers la deesse. Et puis tantost perseuera en sa follie. Et pour auoir vaine louange, elle fist la deesse entour elle amuser. Pallas ne la daigna frapper ne plus admonnester, ains commencerent dung accort a faire & tistre deux toilles de diuerses manieres. Pallas sassist vers dextre, & Arachnes vers senestre a qui la discorde plaisoit. Lune & laultre fut preste & habille de torde, de noer, de tistre & de auancer sa besongne. Et moult furent les deux ouurieres subtilles, & moult y auoit de nobles painctures coulourees de maintes couleurs, de pourpre, de soye blāche, de soye verde, de soye vermeille, de soye dazur, de soye iaulne, de soye noire: de soye grise, de soye perse, de soye violette de soye tannee, & de plusieurs aultres couleurs. Dont leurs ames furent belles a merueilles.

Pallas pourtraict en sa tissure comment la cite Dathenes fut premierement fondee, & quant elle fut fermee Neptunus luy volut imposer nom, mais Pallas luy dist que point ne sen debuoit entremettre, ains luy appartenoit limposition du nom. Pource faict eut grande altercatiō entre eulx: & pource en enquirent iugemēt. Apres pourtraict elle cōment noblemēt se seent les.xij. dieux celestiaulx, chascum en sa propre semblance. Et Iuppiter au millieu de eulx assis tenant vng sceptre en sa main dextre, & les aultres q enuiron luy seoient senclinoient. Ceulx deurent iuger le contends. Neptunus fut droit soy contenāt comme aduocat tenant vne verge en sa dextre main, de laquelle il frappa vne roche, & en fist saillir vng cheual, dont chascun des iuges eut grād merueille. Pour ceste merueille

A iij

LE SIXIESME LIVRE

voulut Neptunus a la cite mettre nom. Et Pallas si cõme elle le eut pourtraict fut armee moult noblement, lescuz deuant son pis, la hante en sa dextre main, & le heaulme lace en son chief: du fer de sa lance frappa fort en terre, & adonc saillit incontinent vng oliuier qui fleur & fruict porta. Dõc les dieux trop fort sen esmerueillerent & pour celle admiration ilz iugerent que a elle appartenoit limposition du nom donner a la cite & non pas a Neptunus. Pallas lappella Athenes: aux quatre boutz de la toille Pallas auoit pourtraict quatre contends. Ou premier anglet furent paintz Hemus & Rodope son espouse qui dame & royne estoit de Thrace, lequel par orgueil dieu se vouloit faire appeller. Et maintenãt sont montaignes deuenues. Ou second anglet estoit pourtraict comment Pygmea royne des Pypineiens fut deshonnoree, pource que contre Iuno print contend & debat & se ventoit de beaulte contre elle, mais elle fut vaincue, & en grue la fist Iuno muer. Or est Pygmea guerroye des grues. Ou tiers anglet paincte fut Antigone qui par sa iangle fut faicte Cigongne. Et au quart anglet fut pourtraict Cynatas qui larmoioit pour ses filles qui muees vist en degrez de temples, pource que tant furent osees que les dieux desprisoient & leurs tẽples. Et ceulx qui au temple vouloient venir elles ne les laissoient entrer. Ces quatre exemples y furent pourtraictz affin que Arachnes peust apperceuoir se cestoit prouffit & honneur de contendre & estriuer a plus puissant & plus fort de luy, & mesmes aux dieux & deesses. La toille tout enuirõ & tout entour fut pourtraicte a oliuiers moult noblement. Ainsi fist Pallas sa toille comme dict est.

DV GRAND OLYMPE. Fueillet. IIII.

Aintenant est raison que ie vous die q̃lle paincture & quelles ymages Arachnes pourtraict en sa toille qui moult est coincte & iolye ouuriere. Premierement elle pourtraict commēt Iuppiter en forme de beuf rauit la belle Europa, & lemporta par mer sans barque en Crete, & cōmēt elle se desconfortoit quant elle se vit en haulte mer. Apres y eut pourtraict comment il rauit Asterie en semblance daigle venant de lair. Apres comment il print la belle Leda muee en Cygne, & cōment elle enfanta Pollux Castor & Helene. Et comment il se mist en forme de pasteur pour Mēnesy de auoir. Et comment il deuint feu pour auoir Egine. Et commēt il mist sa semblance en forme de satyre ou pasteur, quāt embla Anthyope, de laquelle il conceut deux filz. Et comment il fut serpent quant Elice enceinta. Et puis commēt en pluye dor fut par luy Danes deffloree, en laquelle il engendra Perseꝰ. Cōmēt aussi il print Alcmena en visiō de son espoux Amphitrion dont fut ne le preuz Hercules.

A iiij

LE SIXIESME LIVRE

En tant de manieres se transmua & mist Iuppiter pour decepuoir les Nymphes & deesses, & chascune de luy coceut. Et si y fut aussi pourtraict comet pour auoir Bisaltis prit Neptune la force de mouto. Assez daultres pourtraiture pourtrait Arachnes en son oeuure, mais sauroye trop affaire se toust ie vouloye recite coment les dieux & celles dont ilz firēt leur voulentez. Or est Neptun9 veau, maintenant home, ores mouton, apres Daulphin. Et Phebus estoit ores aultour, maintenant pasteur. Et en plusieurs aultres guises. Bacchus print forme de raisin pour decepuoir Erigonne. Saturne print forme de cheual. A lacheue elle le ourla tout entour de fueilles de yerre, & de fleurs de diuerses couleurs dont la painture estoit moult belle.

Coment Arachnes se pendit, & Pallas la mua en Iraigne.

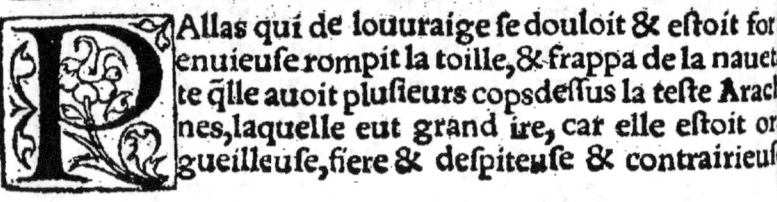
Allas qui de louuraige se douloit & estoit fort ennuieuse rompit la toille, & frappa de la nauete qlle auoit plusieurs cops dessus la teste Arachnes, laquelle eut grand ire, car elle estoit orgueilleuse, fiere & despiteuse & contrairieuse

DV GRAND OLYMPE. Fueillet.V.

a defmefure, si ne peut endurer ceste villainie, ains par impatience se pendit la folle desrasonnee. Mais Pallas p̃ pitie la leua & luy dist. Ia ny mourras mauluaise garce, mais en lair demoureras pendante, ou toy mesmes te es pendue & toute la sequelle & generation qui de toy ystra sera pendue comme toy en signe & memoire de ton orgueil. Adonc la arrousa la deesse du ius dune herbe enuenimee & la laissa en lair, si la mua en yraigne ou elle tist & fille tousiours en continuant son premier oeuure.

> Comment la deesse Lathona a laide
> de ses enfans occist sept filz & au-
> tant de filles de Nyobe &
> de Amphiõ par la oul-
> trecuidance de
> leur mere.

LE SIXIESME LIVRE

A nouuelle sespandit par tou[tes]
le royaulme de Lyde de Ara-
chnes qui estoit muee en Yrai-
gne, & la sceut on en Phrig[ie]
ou elle auoit este nourrie. Nio[-]
be qui dame estoit de grād e[m]
pire lauoit souuentessois veu[e]
du temps que elle estoit pucel[-]
le, & bien auoit entendu q̄ p[ar]
son orgueil & oultrecuidan[ce]
elle auoit este par Pallas mue[e]
en Yraigne. Et pource que Pa[l]
las desprisoit, luy estoit ainsi mesaduenu, mais oncq̄s pou[r]
ce Niobe ne sen corriga. elle estoit fille au riche roy Tanta[lus]
lauaritieux: & si auoit a mary le saige Amphion dont mou[lt]
fiere se portoit, & encores pl⁹ pour le beau lignage de ses e[n]
fans quelle auoit, & cuidoit myeulx valoir que personne [de]
tout le monde, & a brief dire elle estoit de bon & puissant l[i]
gnage. Mais son orgueil & oultrecuidance lamenerēt a ho[n]
te, elle auoit sept filz & sept filles, dōt moult se oultrecuido[it]
& desprisoit les dieux, dont luy en aduint perte & deshon[-]
neur, & aussi a tout son lignage. Manto q̄ saige deuine esto[it]
& moult honoree fille de Tiresie par diuin admōnestem[ent]
crioit par Thebes. O vous femmes de Thebes. Lathona p[ar]
ma bouche vous cōmande que a elle & a ses deux enfans
auec hōneur luy sacrifiez: & porte chascune a la feste sur so[n]
chief chappeau de laurier. Toutes les dames communem[ent]
y allerent, seruirent & honnorerēt dencens les dieux & dee[s]
ses, & de plusieurs aultres beaux doris. Niobe plaine de rag[e]
& dorgueil toute forsenee dire, vint au sacrifice a grande c[om]
paignie. Elle fut belle & richemēt aornee, mais ses cheueul[x]
furent de toutes pars sur ses espaules estenduz comme ire[e]
Entour elle regarda & parla haultement, & cōme folle co[m]

DV GRAND OLYMPE. Fueillet.VI.

menca a dire parolles orgueilleuses: qui despuis moult chermēt luy furent vendues. O folles gens dist elle quelle rage vous maine a faire feste des estranges dieux mescongneuz. Lathone est vne estrange fille dung geant qui iadis pour enfanter sa porture alla par tout le monde errant, & si ne sceut oncqs tant tracer ne qrir, qlle se sceust heberger fors en Delō la desuoyable, ou petit lieu trouua, & la se logea & muca tant qlle fut deliuree dune fille. Hee dist elle folle gent moy q tous tēps mauez veue & congneue vostre dame: & royne q tous vous ay a iusticier, vous me deburiez hōnorer, seruir & priser, & par sacrifice adorer, & delaisser vne qui ne congnoissez tant seullement doreilles, pour celle quauez deuāt les yeulx. Ie suis saige & de gentil lignaige, riche & puissante dame, & royne de Thebes & de Frige: belle de corps, & de visaige, & si semble bien estre deesse. Tous biens me habondent & tous honneurs me sont deuz tant quon nen scet le nombre. Iay sept filz & autant de filles qui tous serōt roys & roynes, dont gendres me viendront, nepueux & niepces, bien me doibs priser, car poīt nest Lathone a moy esgale, ne aussi sa porture esgale a la mienne. Filz & fille a, mais nō pas tant comme moy. Et qui men auroit oste la plus grande part si men demeureroit il plus que a elle: honnoree suis & seray tousiours sans doubtance. Si puissante suis & asseuree que ie ne prise fortune de tous ses faictz. Ie suis assise fermemēt au plus hault de sa roe, tant de biēs ne me scauroit ne pourroit fortune oster, que plus riche & habondante ne fusse que Lathone. On doit faire diuin honneur a moy, non pas a elle, laissez ceste feste & ce sacrifice. Ou sinō mal a tous ceulx qui me contrediront. Lors laisserent tous la feste pour la menasse de leur dame, mais non pourtant prierent tous a requoy a la deesse graces & mercy.

LE SIXIESME LIVRE

Rand despit eut la deesse Lathona de ce que Niobe par son orgueil & oultrecuidance la despitoit & empeschoit son sacrifice. A ses enfans sen plaignit, & leur en requist vengeance comme celle qui par eulx seure & courageuse se tenoit & par eux souloit estre honnoree. O mes enfans dist Lathóa, iamais ioye ie nauray iusqs a tant q̃ vẽgee en seray. Souffrez dist Phebus a sa mere vng peu atant, & ne desrompez vostre teste a lõgue plaĩcte. Cest affaire & ceste besongne laissez sur no⁹, car sans contredict bien le ferons. Ce que pareillement luy dist Dyane. Et puis sans plus parlement tenir sen allerent en Thebes par lair. Hors de Thebes assez pres des murs auoit vne plaine ou souloiẽt accoustumeemẽt venir iouer & esbatre ceulx de la cite. La furent les sept filz Amphion montez moult richement sur sept destriers. Ismenus laisne y fut feru parmy le cueur & occis dung dart qui par lair vint volant, dont ses freres furent moult doulens especiallement Sipylus: lequel sẽvolut fouyr, mais en fuyãt le dart labatit mort du destrier. Phedimus & Tantalus qui au champ par esbatement luytoient furent eulx deux tandis que ilz se iouoyent a vng cop feruz & occis dung dart qui vint descendant par lair. Alphenor les vit dung coup mourir, qui dennuy & de courroux se tira ses cheueulx & embrassoit les mors, mais Phebus luy geta vng dart qui le foye luy tresperca. Damassichthõ eut grãd desplaisance quant vit ses cinq freres occis, & Phebus luy tira vne flesche au genoil, & auant quil la peust retraire luy en lanca encores vne aultre en la gorge & loccist. Et puis mist en coche pour traire au septiesme Ilione⁹ qui a ioinctes mai

DV GRAND OLYMPE. Fueillet.VII.

prioit aux dieux qui luy aydaſſent & deliuraſſent de peril.
Phebus en euſt voulentiers eu miſericorde ſil euſt peu,mais
la fleſche voloit deſia qui rappellee ne pouuoit eſtre,laquelle
le playa iuſques au cueur dont il mourut.Ainſi furent mors
les ſept filz Amphion,dõt le peuple mena grãd dueil & auſſi
fiſt le pere quant il ouyt la nouuelle de ceſte male aduẽture.

Vant Niobe ſceut que ſes ſept
filz furent ainſi occis moult en
fut doulente & marrie, point
neuſt cuyder que aulcun dieu
euſt eu pouuoir ne hardement
de meſprendre vers elle, moult
ploura & demena grand dueil
en baiſant les mors lung apres
laultre & deſpartant les baiſez
a vng chaſcung.Mais encores
neut elle ſens delle abſtenir de
mauldire de Lathona.La doulẽ
te pour plus eſmouuoir la deeſſe crioit.Ha ha fille deſſoyal
le paiſtre puiſſes &ſauoler tõ courage par la mort de ma por
ture? tu men as par iniure ſept occis,mais ſept en ay encores
du remanant plus que tu as, & de tous biens grande habon
dance,mauluaiſe & fiere ennemie me as eſte.Mais petit pri
ſe ta hayne? La deeſſe Diane fut fachee des parolles:de ſon
arc tira par grand vertu vne fleſche qui plus ſen alla bruyãt
que fouldre dont hommes & femmes qui le ouyrent en fu
rent doubtans,& ſen fuyrent lũg ca lautre la.Mais oncques
Niobe neut paour de choſe q̃lle ouyſt.Seure & hardie eſtoit
en ſa meſchance.La furẽt veues toutes les filles de noir drap
richement atornees qui pour leurs freres plouroient.Et tan
dis quelles couroiẽt lune a ſon pere & laultre a ſa mere Dya
ne qui bien les ſceut aſſener de dars trẽchãs par diuers cops
en occiſt ſix diuerſemẽt,& ainſi demeura ſeulle la plº ieune.

LE SIXIESME LIVRE

Quant Niobe vit ce grād meschief elle se retourna a Dyane & luy dist. Dame Lathone dist elle ceste maintenāt me peust bien demeurer viue. Ie te prie que ne la me ostes, & que de tous biens ne me despouilles, iamais en mon couraige nauroye ioye ce ceste ne me laissez. Par mon oultrage ie tay mesfaict, dont grand dommage ay receu. Pardonne moy la faulte & me laisse mon seul enfant. Puis luy fit escu de son corps mesmes, mais point ne vesquit celle longuement apres les aultres: car Phebus loccist entre les bras sa mere. Lors alla Niobe seulle seoir entre les mors. Elle veoit sō seigneur mort ses filz & ses filles dont tel dueil eut que oncqs femme neut greigneur. Et en celle douleur sendurcit la douloureuse & en roidit tellement quelle changea son estat humain & deuint marbre. Encore pleure & larmoye pource que en son viuāt mesprist. Lors la print vng vent tourbillonneux qui porta la roche en son pays. La ploure & va encore plourāt le marbre,

❧Punition de villenie & rusticite.

DV GRAND OLYMPE. Fueillet. VIII

LE bruyct de la végeãce de Lathona alla par tous ceulx qui lauoient cõgneue & en tindrẽt grãd compte parmy la terre plus que iamais, & se aduisa chascun pour ce faict & doubta de la deesse courroucer & desprifer, tous la craignirẽt & honnorerent. Et faisoient mention delle en ses miracles recordant, & speciallement vng gentilhomme de Lybie, lequel commenca a compter aux assistens son compte en telle maniere. Iadis en Lybie aduint vne merueilleuse aduenture sur aulcũs villains qui la deesse Lathona despitoiẽt, car ilz deuindrent & furent mues en grenoilles. Mon pere q̃ vieil preudhomme estoit, & impotent perdit iadis & luy furent emblez de nuyct hors de sa maisonnette les beufz de sa charrue, si les enuoya querre & chercher en Lybie, dit luy fut que la les auoit menez le larrõ. Vng anciẽ hõme y auoit qui congnoissoit le pays, cestuy me mena par la terre. Ainsi comme par le pays alliõs parauẽture veismes sur vng estãg plain de roseaulx ou decoste auoit assis vng autel sans richesses que ceulx qui dessus sacrifioient auoient tout enfume. Celluy hõme qui compaignee me tenoit si arresta & enclina & y fist sa priere, & ie fis semblablement a bas son humblement, puis demanday a mõ conducteur quel dieu on reueroit sur celluy autel qui ainsi estoit en plain champ & loig̃ de cite. Il me respõdit. Certes beau filz on ny adore nul dieu mais les hommes de ce pasturage tesmoignent & est verite q̃ la deesse Lathona est icy adoree & seruie. Et dit on que Iuppiter layma & enceinta en ce lieu de deux preux ẽfans. Lũg fut Phebus & laultre Phebe la deesse de chastete, & de la Lune laquelle fut chasseresse. Ces deux enfans furent dune portee. Quant Lathona fut deulx enceinte, Iuno qui le sceut la chassa par toute terre: & tant la destraignit que auoir ne luy laissa tant de repos, despace ne de place en tout le monde ou enfanter peust, ne soy deliurer a terme a point. Trop lan-

guiſſoit & trauailloit Iuno qui lenfant quelle portoit vou
ſoit faire auorter. De long vne iſle non eſtable receut Latho
na fugitiue en ſon oſtel a q ql en deſpleuſt, ou peu prit daiſe
& de repos Lathona fors tant que de ſa ventree fut deliuree.
En ſes deux mains tenoit deux arbres & y fit ſa geſine mal
gre Iuno qui la hayoit.

Ame Lathone pour la doubte de Iuno qui ainſi la chaſſoit ſen vit par deca por tant ſes deux enfans entre ſes bras, il fai ſoit moult grand challeur ſi eut la dame ſoif, car laſſe eſtoit de porter ſes enfans ſur vng lac ſenclina pour boire, mais vi lains mal gratieux y auoit qui cueiloit herbes leſquelz contredirent a la deeſſe
& deffendirent leaue quelle nen beuſt point, diſans que a
lac nauoit droict & q ia ny beuroit. La dame leur reſpōdi
moult humblemēt. Seigneurs diſt elle cōmēt me deffende
vous ce breuuaige, qui doit a tous eſtre en commun. Lair, l
Soleil, la Lune & leaue ſont commūs auſſi bien au poure c
me au riche. Pas ne debuez eſtre auaricieux du cōmū boir
& pas ne ſuis cy venue pour moy lauer, ne pour trouble
leaue comme vous factes, mais ſeullemēt pour en paſſant a
paſſer la grād ſoif q me occiſt, dont ſi matte & ſi recreue ſu
que plus auantne puis aller ſe ne boy. Pour dieu laiſſez mo
ma grand ſoif alleger, car plus ne peult la parolle trouuer
la bouche chemin ſi fort le gouſier eſt ſec. Vne goulee dea
me ſera hypocras, & ie confeſſeray tenir la vie de vous. Et
de moy nauez pitie, au moins laiez de ces deux enfans alla
ctans, qui vers vous tendent les bras, & attendent voſtre b
ne grace. Qui eſt le cueur qui a ſi doulce & debonhaire r
queſte ne ſe feuſſe eſmeu & incliner a octroyer ſi iuſte den
de. touteſfois oncques pour priere q̄ la deeſſe Lathone ſce
faire, ne peut trouuer amytie aux maloſtrus villains. Ains

DV GRAND OLYMPE. Fueillet. IX.

repoufsarent & oultragerent, & moult la menafserent se tost
se sen fuyoit. Et pour luy faire plus grande villennie ilz sail
lirent ou lac, & troublerent leaue a leurs piedz & la meslerēt
auec la boue. Quant Lathone vit la laidure que les mauluais
oultrageux villains luy faisoient de la grand yre quelle en
eut oblia sa soif. Trop sestoit humiliee vers eulx, si ne se vou
lut plus humilier ne plus requerir ne les daigna. Si tendist
ses mains vers le ciel & dist. O villains plain de laschete tous
iours puissies vo⁹ ainsi faire & viure en eaue par triboulemēt.
La chose aduint tantost cōme la deesse lauoit requis, car ilz
deuindrent grenoilles, & demourerent au lac saultans & tri
podians lune heure au fond de leaue & laultre par dessus.
Et encore le font ilz auiourdhuy retenans leur maledicence
& mocqueuse raillerie.

☙ Trop cuyder scauoir trompa le bon
trompette & tabourineur Marsias.

LE SIXIESME LIVRE

Insi racomptoit le Lybien des villains qui par leur oultrecuydāce estoiēt deuenuz grenouilles. Tous les assistens en ont de la deesse & de ses miracles tenu grand compte. Puis commēca vng aultre dung qui par sa grāde folie fut escorche, ce fut Marsie qui comme fol se vantoit cōtre Phebus de bien chanter, & mettoit le son de la buccine deuant le son de la harpe. Pallas trouua premierement lart de buccine & de bucciner. Si aduint vne fois que Pallas souffla sa buccine tellement q̄ toute sa ioue en enfla qui mal luy aduenoit, mais elle nen scauoit rien ne ne veoit lēfleure en soymesmes. Elle en ce point mettoit sa cure a bucciner. Mais les dieux q ce veoient & regardoient la commencerent pour lenfleure de ses ioues a mocquer. Pallas qui se veoit moquee se esmerueilla quelle pouuoit auoir, & se remira en vne riuiere, & lors apperceut que sa ioue estoit enflee quant elle souffloit en linstrumēt. Si laissa le bucciner & getta ius la buccine. Puis la trouua cestuy Marsie: si la print par sa meschance & en buccina par tout disant par sa follie que meilleur & plus plaisant estoit le son de la buccine que de la harpe, dont Phebus eut despit si se arma & appresta pour estriuer contre Marsie & le vainqst, car trop plus est le son de la harpe melodieux que celluy de la buccine. Phebus fist Marsie escorcher tout vif qui la harpe auoit voulu deshonorer & blasmer, & auoit voulu preferer la buccine & exaulcer deuant elle. Les pastoureaux de la contree sassemblerent tous a la mort Marsie, & plourerent tāt pour lamour de luy q̄ de leurs pleurs, & des goutes du sang qui decouroit de celluy q escorche estoit sourdit vne merueilleu

DV GRAND OLYMPE.   Fueillet. X.

se riuiere toute enſanglantee, qui a a nom Marſie, & encores
court ceſte riuiere parmy la terre de Frige.

※ Le feſtin de Tantalus aux dieux. Et
du reſtaurement de Pelops auquel
Ceres mangea vne eſpaule.

Our les villains muez en gre-
noilles, & pour loultrecuyde
Marſie q̃ par ſon oultrage fut
eſcorche, & pour la victoire q̃
Latone auoit eue de Niobe, to⁹
en tindrent grand compte &
grãd feſte. Mais a tous leur pe-
ſoit de la male aduenture de
Amphiõ & de ſes enfans, mais
de Niobe ſa femme lorgueil-
leuſe ne tenoient pas grãd cõ-
pte fors Pelops ſõ frere germaĩ
Ceſtuy pour lamour quil auoit a elle plouroit, ſouſpiroit, de
B ij

LE SIXIESME LIVRE

tiroit ses cheueux, destourdoit ses mains, desrompoit sa robbe, & dessiroit sa poictrine. Adonc perdit son espaule Eborine, qui auoit este entee a senestre semblant a la dextre: mais pas nestoit charnue. Et pour scauoir la verite côme ceste chose aduint ie le vous diray. Tantalus le riche fut son pere qui tant fut auaricieux & plus que tous les hommes du monde: vng iour semônoit les dieux au disne pour lesquelz festoiet il fit son filz Pelops destrecher & par pieces bouillir & rostir pour eulx repaistre par escharsete, affin q̄ trop ne costassent les aultres viandes. Quant ilz furent tous assis a table. Ceres mangea de la senestre espaule sans en faire aulcun reffuz tãt que bon luy sembla. Mais les aultres dieux q̄ la malice scauoient du fol auaricieulx ne voulurēt du metz gouter, mais pour lenfant reioindre firent les pieces remettre ensemble. Si faillit lespaule que Ceres auoit mangee. Mais en lieu di celle y mist vne espaule diuoire, & ainsi Pelops fut reioint & refaict qui par son pere Tātalus auoit este occis. Pour cestuy inhumain peche est il en Enfer en tourment.

V grãd dueil que Pelops demenoit pour Niobe sa seur vindrēt pour le reconforter les roys de maītes regiōs Darges, de Micēnes, de Calidone, de Archade, de Lacedemone, Corīthe, & de Pylos, & plusieurs aultres ses voisins, mais pas ny vint le roy Pandiō de Athenes. Car en ce tēps luy faisoiēt guerre les Barbarins q̄ lauoiēt ia assiege & leussent fait poure & toute sa terre exillee ce neust este la cheuallerie que Tereꝰ le roy de Thrace luy enuoya qui tellement vainquist & appoincta les Barbarins que grand nombre en occist & prist plusieurs prisō

DV GRAND OLYMPE. Fueillet.XI.

niers. Tãt fist le roy de Thrace que les Barbarins en chassa hors du pays de Athenes. Quant la guerre fut finee Tereus demãda a Pandiõ de deux filles quil auoit laisnee qui auoit nõ Progne a mariage, & Pandiõ la luy donna liement, mais pour ce mariaige sortit despuis de grands inconueniens, & de grandes tribulations & mors dhommes. Ces nopces fu‑ rent mauluaises, point ny fut Hymeneus le dieu q aux no‑ pces doit estre, ne aulcune ioye ny eut, mais toute la nuyct sus la chambre monterent le Chahuam, le Cocu, la Fresaye, & le Corbeau. Ce fut signifiance de dueil & de tristesse. Atro pos & Thesiphone & toutes mauluaises destinees volloient toute nuyct parmy les chambres & les salles du pallays.

Le mariage de Tereus auec Progne
Et du voyage Dathenes, & du vio
lemẽt de la belle Philomena.

B iij

LE SIXIESME LIVRE

Vant les nopces du roy Tere9 & de Progne furent finees, & que les roys & barons dames & damoiselles furent partis de la cite de Athenes. Tereus emmena sa femme en son royaulme de Thrace. La eurent a mal le heure entre eulx deux vng filz lequel eut nom Itys q̄ gueres ne vesquit. Par le commandement de Tereus celebra on par tout le royaulme grand feste. Et chascun an le faisoient cōme de filz de roy estoit acoustume de faire. Progne auoit desia este auec son mary pl9 de cinq ans quant vng iour a parolle le mist, & luy pria quil la laissast aller veoir Philoméa sa seur sil luy plaisoit, & q̄ tost en retourneroit. Et sil ne luy plaisoit q̄lle y allast, q̄l luy pleust y aller & lamener. Tere9 denya le voyage a sa femme & luy dist que il iroit luy mesmes & ameneroit Philomena en son royaulme de Thrace. Tereus fist ses nefz garnir: si entra dedans auec grād compaignie & singla son chemin vers Athenes. La mer leur fut paisible dont grand dommage fut que le ne noya le roy, car grans maulx en fussent demourez a uenir. Ilz arriuerent au port Dathenes. Et le roy Pandion ouyt les nouuelles alla a lencontre de luy en grand appare & moult festoya son gendre Tereus & ses gens, si lemmen en sa cite. Puis enquist nouuelles de sa fille & de sō nepueu Tereus luy respondit quilz estoient sains & alegres & q̄ moult hūblemēt le saluoiēt, & puis luy dist loccasiō de sa v nue. Cōmēt Progne auoit grād desir de pler a sa seur Philmena, & luy pria q̄l la luy ēuoyast. Promettāt q̄ si tost q̄l a roit bō vēt & auroit la este vng iour ou deux il la rameneroit. Puis dist, delle me plaist quāt encore ne lay point veu

DV GRAND OLYMPE. Fueillet.XII.

A tãt yssit Philomena dune chãbre en estat royal accoustree en deesse riche de paremẽs,mais plus riche de beaulte.Natu re sestoit mise en elle de luy dõner beaulte pl⁹ q̃ a nulle aul tre.Et si ne fut pas moins saige q̃ belle.Elle scauoit de to⁹ in strumens iouer & esbatre de tables,deschetz, de chiens:& doyseaulx quelz quilz fussent.Esperuiers,Faulcons,Gentilz ou Laniers, & voulentiers alloit en gibier ou en riuiere. Et si scauoit moult biẽ ouurer pourpres & baldequins,& pour traire en vng drap quelque chose quelle vouloit.Et si estoit bien lettree,& de tous instrumens se scauoit entremettre,& tant saigement parler que bien eut sceu tenir escolle de rhe torique.La pucelle vint a son pere & Tereus lembrassa & baisa qui soubdainement fur surprins de lamour delle pour sa grand beaulte, & pour sa belle contenance si tresauant quil ne scauoit tenir contenance ne facon.Si tost quil la vist amour le fist follier quant son cueur mist a la seur de sa fem me aymer.

Ereus print la pucelle entre ses bras,& luy dist ainsi. Philome na ma seur & doulce amye, vo stre seur vous salue,& prie que vous la veniez veoir & ie aussi vo⁹ en prie,pieca eussiez esteen Thrace se p souhait y peussiez estre,car il nest priere ne sou hait que Progne face fors seul lement quelle vous y puisse te nir vne fois.& se a force ne leur se tenue elle fust ia venue avo⁹.
& tant me dist au despartir sans me rien celer q̃ son seigneur ne son amy iamais ie ne seroye se en Thrace ne vo⁹ menoye. Et certes myeulx vouldroye estre viel,foible & impotent q̃ telle chiere me fist.Si vous prie que vous vueillez prier vo⁹

B iiij

LE SIXIESME LIVRE

stre pere que venir vous y laisse auec moy, & ie croy q̃ nuyre
ne luy peut se venir vous laisse veoir vostre seur par dela. Si,
re dist Philomena ma priere vers la vostre que vauldroit elle
aincois deburiez prier se obtenir voulez, & se vous mesmes
prier ne voulez si faicte prier par vng aultre. Damoiselle dist
Tereus. vous dictes verite. Mais aincois me deussiez deman
der si prie len ay. Lors luy dist Philomena. Lauez vous mis a
raison touchãt ceste besongne. Ouy dist il, mais riẽ ne me re
spõdit, dõc dist elle puis q̃ response ne vous veult rendre ces
ste chose ne luy plait point. Assez me peult ma seur attendre
car encores dũg mois ne me verra. A quoy le scauez voꝰ dist
Tereus, assez octroye qui se taist. Celle sentence dist la pucel
le nest pas veritable, car encore sommes nous en cõtends de
loctroy ou de lescondit.

Donc dist Tereus a Pãdiõ. sire roy
bien vous ay compte mon messai,
ge depar vostre fille propre, pour
moy & pour elle deburies vous plꝰ
faire, que pour tous les hommes
du monde. De vous prier de ceste
besongne me trauaille a son cõmã
demẽt. Pandion a qui ceste beson,
gne ennuioit respondit. Amy &
beau filz en ce monde nay riens q̃
auoir ne peussiez se affaire en auies, mais ie croy se vous sca,
uiez les biens que ma fille Philomena me faict ia tant que
ie vesquisse ne me requerriez de ce dont me requerez, point
ne viuray longuement: vieil suis & foible, & nay en ce mon
de qui me plaise fors elle. Par ma fille Philomena seullemẽt
vis, aultre soustenement nay. Elle me garde & sert iour &
nuyct, & son seruice tãt'me plaist que selle ne fust, pieca fusse
mort. Ma vie me voulez abreger se la me ostez. Et pource ie
vous prie que de ce don me clamez quicte. Pour ceste respõ,

DV GRAND OLYMPE. Fueillet. XIII.

ce fut Tereus si dolent que toute la parolle en perdit grand
espace, si se print à souspirer & plaindre. Follie vainquit
son scauoir quant il regardoit la pucelle, bien cuydauit enra
ger ce a son vouloir nen exploitoit, car descourager ne sen
pouuoit, souuent embrassa la pucelle & plouroit & souspi
roit & ne cuydoit iamais veoir le iour q̃ a sa voulente la tinst.
Et pensoit en luy seul que auoir ne la pourroit par amour,
ains de nuyt la conuiendroit a emblee mener ou par force
ou par amour, mais pour telle chose faire il auoit peu de gēs
auec luy. Trop eust este loeuure folle se la cite fust esmue, &
pour ceste cause ainsi q̃l pouuoit se couuroit. Et raison de nō
pouuoir le mist hors de ce penser. Et dist que encore vouloit
assayer se par priere il pourroit vaincre.

Ors recommença Tereus a prier Pandion, si
luy dist en telle maniere. Sire dist il, bien voy
& scay que petit feriez pour moy quant ce dō
m'auez refuse, bië aymay peine perdue a venir
ceste part, dont a tart men repens: oncq̃s pour
chose q̃ ie feisse ne me tins pour si fol q̃ ie fais

LE SIXIESME LIVRE

a ceste heure, vous auez poure occasion trouuee de vostre fille qui vous sert, Nauez vous dõcques assez mignons & pucelles pour vous seruir. Biẽ vous pourriez souffrir delle trois
iours ou quatre se vo[us] vouliez & la laisser venir esbatre auec
sa seur qui cy ma trãsmis, & qui me dist quant me departis q̃
iamais a elle ne retournasse sans amener sa seur Philomena.
Car failly auroye a son amour, ce poit ne la menoye, & pour
ce ne scay ie que faire. Grãd dueil auray de mon filz, & encore plus delle se ie la laisse pource ie pleure, & suis a merueilles effraye, quant pour si peu me faillez, beau sire baille la
moy, Et ie vous iure par tous les dieux en qui ie croy & ma
foy ie metz en ostage, que saine & saulue dedans quinze
iours la vous rameneray. Tãt fist le faulx & desloyal traistre
par plorer, par promettre & par iurer quil exploicta sa besongne sicõme il voulut. Car Pandion cuyda quil plorast de
grand pitie, dont luy mesmes ne se peut abstenir, que auec
luy ne plorast, & si luy dist. Amy ma fille emmenerez de
main par tel conuenant que promis & fiance mauez. Cest
de la me ramener saine & saulue dedans quinze iours. Ie
vous prie gardez la bien, &si la ramenez tost. Et si sachez biẽ
que moult me greuez, & que iamais ioye au cueur nauray
iusques atant que auecques moy la rauray. Tereus luy eu
en conuenant. On sen alla seoir au soupper ou on fut royalement seruy. Mais Tereus ne se desduysoit en seruice nul
quil veist, fors au gent corps de la pucelle regarder, a rien
aultre chose ne pensoit. Apres soupper sen alla chascũ coucher. Mais myeulx aymast Tereus a veiller & a parler a la
belle Philomena ou son cueur auoit du tout mis, iacoit ce q̃
riens nen sceust. Tereus ne peut celle nuyct dormir ne reposer pour follie qui le trauailloit.

DV GRAND OLYMPE. Fueillet.XIIII.

QVant Tereus ouyt la guette du iour sonner, il fut moult ioyeulx, il se leua legierement & ses gens aussi quil esueilla. Pandion pour luy tenir ses conuenances luy dōna sa fille Philomena q ioyeuse en fut, car bien cuydoit briefuement veoir sa seur, & sauluement retourner, ce quelle ne fera. Puis la conuoya le roy iusques au port, & pria moult a Tereus quil luy ramenast sa fille au terme ainsi q̄ promis luy auoit. Et aussi dist il a sa fille que tost pensast de reuenir, & que de luy, luy souuenist, car sans elle nul bié ne pouuoit auoir. Plus de cent fois luy dist ces parolles en la baisant & accollant. Et puis au departir la commanda aux dieux, & aussi fist il le traistre desloyal. Tost fut la nef par le bon vent eslongnee du port ou Pandion pleuroit pour sa fille. Quant ilz furent descenduz de mer, Tereus parloit par trahyson ores dung, & maintenant daultre tant quil emmena Philomena dedans vng boys en vne seulle maisonnette, qui illec estoit loing de ville & arriere de chemin. Et quant leans furent seulz, & que nul ne les pouuoit veoir ne ouyr, il requist la pucelle de son amour & compaignie. Celle qui moult fut esbahye se deffendit par parolles, & luy escondist. Mais quant il vit que par prieres il nen pouuoit finer il luy fist force & la viola, dont elle fut tant doulente, que plus nen pouuoit, & de dueil ne cessoit de pleurer. Puis dist en tendant ses mains vers le ciel. O faulx & cruel barbare tyrant, comment nas tu eu regard aux commandemēs de mon pere, & a mes piteuses larmes: ne a la cure & honnestete de ma seur. A ma virginite, ne aux liens de mariage. Toutes ces sainctes choses as troublees & despitees, en me faisant ribaulde, tu tes faict double mary. Certes a moy est peine deue, mais saches que cestuy triste faict ne demeurera pas impugny. Pleust aux dieux que ceste chose eusses sceu auant tes incestueux touchemens. Car ie eusse euite les

LE SIXIESME LIVRE

vmbres de peche. Touteffois fe les dieux fouuerains regardent, ou fe les dieux diuins font aulcune chofe, & fi en moy ne font perdues toutes forces. Ie efpoire vengeance de tant grand & inceftueux peche, ou par le tumultuant peuple:ou par les foreftz qui me tiennent enclofe, ou par le fon des pierres, ie croy que Lair reuelera aux dieux ton peche. Dont ien auray vengeance de toy. Quant Tereus fe ouyt ainfi menacer & fulminer il eut grant paour, & affin que Philomena iamais cefte chofe ne peuft reueler a homme ne a femme, il tyra fa langue hors de la bouche & la luy couppa. Mal exploicta le faulx tirant de ce faict & auffi de laultre. Puis la laiffa en celle maifonnette enclofe plorant & deffirãt fes beaulx cheueulx, mais de ce fe deceut Tereus & fift grãde follie qui pour la garder mift auec elle vne vieille ruftiq̃ q de fa peine & labeur viuoit. Elle fcauoit filler & tiftre. Et auoit vne fille a qui elle aprenoit fon meftier. Tereus luy cõmanda quelle ne efloignaft la damoifelle pour chofe quil aduint, & fi luy fift tout ce que a elle appartenoit. Elle luy eut en conuenance & le iura, fi la creut. Et puis fe partit a tant & fen reuint a fa gent qui bien fcauoient ce faict, mais tant le doubtoient que mot nen ofoient dire. Si le celerent plus par crainte que par amour.

☙ Le piteux eftat en quoy fut delaiffee la belle Philomena apres fon defloremẽt.

Ereus & fes gens vindrent en Thrace. Progne qui cuidoit que fa feur Philomena vinft ioyeufement alla a lencontre mais quãt elle ne la vit riẽs ne luy pleut a ouyr, ne a fon mary bien venez ne luy dift, ains demanda comme effrayee ou fa feur eftoit, quelle faifoit, & qui la detenoit quelle neftoit venue pour la veoir Le traiftre fift femblant de dueil de ne pouuoir refpondre, &

DV GRAND OLYMPE. Fueillet.XV.

puis luy dist quelle nauoit que faire de le scauoir,& celle pl9
fort len pry a ou elle vouloit passer oultre pour la aller veoir.
Adōc Tereus luy dist en faisant signe de plorer quelle estoit
morte. Quant Progne ouyt ceste nouuelle si griefuemēt sen
desconforta que merueilles seroit a racompter. Elle mauldis‐
soit les dieux & la mort,& se tost la vouloient prendre, elle
leur pardonneroit. Puis dist que a tousiours en remembran‐
ce de ceste douleur porteroit vestemens de noire couleur, &
commanda que on les luy apportast,& aussi fist on si les ve‐
stit. Puis luy furent amenez a son commandement deux to‐
reaulx pour sacrifier aux dieux: si en fist sacrifice a Pluto le
roy Denfer requerant quil gardast lame de sa seur a hōneur.
Et quant sacrifie eut vng feu commanda a faire au temple.
Telles coustumes maintenoient adōc les roys & faisoiēt tel‐
les follies pour leurs parens mors.

Insi pria Progne pour lame de Philome‐
na sa seur qui ne estoit pas morte ains vi
uoit,& chascun iour luy renouuelloit
sa douleur par le traistre q̄ de son corps
toutes ses voulentez faisoit par force.
Moult desiroit Philomena que sa seur
sceust son estat. Mais engin ne scauoit
pourpenser par lequel elle luy peust fai
re scauoir. Car messaige nauoit q̄ y allast,& si luy deffailloit
sa parolle, dont son couraige peust dire ne descouurir a aul‐
cun combien que messaige eust eu. Et daultre part elle ny
auoit loisir ne congie de yssir hors de la maison. Car la villai
ne trop pres la regardoit. Elle se pēca descripre vnes lettres a
lesguille par laq̄lle sa malle aducēture peust estre manifestee
a Progne sa seur. Isnellemēt voulut son oeuure faire. En vng
coffre alla ou la villaine auoit ses filz mis,si les desuuida, &
commenca par grand estude son oeuure telle comme il luy

LE SIXIESME LIVRE

pleuft. La vieille luy laiffa faire, & luy donna tout ce quelle penfa que a telle oeuure conuenoit, fil vermeil, bleu, iaune & vert, & daultres couleurs, mais rien ne congneut de ce qlle tiffoit. Et louuraige luy embelliffoit, & moult luy plaifoit, car il eftoit fubtillement faict. A lung des boutz eftoit tiffu que Philoméa lauoit faicte. Apres y eftoit pourtraicte la nef ou Tereus paffa la mer qui laiffa querre en Athenes. Et comment il fe contint quant il fut venu. Et comment il la mena & enforca, & coment il auoit laiffee en la maifon au bois ou elle eftoit emprifonnee, apres ce que la langue luy eut trenchee. Quant Philomena eut louurage acheue moult fe conforta de fon ennuy felle peuft recouurer quil le portaft a fa feur, mais elle ne fcauoit par qui fe fon hofteffe ny alloit, ou fi elle ny enuoyoit fa fille, car leans ny auoit quelles trois. Philomena y fut fept mois que oncqs ne fen pouuoit mouuoir, tant que tout fon faict par fignes fon hofteffe fcauoit & entendoit, & que riens ne luy contredifoit fors feullement liffue de la maifon. mais ce luy auoit Tereus deffendu. Vng iour eftoit Philomena auec fa maiftreffe a la feneftre de la maifon. Oncques defpuis que Tereus leut leãs mife nauoit efte a huys ne a feneftre. De la ou elle feftoit appuyee, elle vit entre les bois & la riuiere la cite ou fa feur demeuroit, fi commenca fort a plorer, comme celle qui de fon dueil ne pouoit auoir confort. Moult en eut grand pitie fa maiftreffe, & voulentiers leuft reconfortee felle euft peu en luy oftroyã ce quelle voulfift, excepte liffue de la maifon.

ℒ Linuention de Philomena a faire
affauoir a fa feur fes lamentables
nouuelles. Et de fon deliuremẽt.

DV GRAND OLYMPE. Fueillet.XVI.

Vant Philomena eut apperceu que on luy faisoit tout son plaisir. Et elle veit son lieu & temps, elle alla querir la toille que le auoit tissue & ouuree. Et puis reuint a sa maistresse qui tous ses signes entēdoit comme se de bouche leust dit. Philome‑ na fist signe que elle enuoyast celle toille par sa fille presenter a la royne de celle cite. Celle lentendit tantost, & pensa que ce fust pour aucun guerdon en auoir. si ne se doubta de rien pourquoy a sa fille chargea la besongne. Fille dit elle porte celle toille a la royne & si la luy p̄sente, & si ten retourne tātost. Moult se recōforta Philomēa quāt elle vit la toille ēporter, car par tēps elle cuy‑ de auoir secours. La fille presenta la toille a la royne Progne. la royne la regarda moult ententifuement & bien congneut loeuure de sa seur. Mais point ne descouurit son penser. ne ne voulut crier ne faire noise. Et va lire le carme miserable de sa fortune, & de douleur ne scauoit trouuer en sa langue pa‑ rolles assez idignee & nauoit loisir de plorer si fort estoit aps a excogiter vengeance assez suffisante a son indignation sa‑

LE SIXIESME LIVRE

tiffaire. Si va la nuyct enfuyuant que les femmes de Thrac[e]
celebroient la feſte de Bacchus dicte les Bacchanalles ſe v[e]-
ſtit des veſtemens a ce proportionnez, ſur ſa teſte vng chap-
peau devigne, a ſo coſte gauche vne peau de cerf, a la dextr[e]
vne lance dicte Thyrſe. Et ainſi atornee va ſortir de la vill[e]
auec laultre multitude des Bacchantes criant par les chā[ps]
& boys & vrlant Euoe. Et ſi fort eſtoit eſguillonnee de la fu[-]
reur de douleur quelle ſurmontoit toutes aultres a crier [&]
ſe deſrōpre. Et oncq ne ceſſa q̃ fut au lieu de ſa aduerſe fortu[-]
ne, ſi tempeſta, briſa les portes, & emmena ſa ſeur. laquelle v[e]-
ſtement reueſtit des enſeignes de Bacchus, & ſon viſaige va
couurir deſſoubz vng grand chappeau de hierre q̃ ne feuſſe
apperceue, & en tel eſtat va trainer Philomena eſtōnee dan[s]
la cite. Mais Philomena q par auāt eſtoit de ſi liberalle beau[-]
te & maintenāt contaminee congnoiſſant la maiſon deteſt[a]-
ble du tyrāt de pudicite, la infortunee ſeffraya toute & de-
uiſt palle & deffaicte ſentāt approcher lheure de ſes deſtiee[s].

      La demeſuree vengeance que prinſt Pro-
gne de ſon mary q ſa ſeur auoit defloree, laq̃lle
oblia loffice de maternite par indignatiō.

DV GRAND OLYMPE. Fueillet.XVII.

Rogne estant venue auec sa seur au palays royal choisit chambre secrette & la premierement deposa les vestemens sacrificaulx & puis vint a descouurir le hōteux visaige de sa miserable seur laquelle voulut embrasser & accoller tant par pitie que amour, mais la poure Philomena nosant dresser ses yeulx en hault, voyant estre la cōcubine de sa seur ne le peut souffrir, ains ettant son visaige a terre cōe se vouloit iurer & protester ultraige luy estre faict par violence, au lieu de parolle neut [d]e la main laquelle leua en hault en pleurant tendrement. [P]rogne voyant cecy brusle dipacience & son estomach nest [ca]ppable recepuoir la moytie de lyre que luy redouble, si va [in]culper les larmes de sa seur disant, point nest besoing de [pleu]rs en cest affaire, cest chose trop molle: le fer y est pl9 duy[sa]nt ou si tu as quelque chose plus dure & aspre que fer, & [q]ue le puisse vaincre ie te prometz ma chere seur que ie suis [tou]sque preste vēger loultrage en toute facon du mōde, car [o]u biē ie mettray le feu a tous les quarres du palays, & la dedans brusler feray tout vif limpudique corps du villain, ou [lu]y arracheray la langue, ou luy creueray les deux yeulx, [o]u les mauldites parties & deshontees qui tont oste & pro[cur]ne la fleur & richesse de ton corps detrencheray au cou[t]eau, ou par mille playes cōtraindray labominable ame du [tr]aistre prendre chemin aux lieux tenebreux, grande chose [es]t ce que iay entreprins de faire, mais ne scay encore q̄ cest. [C]e pendant que Progne faisoit ces menaces & pensoit aux [a]pprestes de vengeāce son petit enfant Itis tant beau & plai[sa]nt que possible estoit vint deuers elle. Desincontinent qlle [le] vist va penser sur le murtre de son enfant pour soy venger [d]u pere. & en le regardant dung visaige indigne & cruel va [di]re. O comment tu resembles ton pere, & sans dire aultre

C

LE SIXIESME LIVRE

parolle defia vouloit mettre a execution le trifte faict. Ma[is]
quant le petit Itis fe fut approche:& que amoureufemēt eu[st]
falue fa mere, & que euft gette fes petiz bras a lētour du c[ol]
de fa mere:& que leuft baifee tendrement en luy difant pa[?]
rolles gratieufes & défance, le cueur de mere fut efmeu a c[?]
paffion, & l'ire effrenee fut vng peu furprinfe & fes yeulx f[u]-
rent contrainctz en getter larmes. Et fentant que la pitie m[a]-
ternelle luy faifoit vaxiller fon courage va regarder fa defo[?]
lee feur bien eftonnee, laquelle lenflamboit a ire, & laultr[e]
leftanchoit, mais quāt eut affez regarder puis lung puis la[ul]-
tre, va dire, pourquoy me viēt ceftuy faire fefte, & celle e[?]
muette? celle q̃ ceftuy appelle mere, pourquoy celle ne lap-
pelle feur. Ha Progne regarde dont tu es venue, & a q tu e[s]
ioincte, trop feras lafche fi tu ne venges liniure. Et en difan[t]
cefte parolle toute efbrondee en fureur comme la tigre aff[a]-
mee qui emporte dans la cauerne la petite biche prinft Pro-
gne fon bel enfant &le trayna en lieu fecret & occulte. Et l[en]-
fant voyāt la mort luy eftre defia preparee ioingnoit les ma[ins]
vers fa mere lappellant piteufemēt mere mere: mais nō pou[r]-
tāt ne ceffa Progne q̃ ne luy miffe le coufteau a la gorge fan[s]
varier ny torner le vifaige. & Philomena lacheua &mift fi[?]
dre chair par pieces. Et entre elles deux appareillerent &[?]
mirent la chair de lenfant partie en pot, & partie en roft. E[t]
quant fut heure de manger & que la chair fut cuite & rou-
ftie, Progne pour parfaire fa voulēte vint au roy, &luy pria
de la chofe q̃lle cuyda que en tout le monde plus aymaftv[e]-
nift manger fans compaignie, tellement que il ny euffe qu[e]
eulx deux, & elle le feruiroit du tout a fō vouloir. Le roy lu[y]
octroya, mais que fon filz Itis y fuft. Par ma foy dift Progn[e]
vrayement y fera il, feullemēt y ferons tous trois, ne par m[on]
vouloir nul ne fcaura quelle part nous ferons. Venez quāt i[l]
vous plaira, car tout eft ia apprefte, & bien appareille fi mā-
gerons a grand defduict. Tereus ne fcauoit de quel māge[r]

DV GRAND OLYMPE.   Fueillet.XVIII.

elle luy prioit a faire. Elle lemmena & assist moult plaisam∕
ment,affin que le manger myeulx luy pleust. La table eut
moult noblement paree. Quant le roy fut assis, elle luy ap∕
porta vne hanche de son filz Itis. Et il commenca tresbien a
manger dicelle, puis demanda. Dame dist il ou est nostre filz
Itis, Vous mauez promis quil seroit icy auec nous. Sire dist
Progne, nayez doubte, car vous serez tantost saoulle de le
veoir. Il nest pas loing dicy, sil ny est desia, si y sera il brief
uement. Lors alla apporter vne haste. Et Tereus quoy quil
taillast ne mangeast. De rechief dist a Progne. Dame dist il
mal conuenãt me tenez quant mon filz Itis ne me amenez.
Il me ennuie trop quil ne vient, & si ne le scay par qui man∕
der se ie ny vois moy mesmes. Ie vous prie que le me al∕
lez querir.

       ¶La metamorphose de Tereus
        Progne & Philomena apres
         auoir donne a manger le
              filz au pere.

C ij

LE SIXIESME LIVRE

Eler ne pouuoit plus Progne a Tereus son mary de quelle viande il auoit mange, & dōt elle lauoit seruy. Adōc luy dit par grand courroux. Faulx & desloyal traistre dedans ton corps as partie de ce que tu demandes, & partie dehors. A ces parolles yssit Philomena dune chambre pres de la ou elle estoit mucee, & apporta la teste de lenfant, si la getta parmy le visage de Tereus, tellement que tout len sanglanta. Tereus vit lors quil estoit trahy, si fut dangoisse & de honte vne espace si esbahy quil ne se meut ne dist mot non plus que sil fust de pierre. Quant il congneut le chief de son filz, & il sceut de verite que Progne luy auoit donne a manger sa propre chair, & quil vit Philomena il bouta la table ius si respādit tout, & prinst vne espee pour venger la mort de son filz laquelle il trouua pendant a vne paroy, mais les deux seurs qui la nosarent plus attendre sen fouirēt, & il les chasse pour les occire, mais ainsi comme il pleut aux destinees aduint que Tereus deuint Huppe qui est vng oyseau ort & villain pour la trahyson & deshonneur ql auoit faict a la pucelle. Progne deuint arondelle, & Philomena rossignol. Encores qui son chant croiroit tous les desloyaulx amoureux seroient destruictz & occis, car pource q̄ le les hait chante elle le plus doulcement quelle peut quant printemps est venu par ces bocages & forestz. Occy occy, occy.

La mort de Pandion pour le cas aduenu a ses filles, & du rauissement de Orithye par Boreas.

Vant le viel Pandion sceut la male aduenture de ses filles il eut tel dueil quil en mourut. Heristeus tint le royaulme apres luy. Cestuy fut preudhomme & fort duyct de guerre, hardy & fier vers ses ennemis. Doulx & courtois vers ses amys. Il auoit quatre filz & autant de filles, belles, gentes & fort gratieuses. Espe ciallement les deux furent a merueilles plus belles que les aultres. Dont lune des deux tresbelles eut nom Pocris, celle fut donnee en mariaige au riche roy Cephalus:& Bise vent de Nort auoit long temps aymee laultre nommee Orithye. Mais le pere delle ne la luy vouloit donner a femme, pour auoir ne pour priere ql luy sceust faire, pource ql estoit de la lignee des desloyaulx de Thrace. Quant il vit q̃ auoir ne la pourroit pour requeste ne pour priere quil sceust faire, il dit a soy mesmes par grand orgueil. Cest a bon droict que on la ma reffusee, car trop en ay prie quãt par ma puissance & vio lence puis acheuer ce que mon cueur desire. Les impotẽs & les impuissans doibuẽt prier:& non pas moy. Ie puis esmou uoir & la mer troubler & chasser deuant moy les nuees te nebreuses, & obscur temps esclarcir. Ie puis la neige faire en durcir & gresser auec les aultres vens mes freres. Tant suis vertueux & mouuant que par mon fort mouuemẽt puis fai re tout lair bruire, & si fais tonner & fouldroier arbres mai sons & edifices. Et quant entrer veulx soubz les cauernes de la terre par ma grand vertu, ie fais tout le monde trembler & effraier les infernaulx. Ie fais les grands yuers, mourir venis & nectoier leurs ordures, ie fais les plantes mourir & arbres arracher. Bien deusse par aide amye acquerre, car par priere ne doibs auoir ceste Atheniẽne, ains y doibs mettre peine & force. Ainsi se ventoit le Vent de Bise, dont sesmeut ventant & trainant sa chappe pouldreuse. Et alla happer & rauir la belle Athenienne, puis sen voula en Cygognie, & la lẽgrossa de deux enfans, lesquelz quant ilz furẽt en leur droict aage furent aux armes les plus preux du pays. Lung eut nom Ca lais & laultre Zetus, aux espaules desquelz creurent plumes comme a oyseaulz. Eulx deux furent semblãs de face a leur mere, & vollerent par lair comme leur pere. Ces deux freres

C iij

LE SEPTIESME LIVRE

pour acquerir loz & pris allerent en eftranges terres auec Iason, & luy ayderent a conquerir la toyfon dor oultre la grād mer. Ilz enchafferent les Harpies qui font vilz oyfeaux. Pource quilz decepuoient laueugle roy Phineus, & mangeoient fur fa table. Dont Phineus leur fift dons de beaulx coulumbeaux en guerdon de ce que deliure lauoiēt de ces oyfeaux qui ainfi le decepuoient.

Fin du fixiefme liure.

Le feptiefme liure du grand Olympe des Metamorphofes Douide.

La toyfon dor, & lappreft pour icelle conquerre.

DV GRAND OLYMPE. Fueillet.XX.

Occasion que Iason alla la toyson dor conquerre,& a q̃l dangier il la conquist & tout parordre le vo⁹ diray.En Arges eut iadis vng riche roy & faulx tyrant qui eut nom Peleus.Il eut vng nepueu filz de son frere Eson qui lors estoit viel, nomme Iason.Cestuy Iason estoit le plus beau iouuencel que nature auoit peu former de son tẽps Si preux,si saige,si courtois, si debonhaire,si humble,si amiable,si seruiable,& si plain de toutes bonnes meurs,que se enuers amours eust este loyal, il ny eust eu pareil au monde.Mais vers amours eut peu de loyaulte,dont luy en aduint despuis dueil & dommage. Moult se fist le iouuencel a priser,plus fut ayme par sa prouesse que son oncle Peleus pour sa richesse.Par ce se doubta moult Peleus,& pensa que se Iason viuoit longuement quil le desheriteroit,& que veritable seroit le sort & le deuinemẽt que iadis luy auoit este faict par les fees.La prophetie estoit que le premier quil rencontreroit vng pied nud, & laultre chausse,cestuy seroit roy & de son regne & de son heritaige apres quil en auroit deboute le roy Peleus.Moult eut le roy le cueur doulent & esmeu quant il eut veu venir Iason par vng matin a son leuer,lung pied nud & laultre chausse, riẽs ne fut en tout le monde que tant doubtast,ne que tant haist. A rien tant ne pensoit fors a trouuer engin & maniere honneste pour mettre a mort Iason son nepueu, mais semblant nen faisoit, ains luy faisoit & monstroit chere quil laymoit moult.Par tout le faisoit cheuaucher.Il ne ouyoit parler de peril aulcun quil ny enuoyast Iason,& Iason par sa prouesse ne entreprenoit rien quil nen venist au bout,dõt Pele⁹ estoit

C iiij

LE SEPTIESME LIVRE

moult doulent, mais il faisoit semblant que grand ioye en auoit. Et Iason cuydoit que pour son aduancemēt dhōneur luy fist tant de grans perilz entreprendre, car armes & tout ce que mestier luy estoit luy offroit & administroit: dont le iouuencel menoit grand ioye & grand noblesse.

Recorde fut en maintes cours de haultz princes par renommee qui par tout sespādit que en Colchos auoit vne toyson dor tellement gardee que homme tant eust force ne sciēce ne la pouuoit auoir. Plusieurs vaillans & puissans hommes sen mirent en peine, dont ilz moururēt. Car on ne pouuoit contrester a ceulx q̄ la toyson gardoient. Toreaux fiers y auoit gettans feu par les narilles ayans les cornes de fin assier asserees a oultrance & tresbien fourbies. Quant le roy Peleus le sceut il en fut moult ioyeulx pensant quil y enuoyeroit Iason, & que de ce peril iamais neschapperoit. Vng iour tint Peleus grād court & plantureuse ou furent moult de nobles & vaillans hommes. Hercules le preux y fut, Iason, Zetus & Calais, & plusieurs aultres nobles cheualliers q̄ estoiēt moult redoubtez & renōmez pour francz vassaulx. Au festi parlemēt fut entre eulx de cheuallerie & des fors cheualliers. Le roy qui les entendit leur racompta quil nauoit gueres que arriue estoit en Colchos vne toyson dor, & que ceulx ou celluy qui la pourroit conquerre, en acquerroit grand honneur & grād louange. Puis appella son nepueu Iason & luy dist p̄ faintise. Beau nepueu ie te ayme & prise moult. Car moult as essaye ta force en maint peril. Bien me tiendroye honnore se la toysō dor conqueroyes. Certes iamais ne iras en lieu ou tant puisses acquerre dhonneur ne de prouesse, car droict heritier se roies de ceste terre & tiendroyes tout mon royaulme au reuenir, si te iure & prometz que ainsi te feray, car ancien suis

DV GRAND OLYMPE. Fueillet. XXI.

si n'ay aulcun hoir de ma femme. Tāt fut la chose pourpar
le que Iason entreprint ce voyage pour cōquester la toyson
dor. Le roy luy fist apprester & faire vne nef la plus belle, &
plus riche que parauant auoit este veue en nul pays appel
lee Argos. Iason print conge de son oncle, & auec tresgrād
compaignie de vaillans gens entra en la nef qui fut biē gar
nie. Ilz eurent bon vent qui par la haulte mer les conduisist
a la riche cite de Troye. A grand ioye y arriuerent, mais tan
tost fut leur ioye conuertie en tristesse. Car le roy Laomedō
a qui fut tost noncie que en sa terre estoient arriuez gēs dar
mes vne nauire plaine. Moult se courrouca & esbahist, car
oncques n'auoit ouy parler qu'on peust aller par mer. Il cuy
da que ce feussent espies: si leur fist scauoir q̄ sur leur vie in
continent de sa terre se partissent. Les grecz qui sa menasse
doubterent se retirerent & esquipperent en mer moult cour
roucez de ce que si villainement les enchassoit le roy Laome
don, disans entre eulx que se vif pouuoient eschapper & re
tourner de la toyson dor quilz alloiēt querre quilz luy mou
ueroient telle guerre dont desherite seroit. Ilz dirent verite,
car la riche cite de Troye en fut abatue & destruicte, & si en
perdit Laomedon la vie. Exione sa fille en fut rauie & liuree
a honte a Thelamō. Quāt Priamᵘ qui lors absent estoit sceut
ceste nouuelle il en fut moult doulent, Son pere Laomedon
& son dommaige cōplaignit, & aussi fist il la hōte de sa seur
Exione. Et des lors cōmenca la racine & la cause pourquoy
Paris rauist Helene, dont despuis fut Troye arse & gastee, &
les habitans mors & dissipez.

¶ L'expedition du voyage en Colchos
pour la toyson dor.

LE SEPTIESME LIVRE

Vant Iason ensemble Hercules & ses autres compaignons furent partis du port Dathenes pour nager en lisle de Colchos affin de conquerre la toyson dor: tant les menerēt les vens & les vndes de la mer q̄ ilz despuis le port de Tenedon dont ilz furent honteusement par le roy Laomedon enchassez paruindrēt en vne isle dōt Phineus estoit roy. Lequel pour loccision par luy faicte en ses propres enfans par la faction & subiection de leur marastre fut par les dieux malheureusement aueugle en vengeāce de tant grande iniquite, & auec ce luy furent transmises trois horribles & rapaces oyseaulz, nommez Harpies. Lesquelz pour leur inhumain rauissement estoient de plusieurs dictes les chiens de Iuppiter, estre a sa table affin de luy rauir & souiller ses viandes, & icelles deuorer. Calais & Zetus filz de Boreas & Dorithye les enchasserent iusques aux isles Phasidiennes. & en deliurerent le poure vieillart. Mai

DV GRAND OLYMPE. Fueillet. XXII.

ne voix celeste leur dist quilz se gardassent de plus persecu
er les chiens de Iuppiter. Pour laquelle vision incontinent
etournerent & cesserent de les plus poursuyure. Phineus
pour leur loyer & en remuneration de tant grand seruice
leur donna deux ieusnes coulombs, lesquelz premiers con
duirent la nef Argos en lisle de Colchos a sauuement.

¶ Lentree des Argonautes en
Colchos. Et de la soubdaine
amour que fut surprise
la belle Medee
pour Iason.

Asõ a tout sa cõpaignie aps le cõge pris
du roy Phineº se mist en mer au cõman
demēt des vēs. Et tant nagerent vne heu
re ca & laultre la, quilz arriuerent en
lisle de Lāne, ou ilz seiournerēt biē deux
ans & demy, Isiphile la franche dāe q de
celle terre estoit royne sist Iasõ son amou
reux, & de luy conceut deux enfās, il luy

LE SEPTIESME LIVRE

promist que a femme la prendroit a son retour, & la mene(roit) en Grece auecques luy, mais tost la mist en obly. Ilz se iournerent tant illec quil leur pleut. Puis se remirent en m(er) apres le conge pris de la royne Ysiphile qui les couuoya de(s) yeulx en pleurant tant que veoir les pouuoit. Et ceulx sin glerent par la mer tant quen Colchos vindrent ou le roy O(e)thes les receut a grand honneur. La demanda Iason au ro(y) la toyson dor, disant que pour icelle cause estoit illec venu. Le roy Oethes luy respondit en riant. Sire Iason dist il laisse(z) ceste chose pour rien nen parlez, car ia ne sera la toyson p(ar) vostre effort conquise, car quant vous aurez dompte les or gueilleux toreaux, estainct leurs soufflemens, & maint plu(s) grief meschief souffert, & combatu seul contre vng millie(r) de cheualliers. Et par vostre effort & science pourrez surmo(n)ter le serpent qui oncques ne dormit. Lors pourrez vo(us) auoi(r) la toyson dor.

Medee qui fut fille du roy, alla veoir Iaso(n) & le riche conuoy des Gregeois. Ell(e) estoit belle, simple & saige damoiselle. Tantost quelle vit Iason qui si bel estoit elle fut moult esprise de son amour, mai(s) p(ar) son sens cuida so(n) cueur do(m)pte & retra(i)re de celle amour, & moult y mist de pe(i)ne a estriuer contre elle mesmes. Lun(e) heure se accordoit a laymer, & laultre heure non. mais en l(a) fin ny sceut mettre remede. Certes disoit Medee iayme Ia son oultre mesure, & par dessus toutes choses, ce a ceste co(n)ste ne luy fais aide il y mourra. Plus dur cueur auroye q(ue) dy mant se ie luy laissoye perdre la vie. Ia ne plaise aux dieux c(e) ce doibue souffrir. Puis recomme(n)ca Medee a dire. He que s(e)ra ce si mon pere & ma mere, & mon pays trahis pour vn(g) estrange homme. qua(n)t tu le auroies saulue si sen iroit il san(s) toy prendre en mariaige, puis dit en elle mesmes, non fero(ys)

DV GRAND OLYMPE. Fueillet. XXIII.

car il est trop gentil homme,& se ien suis en doubte, auant prendray ie la foy de luy que bien me tiendra sa promesse. Mais certes sans serment donner il fera toute ma requeste: point ne mē doubte,dōt le doibs ie ayder & secourir briefue ment.Se de mort le vueil deliurer tousiours men scaura bon gre,a espouse me prendra,& me menera en Grece auec luy ou il me mettra en hault degre. Pour luy lairray pere & me re,seur & frere. Trop est cruel mō pere,ma seur sen iroit vou lētiers auec luy, & si me lairroit,pourquoy ne l alairroye ie dōcqs.Quel desduict peult on auoir dūg enfant muet q onc ques ne parla.Pour vray mon frere lairray & men iray auec ques Iason,que plus ayme que chose que soit au monde,mō espoux sera & ie seray sa femme & son espouse. A moy pa reille de hur naura dessoubz le ciel, puis se desdisoit & disoit que pas ne passeroit la mer,car en peril de mort se mettroit, & que en Grece ne pourroit venir . Helas dist elle se entre mes bras le tenoye, & il me tenist pareillement,il nest āgoiss se peril ne tourment qui mal me fist.Et quant tout ce eut dit si se repentist.Et ainsi tenoit disputation en elle raisons diuer ses contre amours.

E N vne grande forest au temple de la de esse Hecates alloit Medee pour sacrifier qui de lamour de Iason estoit presq estai cte.Mais quant elle le reuist pl⁹ fut espri se de son amour que deuant.A celle heu re estoit Iason plus bel que oncques na uoit este.Si ne debuoit Medee estre blas mee se lors fut de son amour esprise, car Iason la salua debōhairement,& la print par la main nue, & luy pria humblement a basse & doulce voix,quelle luy fist aide.Et il luy promist que a femme la prendroit:& que auec luy lemmeneroit en son pays de Grece.Et Medee luy respō dit par grād ardeur damour.Mō doulx amy pourvo⁹ lairray

LE SEPTIESME LIVRE

mõ pere & mõ pays, non pas par ignorance, Mais par le[s]
damours qui me faict laisser mon vouloir pour le sien,
moy conq̃rrez la toyson pour qui vous estes icy venu, m[e]
q̃ me tenez cõuenant de moy prendre a espouse, & de m[e]
en vostre terre mener. Tout ce eut Iason en conuenant, [&]
iura tous les dieux & en fianca sa foy. Adonc & sans a[rrest]
luy donna Medee herbes plaines denchantemens, & lu[y]
print le charme & monstra comment il en debuoit fair[e]
vser. Iason len remercia grandement, & puis bien ioye[ux]
sen alla.

    ¶ La conqueste de la toyson dor par
    lart magique de Medee.

Endemain a laulbe du iour sappresta Ias[on]
treprendre le merueilleux & dangereu[x]
pour la toyson dor conquester, point ne
ses charmes ne ses herbes denchanteme[ns]
beaucop luy valurent. Au chãp entra va[illam]
ment. La estoit le roy Oethes & tous les

DV GRAND OLYMPE. Fueillet.XXIIII.

...es & barons de la contree pour regarder la grand hardiesse
...e Iason. Et quant il entra au lieu ou estoit la toyson dor, par
... gueulle des horribles toreaux sortoit feu & flambe q̃ tou
...s les herbes brusloit, les Gregeois fuyrẽt en arriere trestos
...rs seullement Iason. La cõpaignie le laissa au lieu ou estoit
...dicte toyson enclose & eurent grand doubte de iamais ne
...reueoir, les toreaux vindrẽt vers Iason pour lassaillir, mais
...s charmes & enchantemens eurent tant de puissance, que
... puante ardeur de leurs soufflemens ne luy pouuoit nuyre
... de ceulx sist tout ce quil voulut. Il leur sist arer la terre dõt
... roy & tous les siens furent moult doulens. Et les Gregeois
...ar contraire ioyeulx & fort sescrioyent. Et Iason pour leurs
...ris se confortoit moult. En vng heaume quon luy apporta
...rint les dens du serpent, & les sema sur la terre quil auoit
...ree. La semence fut tantost reprinse, car les dentz deuindrẽt
...ommes armez prestz de combatre. Les Gregeois en furent
...oult effrayez, pour doubte que mal ne feissent a leur sei
...neur. Et lors Iason recommenca vng nouuel charme pour
...n premier charme enforcer, & tant sefforca quil rua vne
...rãde roche au millieu deux, dõt être eulx cõmẽca la guer
...e. Tant furent fors les enchantemens que chascun croyoit
...ertainement que son prochain compaignon luy eust ruee,
...ont chascun tira son espee, & sentretuerent tous les hõmes
...armes. Lors les amys de Iason le coururent embrasser, aussi
...ust faict Medee se pour honte ne eust este. Moult ioyeuse
...t quãt de tel peril veit son amy sauf, & garanty de mort re
...ourner.

℣ Le retour des Argonautes
de la toyson dor par trahy
son, & de la cruaulte
de Medee.

LE SEPTIESME LIVRE

Vant Iason eut conquis la toyson dor en Colchos, Le roy Oethes fut fort doulēt, mais encores le sera par temps sans cōparaison plus, car Medee sa fille quil aymoit moult, print tout sō tresor & dune nuict a lemblee se mist en la nef Iason, & auec les Gregeois se eschappa en mer. Le roy sceut tantost celle nouuelle de laqlle il fut moult dolent. Tantost assembla grās gēs si se mist a poursuiure ceulx que celle honte luy auoient faicte, moult menassant Medee & les Gregeois de diuers tourmens se prendre les pouuoit. Tant suiuit le roy Oethes Iason que de loing les vit. Quant les Gregeois veirent le roy si pres de eulx, ilz en eurēt grant doubte, mais Medee les confortoit qui auecques elle auoit son frere Absirtus. Dune moult grande & inhumaine cruaulite se aduisa, quant piece a piece le desmembra. Si le getta en la voye par ou le pere debuoit passer: & affin quil le peust veoir comme il fist. Quant le roy vit les pieces de son filz flotans dessus leaue il cheut pasme, dont a grant peine le peurent les plus prochains de luy releuer, & quant il fut releué

DV GRAND OLYMPE. Fueillet.XXV.

 pasmoison, ains que oultre voulsist passer: il commanda arester illec tant que les mēbres de son filz fussent assemblez. Et tandis eschapperent les Gregeois & en mer esquipperent & singlerent en voye. Ainsi emmena Iason samye Medee & la toyson dor que conquise auoit. Et ne fina de singler iusqs ce quil arriua au port Dathenes sain & sauf auec toute sa compaignie. Ceulx de Grece rendirent deuotement veux & oblations quilz auoient promis aux dieux pour leurs amys qui auoient este auec Iason en estrange terre, & qui reuenuz estoient a tout noble victoire & riche proye.

℣ Le reieunissement du pere de
Iason faict par Medee.

PAr toute Grece sesiouyrent tous fors Peleus q̄ doulent estoit du retour de son nepueu q̄l veit sain & sauf a grand hōneur retourne du grād peril ou il auoit este, mais il cela sa pensee au myeulx quil peut & fist semblant que ioyeux en estoit. Lors vist on & demenoit on grād feste par la cite Dathenes & enuiron, mais a celle feste ne pouuoit

D

LE SEPTIESME LIVRE

estre Eson qui par vieillesse gisoit en son lict. Iason en eut pitie qui en telle destresse le veoit. A Medee sen alla & laccolla par tresgrand semblant damour: puis luy dist. Dame qui en tant de perilz mauez garanty: & par tant de fois que en toute ma vie ne le vous pourroye guerdonner ne desseruir, ie vous prie q̃ a mõ pere vueillez alonger sa vie & prendre de ses ans & les mettre sur les miẽs se faire le pouuez par charmes ou aultrement. Bien scay q̃ sentremettre vo⁹ en voulez, vous le ferez moult bien, pour dieu mettez y peine, & en ce faisant vous me obligerez tout le temps de ma vie a vostre seruice. Medee eut lors plus de pitie de Iason quelle nauoit eu de son pere Oethes, ne de son frere quelle desmembra. Mais en grand piece nen fist semblant. Puis respondit comme par ire, Iason dict elle quelle folie auez vous dicte, doibie doncques alonger a aultruy vie pour la vostre abreger? Octroyez moy par vostre grace que ie ne face celle entreprise. Lors dist Iason. Doulce amye vous mauez par plusieurs fois ayder a traire & mener a chief mainte grāde besongne, & encores vous prie pour ceste fois. Certes Iason mõ treschier amy dict elle pour vo⁹ ay ie faict maĩct effort & accõply maĩctes étreprises, il nest au mõde tãt fortes choses q̃ ie ne puisse bien acheuer. Faire puis par tout le monde les eaues courir contremont & retourner au lieu dont elles viẽnent, ia ne est tant la mer esmeue que paisible & tranquille ne la face estre, & si la puis faire troubler & tempester quant elle est calme. Obscures nueez ferois ie bien par mes artz esclarcir, & les claires obscurcir. Mettre scay les vẽs en leurs caues, & quã il me plaist ie leur fais faire tempestes & oraiges. Biẽ scay ap priuoiser lyons & serpẽs comme aigneaux, roches traire de son lieu, arbres & bois puis ie bien oster des racines, & faire terre braire, & montaignes trẽbler. Et si fais les viz sembler mors. Et par contraire les mors resembler vifz & yssir hors de leurs sepultures. Ie fay bien le soleil eclypser, & mainctes

DV GRAND OLYMPE. Fueillet.XXVI.

lus pesantes choses mener a fin par mon sens quant il me
plaist. Mais ia dieu ne plaise que ie face telle desloyaulte q̄
requis mauez de abreger vostre vie, mais plus fort feray, car
par moy sera vostre pere raieuny sans ce q̄ vostre aage & vo
stre vie en rien le compaire, car cōsentir ne pourroye q̄ plus
briesue vie en eussiez.

Les enchantemens de Medee & de ses ars nicromātiques.

OR dist Medee, me soit en aide dame Hecates la dame des enchantemens a triple forme, que tellement me introduise que a bon chief puisse venir de raieunir Eson par lart de mon enchantement. Adonc failloit trois nuyctz attendre q̄ la lune feust plaine. Et quant elle le fut, Medee sappresta pour rendre a Iason sa promesse. Elle yssit du pallaix nudz piedz escheuelee toute seulle de nuyct. La lune luy soit clere a celle heure: & toute chose estoit paisible. Chien ne abayoit, serpent ne siffloit. Lair estoit cler & la nuyct seraine. Et si luy soiēt cler les estoilles. Medee leua lors sa face vers le ciel & trois fois lenclina, & trois fois pleura & fist son charme en vne clere eaue, & trois fois sescria en abaissant, puis se agenouilla en terre, & puis commenca dire. Dame qui les secretz voyez & scauez, Lune & Estoilles qui luysez. Hecates noble deesse qui auez trois formes & qui les charmes voyez & confermez. q bien scauez & voyez ceste emprinse que commencee ay, ie par ta debonhairete te prie que tous les charmes aux enchanteurs & que toutes les fleurs & herbes qui peuuent en charmes, valoir. Les dieux des vaulx & ceulx de lair & des eaues. Les dieux des vens & des montaignes, & ceulx des bois & des forestz y appelle que tous venez a mon aide. Et to⁹ les dieux qui par obscure nuyct allez pourchassant aduenture, par vo⁹

D ij

LE SEPTIESME LIVRE

domptay les toreaulx & oppressay leur ardant soufflement, Par vo9 fis les cheualliers armez cõbatre & de mortelle guerre eulx occire. Par voſtre ayde endormis le serpẽt veillable q oncques nauoit dormy iour de sa vie. Par vous fut rauie la toyson qui apportee est en ceste terre, maintenãt ay besoing & mestier de voſtre ayde a trouuer herbes & racies pour faire charmes & enchãtemẽs a faire Eson raieunir. Cestuy chariot dist Medee que voy par lair venir que ces serpens volãs conduisent, Et ces estoilles qui sont si cleres me certifiẽt que ma requeste sera veritable, & que me octroyez ce que requis vous ay.

Tant descendit le chariot de lair, auquel Medee monta. Trop auroye a racompter les regions qlle passa sãs cesser iour & nuyct pour querre herbes de midy iusques a septentrion, & Dorient iusques en occident ne demoura terre ne region ou elle ne fust pour herbe trouuer, & tant en eut cõment luy vit a plaisir, & q besoing en estoit Au douziesme iour retourna. Les serpens qui sentoient les odeurs des herbes en raieunissoient. Quant Medee vint a lẽtree du palaix, pas nentra dedans: ains sarresta au dehors ver la partie Dorient ou elle fist a la deesse de iouuence vng autel a senestre, & a la deesse Hecates vng a dextre. Quant elle eut couuers ces aultelz de rameaulx fueillus: & de verte herbes, dung pal de fer feist deux fossez. Puis sans arrest sacrifia aux dieux denfer dung noir mouton. Le sang fist es fossez espandre, & puis y mist laict & miel. Pas a tant ne laissa, ains supplia moult & requist au roy Denfer & a sa femme Proserpine qlz retiennent a Eson lame au corps. Et quã sa priere fut accõplie elle fist venir Eson, & Iason son filz &

DV GRAND OLYMPE. Fueillet.XXVII.

tous les aultres enchaffa q y eftoiẽt venus. Car raifon eftoit
que plus ne les veiffent. Et quant la place fut toute deliuree
des gens, Medee toute efcheuelee enuironna & circuit les
aultres difant plufieurs parolles denchanterie. En vne chaul
diere mift bouillir maintes herbes & diuerfes racines. main
ƈtes fleurs des prez de Theffalle & daillieurs, diuerfes pier
res de Perfe. de Inde, & du fablon de la rouge mer, du foye
de Lanier, du cueur & des plumes de la Freffoye. La tefte du
ne Corneille, & toutes les entrailles dũ gloup gaurou, & des
bruines de la lune. Toutes ces chofes affembla Medee en
femble, fi les mift cuire & bouillir: & maites aultres chofes.
Medee auoit vng fec tifõ doliuier dõt elle remuoit le brouet
tout enfemble. Lequel tifon par la force de la poifon quelle
en remouuoit deuint vert couuert de fueilles & de fleurs &
en brief terme porta fruiƈt tant auoit de force la medicine.
Et ou la goute en failloit au bouillir, tantoft en naiffoiẽt her
bes & fleurs a grand deuife & de diuerfes couleurs. Lors
print Medee le vieillard Efon quelle auoit par fon art & en
chanterie endormy, fi le faigna dung couteau bien trenchãt
pour en faire vuider le viel fang. Puis le coucha & le baigna
en leaue ou les herbes auoient bouilly, ou il deuint tantoft
ieune, fain & en fa force. Ses cheueux chenus deuindrẽt noirs
& crefpes. Le vifaige luy efclarcift & coulourift tellement ql
ny demoura frõceure aulcune, & fi eut le corps lõg & droit
gay & ioly, plain de lieffe & de alaigrete. Quant il fut efueil
le il en eut grand merueille, & moult ioyeux en fut, & auffi
fut Iafon.

La mort du roy Pelias faiƈte par fes
propres filles a la cautelle de
Medee.

D iij

LE SEPTIESME LIVRE

ne grande follie sappêsa Medee pour
occire le roy Pelias,duquel la mort el
le desiroit.Elle sen alla vers luy.Les fil
les Pelias la receurent a grand feste. Et
quant elle eut este vng petit auec elles,
par simulation cōmeça a soy cōplaindre
de Iason. Disant que myeulx la deb
uoit aymer que son oeil dextre.Car par
elle auoit il conquise la toyson dor, & si luy auoit son pere
raieunir. Puis leur dist que chier luy vendroit son mal ta
lent. Certes respondirent les pucelles,aymer & cherir vous
deburoit, & riens faire contre vostre plaisance ne deburoit.
Car trop grād amour luy feistes de ainsi raieunir son pere.
Que pleust ores a vous de raieunir le nostre,& nous serions
voz tenues a tousiours,Lors se teust Medee & pensa vng peu
pour plus les pucelles decepuoir,puis leur dist. Pucelles &
amies,par ma foy oncques mais ne me requistes daulcune
chose.Si ne vous sera ia vostre premiere requeste par moy re
fusee.Et affin que myeulx puissiez croire que iay ceste puis
sance,apportez moy le plus vieil mouton de vostre bergerie

DV GRAND OLYMPE. Fueillet. XXVIII.

& ie le feray raieunir. Adonc les pucelles luy amenerent vng vieil monton qui grãdes cornes auoit, & elle le mist au chauderon. Et tantost par la vertu dicelle le mouton raieunist & faillit hors de la chaudiere braiant apres sa mere demandãt la tette comme vng ieune aigneau.

POur celle espreuue sesmerueillerent les pucelles, & eurent espoir q̃ Medee raieuniroit leur pere se sa promesse leur vouloit tenir. Chascune len pria. Medee pour elles plus decepuoir requist terme de quatre iours. Et au quatriesme iour elle sappareilla de sa trahysõ parfaire. Elle fist emplir vne chaudiere plaine deaue & de herbes qui peu valloient. Adõc dormoiẽt tous ceulx de lhostel fors Medee & les pucelles, ausquelles elle dist, maintenant verray si oncques aymastes vostre pere, car celle qui plus layme peult aller tyrer son vieil sang, & puis ie luy rempliray le corps & les veines de la poison qui la boult. Lors sans arrest entrerẽt toutes les pucelles en la chambre du roy leur pere portans chascune vng glaiue en la main. Et quant elles vindrent au lit ou il dormoit: elles luy couurirent le visaige, car elles ne losoient regarder. puis le commencerent a frapper de toutes pars. Le roy commenca a crier mercy de sa vie a ses filles, disant pour quelle rage me detrenchez vous ainsi? Pour laquelle parolle du pere furent les pucelles si effrayees que les espees leur cheurent des mains. Lors saduanca Medee & luy trencha la teste, & si le mist en eaue chaulde, puis sen retourna en fuite, & les deux dragons la conduysirent par lair au chariot quil auoient apprester.

QVant Medee eut occis le roy Pelias Iason fut roy de la terre & se maria a vne belle & saige damoiselle nommee Creusa, tãdis que Medee sen estoit fuye pour la paour des filles Pelias. Moult fist Iason comme fol qui ainsi la oblia & laissa pour aultre pren-

D iiij

LE SEPTIESME LIVRE

dre. Quant Medee en sceut la nouuelle, a peu que de ire ne forsenna, moult print a reproucher les biens q̄ a Iason auoit faictz disant que myeulx vausist que riens nen eust oncques faict. Pour luy a este telle chose bastie, que encores fust a commence se sa grande desloyaulte eust congneue. Pas nest ce que il me promist au temple Hecates en la forest. Il me fiança par mariaige & me requist aide en pleurant. Par ses faulces & desloyalles larmes fuz ie deceue. Par son amour ie trahis mō pere. Et par le meurdre que ie feis de mon frere ie le guarantis de mort. Haa Iason Iason toutes ces inhumanitez consentis. Dieu en rende a chascun son droict. Se les dieux feussent telz cōme ilz deburoient estre, noye deussies auoir este en la mer. Or ay ie le guerdon & merite de ce que iay tousiours pourchasse, seullement pour auoir du desloyal la grace. Ay ie faict vers toutes gens desroy & greuance. Et encores de nonueau pour le faire roy de ce royaulme, ay occis Pelias. Et il nest riens en ce monde que il plus haye de moy Pour aultruy ma prins en hayne, mais mal me puist aduenir se ie ne termine leurs amours.

☙ La ialousie de Medee contre la seconde femme de Iason & de sa cruaulte.

DV GRAND OLYMPE. Fueillet. XXIX.

Pres que Medee se fut longuement cõplaincte elle enuoya a Creusa vne si tres belle chemise que oncques si belle ne vestit femme viuāt. Pallas ne Arachnes ne firent oncques si subtil ouuraige, belle estoit mais soubz celle beaulte auoit grande desloyaulte. La dame vestit la chemise qui tantost fut arse par vertu de poison. Lors doubla la hayne que Iason auoit contre Medee. Et quant Medee vist que a Iason ne pouuoit estre accordee, de ire, de rage, de maltalēt fut si esprinse q̃ deux enfans quelle auoit occis en despit de leur pere Iason, pource quilz resembloient de beaulte & de maniere, & puis mist en feu & en flābe le palais ou il demeuroit, & cela faict elle sen fuit par lair volant. Trop eut Iason le cueur triste & doulent de la mort de sa femme Creusa & de ses enfans. Et sil eust aulcunement peut tenir Medee il en eust prins mortelle vengeance, telle que iamais homme elle neust deceu, mais les deux dragons la sauuerent qui tantost lemporterent en lair volāt. Celle vint en la cite Dathenes ou le roy Ege⁹ la receut a grād ioye, & la print a femme, dont puis apres sen repentist. Sicõme il sera cy apres en lhistoire declaire.

Geus le roy Dathenes auoit de sa premiere femme vng filz moult gentil. & fier de couraige nomme Theseus. Cestuy alloit par le monde pour acquerir honneur auec Hercules le fort, & estoit le meilleur cheuallier que en son temps on peust trouuer au mõde. Cestuy Theseus fist mainct oeuure de grand prouesse dont grand nom en acquist. Il conquist le toreau Cretēce en la cite de Marathone, & le sanglier de Erimanthe qui auoit affamee & gastee toute la terre. Et si vainquist le lyō du

LE SEPTIESME LIVRE

boys Nemee qui auoit desert le pays,& si fist merueilleuse occision de Diomedes qui ses cheuaulx saouloit des hommes quil meuldrissoit. Il occist aussi Gerion qui se muoit en trois figures,& qui tant estoit fort quil faisoit ployer tous les plus grands deuant luy,& les destruisoit,& tous les passans fist de honteuse mort mourir, Sciron aussi le larron occist, & en fist espandre la cendre & venteler aux champs. Il occist aussi plusieurs geans. Par tout estoit congneu son nom, son los & son pris. Par tout le monde alloit sa renommee. Tous le doubtoient, seullement de son nom ouyr nommer.

❧ Le voyage de Theseus aux
enfers auec son compaignon.

Theseus eut vng compaignon nõmé Pirotho[us] lequel estoit preux vaillant & renommé, eulx deux estoient dung cueur & dung vouloir. & sentreaymerent tellement que rien que lun voulsist, laultre ne luy contredisoit. Ensemble estoiẽt vne fois a seiour. comme ceulx qui tous les mauuais pas quilz scauoiẽt auoient deliurez, nestoyez

DV GRAND OLYMPE. Fueillet. XXX.

acheuez tous les perilz. Si se tenoient greuez du seiour & u repos que point nauoient aprins, & de ce se cōplaignoiēt asemble. Lors dist Pirothous a son compaignon Theseus. ray amy que iay plus ayme que mon corps mesmes & vo9 oy encores plus. Tant auez de prouesses, que riens tant rt en ce monde ne vous ose contrester. Grand ennuy est q̄ nt se repose vng tel cheuallier cōme vous estes pour se ex ulcer. Puis que sur terre ne trouuōs aduēture a no9 esprou er, trouuer la pourrons en enfer. Allons faire guerre aux in rnaux, & deliurer Proserpine que Pluto roy Denfer rauist grand tort de sa mere Ceres. No9 aurons victoire sur ceulx enfer, & en acquerrons gloire pardurable & si deliurerōs belle Proserpine que Pluto tiēt ainsi a force. Cest la chose ue ie plus desire dauoir la belle a mariaige & a mon plaisir. eau doulx amy allons la deliurer ie vous prie. Car bien scay ue sa mere Ceres nous en scaura bon gre. Et vous ferez la hose que plus me plaist en ce monde.

Heseus lescouta voulentiers, & pēsa vng petit dessus sa req̄ste, puis luy dist. Amy Pirotho9 bien cōgnois & voy q̄ amours te ont surprins, quant elles te font pēser telle follie, moult suis doulent de ta douleur & angoisse, & point ne lairray pour perdre la vie que ne te tiēgne compaignie en ceste entreprinse, car la mort uec toy ne me desplaira iamais. Lors sans aultre deliberatiō es deux compaignons Theseus & Pirothous prindrēt leur hemī pour aller vers enfer, mais ilz trouuerēt la voye moult eserte & horrible, Tant allerent & exploicterent leur che nin quilz vindrent droict a la porte Denfer. Si trouuerent le ortier lye a vne grosse chayne de fer, en Enfer nauoit plus orrible chose de cestuy monstre, il auoit trois testes toutes r vng corps. Theseus le cuyda frapper du branc dacier q̄

LE SEPTIESME LIVRE

portoit. Il faillit, mais il couppa la chayne de cestuy cop[.]
celluy saillist sus piedz & sen fouyt parmy ẽfer horriblem[ent]
criant & hurlant a maniere de chien rabieux. Theseus le[s]
chassa & Pirothous courut apres. Tous les infernaulx me[r]-
ueilleusement se demenerent quant leur portier Cerberu[s]
rent au dangier des deux compaignons. La mort y estoit q[ui]
portoit la baniere qui estoit de douleur. Ceulx Dẽfer esto[ient]
biẽ armez daultre chose que de fer ne dacier. Car ilz esto[ient]
armez de paour & de peine, de puãtise, dardeur, de froide[ur]
& de forsennerie, en eulx eut moult craintifue & hayne[use]
compaignie. Ilz allerent assaillir de toutes pars les deux ch[e]-
ualliers, & eulx moult fort se defendirent. Chascun deulx [se]
fioit en sa force, mais ilz se despartirent en combatant l[un]
de laultre, dont ilz firent grande follie, car ilz en furent pl[us]
tost conquis & vaincus, comme ceulx qui ne pouuoient [se]
courir lung laultre. Tout la pluspart de la compaignie ass[ail]-
lirent Pirothous de toutes pars, & il se deffendoit vigoure[u]-
sement commẽt franc cheuaillier. Mais sa deffence peu l[uy]
prouffita. Car voulsist ou nõ fut prins & gette en prison t[e]-
nebreuse & obscure, moult dangereuse & doubtable. La l[e]
chaynirent de Ydres qui le mangeoient, & qui luy ardoi[t]
cueur & corps.

☙ Le secours de Hercu-
les aux deux compaignõs
Theseus & Pirothous
aux Enfers.

DV GRAND OLYMPE. Fueillet.XXXI.

Irothous qui ne pouuoit la peine infernalle plus longuement endurer, comença a haulte alaine a crier & appeller son amy Theseº en disant. Amy or pareistra comment vostre vertu qui tant ma este secourable a ceste fois me garantira, certes auioudhuy faudra nostre copaignie si hastiuement ne me secourrez,car tant e angoissent ces ennemis que liure suis a mort pardurable brief nay vostre secours. Ha Theseus fleur de cheuallerie dieu commande vostre corps qui est en perilleux dangier, nt que bonne nouuelle en oye. Theseus qui se combatoit aultre part ne scauoit encore rien du dangier auquel estoit n compaignon iusques a ce quil ouyt sa coplainte. Il tour a tantost celle part en confondant & abatant ses ennemis. ais quant il le vist ainsi enserre il fut tant doulent q̃ a pei e peut il mot dire.& quant il peut parler il dist.Beaux amy ist il,ceste douleur te ay mis,car sur ma fiance vins icy. Cer s ie te deliureray de ceste peine ou ie demeureray auec toy

prisonnier. Lors Theseus cõe tout forcéne de yre & dãgoisse
comméca a assaillir les infernaux & a chasser deuant luy le
ennemys. Et Charõ qui les lassees ames passe parmy le fleu
ue Denser en vne naisselle rompue senfouyoit & toute sa cõ
paignie lung ca laultre la. & le vaillãt Theseus qui en sa fo
ce se fioit chassoit batant les infernaux deuant luy ainsi cõ
faict le loup les brebis. A tãt luy peut bien suffire, mais il n
sen pouuoit saouler. Il cuidoit affoller & occire ceulx qui n
craignoient ne fer ne fust. Au plus terrible lieu Denser auo
vng puys grand & parfond plus que du ciel na iusques a l
terre, ou les grans pecheurs estoiẽt enferrez en pardurabl
peines & obscures tenebres. Theseus pour la grand obscu
te qui la estoit ne les pouuoit veoir, & si pensoit a destrui
les infernaux. Tant alla cherchant les enfers quil vint a c
puys: & se meschant & paoureux eust este, il fust cheu d
dans, mais quant le pied luy faillist, aux mains se retint. H
cules qui toute sa vie leur auoit tenu compaignie, & q to
trois auoient este comme vng en leurs conquestes. Tellem
que lũg ne faisoit rien que a laultre ne attribuast, ne les vo
lut habandonner ne laisser en Enfer, ains les y alla querre
print le portier & Enfer brisa & en gecta ses amys francs
quittes par sa puissance & par sa force, & ainsi eut des infe
naux la plaine victoire.

☙ Le retour de Theseus en Athenes, & Me
dea sa marastre qui le voulut empoisonner,
& de la guerre que appresta Minos.

Apres toutes ces aduentures retourna Thes
en Athenes deuers son pere qui par long tẽ
ne lauoit veu, il ne recongneut pas son filz
prime face, ne aussi Theseus ne se fist pas co
gnoistre si tost, dont a peu luy aduint gra
ennuy & dõmaige. Car Medee le recõgne

DV GRAND OLYMPE. Fueillet.XXXII.

plusieurs fois lauoit veu. Doulente fut de sa venue, mais
~~n~~blant nen faisoit pas lors. Elle sappensa q̃lle le feroit mou
~~r~~elle pouoit. Et vint a son mary & luy dist quil se gardast
~~du~~ cheuallier nouuellement venu, car elle scauoit certaine~~m~~
~~m~~ent quil estoit espie venãt pour le dommaige de luy & de
~~sa~~ terre. Le roy la creut legierement. Et quant elle vit ce elle
~~vou~~lant quil luy donna cõge de le faire mourir par poisons.
~~El~~le de ce moult ioyeuse appresta tantost vng breuuaige
~~qu~~elle apporta a son mary. Le roy tendist & presenta a
~~so~~n filz la poison. Et Theseus qui de ceste mortelle trahyson
~~ri~~ens ne se doubtoit, print la couppe de la main son pere & la
~~po~~rta a sa bouche qui sans arrest leust beu. Mais le roy son
~~pe~~re le cõgneut par la poingnee de lespee qui ceincte auoit:
~~& ~~lors luy reprint hastiuement la couppe, & respãdit le des~~
~~lo~~yal breuuaige a terre, & puis esiouyt son filz. Medee qui
~~fut~~ attaincte de la trahyson sen refouyt despuis couuerte du~~ne~~
~~ obscure nuee: & ne fut oncques despuis veue.

MOult fist Egeus le roy Dathenes grand
ioye de son filz Theseus q̃ reuenu estoit
de lõg exil. Despuis le temps Cecropus
le noble roy qui premieremẽt fonda la
cite il ny eut si grand ioye demenee.
Moult racomptoiẽt des prouesses The
seus, & des peines quil auoit eues pour
nectoier le monde des monstres, geans,
~~&~~ serpens qui lors destruisoient les creatures par les terres
~~&~~ par les royaulmes. Pas ne pensoient a la grand guerre q̃
~~le~~ roy Minos leur appareilloit a venger la mort de son filz, q̃
~~c~~eulx Dathenes a tort & par enuie auoiẽt occis. Moult fust
~~le~~ roy Minos a priser, car vaillant hõe estoit, prudẽt & saige,
~~&~~ toute la terre de Crete auoit a gouuerner. Vng filz auoit
~~sa~~ige a merueille & de grãd engin nõme Androgeꝰ. Sõ pere
~~l~~auoit enuoye en Athenes pour apprẽdre Philosophie. Et il

LE SEPTIESME LIVRE

a estudier, si bien employa son temps que plus des aultres
sceut. Et tant quil redargua souuent & apprenoit les pl[us] sa-
ges. Lors les Atheniens esprins de grand enuie par trah[ison]
loccirent. Pour cestuy meffaict fut Minos moult courrou[cé]
Si assembla grand nombre & multitude de gens pour ve[n]-
ger loccision de son filz, & pour mettre la terre en exil, m[ais]
aincois voulut par dõs, par promesses & par prieres requ[erir]
ses voisins q̃ a ceste besongne le voulsissent ayder. Par amo[ur]
aulcuns y vindrent aussi par crainte, & si en y eut plusi[eurs]
q̃ ne le vouluret ayder dont il fut moult courrouce. Et iur[a]
au retour fierement leur feroit comparer.

Inos vint au roy Eacus requerir son [ay]-
de & secours. Europe eut ancienne[ment]
nom sa cite, mais le roy lappelloit Eg[ine]
apres le nom de sa mere. Quant Mi[nos]
vint en ceste terre de Egine, toutes [ma]-
nieres de gens grans, & petitz, ieun[es &]
vieux allerent a lencontre de luy po[ur]
ce que par tout le monde estoit ren[om]-
me estre saige & fort iusticier, Mesmemeut le roy Eacu[s &]
ses trois filz luy allerent a lencontre, & luy demandere[nt la]
cause de sa venue & quil queroit en leur terre, Minos se [prit]
a pleurer, & leur dist & pria que ayder le voulsissent co[ntre]
les Atheniens a venger la mort de Androgeus son filz q[uils]
luy auoient occis. Le roy Eacus respondist que ce ne po[uoit]
estre, car danciennete estoit ioinct & alie a ceulx Dath[enes]
par serment, Lors dist Minos plain de yre. Ceste conue[nan]-
ce te fera se ie puis vne fois dommaige. Puis se partist M[inos]
de Egine moult mal content de ce que le roy Eac[us] luy a[uoit]
refuse son ayde & secours, il se esquippa en mer plus t[ost quil]
peut, mais gueres neut le port eslongne quant Cephalu[s arriua]
illec a nauire de part ceulx de Athenes requerir ayde a[l en]-
traire de la requeste de Minos. Auec Cephalus estoiet v[enus]

DV GRAND OLYMPE. Fueillet. XXXIII.

eux gentilz compaignons lung nomme Cliton & laultre
omme Boutes, lesquelz tous estoiét loyaulx aux Atheniés.
s filz du roy congnoissoient bien Cephalus lequel estoit le
lus ancien de ses compaignons & pource le adextroient.
ar aultresfois lauoient veu en la cité de Egine apporter vng
ultre messaige. Ceulx allerent contre luy iusques au port, si
mbrasserent & esiouyrent moult honnorablement. Et des
ouuelles de son royaulme luy demanderent. Ilz lamenerēt
u palaix du roy leur pere tout desduysant. Cephalus tenoit
n sa main vng rameau doliuier & moult bien se contenoit
omme homme de grand aage & prudent. Le roy & tous
s barons salua & pria courtoisemēt au roy que secours luy
ulsist faire, luy monstrāt que par serment le debuoit faire.
isant en oultre que sil auoit deulx affaire en pareil cas ou
mblable: que ainsi le secouroient tous les roys & ducz de
rece. Lors luy respondit Eacus au cueur loyal, que voire
ent estoit faicte lalience entre eulx & quil nestoit pas droit
uil faillist aux Atheniens, & quil leur enuoyeroit secours se
on sa puissance. Car la mercy dieu dist il, iay assez de
ens pour eulx ayder & seruir en celle guerre. De ceste re
once le remercia moult Cephalus, & puis luy enquist, &
emanda questoient deuenus ses anciens hommes qui ser
ir le souloient. Puis ne fus en ceste terre, dist il, que ien veis
lusieurs que point ne voy maintenāt, car ie ne vois que ieu
es cheualliers.

Acus print a souspirer quant Cephalus
luy enquist nouuelles de ses anciennes
gens & luy dist. Tu me as ramantu mō
dommage, & la perte qui mest aduenue
& esbahys en suis toutes les fois qi mē
souuient. Mais fortune ma estee au der
nier bonne & planctureuse. Les aulcūs
barons dont tu me demandes sont tous

E

LE SEPTIESME LIVRE

mors & ie te diray la cause. Iuno qui toute ma terre & m[es]
gens hayoit pour ma mere que Iuppiter auoit enceinct[ee]
espandit par tout mon royaulme vne pestilence en sembl[an]
ce de feu par laquelle soubdainement mouroient toutes g[ens]
& toutes bestes. Et si ne fust oncques phisitien qui y sceut[ia]
mais trouuer ne mettre aulcun remede, Ceste pestilence v[int]
premierement par lair qui fut plain de bruyne chaulde [&]
puante, puis descêdit es eaues dont furent plaines de ser[pens]
& de vermine venimeuse, dont toutes bestes moururêt sa[u]
uaiges & priuees aux champs & a la ville. Tous les chem[ins]
en estoient plains dont si grâd puantise en yssit q̃ tout lair [en]
corrompit. Apres sespandit ceste pestilence sur les gens [de]
toute ma region. Premierement sapperceurent par le visa[ge]
qui leur rougissoit, & es entrailles qui leur ardoiêt, & de[ux]
yssoit puante alaine, & si auoient les langues enflees, & g[i]
soient a la terre nue par la grande challeur quilz auoient.
Car reffroidir ne se pouuoient. Lardeur leur faisoit desir[er]
boire eaues & fontaines: & tant en beuuoient pour leur s[oif]
estaindre & rassasier quilz en mouroient: & non portât p[lus]
ne creuoient & se degettoient contre terre. Peu prisay ma[...]
quant en ce point vy mes gens si douloureusement & si [...]
les pouuoye ayder. Ie ne scauoye ou regarder que ne ve[isse]
mors ou mourans. Tous couroient a grande deuotion au[...]
ple faire veux, promesses: sacrifices & oblations pour app[ai]
ser les dieux. Mais riens ne leur prouffitoit que illec mesm[es]
ne mourussent en faisant leurs oraisons, & les bestes auss[i]
on debuoit sacrifier. Plusieurs se pendirent deuant le temp[le]
& se tuerent de leur bonne voulête pour la mort q̃lz dou[b]
toient. A peine pouuoit on entrer au temple pour les mo[rs]
Les sepultures estoient plaines, tellement que les corps [...]
meuroient tous estêdus au plain sur la terre. Et ny auoit [...]
ardoir les voulsist, si ne pouuoit on trouuer tât de boys, [...]
on peust faire le feu a les ardoir.

DV GRAND OLYMPE. Fueillet.XXXIIII.

☞ Le cōmencement des Pigniens & mutation des formis en petitz hommes que lon dict Nains.

Vant ie vy dist Eacus ma grande & irrecuperable perte moult fuz esbahy & doulent. Si fis priere a mon pere Iuppiter. Et luy dis humblement en ceste maniere. Pere trespuissant aussi veritablement que au ventre ma mere me engēdras, ainsi ie te reclame a pere se filz me daignes tenir. Garde moy mō peuple que tant doibs aymer de plus auant ainsi laisser perir & mourir. Lors me vint vne enseigne du ciel, car sur mon chief se partit a grande respendisseur & resonna enuiron moy vng tonnairre dont moult me esiouy. Beau sire pere ceste enseigne me donne bonne aduēture & salut. Auprs de moy auoit vng chesne cler rame plain de formiz q̄ parmy lescorce couroient tout entour lūg aual & la ultre amont, & trauailloient pour assembler & amasser grains es creux de larbre. Lors dis ainsi. Trespuissant dieu & debonnaire pere dōne moy pour peupler ma vuide cite telle

E ij

LE SEPTIESME LIVRE

multitude de gens comme il ya icy de formis, si que fourmi puisse estre tout mon royaulme de bônes gês. Lors sans souf flement de vent trembla le chesne & ses branches a par eulx donnant grand son, dont de grand paour me prins a herisse & a fremir, mais touteffois le chesne & les branches baisoye & nosoye mõ penser dire, ains le celoye en mon cueur, & auoye espoir de men esiouir. Celle nuict me sembla en dor mant que ie veoye l'arbre trembrer, sicomme p̃ iour le auoye veu, & si vis les formis assembler portãs grains en leurs bou ches, & veis croistre la compaignie pour eulx espandre, puis se dresserent & semblerent soubdainement tous hommes. De ce songe me tins pour fol quant ie fus esueille: car point ne cuyday auoir refuge ne aide si prest, si prins a blasmer mõ songe.

E pendant que iestoye en ce pêser aduis me fut que ie ouioye en mõ palais grã murmure & voix dhomme que poit n̄ auoye accoustume de ouyr, si cuiday son ger en veillant, mais a tant vint Thela mõ mõ filz q̃ me dist. Mon pere, venez veoir la plusgrand merueille que croire se peult. La vins prestement ou ie trouz plainement ma vision veritable que veue auoye. Telz hom mes & tel nombre & venoient en ma maison a grand tour be & en multitude. Et comme leur roy & seigneur me salue rent. Lors en rendy grace a mon pere. Et adonc espandis mõ nouuel peuple par mon royaulme en diuerses parties ou̇ nauoit sinon gens mors. A mon nouuel peuple ay mis nõ Mirmidõnois qui saccorde a leur nature, car ilz ne ont po grande estature, & si sont fors & moult vigoureux : fors ba tailleurs desirãs dacquerre terres & seigneuries, & aussi peu uent moult de peines endurer. Ceulx dist le roy Cephal⁹ vo suiuront en la bataille si tost comme le vent pluyant venter

DV GRAND OLYMPE. Fueillet.XXXV.

& le soleil abaissera.

☞ Des deuises que Phocus le filz du roy Eacus & Cephalus eurêt ensemble.

Telles ou semblables parolles dist le roy Eacus Degine a Cephalus. Puis mist lon les tables, si soupperent a grand delict, & puis sen allerêt reposer iusques au lendemain que Cephalus par matin se leua & ses côpaignons qui moult se tenoiêt a greuez du vêt qui contraire leur estoit pour eulx mettre au retour. Ilz vindrêt au palais, mais le roy dormoit encores, & Phocus son aisne filz les mena en la châbre. La sassirent tous quatre pour eulx solacier tât que le roy fust esueille. Cephalus auoit vng iauelot mescongnoissable & destrange fust. Quant Phocus le vit il dist. De bois & de riuiere scay assez & de vennerie aussi, mais ie ne scay de ql fust est cestuy dart que tu tiens en ta main dextre. La hante est droicte & bien ouuree, & la pointe doree & biê trêchât. Lors dist lung deulx, se vous doubtez de quoy il est ce nest pas merueilles. Il est bel, mais il est encores meilleur, car oncques homme ne veist dart si vertueux. Celluy qui le gectera ne fauldra ia quil nattaigne ce quil veult, & puis retourne a celluy qui la gecte. Phocus sesbahyt moult de la merueille & dist que oncquesmais tel dart nauoit veu, & enquist dont il estoit venu, commêt il leut & qui luy donna don de telle valeur. Lors se print Cephalus a plourer & en souspirant luy dist. Plourer & douloir me conuient toutes les fois quil me souuient de la perte qui mest aduenue, il ma mamye tollue & tuee mon espouse. Pleust a dieu que oncqs ne leusse eu.

☞ La ialousie de Pocris enuers son mary Cephalus lequel la tua en la chasse incautement.

E iij

LE SEPTIESME LIVRE

Pocris ma femme dist Cephalus sut seur a la belle Orithie que le dieu Boreas ra uit. Oncques comme ie croy personne ne vit si belle ne si bōne. Si la prins a ma riaige au gre de ses amys & des miens & mis tout mon cueur a elle aymer cōme faire le debuoye. Bienheurez fusmes & fussions se en vie fust demeuree. Mais par ce dart me fut rauie & ostee comme ie le vous compte ray. Il aduint vng moys apres noz espousailles que secrete ment & a requoy men allay au boys chasser, & commencay mes rethz & engins a tēdre pour prēdre venaison. Au chief dung hault mont delectable qui tousiours estoit beau & flo rissant. La belle Aurora me vit par vng matin. A force me r uit cōtre mō gre. La verite en veux dire saulue sa grace, tāt soit la deesse belle & coulouree, & tant aye de ioye & delic delle remirer, combien quelle face la nuyct finir, & le iou esclarcir & tant soit plaine de doulceur & de sauoureuse r see, tāt aymoye Pocris ma femme que pour elle me excusa

DV GRAND OLYMPE. Fueillet. XXXVI.

refufay la deeffe, dõt elle me dift ainfi comme par ire. Fol
lain dingratitude laiffe tes complainctes:& va a celle que
[t]ant tu aymes, vng temps fera fe riens fcay faire que de fon
[a]mour te pefera. Ainfi comme ie reuenoye en mõ cueur re-
[c]ordoye tout ce que Aurora mauoit dit. Laquelle comme il
[m]e fembloit eftoit dame croyable. Si doubtay q̃ ma femme
[e]uft enfrain fon mariaige. Car fa trefgrande beaulte me met-
[t]oit en doubte, mais ce quelle eftoit faige & honnefte me fai-
[f]oit croire que bien auoit garde fon mariage. Et celle dont
[i]e reuenoye mauoit donne caufe & mis en fufpition pour en-
[t]rer en ialoufie. Et comme on dit communement to⁹ amou-
[r]eux fõt en craincte, car ialoufie vainct amour. Pource mis
[m]on eftude a enquerir ma male aduenture que trouuer ne
[v]oulfiffe. Ie vouloye efprouuer fe aulcun pourroit ma fem-
[m]e par don, ou par priere efmouuoir a violer fon mariaige.
Aurora par mon confentement mua ma forme tellement q̃
[n]ul ne me pouuoit congnoiftre qui par auant congneu me
[a]uoit. En Athenes vins prendre hoftel en ma maifon, ou ie
[m]e maintins comme pelerin eftrange. Ma maifon trouuay
[t]roublee pour fon feigneur quon auoit rauy. En plus de mil
[l]e baratz mis mon penfer & ma cure pour attraire la dame a
[m]a voulête; mais oncques plus preude fême ne plus cõftan-
[t]e ne fut veue en to⁹ eftatz, dõt moult me efiouys & peu fen
[f]ailloit que ne men repêtoye du fol affey q̃ auoye entreprins
Elle eftoit defireufe de fõ mary quelle cuidoit auoir perdu.
Bien euz le fens & le fang failly quãt pour telz fignes ne laif-
fay ma folle entreprinfe, de folle entreprinfe me mis en pei-
ne, car ie la prioye & oppreffoye, &elle fe excufoit faigemêt
& difoit que cure daymant nauoit, fors de vng feul en toute
fa vie & q̃ a celluy eftre vouloit fans departement, car ceftoit
fon feigneur & fon amy, & celluy q̃lle defiroit & vouloit &
que a celluy feul fe tiendroit, & prioit aux dieux quilz luy
ramenaffent fauluement. Se ieuffe eu fens & entendement,

E iiij

LE SEPTIESME LIVRE

bien meust deu souffire la deffence quen elle trouuay, mais par male aduenture la vouluz esprouuer plus auant, & quãt par priere ne la peuz vaincre, par dons ie la voulu decepuoir & grand auoir luy promis se faire vouloit ma voulente. Lon doubta elle quelle feroit: ou selle refuseroit ou prendroit la dons que ie luy promettoye. Bien me fut aduis que lauoye vaincue, & quelle les eust prins se pluslonguement len eusse presse, mais moy q esprins estoye de ialousie ne mepouuoye plus celer ne traire ma voulente. Si luy dis par grand maltallent. Folle & desloyalle bien scay & voy maintenant, q tost vous consentiries a mes dons se ie les vous bailloye. Ie suis vostre espoux q pour aultre chose ne trauaille fors pour scauoir vostre courage. Or vous ay tant esprouue que trouuee vous ay mauluaise & faulce, & que a vng estrangier eussiez fait ce que faire ne deussiez. Quant elle me ouyt ainsi parler elle me regarda sans mot dire, & puis sen fouyt toute hõteu se delaissant ma cõpaignie si neut plus cure despoux, & ainsi me laissa seul & esgare. Chasseresse deuint par champaigne par montaignes & par boys fuyoit & sentremettoit de lare Dyane porter. Ie ne peuz mettre son amour en obly, si fuz moult doulent & angoisseux quant par ma follie la euz perdue. Moult ioyeusemẽt leusse reprinse se elle eust daigne retourner auec moy. Moult luy en fis prier & requerir, & meismes len priay requerant pardon de mõ fourfaict & meffaict, qui meust requis semblablement ie me feusse tantost accorde. Long temps en celle douleur cõparay ma follie. Et quã elle vit & apparceut que ie me repentoye & que a elle mere doye coulpable, Alors me pardonna elle sa malueillance, & reuint auec moy par bon accord. Si vesquismes despuis lon guement amyablement ensemble en ioye & liesse. Et me dõna deux dons quelle auoit, cestassauoir vng chien, & ce iauelot quelle auoit eu de Dyane. Le chien fut si attaignant, si prendable & si courant que ia de nul aultre ne fut passe ne

DV GRAND OLYMPE. Fueillet.XXXVII.

[sur]monte en course ne en chemin. Et brief oncques tel chié[n]
[n]e fut veu.

La mort de la loyalle Pocris & de la chasse
des deux bestes lune imprenable,
laultre tout prenant, &
de leur mutation.

Ors enquist Phocus a Cephalus q[ue] stoit son chien deuenu: disant quil le debuoit chierement aymer. Cephalus luy respon dit. Du chien vous diray qui par don de Diana auoit que nulle proye luy peusse eschapper tant fust legiere agile & forte, & si auoit vng sort tel. Lung laultre cour ra & ne pourra lung laultre laisser, & si aura ia lung de laultre victoire. Veritable fut ceste deuinail[le], si co[m]ment aulcu[n]s appertemet le veirent, les Nymphes Dia[n]e en furent moult esbahyes. Themis en eut grand ennuy: & moult en print aspre vengeance. Par Thebes tra[n]smist vne [m]oult dommageable beste & espouuentable qui gens & be[st]es deuoroit & occioit, despoilloit toute la terre. Les labou[r]eurs nosoient labourer aux champs pour ceste beste. Vng [p]our moy & les aultres iouuenceaulx assemblasmes chiens [&] engins pour la prendre, mais tant estoit agile & legiere q[ue] [c]estoit merueille. Contre les engins saillist plus tost que vng [o]yseau ne volle. Chascu[n] laissoit aller son chien ap[re]s luy, mais [t]ant legierement couroit deuant eulx, que nul ne le creust q[ue] [i]le eust veu. Plusieurs en occist & affolla. Moult fuz prie que [i]e laissasse aller mon chien que ie tenoye en lesse courir ap[re]s: [&] tant que le destiay. Il estoit moult desirant de la chasse, car [a]tost quil fut destie on ne sceut que il estoit deuenu, fors ta[n]t que on vit en la pouldriere la trace de ses piedz. Lors mo[n]tay [s]ur vng hault tertre pour veoir la chasse, si vy la beste fuyant [&] le mien chien apres, lequel si tost & si legierement la suy[t]

LE SEPTIESME LIVRE

uoit quil nous sembloit visiblement quil la deust a chascun
pas happer & prendre, & puis apres luy eschapper. La beste
estoit tant cauilleuse que point ne couroit la droicte voye.
Ains gauchissoit pour le cours du chien desuoyer, & pour
luy garder quelle ne fust prinse. Souuent sembloit au chien
quil lattaignist, & puis en estoit plus loing que deuāt. Quā
ie vy la beste decepuable ainsi mon chien amuser, & que le
chien pourroit tousiours courre en vain qui ne layderoit, ie
prins mon dart & pour le gecter a la beste le feis balancer.
Vng peu destournay mon regard, & apres me retournay &
regarday la beste & le chien qui en vng moment deuindrēt
deux arbres, en telle maniere cōme ilz auoient faict par auā
car aduis est que lung fuye & lautre chasse. Et ainsi neut nul
deulx la victoire. Et par ceste maniere fut le sort verifie.

DV GRAND OLYMPE.   Feuillet.XXXVIII.

Vant Cephalus eut fine le propos du chien, Phocus luy pria quil luy racōptast du dart & cōment il en estoit mesaduenu, & quelle perte il en auoit eue. Cephalus luy respondit. De mon dart ay eu [pei]ne et tristesse. Si vous compteray de la ioye premierement, [et] moult me plaist de ramēteuoir & recorder le temps passé [au]quel ie soloye auoir le deduit de ma doulce amye. Car tāt [que] ie fuz en sa compaignie ie la tins chere & elle moy, lung [ioig]nt de lautre moult contant. Lors quant le iour venoit a [es]clarcir ie men aloye souuent esbatre sans chien, sans rethz [&] sans compagnie. Si pourtoye mō dart in quoy ie me fioye, [&] tant occiois de sauluagine cōme il me plaisoit. Au chault [du] iour me conuenoit querre le repos et le vent. Si appelloye [m]uëtAura quest le vēt refrigeratif pour ma challeur assoua[ge]r en disant. O Aura delectable & plaisante tu es mon con[for]t & mon delit. Doulce amye viēs moy secourir de la grāt [ch]aleur q̄ me griefue & q̄ me blesse: car pour ta grace auoir [ie] maintiens icy mon deduit, & pour aultre ny viens. Aucun [m]ouyt Aura appeller, & si mevit plusieurs fois aller au bois [ou] ie lappelloye. Il ouit la voix, mais le sens nentendit pas. [Il] cuida que ce fut vne autre amye que ie eusse accointee au [bo]is, si le dist a Pocris mon espouse qui tātost le creust & trop [s]esbahit, & de grant dueil se pasma. En amours a trop de [le]gierement croire & de craincte. Bien cuida forcēner pour [le] doubte de ce que riens nestoit. Elle se complaignit moult, [&] eut grant desir de scauoir pourquoy tel dueil deust faire & [si] cestoit verite ou mensonge que on luy auoit fait accroire.

Endemain a laube du iour retournay chasser cōme deuāt, & quāt ie euz chault ie appellay le vēt. Aura: dis ie, viēs ie te prie si me allege & me cōsole, car le chault & le trauail me blesse. Ainsi cōe ie me cōplaignoye et attēdoye le raffreschissement soubdainemēt me fut aduis q̄ ie oyoie

LE SEPTIESME LIVRE

gemissemēt en vng buysson, & les fueilles vy trēbler, si cu[i]-
day que ce fust sauluagine qui fust dessoubz la fueille mu[s]-
see. Helas cestoit mamye Pocris qui dessoubz la fueille ill[ec]
estoit mussee. Adoncques lancay le dart que ie tenoye sa[r]
arrest qui par fortune a la poctrine lassena & de mort luy f[ist]
present. Pocris qui la mort sentoit sescria, & ie congneuz
tost sa voix, si couruz vers elle tout forcene. Souillee la tro[u]-
uay de sang cōe demy morte, entre mes bras la prins & d[es]-
trechay sa robe pour luy restraindre sa playe, & luy priay c[o]-
me elle mouroit a humble chiere, & a cueur doulent que
moy qui tuee lauoye humblement me pardōnast sa mo[rt]
Et celle qui trop foible estoit a grand peine me respondist
dist. Amy: vous mauez occise par la foy que vo9 me debu[ez]
& par amour & la foy de mariaige, ie vous prie que se on[c]-
ques vostre cueur me ayma que ne mesprenez tant enue[rs]
moy que a femme prenez celle que tant reclamez. Bien n[e]
semble que petit me aymez: quant me laissez pour aul[tre]
amye. Lors luy dis que ce nestoit pas chose veritable, car
que ie reclamoye si souuēt nestoit aultre chose que le do[ulx]
vent que pour moy effroidir appelloye quant iestoie trau[ail]-
le de chault. Elle creut bien que verite luy auoie dit, mais
le chose me prouffita quāt oncques pource ne guerit. La b[el]-
le mourut entre mes bras & oncques ne laissa de moy reg[ar]-
der tāt quelle en eut le pouuoir, & pl9 a'ay se mourut de c[e]
ie lauoye asseuree. A ces motz vint Eacus qui grand gēt ar[me]-
noit que ses aultres filz auoient assemblez, lesquelz il cha[r]-
gea a Cephalus pour ceulx Dathenes secourir en leur nec[es]-
sitez. Ilz eurent bon vent, si se partirent apres le cōge prin[s]

DV GRAND OLYMPE. Fueillet.XXXIX.

A sapparut laube du iour et le doulx vēt pluſāt Cephalus et ſa gent tenoient leur voye vers Athenes ou ilz arriuerēt a grāt ioye. Ce pēdāt auoit Minos mis ſon ſiege deuant vne cite nō mee Alcathoe en la terre de Megare, deuant laquelle il fit mettre tentes & pauillons. Il la cuida legierement par ſes aſſaulx prendre, mais Niſus qui roy & ſeigneur en eſtoit ſe combatit moult vaillamment, comme celluy qui moult bien eſtoit enſeigne et duit a la guerre ſage et prudent en armes et puiſſant dauoir et da nys. Ceſtuy roy Niſus auoit en ſon chief vng cheueul en tre les aultres de fin or qui eſtoit de telle deſtinee que auſſi longuement quil le porteroit ſans larracher ou le coupper que luy, ſa cite ne ſon royaulme ne pourroiēt eſtre vaincus ne conquis. Et pource ne pouoit Minos cōqueſter terre ſur luy, et ny proffita rien de tout le temps que aſſiegee lauoit. Le roy Niſus eut vne fille belle ſage et gēte appellee Scylla Celle montoit ſouuent ſur vne haulte tour pour ſoy eſbatre, et de la haulteur dicelle veoit ſouuēt q̃ le mieulx faiſoit quāt

LE SEPTIESME LIVRE

aucune saillie se faisoit contre ses ennemis, elle mettoit sa[...] re a aduiser les barons & cheualiers de lost tellement qu[...] le scauoit ia bien dire qui estoit cestuy la, et qui estoit laut[...] Mais en elle mesmes et sur tous les autres prisoit le roy M[...] nos, et le tenoit pour le plus beau et pour le plus vailla[...] Maintesfois le aduisa et tant qui luy sembla si bel & si vig[...] reux quelle le print en telle amour & par tresgrant arde[...] luy venoit en sa pensee q̃ selle eust eu pouoir de aller ve[...] Minos en lost le requerir de son amour: voulentiers le[...] fait. Mais elle nosoit pour la crainte de son pere.

Fin du septieme liure.

Le huitiesme liure du grand Olympe.

Pour lamour dung estrangier roy ennemy Scylla trahit son pere, soy, et son pays.

DV GRAND OLYMPE. Fueillet.XL.

Ainsi qui Scylla mettoit son entente en lamour du roy Minos son ennemy. Vng iour monta en la tour nommee Cirus, & regardoit vers la tente de son amy commenca a faire telles complainctes et regretz. Lasse q̃ feray ie. Ne cõmēt me conseilleray ie du mal que iēdure pour mō chier & bien ayme amy Minos que ie oy la en son pauillon. Ie ne scay se ie me doibs louer ou plaindre de ceste guerre qui tant dure. Par elle ay veu et conneu le beau Minos, mais q̃lle chose me vault la veue quāt on amour ne son accointance ne ay, ains est mon ennemy mortel. Ahay Minos dist elle gentille facture, bel sur toutes creatures, se pareille & semblable estoit la mere qui te porta quāt Iupiter la rauit en forme de beuf biē la debuoit aymer. Trop bien heureuse seroye se par lair pouoye voller dedans es tentes, pour toy dire langoisse que pour ton amour ie suffre, & pour scauoir se ton amour par quelque maniere ie pourroye auoir. Certes tout ie habandonnasse, pere et cite, puis redist. Hee q̃lle folie me tient de vouloir trahir mō pere & mō pays, certes riēs nē feray, ains pl9 tost me lairroye desfrer et desmembrer piece apres aultre, que telle faulte feisse vers mon pere & mō peuple. Ceste folie & rage vueil oblier & iamais ny vueil pencer. Et tantost apres commenca a sospirer & dire que grand prouffit & grand honneur seroit a son pere et a son peuple, se de si franc roy estoit vaincu, car se il se vouloit rēdre de son bon gre a mercy le prendroit. Et a bon droit & iuste querelle se cōbatoit Minos cōtre luy & cōtre son pays, car il a bōne cause de vēger loccisiō q̃ les Atheniēs feirēt de son filz Androgeus. Se par force il nous conquert. Il destruira toute ceste cite, & nous desheritera & mettra a martyre sās espgner. Attēdray ie dōcq̃s q̃ p bataille cōquere ma terre & mes gēs aussi, plus beau me sera q̃ p amour luy en baille la seigneurie. Et si ne luy coustera point tant

LE HVITIESME LIVRE

pourquoy ie defferuiray fon amour perpetuelle. Helas
Scylla ie me doubte que en combatāt aulcū ne le bleffe
occie, mais qui feroit fi traiftre q lofaft bleffer. Ce propos
plaift. Iay vouloir & defir de luy donner moy & ma terre.
Et ainfi fera de cefte guerre la fin. Hee dift elle petite cho
eft de vouloir, bien me doibs plaindre quant ce que ie vue
ne puis faire preftement. Trop y auroit grand dang
en laccompliffement, car trop me deftourbe & empefche
que on guette deffus les murs toutes les nuys, & fi garde
la porte, & en apporte on a mon pere les clefz chafcūe nu
lefquelles il garde, car en aultre hōe il ne fe fie. Celluy cr
celluy feullement me deftourbe de traire a chief mō voulo
Certes ie vouldroye ores quil fuft mort, trop vit quāt ie ē
re pour luy telz maulx. Se aultruy fetoit telle deftreffe q po
amours fens, ia ne feroit fi fouffrant que il ne me deftruī
fi pouuoit, ce qui nuit a fon amour. A quoy attens ie donc
Le cheueul dor de mon pere me conuiēt coupper, & par
auray ie ma voulente.

Pres ces parolles fut la defloyalle trop hard
mal faire. Elle entra en la chambre de fon p
qui en fon premier fompne eftoit, & quāta
le trouua endormi elle dift a baffe voix. Mai
nant puis ie faire & accōplir mō vouloir, ca
mais nauray tēps pl9 oportū. Lors luy trēch
cheueul fans aulcune vergōgne, & yffit ioyeufement du
lais a tout le cheueul de Nifus fon pere en fon giron. Si
a la porte quelle ouurit, & tant alla feulle effrayee & efga
de compaignie quelle vint a la tante Minos qui grād pa
en eut quant ainfi la vit feulle venir. Scylla luy commen
dire. Minos pour voftre amour iay mon pere deftruict, &
cheueul fatal ay icy apporte, lequel auec moy & ma terr
vous donne, & ne requiers aultre guerdō que voftre am
voftre grace & voftre compaignee tant feullement. Qu

DV GRAND OLYMPE. Feuillet.XLI.

ble roy Minos qui droict iusticier estoit vit le cheueul du
ble & puissant roy inuincible que elle luy donnoit, il eut
ant horreur de l'inhumanite & trahyson delle, si luy dist.
ıy dicy mauldicte & desloyalle fille les dieux te confondēt
āt tu as ose mettre tes mains violētes & enragees au chief
ton vaillant pere. Oncques telle desloyaulte & trayson ne
t faicte ne retraicte, & qui recordee sera par tout le monde
n ton grant vitupere.

☞ Le guerdon q̃ receut Scylla pour auoir trahy
son pays & couppe le cheueul fatal a son pere.

Vant le roy Nisus eut son cheueul fatal
detrenche & perdu par Scylla sa fille &
ceulx de la cite le sceurent, ilz ne voulu-
rent plus entretenir le siege a ceulx de de
hors, si se mirent a leur mercy & au roy
Minos rendirent eulx, leur cite & leurs
biens. Et ainsi fut de celle guerre la fin.
Minos mist par tout le pays ses coustu-
mes & loix, & puis fit apprester ses nefz & entra en mer.

F

LE HVYTIESME LIVRE

Quant Scylla le vist mouuoir sans auoir de luy aulcun g[...]
don de sō amour pour chose que supplier ne prier luy sceu[...]
elle luy dist. O auteur de mes merites, prefere a mon pere[...]
a mō pais ingrat & cruel ou fouys tu? La verite duquel est n[...]
stre merite & nostre crime? Ne te peult pas amollir nr̄e d[...]
nostre amour, nostre toute esperance en toy, & nostre hon[...]
si ie mē retourne tu ten vas & si me laisses. Pour toy ay ie d[...]
struicte & perdue ma terre & aussi mes gens. Il est bien r[...]
& droit que ie le compare. En la cite que iay trahye nos[...]
iamais raller. Car de droit me ont & doibuent auoir les
toiens en perpetuelle hayne. Ailleurs ie ne scauroye ou al[...]
car tous ceulx qui de moy & de ma trahyson orront parl[...]
craindront que pareillement ne leur face. Helas mon dou[...]
amy Minos seullemēt pour auoir ton accointance & amo[...]
iay la grace de tous perdue, tu es plus dur que dyamant[...]
plus fier que tigre affame. Hee filz bastard de droit beuf, [...]
quesmais Iuppiter de ta mere congnoistre ne sentremist.
tu doubtasses le mal du peche q̄ iay faict pour la tiēne am[...]
ia nen prinses le pris ne la gloire. Tu te trauailles en vain[...]
toy en aller sans moy, car ie te suyuray veuilles ou non. P[...]
phe ta femme qui du toreau cōceut & enfanta le crueux [...]
notaurus est bien digne dauoir tel mary comme toy. Ce [...]
pas merueille selle ta laisse pour le toreau, lequel on au[...]
plustost a pitie & doulceur ploye que toy. O mō pere N[...]
le bon & vaillant roy prens maintenant iuste punition d[...]
desloyalle fille. Et vous murailles trahies par nostre faul[...]
esiouyssez vous de noz maulx que a droit meritōs. Par q[...]
toy qui as vaincu par nostre crime ensuys le crime. La fu[...]
rien ne ta proffite, ingrat de mes merites ie te suyuray
tout, & iamais iour de ma vie ie ne te laisseray. Lors sall[...]
la mer apres le roy Minos par force damour, & tant se es[...]
tua que la nef de Crete rataignit ou elle se tint aux ongle[...]
aux mains. & ainsi le suyuit longuemēt nageant. Nisus [...]
re Scylla nouuellement mue en espreuier, voyant sa fille

res a bec & a ongles tant q̃ en la mer labbatit ou elle se fust
noyee se ne eussent este les dieux. Lesquelz par leur courtoi-
sie nõ pas par sa desserte la muerẽt en aloette. Celle porte sur
sa teste huppe du cheueul fatal de son pere q̃ elle couppa &
sembla. La sourdit la guerre de lespreuier & de laloette.

❦La conception de Minotaurus.❦

M inos le noble roy de Crete auoit a femme Pasiphe
de hault paraige dauoir & damys. Moult sestoit
nature penee delle former en beaulte. Elle estoit
fille du soleil: oncques nature ne sceut pourtraire
plus belle delle. Pour sa grãd beaulte elle pleut moult au roy
Minos. Mais oncq̃s la destoyalle ne luy porta foy ne reuerẽ-
ce, car elle auoit le cueur muable faulx & traistre & plain de
mauluais voloir. Tresmal fut en elle sa beaulte employee.
Car onques fẽme ne fust si pleine de toutes mauluastiez. Pa-
siphe donc par sa deshontee & desriglee volupte ayma vng
toreau. Car vng iour estoit Pasiphe aux fenestres de sõ hault
palais. Si regarda vers la prarie, & vit entre plusieurs vaches
vng toreau fier & coraigeux lequel elle auisa & choisit par
dessus tous aultres, moult luy pleut sa beaulte & son fier con-
tenemẽt. Tant le regarda la desnaturee folle que son amour
fut si esprinse enuers la beste, que maĩt souspir luy en fit faire
& que moult la contraignit la bestialite qui en elle estoit. La
chetiue en trẽblant fremissoit, tressuoit & souuent en muoit
couleur. Tant la demena la rage de sa mõstrueuse cõcupiscẽ-
ce & detestable sensualite q̃lle en mist son seigneur en oubly
qui moult laymoit. Lamour du toreau faisoit la folle Pasiphe
toute fondre & ardoir, elle de ceste raige ne se voloit retraire
ains pẽsoit tousiours cõmẽt & par q̃l engĩ elle le peust auoir
& en iouyr a son fol plaisir, & en oubly mist nature, lignae-
ge, franchise & feminine noblesse. Elle sen alloit es prez pour
de pres regarder ce quelle desiroit de loing. Et si cuielloit
herbes q̃lle luy dõnoit. Bien leut peu le toreau baiser & en
faire a son vouloir, mais sa nature nestoit pas de faire ce q̃lle

F ij

LE HVYTIESME LIVRE

requeroit. Si laiſſoit Paſiphe ſeule et ſen alloit auec les autr
vaches deduire, ſi auoit Paſiphe telle douleur que on ne
pourroit dire quant le thoreau pour les vaches la laiſſoit,
qui tout ſon confort eſtoit, ſans lequel elle ne pouoit ne ſc
uoit viure.

La ſubtilite de Dedal⁹ pour ſatiſfaire a lin
humain deſir dune femme.

Ouuent ſe pignoit Paſiphe & moult ſe metto
en grant peine de ſe cointoyer & parer de to
ornemens pour complaire a celluy thoreau, cu
dant que aucune pitie deuſt auoir delle qua
pour luy veoit ſa face pale & eſtaincte. Souue
le deprioit & requeroit & ſe mettoit deuāt lu
Elle nauoit memoire, raiſon, ne meſure, ne entendement
elle. Car ſelle en euſt eu, ſcauoir deuſt que delle nauoit la b
ſte cure & quelle y perdoit ſes prieres. Et fiſt vng tel blaſr
a elle. A ſon ſeigneur, a ſon lignaige & a dame nature.

DV GRAND OLYMPE. Fueillet. XLIII.

phe laiſſa ſes chambres pour aller auec les beſtes es prez &
montaignes. Moult penſoit de paracheuer & parfaire ſa
meſchanſete. Et tant quelle requiſt lengin & conſeil de De‑
dalus qui moult ſaige charpentier eſtoit, comment elle pour
oit paruenir a chief de ſon oultraige: ceſtuy luy fiſt a ſa re‑
queſte vne vache toute de fuſt, Et la fiſt couurir du cuyr du‑
ne vache q̃ le thoreau aymoit, puis entra dedans. Le thoreau
qui vit le fuſt couuert du cuyr de la vache, cuyda que ce fuſt
elle vache quil deſiroit,ſi ſen alla a elle aſſembler, et conceut
Paſiphe du thoreau. Et quãt le terme fut venu denfanter elle
deliura dung monſtre, demy homme & demy thoreau, ce
mõſtre fut appelle Minothaur du nõ Minos & du thoreau.

Ors eſtoit Minos quãt on faiſoit ces choſes en
la guerre contre ceulx Dathenes pour la mort
Androgeus ſon filz venger. Leql̃ fiſt tant par ſa
proueſſe & force que ceulx Dathenes vainquit
& ſubiuga & fiſt venir a ſa mercy & obeiſſan‑
ce. Ilz ſe accorderent a luy de tenir leurs terres
& ſeigneuries de luy, & ſi luy promirent a enuoyer tous les
ans vng de leurs barõs en Crete, duquel il feroit ſon plaiſir.
Quant la ſeurte de toutes ces choſes fut prinſe, Minos ren‑
dit aux dieux leſveux q̃ promis leur auoit, puis au retour ſen
vinſt lye & ioyeux de ſon gaing & de ſa victoire, mais brief
apres eut douleur & yre au cueur quant lenorme & grant
meffaict & ladultere inhumain de ſa femme vit. Il trouua en
ſa chambre le monſtre qui la honte & ladultere delle mon‑
ſtra. Minos pour le enfermer fiſt faire par Dedal la plus mer
ueilleuſe maiſon que oncques fut faicte. Tant y fiſt voyes &
chemins, & tant de deſtournemens, & tant ſon entendement
y miſt que celuy qui eſtoit dedans autant plus quil cuydoit
iſſir, dautant plus eſlongnoit il de lyſſue. En celle maiſon nõ
mee Labyrinthus fiſt le roy Minos le moſtre enferrer.

F iij

LE HVYTIESME LIVRE

Le Labyrinthe, & de la deffaicte du
Minotaure par Thesee au moyen
la belle Ariadne.

Inos contraignit les Atheniens & leurs hom
nez & a debuoir naistre luy enuoyer & de
urer chascū an par sort vng de leur nobles ſa
nul en excepter ne donner auantaige non p
au grand que au petit, ne au seigneur que a
subgect. Mais celluy q premier trairoit le ſor
fust enuoye en Crete tantost & sans delay pour du monst
estre deuore sans nul respit. Long temps demeura le mō
stre enserre ou il deuora & occist maint noble Atheniē
iamais ne sen fust saoule. Ia estoient passez trois termes,
couint enuoyer plusieurs pour payer cestuy mortel tribu
Le roy Minos eut deux filles pucelles belle & gēte de corp
Laisnee auoit nom Ariadne, & laultre Phedra. Theseus l
thenien qui pour acquicter le tribut au quart terme estoit
fort escheu sur luy filz du roy Dathenes. Et qui tant esto
esprouue en prouesse & vaillance alla en Crete.

DV GRAND OLYMPE. Fueillet. XLIIII.

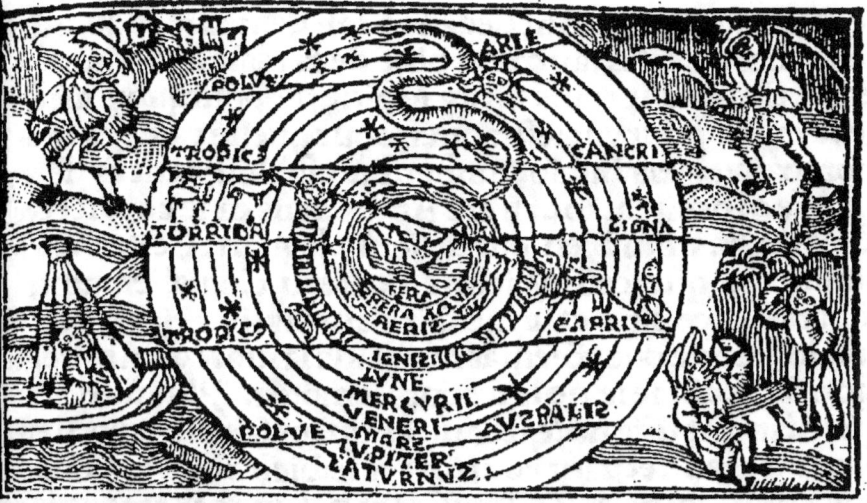

Vant Theseus fut prest pour aller payer le mortel tribut, deffendre ne len peut le roy son pere, ne to⁹ les nobles Dathenes. Theseus print cõge du roy son pere qui forment se complaingnoit pour la beaulte de son filz qui tãt estoit doue des dõs de nature & de sa vaillance & en espoir de ne le iamais veoir se pasma au cõge prendre. Quant Ariadne ouyt dire que ceulx Dathenes enuoyoiẽt leur tribut en Crete elle vint au port auec grand cõpaignee de dames & damoyselles. Si tost q̃lle vit Theseus duq̃l par auãt elle auoit ouy recorder les merueilleux & nobles faictz grandemẽt luy pleut sa beaulte, & moult regretõ son labeur, & son deffinement. Amours luy mist son dart au cueur si parfond, que a peu desia elle ne se pouuoit contenir, & cõmẽca a faire les cõplainctes seullette, disant ainsi. O Theseus mon cher amy, se renõmee ne mẽt soubz le ciel na filz dhõme mortel qui soit pareil a tavaleur, laq̃lle par tẽps & en brief sera finee puis q̃ tu auras passe la porte de ceste ifortunee& mauldicte maisõ derreur, dõt oncq̃s nul

F iiij

ne retourna. Celluy qui dedans a son demeure, te aura tā[tost]
mis a mort. Certes iay grant pitie de ta male aduenture, pui[s]
redist. Et a quelle cause en ay ie pitie ne pourquoy me cha[n]
ge le cueur pour vng estranger, pour quelle cause as tu de [sa]
mort paour Ariadne: folle amour te esbahist: petit as de rem[em]
brance q̄ occirent tont frere Androgeus or le cōparēt ceul[x]
et les aultres qui bien ont desseruy la mort. Certes se seroy[t]
dommage que cestuy ieune & beau cheualier portast e[t]
cōparast la coulpe et le meffait dautruy. Ie le sens & le vo[y]
tant loyal que onc cōsentāt ne fut de la mort de Androge[us]
mon frere, dōt se ie ne le secours il mourra. Plus dure seroy[e]
que diamant se ie ne le secouroie quant faire le puis. Il est no
ble, tant preux et tant courtois que bien pour sa bonte luy
doy faire secours, et si est aussi tant bel que par amour le do[y]
aymer et aussi fais ie. Aymer? ay ie songe? ou mon cueur e[st]
fol quāt aymer vng estrange homme vueil & follie villain[e]
faire auec lennemy de mon pere. Et non fais? car par maria
ge me prendroit quant il verroit que par mon sens & engi[n]
il auroit le monstre occis, & par moy sa vie sauuee & afran[chy]
chy son royaulme, & son peuple de mortel tribut. Las dit A[ri]
adne que dis ie? sil peut si meure, & eschappe sil peut? Pou[r]
quoy iroye ailleurs q̄rir seigneur, quāt en ceste terre pu[is]
choisir a mon vouloir. Mais helas aultre ne pourroye eslire
tant me pleust ne qui tant eust de valeur. Cestuy auray ne a[ul]
tre ne quiers, et si luy ayderay a occire le monstre cruel & i[n]
humain. Eschapper peut se ie luy ayde, & si non mourir le c[ō]
uient, car contre le monstre durer ne pourroit, & se occire [le]
pouoit si ne scauroit il trouuer lyssue. Ie le deliureray si me
rendra le merite sil veult, car auec luy me emmenera en
cōtree ou receue seray pour royne et dame. Hee comme i[ay]
pensee grande follie, car aultremēt yroit, Quant deliure l[a]
soie il sen yroit sans moy, & me lerroit toute seulle et esg[a]
ree & ainsi demoureroye sans amy en pays hayneux pour [

DV GRAND OLYMPE. Fueillet. XLV.

desloyaulte. Certes ie croy que non feroit, ie prendray sa foy
et si seray seure de son amour. Haa Ariadne lairras tu donc
ques ta seur Ieune que tant aimes, quelle nature seroit ce?
nenni ia ne la lerray, ains auec moy lemmeneray. Ainsi pen
soit et repensoit Ariadne disant comme celle qui a soy mes-
mes pas nestoit, mais a amour. Nonobstāt elle sefforcoit que
damours ne fust esprinse, mais rien ny valut: car aymer la cō
uint. Contre le dieu damours et sa puissance ne pouoit resi-
ster ne force auoir. Quant Ariadne vit que riens ny valoit sa
deffense, lors sapensa comment a luy porroit parler quil ne la
tinst pour folle, si quist occasion laquelle elle trouua tantost,
puis vint vers luy et dist. Amy Theseus cestuy q̃ vo⁹ a icy en-
uoye vous a mis et liure a grant danger: car iamais ne vous
rēuerra vostre pere, tost vo⁹ aura le monstre deuore & occis.
Et quant par aduenture le monstre auries par vostre proesse
occis. Si ne scauries vous issir de la mayson, se autre que
vous ne vous adressoit. Par auant vous y ont plusieurs vail-
lans hommes este desquelz oncques nul ne retourna. Cer-
tes iay de vo⁹ grant pitie, Nompourtant se ie voloie par mon
sens bien vous en deliureroie, se men voliez rendre bon
guerdon, lors luy respondit Theseus. Dame cueur et corps
francheme͂t vo⁹ dōne, et vostre vassal en seray tous les iours
de ma vie se a ce besoing vo⁹ me aydez & secourez. La da-
me adonc dist a Theseus. Chier amy Theseus a frere & sei-
gneur vous retiés, Et affin q̃ seure de vo⁹ soye en vostre terre
me menerez quāt de ce mortel & dāgereux peril vous serez
deliure, vo⁹ me ꝓmettez de moy espouser & prēdre a fēme.
Tout luy ꝓmist Theseus & luy en iura to⁹ les dieux et deesses.

Lors dist Ariadne a Theseus son amy. Theseus mō
amy cher maintenāt suis toute vostre. Si est raison
que apres voz conuenances et promesses ie vous
ayde & vous secoure comme sans faulte feray. A
lors elle luy bailla de la paste composee de gluz, de poix, &

LE HVYTIESME LIVRE

de colle & luy dist. Amy quant le monstre viendra vous en
gloutir,& que il beera la gueulle pour vous deuorer gettez
luy sans arrest ceste paste dedans la bouche si lestranglerez
tantost, puis luy copperez la teste. Et ie vous attendray a la
porte & vous tiendray ceste pelote de fil que vous emporte
rez auecques vous. Et par ainsi vous trouuerez lissue en en
suyuant ce fil. Apres ces parolles & promesses des deux ay
mās. Theseus entra hardiement en la prison ou il assomma
& tua le monstre qui par auant auoit occis les Atheniens.
Et ainsi acqēta le truaige des citoyens Dathenes, puis par le
seignement du pelotō de fil, yssit hors de la prison, & trouua
Ariadne qui a la porte lattendoit, dont il fut moult ioyeulx.

Vant Theseus eut occis le monstre Mi
notaurus & fut yssu de la merueilleu
& mortelle prison par laide & enseign
ment de la belle Ariadne, il se mist co
ment en sa nef auec Ariadne & Phed
sa seur. Et tant singlerent & errerēt pa
leurs iournees, quilz arriuerent en lis
de Chie, ou ilz prindrent port & y ssir

DV GRAND OLYMPE. Fueillet. XLVI.

de la nef pour prendre aulcun repos. Les damoiselles estoiēt moult lassees & trauaillees de nager en la mer, comme celles qui oncques nauoient tel labeur esprouue. Illec sendormit Ariadne, laquelle Theseus laissa dormant & emmena la ieune Phedra de laquelle il fist samye en mettāt en oubly Ariadne & les biens quelle luy auoit faict auec la grande amour dont elle laymoit, dont il semble a tous amoureux quil mesprint tresgrandement. Ariadne demoura dormant, encores pour celle cause la mer dont Theseus se partit & ou il laissa Ariadne ha a nom la mer Ariadne. Quant la belle sesueilla, forment se esmerueilla, & moult estoit esbahie de ce q̄ seulle se trouua; si se commenca fort a plaindre & souspirer en disant, Ha Theseus pour quelle cause me as tu en trahisō delaissee, Bien tost as oublie le bien & lamour que ie tay faict, tu es par moy guery de la mort, ne eschapper ne pouuoyes, dont mauluaisement me guerdonnes. Tu te acquittes tresmeschamment enuers moy & as pariure tes dieux, qui eust pensé que̍ si beau corps cōme tu as eu si tresdesloyal cueur.

ARiadne demena tant son dueil que Bacchus q̄ estoit roy de la contree par aduenture cōme il sen alloit en esbat deuers la mer la trouua. Si luy demanda & enquist la cause de sa douleur, qui elle estoit & qui lauoit la amenee. Belle la veit & aduenante, si luy en print pitie. La damoiselle qui bien apprinse estoit, luy respondit du tout a la verite, puis luy requist en nom de gentillesse q̄ delle dolēte & esgaree voulsist par amour prēdre pitie. Bacchus q̄ fort considera & regarda sa noblesse la reconforta moult & lemmena en sa cite prochaine, ou il lespousa a grand ioye. Theseus lauoit desauancee, & Bacchus lexaulsa.

¶ La fuyte de Dedalus par lair, & de
la mort de Icarus qui mourut par
oultrecuydance.

LE HVYTIESME LIVRE

La fuitte de Dedalus par lair,& de la mort de Icarus qui mourut par oultrecuydāce.

Dedalus qui auoit este prins en Crete & q grād desir auoit de sen fouir & aller en sa paternelle terre.Lequel Minos auoit longuemēt tenu prisonnier pour la destoyalle & desnaturee oeuure quil auoit faict faire a sa femme Pasiphe, Cestuy Dedalus sappensa vng iour puis q par mer & par terre Minos luy contredisoit son retour,quil sen voleroit par lair, si cōmenca cōtre humaine nature emploier son sens a voler par lair. Sur luy accumula, assembla & ioingnit grandes plumes lesvnes par fil & les aultres par cire ou par ciment si ordonneement comme les oyseaulx naturelz les ont. Dedalº auoit vng filz qui peu scauoit que telles pennes pouuoiēt valoir,mais grād desir auoit dē auoir & essaier comment ayder sen pourroit. Resembler vouloit a son pere. Si print plumes a assembler. Et quant elles en furent faictes & accouplees Dedallus en bailla deux a Icarus son filz,& deux aussi en retint pour luy. Puis ilz se mirent a voler par lair,& le pere apprenoit son filz comment il se contiendroit

DV GRAND OLYMPE. Fueillet.XLVII.

n volant.Mõ filz difoit Dedall⁹ ne vole ne trop bas ne trop
ault,mais tiens apres moy la moyennevoye,car fe trop bas
oles la mer qui te appefantira,te mouillera, & deffeichera
ar fon humidite tes plumes.Et fe tu voles trop hault la cha
eur les te bruflera & te fera ius trefbucher.Et aifi fe tu veux
enir le chemin, il te conuient venir par le moyen aps̃ moy
ans toy defuoier ca ne la,ne trop bas ne trop hault.Car aul
remẽt viẽdroys a ta fin.Le pere print a larmoyer p̃ amour&
ar pitie q̃l auoit a fon filz & le baifa,mais oncques puis ny
ecouura. Il voloit par lair deuant & fouuẽt il fe retournoit
õe celluy lequel moult grand doubte auoit & paour de per
dre Icarus fon filz. Moult fouuent en volant luy prioit de
echief q̃ en volant apres luy tenift la droicte voye & fe maĩ
enift comme luy.Ceulx qui par lair les veirẽt voler,fen efba
hyrent & efmerueillirẽt moult,pafteurs,pefcheurs,& labou
reurs cuidoient tous quilz fuffent dieux q̃ ainfi par lair peuf
ẽt voler.Maintes terres eurent trefpaffees.A feneftre laiffe
rent Samye & Delon.& deuers dextre laifferẽt Celice ou le
bon miel croit.Lenfant en volant apres fon pere fe oultrecui
da,fi laiffa fon bon pere cuydant feurement voler a fon plai
fir.Il faccueillit & print fon vol hault enuers le ciel,tellemẽt
que lardeur du foleil le furprint qui la cire tãtoft fondit dõt
es plumes tantoft fe defioingnirent & deffirent.Icar⁹ mou
uoit fes bras,mais riẽs ne luy valoit quãt fes plumes q̃ defioĩ
ctes eftoient auoit perduees.Il trefbucha en mer,& en cheãt
comme tout,efperdu print a appeller fon pere.Pour Icarus
qui fe noya & perdit eut celle mer nom Icarie. Quant De
dallus ouyt la voix de fon filz qui fe noyoit,il fe efcrya cõ
me plain de dueil. Filz ou es tu alle,en quelle terre te pour
ray ie chercher ie qui tant te fouloye aymer.Il regarda enui
ron luy,& vift les plumes floter fur leaue que a fon cher filz
auoit donnees.Si print a mauldire & excommunier la mer,
difant que fon cher filz luy auoit foubftraict.La marine at

LE HVYTIESME LIVRE

trahit le corps au riuaige, & la lensepuelist le pere & mist[e]
terre a tout grans pleurs & grans gemissemens.

La conuersion de Talus
en vne perdryx.

PEndant que Dedalus enterroit so[n]
filz grant dueil demenant la pres des[us]
vng arbre estoit Perdix q moult ioye[ux]
estoit du dueil qui luy veoit deme[ner]
qui nagueres estoit ainsi change. C[e]
Perdix fut filz de la seur de Dedalu[s]
sappelloit par auant Talus qui pour a[p]
prendre lart & lusage du mestier d[e]
Dedalus se mesloit le mist auec luy. Lenfant ne auoit e[n]
res q̃ douze ans passez, & si estoit moult subtil & ingenie[ux]
le mestier luy plaisoit moult si mist sa cure a appre[n]dre ce q[ue]
son oncle luy cõmandoit. Il trouua premierement lart de [la]
re compas & la sye a syer boys. Dedalus q grãt enuye a[uoit]
de ce que son nepueu apprenoit et prouffitoit si biẽ du so[n]
met dune haulte tour luy fist prendre vng si beau sault q[ue]
son engin rien plus ne luy valut. Mais Pallas q moult a[uoit]
en grace le sens et lengin que Perdix auoit, quant de la to[ur]
le vit verser, pitie & cõpassion luy en print, si retint en lai[r]
damoisel quil ne cheust, & ainsi deuint oyseau qui tout[e]
legieriete & son engin retint aux piedz et aux pennes. C[e]
stuy oyseau est isnel et affaitie, ne vole si nõ bas. Car il cra[int]
tousiours de cheoir, si comme il fist anciennemeut. Basse[r]
volle vers terre, & en terre aussi fait son nyd et põd ses oe[ufz]
mais tant est sot q̃l oublie ses oeufz, & ne luy souuient de [les]
couuer. Dedal[us] vit en Cecile, & illec le vit reqrir Minos
ce darmes, mays Eol[us] q sa fille tenoit se cõtint leallemẽt v[ers]
luy. Car doulcement le secourut & garãtit vers ses ẽnem[is]

DV GRAND OLYMPE.　　Fueillet. XLVIII.

La chasse du sanglier de Celidoine, & des amours de Meleager & de la belle & gualiarde Athalanta.

Vant Theseus le roy dathenes eut acquitte le mortel tribut de Crete, comme icy vous auez ouy moult sen esiouyrent les barons de toute la terre Dathenes et le commun peuple quant p̃ sa noblesse & vaillātise les auoit deliurez de seruitude. La cite fut toute paree & aornee de courtines dor & dargēt & de pierres precieuses. Par les rues furēt estendues plusieurs paremens & les temples furent paŕez de courōnes dor esmaillees. Tous honnoroiēt Iuppiter & Mynerue la batailleresse, & leur offrirent & presenterent deuotement sacrifices & dons acceptables, sang daigneau & fumee dencens espandoient & si faisoient a la nouuelle espouse ioyeuse chiere et grant feste. Toute la cite estoit pleine de liesse & demenoient grands esbatemens.

LE HVYTIESME LIVRE

La renommee sespãdit & porta par tous les pays enuiron[la prouesse de Theseus le roy Dathenes, tellemēt quō ne p[ar]loit sinon de luy. Par toute Grece estoit congneu son no[m] craint & doubte. A leur grand besoing le aloiēt requerir l[es] voisins. Pareillement les estrãgiers lesquelz il secouroit sa[ns] cōtredit. Adonc estoit la gent Celidonienne moult esbahy[e] & luy requirēt ayde a leur besoing. En leur terre y auoit v[ng] sauluaige porc qui grand dommaige leur faisoit. En Celid[oi]ne lauoit enuoye Diane qui trop se doubtoit du roy qu[i a]uoit despitee.

Eneus le roy de Celidoine auoit grand terre[,] grãd demaine, & moult estoit riche dor & d[ar]gent & de gens puissans. Il aduint vng temp[s que] sa cite fut de fertilite toute pleine de vins, [de] bledz, de miel & de tous aultres fruictz. Sac[rifi]ces & dons diuins offrirent a plusieurs dieux [&] deesses, fors que seullemēt a Diane que en oubly mirēt. P[our] celle occasion transmist Diane sur Celidoine q[u]elle hayoi[t] prēdre griefue vengeance le porc sauluaige qui tout destr[uy]soit, prez, vignes, bledz & boscaiges. Et moult fist daul[tres] cruelz dommaiges. Il ny laissa bestes a estrangler. Pour d[e]struire ce fier pourcel plain de rage fist Meleager assembl[er] du royaulme denuiron tous les barons. La sassemblerent p[lu]sieurs cheualiers de Grece & des aultres regions voysine[s que] Meleager auoit semons, tous sassemblerent en Celidoine[. Ca]stor & Polus freres de Helaine: Iason & Theseus y furent [& auec] le fier Pyrothous sō amy, Ydas & les deux filz Cestie, par l[es]quelz telle chose fut brassee, dont Celidoine fut par apres d[e]struicte dont ce fut grand dōmaige. A celle assemblee fure[nt] aussi Lynceus & Acastus, Thelamon & Peleus qui puis [fut] pere Dachiles, & Iolaus, Euritiō, Lelex, Panope², Drias, P[he]nix, Pelas, Anceus, Ypasus, Amphicides, Nestor & Ahtal[enta] la plus noble & belle dame qui fust pour lors en tout le m[onde]

DV GRAND OLYMPE. Fueillet.XLIX.

Et plusieurs aultres qui semons y furent, desquelz ie ne [sçay] les noms. Meleager vit la damoyselle qui plus fine con[te]r auoit que rose ne fleur de lys, & si auoit en sa main l'arc [et] quois, & a son col la trousse pleine de flesches affilees & [em]belees. Si tost quil la vit de son amour fut tant espris quil [ne] pouoit durer, plusieurs laymerent qui aultre chose ne [en] aul[tre] bien nen euret que la mort. Cestuy Meleager en mourut [aus]si par apres, dont ce fut grãt dommaige, car mal employa [sa] courtoysie, sa vaillance & honnestete. Et ne sceut pas lon[gu]ement son amour celer, si dist a la damoyselle. Pucelle de [gr]and paraige la mieux ouuree de nature qui soit soubz le [ciel,] dieu vous ottroye bonne aduenture. Trop heureux se[roi]t & bien fortune qui vous auroit a son plaisir. A tant se [tu]t & ne vouloit de hôte plus parler deuãt les gens, & aussi [n'e]ust il pas loysir.

EN vne grand forest de arbres plaine lez vng pre, pres dung grand pendant tendi rent les barons leurs harnois & engins pour prendre le sanglier, puis descouple rent leurs chiens, & allerent par la forest pour espier le porc. La a celle male aduẽ ture au plus bas lieu de la forest ou les ordures de ce boscaige sespurgeoyent, [a]uoit vne fosse plaine de roseaulx, de ioncz, & de ronces. La [o]uuerẽt le porc qui se souilloit dedans le palus, si huerent. [Et] quant le porc les apperceut & ouyt soy huer, il se print a [he]risser, tellement que ses soyes sembloient estre dars. Et de [g]rand yre de la gueulle luy sailloit escume qui les fleurs & [a]ultres herbes ardoit sur quoy elle cheoit. Moult auoit le re[ga]rd rouge & horrible. Et les dẽs grãs & agus. Les barõs hue [re]nt la beste, & les chiens lalleret attaignãt, mais plustost que [p]uldre ne descẽd couroit la fiere beste par la forest, par telle [sort]e q̃ tout ce quelle rencontroit elle faisoit tresbucher, a luy

G

LE HVYTIESME LIVRE

deffendre point ne se faignoit. Plusieurs limiers malmist
& pourfendit,& maint aultre chien courant occist. Hechi
lança premier le dart cuidãt pourfẽdre le porc,mais point
lassena.Iason tira vne flesche apres:mais trop hault alla, si
lataignist point. Amphycides tenoit vng dart dacier priãt
Phebus que grace luy donnast de ferir le porc,& Phebus
troya, si le ferit,mais pas ne le blessa,car le dart cheut a ter
Quant le sanglier sentit le dart de ire & de raige fut trop
meu, si print a getter feu & flambe par la bouche, & sem
tit en la presse de tresaprement courir contre ses ennemi
Lors mist a mort deux damoiseaulx Eupalamon & Palago
& Enesimus se mist a fuyr pour sauluer sa vie,mais peu l
valut, car le sanglier q̃ le suyuoit lattaignit au genoil & l
rompit les nerfz & labbatit mort. Si eust il fait a Nestor, d
Troye eust este asseuree de luy, mais il q̃ moult estoit habi
sallit sur vng arbre. Le porc par grand ire alla ferir larbre
le rompit bien plain pied. Puis ferit Thetidẽ si luy romp
vne cuisse & labbatit a terre.

DV GRAND OLYMPE.　　Fueillet.L.

Astor & Polus cheuauchoient sur deux bons cheuaulx blans, & huyoient tous deux la beste & lanceoient deux trenchans dars dacier dont bien le peussent auoir occis sil ne se fust feru au parfont boys de la forest en vng lieu ou dars ne le pouoient attaindre ne ou les cheuaulx ne pouoient courir. Apres le porc couroit Thelamon, mais a vng roc saecrocha & cheut don a peine se desueloppa, mais redresse en fut par son frere. Ce pendant Athalanta blessa le porc soubz loreille, tellement que le sang luy decouroit par la vue. Ce coup & la playe vist premierement Meleager qui celle part regardoit, dont il fust moult ioyeulx pour lamour quil auoit a la belle. Et dist aux barons que elle auroit de cest strif lhonneur & la victoire. De ce eurent les barons honte. Si se renforcerent de getter saiettes & dars a si grand turbe que lung destourboit & empeschoit laultre. Lors sauanca Anceus contre le porc, & haulsa vne hache par grand fierte en parlant come home plain dorgueil. Damoiseaulx & seigneurs dist il apprenez leql pourra plus ou home ou femme. Point ne a Diane a ceste fois tant de vigueur ou vertu quelle puisse le sanglier garantir q ie ne luy face le coup mortel senz, ne ia dieu ne len pourra guerir. Moult grade folie dist & pensa quant il mesdisoit de Diane. Il ne eut pas sa raison finee quant il demoura pendu vers le ciel, & le porc q le vit sapproucha & luy pourfendit les flans, tellemet q les entrailles luy heuret. Pirothous lespee au point suyuit le porc de pres, & Theseus luy escria de loing. O mon cueur, ma ioye, & mon cofort ne tapprouche de lenemy. Trop mettroies ton amy a descofort se par ta folie & oultrecuydace mouroyes, Anceus est mort p so hardemet. A tat laca Pirothous le dart vers le porc moult rudemet dot blece leust se neust este vng rainceau de nefflier q le coup retint. Iason laca vng dart aps le porc, mais pas ne le toucha, ains attaignit vng laurier. Et lors Meleager

G ij

LE HVYTIESME LIVRE

se hasta & lanca au porc deux dars, du premier ne lattaignit pas. Mais du second lattaignit au dos. Qui lors le vist de ire & de raige escumer & grater la terre des piedz de deuant,& se entortillier & pourtourner ca & la biẽ le debuoit doubter. Meleager luy tint pied, le glaiue au poing, & le porc qui ne le doubtoit, ne sesloingnoit ains contre luy couroit. Lors fut la bataille entre eulz grãde & pereilleuse. Mais le porc en la fin fut abatu tout mort, dont la compaignie print fort a crier de ioye apres Meleager. Moult sesmerueillerent de la grandeur du porc. Et encores ne losoyent les aulcuns bonnemẽt approcher: ains le regardoyent de loing. Et les aulcuns furẽt qui ensanglanterent leurs dars pour auoir part a sa mort. Meleager plus nattendit. Du porc print la teste & leschine & los frit a Athalanta qui premieremẽt lauoit blece, dont plusieurs en furent doulens & par enuye en prindrent a murmurer. Les deux chetifz ne peurẽt ce dueil souffrir, si escrierẽt a Athlanta. Femme metz ius la proye, car tu ny as point de droit ou tu cõpareras cher ta beaulte ou tant te fies. Ia ne ten sera garant celluy qui ten fist le present. Lors luy tollirent voyant Meleager qui ainsi les auoit ouy menacer dont il fust si dolẽt que souffrir ne le pouoit, si leur dist tout esprit de raige. Ha traistres apprenez quelle difference il y a entre faire & menacer. Adonc tira son espee, si en ferit Plexippus son oncle en la poictrine & labbatit a terre mort. Toxeus veoit sõ frere mourir dont il auoit grand dueil & grand paour. Et ne scauoit q̃ faire de fuyr ou le venger, mais Meleager sauanca vers lui & loccist de la mesme espee quil auoit laultre occis.

꧁ Les regretz de la mere de Meleager
pour la mort de ses deux freres q̃
son filz auoit tuez, parquoy
machina sa mort.

DV GRAND OLYMPE. Fueillet. LI.

Au temple eut grande deuotion pour faire sacrifices & oblations aux dieux pour la victoire du porc fanglier. Althee y alloit biē ioyeufemēt pour Meleager fon filz qui le porc auoit occis, mais quāt elle vit fes deux freres mors fa grāde ioye luy tourna en parfaict dueil. Elle deueftit fa robe & puis fe reueftit de noire vefture. Affez furent qui la verite de celle occifion luy compterent & dirent. Et quant elle le fceut grand partie du dueil quelle auoit prins en fon cueur laiffa, & cōmenca a penfer comment elle pourroit fes freres venger. Tant pēfa Althee quil luy fouuint que en vng fien coffre auoit vng tifon fatal, qui luy auoit efte donne & enuoye de trois deeffes fatalles q̃lle auoit garde deflors q̃ de Meleager eftoit en traueil. Lequel tifon eftoit ainfi deftine q̃ iufques a tant quil feroit ars ne pourroit Meleager mourir, & auffi riens ne le pouoit garantir fi toft comme le tifon brufleroit. Althee alla querir ce tifon, puis fift faire vng grand feu comme celle qui eftoit forcenee. Vne des fois luy venoit en couraige de bouter le tifon au feu pour icelluy ardoir. Aultreffois le regardoit par pitie maternelle qui la reconfortoit, moult eftoit difcordable en fa penfee, ire & douleur luy ramentoyent la mort de fes freres que fon filz auoit occis. Et daultre part pitie ladoulciffoit remonftrant que trop feroit amere mere de deftruire & occire fon ppre filz. En fon cueur tenfoyent feur & mere, moult luy faifoyent ces deux chofes auoir penfees diuerfes & cōtraires. Aulcuneffois trembloit & apaliffoit par pitie qui de la part de la mere venoit. Et quāt de fes freres luy fouuenoit dangoiffe efprenoit & toute rougiffoit. Vne heure alloit le vifaige felon & horrible & fe prenoit a menaffer. Aultreffois lauoit fimple & pitoyable. Tous ces fignes auoit Althee qui defcoulourer la faifoyent. Ores ploroit & tantoft menaffoit. Ainfi vacilloit fa penfee comme la nauire en mer qui eft affallie des deux parties de cruelle

G iij

LE HVYTIESME LIVRE

tempeste & de vent. Lune heure va auant & laultre arriere
Tant dura la bataille au cueur Althee, quelle saccorda a se
freres venger & a destruire pour eulx Meleager son filz qui
les auoit mis a mort, & ainsi veger les mors par sa mort.

❧ La mort de Meleager la vie duquel ne tenoit qua vng
tison demy brusle que la fee auoit fatalize.

Vx deesses fatalles dist Althee. O
deesses ie me complains de raige
Tournez voz yeulx en sus affin q̃
ne voyez cestuy sacrifice. La mor
de mes freres vueil venger par l̃
mort de mõ filz. Lung mal vueil a
iouster a lautre, Oeneus seroit moult
ioyeulx de ce dont mon pere e
moult dolent & ire. Il vault mieul
que eulx deux se plaignent ensem
ble. O mes freres qui cy gisez mortz, pour vous vueil ie oc
re mon filz. Vueillez recepuoir en gre cestuy sacrifice. Pui
dist. Haa cõment feray ie telle chose vers mon enfant. Ie v

DV GRAND OLYMPE. Fueillet. LII.

orie freres pardõnez le moy, car pour riens ie ne le feroye cõ
bié quil aye defferuy la mort, Et cõmēt redift elle aura il dõc
mis mes freres a mort dont dolente fuis & fi nen fouffrira ia
peine, ains fera roy de Celidoine, & fe efiouyra de la perte de
mes freres. Pas ne vueil que a mon dõmaige pourchaffe leur
mort. Tant ma le defloyal courroucee quil en mourra. Ne ia
de la mort ne luy fera fon pere garãt, ne le royaulme auquel
il pretēd. Helas q ay ie en pēfee, ou eft la pitie que naturelle
mere doit auoir enuers fon enfant, ceft mõ filz & neuf mois
lay porte en mon ventre. Biē le voulfiffe auoir occis ou auore
te le iour ql nafquit, deformais vift il par ma fouffrance, mais
briefuement aura la pugnition de fon meffait, deux fois luy
ay faulue fa vie, ores la luy ofteray, ou il me occira de fa main
dont il a mes freres occis. Certes bien vouldroye eftre morte
mais ce ne peut eftre, ie ne fcay que faire. Ores me fouuient
de mes freres: & ores me reuiēt la pitie de mon filz, Haa fre
res il vous occift, fi locciray. Et moy apres, ainfi fuyuray ie vo
ftre mort. A ce mot ne attēdit plus Althee, ains getta le tifon
au feu ardant, & tourna fa face quelle ne vift fi grande crude
lite. Toft print le tifon a ardoir au feu qui point nardoit feul,
ains par fon arfure en ardoient deux.

Eleager fe efprenoit tout comme fil fuft a vng
feu, & ne fcauoit dont cefte chofe luy venoit,
ne garde ne fen prenoit. Il fentoit grãd deftref
fe & grand douleur, mais tant auoit de valeur
que fa douleur alloit furmontant. Grand ire &
defpit auoit de ce que en fi grãd martyre mou
roit, car de plus en plus luy croiffoit fon mal. Mieulx aymaft
de eftre mort en la bataille auec Anceus lorgueilleux q fe
tua. Son pere, fon frere & fes feurs reclamoit. Et auffi fa me
re par qui celle angoiffe luy venoit. Et fur tous aultres
moult regrettoit Athalanta famye pour laquelle il auoit
moult le cueur trifte & dolent. Le feu du tifou croiffoit, &

G iiij

LE HVYTIESME LIVRE.

aussi croissoient les doleurs, & le alloient angoissant. Briefuement lung fut ars en cendres, & lautre mort & mis a sa fin. Mort receut Meleager le courageux par la cruaulte de sa mere dont ce fut grant dommage, destruicte fut a dueil la fleur de toute Celidonie. Sien furêt les Celidoniens moult dolâs. Leur dommaige & perte plouroient tous vieulx & ieunes, dames et damoyselles moult longuement. Oncques ne fut fait tel dueil pour homme mortel. Oeneus en eut molt grât dueil, si sen alloit douloufant par les champs et son visaige esgratignant, & la mauuaise mere qui le meudre auoit fait se occist mesmes apres son filz. Qui auroit mille langues bié parlans & eussent autant de sciêce que oncques la terre Gregoise soustint, si ne pourroient elles bien diuiser le dueil que les lasses & dolentes seurs firêt. Leurs chiefz battoiêt & leurs poictrines & senclinoient sur le corps, si le baisoient. Là nauoit ioye ne delict. Le corps fut ars & mis en cendre & enterre sans plus darrest en vng marbre bien entaille, q̃ ses seurs arrousoient bien souuent de leurs larmes, car leur dueil ne pouoient celer. Auec luy voulsissent bien estre mortes & enterrees, de dueil senfuyrent toutes & sent volerent par lair tristes & doloureuses & deuindrent oyseaulx nommez meleagres pour leur frere Meleager, & leur vindrêt neufues pênes fors a Gorge y a Dianire. Et Thideº issit de la côtree exille plain de dueil & dangoisse, cestuy estoit filz Althée côsentât a la mort de Meleager son frere. Pour laquelle chose il fut enchasse a honte du royaulme de Celidonie, & sen fuyt a emblee en Arges ou il se tint longuement.

⁂ Du retour de Theseus
de la chasse du sangler,
& du logis de
Achelous.

DV GRAND OLYMPE. Fuillet.LIII.

Ependant Theseus apres la prinse du grand sanglier vouloit retourner vers Athenes, mays Achelous luy fit barrire et luy ferma le chemin par ses flotz & luy pria ql seiournast auec luy troys ou quatre iours tant que les flotz fussent retraitz qui estoient hors de leur canal, car tant estoient fiers que tout ce quil encontroient estoit perille par les ruisseaulx venans des montaignes impetueusemēt. Pour escheuer ce peril Theseus alla en lhostel Dachelous q estoit pare dyerre et de vertes herbes. Achelous q vouloit ses hostes festoier les fist seoir a table. Pirothous a senestre & les pl⁹ anciens a dextre. Les nymphes les seruoient nudz piedz & bient garnissoient les tables de vins et viandes estoyent seruis en estat seigneurial. Quant ilz eurēt assez mange et beu par loysir on leua les tables, et les barons allerent lauer leurs mains & puis on opporta le vin. Theseus pour soy solacier regarda vers la marine & vit en la mer cinq ysles, tant pres lune de lautre quil ny congnoissoit diuision. Lors enquist & demanda quelle ysle il veoit la & quel nom elle auoit. Et Ache

LE HVYTIESME LIVRE

lous qui bien scauoit son nom respondit & dist. Cinq isles
ou lieu q̄ vous voyez & chascune a este femme, mais nou-
uellement les ay faict Isles pource quelles me despiterent. Il
fut vng iour quelles sacrifioient de dix veaulx, & les dieux
Agrestes auoient conuiez. Si firent grand feste, & moult y
eut de gens, mais oncques ne leur souuint de moy qui leur
prochain voisin estoye. Aduint que ie mē courroucay & en-
flay trop durement, & si subitemēt me esleuay a tout les e-
ues de ma riuiere qui trop est orgueilleuse, que ie arrachay
enuiron moy boys & bledz, & furent de mes vndes & flots
celles qui sacrifioient toutes enuironnees. Lors celles qui
tant mauoient oublie furent en grande doubte & peril de
noyer, si leur souuint de moy, mais ie fis tant mes grās flots
tournoier que auec moy fis en mer estandre, & fis fendre la
terre en cinq diuers lieux. Or sont deuenues cinq Isles qui
sont nommees Eschinades. Et celle aultre que tu vois plus
loing en cestuy cuignet assise en la mer parfonde fut Per-
mele la belle fille au felon Ippodamas laquelle ie souloye
dis aymer & la despucellay. Quant Ippodamas louyt dis
par grand ire la bouta en mer. Et quant ie la vy floter sans nu
uire en peril de mort, amyablement la prins & la portay e
mon flotement, comme celle qui trop ne pouuoye aymer,
priay au dieu Neptunus quil eust pytie de la belle: q pour
mon amour perilloit par la crudelite de son pere. Mais vr
telle Isle en composast que mes eaues a tousiours lembras-
sent & enuironnassent. Neptunus en signe doctroy crosla
teste. La belle estoit en grand ennuy & en grand doubte
perdre la vie. Non pourtant tousiours flotoit sur mer. Et ie
uironnoye & soustenoye a mes bras. Sa poictrine sentoy
mouuoir de la grāde paour quelle auoit. Et nonobstāt ain
comme la belle tastoye ie sentoye son piz en sa poictrine
durcir tousiours de plus en plus. Et tant en la fin sendurc
quelle ressembloit bien estre pierre. Le cueur, le corps &

DV GRAND OLYMPE. Fueillet.LIIII.

es membres de la belle furent trestous couuers de terre. Et
tant est la terre creue en peu de temps que elle est grāde Isle
deuenue.

☙ La repeue de Iuppiter & Mercure en la maisonnette du bon Philemon & de la vieille Baucis.

Tous ses bahyrent ceulx qui veirent la merueille que Achelo⁹ leur racomptoit, mais Pirotho⁹ ne creoit point que ce quil disoit erst veritable mais tenoit tout a truffe & a mensonge & disoit que les dieux nauoiēt puissance de faire telles mutations, & si gaboit & mocquoit ceulx qui ce croyoient dōt ses bahyssoient to⁹ les aultres & disoiēt q̄ grād tort auoit en desprisant les dieux, car ilz croyoiēt biē ce q̄ dict auoit. Et pour plus esmouuoir a croire q̄ sans doub te les dieux ont toute puissance, parla Lelex, qui daage, de cueur & de māiere estoit meur & prudēt. Et dist en telle maniere. La diuīe vertu est trop grāde elle na ne fin ne cōmēce mēt. Toutes choses peuuēt les souuerais. Et pource q̄ mois

LE HVYTIESME LIVRE

en doubtez. Ie vous diray chose trop esmerueillable. En vng Tertre de Frige vy vng chesne encloz en vng bas mur, car la suz enuoye par mon pere qui grãd terre y auoit, pour ses tribuz leuer & recepuoir, plusieurs fois fuz en celle terre. Vng estãg y a parfond qui iadis fut terre habitable & maintenant est plain de boue & de ioncz. Or oyez que la en celle terre de Frige aduint. Iuppiter qui sur to9 est le roy & le tres puissant y vint iadis en mortelle forme, & y amena son cher filz Mercure, muceans leurs esles comme estrãges pelerins. Plus de mille hostelz chercherent & requirẽt que oncques ne peurẽt estre heberger en maisons, fors en vne poure maisonnette estroicte & basse couuerte de roseaulx, en laquelle auoit seullement vne vieille femme saige & piteuse, & vng vieillart de egal aage qui des leur enfance y estoient assemblez, & y auoient demeure sans auoir aultre hostel toute leur vie. Ceulx nauoient point plante de richesses, mais en volente paisible y auoiẽt leur pourete soufferte, si leur auoit moins greuer. Le preudhomme auoit nom Philemon, & la femme Baucis. Tout leur temps vesquirent tous deux paisiblement ensemble sans rioter ne courroucer. Leãs nauoit seigneur, ne dame ne seruant, fors eulx deux, qui seigneurs & dame estoient secourans lung laultre amiablement sans cõmander & sans contredire. Ainsi se contindrent & estoient tenus tout le temps de leur vie.

Vant les celestes vindrent illec les chiefz enclins entrerent en leur maisonnette, car aultrement entrer ny pouuoient. Sur vng poure lict quilz auoient les fist reposer Philemon, & la femme par deffaulte daultre couuerture leur courut mettre sur eulx vne couuerte de petite valeur. Puis alla au feu pour alumer, & y mist escorces & fueilles seiches & du boys sec apporta. Puis mist au feu le pot plain deaue boullir. & le bon hõme luy apporta des choux

DV GRAND OLYMPE Fueillet.LV.

[q]uil estoit alle cueillir au iardin,& celle les appareilla. Puis [de]spendit a vne fourchette vng dos de bacon qui pendoit a [v]ng tref. Philemon vng petit en tailla & le mist cuire auec les [ch]oulx. Baucis se hasta le myeulx qlle peut pour appareiller [la] viande. Et tandis parloient ceulx ensemble pour eulx de[d]uire & solacier. Philemon print vng grād vaisseau de boys [q]ui par lance pendoit a vng clou, & dedans mist eaue chaul[d]e & en laua leurs piedz, ceulx le souffrirēt assez doulcemēt, [p]uis se assirent sur vng faissel de mousse verte, & sur vng cha[r] couuert de vieilles nattes, & non pourtant si vieil qi estoit [p]as nestoient accoustumez de le mettre fors aux iours solen[n]elz. Assis furent au manger & la viande fut preste. Baucis [p]ar vieillesse tremblant sappresta de mettre la table laquelle [a]uoit vng pied trop cour si crostoit. Mais la vieille courut [m]ettre soubz le pied vng testz & torcha le banc de mente q [es]t herbe odorifere. Puis mist la viande sur la table. Ilz eurēt [d]e premiere assise cormes emmiellees & bayes. Puis eurent [ra]is & choulx, mol frommaige & oeufz molz & cuitz en la [ce]ndre. Si ny eut vaissel que de terre ou de fust, ne le plus ri[c]he hanap de leur hostel, & le pot ou le breuuaige estoit, ne[st]oit pas a refuser. Il estoit de fust bien ouure. Puis eurēt leur [ta]rt & leur poree, & vin fres. Quant a leur gre furent seruis [&] desseruis de ces premiers metz, on leur donna nois & noi[s]ettes: dadeles, prunes, & pommes, & au dernier noirs rai[s]ins, & miel, & auec ce la bonne chere & le bō feu qui la viā[d]e tout amēda. Et combien quilz fussent poures dargent, si [a]uoient ilz le cueur large & voulente riche. Ilz despartirent [d]e leurs biens ioyeusement & largement selon leur possibi[li]te. Et sachez que tant ne scauoient verser du vin q les potz [n]e fussent plains par diuin miracle. Et quant ce miracle [ap]perceurent les viellars tresesbahys en furent. Et lors a ioi[n]tes mains les adourerent, & prierent que pardonne leur [f]ust, ce que si peu leur auoiēt done. Ilz auoient tāt seullemēt

LE HVYTIEME LIVRE

vne oye laquelle ilz voulurent incontinent appoincter pour festoyer les dieux, mais l'oye seffroya & sen vola, & ceulx la chafferent tant quilz la trauaillerent durement, En fin l'oye qui doubtoit la mort fuyt pour foy garantyr aux dieux qui la deffendirent, & qui fe reuelerent aux bonnes gens en difant. Dieux fommes fans faulte. La mauuaife ribauldaille q recepuoir ne nous voulurêt en recepuront la peine quilz en ont defferuie. Et vous ferez quittes et hors du dommaige pour voftre bonne & faincte vie. Or lairrez vous voftre habitacle fi viendrez auec nous en la haulteffe de ce monde. Lors fen allerent les dieux & ceulx fapprefterent de les fuyuir de pres, chafcun deulx dung bafton fappuyant en la montaigne a leur pouoir monterent. Point nauoient plus a monter dung traict de faiette iufques au fommet de la haulte montaigne, quant ilz regarderent derriere eulx, fi veirent la terre & les gens confondre et periller en vng parfont abyfme. Tout eftoit comdampne fors feullemêt la petite maifonnette ou tant auoient les deux vieillars demoure. Et quant ilz veirêt ainfi tout perir, pytie leur en print fi en plorerêt & regreterent la perte de leurs voyfins & le trefbuchement de la terre. Lors virent leur vieille maifonnette deuenir haulte et ample & muer en nouuel temple, puiffant de pilliers & couuert dor par appert miracle, Portes entaillees y auoit, & grandes tourrelles. Le temple eftoit richement paue de pauemêt marbrin. Quant Philemon & Baucis virent ce ilz fe mirent en oraifon. Iuppiter dit amiablement a Philemon et a Baucis. Gent faincte et pitoyable, bonne, digne et benigne que vous fault, requerez ce quil vous plaift & faicte vous fera. Lors defcouurirent ceulx leur defir; et dirent. Sire plaife vous par voftre plaifir que dorefenauãt nous foyons en ce temple que la nous voyons, & que fouuerains en puiffõs eftre a toufiours. Et pour ce que amyablement & en paix auons vfe tout noftre temps enfemble fans villennie et fans riote, vueillez que

DV GRAND OLYMPE. Fueillet.LVI.

us soyós tousiours en semble,& no⁹ prēgne la mort a vne eure:& a vng iour.Si nous sera ioye de ce que lũg ne voye mort de laultre. Et affin que en peine ne en tristesse ne ye denterrer mamye ne elle moy.Leur priere fut octroyee. ant quilz vesquirent furent souuerains du temple, & pre es de loracle,& vesquirent moult sainctement,& quant ce int a leur fin que plus par nature ne peurēt viure au monde s dieux esquelz ilz auoient mis leur cure a seruir pour par ur grace desseruir:ne les vollurent pas metre en oubly.Car ng iour si comme dit la letre deuant leur temple la ou ilz doroient racomptans leurs aduentures que en leur temps uoient eues & veues & regrettans le dōmaige qui sur leurs oisins estoit aduenu.Baucis regarda Philemon couuert de ieilles belles & vertes,& Philemon vit Baucis en telle ma iere couuerte.La furent eulx deux tous couuers de fueilles xcepte les visaiges tant seulement. Mais auant que cou ers les eussent,alla lung commander a lautre a dieu.Et tan is quilz entendoient lung a lautre saluer leurs visaiges se rindrēt a couurir descorce darbres,car leur bōne vie & oeu re ne fut pas estaincte,Ains leur fut richement remuneree, ar beaulx arbres & vers deuindrēt couuers de fleurs & de ueilles. Les gens de la le me monstrerēt & men cōpterent aduenture & le miracle.Et certainement ie vis les arbres de ant le temple,ou il auoit plusieurs vers chappeaul pendans ue les pelerins y mettoient pour lhonneur & pour la reue ece de eulx.Et ie qui auoye aucũ espoir & pēsoye aucũ biē desseruir a eulx seruy & honnorer,y mis chappeaulx de di uerses fleurs pour faire aux deux dieux reuerence. Et dist q̃ elluy q̃ veult lamour du dieu desseruir,doit hōnorer ceulx ui dieu seruent & honnorent : & droit est que on les serue onnore,& doubte.

☙ La punitiō de Erisichtonius pour auoir couppe le boys de Ceres.

LE HVYTIESME LIVRE

Elex fina sa raison, dont tous ceulx de la cōpa
gnie se smerueillerent, & mesmement These[us]
qui le miracle & le pouoir des dieux auoit [en]
grande reuerence, & qui entetifuemēt lau[de]
escoute. Achelous dessus son coste luy racō[pte]
dung aultre miracle & dist. Plusieurs sont q[ui]
renouuellent leurs semblances vne seulle fois qui plus [ne]
peuent changer celle forme quilz ont par nulle maniere q[ue]
ce soit. Et aulcuns qui diuersemēt changent leur figure, le[ur]
forme, leur cōtenāce & leur nature: si cōme Protheus le di[eu]
qui repaire en la mer, q̃ se peult faire par diuerses mutatio[ns]
iouuēcel, lyon, sanglier, beuf, serpēt, pierre & arbre. Vne h[eu]
re est eaue courāt: & aultre heure est beste deuorant. Ainsi [se]
change & desguise en mainte guise, la fille de Erisichtoni[us]
Cestuy Erisichtonius fut plain de rage & de cruaulte, si [ne]
voulut faire aux dieux reuerence, ains desprisoit eulx et le[urs]
puissances: & fist par sa dessoyaulte detrēcher le grand bo[is]
Ceres q̃ par apres chier luy vēdit, cōme ie vos diray. Au bo[is]
de Ceres la deesse eut iadis vng grand chesne gros & ra[me]

DV GRAND OLYMPE. Fuillet.LVII.

...ein de sainctete, ou les gens de la terre se souloiēt a grand
...esse vmbrayer pour querre ayde & salut, & mesmement y
...uloient les dames moult humblement & de cueur deuot
...ffrir lune vng chappel, laultre vne fleur, & si faisoiēt enuirō
...aces & festes sur la verte herbe. Larbre auoit cinq toises de
...oys gros, & de si haulte longueur q̄ on ne trouuoit si long
...oys q̄ moindre ne fust. Mais oncq̄s le fol enrage ne se vou
...t abstenir de le violer, ains fist venir ses seruiteurs pour lar
...re coupper & rōpre. Et quāt doubter les vist de son cōman
...emēt faire, il mesmes print ireemēt la coignee, & dist. Se Ce
...s estoit cy en presence si nauroye ie mercy de larbre, car
...us voulētiers locciroye que ne copperoye larbre lequel tan
...st feray tres bucher. Lors cōmēca a ferir le chesne pour cou
...er, & le chesne cōmenca a trembler & a gemir. Les fueilles,
...s glans & les rainceaulx de douleur perdirēt leur verdeur.
...u premier coup quil frappa au chesne le sang en degouta a
...us grand ruysseau q̄ se il fist sacrifice dung grāt toreau.

Oult doubterent & seffrayerent ceulx qui ce
virent & sen esbahyrēt durement. Il y eut aul-
cuns qui luy voulurent oster la coignee pour
sa felonnie destourner. Mais il les regarda tres
felonneusement & a trauers. Et lung en print
& luy couppa de sa coignee le chief, en disant.
...rens le loyer de ton seruice, puis de rechief vint au chesne
...ur sa cruaulte paracheuer. Lors fut vne voix ouye du ches-
...e qui dist. Tu qui as entame ma nymphe agreable de Ceres
...deesse des bledz aymee, trop est ton mauluais cueur trou-
...le, quant pour courroucer ma dame & ma maistresse me
...ulx cōme enrage desrompre & despecer, mais Ceres la tres
...onne te fera cher comparer ton emprinse & ton oultrage.
...est ce q̄ me resiouyra & cōfortera quant te verray en ce par
... & ainsi ie le prophetize. Oncques pour celle voix le felon
...u cueur enrage ne se daigna abstenir ne retraire de parfair

H

LE HVYTIESME LIVRE.

sa tresgrande desloyaulte. Ains desrõpit & detrancha l'a[rbre]
& si le fist a cordes tresbucher & abatre. Lequel arbre en [son]
cheoir abatit & fouldroia le petit bois que estoit tout enui[ron]
luy. Les nymphes du bois en eurẽt merueilleusement gra[nt]
dueil, & en furẽt tristes et fort esbahyes. Si regreterẽt a gra[nt]
douleur le grand dõmaige du bois & le leur. Elles sassemb[le]
rent & sen allerẽt vestues de noir & fort esplourees & tri[ste]
deuãt la deesse Ceres, & se plaignirẽt a elle de Erisichtho[n]
& si luy prierẽt de cueur affectueusemẽt quelle luy enuoy[ast]
honte & dõmaige. Lors crosla la deesse Ceres sa teste qui [est]
belle & pleine de bledz, & dist q̃ si griefue vẽgeance en p[rẽ]
droit que oncques de hõme nen fut si cruelle prinse, car h[on]
teusement len destruyroit & feroit venir a male fin.

Source que il nappartient pas a la deesse Cer[es]
assembler ne cõmuniquer a Famine son enn[e]
mye, elle appella vne des nymphes qui de[uant]
elle estoit quelle enuoya en Scythie, & luy m[õ]
stra la voye & le chemin q meine a la mõtaig[ne]
de Caucasus au douloureux repaire la ou [Fa]
mine la chetiue a sa demeure en vng sauluaige lieu plein [de]
froidure & de destresse, loĩg de bois & de plains, ou bled [ne]
chose qui vaille ne croist. Car il nest bien que illec ne deffa[il]
le. La demeure Famine iaune & pasle & tremblant en vn[e]
le plaine de froidure la plus poure creature que on pour[roit]
trouuer en tout le monde laquelle sen alloit hersant contre
terre, sicomme celle qui moult se douloit & cueilloit & a[rra]
choit aux ongles & aux dens des herbes pour soy repais[tre]
dont moult peu en ce poure lieu trouuoit. Celle poure cr[ea]
ture auoit le visaige moult pale & velu, si auoit nom Fami[ne]
Elle auoit aussi les yeulx parfons au front creusez & mu[cez]
& la teste fort hericee, car iamais point ne la pignoit. E[lle]
auoit aussi les leures seiches, blanches & bleues; & les de[ntz]
pleines de rouille, de pourriture & de puanteur. Et si auoi[t]

DV GRAND OLYMPE. Fueillet.LVIII.

uyr du ventre transparant & tel q̄ parmy luy apparoissoiēt
es entrailles.Ses os estoient secz & sans aucune moelle que
oubx les courbes & tortues rains luy estoiēt. Et son ventre
uy estoit plat & fondu ou mucez estoient boyaulx vuidz &
n pis luy pēdoit.Elle auoit les cheueulx herissez & dressez.

Vant la nymphe vit famine legieremēt la cōgneut
mais elle la redoubta tant q̄ au plus loing que elle
pouoit elle se tint delle. Si lappella de loīg, & luy
dist de par Ceres la deesse ce q̄ dire luy debuoit, et
tost q̄ la nymphe la vit elle eut grād fain de māger. Quant
lle eut fait son messaige elle remōta incontinēt sus son cha-
iot & retourna par lair en Thessalle dōt elle estoit partie. Et
amine sappareilla dēsuyuir le cōmendement de sa cōtraire.
uis monta sur vng vent qui legieremēt lēporta, tant q̄ vint
la porte de la maison ou Erisichthoniꝰ estoit pour q̄ elle ve
oit. La dolente fain entra legierement en la chambre ou le
louton demoroit & dormoit. Lors estoit nuyt obscure, si se
epeut la fain au vētre & au cueur du dormant, & si fort lexpi
a q̄lle lēplist de famine. Quāt Erisichtoniꝰ eut dormy a grād

H ij

LE HVYTIESME LIVRE

puis muer en diuerses manieres. Ores suis serpēt, maintenā
suis riuiere, & puis deuiens toreau fier & puissant quant il
me plaist. Mais iay la dextre corne perdue dont dolent suis
du cueur amerement toutes les fois quil men souuient.
        ❧Fin du huytiesme liure.☙
    ❧Le neufuiesme liure du grand Olympe.
    ❧Le combat Dhercules & Dachelous pour
        la belle Deianira auoir.

Heseus senquist cōment Achelous auoit per
due la corne, dont fort cōmenca a souspirer, ca
pour icelle il auoit le front deffaict, toutessoi
Achelous q la teste auoit hericee & trecee enui
ron de roseaulx respondit a sa demande. Il me
grief dist il de racompter ma honte. Cōmēt d
ray ie la bataille ou ie fus vaincu & abbatu sans vergongn
non pourtant ia pour honte ne pour vitupere ne men taira
ains le vous diray & racompteray tout par ordre, ainsi que
bataille fut. Point ne me fut lait ne deshōneste de me rend
mat & vaincu, comme il meust este de courre deuant si va

DV GRAND OLYMPE. Fueillet.LX.

nt & si fort hōe cōe estoit celluy a q̄ ie me cōbaty & q̄ me uainq̄t. Grāt cōfort me fait ēcores la remēbrāce du vainqueur.

Eneº estoit celuy q̄ tint la dignite du regne de Celidoine, & de tout le pais dēuiron en si grād paix q̄ l ny auoit prince barō ne cheuallier qui ne fust a luy obeyssant. A sa deuise tint toute la terre paisiblemēt moult lōg tēps. Vne moult belle fille & bien apprinse auoit. A elle former auoit nature mise toute son entēte & sa cure: tellemēt q̄ a pei ne eust elle peu recouurer a en faire vne pareille. Sa belle fa çon, son cler visaige, son front cler & reluysant, ses cheueulx blōds, crespes & longs iusques au dessoubz de ses genoulx. Et si auoit les yeulx vers & riās, les sourcilz traictifz, le mētō ossely, bien faict, & gentement pourtraict. Le nez auoit bien proportionne au millieu du visaige qui a merueilles estoit bien couloure. La bouche auoit vermeillette, ses dens blan ches & menues, ses leures auoit vermeilles comme la rose au moys de may. Et a brief dire tout le corps auoit si parfaict q̄ deuise de langue ne le pourroit descripre ne racompter. Ce ste belle damoiselle ainsi formee a deuise auoit nom Deiani ra. Ne sçay se oncques la veistes, ne se oncques en ouystes parler. Elle fut courtoise & de grande renommee. Pour la quelle chose plusieurs grans seigneurs & haulx hommes fu rent de son amour esprins & la requirent a mariaige. Her cules le filz Alcmena qui auoir la vouloit se alloit vātant de ses victoires, pesses & vaillāces, & disoit au roy Oeneº p̄ ma niere de vāterie telles ou semblables parolles. Bō & trespuis sant roy le puisst & lhōneur de vostre fille seroit q̄ la me don nissiez a espouse & en mariaige, car la renōmee de mes pro esses & vaillāces est espādue p̄ tout le monde, & si suis de no bles parēs filz a Iuppiter le souuerain dieu. Et daultre part ie disoye q̄ myeulx la deuoye auoir que luy, car de Celidoine estoye & nō destrāge pays. Et si auoye possessiōs, richesses, &

H iiij

LE HVYTIESME LIVRE

meschief se sentit, car du lieu plantureux & habundant[e] partoit & tournoit la ou poure souffrette lattendoit, & [...] alloit. Erisichthonius qui encores gisoit au lict debatant [...] la faim ses leures & ses dentz & maschoit en vain, mais n[...] naualloit. Et quant il fut esueille il se leua moult hastiue[ment] & appella ses cuysiniers & ses seruiteurs, & leur comanda [que] luy apportassent a manger, car il sentoit merueilleuse[ment] grande angoisse de la faim qui le destraignoit. Tout ce qu[il] pouoit trouuer de bon en terre, en mer & en lair fist appo[rter] pour mãger, mais estancher ne pouoit sa faim, ains tant p[lus] mangeoit & engloutissoit, de tant plus saffamoit, & moin[s] saouloit. Il deuoroit plus tout seul q̃ tous ceulx de son p[ays] ne faisoient, tout ainsi que la mer recoit & boit toutes ea[ux] & si nen croist, & tout ainsi cõe le feu art la busche seiche tant pl⁹ q̃ on luy en dõne tant plus en art. Tout ainsi fu[t] plus villain, car tout ce quon luy apportoit fut par luy de[uo]re, & riens qui fust ne le pouoit souffire, car tant plus cõ[me il] mangeoit & deuoroit, de tant plus cherchoit & demand[oit] a manger. Encores pour ceste merueilleuse rage gasta il [tout] son meuble, & tous ses heritaiges tellement que plus nau[oit] que manger ne que despendre. Il auoit vne moult belle f[ille] nõmee Mestra laq̃lle il voulut vendre & en print les denie[rs] pour vaincre & assouuir sa faim, car a tousiours mais ne cess[oit] de manger. Sa fille q̃ estoit de grand pris ne vouloit en nu[lle] maniere estre subgecte ne serue pour tel dãger, si print a f[uir] son seigneur & escheuer son seruaige, & son maistre la p[rint] a suyuir, car de telle volloit auoir la saisine. Mais la belle q[ui] fuyoit deuers la mer tendit ses mains vers le ciel, & cõmen[ca] a reclamer le dieu de la mer disant en telle maniere.

LA belle dist. Sire Neptunus qui te daignas au[ec] moy gesir, & qui mõ pucellaige me ostas par t[on] bõ plaisir ie te supplie deliure moy de ce seigne[ur] qui ainsi me chasse hastiuement a me destrui[re]

DV GRAND OLYMPE. Fueillet.LV.

lors le dieu Neptunus qui lauoit aymee luy changea sa face & la mua en pescheur. Et pour yssir de suspition elle tenoit vne ligne en sa main,& son chief auoit enclin vers la mer,si comme ont ceulx qui acoustumeemēt peschēt. Lors suruint hastiuement le seigneur qui accheptee lauoit, & demanda au pescheur & luy disoit en ceste maniere. O pescheur que dieu te gard, & te doint grace de prendre tant de poissons que riche & puissant te facēt, dy moy quest deuenue vne iusne fille mal vestue & descheuelee qui tout maintenant par cy passoit. Lors celle qui par la grace de dieu & par sa mercy apperceuoit soy & son habit chāge. Certe preudhomme dist elle ie ne scay que nul ne nulle y venist, ne passast despuis le temps que ie y suis venu, & aussi ne puis pas regarder sur tous les passans, car ie ne prens garde fors a seullement pescher. A tant sen retourna le seigneur, & la belle se destourna qui grant ioye auoit destre ainsi eschappee. Ainsi la belle Mestra fut vēdue pour diuers deniers a plusieurs seigneurs & de tous elle se deffēdit & eschappa par diuerses formes, car lune heure volloit cōme oyseau, lautre heure estoit vache, cerf, ou iument sicomme il luy venoit a plaisir pour rapaiser la faim de son pere, mais riens ny pouoit faire qui y vaulsist, car tousiours alloit sa fain croissant de plus en plus q luy angoissoit.

Vant Erisichthonius neut plus q māger, & quil ne pouoit trouuer estrange matiere pour appaiser sa grāt fain, il print pour saouler son insatiable ventre a māger ses membres, & luy conuint son corps affoller, & briefuement a dire tout se mangea pour se nourrir tāt q mourir luy cōuint, que oncques ne le pouoit en nulle maniere par priere ne aultremēt deffendre la belle Mestra qui en tant de nouuelles formes se diuersifioit pour rassasier le glouton. Et moy dist Achelous qui des aultres vous ay dist me

H iiij

LE HVYTIESME LIVRE

puis muer en diuerses manieres. Ores suis serpēt, maintenāt suis riuiere, & puis deuiens toreau fier & puissant quant il me plaist. Mais iay la dextre corne perdue dont dolent suis du cueur amerement toutes les fois quil men souuient.

    Fin du huytiesme liure.
    Le neufuiesme liure du grand Olympe.
    Le combat Dhercules & Dachelous pour la belle Deianira auoir.

Heseus senquist cōment Achelous auoit perdue la corne, dont fort cōmenca a souspirer, car pour icelle il auoit le front deffaict, toutesfois Achelous q la teste auoit hericee & trecee enuiron de roseaulx respondit a sa demande. Il mest grief dist il de racompter ma honte. Cōmēt diray ie la bataille ou ie fus vaincu & abbatu sans vergongne non pourtant ia pour honte ne pour vitupere ne men tairay ains le vous diray & racompteray tout par ordre, ainsi que la bataille fut. Point ne me fut lait ne deshōneste de me rendre mat & vaincu, comme il meust este de courre deuant si vai

DV GRAND OLYMPE. Fueillet.LX.

...nt & si fort hõe cõe estoit celluy a q ie me cõbaty & q me vainqt. Grãt cõfort me fait ẽcores la remẽbrãce du vaïqueur.

Eneº estoit celuy q tint la dignite du regne de Celidoine, & de tout le pais dẽuiron en si grãd paix ql ny auoit prince barõ ne cheuallier qui ne fust a luy obeyssant. A sa deuise tint toute la terre paisiblemẽt moult lõg tẽps. Vne moult belle fille & bien apprinse auoit. A elle former auoit nature mise toute son entẽte & sa cure: tellemẽt q̃ a pei ne eust elle peu recouurer a en faire vne pareille. Sa belle fa çon, son cler visaige, son front cler & reluysant, ses cheueulx blõds, crespes & longs iusques au dessoubz de ses genoulx. Et si auoit les yeulx vers & riãs, les sourcilz traictifz, le mẽtõ ossselu, bien faict, & gentement pourtraict. Le nez auoit bien proportionne au millieu du visaige qui a merueilles estoit bien couloure. La bouche auoit vermeillette, ses dens blan ches & menues, ses leures auoit vermeilles comme la rose au moys de may. Et a brief dire tout le corps auoit si parfaict q̃ deuise de langue ne le pourroit descripre ne racompter. Ce ste belle damoiselle ainsi formee a deuise auoit nom Deiani ra. Ne scay se oncques la veistes, ne se oncques en ouystes parler. Elle fut courtoise & de grande renommee. Pour la quelle chose plusieurs grans seigneurs & haulx hommes fu rent de son amour esprins & la requirent a mariaige. Her cules le filz Alcmena qui auoir la vouloit se alloit vãtant de ses victoires, pesses & vaillãces, & disoit au roy Oeneº p ma niere de vãterie telles ou semblables parolles. Bõ & trespuis sant roy le ,puffit & lhõneur de vostre fille seroit q̃ la me don nissiez a espouse & en mariaige, car la renõmee de mes pro esses & vaillãces est espãdue p tout le monde, & si suis de no bles parẽs filz a Iuppiter le souuerain dieu. Et daultre part ie disoye q̃ myeulx la deuoye auoir que luy, car de Celidoine estoye & nõ destrãge pays. Et si auoye possessiõs, richesses, &

H iiij

LE HVYTIESME LIVRE

auoir plus que Hercules qui estrange estoit & non cōgneu
Et ainsi ne luy cōuenoit pour querir riche mary plain dhō
neur et de noblesse aller en estranges pays.

Andis que ainsi blasmoye Hercules pa
fierte me regardoit comme celluy q tou
ardoit de yre & de maultalēt, & tellemē
que bien cuydoit forcener se vengern
sen pouoit. Il ne peut plus longueme
restrener son courroux, si me dist fieremē
Vassal dist Hercules de voz reproches
blasmes ne quiers ou demande rendr
la parielle par parolles mais sçauoir vous feray briefuemē
de faict sans tencer ce que ie entens de faire. A tant & san
plus parler me courut Hercules sus en la presence du ro
Oeneus. Et moy q tant lauoye vilēne lait & hōte meust es
de fuyr & aussi q courageux & hardy estoie, me appareilla
pour deffendre mon corps, si ostay mon māteau de mō cō
pour mieulx a deliure me cōbatre, si assemblasmes lūg a la
tre moult fieremēt, car moult estiōs de grāt courage pour
mour de ladicte dame lōguemēt dura ceste luytte, tāt q H
cules de ire mua couleur & pallit. Lors sabaissa vers laraine
& print plaine sa main de sablō ql me geta au visage. Mou
me reqst & assaillit Hercules de grāde maniere, Mais oncq
ne me peut mouuoir ne tourner, car autant pesoie cōme vn
tour. Ainsi cōme les flotz de la mer ont acoustume de assa
lir & batre la roche pesāte, q ne fuit les assaulx diceulx par
pesanteur qlle a, aīsi ne me pouoit Hercules ca ne la remo
uoir ne traire pour chose quil sceust faire. Pour nostre alai
reprēdre nous eslōgnasmes lūg de lautre, & puis subitemē
nous rassamblasmes par grād rudesse. Oncqs ne fut pl⁹ cru
assault veu de deux toreaux pour lamour de la vache qua
elle est en sa saison, q nous fismes pour la belle Deianira. P
trois fois massallit Hercules que petit conquist sur moy, m

DV GRAND OLYMPE. Feuillet.LXI.

quarte fois il membrassa & entrelassa mes deux bras entre les siens, & si me serra le corps par telle haine & par telle ver[tu] quil mestoit aduis que plus serre neusse este entre deux ro[c]hes. Et tellemēt que leaue pour celle angoisse me decouroit [au] long du visage que tout le corps me mouilloit. Mais tou[te]ffois tant me destordy & mesuertuay, que de luy fuz deslye [&] deffait.

Ors le preux Hercules me print & tant me hasta quil ne me layssa mon alaine reprendre, si me pena moult & trauailla & si me saisit par la teste & me bouta de luy par telle vertu que voulsisse ou non allay la terre a genoulx baiser, & lors me saillit sur le dos. Quant ie vy q̄ riens ne me pouoit valoir, & q̄ force ne pouoye vers luy [a]uoir, decepuoir le cuiday par science et par art. Si me muay [e]n vng grant serpent, & me prins a remuer dessoubz luy tāt que luy eschappay a grant peine, si prins a siffler, mais lors q̄ Hercules vit ma trōperie & ma cautelle, tenir ne se peut de [r]ire, & en riant me dist. Moult petit prise ta decepte et ta cau[t]elle, iay bien apprins a surmonter plusfort lyō q̄ tu ne soyes [s]erpēt. Ie domptay dist il par mon effort les deux serpēs felōs & hideux q̄ne ma marastre auoit enuoyez a mon berceau pour moy deuorer & occire en mon ieune aage. Si descōfitz aussi Lhydre qui de diuerses testes estoit pourueu, & qui tant auoit de puissance que quant ie luy trenchoye lune des [t]estes deux autres luy en reuenoient incontinēt. Mais ce nō obstāt ie le mis a destructiō. Et toy p̄ ta mutatiō serpētine me cuides decepuoir maitenāt. A ce mot me courut sus Hercules & me prit par la gorge, & a ses deux mains si estroictemēt mestraignit & empoigna q̄ aduis mestoit q̄ on mestraigniſt de tenailles de fer, si me destordoye moult durement & vi gouereusemēt cuidant eschapper la puissance de mon enne[my]

LE NEVFIESME LIVRE

my mais il ne me fut possible. Adonc me transmuay en fi[gure de]
toreau sauuage & cruel, & en ceste figure mapprestay a la b[a]
taille. Lors me courut Hercules sus sans arrest, & me pri[nt]
par ma corne dextre & me tint par telle vertu qua terre de [mon]
chief mabatit. A ceste cheute euz ma dextre corne estrain[te]
& rompue laquelle les nymphes Naiades prindrent & le[m]
plirēt de fruitz, de fleurs & de choses aromatiques & lont c[on]
sacre en grande dignite aux dieux. A grand peine Achelo[us]
auoit finy son propos que va venir vne belle pucelle esche[ue]
lee qui estoit ceinte dune large ceinture q la corne plaine [de]
plusieurs & diuers fruictz leur presenta pour les festoy[er]
apres soupper.

Lendemain a soleil leuant sappresta Theseus de[s]
tourner sans arrest en Athenes dōt il estoit, &
mena ses compaignons auec luy, il ne voulut a[ten]
dre iusques a tant que les grans fleuues fusse[nt]
escoulez & retraitz de la grande & parfonde riuiere, qui e[n]
core surondoit & flotoit, ains sen alla auec les siens en A[the]
nes qui estoit de son demaine. Et Achelous demoura que[s]
cha dans leaue son chief escorne quil auoit enuironne de
misseaulx de saulx & de roseaux pour couurir son honte.
moult estoit dolent & triste de sa dextre corne q ainsi est
rompue. Mais encores ne luy mōtoit riens cestuy ennuy [en]
uers celluy quil auoit de la honte que Hercules lauoit v[ain]
cu en la presence et ou regard de la dame de laquelle il est
deboute. Oncques depuis ne vesquit vng seul iour que h[on]
te ne eust. Et encore luy pesoit plus la perte de samye dei[ani]
ra quil ne faisoit dauoir este vaincu.

La deffaicte de Nessus le centaure
qui voullut tollir Deianira a Her
cules. Et de la chemise
enuenimee q̄ Nessus
dōna a Deianira.

DV GRAND OLYMPE. Fueillet.LXII.

Vant Hercules eut a force de corps gaignee la belle Deianira la volut mener en son pays de Grece, mais au passer dune grãde riuiere fiere horrible & legiere en son coursil ne trouua ne pont ne batteau si eut grant doubte et soing comment samye passeroit. Lors estoit enuiron celle riuiere vng centaure nõme Nessus, lequel moult estoit nuieux de la grãde renommee que auoit Hercules par tout monde. Il vit Hercules qui auec sa nouuelle espouse cher choit le passage oultre la riuiere, pourquoy il pensa q̃ temps stoit de mettre fin a son intention. Quant le geant Centaure it la tresgrande beaulte de Deianira, moult la couuoita en on couraige, et pensa la maniere comment il la pourroit em ler & fortaire a Hercules si luy dist. O Hercules baille moy este dame de laq̃lle passer tu es si empesche, & ie la mettray oultre ceste riuiere sãs aucũ dãger: car ie suis grãt & fort, & si cay le passage. Et toy q es plain de force viẽdras biẽ apsnous ageãt le chemĩ q̃ ie tẽseigneray. Quãt hercules ouyt le geãt Cẽtaure ainsi pler, cuidãt ceste chose luy estre dicte par bõne oy, moult ioyeux de ceste presentation luy charga la belle ur le dos q̃ moult espouentee & effrayee estoit pour lea e qui grande, parsonde & impetuense estoit, & aussi pour la

LE NEVFIESME LIVRE

laideur & difformite du Centaure sur le dos duql elle estoit. La fist Hercules du loup le pasteur quāt la belle liura au traistre q de felonnie estoit plain. Hercules gecta oultre son an(?) & sa massue,& puis sans attendre saillit au gue tout vestu, & sans demāder la pl⁹ paissible eaue passa oultre hastiuemēt.

Ercules quant il fut passe oultre la riuiere tandis quil sabbaissa pour prēdre son arc & sa massue il ouyt Deianira samye crier en grād descōfort qui de ayde auoit grand besoing, pour le Centaure qui oultre son gre lemportoit. Lon luy escrya Hercules. Ha mauluais & desloyal traistre qui ta fait si hardy de vouloir rauir mamye & le soulas de mon cueur, certes ainsi ne lemmeneras pas. Car tost cō parras la force & la violence que tu luy fais, ne ia pour courir queffaces ne meschapperas, car ia tauray quant il me plaira, & ainsi que bon me semblera. Lors Hercules benda son arc, puis luy tyra vne flesche parmy la poictrine, dont le naura tellement que de laultre part apparut la poincte de la flesche mortelle. Et quāt Nessus se sentit ainsi attainct & naure de ire & dangoisse seschaufa, si se pensa & dist en soy mesmes. Maintenant contre Hercules ne puis aulcune deffence auoir ne la mort eschapper, car la flesche dont ie suis attaint est entoxiquee & plaine de venin. Mais bien sera cy apres vēgee ma mort, Car bien luy cuyde par temps rendre la parele. A tant sarresta Nessus & tira la flesche hors de son corps, & le sang de deux pars en saillist qui tous ses vestemens enuenima pour le venin qui auec le sang estoit mesle. Puis appella Nessus la dame & luy dist. Belle damoiselle dist il, pour voſtre amour me conuient icy mourir, mais pour cela ne vous en hairay, moult aymez voſtre seigneur. Ioye & honneur vous en doint dieu. Il a le cueur moult volage comme celluy qui par le monde va querant les aduentures, tost trouuera nouuelle amye, & vo⁹ laissera, mais biē vo⁹ en scauray

DV GRAND OLYMPE Fueillet.LV.

ōseiller. Vecy vne chemise laq̃lle vo9 luy baillerez pour've
ir, p̱vertu de laq̃lle il naymera iamais aultre q̄ vous, & ainsi
tiendrez en voſtre amour tant & tellement quil vous plai
a. Trop eſt femme muable & fole, trop legierement croiāt:
plus toſt ſon contraire que ſon bien, & auſſi toſt ſon dōma
e que ſon proffit. Bien cuyda Deianira que Neſſus ſon mor
l ennemy luy conſeillaſt & diſtverite & ſon treſgrād bien.
receut & print de luy la mauldicte & mortelle chemiſe p̱
n enhortement. Et bien & ſecretement la garda cōme cel
qui trop toſt creut le decepuable cōſeil de ſon aduerſaire.
qui bien cuydoit par le enhortement dicelluy garder la
nour de ſon mary.

☙ Les ſecōdes amours Dhercules enuers Iole la belle priſonniere.

S I cōe lhiſtoire afferme maintint Hercules lōg tēps
ſon eſpouſe Deianira ſans aultre accoiſtēr & alloit
pour ſa proeſſe exaulcer par le monde cherchant
aduētures, ou il conqueroit terres & regions, pays
prouinces. Sangliers, lyons ne monſtres qui mal feiſſent
ux hommes ne laiſſoit quil ne occiſt & deſtruiſiſt, & moult

en tua par sa grand hardiesse & force, & si parfist & ach[eua]
maincte grande & haulte emprinse. Il estoit saige bel [et de]
taille, & forme de corps par quoy il fist apparoir par tout [le]
monde ses proesses & vaillances. Et quant il eut au mon[de]
tant faict que plus ne trouuoit que besongner ne que co[ur]
rir, il sen alla mener guerre en enfer, & tant fist quil le des[pi]
sa & emmena le prince enchesne de grosses chesnes de f[er.]
Moult a amours grãde puissance quant des grãs seigne[urs]
& des plus puissans hommes du monde elle faict ses ser[ui]
teurs. Les orgueilleux fait humbles & courtois deuenir, [les]
couards faict hardis, & par cõtraires les hardis fait couar[ds.]
Ie dis ceste chose pource q̃ Hercules estoit vng iour en Th[es]
salle dõt nouuellemẽt auoit la seigneurie acquise, ou amo[urs]
luy fist vng si dur assault sans lance & sans aulcune arme[ure]
que dung seul regard le vainquist & le mist du tout en s[er]
uage, luy qui accoustume auoit de vaincre les aultres fu[t vain]
cu. Lors trouua Hercules son maistre qui oncques au par[a]
uãt nauoit trouue pareil. Biẽ luy fist amours sa force espr[ou]
uer qui lembrasa & poingnit tellemẽt q̃lle luy fist prend[re]
nouuelle amoureuse, ce fut la belle Iole sa prisonniere q[uil]
auoit trouuee en Thessalle a la conqueste dicelle.

Ercules tant ayma Iole & si tresparfaictem[ent]
pour elle mist en obly Deianira sa cõpaign[e]
espouse q tãt auoit aymee, & nõ pas elle seu[lle]
mẽt mist en obly mais toutes p[r]esses vert[us vai]
lances & forces, tellement que de luy mesm[e]
ne luy chailloit fors seullement de Iole sa n[ou]
uelle amye. La belle nauoit aultre seruante ne chamberi[ere]
a desuuyder les fuseaulx que Hercules, Bien destorne & [fer]
uoye amour ses subgectz & en faict ses ieux, & ses esbat[te]
mens. Bien estoit Hercules prins au giron damour, & mo[ult]
destourne de ses vertus & vaillantes proesses, quant il au[oit]
oublier sa force, sa hardyesse & son grand gouuerneme[nt]

DV GRAND OLYMPE. Fueillet. LXIIII.

...ur vne damoyselle la prisonniere. Et tant la craignoit & ...ubtoit que plainement ne losoit regarder au visaige, ains ...emissoit & trembloit quant elle par courroux le regardoit. ...as nest vng fol a blasmer se par amour folie: quant Hercu- ...s qui tant auoit de sapience, puissance & valeur fut si de- ...urne & si desuoye que la belle Iole ql aymoit le detenoit ...ubgect, & tellement le demenoit quil sabbaissoit souuent ...euer le fuseau, a filler, & prendre a son couste la quenoille ...samye, & fut si duit & si habile en cestuy art, quil scauoit ...e desuuyder la soye, & sassayoit au tissus faire, & point ne ...y desplaisoit carpir la soye on la laine de Iole son amye, & ...ssi la belle pour le faire encores pl9 embraser se paroit sou- ...ent en guise dhomme, & se vestoit de la peau dung grand ...on que Hercules souloit vestir pour assaillir les fors geans ...si portoit larc & la massue, & le carquois plain de flesches ...ont Hercules auoit faict mainctes grandes entreprinses. Et ...reillement faisoit elle a Hercules affubler tous ses habille- ...ens, & len paroit, & puis luy faisoit vestir sa robe & latour ...it a guise de femme. Et si laournoit de manteau, de pellis- ...n, de coeffe, de philãdre, de guympe, de coueuurechief & ...e chappeau. Simple & humble le trouuoit a faire du tout ...n commandement. En ce point alloiēt Hercules & Iole sa ...ye par les forestz & par les champs demenãs leur desduit.

Ant longuemēt dura ceste maniere da- mour entre Hercules & Iole, que Fanus vng dieu sauluaige qui auoit piedz & cornes de Chieure, auoit la belle Iole veue de drap de soye & dor vestue & de telz habillemens que a telle femme ap- partient. Celluy qui trop la desiroit sen vintvne nuyct ou ilz estoient lũg delez ...ultre en vng lict couchez si desguiseement vestuz, qui

LE NEVFIESME LIVRE

la belle auoit les veſtemens du baron Hercules, & il auoit
ſtu ceulx delle, & Fanus qui ſentoit leſticelle de folle amo[ur]
qui le cõtraignoit entra en la chambre, & print & embra[ſſa]
celluy qui veſtu eſtoit de la robe feminine cuydant q̃ ce fu[ſt]
Iole, ſi le voulut oppſſer & violer, mais quãt Hercules le ſe[n]
tit il le debouta arriere tellement, que a peu quil ne creua, [&]
a treſgrande peine ſe peut releuer de la terre, & quant Fan[us]
fut releue il a grand honte ſen fouyt le plus toſt q̃l peut.

☙ La mort du preux Hercules par la chemiſe
enuenimee que ſa femme Deianira luy enuoya.

Renõmee q̃ toutes nouuelles raporte vĩt a De[ia]
nira & luy racõpta de point en point leſtat [de]
ſon mary Hercules, & de tout ſon maintiẽt, [&]
cõme vne damoiſelle ſa priſõniere le detẽ[oit]
priſonnier en ſes amours. Celle le creut leg[ie]
rement cõme ont de couſtume les amoureu[x]
ſi ſe reclama & nomma mainteſfois cheſtiue & malheureu[ſe]
cõme celle qui tant de dueil & dãgoiſſe en auoit: que nul[le]

DV GRAND OLYMPE. Fueillet.LXV.

pourroit racompter. Nul ne scet que vault telle angoisse rs celluy qui de ialousie est entache, car il nest douleur pareille a elle. Deianira pour ces nouuelles perdit sens & aduis en cheut a terre côme toute pasmee. Et quant a elle fust renue a elle mesme se côplaignit moult longuement en dechirant ses mains & esgratignāt sa belle & tendre face, puis scria a haulte voix, & dist en telle maniere. Haa dist elle lasse doulente folle & poure que ie suis. Certes grandement se esprêt et abuse celle q en trop hault hôme met son amour, yeulx me vaulsist auoir prins mary de mô estat & côgnoissance, que me estre aliee a si grand homme côme est mon seigneur, car mieulx me aymast & cherist vng homme de plus as paraige & condition que celluy ne faict. Hercules ne ayme ne prise. A trop hault me suis prinse, Et pource me esdaingné mon espoux, & point ne mayme, ains a accoin̄e nouuelle amye & croy quil la veult faire cy venir. Mais elle y vient, ie pēse luy faire sentir mon maltalent, se a mes ains la puis tenir. Car au mōde nest chose que tant ie haye ie celle q lamour de mon seigneur ma tollue & fortraicte.

LE NEVFVIESME LIVRE

MOult fut Deianira dolente pour Hercules son mary qui auoit de nouueau accointe Iole sa prisonniere. Si sapensa le retraire vers elle de la chemise que Nessus le centaure luy auoit baillee a sa mort quant pour elle loccist Hercules. Deianira doncques venue en ceste pensee print tantost la chemise enuenimee & mauldicte, & appella son secretaire Lychas si luy bailla & luy cõmãda porter icelle pstement & sans arrest a son seigneur Hercules & luy donnast de par elle ce present. Moult cuidoit la dame biẽ ouurer & par ceste mauldicte chemise recouurer lamour de son seigneur. Pas ne scauoit le grant meschief que de ce present luy estoit de brief a venir. A tant sen alla Lychas le malheureux messagier & tant quist Hercules quil le trouua pres de samye, si luy presenta de par Deianira sa dame la mauldicte chemise ainsi que commande luy estoit. Hercules qui riens de la trahyson ne scauoit la print & la vestit. Et aussi tost quil leut vestue le venin sen alla tantost espãdre parmy son corps qui luy commenca a embraser la peau & les veines dont moult fut angoisseux. Mais par semblant refrenoit & soustenoit Hercules le mal tant comme il pouoit. Neantmoins croissoit de plus en plus son mal, & tellement que de la grande angoisse quil sentit il commenca a crier & a braire comme femme trauaillant denfant. Et quãt plus endurer ne peut la tresgrande angoisse, il se print a sa chemise rompre & deschirer comme forcene. Mais oncques pource nen peut piece arracher quil ne emportast de sa peau auec. Le venin de la chemise lardoit & luy brusloit tout le corps & les entrailles tellement que le sang luy boulloit & defrisoit sicomme faict le fer chault que on gecte dedans leaue froide.

DV GRAND OLYMPE. Fueillet.LXVI.

HErcules dõcques en cest estat cõstitue, ne se sceut
cõseillier ne aider en cestuy besoing, car le venin
luy brusloit toutes les êtrailles, & si luy cuisoit les
nerfz & retrayoit dõt il crioit de langoisse ql sen‑
toit & tēdāt ses mains vers le ciel dist contre iuno. O mara‑
stre de malice esiouys toy maitenāt en mõ martyre & en ma
pestilēce. Et se tu de tõ enemy q̃ tāt vois maintenāt êtrepris de
maulx & dāgoisse peulx auoir pitié ou mercy, se estre doy tõ
ennemy et se de riēs tay courrouce occismoy p̃stemēt, et me
oste de ceste vie qui me desplaist Car trop mieulx me plaist la
mort q̃ la vie, bõ gre te scauray se p toy mest la vie osteeȜ Tel
dõ peut biē dõner la marastre a sõ fillastre. Haa dieu mal fut
pour moy ma grāde valeur exaulcee quāt a si grāt douleur ie
meurs de honteuse mortȜ Oncques en mon viuant ne trou‑
uay qui me souyst, ne qui me peust cõtrester. Iay mis a mort
hydra a sept testes au palu de Lerne. Ie deffis le grant lyon de
Nemee aux prieres de mõ hoste Molorch⁹ le pasteur & vng
autre en Thessale, le sanglier de Menale en Archadie. Ie cõ‑
quis a course la serue de Parthenie aux cornes dor & piedz
fer, Les Harpyies stymphalides pres du lac Darcadie

I ij

LE NEVFVIESME LIVRE

MOult fut Deianira dolente pour Hercules ſō mary qui auoit de nouueau accointe Iole ſa priſonniere. Si ſapenſa le retraire vers elle et la chemiſe que Neſſus le centaure luy auoit baillee a ſa mort quant pour elle locciſt Hercules. Deianira doncques venue en ceſte penſee print tantoſt la chemiſe enuenimee & mauldicte, & appella ſon ſecretaire Lychas ſi luy bailla & luy cōmāda porter ice luy pſtement & ſans arreſt a ſon ſeigneur Hercules & luy dit naſt de par elle ce preſent. Moult cuidoit la dame biē ouurer & par ceſte mauldicte chemiſe recouurer lamour de ſon ſeigneur. Pas ne ſcauoit le grant meſchief que de ce preſent luy eſtoit de brief a venir. A tant ſen alla Lychas le malheureux meſſagier & tant quiſt Hercules quil le trouua pres ſamye, ſi luy preſenta de par Deianira ſa dame la mauldicte chemiſe ainſi que commande luy eſtoit. Hercules qui riē de la trahyſon ne ſcauoit la print & la veſtit. Et auſſi toſt qu leut veſtue le venin ſen alla tantoſt eſpādre parmy ſon co qui luy commenca a embraſer la peau & les veines dō moult fut angoiſſeux. Mais par ſemblant refrenoit & ſou noit Hercules le mal tant comme il pouoit. Neantmoi croiſſoit de plus en plus ſon mal, & tellement que de la grā de angoiſſe quil ſentit il commenca a crier & a braire cō me femme trauaillant denfant. Et quāt plus endurer ne p la treſgrande angoiſſe, il ſe print a ſa chemiſe rompre & dē rer comme forcene. Mais oncques pource nen peut piece racher quil ne emportaſt de ſa peau auec. Le venin de la chemiſe lardoit & luy bruſloit tout le corps & les entrailles ſ lement que le ſang luy boulloit & defriſoit ſicomme faict fer chault que on geéte dedans leaue froide.

DV GRAND OLYMPE. Fueillet.LXVI.

Ercules dõcques en ceſt eſtat cõſtitue, ne ſe ſceut cõſeillier ne aider en ceſtuy beſoing, car le venin luy bruſloit toutes les ẽtrailles, & ſi luy cuiſoit lea nerfz & retrayoit dõt il crioit de langoiſſe ql ſen‑ oit & tẽdãt ſes mains vers le ciel diſt contre iuno. O mara‑ tre de malice eſiouys toy maitenãt en mõ martyre & en ma eſtilẽce. Et ſe tu de tõ ẽnemy q̃ tãt vois maitenãt ẽtrepris de maulx & dãgoiſſe peulx auoir pitié ou mercy, ſe eſtre doy tõ ẽnemy et ſe de riẽs tay courrouce occiſmoy p̃ſtemẽt, et me oſte de ceſte vie qui me deſplaiſt Car trop mieulx me plaiſt la mort q̃ la vie, bõ gre te ſcauray ſe p̃ toy meſt la vie oſteeː Tel õ peut biẽ dõner la maraſtre a ſõ fillaſtre. Haa dieu mal fut pour moy ma grãde valeur exaulcee quãt a ſi grãt douleur ie meurs de honteuſe mortː Oncques en mõ viuant ne trou‑ ay qui me fouyſt, ne qui me peuſt cõtreſter. Iay mis a mort ydra a ſept teſtes au palu de Lerne. Ie deffis le grant lyon de Nemee aux prieres de mõ hoſte Molorchꝰ le paſteur & vng ultre en Theſſale, le ſanglier de Menale en Archadie. Ie cõ‑ quis a courſe la ſerue de Parthenie aux cornes dor & piedz de fer, Les Harpyies ſtymphalides pres du lac Darcadie

I ij

LE NEVFVIESME LIVRE

abattiz a flesches. Ie couppis la gorge au toreau furieux
miſſant le feu queſtoit en Marathone. Ie rompis la com
Achelous qui ſe changeoit en diuerſes formes. Diome
le tyrant & Buſiris le roy cruel par moy furēt occis. Anthe
le geant filz de la terre fut a la luytte par moy vaincu, Ie
uis les pōmes dor des Heſperides en tuant le dragon veil
qui les gardoit. Gerion le geant a trois corps fut par moy
ſpouille de ſon beſtial. Ie oſtiz la ceincture a la royne
Amazones. Cacus le larron filz de Vulcan gettant feu p
bouche ſentit ma main. Neſſus le centaure rauiſſeur de
mye Deianira tuis dung traict. Troye a eſte par moy deſ
cte. Heſione fille a Laomedon fut par moy deliuree du m
ſtre. Iay ſoubſtenu le ciel de mes eſpaules & ayde a Atlas.
ſurmonte Cerberus chien a trois teſtes & lay enchaine.
ques ne peuz eſtre conquis fors par Iuno ma maraſtre
touſiours a cherche & quis occaſion de moy dōmager, m
ores ſuis venu a ma fin par ce venin qui tout me bruſle &
& nen puis auoir gueriſon.

¶ La mort de Lychas qui porta la chemiſe
enuenimee a Hercules.

DV GRAND OLYMPE. Fueillet. LXVII.

Vant Hercules eut assez lamente sa pchaine mort sentãt le venin ineuitable se maintenoit cõme beste brute & insensible courant ca & la, L'une heure fremissoit, souspiroit, & gemissoit, maintenant gretoit sa robe comme celluy qui tout vif enrageoit pour venin qui lardoit & tiroit a la mort. Et cõe Hercules estoit telle destresse il regarda deuant luy & vit Lychas qui luy uoit le mortel present apporte. Lors la raisonna en telles paolles. Lychas tu mas apporte le present qui ma mis a mort, ais tu guerdon en auras tel que a tel present appartient. A nt le print Hercules par les cheueulx, & Lychas qui estoit oult esbahy luy cria mercy en soy excusant gracieusemẽt u mal qui luy estoit aduenu: mais riens ne luy valut. Car ercules le lanca en la mer Euboique & moult lõguement fist auant par lair balancer si que le corps en volant se deentit & enroidit cõme dur marbre. Droit en la mer Euboiue y a este veue depuis vne petite roche en semblãce dhome q lesgẽs appellẽt Lychas. Plus ne peut Hercules ẽdurer le rãt tormẽt et ardeur du venin q loppssoit, vng grant feu fist n vng boys. Son arc & ses flesches & sa trousse laissa a Philoetes son compaignon, car il ne volut point quilz fussent perillez ne perdͬ pource que les dieux auoient prædestine que ar eulx seroit vne autre fois la cite de Troye exillee, puis se oucha Hercules ou feu & mist sa massue dessoubz son chief aisant semblant que le feu luy plaisoit bien, & la mort auec flambe ont tantost le corps degaste.

La deification de Hercules.

Es dieux trembloient de paour pour le terrien vẽgeur qui estoit venu a sa fin. Et Iuppiter luy dist. ie recoy ioyeusemẽt ce dueil, & la desplaisance que vous auez de mon filz & de moy car ie tiens que tout ce quil aura fait soit bien ou mal. Il la faict a mon honneur, mais mestier

I iij

LE NEVFVIESME LIVRE

nest que on doubte de sa mort, car soiez certains que cel[uy]
qui a vaincu tout vaincra bien ce feu. Et Vulcan na pou[oir]
enuers luy fors a la partie quil a prinse de la mere. Ce q[ui]
tient de moy est eternel & immortel si le trairay de terre[,]
le deifieray au ciel dembas, & si lexaulceray tellement q[ue]
les celestes sen esiouyront de la grande ioye quilz auron[t].
Et se aucun y a qui nen vueille souffrir & qui de ce se co[m]
plaigne, ilz apperceuront quil auoit bien cest exaulceme[nt]
desseruy. Si ne lairront ia par enuye que malgre eulx ne [le]
louent. A ce que Iuppiter ouyrêt pour Hercules dire sacc[or]
derent tous les dieux & deesses, & mesmes Iuno fors que[l]
seulement elle se doulut de la derniere parolle cest que m[al]
gre elle & les autres il seroit adore pour dieu. Le mortel s[e]
gasta & deuora tout ce que en Hercules fut mortel: oncqs [la]
mort ne le deporta de rien nomplus que dung autre hô[me]
eust fait, si que riës ny demoura fors la force du pere. Et q[ue]
la mort se fut vers la chair acquitee ressuscita & fust tout n[ou]
ueau. Iuppiter son pere lëporta en vng chariot aorne de luy[-]
santes estoilles. Athlas qui le ciel soustenoit sentit biê la pe[-]
santeur du fais, & sicomme le serpent reieunist & renouu[elle]
le sa peau. Ainsi par la mort transitoire se vestit Hercules d[e]
gloire eternelle. Buristhe⁹ son ênemy nestoit poït êcore [a]
paise, ains sefforca de son filz confondre quant a luy adueni[r]
ne peut. Ainsi fut Hercules deifie es cieulx, mais auant qu[e]
les gens son glorifiemêt sceussent p tout fut sceue de la mor[t]
quil auoit receue. Moult en fit Iole grant dueil & moul[t]
esgratigna sa face & desrompit ses cheueulx et son beau visa[-]
ge, Mais petit est a priser dueil que femme face. Car grant [le]
fait de neant, elle rit du cueur & si pleure de loeil, & tant a[it]
elle grant dueil au cueur si la elle oblie en peu dheure. Tan[-]
dis que femme pleure son mary quon porte en terre, si pou[r]
pense elle pour en querre vng autre. Pour Hercules fist Iol[e]
grant dueil, mais tost trouua nouelle amour de Hyllus fi[lz]

DV GRAND OLYMPE. Fuillet.LXVIII.

Hercules qui la print en mariage dont il vint noble lignee.
¶ Le dueil de la mere Dhercules pour la mort de
son filz laquelle racōpte a sa nypse sa nayssance.

Eianira quant ouyt les nouuelles de la
mort de son seigneur,& par sa coulpe
elle se occist de la mesme espee que Her
cules auoit laissee en sa chābre Alcme,
na la desconfortee mere de Hercules
neut illec parent ne amy a qui elle peust
dire son conseil ne son courage descou,
urir,ne qui la cōfortast du tresgrāt dueil
quelle auoit de la cruelle mort de son filz Hercules fors Iole.
A celle se deporta Alcmena,& luy racōpta tout p ordre les ad
uētures & lespeines q̄ son filz auoit soffertes en terre pour ac
querir louēge et bōne renōmee.Cōmēt le grāt dieu Iuppiter
ēgēdra en elle sās semēce dhōme mortel & cōmēt elle lauoit
porte neuf moys en son vētre,& quāt naistre deut cōmēt elle
n estoit grosse car il estoit pl⁹ grāt q̄ vng autre enfant de trois
ans ne deburoit estre dōt la souuenāce luy en estoit encore en

I iiij

LE NEVFVIESME LIVRE

horreur, & ainsi a grant peine pouoit souffrir la ventree. E comēt quāt elle deut enfāter sept iours & sept nuytz en uailla sās dormir & sans cesser dappeller Lucia la deesse d[e] tement en son aide, mais elle nauoit cure de luy aider en grāt besoing, ains destourboit q̄lle neust enfant p[ar] le moy[en] & commandement de Iuno. Deuant la porte estoit assise L[u] cina iambe sur autre au tout ses mains entrelacees comm[e] cant en bas vng charme denchantement son enfatement [de] stourbant affin que lenfant nyssist hors de sa mere. Acme[na] se efforcoit de mettre le diuin enfant dehors tellement que peu que le cueur ne luy fendoit de la peine & du tourme[nt] quelle sentoit, moult appelloit laide dicelle qui luy nuyso[it] iour ne nuyt ne cessoit de crier & de braire & de soy cōpla[in] dre a Iuppiter, & apres suppliot & requeroit les dieux & deesses, & leur faisoit veux & promesses affin q̄ propices lu[y] fussent a son deliurement. Il nestoit a brief dire si dur[de] cueu[r] q̄ pitie nen print sil louyst. Ses parētes & ses voisines venoi[ent] entour elle plourās & faisoient veux & promesses aux dieu[x] affin quilz luy feissent allegeance, mais oncques pour pro[] messes ne pour prieres ne luy furent aydables.

¶ La ruse de la seruāte de Alcmena pour la faire enfanter Hercules, & de sa mutation.

Ors auoit leās vne chamberiere gēte de corp[s] plaisante, amiable, apperte & seruiable, extra[i] cte estoit dhumbles parēs. Celle pucelle estoit nōmee Galanthis q̄ sapensoit & aussi le cueur diuinoit que sa dame auoit aucun contraire q[ui] ne la laissoit enfanter. Tandis entroit & yssoi[t] souuant de lhostel, en la rue elle apparceut Lucina la deesse a[s] sise deuant lhostel en moult espouentable guise vng genoil sur lautre entrelace de ses deux mains. Et quant en tel[] estat leut veue bien sceut quelle estoit celle qui sa dame gar[] doit & empeschoit dēfanter, si luy escria & dist en telle ma[]

DV GRAND OLYMPE. Fueillet. LXIX.

...re. O femme qui que tu soyes qui la siez Ie te prie appaise
...& cesse ton ire fais ioye, car Alcmēa ma dame & ma mai
...ste est deliuree, & acouchee dung beau filz ie lay veu.
...uant Lucina ouyt Galanthis ainsi parler toute esbahye
...lit sus ses mains tirans a elle, & ainsi changea son charme
...lors se deliura Alcmena dung tresbeau filz qui depuis fut
...mme Hercules & qui depuis fit tant de nobles auētures
...nes descripre. Galanthis voyāt quauoit si bien deceue la
...esse commēca a rire pour la cautelle quelle auoit trouuee.
...cina fut moult dolente & grant ire eut en son cueur de ce
...e Galāthis lauoit ainsi deceue par sa mensonge, si luy cou
...sus sans demourance & la print par ses blonds cheueulx
...la traina a terre. Galāthis se cuyda redresser, mais la deesse
...fist rabatre, & si luy mua ses mais en piedz & tout le corps
...acoursa. Sa noblesse & son appertise luy demoura, car
...deuint belete. Et pource que en mentant par sa bouche
...e ayda lenfantemēt de sa maistresse, Enfante elle per la bou
...e & si demeure aux bēs hostelz si cōme elle souloit faire.

¶ Le propos que Iole racompta a Alcmena de sa seur pour lappaiser.

Alcmena racomptant ces choses plouroit tenā
drement, & Iole la print a recōforter par amour
& luy dist. Dame ie vous prie que vous vueillez
mettre a voz pleurs fin, & ie vous cōpteray dūg
meschief qui aduint a vne mienne seur. Mais
tant ay de douleur au cueur quāt de sa dolente
...eschāce me souuient, que ie pers toute ma parole. Mais nō
...ourtant ie le vous compteray pour vous solacier. Iādis euz
...e seur de par mon pere nōmee Dryope quil auoit eu dune
...tre femme. Celle estoit moult belle damoiselle & prisee
...tre les aultres, si lespousa pour sa grant beaulte vng noble
...eualier nomme Andremon. Or aduint vng iour q̃ ma seur
...nt sur vng lac q̃ auoit la riue tortue, celle qui ne se gardoit

LE NEVFVIESME LIVRE.

de la malheureté q͂ ꝓchaine luy estoit a aduenir pourtoit ſō
sien filz entre ses bras pour le solacier & le alloit allaictãt. C[e]
stuy filz auoit nõ Amphisus. Sur ce lac cueillit vng rainc[eau]
fueillu de Lothos pour en faire chappeaulx aux nymph[es]
duq̃l le sang cõmenca a saillir & des fleurs pareillemẽt. Ma[is]
quant de larbre & des fleurs veis le sang degoutter ie comm[en]
cay a trembler & aller arriere. On dit que anciennement
fut muee vne nymphe qui mist le dieu Priapus en reffus. C[el]
le nymphe fut appellee Lothos & larbre ou elle fut mu[ee]
estoit de mesme nom. De celle chose ne scauoit rien ma seu[r]
Dryope. Quãt elle vit le sang moult se doubta & arriere [se]
voulut retourner, mais elle ne peut, Car ses piedz furent d[e]
nus & muez en racines, & son ventre descorce fut couu[ert]
dont la pouure eut grant dueil, elle voulut ses cheueulx des[i]
pre si prit les fueilles a arracher, car ia son chief estoit couu[ert]
de vertes fueilles ou lieu de cheueulx, ses mammelles que [len]
fant sucoit tarirẽt & enroidirent. A tout ce estoye presente, [&]
si ne luy pouoye donner aide ne la retraire hors des rainc[e]
aulx ne de larbre, dont tãt dolente fuz que bien voulsisse es[tre]
pareillement muee comme elle estoit. A ces merueilles i[cy]
tantost vint Andremon son mary qui trop sen esbahit & [se]
merueilla. Et quãt il vit sa femme muee en peschier il comm[en]
ca a laccoler & a baiser: ia nauoit elle riens qui ne fust cou
uert descorce fors seullemẽt son visaige qui encores appar[oiſ]
soit. Elle gettoit de tout son corps larmes, de quoy toutes se[s]
fueilles elle arrousoit, & moult se complaignoit & dolousoi[t]
en disant. Ie seuffre ces peines sans mes dessertes, oncques n[e]
feis chose pourquoy ie deusse auoir telle male aduenture. Se
ie mens seicher puisse & mes rainceaulx soient detrechez &
ou feu ars & en cendre, puis dist la chestiue. O mes amys ve[ds]
nez a moy & me aydez vng peu a soustraire ie vo9 en prie, &
ostez cest enfant & ne souffrez quil perisse auec moy, querez
qui le nourrisse & le ramenez icy souuent deduire & esba[tre]

DV GRAND OLYMPE Fueillet.LXX.

e. Et si luy faictes scauoir & apprendre que sa mere est ainsi muee, & faictes tant que par luy soye saluee souuent quāt scaura parler. Et aussi dictes luy bien & endoctrinez quil garde bien daller sur estang incongneu, car mal men est ins, & que ia darbre ne cueille rainsel fleur ne fueille se il en ne le cognoist. Apres ces parolles commanda elle son mary Andremon a dieu, & requist & seur & mary que ilz desndissent son peschier de trencher & de rompre, puis pria q̄ ous la baisissiōs & luy leuissions son enfant en hault pour le aiser, Car plus ne pouoit attendre, & adonc luy deffaillit la parole & la veue, si fut incontinent toute couuerte descor. Ainsi compta Iole la merueille de la mutation de Dryos e sa seur qui en peschier si estoit muee. A ces motz & paros vint Iolaus qui vieil souloit estre & ancien & il deuenu toit iouuencel. De sa venue sesiouyrent les dames & moult sbahirent de ce que de si grāt vieillesse estoit en telle ieunes reuenu. Ce fist Hebe la bouteilliere des dieulx par la prie & pour lamour de Hercules leq̄l de nouuel estoit deifie.

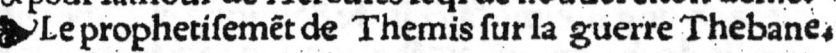Le prophetisemēt de Themis sur la guerre Thebane.

LE NEVFVIESME LIVRE

Hemis la deesse de religion Iustice & diuination apres auoir le don de ieunesse faict par Hebe a Iolaus nepueu de Hercules son nouueau mary va iurer par les vndes infernalle que te don ne seroit plus a viuant concede q̃ de vieulx deuist ieusne mais au contraire lon viẽdroit obtenir de ieusne deueïrvieulx comme voyoit elle que biẽ tost se feroit, & preuoyant merueilleux cas va dire par diuination. Thebes commencent a esmouuoir guerres fraternelles & Capaneꝰ ne pourra estre vaincu que par Iuppiter, mais les deux freres se tueront lũ laultre. Et le deuineur verra luy viuant ses enfers par ouuerture de terre & le filz vengeant la mort du pere par la mort de la mere en vng mesme faict iuste & inique estonne du crime & exille de son entendemẽt & maison sera tormente par les furies & les vmbres maternelles iusques q̃ sa femme luy demadera le carquãt fatal & pnitieux, & lespee de son grã pere sera mise dans son ventre par ses beaulx freres. Toutesfois la fille de Achelous Callirhoe obtiendra q̃ Iuppiter cõmandera a sa filiastre & belle fille donner aage aux petitz enfans pour venger la mort de leur pere. Tout ce que Themis eust vaticine aduist, car Etheocles & Polinices freres & filz de Edipus piedperce & de Iocaste q̃ stoit leur seur paruenuz a virile aage quant congneurent que le bon Laius premier mary de Iocaste en retournant de lõracle de Apollo fu par son filz Edipus tue & que puis apres Edipus prinst sa mere pour femme duquel mariaige exorbitant & funeste ilz estoient yssus pour la grand honte du faict ne permirent aulcunement que Edipus leur pere & frere sortist de la mai

DV GRAND OLYMPE. Fueillet.LXXI.

son, mais que au demeurant de sa vie en misere son desnaturé meffaict recongneusse lequel pour ne veoir tant de calamitez sarracha les yeulx. Et partist le royaulme de Thebes par telles conuenāces que chascū des freres gouuerneroit le sceptre vng an lūg apres lautre, en quoy saccorderent les freres. Et Etheocles cōelaisnecōmenca regir la courōne son an. La reuolu Polynices voyāt q̄ son lieu estoit venu a regir Thebes par son tour demanda a son frere ladministration, lequel a luy desnya. Polynices se voyant rebouter blesse de doleur & grandement esmeu a dominer cōme celluy a qui par son tour appartenoit regir le sceptre & regime du royaulme hereditaire que leur pere auoit laisse pour annuellemēt de lūg laultre estre deuolu & administrer p vng faict nouueau & inusite q̄ deux feussēt portiōnaires a vne courōne, ce q̄st ipossible a cueur humaī esleue en hōneur de souffrir se retira vers Adrast' roy de Arges leq̄l luy copula p mariage la belle Argie, & luy tinst cōpagnie auec cinq aultres vaillās seigneurs & capitaines pour aller liurer bataille cōtre son frere, & mettre le siege deuant Thebes, ce que fut faict en grand arroy & belle compaignie. Car apres la solennite des nopces liberalement & a festin ouuert celebree. La ou Hymeneus & Iuno aulcunement ne furent par les destinees ioyeusement cōuoquez. Et Genius le dieu propre a nature monstra a ce conuiue nuptial le minois marmiteux pour le brief solas & esbatement que debuoit estre entre les deux accoublez nouuelement, tout lappreft de la guerre fut soubainemēt mis en ordre & bel arroy.

*La mort de Capaneus,
Amphiaraus le diuin &
des deux freres The
bains.

LE NEVFVIESME LIVRE

L'exploit de la guerre Theba[...] estoit fort necessaire le divi[...] neur Amphiaraus leql preuo[...] ant quil y demeureroit resi[...] de son pouuoir iusques que [...] femme Eriphile fut corrōpu[...] par le carquant fatal lequel V[...] nus auoit donne a Hermi[...] ne fille de Menelaus & de [...] belle Helaine. Eriphile desi[...] rante de la bague elle trahi[...] son mary, lequel a son despa[...] tement voyant que iamais plus ne retourneroit, & que [...] femme estoit cause de sa mort cōmanda a Alcmeon son fi[...] tuer apres sa mort sa mere. Et ne tarda gueres apres que A[...] phiaraus estant deuant Thebes sur son chariot fut englou[...] ty par la terre. Et Cappaneus eschellant les murailles fou[...] droye, aux obseques duquel Euadne sa loyalle espouse ai[...] si quon brusloit le corps se getta dans le feu. Les deux fre[...]

DV GRAND OLYMPE. Fueillet.LXXII.

[Et]heocles & Polynices se tuerēt par rencontre ung laultre. [A]lcmeon saichant apres la mort de son pere Amphiaraꝰ, exe[cu]ta le commandement de son pere & tua sa mere Eriphile: [&] luy osta la carquant, mais il deuint fol iusques a ce quil fut deliure du carquant, lequel donna a Alphesibee fille a [P]hegeus, laquelle print a mariaige, & apres certain tēps alla [ver]s Achelous ou senamoura de la belle Callirhoe fille de [A]chelous, & la prinst a femme luy promectāt ledict carquāt [le]quel allant querir vers Alphesibee sa premiere femme fut [tué] par les freres de Alphesibee. Et Callirhoe saichāt la mort [de] sō mary va prier a Iuppiter de adiouster des ans aux deux [pe]titz enfans que Alcmeon auoit laissez. Ce quelle obtinst. [m]ais non pas sans grande murmure des dieux. Car par le dō [de] ieunesse octoye a Iolaꝰ par Hebe, & par cestuy cy de vieil[les]se grand bruict en menerent les dieux. Aurora commen[ça] faire ses complainctes, disant par quoy ne raieunissoit son [v]eil mary Tithonus. Ceres se complaignoit de Iasius qui de[ue]noit vieulx. Vulcanus demāda pour Erisichthonius prolō[g]uement de vie. Venus vouloit renouuellement dans a An[ch]ises. Brief chesque dieu auoit a qui demander le don, & [to]usiours croissoit la sedition par faueur iusq̄s a ce q̄ Iuppi[te]r va cōmencer a dire. Mais quest ce que sans raison voꝰ de[m]andez, ou est la reuerence que voꝰ me debuez? Qui est cel[u]y de vous qui puisse encōtre les destinees, Iolaus est retour[né] a laage precedent. Les enfans de Callirhoe selon les desti[n]ees doibuēt retourner ieusnes. Et affin que portez cecy de [m]eilleur vouloir, moy mesmes suis subiect aux destinees les[q]uelles si ie pouuoye changer Eacus ne seroit pas si vieux ne [m]on bon iuge Rhadamanthus & Minos. tous trois mes en[fa]ns. A ces parolles de Iuppiter il ny eust dieu que osast plus [a]uant se complaindre voyāt que Iuppiter laissoit en vieillesse [le]s trois iuges des enfers, mesmemēt Minos q̄ pēdant q̄stoit [e]n fleur daage se faisoit craindre & son nō estoit redoubte.

LE NEVFVIESME LIVRE
Les desriglees amours de Biblis qui ayma son propre frere.

AisMinos ia estoit si ancien deuenu q̃
petit estoit craint ne doubte, mesmem̃
de ceulx de son royaulme ne de son h
stel. Vng riche homme noble & par
au dieu Apollo: nõme Milet, ne daig
par son orgueil de riens seruir Min
& tenoit de luy tout son herita
Ains en despit de luy se partit de C
a grãt cõuoy, & delaissant sa terre passa la mer. Tãt explo
que ilvint en Asie. Et la fondayne cite laquelle il nomma
lete de son nom. En ceste terre print Millet vne moult va
lant dame nommee Cyanee de laquelle il eut deux enfa
vng filz & vne fille. Le filz Eut nom Caunus. Et la fille
moult belle estoit eut nom Biblis, Celle Biblis ayma son f
re Caunus oultre mesure. Ei si ignorante estoit que pas
ne cuydoit mal faire daccoler & baiser son frere, & moul
contenoit & paroit cointement pour lamour de luy. Tro
desiroit a veoir, & grant cure mettoit a estre gaye & ge

DV GRAND OLYMPE. Fueillet. LXXIII.

our luy complaire, & se aucune lestoit plus de elle enuie
n auoit. pour lamour de sõ frere estoit moult esprise, & si nō
it ne pēsoit vers luy que telle follie fist que destre cogneue
harnellement. En dormant le songeoit & veoit, & luy estoit
duis quelle lembrassoit & faisoit auec luy tous ses desirs
ont elle en veillant souuent se vergõdoit & esbaissoit du
õge quelle auoit veu, pensant en son cueur dont celle vi
õ luy pouoir venir. Et en soymesmes souuentessois disoit.
lasse chestiue malheureuse que veult dire ceste vision. Ia
l vitupere ie ne feray, car ains quelle fust acheuee iayme
ye myeulx estre morte. Dont me viennent telles fantasies
ue en dormant il me estoit aduis que toute nue estoie entre
s bras de mõ frere en vng lict ou trop auoye de plaisance &
e delectation. Certes il est moult bel et gracieulx, trop folle
ent le regarde, il me plaist moult, bien le peusse auoir en
ariage se sa seur ne fusse. Certes ie croy que la vision de la
recedente nuyt nacheuerons iamais. Moult me plairoit se
usiours le veoye quant ie dormiroye. Grant delict ie euz
la vision, & si nē sceut nul fors moy, Haa dieu quel plaisir
delict ieuz en dormant se longuement meust dure, trop
sse este bienheuree, la remembrāce men fait encores grāt
en, Mais trop briefue fut. Et la nuyt trop tost fut finee q de
on bien estoit enuieuse. Helas se possible me fust de chan
r mon nom & moy ioindre a luy, bien feusse digne destre
n espouse, Et luy mon espoux & gendre a mon pere. Grant
legence me peust il faire & donner de mõ mal. Pleust ores
x dieux que toutes choses fussent communes a luy & a
y fors parentage seulement. Certes bien vouldroye quil
st plus gentil de moy. Trop ay petit espoir que de mon fre
aye nul deduit. Il est mon frere, iamais plus pres ne me
ut estre, bien voy que ia nauray ce que mon cueur desire.
ue me vault doncques ce que iay songe. Non portant ce
e on songe aduient souuent, & pource ay grande fiance

K

LE NEVFVIESME LIVRE.

que encores aucune chose en aduiendra, Mais trop me de[s]-
spere ce que on dit cōmunement quil nya en songes fors [fan]
tasmes & mēsonges. Dieu ne vueille que ceste chose soit [en]
mon cas verite.

Es dieux: disoit Biblis: volurent espo[user]
leurs seurs sicomme ie desire mon f[rere]
Caun?. Saturne espousa biē Opis sa s[eur]
Neptune fist de sa seur Thetis ainsi [com]
me se elle eust este sa ppre femme, & I[u]
piter pareillement sa seur Iuno eut a [fem]
me. Lasse dist Biblis, que ay ie de ce a [fai]
re, Il plaist aux dieux soit droit soit [tort]
faire a leur volente & plaisir des choses de cestuy [bas]
monde. Trop fol & desloyal seroit celluy qui aux di[eux]
comparer se vouldroit. Trop a blasmer & reprendre [suis]
quant aux dieux me suis comparee de leur repro[cher]
& reprendre leurs voluptez & delictz. Il me conuient [o]
ster hors de mon couraige la folle amour qui massault, o[u]
me cōuiendra de hōteuse mort mourir. Morte feusse ie [or]
mais que mon frere qui tant est plaisant meust baisee a [son]
plaisir. Helas ce que ie desire ne peult estre acheue par [a]
tour sans luy & sans moy, car paradauenture ne vouldr[a]
pas ce que vueil & desire, ais croy que se il le scauoit il le t[our]
droit a ragerie & forcenement. Au temps passe iadis sa[sem]
blerēt Machare? & sa seur & sentraymerēt fort. Et ia pour [e]
ternite il ne le laisserent. Quesse cy les vueil ie ressembler[?]
ny certes, mais cōgneu les ay. Et pour quoy recordes ie [&]
allegue cest exēple, quesse q̄ ie vueil faire, ay ie la rage ou [suis]
ie hors de sens, Il me cōuient mon couraige retraire de ce[ste]
laide & vergongneuse amour, car en riens ne doy aymer [mon]
frere, fors a cause de fraternite, Car autrement ie excederi[e]
les limites de hōnestete. O se mō frere fust p aduēture de [pa]
reille & semblable amour espris comme ie suis, & pre[mier]

DV GRAND OLYMPE. Fueillet.LXXIIII.

e requist mon amour. Certes il trouueroit en moy hastiue
ercy & brief allegement de son mal. Certes mon mal luy
ray scauoir. Luy pourray ie biē dire? ouy, force damour le
e faict faire. Et par ce seray excusee, & si par hōte luy laisse
dire & a reueler. Biē manderay le vouloir de mō cueur par
cript. Et ie croy que mercy & compassiō len prēdra & que
ucunement de luy confortee seray.

Oult agrea ceste derniere volēte a Biblis
Lors se coucha sur son bras senestre & se
print a dire. Or y perra que ie feray. Mes
douleurs luy manderay. Ha lasse que se
ray ie, dont me vient le feu qui ainsi le
cueur me esprēt & embrase. Quesse que
ie pense a faire. Ainsi pensoit & repēsoit
la desolee damoyselle. Mais en fin sappē
quelle luy manderoit sa pensee par escript. En sa dextre
ain print la touche, et les tables a sa senestre, et commenca
tremblant son escripture, Puis raya & effaca tout ce
quelle auoit escript. Moult estoit doubteuse quelle feroit.
ne heure escripuoit, et lautre heure effacoit. En si grande
eine la tenoit amours quelle ne scauoit q̄lle faire debuoit.
euant ses yeulx luy estoient escriptz honte, paour, et har-
iesse, seur commenca a escripre, puis leffaca, car aduis luy
oit quelle messaisoit descripre ainsi seur. Moult estudia
our commencer a son appetit. Puis senhardit, & commāca
insi a escripre.

Lepistre de Biblis a son
frere Caunus.

K ij

LE NEUFVIESME LIVRE

LA pouure amante tenuoye ceste Espistre,
Que nul salut porte au dessus pour tiltre
Si ta bonte plustost ne men faict don:
Cellant le nom tant hay du guerdon.
　Si dauanture tu viens faire demande
Quest ce que tant ma lettre te demande,
Plustost vouldroye ma cause terminer:
Que le mien nom ainsi determiner.
Et trop desire que te feusse incogneue,
Et que iamais celle, neusses congneue
Que par auant ie neusse mon desir
Bien accomply a souhaict & loisir.
　De mon secret pouuoys auoir notice
Par la couleur tant pasle mal faictisse,
Face ternie,& les humides yeulx
Qui tant de foys,& par tant diuers lyeux
As veu getter larmes en habondance,
Et les souspirs faisans leur residence
Dedans le cueur tout embraser damour
As veu sortir comme flamme dun four,

DV GRAND OLYMPE. Fueillet. LXXV.

ns que la cause pourquoy feut apperceue.
En ensuyuant la grand flamme conceue
ombien de foys tay voulu accoller
troictement, comme quil veult coller.
eux fortes pieces & ioindre les ensemble.
Et des baises, mais dis moy qui ten semble
uuoys tu point nullement estre seut
ue le baiser estoit plus que de seur,
Iacoit encore que trop fusse blessee,
tellement du mal damours lassee,
non pourtant, de mon mal odieux
le faisois (tesmoings en son les dieux)
ur obtenir guerison & medelle.
Plus fort ie dis que du dieu mal fidelle
est Cupido) qui sur moy vient a saultz
ur euiter ses penetrans assaultz,
esches poinctues, & violentes armes,
n ay souffert merueilleuses alarmes,
nt trop de maulx ien souffre & de douleur,
ue tous les iours redouble mon malheur.
r aduenture plus que porter pucelle
e pourroys croire ien ay porter de celle,
e celle ardeur que tant nuyt aux aymans,
ue bien ie croy que excede tous tourmens,
que ie suis apres mainctz maulx contraincte,
e confesser & non pas sans grand craincte,
estre vaincue de celluy dieu si fort,
ont force mest de requerir confort
rde & secours a toy qui le puys faire,
u aultrement tu me verras deffaire
r quelque mort ou ne prendras plaisir.
ors que tristesse regret & desplaisir.
Tu seul sans aultre peux preseruer la amante

K iij

LE NEVFVIESME LIVRE

Celle que scays quen cest endroict lamente,
Et seul sans aultre la peux exterminer,
Et a la fin briefuement terminer.
Choisis des deux(puys quil te plaist de lire,
Mes destinees)lequel vouldras eslire,
Le cheois en as & tout seul le pouuoir.
  A tout le moins au cheois feras debuoir,
Car qui te prie nest pas ton ennemye
Mays au contraire si trestant ton Amye.
Que non obstant que conioincte te soit
De prochain gre, si amour ne decoyt
Plus fort encore te vouldroit estre ioincte,
Et dung lieu trop plus estroict conioincte,
Laissons aulx vieulx obseruer loys & droict,
Car quant a nous ieusnes en cest endroict,
Venus la deesse nous est plus conuenable,
Qui ne scauons si tel cas est damnable,
Ains nous pensons que tout soit tresbien faict.
En ensuyuant & par dit & par faict,
De maint grand dieu sur ce propos lexemple.
Le lieu auous & loccasion ample.
Sans que le pere y pourpense aulcun mal,
Et que baiser luy soit cas amormal.
Ia nen sera souille nostre fame.
Quant lonverra seul a seul homme & femme,
Laparentelle tel blasme couurira,
Et rien de mal en nous descouurira.
En liberte de dire ma pensee.
Nature ma auec toy dispensee,
Voyre nous est sans suspecon permis,
Nous embrasser comme deux vrays amys.
  Deuant les gens tu Vois que ie tacolle,
Que ie te baise franchement,& recolle,

DV GRAND OLYMPE.　　Fueillet.LXXVI.

Propos ioyeux & gracieux deuis,
Et bien petit en est sy mest aduiz
Le demourant pour acomplir laffayre
Tant desire,& louurage parfaire.
　　Par quoy te prie:te supplie.& requiers
Par celluy nom que ie demande & quiers,
Ayes pitie & prens a mercy celle
Qui se confesse estre la tienne ancelle,
Contrainēte a ce par vne extreme ardeur.
　　Et garde toy destre dist par hideur
(Si de reffus me fais dure closture)
Cest lengraue dessus sa sepulture
Merite &cause de la mort de Biblis
Pour Toy o Caunus qui son Epistre lis.

Ces motz q̄ Biblis eut escript fut la table toute pleine descripture, tellement que plus riens il ny pouoit. Puis voulut la lettre seeller,mais tant plaine estoit de douleur q̄ toute auoit p̱due sa saliue.si mouilla le seel de ses pures larmes. Et quant seellee leut la chestiue,elle appella vng sien varlet seal,& luy dist. Amy
dist elle tu porteras ceste lettre,& de parmoy la presenteras a
mon,quant elle voulut dire frere,tant fort commēca a souspi
rer q̄ pler ne peut.Nōpourtāt en la fin dist elle frere.Elle bail
la la lettre au messager,mais en oubly ne dóy mettre q̄ quāt
elle luy volut bailler de ses mais luy cheut a terre dōt moult
fut esbaye du mauluais signe,mais pour ce ne voulut son en
reprise laisser.A tāt le messager prit la lettre & attēdit tēps &
lieu cōuenable.Puis vīt a Caun⁹ auql il la p̄senta. Caun⁹ lou
urit & leut le cōtenu biē au lōg,mais quāt il eut apceu la des
hōneste amour de sa seur triste eut le cueur & dolēt.Par mal
talēt ietta ius la lettre,& a peu q̄ le varlet ne tua en luy disāt.

K iiij

LE NEUFUIESME LIVRE

Mauuais & traistre messagier fuy toy dicy. Se pour hõte ne
fut ie te occisse tout incontinent, Mais de ta mort auoye hã
te. Lors sen retourna le messager moult crantif & hõteux ve(rs)
sa dame, & luy racompta le fier respons & la grande honte
que son frere luy auoit faicte.

⸺ Du reffuz que feit Caunus a sa seur qui le prioit
damours, & de la douleur de Biblis.

Vant Biblis reffusee se vit plus froide que mar
bre deuint & perdit de dueil sang & couleur,
si que elle se pasma. Et quant elle reuint a elle
tant fut dolente & angoisseuse q̃ a grant peine
peut mot dire. O lasse dist Biblis, Certes cest a
grant droit quil ma refusee. Comment osay ie
comme folle descouurir le grief mal de mon cueur & le nõ
cer par escript. Se sage & prudente eusse este ains que luy re
scripre ie luy eusse demande se il me voulsist aymer ou nõ.
Et auant que en la mer me meisse, ie deusse auoir essaye se le(s)
vens fussent apaisez premier que entree y fusse, mais deda(ns)
me suis mise sans aucunement auoir esprouue ne fons ne(r)

DV GRAND OLYMPE. Fueillet. LXXVII.

[c]e, si est ma nef effondree & perillee en ma grant honte & vi[l]ennie. Ie croy que oncques plus ne mescheut a femme quil [fu]t a moy. Des que la lettre me cheut des mains en la baillāt [a]u messager, se en moy eusse eu prudence bien peusse auoir [c]ōgneu quil me mesaduiendroit, car auant que tel message [e]usse baille a faire, mamour & ma fole pensee deusse auoir [e]ntrelaissee, et me deusse estre soufferte iusques a tant q jeusse [e]u temps & lieu de mieulx appoincter ma besongne. Helas [p]our quoy ne prins ie delay? que moy mesmes pour ma be[s]ongne pourchasser ny allay. Commēt osay ie faire message [d]e a homme estrange charger mon secret ie luy eusse trop [m]ieulx dit de bouche que de luy auoir mande par lettre. Et [a]uec ce il eust veu mon triste visage, per lequel il eust bien [a]pperceu que point neust este chose fainte. Et la cause de la [d]ouleur qui me destraint trop eust il biē cōgneue. Maulgre [l]uy laccolasse, le baisasse bouche & yeulx. Et se pitie ne eust [p]rins, si meust il veue semblable a la mort. Bien croy q quāt [i]l verroit ma grande douleur, mes pleurs, mes plains & mes [p]arfons souspirs, quil na si dur cueur se il le veist quil ne la [m]ollist. Ie croy que par la deffaulte du messaiger ay ce grant [d]ommaige receu par ce quil ne fist pas bien son messaige. [I]e scay de vray que se apoint leusse requis, que conquis leuss[e] [l]egierement. Ia nest il de fer ne de fust, de roche ne si dur [c]omme dyamant quil neust de moy mercy, car par biē prier [l]e vainqueray bien. Et pource encores le vueil essayer, car tāt [q]ue ie soye viuante ne laisseray ceste entreprinse iusques [a]tant que iauray de luy mon plaisir: & ce que tant ie desire [p]uis que tant en ay fait, car auant que ieusse encommēce ne [m]a voulente descouuerte peusse auoir ma folie delaissee. Ia [p]our ce scauroit il ma hardiesse si me tiēdroit pour trop mua[b]le, & si nen seroit ia moins en coulpe quant a tant men repē[t]iroie. Il penseroit que essayer le vouloye, ou que de trop grāt [l]aschete le prieroye damours. Iay trop a faire a acomplir & a

LE NEVFVIESME LIVRE

acheuer le desir de mon cueur & peu de blasme en atten[dre]
auoir. A tant ne vueil laisser quant tant côme folle en ay fait.

Ainsi parloit & respondoit Biblis cô-
me doubteuse, trop estoit discord[ante]
en sa pensee, moult se repêtoit de ce
que tant auoit mespris, ne que onc-
ques telle chose auoit encomm[encé]
Mais puis que ainsi estoit, ia ne q[uer]-
roit laisser la chose entreprinse, ain[s]
luy pleut encores essayer se par au-
cune maniere le pourroit amollir.
Lors alla Biblis a son frere lequ[el]
de son amour elle pria & requist, lequel luy escondit luy re[-]
môstrât le vitupere & deshôneur que a cause de ceste amo[ur]
desordônee leur aduiendroit, Mais côme plus luy escondi[s-]
soit, de tant plus luy en requeroit sans cesser. Caunus q[ui] pl[us]
ne peut endurer les gemissemens, les plaintes, les pleurs, l[es]
prieres & les incitemens que sa seur assiduellement luy fai[-]
soit de son amour, yssit hors de sa terre. Et sen alla en estra[n]ge
côtree pour auoir paix de ceste guerre, si en doubla a Bibl[is]
peine & destresse, & fut plus triste & plus angoisseuse & tr[op]
plus vexee que par auant nauoit este. Pour ce reffus rom[pit]
Biblis sa robe, batit sa blanche poictrine, detordoit ses mai[ns]
& esgratigna son beau visage. Appertement & deua[nt]
tous pleuroit & recôgnoissoit sans couuerture sa fole amo[ur]
& comment Caunus son frere lauoit mis en reffus. Pour l[a]
grant rage ou Biblis estoit laissa elle sa contree que plus n[y]
daigna habiter, ains senfouyt dolente & esplouree & tou[te]
escheuelee apres son frere pour scauoir nouuelles de luy. P[ar]
maintes & diuerses contrees le chercha, & mesmes au mo[nt]
de Chimere. Et quant elle eut passe la montaigne, elle se tro[u]-
ua si lassee & si trauaillee q[ue] elle cheut a terre toute pasme[e]
& illec ploura tant sans cesser, que en pures larmes fut mu[ee]

DV GRAND OLYMPE.　Fueillet.LXXVIII.

̄ fontaine decourant deſſoubz vng cheſne en vne valee qui
nom Biblis,ſi comme la belle auoit nom.De celle nouuelle
̄ontaine fut la renommee grande par tout le pays denuiron.

     La fortune de Iphis qui fut de fem
       me mue en homme.

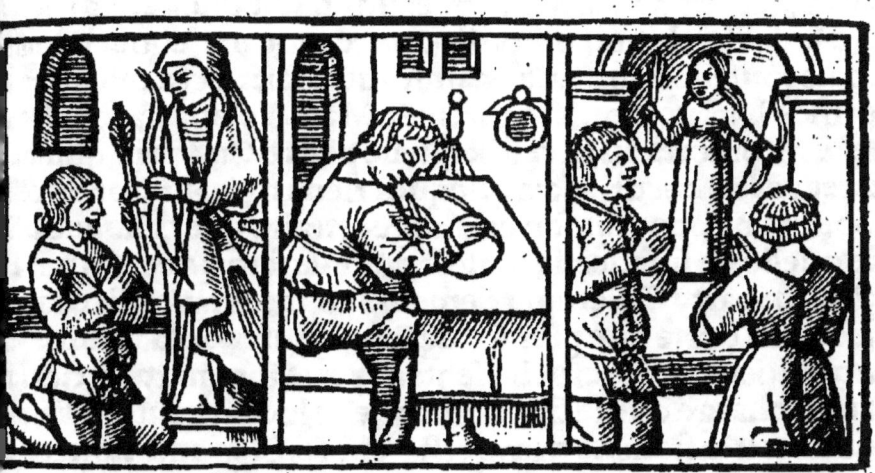

Ar toute la terre de Crete fut grāde la re
nommee & la mutation de Biblis en fon
taine,Mais pour vne nouuelle mutation
q̃ ſi fiſt,fut icelle miſe en oubly.Car ētre
Crete & la terre de Ceſtie eut lors vng
riche & puiſſāt barō nōme Lyctus q̃ de
moult de gens eſtoit cōgneu.Preudhōe
eſtoit & de bōne & hōneſte vie. Il eut a
̄emme Telethuſa chaſte bōne & hōneſte,laq̃lle il ēgroſſa.Et
̄uāt p̃s fut du tēps q̃ de ſa porture ſe deuoit deliurer.Lict°al
̄a hors du pays pour viſiter aucūs de ſes affaires.Mais aīcois
̄rit de ſa fēme cōge,&luy diſt au dep̃tir.Ma treſchiere cōpai

LE NEVFVIESME LIVRE

gne & amye deux choses sont que ie requiers au dieux. Lune si est que legierement & sans grāde peine soyez deliuree de vostre porture. Et laultre que hoirs masle ayez. Car trop en femme dēnuy & de soing. Femme est sans force & sans puissance, & par femmes ont este plusieurs a grand douleur & plusieurs royaulmes & pays menez a destruction. Pourquoy ie prie & requiers aux dieux que fille nayez, & se fille auez, gardez que ie ne la voye: ains tātost quelle sera nee faicte la occire. Moult me poise que ce mot ma conuenu dire, mais touteffois ie le veulx ainsi auoir faict. A ce mot plora le prince Lyctus moult tendremēt. Mais Telethusa son espouse le reconforta au myeulx quelle peut & luy pria quil mist a repos son cueur. Mais oncques riens ny valut, car de ceste doubte ne pouuoit son couraige retraire que celle auoit fille quelle ne fust occise tantost que elle seroit nee. Quant Lyctus fut party Telethusa demeura toute effrayee, & quātelle eut tant porte que pres fut de soy deliurer de sa ventree vne nuyct pensoit a la cruelle sentence que son mary Lyctus luy auoit charge que se fille auoit quelle loccist tantost. Fort doubtoit la franche dame ceste chose, & grand horreur en auoit en son couraige. En ceste pēsee sendormit, si vit en son dormant par vision Isis deuant son lict venir auec grād procession de Nymphes. La deesse Isis sicomme il sembloit a Telethusa auoit deux cornes en sa teste luysans & vne couronne despics dor, & tenoit vng sceptre royal, & se maītenoit come vne royne. Isis deuant Telethusa sarresta auec luy Bubstis sa saincte prestresse qui la messe chantoit & faisoit les sacrifices de Apis q mainctes couleurs auoit. Et le chantre que par son doy faisoit signe de taire, & Lhymne commencoit, & tous les aultres respondirēt Osiris q on peult querre en vain Et les serpens destranges terres, portās la dānable intoxication de dormir. Telethusa sesueilla & vit Isis q telle cōpaignie auoit enuiron delle, & q moult la mist a raison, & luy dist.

DV GRAND OLYMPE. Fueillet LXXIX.

Elethusa seur belle & bonne laisse le soucy lequel tant ton courage trauaille, & ne fais pas le cōmandement de tō seigneur, ains laisse seurement viure lenfant quant deliuree en seras, tel q̃ tu lauras, si decoy la folle sentence du pere, & cōe bonne mere le nourris. Tu mas reqs noy qui suis deesse misericordieuse & secourable. Si est biē raison que mon ayde te vaille & si fera elle. Car de ma part ayde & secours auras. A tant se partit de la chambre, & Telethusa se leua q deuotement tēdist ses mains vers le ciel priāt les dieux que la vision quelle auoit veue peust a son effect venir. A son iour enfanta Telethusa dune belle fille sansle sceu de son mary, si faignit q̃lle auoit eu vng filz, & le mist a nourice, Lictus qui malice ny cuydoit, len creut & sen esiouyt, & rendit graces aux dieux, & offrandes que promis auoit de celluy q cuydoit auoir hoir masle que moult auoit desiré. Il nest creature qui sceust que fille fust, fors la mere & la nourrice tāt seullement. Celle fille eut a nom Iphis apres le nom de son ayeul. Et par ce moyen cuydoit Lyctus plus certainement auoir hoir masle. La mere sen resouyssoit & moult ly plaisoit que ainsi estoit nommee, car tel nom appartenoit masle & fumelle. Si pouoit bien de sō nom sans sen apperceuoir la verite dire, & ainsi la mēsonge se celoit, Iphis auoit habit denfant masle qui luy plaisoit, & si auoit tel visage, que qui le veoit indifferemment pouuoit dire cest filz ou fille.

Vant la belle eut douze ans daage son pere Lyctus proposa luy donner femme la plus belle de la contree, cestoit Iāthe & estoit ceste fille de Teleste de grād renō, Egaulx de aage & de beaulte furēt Iphis & Iāthe, & si scauoient vng mesme mestier, & de ce vint leur accointement. Egalement se entraymerent, mais diuersifian ce auoient de leur mariage. Iāthe aymoit Iphis cuydant q̄ hōe fuſt,& que biē en deuſt iouy cōe eſpouſe de ſon eſpou[x] & Iphis laymoit,mais de ce ſe deſconfortoit que pas ne c[u]doit que iouyr en peuſt ne ſoy coupler a elle, ceſtoit la cho[ſe] q̄ plus luy accroiſſoit ſon ardeur & doubloit & q̄ pl[9] luy braſoit le couraige, Moult ſeſ bahiſſoit & piteuſement ſe c[om]plaignoit ſouuēt en larmoyant. O laſſe diſoit elle quel cō[ſeil] tiendray,& a quel cōſeil pourray ie venir de ceſte aſſemb[lee] qui viſt oncq̄s aduenir que aultre de moy miſt ſa cure en folle beaulté.pas ne ſuis de telle amour digne. Se les die[ux] me feuſſent propices bien meuſſent garde de telle folie. ilz me deſtruiſent par folle rage deſuee & amoureuſe q̄ p[oint] neſt conuenable a moy, non plus que dune pucelle a[ul]tre requerre,mamye & moy ſommes dung ſexe. Brebis a[y]ment les moutous & ſaccointent lung de laultre. Et les v[a]ches ſemblablement au toreau. Toute femelle par droit [na]turel requiert ſon maſſe quil ait cure de elle, & non ioin[te] aultre femelle, & ie le requiers au preſent ſans ſens.Iaym[e] myeulx eſtre a naiſtre que auoir entreprins ſi folle entrepr[i]ſe. Encores diſoit Iphis,certes de Crete eſt yſſue toute meſ[chan]ce. Paſiphe y naſq̄ſt qui de lamour au toreau fut eſchauff[ee] & cōme forcenee le deceut & a luy ſe ioingnit,mais enco[r] paſſe mon amour la ſienne de folie,& myeulx ayma Paſip[he] en ſon endroit que ie ne fais. Car maſſe ne puis deuenir[,] celle auſſi qui a moy ſe ioinct.

Phis doulente & malheureuſe a quoy tend [ton] cueur qui telle amour embraſe,& ſi ne peu[x] ton vouloir acheuer.Ne on ne te peut conſ[ei]ler ſe tu ne penſes commēt tu fuz nee.ie te pr[ie] metz ceſte rage hors de toy.Requiers choſ[e] conuenablement & par raiſon puiſſes auoir quoy quil tauiengne metz en oubly celle folle amour q̄ t[e] te nuyſt,car p[ar] nature tu nes digne deſtre ioincte a telle cr[eature]

DV GRAND OLYMPE. Fueillet. LXXX.

re. Le sexe naturellement te nuyst, A elle dist Iphis puis
nir, aller, parler, lembrasser: & baiser côme amye quant il
e plaist, car il nest riens parquoy destourne en soye, mal de
ere, ne dure garde, ne doubte de mary qui ialoux mê face,
non pourtant ne fais fors nous amuser, car a mon fol cuy-
er acheuer nest riës qui me puist ayder, se ne sont les dieux
ebonnaires, car grand part me doibuent de mon desir: ce q̃
vueil ne desueillēt mõ pere, ma mere ne mamye aussi, mais
ullement nature le desueult. Or approche le temps du desi
ble mariage que mienne sera la belle Ianthe mamye & ma
ompaigne, mais que me vauldra ceste ioye. Emmy leaue
ourrons de soif, car faire ne pourray de elle ce que espoux
oit faire de son espouse & compaigne, O Hyemen & Iuno
estre a telles nopces nauez que faire. Qui vit õcques espou
illes sans espoux? Ainsi se côplaignoit la belle Iphis de Iã-
e sa fiãcee. Et son espouse nestoit pas en moindre effray dã
our de sa part: car elle se plaignoit du tẽps qui tãt tardoit
ome celle qui ne cuydoit iaveoir lheure que le mariaige ad
enist. Souuent prioit aux dieux q̃ tantost le iour venist que
este assemblee debuoit estre, & que elle peust embrasser son
her amy & espoux quelle tãt desiroit, mais la mere Iphis em
eschoit le mariaige, & lassemblemẽt par delayemens tãt q̃ l
pouuoit. Lune fois faisoit a croire q̃ Iphis estoit malade di
t q̃ le trauail des nopces ne pourroit souffrir, & aĩsi seruoit
lle de cõtrouuer & les espousailles tarder tãt q̃ elle pouoit.
Mais quãt elle ne peut plus empescher la chose, & q̃ le iour
int qui les conuenoit espouser, tellement q̃ l ny eut queung
our entre deux, au tẽple de Isis alla Iphis auec sa mere tou-
es deux escheuellees. La embrassa Telethusa humblemẽt &
euotement lautel, & pria a la deesse Isis en telle maniere.

⁂ La transmutation de Iphis la pucelle
en iouuenceau.

LE NEVFVIESME LIVRE

HAa deesse celeste ie dolente tapelle & te inu[oque]
que a grāt paour & craincte. Tu sces que p[our]
ma fille me promis quant tes entreseignes [vy]
& la belle compaignie qui auec toy estoit,
les brandons luysans & le sceptre que tu[?]
noyes & oyoyes les instrumens sonner qu[i]
pour moy reconforter vins a moy, & me commādas q̄ m[a fil]
le a sa naissance ne occisse, ains la nourrisse: bien me reco[rde]
de ce que tu me dis & promis. Or est besoing que ta pro[messe]
se nous vaille, & que aide nous faces prestement & seco[urs]
sans delay, & incontinent secours nous donne ie te prie [et]
mercy, car par tō cōseil a ma fille vescu iusqs a maintenā[t]
tō espoir. Or doresenauant metz cōseil a la sauluer, car se
ce faire ne tētremetz, plus ny pourray remede trouuer. A[insi]
disoit elle en plorāt & la deesse Isis en signe de cōfort en te[l]
semblāce cōme elle auoit aultresfois fait, luy apparut. [Et]
auoit deux cornes dōt lune auoit au frōt & lautre dessus s[a te]
ste, & si sonnoient les instrumens. Et si vit du temple m[oult]
fort trembler lautel & les portes. Lors yssit Telethusa du [tem]
ple ioyeuse du signe quelle auoit veu, & Iphis sa fille len[s]
uoit derriere a plus grās pas quelle ne souloit & auoit m[oins]
de blancheur ou visage que parauāt nauoit. Si estoiēt ses c[hev]
ueulx acourciz & crespes & fut plus vigoureuse que elle [n]
uoit este, ne que femme par nature peult estre. Tant eut ch[an]
ge sa feminine nature en masculine q̄ riēs ne luy deffailloi[t]
Il en presenta ou temple offrandes & sacrifices. Ceste m[u]
tation sceurent tantost grans & petis par toute la contree. L[e]
lendematn satourna le iouuēcel Iphis pour espouser sa[m]
Iāthe ou il eut moult grant deduit, car tous y furēt les die[ux]
des nopces a telle ioye comme il appartenoit. Hymeneus, [Iu]
no & Venus, & tous les aultres qui aux nopces seruent.

Fin du neufuiesme liure du grant
Olympe des histoires Poetiques.

DV GRAND OLYMPE. Fueillet. LXXXI.

Le dixiesme liure du grant Olympe des histoires Poetiques.

Le mariage de Orpheus auec Eurydice lequel en chantant la tira des enfers.

Vx nopces de Iphis & Iathe. Le dieu Hymen fut assis auecques plusieurs autres dieux & deesses. Et quant Hymen se partit, par lair sen volla grant erre en Cycconie, ou semons estoit de par Orpheus q̃ deuoit espouser Eurydice. A ces nopces vint sans bon heur apporter & y dõna signe de douleur aduenir, & de male fortune comme ie vous diray. Au printẽps alloit lespouse nouelle esbatãt vng iour nudz piedz en pre plain dherbes verdoyans, & illec vng pasteur bel & illart nõmé Aristeꝰ veit la belle, laquelle il requist tantost son amour, Mais icelle a luy ne se voulut accorder ne habandõner pour priere ne requeste quil luy sceust faire, Car p & de bon cueur aymoit son nouuel espoux Orpheus

L

LE DIXIESME LIVRE

ains pour de luy eschapper se mist a la fuyte & celluy la [suy]
uit, mais aisi que la belle Eurydice fuyoit elle marcha de[ssus]
vng serpēt venimeux qui la mordit enuiron le talon dont [elle]
mourut. Quant Orpheus sceut q̄ par soubdaine dessort[une]
auoit perdu sa femme & espouse, il se cōplaignit & se dou[lou]
sa tāt que trop long & trop ennuiable seroit a le racōpter
quant par le monde leust longuemēt plouree en enseruo[ia]
descēdre & aller veoir sil pourroit rauoir & recouurer sa[femme]
& se a ce pourroit mouuoir les infernaulx. Il tenoit sa h[arpe]
entre ses bras & en touchoit les cordes : & de la bouch[e]
print a chanter telle chanson.

La chanson de Orpheus aux enfers.

Ieulx infernaulx en tenebres regna[ns]
En la chartre plaine dobscurite
Ou vous estes tout le mōde tenan[s]
A ce submise est toute humanite
Pour essaier vostre crudelite
Et regarder vostre gouuernemēt.
Pas en ce lieu ne me suis transport[e]
Eurydice demande seulemēt.

Quant le serpent tellemēt la blessa
Quelle mourut & vint auecques vous
Si asprement mon cueur se courroucea
Que ien souffry plus que mortel courroux
Ma femme estoit ie stoie son espoux
Ie viens icy succumbe de tourment
Pour vous offrir vne requeste a tous
Eurydice demāde seulement.

Iadis Pluto Proserpine rauit
Par feu damours, & ceans la bouta
Mais toutesfois quant voz tormens y vit
Point esbahy ne suis selle doubta,
Et ie suis seur que ceste grande doubte a

DV GRAND OLYMPE. Fueillet. LXXXII.

mon espouse, si vous pry doulcement
escoutez moy, se onc homme on escouta
Eurydice demande seulemẽt.
Quant maintenant vous me la baillerez
pour demener auec moy train damours
rien ny perdrez puis que vous la raurez
finablement, mais quelle ait faict son cours
car tous humains en la fin de leurs iours
viennent ceans a vostre iugement
mais ie vous pry que me donnez secours
Eurydice demande seulement.

Orpheus deuant linfernal manoir, si doulcemẽt chanta que pour la melodieusete du son de sa voix ensemble de sa harpe: les ames tristes qui la estoiẽt en oublierẽt leurs peines. Tãtalus en oublia sa soif, Ixiõ q̃ pres de luy estoit en laissa la roe reposer. Sisyphus mist ius la roche qui le trauailloit. Et Ticyus laissa a dõner aux voultours son gisier a rongier, & les Belidiennes laissans la fontaine a espuiser mirent ius leurs cribles. Et se veritable est la renommee q̃ ce me faict acroire & entẽdre, les Eumenidiẽnes q̃ oyoient la douleur de la harpe ploroient de Orpheº, ce q̃ oncq̃s parauãt ne estoit aduenu ne peu aduenir. La royne Proserpine ne se pouoit abstenir de larmoyer: le roy denfer ne pouoit par nulle maniere escõdire a Orpheº chose q̃lz luy demandast. Si fut Eurydice appellee q̃ estoit en lavalee umbreuse auec celles q̃ venues y estoiẽt nouuellemẽt. Lors apparut Euridice laq̃lle alloit clochãt p la playe q̃lle auoit receue ou pied p le serpẽt. Moult fut Orpheº ioyeulx quãt venir la vit Elle luy fut rendue par tel cõuenãt que il ne se retornast ne regardast derriere luy iusq̃s a ce q̃lle fust totalemẽt hors des tormẽs infernaulx & q̃l allast deuãt & elle le suyuroit derriere ou autremẽt iamais nẽ ystroit. Lors par vng sentier moult roide & estroit & plai de tenebreuse obscurite & foruoyable chemĩ lũg de

L ij

LE DIXIESME LIVRE

uant, & lautre apres se mirent en la voye Orpheus & sa[mye]
Tant cheminerent que ia estoient pres tout dehors du po[ur]
pris infernal, quant Orpheus qui damour estoit espris de[sir]
de veoir samye: & doubtant quelle ne le suyuist se retou[rna]
pour elle regarder. Et incōtinēt elle sesuanouyst de ses yeu[x]
& sen retourna en enfer. Orpheus tendit ses mains qui re[te]
nir la cuida, mais riens ne print forsvent. Et ainsi se partit E[u]
rydice de son amy & mourut de seconde mort, mais de l[uy]
ne se peut plaidre, fors de trop aymer. Le dernier salut luy
dit que a peine lentendit Orpheus. Forment se plaignoit [de]
la seconde mort de samye, & voulut retourner pour trou[uer]
la mort, mais la porte trouua fermee. Et le portier qui la ga[r]
doit luy retarda son chemin & si luy dist q̃ iamais recouu[rer]
ne la pourroit. Quant Orpheus vit que plus entrer ny pou[r]
roit, sur la riue du fleuue infernal fut sept iours plourāt po[ur]
la seconde mort de samye & pour la perte dicelle, sans ma[n]
ger & sans boyre viuoit luy sostenant de son dueil. Moul[t mau]
noit les dieux denfer mauuais & felons qui samye ainsi de[te]
noiēt. Puis sen retourna Orpheus & trois ans se tint sans fe[m]
me & sans chāberiere fuyant toute amour femenine, & m[et]
tant toutes choses en refus & en desdaing. Ce non obst[ant]
plusieurs damoiselles laymerent qui en luy peu damour [ac]
quirent, Car iouyr nen peurent. Il ne les daignoit ouyr do[nt]
moult de luy se plaignoient.

❧ La deploration du Poete Orpheus pour auoir perdue samye.

Essus vng tertre en vng champ plain dhe[rbe]
verdoyant ou point dumbre nauoit sassist O[r]
pheus puis print sa harpe de laquelle il fist [les]
cordes resonner par grande armonie. Lors [vin]
drent enuiron luy pour le vmbroier arbres [de]
diuerses manieres qui pourprindrent la pl[ace]
quant la doulceur ouyrent du melodieux son. A cest asse[m]

DV GRAND OLYMPE. Fueillet LXXXIII.

ement vindrêt arbres portans fruitz de diuerses sortes cõe
mãdiers, lauries, nessliers, corneilliers:& meuries, chesnes,
esnes, esrables, peschiers, genestries, cerisies, pruniers & aul
es arbres perdurables de verdeur. Si y vindrent figuiers: sa
ins & les arbres qui le basme portent. Encore y vindrent oli
iers, aubespins & plusieurs aultres arbres portant noix. Le
alme & le pin y furêt. Cybelle y amena Athys qui fut mue
n pin & vint aussi auec luy le cypres qui iadis auoit este en
nt & nouuellemêt estoit mue en vng arbre, moult laymoit
hebus tandis quil estoit vif.

Ntour le dessusdit poete Orpheº sassem
blerent moult grant tourbe & multitu
de darbres. Il se seoit ou millieu de la
plaine cõe dit est ou plusieurs bestes sau
uaiges & oyseaulx de diuers plumages
se assemblerent ou il attrempoit & accor
doit les cordes de sa harpe dont il sour
doit delectable son. Et quant ses cordes
ut accordees a son plaisir, en sont chant print a recorder les
mours des dieux qui iadis aymerêt les iouuenceaulx, & en
uchãt les cordes de son Leuth dist ceste chanson.

Adis chantay bien me recorde
La controuerse & la discorde
Des dieux & des geans, peruers.
Maintenant veult ma muse en vers
Chanson chanter plus delectable
Plus legiere, & plus tractable
Iuppiter le grant roy des cieulx
Ayma lenfant tant gracieux
Ganimedes natif de Troye
Luy donnant ce qua peu octroye
Et mist son soing & son estude
A faire aultre similitude

L iij

LE DIXIESME LIVRE

Qui nauoit, & desir eut destre
De Ganimedes a la dextre
Voller voulut, & entreprendre
En forme daigle lenfant prendre
En le faisant son eschanson.
  Phebus aussi vng enfanson
Tant ayma & tant luy promist
Quen belle fleur apres le meist,
Que chascun an se renouuelle
Quant reuient la saison nouuelle
Au temps que cil lenfant viuoit
Phebus qui samour y auoit
Si quil nest riens qui les desparte
Hantoit en Europe & en Sparte
Sans chasser ne se desporter
Ne luy chaloit plus de porter
Espieud ny harpe resonante
Par la musique consonante
Et tout ce qui luy appartient,
A rien & a desdaing le tient.
Pour lenfant lequel ayme assez
Vng iour fut midy pres passez
Phebus & lenfant se deuestent
Leurs corps oingnêt dhuille & sapprestent
Au ieu du Palet erramment
Phebus trestout premierement
Le palet print & balanca
Iusques aux nues le lanca
A descendre sur terre fort
Le palet cheut, si se ressort
En lair sur la face a lenfant
Si que tout le vis luy pourfent
En terre cheut a demy mort

DV GRAND OLYMPE. Fueillet.LXXXIIII.

our la douleur qui tant le mort
 dieu qui lenfant voit blece
nfant embrasse & la dresse
 luy va essuiant sa playe
r herbes retiẽt & delaye
me qui partir se vouloit
 cueur du dieu trop se douloit,
ue lenfant conuenoit mourir
 valut herbe a le guerir.

¶ De Hiacinthus qui fut par le dieu Phebus
occis, depuis mue en fleur iaulne.

R pheus a ceste conclusion fina sa chanson, & luy faillirent & la voix & les dois a toucher sa harpe de la douleur grãde qui au cueur luy suruint pour la mort du iouuencel Hiacinthus ainsi malheureusemẽt occis. Quãt Pheb⁹ donc par q̃ la coulpe estoit veit ainsi mourir celluy que tant aymoit, il se demena & cõplaint moult en disant. O enfant q̃ tant parfaictement aymoye
ma folie tay mis a mort & a destructiõ. Certes se estre peust
 voulsisse mourir de sẽblable mort aueq̃s toy, mais ce ne
ut estre car dieu suis, pourquoy ie viuray pardurablemẽt
ais tousiours tauray en souuenãce q̃ te sera gloire & honneur. Et encores sera le tẽps q̃ Aiax tresfort sera mue en celle
esme fleur, & es fueilles de la fleur serõt lettres pourtraictes
repsenterõt tõ nõ & le siẽ aussi en mõ triste gemissemẽt. Tã
q̃ Pheb⁹ disoit ces parolles le sãg de lẽfãt q̃ gisoit espãdu
r la terre samõcella & deuĩt fleur purpurine belle & luysã
, & pl⁹ haulte en couleur q̃ nest pourpre, celle fleur ressẽble
lis felle estoit argẽtee, en celle fleur est escript literiectiõ de
ouleur Hya, & a celle nõ Hiacĩth⁹ & se renouuelle chascũ
, & a sõ renouuellemẽt souloit on iadis festoier & dire chã
s & dãser en memoire de lẽfãt Hiacĩth⁹ q̃ mue fut en fleur.

L iiij

LE DIXIESME LIVRE
Du tailleur Pygmalion qui fut
de son image amoreux.

EN la terre Damathonte eut iadis vng riche[h]õme nomme Pygmalion saige, renomme & grant pris qui long temps & grande partie [de] son aage se abstint de fême prẽdre pour le g[rant] vice quil auoit veu & congneu estre es v[illes] & deshõnestes putains les Propetides, & po[ur] les diffames que lon luy en auoit racomptees. Sans femme vesquit long temps Pygmalion chastement, mais il mist t[ou]te son entente, comme celluy qui moult estoit subtil a en[tail]ler en blanche yuoire vne ymage de femme. Si le pourtra[it] & entailla si subtillement & si bien que oncques ne nasq[uit] si belle femme, Nul ne la vit qui ne deist quelle fust viue. T[el]lement que pour loeuure qui tant subtille estoit sesmeru[eilla] la mesmes celluy qui lauoit ouuree & faicte. Et si tresente[n]uemẽt la regarda q̃ au regarder sesprint de nouuelle amo[ur] tellement que toute sa cure, affection & pensee luy fist m[et]tre en la forme de lymaige que luy mesmes auoit fai[cte] pourtraicte de sa prope main. Souuent la tastoit & essayo[it] cestoit fantosme ou vraye femme. Point ne disoit q̃ fust p[ier]re, car amours luy faisoit entendre que delle se pouoit a[ppai]ser. Moult la manioit, accoloit, blandissoit, baisoit & po[ur]chassoit toutes choses plaisantes a pucelles pour la par[er] aorner: comme fleurs de lis roses & violettes, marguerites marins & girofflees. Et si luy donnoit coulons & tourte[rel]les. Et luy faisoit moult de aornemens comme de robes [&] ioyaulx, de pierres p̃cieuses a son col & anneaulx aux d[oiz] & aux oreilles. Moult luy plaisoit lymage quãt vestue e[stoit] & aussi faisoit elle nue, car moult estoit belle. Auec l[uy] couchoit es lictz parez & couuers & lapelloit samye & [son] espouse.

DV GRAND OLYMPE. Fueillet. LXXXV.

Ng iour quil estoit feste solennelle de Ven9 la deesse damours en Cypre festoy oit tous poures & riches la deesse. Et sans estre auaricieux faisoient dons & sacrifices en grant habõdãce. Moult grãde furẽt les nopces & les sacrifices quõ fist lors ou tẽple de venus, Pygmalion y vint & son offrande sur lautel mist en disant son oraison piteusement & en doubte comme celluy q̃ crai noit a faillir a sa requeste. Venus dist il de vous me cõplains mys mauez en tel soucy que sans auoir amye ie suis amy. Vostre aguillon amoreux a mis mon cueur en destresse gran de & de moy qui franc estoye a faict serf. Helas puissante dame se vous nauez pitie de moy, & se en vo9 ne treuue mercy ie ne scay mais ou ie le doibue querir. Faictes dung doulou reux & langoureux vng apaise & ioyeulx, car vous & tous les dieux en requiers doulcement comme faire le pouez. Dame treshonnoree octroyez moy ie vous prie q̃ celle mamye tant belle qui semble dyuoire soit mon espouse, point ne dist quelle fust dyuoire. Et Venus qui debonaire luy fut accepta & ouyt sa requeste & bien signe doctroy luy monstra dont moult se reconforta. Car le brandon que sans feu il portoit, se alluma trois fois par luy mesmes. Lors retourna Pygmalion ioyeulx & moult reconforte a son ymage & se coucha auec ques elle en vng lict, Et la commenca a baiser yeulx & bou che. Et tandis luy fut aduis que elle amollissoit & adoulcis soit, & que la roideur & humeur en yssoit. Ainsi comme la ci re amolyt qui la touche & mect au soleil ou vers le feu ain si se ployoit a son attouchement lyuoire a Pygmalion, dont moult sen esbahist combien que moult ioyeulx il en fust. Mais il cuydoit que ce fust songe ou fantosme si craignoit estre deceu. Non pourtant il sapperceut a la fin que cestoit corps & ame. Car trembler luy sentit les veines & le poux,

LE DIXIESME LIVRE
Du tailleur Pygmalion qui fut de son image amoreux.

EN la terre Damathonte eut iadis vng riche hô-me nomme Pygmalion saige, renomme & d[e] grant pris qui long temps & grande partie d[e] son aage se abstint de fême prêdre pour le g[rant] vice quil auoit veu & congneu estre es vil[es] & deshônestes putains les Propetides, & po[ur] les diffames que lon luy en auoit racomptees. Sans femm[e] vesquit long temps Pygmalion chastement, mais il mist to[u]te son entente, comme celluy qui moult estoit subtil a enta[il]ler en blanche yuoire vne ymage de femme. Si le pourtray[t] & entailla si subtillement & si bien que oncques ne nasqu[it] si belle femme, Nul ne la vit qui ne deist quelle fust viue. T[el]lement que pour loeuure qui tant subtille estoit sesmerueil[loit] la mesmes celluy qui lauoit ouuree & faicte. Et si tresentê[ti]uemêt la regarda q̃ au regarder sesprint de nouuelle amo[ur] tellement que toute sa cure, affection & pensee luy fist m[et]tre en la forme de lymaige que luy mesmes auoit faicte & pourtraicte de sa prope main. Souuent la tastoit & essayoit [si] cestoit fantosme ou vraye femme. Point ne disoit q̃ fust pu[r]re, car amours luy faisoit entendre que delle se pouoit app[el]ser. Moult la manioit, accoloit, blandissoit, baisoit & pou[r]chassoit toutes choses plaisantes a pucelles pour la parer [&] aorner: comme fleurs de lis roses & violettes, marguerites, [fleurs] marins & girofflees. Et si luy donnoit coulons & tourtere[l]les. Et luy faisoit moult de aornemens comme de robes, [de] ioyaulx, de pierres p̃cieuses a son col & anneaulx aux do[iz] & aux oreilles. Moult luy plaisoit lymage quât vestue esto[it] & aussi faisoit elle nue, car moult estoit belle. Auec luy [se] couchoit es lictz parez & couuers & lapelloit samye & [son] espouse.

DV GRAND OLYMPE. Fueillet. LXXXV.

Ng iour quil eſtoit feſte ſolennelle de Venꝰ la deeſſe damours en Cypre feſtoyoit tous poures & riches la deeſſe. Et ſans eſtre auaricieux faiſoient dons & ſacrificesen grant habōdāce. Moult grāde furēt les nopces & les ſacrifices quō fiſt lors ou tēple de venus, Pygmalion y vint & ſon offrande ſur lautel miſt en diſant ſon oraiſon piteuſement & en doubte comme celluy q̄ craignoit a faillir a ſa requeſte. Venus diſt il de vous me cōplains mys mauez en tel ſoucy que ſans auoir amye ie ſuis amy. Voſtre aguillon amoreux a mis mon cueur en deſtreſſe grande & de moy qui franc eſtoye a faict ſerf. Helas puiſſante dame ſe vous nauez pitié de moy, & ſe en voꝰ ne treuue mercy ie ne ſcay mais ou ie le doibue querir. Faictes dung douloureux & langoureux vng apaiſe & ioyeulx, car vous & tous les dieux en requiers doulcement comme faire le pouez. Dame treſhonnoree octroyez moy ie vous prie q̄ celle mamye tant belle qui ſemble dyuoire ſoit mon eſpouſe, point ne diſt quelle fuſt dyuoire. Et Venus qui debōnaire luy fut accepta & ouyt ſa requeſte & bien ſigne doctroy luy monſtra dont moult ſe reconforta. Car le brandon que ſans feu il portoit, ſe alluma trois fois par luy meſmes. Lors retourna Pygmalion ioyeulx & moult reconforte a ſon ymage & ſe coucha auecques elle en vng lict, Et la commenca a baiſer yeulx & bouche. Et tandis luy fut aduis que elle amolliſſoit & adoulciſſoit, & que la roideur & humeur en yſſoit. Ainſi comme la cire amolyt qui la touche & meſt au ſoleil ou vers le feu ainſi ſe ployoit a ſon attouchement lyuoire a Pygmalion, dont moult ſen eſbahiſt combien que moult ioyeulx il en fuſt. Mais il cuydoit que ce fuſt ſonge ou fantoſme ſi craignoit eſtre deceu. Non pourtant il ſapperceut a la fin que ceſtoit corps & ame. Car trembler luy ſentit les veines & le poux,

LE DIXIESME LIVRE

Puissamment monstra Venus sa vertu quant lymaige d'yuo
re deuint femme qui eut entendement. Lors fut Pygmalio
moult ioyeulx. Si remercia Venus de la grande grace & ho
neur que faicte luy auoit en disant. Venus trespuissante da
me ie vous remercie & rends graces de ce que a mon gre m
uez seruy, car iay ce que ie desiroie. Remis me auez de gr
desroy en grande plaisance. Iay ayme & si suis amy. A tan
print samye a baiser, & celle qui le sentit sen vergongna &
rougit. Puis la print Pygmalion a femme & a espouse ou t
ple de Venus. Et celle au bout de neuf moys eut vng bea
filz nomme. Paph⁹ qui depuis fut preux & de grant renom
& de son nom fut lisle nommee Paphe.

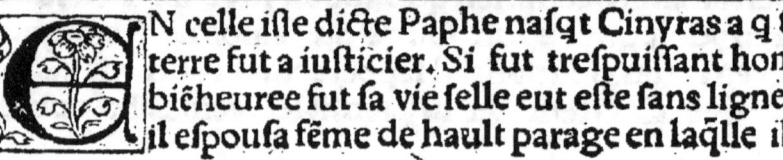
De Myrrha que follement ayma le roy
son pere de qui eut le bel Adonis le amou
reux de Venus.

EN celle isle dicte Paphe nasqt Cinyras a q toute la
terre fut a iusticier. Si fut trespuissant homme, &
bieheuree fut sa vie selle eut este sans lignee. Mai
il espousa feme de hault parage en laqlle il enge

DV GRAND OLYMPE. Fueillet.LXXXVI.

[...]a vne fille q̃ puis luy dõna grãt douleur. Mieulx eust este[...] [...]e fust auortee & au naistre morte, cruelle chose a dire. Par [...]oy vous filles & pucelles peres & meres tirez vous arriere [...]in que ne loyez. Et si ouyr le voulez ie vous prie que ne vueillez croire. Et encore se le voulez croire, soyez certai[...] que cruelle vegeance & terrible pugnition en receut cel[...] qui si enorme & si desnaturel peche fist. Et est difficile [...]ose & forte a croire cõment nature daigna oncques tel pe[...] [...]e consentit. Ie me esiouys pour Thrace qui est ma terre &[...] [...]nt ie suis ne, Pource que tel cas naduint oncques en icelle [...]ns loing est de la contree ou celle fille dont ie vueil parler [...]asquit. Combiẽ quelle soit bonne & fertile entre toutes les [...]tres. Et que portant soit, gingembre, canelle & encens & [...]usieurs autres bonnes espices Mais pource ne remaint il [...]ur Myrrha ne pour le peche qui pour elle aduint nest le [...]rrhe de telle valeur que la terre deust valoir quelle eust tel [...]oir porte. Myrrha doncques eut nom la fille de qui ie vueil [...]rler qui trop fut belle. Mais elle fut peu saige. Elle fut pour [...] beaulte & pour sa richesse de moult haulx barons requise [...]mariage, mais cure nen auoit, car ailleurs auoit tournee sa [...]nsee & son entente. Elle tant aymoit Cinyras son pere oul[...] [...]e mesure que a autre amour nentendoit. Point ne apparte[...] [...]oit a pucelle de aymer sõ pere en telle maniere. Ce eust este [...]eche de le hayr, mais son amour estoit trop pire que neust [...]te la haine & plus luy fut a blasmer. On doit aymer son pe[...] [...]& ses parẽs charnelz par droit de nature & selon ce q̃ raisõ requiert, Myrrha doncques ayma son pere oultre raison [...]ar amour laquelle trop la destraignoit et non pas amour, [...]ais rage que elle eut en soy. Amour enseigne & ayme cour[...] [...]oisie, droit & mesure, & hayt vilennie, trahyson & toute cho[...] [...]e deshonneste. Donc puis ie dire de verite que point ne[...] [...]oit lamour de ceste Myrrha amour, mais forcenerie qui [...]lle rage luy faisoit penser, dont retraire nullement ne

LE DIXIESME LIVRE.

se pouuoit pour peine quelle y sceust mettre. En son cu[eur]
debatoiët raison & entëdemët a lencontre de folie, Car s[a]
amour latisoit & esmouuoit a tel malefice. Et luy mettoit
deuāt la beaulte de son pere, & raison len chastioit & de[f]
fendoit dētreprendre si honteux affaire, Que as tu en pe[n]
se, luy disoit raison en luy mesmes, retraictz ton cueu[r]
telle raige & raisuerie. Et cōme veulx tu faire peche auec[ton]
propre pere, honte & douleur ten aduiendra se auant le[?]
ne ten repens. Ia ne consentent les dieux que telle follie
ces. Puis redisoit folie en elle. On ne te doit par droict bl[a]
mer se aymer veulx ton pere, le beuf sassemble bien auec[sa]
mere & sa fille sans en estre reprins, & la iumēt au cheu[al]
lēgēdra. Biēheurez feussions sil pleust aux dieux q̃ aisi p[eus]
sions faire: si feissions noz choses selon nature. Mal ayt q[ui]
contraire establit. Les loys, & les droictz deffendēt ce que [na]
ture a ordōne & institue. Non pourtāt ay ie ouy racōpter [q'il]
ya vng pays auquel on peut son plaisir faire & accōplir s[ans]
aulcun blasme. La mere peult coucher auec son filz. La [fille]
auec son pere, & la seur auec son frere, & par ainsi se dou[ble]
lamytie. Lasse que ne nasquis tu en la terre ou il est licite [de]
ce faire, du mal qui si fort te blesse peusses trouuer & a[uoir]
ton allegeance. Ceste terre tēpesche a acheuer ta voulent[é]
me desplaist q̃ oncques y fus nee. Ton pere pers pource q[ui]
est tien, car espoir se sa fille ne feusses biē le peusses p am[our]
aymer. Lasse redisoit Myrrha il me poise quil mapparti[ent]
me conuient mon cueur retraire puis que mon plaisir au[oir]
nen puis. Mais quant ie regarde sa beaulte, au cueur me [?]
lardāt aguillon qui membrase & enflāme. Pour alleger c[este]
douleur il me conuient cōe ie croy guerpir & laisser ma [pe]
re & mon pays. Helas que diray ie, trop seroit griefue ch[ose]
amoy la despartie quant pource ne gueriroye, car on dit [que]
pour terre changer ia pource le cueur ne peut muer. Ce [que]
ie croy que aussi ne feroit le mien, & comme plus mesc[ō]

GRAND OLYMPE. Fueillet.LXXXVII.

[...]ye de mon confort, plus me seroit mon cueur destroict, ne
[...]ource nestaindroit la challeur qui tellement mesprant.
[...]ainsi donques me vault myeulx demourer auec mon pe
[...]le verray a mon plaisir par confort & par esperance, mais
[...]ource ne me ioindray a luy. Seur & mere seroye a mon
[...]ant. Myeulx aymeroye a mourir que telle chose faire, car
[...]y & mon pere deshonnoreroye. Puis redist. Helas moult
[...]poise que ceste oeuure ne puis acheuer, ia pour honte ne
[...]r peche se ie pouuoye ne men tiedroye. Mais ie ne puis
[...]e mest chose possible dont ie sus bien esbahye, car mon
[...]e a raison en luy & si scait & cognoist les loix & les droitz
[...]ement que pour riens ne vouldroit telle rage faire. Cer-
[...]il me desplaist quil est si saige. ie me doubte que cher ne
[...]mpare son sens.

Ainsi se complaignoit & demenoit Myrrha qui
tāt auoit mis sa cure en sa honte pourchasser, q
a aultre chose ne pēsoit que de pouuoir parue-
nir a la fruition de son pere, Souuēt trembloit
de froit, puis tressuoit de chaleur. Et aisi tressail
loit & fremissoit. Mais de tout ce ne scauoit riē
[...] pere Cinyras q la vouloit & cuydoit haultemēt marier.
[...] mainctz haulx barons & nobles cheualliers le reqroient.
[...]g iour appella sa fille a luy, & elle venue en sa presence il
[...] noma & dist ceulx qui lauoient requise a mariage & luy
[...] quelle choisist de tous celluy q le myeulx luy plairoit &
[...]uy feroit auoir. Myrrha qui son penser nosa dire sesprint
[...]ouspirer tendremēt, & a regarder ententifuemēt les yeulx
[...] son pere. Et cōme plus le regardoit tāt plus se enflammoit
[...] son amour. Mais le pere de riēs ne sen apperceuoit, ains
[...]ydoit simplement quelle craignoit prendre mary comme
[...] coustume font les ieusnes filles pucelles, & que pour cel
[...] cause plora. Si luy essuya la face & ses larmes, mais certes
[...]stoit la cause de son amour qui ainsi la destraignoit quelle

ne se scauoit contenir. En fin dist elle ainsi. O mon pere s
mon vouloir pouuoye choisir mary: sachez q̃ vng en vo
droye de telle beaulte & de telles meurs côme vous estes
moult laymeroye. Quãt le pere ouyt ce dire point nentē
la signifiance de celle parolle, ains cuyda q̃ pour bien & a
honneur le dist. Si la print moult a louer, & en la baisant
conforter, dont elle moult ioyeuse estoit. & luy dist que a
pourra elle paruenir. Lors Myrrha q de pitie ouyt son p
parler entendit lencloement de ses parolles, si ne losa pl⁹
garder, & se tint de son meffaict coulpable. Car bien entē
que peu ou neant y proffitoit.

E iour se partist & vint la nui
Amour angoissoit moult la b
le que prise tenoit en saprisō
par iour auoit mal, & encor
pis par nuict. Car trop luy g
uoiēt les pecemens q̃ elle fai
au lict a par soy, côe celle q
pensoit & estoit angoisseuse
mours: dormir ne pouuoit
reposer. Moult se remuoit &
degectoit &ca &la. Elle sail
hors de son lict & puis se rec
choit. Le desconfort quelle auoit de ce que son pere ne p
uoit auoir a son plaisir luy faisoit pis que lardeur qui la d
straignoit, moult estoit esbahye & entreprinse. A pare
disoit en elle mesmes chastiãt, O Myrrha tresfolle q̃lle r
as tu entreprins en ta pensee, ia ne iouyras de ce q̃ tu qui
& aussi il nest pas droict ne raison que tu en iouysses. Ie
repens de ma folie. Car il ne men peult venir que blasme
deshonneur, & si ne mē puis chastier. Se a luy ie descou
le mal que pour son amour porte, point mon plaisir ne m
roit. Et espoir que si feroit, car il est tant plain de pitie que
ne me lairroit mourir pour son amour, tant que secourir

DV GRAND OLYMPE. Fuillet.LXXXVIII.

...der me peuft. Et pource luy confefferay mon cas, fa mercy querant. Puis redift Myrrha. Hee queffe cy fuis ie hors [de] fens que mon pere vueil prier de follie, pas ne le feray, & [fi] ie le faifoye fi me reffuferoit il, dont encores me feroit pis. [Ca]r fon amour & bien vueillance en perdroye, & ainfi ie ay [myeulx fouffrir & endurer mon mal que luy dire chofe [qui] luy puiffe defplaire, & dõt perdre peuffe fa grace. O laffe [cer]tes le fouffrir meft troup grief, tant ay fouffert que plus [ne] puis, tant fuis deftrainéte de douleur & de defconfort [qu]e vie me defplaift. O Mort doulce & fouefue viens moy [qu]erir, & me deliure de cefte peine qui meft certes pire q̃ [m]ort. O Dieux fouuerains vueillez ce confentir, laffe pour [qu]oy fus ie oncques nee? Mauluaife portee fift ma mere de [m]oy. Myeulx fuft que auortee meuft, ou au loing geétee [m]orte, ou eftranglee q̃ mauoir engendree a mõ pere aymer. [O] amours amere, fiere, peftifere, ofte moy la vie biẽ toft ie tẽ [pri]e? Car elle mennuye de veoir celluy par qui en foucy ie [fu]is & marrie. O mon pere pourquoy me engendras tu onc [que]s pour moy faire ainfi languir apres ton amour? moult [me] defplaift la vie, & la mort fort me aggree, laquelle certes [tro]p attend a moy deuorer, affin de moy deliurer de cefte [pei]ne ou point ne voy de prochain confort, fors feullement [d']elle. Puis redift Myrrha. Defire ie la mort: ceft pufilla[ni]mite & mauluaiftie, car moymefmes maulgre elle me puis [oc]cire & fans refpit, fi vueil ce faire, & par ainfi feray ie q̃te [de] cefte douleur & ennuy. Car auffi bien me conuient il fi[n]ablement paffer, & venir a la mort. Celle penfee & co[gi]tation fut moult aggreable a Myrrha comme celle qui fa [vi]e & fa mort defiroit. Lors commenca Myrrha a exploi[t]er & mettre tout preftement fon concept a fin. Elle print & [at]tacha fa ceinéture a vng banc pour foy pẽdre a vng laz cou[la]nt. Et quant elle eut tout apprefter elle dift en tẽdremẽt pleu[r]ant. Beau doulx & de moy trefayme pere mal vo⁹ vy oncq̃s

LE DIXIESME LIVRE

ne se scauoit contenir. En fin dist elle ainsi. O mon pere se
mon vouloir pouuoye choisir mary: sachez q̃ vng en vou
droye de telle beaulte & de telles meurs cõme vous estes &
moult laymeroye. Quãt le pere ouyt ce dire point nentẽ
la signifiance de celle parolle, ains cuyda q̃ pour bien & a
honneur le dist. Si la print moult a louer, & en la baisant
conforter, dont elle moult ioyeuse estoit. & luy dist que ain
pourra elle paruenir. Lors Myrrha q̃ de pitie ouyt son pere
parler entendit lencloement de ses parolles, si ne losa pl⁹
garder, & se tint de son meffaict coulpable. Car bien entẽd
que peu ou neant y proffitoit.

E iour se partist & vint la nuict.
Amour angoissoit moult la
le que prise tenoit en sa prison,
par iour auoit mal, & encore
pis par nuict. Car trop luy gre
uoiẽt les pecemens q̃ elle faiso
au lict a par soy, cõe celle q p
pensoit & estoit angoisseuse
mours: dormir ne pouuoit
reposer. Moult se remuoit &
degectoit & ca & la. Elle saillo
hors de son lict & puis se reco
choit. Le desconfort quelle auoit de ce que son pere ne p
uoit auoir a son plaisir luy faisoit pis que lardeur qui la d
straignoit, moult estoit esbahye & entreprinse. A parel
disoit en elle mesmes chastiãt, O Myrrha tresfolle q̃lle rag
as tu entreprins en ta pensee, ia ne iouyras de ce q̃ tu quie
& aussi il nest pas droict ne raison que tu en iouysses. Ie m
repens de ma folie. Car il ne men peult venir que blasme &
deshonneur, & si ne mẽ puis chastier. Se a luy ie descouu
le mal que pour son amour porte, point mon plaisir ne me
roit. Et espoir que si feroit, car il est tant plain de pitie que p
ne me lairroit mourir pour son amour, tant que secourir

DV GRAND OLYMPE. Fueillet LXXXVIII.

...der me peuſt. Et pource luy confeſſeray mon cas, ſa mercy ...equerant. Puis rediſt Myrrha. Hee queſſe cy ſuis ie hors ...u ſens que mon pere vueil prier de follie, pas ne le feray, & ...ie le faiſoye ſi me reffuſeroit il, dont encores me ſeroit pis. ...Car ſon amour & bien vueillance en perdroye, & ainſi ie ay ...e myeulx ſouffrir & endurer mon mal que luy dire choſe ...ui luy puiſſe deſplaire, & dōt perdre peuſſe ſa grace. O laſſe ...ertes le ſouffrir meſt troup grief, tant ay ſouffert que plus ...e puis, tant ſuis deſtrainƈte de douleur & de deſconfort ...ue vie me deſplaiſt. O Mort doulce & ſouefue viens moy ...uerir, & me deliure de ceſte peine qui meſt certes pire q̄ ...ort. O Dieux ſouuerains vueillez ce conſentir, laſſe pour ...uoy fus ie oncques nee? Mauluaiſe portee fiſt ma mere de ...oy. Myeulx fuſt que auortee meuſt, ou au loing geƈtee ...orte, ou eſtranglee q̄ mauoir engendree a mō pere aymer. ...amours amere, fiere, peſtifere, oſte moy la vie biē toſt ie tē ...rie? Car elle mennuye de veoir celluy par qui en ſoucy ie ...is & marrie. O mon pere pourquoy me engendras tu onc ...ques pour moy faire ainſi languir apres ton amour? moult ...e deſplaiſt la vie, & la mort fort me aggree, laquelle certes ...rop attend a moy deuorer, affin de moy deliurer de ceſte ...eine ou point ne voy de prochain confort, fors ſeullement ...ar elle. Puis rediſt Myrrha. Deſire ie la mort: ceſt puſilla-
...imité & mauluaiſtie, car moymeſmes maulgre elle me puis ...ccire & ſans reſpit, ſi vueil ce faire, & par ainſi feray ie q̄te ...e ceſte douleur & ennuy. Car auſſi bien me conuient il fi-
...ablement paſſer, & venir a la mort. Celle penſee & co-
...gitation fut moult aggreable a Myrrha comme celle qui ſa ...ie & ſa mort deſiroit. Lors commenca Myrrha a exploi-
...ter & mettre tout preſtement ſon concept a fin. Elle print & ...ttacha ſa ceinƈture avng banc pour ſoy pēdre a vng laz cou ...t. Et quant elle eut tout appreſter elle diſt en tēdremēt pleu ...nt. Beau doulx & de moy treſayme pere mal vo⁹ vy oncq̄s

LE DIXIESME LIVRE

quant pour vous mõ amour tellement le cueur & le sens
uit que mourir me conuient & si ne lentendez ne scauez
dieu soyez recommande.

A Ce mot Myrrha pour soy pendre voulut m[et]
tre le laz a son col. Mais la vieille q[ui] nourrie
uoit en sa ieunesse & gardee des son enfan[ce]
pres de la chambre delle gisoit, se leua tou[te es]
trayee, ouurit la chãbre, & moult hastiueme[nt]
dedans entra, si trouua le laz ou elle se voul[oit]
pendre. Lors la vieille moult dolẽte & esbahye en elle de[scen]
dant par maltalent rompit le laz, & puis print Myrrha e[n]
ses bras & ententifuement la commenca a baiser. Puis [doul]
cement luy demanda la cause pourquoy elle se vouloit de[se]
sperer, & ainsi mettre a la mort. Mais elle eut si grant ho[nte]
& si grant vergongne de la venue de sa nourrice q[ue] oncq[ues]
mot ne respondit. Ains regarda en terre. Et moult luy pe[sa]
tant tarde auoit a se occire. La vieille la print fort a oppre[sser]
par coniuration pour scauoir delle loccasion de ceste for[ce]
nerie, disant que se pouoit bien fier en elle de toutes cho[ses]
& de tous ses affaires. Et q[ue] ia ne luy en viẽdroit fors prou[fit]
Car ie suis dist la vieille sage & en faictz & en ditz, & sou[bz]
ter ne scauras chose tant difficile ou forte soit a acheue[r]
ne le sache bien mener a bonne fin & a ta voulente comb[ien]
que vieille soye. Si cest rage ou forcenerie q[ui] ainsi te trau[aille]
ie scay tant faire medicines & par herbes que briefueme[nt]
ras guerie. Et se tu as este frenatique par aucunes mauua[ises]
parolles ou regards Ie scay tant dars & denchantemens[que]
telles choses ne te pourront nuyre ne greuer. Et se tu as f[ait]
aucun dieu courroucer qui ceste douleur te face souffrir,
scauray lire des dieux appaiser: & pareillement des de[esses]
par mes veux & mes prieres & aussi par mes dons &
mes promesses tellement que brief auras pardon & seco[urs]
de ton mal. Ie ne scay plus riens que mescroire parquo[y]

DV GRAND OLYMPE. Fueillet. LXXXIX.

...es ton sens perdu. Car ta terre & ton pays est bon & fertile ...s as fortune fauorable, si ne croy pas q̃ tes parens & amys ...ent aucuns aduersaires qui en riens les puisse greuer & ...quoy tu doibues auoir desplaisir. Ta mere est saine & ton ...re aussi. Lors quant la vieille nomma son pere elle se print ...remir, & a trembler & luy sayllit le cueur. Encores a ceste ...s napparceut la nourrice la grande follie de Myrrha, mais ...en entendit aux plaingz & aux souspirs que cestoit destres ...damours dont la pucelle estoit si surprinse que en elle na... ...it sens ne mesure. Lors luy dist la vieille. Certes belle fille ...intenant ie scay bien & apercoy la cause devostre mal. Ce ...nt amours qui ainsi tiennẽt vostre corps prisonnier, O Myr... ...a ma belle & aymee fille dy moy maitenãt tõ courage har... ...ement & ne le me cele en riens. Car ie te promets que grã ...allegeance y auras. Riens nyvault le celer mamye. Et ie te ...e que tant feray par mon engin que tout tõ plaisir en pou... ...auoir sans ia estre aperceu ne sceu par ton pere.

Vant Myrrha ouyt parler de son pere sa grande douleur luy renouuella, & tant fut angoisseuse que sur ses piedz ne se pouoit soustenir, ains la conuint coucher toute estendue le visage vers la terre. Et quant elle fut en ce point en plaignant, & en souspirant print a dire a sa nourrice quelle la laissast & que plus ne luy enq̃st sa honte. Trop dist elle est grant follie de que tu demãdes ...a toy nen appartient riens du scauoir. Et pource ia mon ...uloir tu ne scauras, ne creature qui viue aussi. La nourri... ...qui bien apperceut la grãt angoisse de Myrrha sceut adõc ...es veritablement quelle mourroit se brief nauoit secours ...guerison du mal qui ainsi la oppressoit. Si en eut pitie & ...our comme celle laquelle moult laymoit, De vieillesse & ...paour trembloit, mains ioinctes & enclinez les genoulx

M

LE DIXIESME LIVRE

deuant la poure Myrrha print a dire paur doulces & bl[...]
des oraisōs. Ma treschiere fille ie te requiers dy moy la ca[...]
de te tō desplaisir, & ie tayderay en telle maniere q̃ damo[...]
auras tō vouloir. Et se ce ne fais certes ie te accuseray eue[...]
pere. Lors Myrrha leua son chief & sesiouyst pour la pm[...]
q̃ sa nourrice luy auoit faicte, car ce luy allegoit le desir q[...]
le couoitoit daccōplir Le grant desir q̃lle auoit vouloit b[...]
q̃lle descouurist son courage a la vieille, mais honte luy [...]
uoyoit, & ne luy laissoit ouurir la bouche pour si hōteu[...]
villaine chose dire ne reueler. Car il luy sembloit que cha[...]
en tiendroit son compte, & que monstree en seroit au do[...]
estoit sceu. Puis disoit en elle mesmes. Et comment laisse[...]
ie pour honte a pourchasser ma guerison. En tout le mo[...]
na medecin tant soit subtil qui guerison me sceust donn[...]
ne a autre pour acquerre sante sil ne luy donnoit son mal[...]
gnoistre. Dōcques conuient il que ie luy die la cause de [...]
douleur se ie vueil quelle me secoure. Helas or ay ie song[...]
dit grande follie que ie cuyde quelle me puisse ayder, car [...]
luy ou iay mys mon courage est tout saige & honneste [...]
croire ne pourroye que iamais feist telle follie, ains me d[...]
seroit & occiroit se ceste forcenerie luy estoit descouuert[...]

Insi pēsoit & cōtrepensoit M[...]
rha & ne scauoit auquel ob[...]
ou a celer ou a confesser. Vo[...]
tiers se elle peust le celast, [...]
la vieille lagressoit & luy [...]
que se elle ne luy confessoit [...]
racomptoit son cas, que elle [...]
cuseroit deuers son pere &[...]
mere de sa follie & desespe[...]
Quant Myrrha luy ouyt c[...]
elle en fut fort troublee &[...]
bteuse & pdit hōte pour pa[...]

DV GRAND OLYMPE. Fueillet.XC.

Et au dire saccorda, en couurāt pour hôte sa face, & en plorāt luy dist. Bieheureuse est ma mere & moult bien mariee, A ce mot lētēdit la vieille & sceut tout son couraige, dōt a trēbler print & fremir. Et pour loster de ce fol pēsemēt la cōme ca a eprēdre & chastier doulcemēt, mais peu ou riens y valoit hastiement, ains luy disoit que briefuement mourroit selle auoit de son pere, pchaine guerison. Lors la vieille pour luy donner confort & soulas luy dist en telle maniere. Belle fille or ne te esmaye ne soucie plus. Car prochainnement te feray auoir tout ton plaisir. Et ce te afferme & iure sur les dieux. A tāt despartit leur parlement. La vieille pēsa dacheuer ce q̄ elle auoit pmis, & Myrrha attēdit les tēps & lieux cōuenables.

Duint vng iour que en icelle contree Damatonte fut vne grande feste & solennite, celebree a la deesse Ceres laquelle estoit la renommee deesse des bledz. A celle solennite alloient les prudefemmes du pays & y portoient au sacrifice chappeaulx despics de ble. Et tādis que on cultiuoit & faisoit les sacrifices par lespace de neuf iours, Les dames sabstenoient de la cōpaignie des hommes. A ce sacrifice estoit allee la mere de Myrrha auec sa voisine. Et lors eut la vieille espace de rendre & paracheuer ce quelle auoit pmis a la fille. Elle mist grāt cure & sollicitude a decepuoir Cinyras toutesfois vne poison dherbes luy donna de vin & de pigment destrempez tant vertueux & tāt puissant quil nest hōme si vertueux ne si fort soubz le ciel q̄ sil en auoit beu deux fois quil ne fust deceu. Cinyras qui ne scauoit la deception en beut tant que eniurer le conuint & tellement que de luy ne scauoit aulcun contenement. Quant la vieille le veit en tel point elle larraisonna, & luy commenca a parler

M ij

LE DIXIESME LIVRE

damours en telle maniere. Sire vous estes de moult grāde abstinence, les hommes de voftre aage & force ont plus fouuēt cure¹ du ieu damours faire que vous nauez par trop mener chafte vie. Dame respondit Cinyras celluy sabftient souuēt de manger qui na de quoy, par semblable cas me conuient tenir sagemēt, sobremēt & chastement, car se le ieu damours faire vouloye si ne pourrois ie, car mon espouse est allee au sacrifice de Ceres comme vous scauez. Adonc luy dist la vieille pour plus lattraire a son intention. Sire dist elle se le ieu damous vous aggreoit tandis que ma dame ny eft, si cōgnois vne damoyselle pl⁹ belle na soubz le ciel, ne plus courtoise qui tellement est surprinse de voftre amour & tāt vous ayme oultre mesure que oncques creature viuant nayma tellemēt hōme au mōde. Verite disoit la vieille, car oultre mesure laymoit celle, ne oncqs de telle desloyalle amour pucelle ne se entremift. Puis dift la vieille. Se cefte vous venoit a plaisir tādis que ma dame est dehors, vous en pourrez auoir tout voftre bon plaisir, car ia ne vous sera escondite. Dame dift le roy de quel aage est celle qui tant mayme. Elle nest pas dift la vieille moindre de corsaige & de beaulte q̄ Myrrha voftre fille: & si est assez de son aage & non plus. Lors respondit le roy. Faictes la venir. Et la vieille luy dift que la nuyt luy seroit auoir toute nue entre ses bras. A tāt se despartit la vieille du roy & vint a Myrrha, Si luy dift en la reconfortant de la grāt angoisse quelle souffroit. Ma belle fille dift elle resiouys toy. Cefte nuyt sans plus attendre auras le desir que tant desire as. Quant Myrrha ouyt la promesse que la vieille luy faisoit elle se resiouyft oultre mesure, Mais se bien la meschance sceuft que brief aduenir luy en debuoit, pl⁹ euft eu triftesse que ioye, nonbftant quoy quelle le sceuft si luy debatoit tellement le cueur, quil luy trembloit au corps comme fueille sur arbre, & que de soy nescauoit maniere ne contenance. Ioye & paour auoit tout ensemble, de ioye rioit & de paour

DV GRAND OLYMPE. Fueillet.XCI.

embloit, trop estoit discordāte en sa pensee, car elle ne se sc̄ oit ouql̄ tenir ou a la ioye ou a la paour tant estoit esbahye.

IL estoit de nuyt enuiron le premier somme que toutes choses estoiēt en repos tellement q̄ riēs ne faisoit bruit. La nuyt estoiēt belle et serie, et la lune et aussi les estoilles luy soiēt quāt Myrrha entreprint sa forcenerie daller au mauluais & desnature voyage. Mais la nuyt cōme sachant pour cestuy mes faict se obscurcit & couurit sa face. La lune esclypsa & de toutes les estoilles nen demoura que vne que toutes ne sen souissent au firmament, ce fut lourse & encore fut ce malgre elle, Mais touteffois palit toute & mussa sa face cōme celle qui ne voulut veoir villennie si abhominable Oncques pour tous ces signes ne delaissa la malheureuse Myrrha son propos, ains se mist au chemin auquel par trois fois se hurta & trois fois sur elle cria le Hibou en signe de malheur. Merueilles nest se la folle sesbahyssoit, mais oncques pour chose que elle veist ne ouyst, elle ne voulut sa voye delaisser. Elle hardiement prenoit en lobscurte du tēps & de la nuyt qui son malfait celoit. Si tastoit la voye a sa dextre & a sa senestre tenoit la nourrice q̄ la conduisoit. Tant allerent tastant quelles trouuerent lhuys de la chambre ou Cinyras se gisoit; si louurirēt & entrerent dedans. Lors se print la fille a trembler de grāt paour & luy faillit le cueur, & cheut a genoulx toute espdue. Moult luy pesoit quant oncques auoit entreprins tel cas, & tant plus approchoit du lict de son pere, tant plus estoit esgaree, & plus cremoit & se repentoit de sa folie encōmēcee. Biē eust voulu estre retournee p̄ tel si q̄lle neust este recōgneue.

M iij

LE DIXIESME LIVRE

Andis q̄ Myrrha retardoit cō
me celle qui honteuse estoit: la
vieille qui la conduisoit, & qui
illec lauoit amenee la print par
la main & la liura au roy Ciny
ras en disāt. Sire vecy vre amye
que amenee vous ay, or faictes
delle a vostre bon plaisir. Adōc
la vieille sen yssit de la chābre.
Myrrha trembloit comme cel
qui grand paour auoit & Ciny
ras la reconfortoit doulcemēt.
Belle fille disoit il nayez doubte. Fille lappelloit pource que
la vieille luy auoit dit quelle estoit de laage de sa fille, mais
pas ne cuydoit que ce fust elle, & Myrrha par pere luy respō
doit, & tellemēt firent que Myrrha qui vierge y entra en re
tourna grosse. Le lendemain quant la nuict approcha Myr
rha retourna a sa villenie & inceste, car tant luy plaisoit la vo
lupte desiree que saouler ne sen pouuoit. Aduint que Ciny
ras eut grand enuie de veoir samye qui de si aspre amour lay
moit, mais las ce fut trop tard. pas ne deust auoir attendu ius
ques a la chose cōsommee & parfaicte. Car on dit & est veri
te que quant le cheual est perdu, a tard ferme lon lestable. A
la lumiere congneut Cinyras son mesfaict, & comme sa fille
Myrrha lauoit deceu dont il deuint de douleur plus vert q̄
fueille dyerre au temps deste, & de la grande ire quil eut ne
peut il parler longue espace, mais print vne espee q̄ pendoit
a la couche pour occire Myrrha se attendu leust. Moult lon
guement chassa le pere sa fille pour loccire, & celle senfouyt
tant & si vistement pour doubte de la mort. quelle luy echap
pa par lobscurite de la nuict. Ainsi donc eschappa Myrrha&
sen fouyt en la terre Darabe.   Au neufiesme moys elle vint
en la terre de Sabbe. Lors estoit elle tant lassee & grosse que

DV GRAND OLYMPE. Fueillet. XCII.

lus ne se pouoit soustenir, si la conuint arrester illec: moult ayoit sa vie & souuent lheure de sa naissance mauldisoit, mais le peril de mort craignoit. Tēdremēt pleuroit & crioit mercy aux dieux en disant. O vrays & souuerains dieux se oncques vous eustes pytie de nulle creature qui mercy vous requist, & qui son peche confessast aydez a ceste lasse & cheiue pecheresse, grand douleur ay que ie suis viue quāt tant meffaict ay. Mais affin que la iniquite de moy ne de ma vile ne corrōpe mors ne vifz. Ostez moy ie vous supplie la vie sans mourir. Bien vueil souffrir penitence & auoir ma forme changee pour purger mon peche.

Oncques ne fut pecheur ne pecheresse tāt eust faict de maulx que en voz dieux immortelz mercy ne trouast, se de vray cueur & de entiere pensee voz en prioit & requeroit. Elle neut point si tost finee son oraison quant la terre soubz elle ouurit qui piedz & iambes luy couurit. Puis furent tous muez ses os en boys sans en remuer la mouelle. Son sang fut mue en seue, & ses bras & ses doitz en rameaulx, & sa peau en escorce que tantost toute la couurit fors le visaige seullement qui trop attendoit ce luy estoit aduis a estre couuert. Lors lenclina vers lescorce & dedās le remist & remuca. Moult tost fut muee si comme les dieux le consentirent qui en elle monstroiēt leur pouuoir. Si enroidit le corps & le sens, nonobstant pleure larbre en quoy elle fut muee, & lon appelle ses larmes myrrhe & a tousiours mais parle en sera.

☙ De la natiuite de Adonis filz
de Myrrha, & comment Venꝰ
layma & des enseignemēs
quelle luy bailla.

M iiij

LE DIXIESME LIVRE

Enfant dõt Myrrh[e]
estoit grosse cre[ut]
tãt a douleur soub[z]
lescorce q̃ son io[ur]
vint de naistre. S[e]
prĩt a q̃rir & a ch[er]
cher voye pour y[s]
sir: mais auãt q̃ n[ai]
stre peust cõuint [l']a[r]
bre fẽdre. A sa na[ti]
tiuite furent ny[m]
phes q̃ le receur[ent]
ioyeusemẽt. Cest [en]
fant fut tãt bel & [gẽ]
gent q̃ merueill[es]
estoit de le regard[er]

& tant bien ressembloit le dieu damours quil nestoit creat[u]
re viuãt q̃ le veist quil ne cuydast que ce fust il, si les habi[tz]
ne le demonstrassent. Bien verite est q̃ toutes choses se reno[u]
uellẽt & chãgent auec les tẽps qui chãgent toutes choses [&]
muẽt. Lẽfant qui conceu estoit en desloyaulte, filz de sa s[œur]
& nepueu de son pere qui soubz lescorce de larbre auoit [n']a
gueres este nouuellemẽt ne fut en peu de tẽps tresbel & pl[ai]
sant sur tous autres & de grant renom. Son nom fut Adoni[s].
De son amour fut tãt esprise la deesse Venus q̃ merueilles, [&]
tellement que iour & nuyt durer nen pouoit. Mais depu[is]
print Adonis vengeance delle pour le meffait que fait auo[it]
a sa mere quãt son pere luy fit aymer. Car vng iour vint q̃ V[e]
nus baisoit Cupido son filz par grãt amour, & Cupido q̃ e[m]
brassee lauoit la blessa par mesprison soubz la mãmelle du[ng]
dart amoureux a poincte de fin or treschãt & agu dõt Ven[us]
ne pouoit de legier auoir guerison, ains fut par le coup de l[a]
playe ãgoisseuse & destrainte quoy q̃ la playe ne prisast po[ur]

DV GRAND OLYMPE. Fueillet. XCIII.

qu'elle estoit petite & pource sen confortoit. Et côme plus la
prisoit tant plus estoit damours esprinse. Donc est celluy
n fol qui contre amours sefforce quât Venus mesme deesse
damours ne peut a amours contrester ne desdire son com
demêt. Et quant elle vit & côgneut la vertu damours: elle
ulut auât eslire qui digne fust dauoir telle amye côme le
rps delle valoit. Ce fut Adonis qui pas ne fut moins valla
delle. A la deesse pleut & agrea Adonis pour sa forme &
grâde beaulte. Si lintroduysit amours a faire & garder les
mandemês qui par luy son fais aux amâs. Il ne luy chaloit
onneur ne de deite tout oublia pour son amoreux. Riens
uoit ou ciel que tât luy pleust, elle se deuisoit auec luy, lac
loit & baisoit & lacompaignoit par vallees & par montai
es. Adonc luy agreoit le trauail que hayr souloit, car par
ât elle ne mettoit son entente fors a elle pollir & cointoier
ais maintenant de riens qui fust ou monde ne luy chaloit.
lle se recoursoit et tiroit amôt ses habitz, & a maniere deve
urs par bois & par riuieres suyuoit son amy Adonis por
nt filez & menâs chiens. Plusieurs cerfx, dains, biches, lie
es & sangliers luy ayda a prendre, & maintz lyôs, lierpars
ours, loups & bestes armees oncques ne assaillit. Et si pria
donis son amy se riens y vaussist priere ne admonnestemêt
se gardast dassallir telles bestes cruelles plaines de ire, Car
n aage ne sa beaulte ne pourroit fleschir ne amolir leur
urage, & luy pria que point ne les poursuiuist, car se il luy
mescheoit elle disoit q son cueur seroit en douleur a tous
ursmais. Ains disoit Venus en le chastiant. Ne pourchasse
oint pour vng petit de vaine gloire ton mal. Retiens mon
onseil ie ten prie. Chasse les bestes qui deuant toy fuyront,
t ia telle chasse ne te nuyra, & si te garde de assaillir celles q
ers toy retourneront par felon courage. Trop peut tourner
grât dômaige hardemêt contre les hardis. Mieulx te vault
stre couart & tenir asseure que estre trop hardy & chasser

LE DIXIESME LIVRE

proye a ton mal. Pource te prie q̃ tu te gardes de chasser be-
stes qui ont naturel hardement & nommeement lyons, c̃
ces bestes ay ie en hayne plus que autres pource quilz mo̅
autreffois meffait. Puis Venus dist a Adonis. Mon amy sei
nous cy ie te prie sur lherbe en lombre de ce pouplier, l̃
chault & le trauail que iay me nuyst & griefue & ie te di̅
pourquoy ie ay en hayne les lyons plus que aultres be
sauuages & dont ceste hayne vint. A tant saffist Venus s̃
lherbe verte & son amy Adonis aup̃s delle dõt moult ioy
se fut. Et le coucha en son giron puis cõmenca Venus son c̃
pte en ceste maniere.

☙ De Hypomenes qui vainquit Atalanta a la course,
cõment la deesse Cibeles les mua depuis en lyõ & lyõnes

EN Crete dist Venus a Adonis son amoureux e̅
iadis vne damoiselle si isnelle & tant legierem̃
courant q̃lle ne pouoit hõe trouuer qui de cou̅
la peust vaincre Moult en acq̃st la damoiselle g̃
de louẽge, En merueilles fut de sa legierete, & encore pl̃
pour sa excellente beaulte, car en tout le monde nauoit d̃

DV GRAND OLYMPE. Fueillet. CXIIII.

ief de corps ne devifaige fi gente femme ne fi parfaicte. Sō
m eftoit Atalanta. celle damoyfelle alla vng iour au tēple
re facrifice aux dieux pour fcauoir quel mary elle auroit.
les dieux luy firent par fort entēdre quelle nauoit que fai
de prendre mary, & que ia fi bien ne fen fcauroit garder q̄
la fin nen print vng duquel gueres ne iouyroit. De ce re-
ons fefbahyt fort la pucelle tellemēt que nullemēt ne vou-
t mary auoir. Et pource que tous les refufoit, tant plus
eftoit aymee, defiree, & requife: car communemēt on cou
ite plus la chofe ou ont met contredit que celle qui eft ha
ndonnee. A celle pucelle venoient tous les barons & che-
lliers du pays dēuiron pour elle reqrre en mariage. Mais
e pour myeulx efcondire difoit que iamais mary nauroit
premieremēt ne la vainquoit a la courfe, par telle conditiō
elle le vainquoit & paffoit au cours, il luy cōuenoit mou-
& finer fa vie. Oncques pour celle mortelle gaigeure ne
fferent aucūs leurs corps a efprouuer, ains fappſterēt pour
re leur debuoir dont plufieurs en moururent, & furēt mis
erdition. A ce cours veoir eftoit Ceneus le pere delle &
s les barons de la contree. Auec les aultres eftoit ve-
vng damoifel de Thebes nomme Hypomenes bel, gra-
ux & moult amyable, nepueu eftoit au Dieu de la mer. Ce
y Hypomenes print a blafmer & a reprendre les ieunes
de courir fentremettoient pour ce mariage au peril de
rs vies, & moult tenoit leur amour a folle. Mais quant il
veue la damoifelle deueftue, & en fon corps qui tāt eftoit
lle & plaifante il fut de fon amour fort efpris. Et tantoft fō
r & fa reproche furent muez & abatuz en louēge. Amour
rendit mat en langlet de fes forces, fi ne laiffa plus entēdre
ulx qui couroient blafmer ne corriger, ains moult fe repen
t que ainfi blafmez les auoit, difant que point ne fcauoit
pris du grant loyer quilz par leurs cours attendoient, &
e bien eureux feroit celluy qui la pourroit conquerre.

LE DIXIESME LIVRE.

Car si belle damoiselle n'estoit lors viuante, ne n'auoit esté nee, ne iamais au monde ne seroit comme Atalanta estoit, cōme plus la louoit, de tant plus lesprenoit laguillon amoureux en son cueur. Haa dieu disoit il en son cueur secour moy a cestuy tresgrant besoing, car mourir il me cōuiēdroit se au cours estoye vaincu. Moult auoye na gueres grāt quant si villainement ces cheualiers reprenoye qui pour belle osoient entreprendre si douloureux faix. Trop moroient de doulce mort se pour lamour delle mouroient, pourquoy attens ie a entreprēdre le cours dōt on peut si ble loyer auoir, Cuyde ie auoir telle dame sans dessertes, mētre me conuient a laduēture pour elle, Car elle le vault. Dieu fait ayde aux courageux & hardis, & les couars reboute reprime.

Tandis que Hypomenes estudioit en ce pē & voulente la belle Atalanta couroit plus que nevolle esmerillon, laquelle legierete ple moult a Hypomenes, & ēcore pl' la grāt bēte dont elle estoit garnie: car sa couleur pour chaleur & eschauffemēt du cours embellit pl que deuant sa face, & mieulx coulouree que rose espanie moys de may. Sur ses espaules gisoient ses cheueulx espa qui aux talons luy aduenoient, & si estoient plus reluisā que fin or. Tandis que Hypomenes entēdoit a la beaulte q tant luy plaisoit eut la damoiselle le cours vaincu cōtre vn cheualier. Mais oncques pour ce Hypomenes ne sespou ains regarda la belle au visage, & luy dist en telle maniere Dame petit honneur acquerez dist Hypomenes a vain ces foibles chetifz & sans sens. Se louenge voulez auoir que telle hardiesse ayez esprouuez vous contre moy, & fortune me veult secourir tant que vaincre vous puisse cours, point ne vous sera honte destre espouse a vng si be iouuencel comme moy. Exaulcee serez par moy car ie su

DV GRAND OLYMPE.　　　Fueillet.XCV.

trait de grans & de haulx parens, filz de Megareus, & ne-
ueu de Neptũe dieu de la mer. Et qui point moins nest a pri
. Par ma force & par mon sens, trop mieulx vaulx que par
on grant lignaige. Et par contraire, se vous me pouez con
erre, pardurable renommee en acquerrez.

AMours assailloit le iouuencel tandis que ainsi
parloit a la pucelle, & hardiesse luy croissoit.
Celle ētētisuemēt le regardoit, & en son cueur
disoit. O lasse pour quelle aduenture & oultra
ge se veult cest enfant a la mort mettre. Point
ne suis de telle valeur q̃ luy pour moy deust so
rps mettre a martire. Il est trop bel & trop amoureux quāt
douloureux desir veult entreprēdre pour mõ amour. Cer
il mē prēt grant pitie, non pas tāt pour sa beaulte, ne pour
bonte, ne pour son aage q̃ de ce quil est de nobles parens,
ays pource que pour mon amour ose entreprēdre telz faix
pour mort recepuoir: se de fortũe na secours mieulx vaul
oit quil sen allast sans a moy estriuer. Car ia ne auroit vers
oy force, si employeroit mal son amour se pour moy mou-
t. Puis redisoit la pucelle en elle esmerueillant. Hee & dōt
vient maintenant celle pitie, oncquesmais ne me aduint
e ie fusse si pitoyable enuers aucun homme, quay ie affai-
de sa vie ou de sa mort. A luy mesmes nen chault. Il deust
e aduise par les autres quil a veuz par moy vaincre icy en
presence. Trop a femme le cueur muable quāt en elle mes
s auoit ainsi dit & desdit, si redisoit elle encores. Helas di
elle trop mauuais guerdon auroit ce damoisel qui tant
bel & plaisant: se il mouroit pour mon amour, ains fut tel
victoire mauldicte que vaincu leusse, ne mort, grant blas-
y auroye. Non auroye, car sans ma coulpe seroit. Il me
se que il me requiert, en cest estrif demande sa meschan-
pour lamour dont il est surprins. Si vouldroye bien que

LE DIXIESME LIVRE

a dieu pleust quil a ce iour me peust vaincre. Tāt a cest e[n]
belles facons & belles manieres par dessus tous aultres q[ue]
dommaige de sa mort seroit. Moult me desplaist q̃ ma v[ie]
car ie doubte q̃ cher le cōparera. Trop me faict fortune d[e]
loir, car certes se a mon vouloir fust de prendre mary il n[e]
homme que myeulx aymasse que luy.

Insi pensoit & parloit en elle mesm[e]
pucelle Atalanta que amour maistri[e]
cōe celle qui estoit doubteuse & esp[o]
uentee, & q̃ petit samollioit, & aym[oit]
sans son sceu. La sassembloient le pe[re]
les aultres barōs pour veoir le cours
deux aymans, quāt Hypomenes me[?]
quist deuotemēt que le secourusse a [son]
grād besoig disant q̃ par moy estoit encheu en celle am[our]
Et pour luy secourir ie me mis subitemēt a lavoye pour [aller]
au chāp Damaset q̃ cōsacre estoit en mō nō, auql avng [arbre]
de grād valeur, car il est tout de fin or, & son fruict par[eille]
mēt, trois pōmes dor y cueilly & les allay hastiuemēt ba[iller]
a Hypomenes & si luy enseignay cōmēt il les gecteroit p[our]
empescher le cours de Atalāta. Quant la buccine sonn[a le]
cours Hypomenes & Atalāta sappresterent & se prindr[ent a]
courir si vistement que bien sembloit quilz volassent en[l'air]
cōe deux oyseaulx. & de ce se print moult a esiouyr H[ypo]
menes q̃ le peuple luy crioit. Or tost gētil cheualier ayes [bon]
courage, la pucelle auras se recreantise ne tēpesche, M[oult]
pesoit a la pucelle q̃ pas nestoit lente de courir quant ell[e le]
veoit demeurer derriere, car par sa legierete le passoit. A[dōc]
eut Hypomenes grād besoig de secours car ia estoit fort [tra]
uaille. Lune des pōmes quil tenoit gecta a Atalāta, laqu[elle]
quāt elle la vit elle la desira, pourquoy elle entrelaissa le c[ou]
rir pour la recueillir, & tādis la passa Hypomenes dōt le [peu]
ple se print a crier de ioye, mais celle qui point nestoit l[asse]

DV GRAND OLYMPE. Fueillet.XCVI.

[n]t se hasta quelle le ratint & le passa. Et celluy luy getta de[r]
[c]hief vne aultre pōme, la pucelle si sarresta de rechief pour
[r]ecueillir, & Hypomenes tandis la passa qui point narre[z]
[d]it. Mais Atalanta le suyuit si legierement que encores le
[a]ignit. Lors auoient les deux pars du cours passe, & ne
[e]stoit mais que le tiers a faire. Le iouuencel estoit moult
[tr]auaille & moult lasse, si ne scauoit que plus deust faire en
[ce]te extremite, si print a dire. Or mevueillez ayder dame Ve[nu]s a ce tresgrand besoing pour delayer & empescher la pu[ce]lle, laquelle il vit moult effraye & esbahye, & getta la tier[ce]
pōme. Elle ne scauoit que faire ou la pomme prendre ou
laisser. Mais ie la contraignis a abaisser a force & la recueil[lit]. Et tandis Hypomenes sefforca & sesuertua tant que en[fin]
il passa la pucelle, & vint premier au pas assigne. Et ainsi
[H]ypomenes eut par mon ayde & secours la belle Atalanta
[m]ais oncques de luy nen euz despuis guerdon, ne oncques
[de]spuis de moy ne luy souuint. Or entens comment il luy
[en] aduint. Ie euz grand despit de ce que il ne me daigna re[gr]acier, si luy rendis cher mon maltalent. Car apres ceste vi[ct]oire sen alloit en son pays & emmenoit samye Atalanta
[au]ec luy. Si trouuerent en vne lande le temple de Cybeles la
[de]esse en vng vert reget loing de la voye. La mena Hypome[nes]
[sa] samye pour reposer en lombre, car ilz estoient lassez, si
[le]s trauailloit moult la chaleur du soleil deste. En cestuy tē[p]e arresterēt tant quilz y coucherēt ensemble, dont moult
fut la deesse Cybeles doulente, & courroucee. Si en
print si cruelle vengeance que eulx deux les mua
en lyons, qui sont bestes fort orgueilleuses.
Pourquoy ie te admonneste que ia ne
assailles telles bestes. Affin que
par leur fierte ne tē ad[u]
uiengne aulcung
desplaisir.

LE DIXIESME LIVRE

AInsi conseilloit Venus son amy Adonis, [et] pour conseil quelle luy fist ne pouuoit la [deesse] deesse de son couraige refraindre. Tant fu[rent] illec ensemble q̃ ilz se baiserent moult & [ayme]rent. Bien pouuoit dire celluy qui les eus[t veuz] ensemble, q̃ ilz aymoient lung laultre de g[rand] amour. A grand peine se despartit Venus de la pour s[en] tourner en Cypre sa cõtree ou elle demeuroit. Et Adoni[s en]tra au boys ou prestement rencontra vng grand sangli[er que] les chiens auoient esmeu, & de si loing que il le vit il s'en [alla] deuers luy en brandissant son espieu. Oncques au cõseil [de] son amye ne print garde, dont grand folie fist, car mal lu[y en] aduint. Adonis frappa le porc & le naura. Le porc qui la[ors] se sentit, par grand ire retourna vers lenfant, si le poursu[iuit] & naura a mort. Lenfant qui le porc auoit abbatu se com[pla]gnoit en mourant tellement q̃ Venus lentreouyoit de loi[ng]. Si retourna prestement & trouua a demy mort son amy[. Si] grand dueil demena detordant ses mains & rompãt ses c[he]ueulx. Haa dist elle Fortune par quel tort mas tu mon [amy] tolliu. O mon doulx amy Adonis quant ie tay perdu trist[e] ay le cueur. Iamais le dueil qui me angoisse de mon cu[eur] ne despartira, ains se renouuellera chascun an. Perseph[one] fist nouuellement des femmes mente odorant, & ie fera[y de] tõ sang fleur, & ainsi ie te mueray. Quãt ainsi se fut la d[esse] Venus complaincte, le sang de son amy arrousa de graci[eux] pigment, puis ne demoura gueres que dicelluy nasquit [vne] fleur de couleur semblable a sang, en laquelle a vne boss[e] plaine de graine. Celle fleur est Adonis nommee qui p[our] petit de vent tremble & chiet sa semence.

꧁Fine le dixiesme liure du grand
Olympe des histoires Poetiques.

LA TIERCE
PARTIE DV GRAND
Olympe des Histoires Poétiques
Contenāt les cinq derniers liures
de la Metamorphose de Ouide
le noble Poëte, & de tresillustre
eloquence, Traduict & Imprime
Nouuellement.

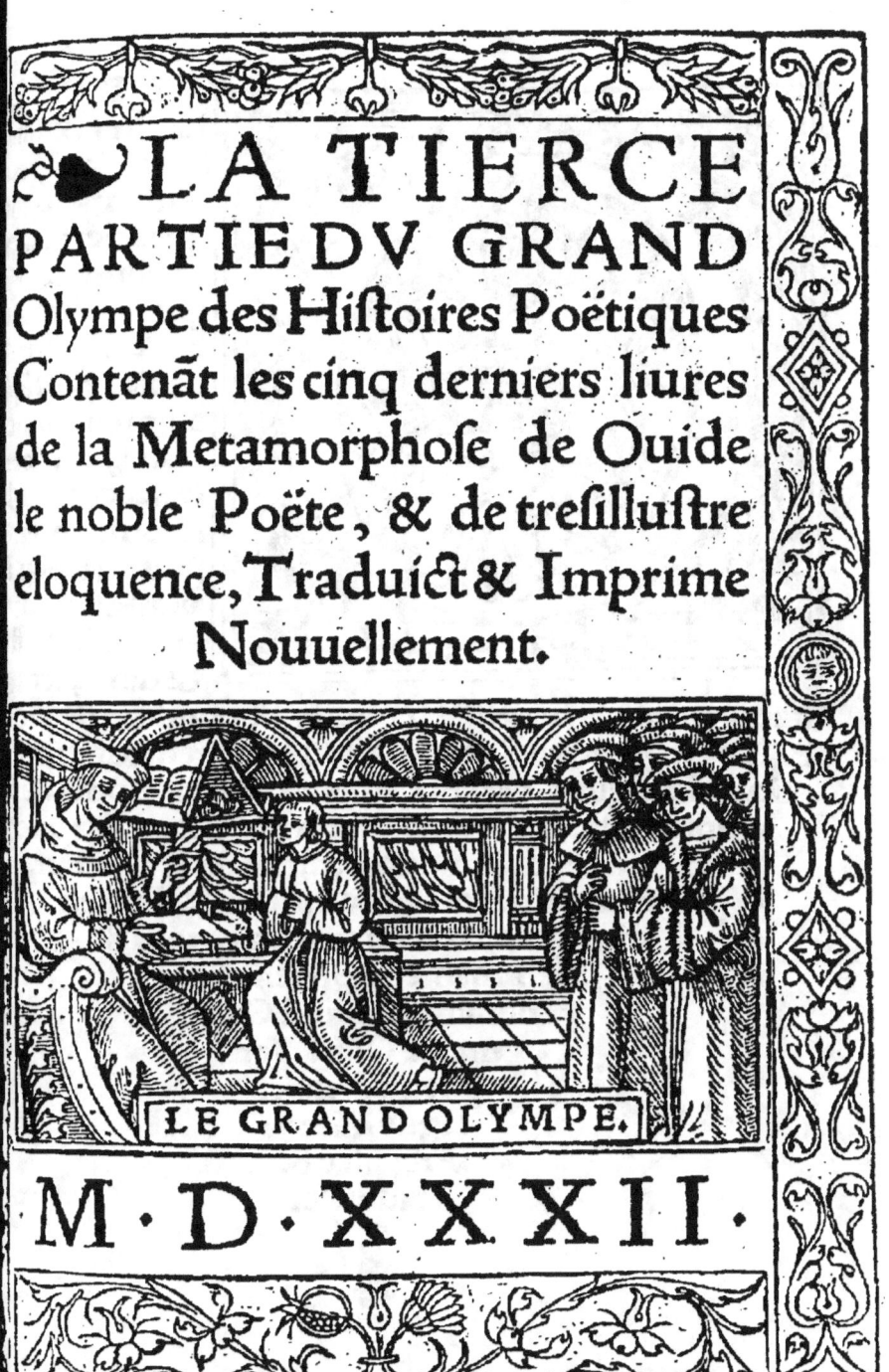

LE GRAND OLYMPE.

M·D·XXXII·

VLTRE LE
haultes & imm
telles louãges
Auteurs scien
ques de iadis,
en souuerain
gre a este att
buee a la fleur
cũdite poetiq
de prenomme
blius, du peu
tresaccepte, a l
le aulcun en
puis na peu f
vray attaindre,
en son stille flu
& dore, rẽply

Graces parmy la maieste Heroique & pondereuses sen
ces, luy est par eternel merite attiltree ingenieuse inuẽti
si au plein, que Grecz & Latins en ont endespuis de lu
emprompte, sans recongnoistre le debte. Par quoy
non sans occasion disoit vng notable Auteur,
que en vain se mesle de inuẽter & de bien
dire, qui premierement na reuolu &
bien manie le present liure
nomme la grand Oeu
ure de Ouide, son
gneusement en
lãgue frãcoy
se reposee &
traduicte.

DV GRAND OLYMPE. Fueillet. II.

La fin de Orpheus fouuerain harpeur.

Endant que le poete de Thrace Orpheꝰ par le doux chāt de son harpe armonieu se delectoit les arbres les bestes & lespierres, vecy venir en grād multitude les femmes de Thrace que faisoient les bacchanalles, & quāt eurent commence a veoir Orpheus. Vne delles toute escheueleeva dire. Vecy le despriseur des femmes. Et ce disant lanca vng dart, mais pas ne le bleca car le dart fut retenu par le son, laultre luy rua en lieu de dart vne gran de pierre, Mais par la doulce melodie du chant cheut celle pierre deuant les piedz Orpheus ainsi cōe pour se humilier & mercy prier. Adonc doubla la forcenerie des faulces femmes plaines de ire, quant elles virent les pierres ressortir par la doulceur de son instrument. Lors firēt entre elles crieries & noises & sonnerent buccines pour amortir & amoindrir le son de la melodie de son harpe, affin que riens ne le ouyst, qui sen peust esmouuoir tāt que on ne eust peu ouyr toner.

aa ij

LE VNZIESME LIVRE

Puis luy getterent espessemēt pierres qui premieres du [sang]
du Poete rougirēt, car de riens ne le deporterent puis que[l]
doulx chant de sa harpe plus ne ouyrent, ains luy firent [le]
pis quelles peurent, sicomme celles qui le hayoient mor[tel]
lement, & qui auoient les cueurs plains dire & denuie. O[y]
seaulx, serpens, & sauluaigine laisserēt Orpheus seul qui [n]
gueres enuiron luy auoit attraict & assemble, Celles qui [tu]
uer le vouloient le rassaillirent & abbatirent. Et sans me[rcy]
les desuoyees retournerent legierement vers le Poete q[ui ten]
doit les bras en criant mercy se aulcū fust qui le ouyst, m[ais]
pour riens quil dist il ne pouuoit esmouuoir les folles a[ce]
pitie ne mercy eussent de luy, ains le meuldrirent & tuer[ent]
a leur grand reproche. Haa dieu par celle bouche ouye, d[es]
pierres entendue, des cueurs des bestes yssit lame du cor[ps]
Pour luy pleurerēt les Nymphes q le congnoissoient. Au[ssi]
oyseaux desplumez de leurs plumes, & les arbres de le[urs]
fueilles firēt signe de dueil pour lamour du poete. Et les fle[u]
ues sen douloient, & tant pleurerent quilz en tarirēt & seich[e]
rent en plusieurs lieux. Ses membres furent en diuers lie[ux]
espars. Hebr⁹ le fleuue de Thrace receut sa teste & sa lāgu[e]
qui gectoit vng pleurāt plainct. & la mer dōnoit la murm[u]
re en elle plaignāt dicelle iniure, les riuieres du fleuue res[on]
nerēt par leurs respōs. Le chief & la lire floterēt tant q̄ en p[ro]
fonde mer paruindrent. Dessus lherbe yssit de la riuiere v[ne]
merueilleuse serpēte, q trouua le chief du diuin poete gisa[nt]
a la riue. Si sassist dessus la gueulle bee & manger le cup[ida]
mais Phebus sans demeurāce voulut le chief de son filz re[s]
courre. & ainsi que la serpente le voulut deuorer, Phebus l[a]
mua en dure pierre de telle forme & de telle laideur comm[e]
par deuant sa muance estoit. Lame de Orpheus descendit e[n]
Enfer sans demeurance ou il vit la vallee tenebreuse & les [re]
gnes q̄ parauāt auoit veuz. Biē recōgneut les dieux & la p[i]
teuse cōpaignie q la estoit, & si y trouua son espouse ql auo[it]

DV GRAND OLYMPE. Fueillet.III.

siree longuement, si lēbrassa amiablement, & la regarda a
ur & sans doubte de condition griefue.
¶ Du roy Midas q̄ impetra du dieu Bacchus
q̄ tout ce quil toucheroit deuenist or, cōe il fist.

Pour le mal q̄ les femes de Cyconie firēt par en
uie au poete Orpheꝰ q̄ mis lauoiēt a mort. Bac
chꝰ fut moult doulent & angoisseux. Car ses sa
crifices exaulcoit. Par leur malice & homicide
prīt delles grāde vengeāce & aspre, car elles de
uindrent arbres, & est chascune encline en ter
re a courte racine, & encores ne fut point Bacchus pource de
son maltalēt appaisé, luy & sa moindre cōpaignie laissa celle
cōtree ou celluy meurdre auoit este faict, & a luy soustrahit
les sacrifices, & se trāslata aux vignobles de Tmolꝰ & en Pa
ctolꝰ q̄ encores nestoit pas doré, ne couloure de couleur dor,
ains estoit lors terre sablōneuse, La le seruirēt a grand plāté
prestres & prestresses. Encores ny estoit point Silenus, car en
ce temps estoit en Phrige de vin & de vieillesse chancellant.

aa iiij

LE VNZIESME LIVRE

La le trouuerent laboureurs qui le lyerent & lemmene[rent]
au roy Midas qui diligemment enquiſt dont il venoit, o[u]
alloit, & dont il eſtoit, quil qroit & pourquoy il eſtoit pri[s]
trouua ql eſtoit de ceulx q feſtoiẽt & cultiuoiẽt le ſacrifice[de]
Bacch⁹ dieu du vī. Midas meſmes p ce q̃ Orphe⁹ luy auoit[mon]
ſtre tenoit feſte en ſa contree, & cultiuoit le dieu du vin, a[inſi]
comme il luy auoit apprins. Quant il ſceut q̃ celluy eſtoit[de]
ceulx qui celebroient la feſte du dieu Bacch⁹, il le receut h[õ]
neſtemẽt & ioyeuſemet, & le feſtoya dix iours & dix nuy[ts]
en lhõneur du dieu ſon ſeigneur. Et quãt ce vint auvnzieſ[me]
iour, Midas vint ſans arreſt en Lydie ou Bacchus demou[roit]
a qui il rendit Silenus que auec luy auoit amene Bacchu[s]
remerciant luy diſt que pour lhonneur que faiſt il luy au[oit]
pour lamour de luy, il luy requiſt ce quil vouldroit & il l[uy]
donneroit. Midas q oyt la promeſſe en fut moult ioyeux c[om]
me celluy q moult auaricieux & couuoiteux eſtoit: & q d[e]
uarice auoit le cueur plaĩ. Si reqſt q̃ tout ce q̃ il tiẽdroit [&]
toucheroit deueniſt fin or. Bacch⁹ ce dont luy octroya &
moult luy peſa ql nauoit demãde demãde pl⁹ pffitable. M[i]
das du dõ dãnable le remercia. Puis ſe remiſt a la voye po[ur]
retourner en ſa terre. Il deſiroit fort q̃ il vit p vraye expiẽce[ap]
paroir ſa pmeſſe, & pour leſprouuer cueillit en vng bas ch[eſ]
ne vng rameau fueillu leql deuit tãtoſt fin or. Lorſ ſe eſiouy[t]
Midas oultre meſure, & tãt ſeſmerueilla q̃ il ne ſcauoit ſil d[or]
moit ou ſil veilloit. Encores meſcreoit le dieu & ſe tenoit[pour]
deceu ſi vĩ t a ſon logis cuidãt q̃ ce fut ſonge ou fãtoſme. Si d[eſ]
ſaya de rechief la choſe & prit vne pierre, & tãtoſt elle de[uint]
doree, Aps prit vne gerbe q ſans arreſt deuit or, & ſi cueill[it]
des blez que pres dillec eſtoiẽt, & tãtoſt deuindrẽt or, Il prin[t]
dung arbre vne pomme qui pareillemẽt deuint or. Il eſſay[a]
aux poſtel de ſon palais q eſtoiẽt de yuoire. Mais tãtoſt de[ui]
drẽt or. Briefuemẽt tout ce que Midas tenoit par ſon ſeul t[ou]
deuenoit fin or, meſmemẽt leaue ou il laua ſes mains. Et p[a]
reillemennt ſes veſtemens.

DV GRAND OLYMPE. Fueillet. IIII.

LE roy Midas fut fort ioyeux du riche don que Bacchus luy auoit faict. & bien cuidoit tout le môde valoir pour lauoir q̃ de tous coſtez luy habõdoit. Moult ſe delectoit en lor q̃ luy plaiſoit. Mais auec ce delict luy couenoit autre paſture. Car il neſt hõme mortel q̃ faĩ et ſoif ne le ſurpreignẽt. ſi en fut Midas ſurpris. & adõc Midas pour mãger fiſt mettre la table laq̃lle choſe fuſt p̃ſtemẽt faicte, ſicõe a roy eſtoit apptenãt. Midas ſaſſiſt a table pour mãger, puis il print vng paĩ q̃ tãtoſt denĩt or ſi dur q̃l ne pouoit vſer, dõt ſe pouoit tenir Midas pour fol & pour muſart, quãt il vit q̃ pour tout ſõ or ne pouoit auoir a mãger. Il prit la couppe dor pour boyre, mais ſans arreſt le vin deuĩt or en ſa bouche tantoſt q̃ ſa leure le toucha & par les narines luy degoutoiẽt les goutes q̃ dor eſtoiẽt. Et auſſi par la barbe. Moult fut Midas doulẽt quãt il vit q̃ pour richeſſe nulle il ne pouoit alleger la grãde deſtreſſe q̃ l auoit de faĩ & de ſoif & touſiours de pl⁹ en pl⁹ luy accroiſſoit. Pource eſtoit en habõnace, & biẽ ſẽtit q̃ a bõ droit eſtoit cheut ẽ celle male aduẽtu

a a iiij

LE VNZIESME LIVRE

re pour son auarice & mauuaise couoitise. Le sol print a m(?)
& a mauldire son or, & voulentiers sil eust peu sen fust for(?)
pour laisser lor qui luy enuyoit se repentant de sa folie. Ve(?)
le dieu Bacch⁹ se humilioit qui a sa requeste luy auoit ce(?)
donne, & luy prioit qui luy voulsist pardonner sa folie.

Q Vãt Bacchus vit la repentance de Midas en h(?)
miliant & confessant sa folie luy priãt & requ(?)
rant mercy, & quil luy pardonnast & le rem(?)
ou p̃mier point & estat, il luy dist que pour so(?)
lauer & de ce dõmaige purger il allast contr(?)
mont la riue du fleuue Pactolus, & son chem(?)
tenist iusques au chief & la se plõgeast corps & teste. La a(?)
le roy Midas, & sans arrest pour se purger se plongea en la(?)
uiere cõme dit luy auoit este, & leaue tira a elle la force &(?)
nature de la doreure, & le roy en demoura pur & monde l(?)
sable & les vndes lors deuindrẽt dorees, & depuis le furẽt(?)
encores sont par la force de lor qui alors sespandit.

De Midas qui eut oreilles dasne pource quil iuge(?)
son du flaiol de Pan plus delicieux que la harpe de Phebu(?)

DV GRAND OLYMPFE.　　Fueillet.V.

Le roy Midas le riche auaricieux adonc commença fouyr & a hair les richesses, & a courir seul es desers & bocaiges, mais son mauuais cueur il ne peut dompter, ne laisser sa folie pour nul desert quil hātast. Entre Sardes & Hypepe auoit vng mont qui estoit nomme Tmolus, ouquel nabitoient fors nymphes & gens quiuiuoient solitairement. cestuy mont auoit deux chiefz. La sassist Pā le dieu tenāt vng flaiol de rosel dōt il chātoit vne ruralle notte fort barbarique, laquelle pleut a Midas tant quil dist que onc desmais nauoit ouy si melodieux son. Ou chant se delectoit & entendoit & Pan fretilloit chelemeloit & chantoit, & se aloit vantant du riche chalemeaul de cornuaille en amusant le simple hōme Midas. Et en oultre disoit que mieulx valoit le son de son flaiol que celluy de la harpe de Phebus, & que cest estoit den attendre le droit iugement du sainct mont Tmolus. Quant Tmolus se ouyt iuge nommer de la conouersie qui estoit entre Phebus pour sa harpe: & Pan pour son flaiol, assauoir lequel auoit meilleur son & le plus delectable plaisant & le plus melodieux. Pour celle disputatiō ouyr & mieulx entendre: il destoupa ses oreilles qui de plusieurs diuers arbres estoient a vmbrees & empeschees, & les cōmanda tous departir affin que aucun empeschement & desturbance ne luy feissent, excepte seulement vng beau & ieune chesne tout charge de glands, lequel il retint & dessubz lequel il sassist: & puis fist appeller Pan auquel il commāda disputer & iouer de son chalemeaul pour deffendre sa querelle. Lors sapprocha Pan & cōmēca a fleuster moult entētifuemēt de toute sa puissance & sçauoir de chansons rustiqs, le son & accord louoit moult Midas q curieusemēt lescoutoit & a louyr se delectoit. Quāt le dieu Pā eut īpose fin a son ieu Phebus q moult curieusemēt & honorablemēt sestoit aorne

LE VNZIESME LIVRE.

pour venir sa querelle deffedre, car il estoit affuble dũ g[ra]-
cieux & riche mãtel de pourpre sanguine q iusqs a terre [luy]
trainoit, borde de rais dor. Il tenoit son archon en sa de[xtre]
& sa harpe en sa senestre q de fin yuoire estoit ouuree &[or]-
nee de diuerses pierres pi ecieuses, Pheb⁹ ainsi appoin[cté se]
presenta deuant le iuge, & quant il eut son instrument a[har]-
pe, il commēca a iouer melodieusemēt & chāter vne cha[nson]
doulce & plaine de melodie. Tmolus se delecta moul[t du]
melodieux son de la harpe de Phebus, & tant quil iu[gea]
pour droit que le son de la harpe valoit myeulx & estoit [plus]
melodieux que celluy du flaiol de cornuaille. Et dist a P[an]
quil sassist & prenist son flaiol & son chalemeaul & les [instru]
reposer, car trop y auoit grāt difference de la melodie de [lun]
des instrumens a lautre, & aussi que trop plus bel & plus h[on]-
neste estoit le maintien du dieu Phebus en iouant de sa h[ar]
pe que nestoit celluy du dieu Pan en soufflant & en saul[tant]
en sa fleuste, mais Midas qui present estoit commenca a b[la]-
mer & vituperer le iugement de Tmolus disant & par p[er]-
tinacite affermāt que meilleur estoit le son du flaiol, q ne[stoit]
celluy de la harpe de Phebus. En cestuy discord estoit [seul]
Mydas, car tous les assistens tenoient droicturier & loy[al le]
iugement que Tmolus auoit fait. Phebus de la reprod[e]
& pertinacite de celluy fol & malheureux Midas moult [fort]
se courrouca & en print vne telle vengeāce que il luy e[slon]
gea ses oreilles qui de si fol & de si rude entendement esto[ient]
a la maniere dug asne longues esteuees. Et si les emplist [tou]
tes de menu poil, & si les fist sans cesser remouuoir qui e[stoit]
chose moult estrange a veoir. Et auecques ce il luy tollit [&]
osta toute humaine substance & entendement en signe d[e]
bestialite. Quant le malheureux & fol Mydas sapperceu[t que]
le grant dieu Phebus luy auoit par sa simplesse & folie a[insi]
eslonge les oreilles. Il en fut moult honteux, & tant confu[s]
devergõgne q[i] eut en soy mesmes, q il ne sceut q faire sinõ

DV GRAND OLYMPE. Fuillet. VI.

puis affubla & couurir sa teste d'une mitre ou aumuce ver
mille pour mucer ses oreilles asinaires,& que les gēs ne les
apperceussent. Ainsi se p̄tit Midas du sainct mōt Tmol9 à tout
ses oreilles dasne & sen retourna en sa terre, ou il cuydoit biē
celer sa meschāce, Mais sō barbier q̄ les veoit quāt il le barbi
oit nele peut celer,& si ne losa dire fors q̄ en vng trou, souyt
rain au roy sō seignr̄ lauoit promis,touteffois il murmura tel
lemēt que nul ne louyt point dire q̄lles oreilles son seigneur
auoit,puis recloyt la fosse de terre sās dire a nully ceste chose.
Celle parolle ne fut lōguemēt celee ains fut reuelee ainsi cō
me dit lauoit cestuy barbier, car au tour du lieu ou ce aduint
nasquirēt de la nasq̄rēt de cannes lesq̄lles agitees dū petit vent des
couurirēt le secret de Midas & disoyēt,oreilles dasne Midas
Parquoy desdictes cānes vng pasteur fist vne fleuste q̄ autre
chose ne scauoit dire fors que Midas auoit oreille dasne. En
telle maniere fut sceue la parolle q̄ estoit couuerte par le roy
au lequel resonnoit que Midas auoit oreille dasne.

☙ De Phebus & Neptunus qui en forme de
ouuriers ayderent Laomedon a edifier Troye.

LE VNZIESME LIVRE

Vant Phebus fut venge de Midas il se p[art]
de Tmolus & sen alla volant par lair en [Phry]
gie a grans exploix & est la mer de Sigea a [de]
xtre,&la mer de Rhetee a senestre,au vieil a[utel]
sacre en lhonneur de Iuppiter.La sarresta&[trouua]
Laomedon qui sapprestoit de bastir la nou[uelle]
Troye.Lors print Phebus forme humaine & accōpaign[e de]
Neptune se mist au chemin deuers le roy Laomedon,au[quel]
il dirent que bien scauoiēt vne telle ville edifier comme i[l vou]
loit faire,car bons ouuriers estoient & que bien brief[fe]
ment la feroient si les vouloit payer quāt faicte lauroient.
Laomedon vne masse dor leur promist.Puis ceste prome[sse fi]
rent & fonderent la cite.Et quāt faicte fut les deux ouu[riers]
demanderent la masse dor que le roy leur auoit promis[e il]
leur respondit quil ne leur auoit riens promis ne faict au[cun]
conuenant,dont Neptunus se courrouca & luy dist.F[aulx]
& desloyal pariure trop fort te sera chier vendue ta mau[uai]
stie ta faulsete & ta mēsonge:& lor q̄ ꝓmis nous auoyes [si]
ne nous veulx rendre.Adōc fist le dieu espādre sa mer & [no]
ya & bestes & gens de la contree,& encores ne fut p[oint]
Neptunus appaise,ains fist Hesione la fille Laomedon p[en]
dre a vne roche en mer pour manger au monstre marin.H[er]
cules qui en sceut la nouuelle vit illec pour la pucelle sau[uer]
& le roy Laomedon luy promist en guerdon sit deliuroit [sa]
fille Hesione de la roche on Neptunus lyee lauoit que d[eux]
blancs cleuaulx luy donneroit plus legiers que levent.Q[uant]
Hercules eut le monstre occis & la pucelle deliuree a son [pe]
re:il demanda son loyer.Laomedon luy denya par serm[ent]
que riens ne luy auoit promis & luy ferma les portes de [la]
cite au visage.Quant Hercules vit ce il en print aspre veng[ean]
ce,car il assaillit la cite par force si la print & exilla.En cest [as]
sault fut Thelamō q̄ fort vaillammēt si porta,par quoy i[l eut]
en proye Hesiōe la fille au roy Laomedō,&lēmena en gre[ce]

DV GRAND OLYMPE. Fueillet.VII.

☙De la genealogie & naissance de Thelamon & Aiax.

Iadis fut vng roy moult a priser, nōme fut Eacꝰ filz de Iuppiter & de Egine En luy eut moult bō iusticier, car ce la fable ne mēt p̄ luy sont iugez & mis a meschief en enfer les ames des felons mauuais selon leurs dessertes. Ce roy Eacus eut trois enfans, desquelz laisne eut nom [Ph]ocus, Le second eut nom Thelamon qui rauit Hesione la [fille] au roy Laomedon, si comme dit est, quant Hercules par [ce] destruisit Troye. Cestuy Thelamon fut seigneur de [Sala]mine & eut de Hesione vng vaillant filz & renom[mé] & moult hardy qui depuis ayda a mettre a totalle [des]truction la noble cité de Troye. Il fut nomme Aiax [Th]elamon. Et le tiers filz de Eacus eut nō Peleꝰ, ouquel Ne[ptu]nus le dieu de la mer donna a mariage sa belle fille The[tis] q̄ tant estoit saige & bien endoctrinee. A icelle se fust vou[lu] ers Iuppiter ioī[n]ct par amours ou par mariage, Car moult [luy] plaisoit se neust este Proteꝰ q̄ scauoit les faitz aduēir, Leq̄l [dit] que Thetis seroit mere & q̄lle porteroit vng tel filz q̄ sur[mō]teroit son pere, en force, & en proesse, & en haultesse. Et [a] celle fin q̄ Iuppiter neut au mōde q̄ le peust surmōter, ioi[g]ne se voulut a celle Thetis affin que de luy ne cōceut.

☙De Thetis qui se transmua en diuerses sem blances entre les bras de Peleus son amy.

Mais biē voulut Iuppiter q̄ sō nepueu Peleꝰ pour la formosite de la nymphe en eut la iouyssance par leal mariage, Duq̄l naistroit lexēplaire de cheualerie le vaillāt Achilles. Parquoy cōman da a Peleus de lespouser, de laq̄lle chose Peleus ne vinst pas au bout sans affaires. Car en Thessa[lie s]ur riuage de la mer auoit vne cauerne enuiron vng trait [dar]c loīg ressemblāt port de mer se il y eut eaue asses parfōde

LE VNZIESME LIVRE

Vant Phebus fut venge de Midas il se par[tit]
de Tmolus & sen alla volant par lair en F[ri]
gie a grans explois & est la mer de Sigea a d[e]
xtre, & la mer de Rhetee a senestre, au vieil a[utel]
sacre en lhonneur de Iuppiter. La sarresta &
Laomedon qui sapprestoit de bastir la nou[uelle]
Troye. Lors print Phebus forme humaine & accō paigne[de]
Neptune se mist au chemin deuers le roy Laomedon, auq[uel]
il dirent que bien scauoiēt vne telle ville edifier comme il v[ou]
loit faire, car bons ouuriers estoient & que bien briefue
ment la feroient si les vouloit payer quāt faicte lauroient. E[t]
Laomedon vne masse dor leur promist. Puis ceste promesse
rent & fonderent la cite. Et quāt faicte fut les deux ouurie[rs]
demanderent la masse dor que le roy leur auoit promise[il]
leur respondit quil ne leur auoit riens promis ne faict auc[un]
conuenant, dont Neptunus se courrouca & luy dist. Fa[ulx]
& desloyal pariure trop fort te sera chier vendue ta mau[uai]
stie ta faulsete & ta mēsonge: & lor q̄ pmis nous auoyes q[ue]
ne nous veulx rendre. Adōc fist le dieu espādre sa mer & [noya]
noya & bestes & gens de la contree, & encores ne fut po[int]
Neptunus appaise, ains fist Hesione la fille Laomedon p[en]
dre a vne roche en mer pour manger au monstre marin. H[er]
cules qui en sceut la nouuelle vit illec pour la pucelle sauu[er]
& le roy Laomedon luy promist en guerdon sit deliuroit [sa]
fille Hesione de la roche on Neptunus lyee lauoit que de[ux]
blancs cleuaulx luy donneroit plus legiers que leuent. Q[uant]
Hercules eut le monstre occis & la pucelle deliuree a son p[e]
re: il demanda son loyer. Laomedon luy denya par serme[nt]
que riens ne luy auoit promis & luy ferma les portes de [la]
cite au visage. Quant Hercules vit ce il en print aspre venge[an]
ce, car il assaillit la cite par force si la print & exilla. En cest a[s]
sault fut Thelamō q̄ fort vaillammēt si porta, par quoy il e[ut]
en proye Hesiōe la fille au roy Laomedō, & lēmena en grec[e]

DV GRAND OLYMPE. Fueillet. VII.

¶ De la genealogie & naiſſance de Thelamon & Aiax.

IAdis fut vng roy moult a priſer, nōme fut Eacꝰ filz de Iuppiter & de Egine En luy eut moult bō iuſticier, car ce la fable ne mēt p̄ luy ſont iu‑ gez & mis a meſchief en enfer les ames des fe‑ lons mauuais ſelon leurs deſſertes. Ce roy Ea‑ cus eut trois enfans, deſquelz laiſne eut nom ▪hocus, Le ſecond eut nom Thelamon qui rauit Heſione la ▪le au roy Laomedon, ſicomme dit eſt, quant Hercules par ▪ce deſtruiſit Troye. Ceſtuy Thelamon fut ſeigneur de ▪lamine & eut de Heſione vng vaillant filx & renom‑ ▪e & moult hardy qui depuis ayda a mettre a totalle ▪ſtruction la noble cite de Troye. Il fut nomme Aiax ▪helamon. Et le tiers filz de Eacus eut nō Peleꝰ, ouquel Ne ▪unus le dieu de la mer donna a mariage ſa belle fille The‑ ▪q̄ tant eſtoit ſaige & bien endoctrinee. A icelle ſe fuſt vou ▪tiers Iuppiter ioict par amours ou par mariage, Car moult ▪y plaiſoit ſe neuſt eſte Proteꝰ q̄ ſcauoit les faitz aduēir, Leq̄l ▪ſt que Thetis ſeroit mere & q̄lle porteroit vng tel filz q̄ ſur‑ ▪onteroit ſon pere, en force, & en proeſſe, & en haulteſſe. Et ▪celle fin q̄ Iuppiter neut au mōde q̄ le peuſt ſurmōter, ioĩa ▪e ne ſe voulut a celle Thetis affin que de luy ne cōceut.

¶ De Thetis qui ſe tranſmua en diuerſes ſem‑ blances entre les bras de Peleus ſon amy.

MAis biēvoulut Iuppiter q̄ ſō nepueū Peleꝰ pour la formoſite de la nymphe en eut la iouyſſan‑ ce par leal mariage, Duq̄l naiſtroit lexēplaire de cheualerie le vaillāt Achilles. Parquoy cōman‑ da a Peleus de leſpouſer, de laq̄lle choſe Peleus nevinſt pas au bout ſans affaires. Car en Theſſa ▪ou riuage de la mer auoit vne cauerne enuiron vng trait ▪arc loīg reſſemblāt port de mer ſe il y eut eaue aſſes parfōde

LE VNZIESME LIVRE

Mais tant y estoit haulte la sable que on ny pouuoit ven[ir]
nef, fors que riue ya pour soustenir ceulx qui viennēt &[...]
& si ny alla oncques nul que on ny trouast sa trace. Au[...]
nauoit roche ne eaue, mais y auoit seullement vne conc[a]-
te au millieu par art & par nature faicte. Vne plaine ch[am]-
paigne eut entour la fosse ou estoiēt plusieurs arbres po[r]
myrrhe. La se desduisoit & desportoit accoustumeemēt T[he]
tis, & la estoit venue pour soy esbatre sus vng daulphin [&]
toute nue se desduysoit quāt Peleus la vint saisir & prier [da]
mours. Premieremēt p beau parler, mais a ce ne pouoit a[ue]
nir ne la Nymphe attraire. Ains pource q̄lle ne vouloit f[aire]
son soulas elle se detordoit lune heure avng coste, & lau[tre]
heure a laultre, & quant Peleus vit que nullemēt nē po[uoit]
venir a chief, il lembrassa a deux bras & la volut efforce[r, &]
quelle chose il eust faict se la Nymphe qui fut moult sub[tile]
neust par engin eschappe le choq. Si se mua en vng oy[seau]
Mais pourtant ne eschappa elle pas pour celle finesse, ca[r Pe]
leus tint tresbien loyseau, & elle pour eschapper se mu[a en]
arbre si pesant que celluy remuer ne le pouuoit. Nono[bstant]
il gardoit larbre & point ne labandonnoit, mais Thetis [a]
la tierce fois se habandonna, & mua en semblance de Ti[gre]
& quant Peleus vit la horrible forme quelle auoit il sen [es]
fraya, & se despartit delle, & la laissa, & par ainsi escha[ppa]
Thetis.

℟ Les nopces de Peleus & Thetis
faisant digression pour enchainer
les matieres.

DV GRAND OLYMPE. Fueillet. VIII.

Es raines de vin & dencens fist Peleus sacrifice au dieu de la mer reqrant que cõseiller le voulsist de celle qui enuers luy senorgueillissoit, & ne le daignoit aymer dõt le cueur auoit a grãt meschief, & le diuin dieu mist sa teste hors de la mer, & luy dist. Ne tesmerueille de riens, car iouyras de tamye. Quant dormant tu la trouueras en la ̃e embrasse la, & estraings fort, & garde bien q̃lle ne te de̊ ue par la forme quelle prendra, & la presse tãt q̃ en sa droi forme reuiẽgne. Quant Peleus fut biẽ introduit endoctri & enseigne, Neptune se rebouta en mer, & Thetis vint la ̃yt en sa crouste, si cõe elle auoit acoustume, si la prĩt Pele˜ cõe le dieu luy auoit dit, & oncq̃s pour diuerse forme q̃lle ̃gne la voulut laisser aller, ais sefforcoit tousiours de loppf̃ . Quãt Thetis vit q̃ la tenoit a force & q̃lle en vaĩ se destor it & trãsformoit, ses bras tẽdit en diuerses ps & se rẽdit ba˜ ̃esfaulues, & en souspirant & gemissãt luy dist. Mõ doulx ̃y par diuĩ sẽs mauez vaincue biẽ le cõgnois. Lors retour ̃ en sa pmiere forme, & quant la vit en celle beaulte il lẽ

LE VNZIESME LIVRE

brassa & illec iouyt de son desir, la fut engendre le fort &
dy Achilles auec promesse solenne de brief temps sole[n]-
zer le mariaige. Iuppiter pour decorer la festiuite matri[mo]-
nialle de son nepueu Peleus & de la belle Thetis, si vou[lut]
en personne trouuer auec toute luniuersite des dieux & d[e]-
esses inuitez par son herault Mercure, lesquelz furêt en g[rant]
nombre & bel arroy. Et fut le festin exquis & somptueu[x]
grandement celebre par Hymeneus & Genius.

⸎ De la pomme dor que Discorde geêta au
banquet de Peleus, & du proces entre
trois deesses demene touchant la
beaulte pour auoir la pomme.

ET ce pendant que la noble cõpaignie ne p[en]-
a aultre chose fors a iouir de toute plaisance [de]-
litieuse, pour rendre le conuiue nuptial plus [il]-
lustre & plus honnore. Discorde la noire dee[sse]
voyãt q̃ point nestoit a telle feste appellee a[pres]
tant faiêt dexploiêt, a tout ses brunes elles d[ia]-
coniques quen peu dheure elle estoit volee iusques au r[oy]

DV GRAND OLYMPE. Fueillet.IX.

[jar]din de Hesperides filles du grād Athlas, qui est en Affricq[ue]
[tā]t labora la criminelle serpente a force de prier par impor[tun]
[n]es requestes adulatoires que desdictes pucelles elle impe[tra]
vne pomme dor, qui croissent sur les entes de leur vergier[qui]
sont desdies a Venus, De laquelle pomme quant elle se [fut]
saisie, elle ioyeuse retourna legierement au pied du mont [Pe]
[l]ion, pour mettre a effaict sa malice excogitee. Si entailla [p]
[r]ōptement ces motz autour du noble fruict. La belle pom[me]
& le beau don. De la plus belle soit guerdon. Et quāt elle [eut]
[c]e faict, elle monta cauteleusement (sans estre aperceue)
[au] pl[us] haut du mōt Peliō, la ou les dieux se desduisoiēt & se
[tind]it tout coyment, en lombre dung arbre appelle If. duquel
[lō]bre est mauuaise & mortifere, & la se sit inuisible.

Illec attēdit Discorde la faulse, & la decepuable [fei]son oportunite iusq[ue]s a ce quelle vit ensemble trois puissātes deesses, les pl[us] nobles & mieulx emparētees de toute la feste, cestassauoir, Iuno, Pallas, & Venus. q[ui] sestoient eschartees vng pe tit loing de la grand compaignie, en vng beau
[pré] plaisant & vmbrageux, & la endroit se soulassoiēt a cueil[lir]
[f]lourettes. Lors elle iugea q[ue]l estoit heure de besongner ou
[ja]mais, Si getta occultemēt au milieu delles trois, la malheu[reu]
[s]e pomme resplendissant de noble couleur. Et quant elle
[eut] ce faict, de paour destre rataincte, elle sen fouyt plus vitte
[qu]e vng carreau darbaleste, & salla plonger au fin fons den[fer]
[qui] ou est son domicille. Mais le grain de sa malheureuse se[men]
[n]ce demoura & fructifia si fertillement que le goust en du[re]
[r]encores par tous les siecles. Car incōtinēt que les deesses
[vir]ent tresluire la pomme dor au millieu delles, Per couuoiti[se]
[&]hastiuete feminine: furent esmeues a la leuer. Toutesf[ois]
[M]es Iuno, de qui elle estoit plus prochaine leut premiere[me]
[n]t en sa manutenance, Dont apres lescripture leue, se sour[dit]
[vne] grande dissension entre elles, a qui elle debuoit apparte[nir]

bb

LE VNZIESME LIVRE

nir. car chafcune mettoit en auant fa grand beaulte, &[...]
faugmēta la queftion, q̄ le bruit & la rumeur en paruin[t]
ques au roy Iuppiter, Lequel pource quil eſt iuſte iuge[...]
cturier & fouuerain fut eſtabli par commun confentem[ent]
arbitre arbitrateur, & amyable cōpoſiteur dentre elles, p[our]
en congnoiſtre & diſcuter iuſques en diffinitiue, mais p[...]
nen voulut accepter la charge. Ains fen excuſa diſant [que]
ne vouloit encourir la malle grace de lune partie ne de l[au]
tre. car toutes eſtoient belles oultre meſure, & toutes de [...]
ſang. Et par ainſi luy ſembla difficille den pouoir diſcer[ner]
(tant eſtoient indifferentes en formoſité) mais leur conſe[...]
quelles meſmes ſe trouuaſſent daccord. Ou aultrem[ent]
eſleuſſent quelque iuge ſubalterne, daucun de ceulx q[ui]
eſtoient en preſence. Et ſe par appel, le iugement luy e[...]
deuolu, lors il confermeroit ou infermeroit la ſentence[...]
eulx dōnee, ſelon les merites de la cauſe, ſelon ceq̄ tr[ouue]
roit par ſon conſeil. A laq̄lle choſe: ne ſe peurent encor[es ac]
corder les trois deeſſes. Car en tous & chaſcun des aſſiſ[tans]
trouerent matiere de fuſpection, Et ce voyant le beau Ga[ni]
medes troyen mignon du roy Iuppiter, eſchanſon des d[ieux]
fauentura de parler, & diſt en ceſte maniere. Treſhault[es &]
treſredoubteez dames & deeſſes puis que voſtre plaiſir [eſt]
de ſe condeſcendre, a lelectiō daucū des dieux immort[els]
ſont icy p̄ſens. Il ſenſuyt doncques, ſe devouſmeſmes ne[...]
appoinctez en trāſaction pacifiq̄(parlant touteſuoyes ſo[us]
voſtre grace & correction) que vous en reſeruez le iuge[ment]
a aucū de ceulx qui ſont mortelz. Dōt ſe mieulx ne trou[...]
Ien ſcay vng de mon parentaige (deſcendu touteſuoys d[e]
lignee des dieux) qui bien y ſatiſſera, cōme celluy qui e[ntre]
les viuans eſt auiourdhuy le plus renomme de ſcauoir m[et]
tre fin a ſemblables querelles, Ceſt Paris alexandre [fils]
de mon nepueu le roy Priā de Troye: nourry incogneue[ment]
entre les paſteurs des mōtaignes Idees, qui ſont dediee[s]

DV GRAND OLYMPE. Fueillet .X.

sacree maieste du roy qui cy est.

A V parler de Ganimedes les trois deesses prestant escous, & nō cōclinās encores Mercure dieu de eloquēce, & dinuētiō reprit la parolle disāt aisi. Certes mes dames & mes deesses, la verite est telle cōe lēfant Ganimedes la recitee (aumoins selon la voix cōmune & plus fameuse) Car Paris de royal parentaige(toutesfoys sans royal appareil)met en partie pareille, & accord parie
me, maintes paires de pers & de parties. Et nest point acce
eur de psonnes, ne soubsteneur de querelles iniques mais
octurier retributeur de guerdōs. Et q̄ cecy soit veritable
oymesmes puis faire foy de luy auoir veu faire vng tour de
ay iuge iuste, duquel la briefue recitation ne vous sera
oint facheuse ne desagreable. Il aduint dauenture na pas
ng temps que pour fournir certaine embassade (dont le
y mon pere mauoit donne charge) Ie passoie legierement
r dessus les montaignes Idees, Si apperceuz au fond du
grant valee, lenfant Paris appuye sur sa hollete, qui re
rdoit ses brebis & ses toreaux paissans selon loriere dung
oys. Et ce pendant suruint dauenture vng torel estrange
contenance fiere & hardie lequel en mugissant dune voix
nebreuse, vint assaillir de plaine course lung des plus puis
ns toreaux qui fust entre tous ceulx du gentil Paris. &
nt le pressa (quelque deffence que lautre fist) que finable
ent fut contrainct de se mettre en fuitte, & demoura le
mp & la victoire au torel assaillant. Dont Paris non seul
ment course, mais tresioyeux, blasma la laschete du sien,
extolla la force & lentreprinse du vainqueur estran

bb ij

LE VNZIESME LIVRE

gier. Et pour demonstrer la droicture de son iugement cueillit incontinêt fleurs de liz, roses & violetes odoriferátes. Da apres auoir tissu vng grand floquart,& chappeau, il en ao[r]na les cornes dudit torel victorieux,& luy en fit vne courou[ne] pour tesmoignage de sa vertu.de laquelle oeuure ceulx q[ui] le virent louerêt beaucop Paris alexádre, & dirent q[ue] mie[ulx] estoit digne de regner que de exercer pastourerie. Parquo[y] se ainsi est que vous mes dames vous submettez a sa iudi[ca]ture: il est a coniecturer que vous nen pourrez auoir sin[on] bonne yssue. Et ie moffre vous y conduire.

DE ce cõpte rirent assez les dieux & les deess[es] & mesmement les trois principales, lesque[lles] le trouuerêt bõ, & toutes d'ũg vouloir vnanim[e] s'accorderent de faire le pasteur Paris Alexã[dre] leur iuge arbitraire en ceste matiere, moyen[ant] que le roy Iuppiter y enterposast son decre[t] quil fit assez enuis toutesfuoys: car bien congneut alors q[ue] cest ouuraige & practicque auoit este trafficque par le mo[yen de] discorde la mauldite deesse: si se doubta q[ue] ce ne fut vne so[ur]ce de nouelle contention entre les dieux & p[re]sage de disse[n]sion prochaine. Toutefoys il se ordonna que la pomme d[e] fust sequestree es mains de son filz Mercure leur guide & c[on] ducteur, iusques a la chose adiugee par le nouueau iu[ge] champestre.

Le voyage des trois deesses
vers Paris pour le iugement
de la pomme, et de leurs
acoustremens &
harangues.

DV GRAND OLYMPE. Fueillet.XI.

Vant les deesses furent prestes pour partir Mercure se mist deuant, leur monstrant le chemin. Mais incontinent que le herault des dieux eut apperceu le bergier Paris, qui sen vmbroit dedans la roche creuse, il le monstra aux nobles deesses, lesqlles eurēt grand plaisir de le veoir en telle contenance. Puis Mercure se getta en terre; & se planta tout court deuāt Paris; lequel fut bien stōne de telle soubdaine visiō. Lors le dieu deloquēce parla insi. Gentil Alexādre; le plus heureux des humains. Le grāt Iuppiter te salue. Et par moy te mande, que pour le bon raport de ta renommee tu es esleu a diffinir ce a quoy luy mesmes na ose toucher Cest a faire le iugemēt de la beaute nō pareille de ces trois excellentes & diuines princesses. Lesqlles uverras tātost se adresseruers toy; car entre elles sest meu vne question sur ceste matiere, Or ten acquite en facon que raporter en puisses honneur & grace perpetuelle, de tout le noble consistoire des dieux & des deesses.

bb iij

LE VNZIÈSME LIVRE

La harangue de la deesse Iuno
a Paris Alexãdre pour obtenir
la pomme dor.

A haulte deesse Iuno cõmença faire [son en]trec & entamer le propos laquelle ay[ant sa] fille Hebe, pricesse de ieunesse aupres d[el]le & ses nymphes derriere qui luy po[r]toiët, la queue sappuyoit delicattemë[t sur] lespaule de lune dicelles, & estoit ao[rnee] de merueilleux tresors inestimables. [Car] en son chief elle auoit sa couronne d[e si] grand excellence quil est impossible de la specifier. Son p[re]cieux colier estoit garny de mille especes de pierrerie, [tãt de] bullettes pendans a chaine dor, Tant de quarquantz, tãt d[e] ficquetz, Tant de brasseletz Tant de bagues aux doigz q[ue] cest vng abysme, & toutes faictes en chief deuure, par [les] mains de Vulcan. ¶ Sa robbe estoit de pourpre sanguin[e] batue en or, & garnie de garnde prodigalite de grosses p[er]les orientales, & son manteau de couleur de azur tout ou[tre] de bourdure a lesguille, & figure de diuers oyseletz, vola[ns] en lair bien pourtraictz au vif, & de nues distillãs pluyes [&] gresles, ¶ Sa cainctūre estoit tissue de fin or traict, estofee [de] gros cloux & bouillõs dor esmaille. Et enrichie de plusie[urs] pierres precieuses, En sa main tenoit vng sceptre faict d[u] bois nomme aloes qui vient de paradis terrestre, tout bea[u] de larmes dor et bien entaille. Brief tout son acoustreme[nt] estoit riche & pompeux oultre mesure pour demonstrer q[uel] est deesse de toute richesse & opulence. Sõ port estoit haul[t] & son maintien magnificque, qui bien sentoit sa princes[se] ¶ Si parla la royne Iuno. Et pronunca son oraison au deua[nt] de Paris, en ceste maniere.

DV GRAND OLYMPE. Fueillet. XII.

Adolescent Royal, de clere naissance et ancienne noblesse. Esueille ton sens pour haultes choses desirer, Et prens audace contre pusillanimite, Pour mettre a chef, la haulte charge qui test enioincte, de laquelle par mon nepueu Mercure z desia estre aduerty. Metz ius rusticite pastoralle, aspi= nt a haulteur royalle. Metz ius crainste ruralle, pour at= dre a seigneuriāt p̄sperite. Et gardes que ne te mescōptes choix des guerdons qui te seront proposez. Car la gist le u de la besongne. Et pour euiter q̃ ny procedes peu meu= ment, par faulte de congnoistre les parties: ayes le coura= esleue en haultesse & magnanimite. Et saches que ie suis emperiere des hommes & des dieux. Fille de lancien Sa= rne, & de la deesse Opis: seur & fēme du roy Iuppiter, esga a luy en puissance & diuinite. Ayant mon temple mer= illeux, en lisle de Samos, en la cite de Mycene, en Ephese, aultres lyeux, tant prochains comme loingtains. la ou lon e faict veux, sacrifices & oblations. Qui suis appellee Iu & Lucina, pource que ie baille lumiere & entree a to9 no s cueurs, & distribue aux meritans richesses mondaines, blesses desirees, & haultx mariaiges legitimes, auecques s tiltres des couronnes royalles Imperialles. & de toutes restres monarchies. ¶ Desq̃lles choses tu es capable tant ur lantiquite de ton origine, comme pour la magnificen de ton priue personnaige mesmes, & aussi par le port & ay de tes parens. Mais touteffois sans mō ayde ne peuz par enir a aulcune iouyssance.

Fiche doncton regard en ma beaulte nō equi= parable, aduise par admiration le comble de ton humain desir qui en moy repose, desire les fruitions & vsances de mes dons, dōt ie suis liberalle p̄ grāt magnificēce, telle q̃ au moyen

bb iiij

LE VNZIESME LIVRE

dicelle vng noble cueur se peut saouler de tout hônem[e]t rié. Dresse les voilles de ta pêsee fluctuãt es flotz de ieune[sse] pidite, & vouloir haultain de sceptres maintenir, Regard[e la] pompe & triũphe de ceulx qui par moy regnêt. Note la m[er]ueilleuse resplendeur doree & perlifiee de mon trosne au[gu]ste: de mon royal Dyademe & sceptre immortel. ¶ Gousté [en] ta saueur: les doulces distillations dont les haulx prince[s sont] par moy arrousez. ¶ Mesure la grãdeur de la biê heuree p[uis]sance: que ie leur administre. ¶ Comprens en toy chosï[r l'a]bondãce de leurs plaisirs, & de leur large posseder, en or, p[ier]res precieuses & toutes choses souhaitables. ¶ Sauoure [en] ton palais la doulceur de leur souueraine loisibleté & frã[chi]se, non restrainte par loix: laquelle par moy leur est eslarg[ie.] ¶ Et aussi le pouoir & licêce dentreprendre haulx faitz, p[our] dilater leurs memoires, & faire voller leurs renommees p[ar] tous les climatz du monde vniuersel, en exaltant les grand[s] & humiliãt les petiz, qui sont oeuures presque diuines. Et [en] felicitant les miserables par liberalite de dons: & impuni[té] de mesfaictz, & elargissemêt de grace, & misericorde au s[u]iectz. Et en punissant lobstination des malfaicteurs par a[ccom]plissement de iustice. Et aultres diuerses oeuures apparte[nan]tes a ma maieste tressacree, imperialle & royalle, & regi[me] de la chose publicque. ¶ Et encores plus en debellant le[s or]gueilleux rebelles: & en domptant la maulueftie des inob[e]diens par la puyssance actiue, des nobles armes cheua[le]reuse de mõ filz le dieu Mars: crainct & redoubte par tou[tes] les regions du monde, par la relucence de son triumphe, [&] gloire. Laquelle sera communicquee, en mer, en terre, & [di]uulguee en la region de lair, en laquelle ma puyssance & [vi]gueur est fort exaltee.

DV GRAND OLYMPE. Fueillet.XIII.

Tau cõtraire: reduiz en estime, lignobilite de ceulx qui en oysiuete racroupie, & en contemplation solitaire, de ie ne scay quelz songes de philosophie passant inutillement leurs iours, sommeillãs & baillãs apres les biens de mõ tresor, desqlz ilz ne peuent attaindre goutte, pour que riens ne deduisent en action esgalle & correspondẽ a mon vueil. Et aussi naffiert a homme de royalle vocation [u]ser si parfond en litterature, ne tant penser le sens ou epi[lo]guer les diffinitions de prudẽce, & autres vertuz morales [&] les difficultez de la conduicte des choses par verballe gar[ru]lite seullement sans riẽs mettre en realle efficace. Cõgnois[fu]si dautrepart la meschance & vtilite des autres encoires [pl]usmesprisables, qui nẽsuiuent sinon le delict corporel, & [la] doctrine Epycurienne plaine de contempnemẽt & nõcha[loi]r de vertu. Et son rempliz de luxurieuse immundicite, bã[niz] de cõuersatiõ honneste, & tous enclins a corruption rapi[ne] & homicide, lesqlx tous viuans son ensepueliz en ordure [m]ortelle, & detestable: leurs forces abattues, leur pouoir de[bi]lite, leur vigueur effeminee, & leur renom denigre, & peu [ce] que ie te puis bailler deduit assez condigne & propice a [la] haultesse & dignite, a lequippollent de tes merites. Et q̃ [n]y faculte de te impartir & remunerer de plaisance nõ aueu[gl]ee de lasciuite venerienne. ¶ Quant dame Iuno eut ache[ue] ses parolles, Pallas se presenta consequentement en sou[dre].

Description de Pallas & de son harangue.

LE VNZIESME LIVRE

Allas la noble vierge deesse de prud[ence]
& de fortitude, estoit habituee de tr[ois]
riches vestemens de diuerses coule[urs]
telz q̃lle mesmes auoit fait & tissu de [ses]
propres mains sacrees. En icelles troi[s ro]
bes estoiêt painctes & subtillemêt tir[ees]
douuraige de brodure, les. vij. ars lib[e]
raulx:& les.vij.vertuz tant morales q[ue]
cardinales:& plusieurs autres imaiges de force belliq[ue &]
maine prudence. ¶ Elle estoit oultreplus armee, & la p̃mi[ere]
piece de son harnois estoit vne sallade riche, crestee & lâb[re]
quinee richement. Tymbree dune chouette, & couro[nnee]
dune branche Doliue. ¶ Et en sa cuyrasse estoit imprim[ee]
lhorrible teste Gorgone, pour donner crainte & frayeu[r a]
ses ennemis. Elle auoit vng escu cristallin, qui est ferme d[ur]
& transparent. ¶ Elle portoit oultreplus vne lance bane[r]
armoyee dôt le bois estoit de grand lôgueur. Elle auoit e[lles]
emplumees aux bras & aux talons. non obstant auant la p[ro]
nunciation de son orayson composa son habitude corpo[relle]

DV GRAND OLYMPE. Fueillet. XIIII.
n mode de vray orateur, puys dist.

Nfant de bōne nature, lequel ie cognois par la demōstratiō de ta phisionomie, estre tractable, & a la cōprehēsion du hault sca uoir q̄ les dieux mesmes ont en leur espargne, Puis q̄ ton vueil est ores en balance, ton pied p̄st a desrocher pour tirer vng che min ou autre. Et les yeulx de ta pensee interieure vacillent en election de chose differentes prēs a ceste heure ton ploy nō effassable, remplis le vaisseau de ta noble ame de liqueur udēte & vertueuse, & despainctz les tablettes de ta haulte rspicacite de couleurs precieuses & immortelles. ¶ N auē re point la precieuse galee de ton aage flourissant au vent bition sinistre, & de gloire vaine & desmesuree, N y en la urmente de negoces ruyneux. Euite les perilz de tyrrānie e cruaulte, & les destroictz dauarice insaciable, & le nau ige inconsidere doffension des voisins. Ne tabandōne poīt a nuyt de terrienne amour. Et ne te fie en lobscurte digno nce mōdaine. Fuy le gouffre de vilanie lubricite. Dōne top rde des rochiers de cupidite debridee de la graine doultre ydance, & de la playe, doultraige sanguinolent.

T pour ce faire veille a tes creneaulx, desploye la meiane de ton sens naturel. Guinde la mai stresse voile du mast de ton entendement, con duictz la pointe de ta proue a dextre, par bon ne perspectiue iustemēt aux rayz de ma resplē ur, dont les yeulx des ignorās sont esbloys. Et dresse la tō

LE VNZIESME LIVRE

esguillon comme bon pilot doit faire, lors auras v[...]
pe & prosperera tō nauigage. Si assouyront a to[y]
vray patron tous les soubdars de ma famille, cesta[...]
bre plante. Eloquence nō vaine, congnoissance h[...]
uacite de sens. Estimation devaleur, chastete en de[...]
souffisance, meditatiō possible, vertueux exercice,
humaine, inquisition de verite, notice de raison, l[...]
prinse, Iuste querelle, haultesse de cueur, hardiesse
dre, conseil industrieux, discipline militaire, effe[ct]
armature de prudence. Conduicte louable, dedu[...]
spere, & glorieuse acheuissance. Sans lesquelles v[...]
frere le dieu Mars, ne scauroit conduire ses bataill[...]
appeteroit pour neant la sublimite des regnes, la [...]
des rebelles, & la vengeance de ses ennemys. Car
exploit digne de memoire, se moymesmes ne reg[...]
riot. Ny aussi la cōmunaulte politique des humai[...]
de paix ne peult constituer en valeur sans mon ad[...]

E[T q̄ toute cē q̄ iay recite sāsvātisē soit [...]
sance de ten faire iouysseur, tu en pe[...]
facile cōiecture par ma natiuite, laq[...]
dis produicte du propre chief de m[...]
roy Iuppiter sans coadiutoire de se[x...]
& par letimologie de mes noms, q[...]
cunessois appellee Pallas, aultressois Minerue. Et
Belone, pour ma vertu bellique. Et mesmemēt te [...]
inciter lexemple de la saige vniuersite Dathenes, [...]
en ma tutelle, & me exhibe vne reuerence increa[...]
ladmonnestement de ceulx de Troye, qui est ta [...]
tion, lesquelz gardent ma saincte ymage nomm[...]
en merueilleuse superstition de cerimonies, & ta[...]
garderont bien ilz me trouueront propice & seco[...]
iamais Troye ne tōbera en irrision de sesvoisins [...]
de ses ennemys. A peine pouuoit attendre Venus

DV GRAND OLYMPE. Fueillet. XV.

nte parolle estoit facheuse. que Pallas eust sa raison ache-
quant elle se mist en auant pour psuader tant par gestes
par parolles.

¶ Laornement de Venus, sa contenance, & loraison que fist pour auoir la pomme dor.

A tresbelle deesse Venꝰ auoit ses precieux ha
billemens tissus de la main des graces. Sa cotte
interieure estoit dung vergay comme herbette
du prin temps La houppelande de dessus estoit
de couleur iaulne & doree, brochee a estincel
lesdargent entrechangee dūg bleu celeste, par
ggreable representation que ce sembloit vne nuee du
emflambee de la respledeur du soleil occidétal:& estoiēt
us ses aornemens de si destiee fillure, que quāt le doulx
nt Subsolan ventilant pressoit iceulx habitz contre ses pre
eux membres, il faisoit foy entiere de la rotundite diceulx

LE VNZIESME LIVRE

& de la solidite de sa noble corpulence. & estoient aux bortz & les ofroitz diceulx subtilemēt ouurez, de d' especes danimaulx de lung & de laultre sexe:& de petiz fans tous nudz esleuez bien visuemēt. Tout au lōg de la te de sa robe, despuis le hault iusqs au bas y auoit tout de gēmes grauees & etaillees de diuerses histoires am ses par le tailleur Pigmalion de Cypre. Sa ceincture elle estoit ceincte appellee Ceston estoit de grand pris, en quelle auoit diuinement esmaille la deesse Nature: les res damytie, desir, façōde, soubzris: plusieurs signes & secretes collocutions. En son beau front elle auoit che Escarboucle: lye dung petit ruban de soye noire, a maniere destoille, qui rendoit grand splendeur de n Ses blōds cheueulx espes, estoiēt richemēt tressez a dor traict a maniere de retz distiguez de fines perles, s topaces, & fines esmeraudes a grands hoppes de soye moisines pēdans derriere le dos. Et par dessus le tout vng tit chappelet dung arbrisseau tousiours verdoiant nōme the. Aussi tenoit elle en sa maing vng hoppeau de blāc ses & vermeilles rendant souefue odeur. Sō filz Cu tout son arc diuoire & ses flesches dorees & Volupte estoient auec elle. Et derriere elle a sa queue estoiēt ses graces toutes nues. Cestassauoir Pasithea, Egialle, & E sine. Apres les graces pouoit on veoir consequēment deux femmes de chambre, & seruantes de Venus. lesq tenoient le chariot de la deesse tire par les Cygnes & par ches Columbes. Venus doncques ainsi aornee, dune doulcement organisee, procedant du creux de sa amyable fist resonner la circūferēce de lair en ceste m

FLeur fleurissant de nayfue beaulte. o gentil de ieunesse. Le plus accomply des dons de site corporelle, qui iamais marcha sur terre. Apres quil a pleu a chascune de mes dames

DV GRAND OLYMPE. Fueillet. XVI.

tic‚, toy inſtruire de leur eſtre & de leur pouoir, pour tē
aux fins duſurper la pomme dor, qui de ſoy meſmes eſt
iee a moy veu quelle a eſte cueillye aux iardins des He
ides. Ce neſt pas raiſon que tu demeures incertain de
n affaire, combien que peu de gens en ſoient ignorans.
t entant quil touche la haulteur de noſtre origine, le
y que toutes trois approchons en equiparation conuena
Quant a ce comme celles qui ſommes ſorties dūg meſ
eſtoc, ceſtaſſauoir de Saturne & de Iuppiter. Duql Iup
ie ſuis la bien aymee fille, & de la Nymphe Dione.

R ſuis ie dōcques renommee
par tous les climatz du mōde,
& nommee Venus venuſte en
beaulte, principale princeſſe
damours, amoureuſe a toutes
gens gētille & gratieuſe, plai
ne de lyeſſe & ioyeuſete ſans
aulcun traict de plainctiue or
phanite & de penible offenſiō
Quant aux haulx honneurs
qui ſont inſtituez a ma deite
parmy la terre habitable, neſt

oing que ie men vāte. Ains me ſuffiſt ſans plus que tu
uieres de la magnificence des temples qui me ſont edi
es iſles de Cypre, & de Cytharee, dont aulcuneſſois ie
le nō. En la cite de Corinthe, qui eſt en Achaie, & ſur
ont Exix en Sicile. Et que tu te informes du nombre
vierges, qui la ſont deſdiees a mon ſeruice par proſtitu
de leurs corps. & de la frequentation des aultelz, qui la
roit me ſont conſacrez. Eſquelz touteſuoyes ie ne ſeuf
aulcunement eſtre reſpandu ſang ne aulcune morticine.
ie ne ſuis point deeſſe ſanguinolēte, ne aymāt occiſion.

LE VNZIESME LIVRE

Mais veux'estre seullement seruie par offrendes de prieres, & de fleurs bien flairans, & par sacrifice de pur odoriferant. Ny aultremēt ne veux estre adoree. Et sil fault faire cōparaison de la geniture, par moy procre aultres. Mon seul filz Cupido le puissant dieu damour est icy present, en fera assez foy. Duquel saulue la paix chascū, le pouuoir nō mesurable ioinct auec le mien ne ble pas moins exceder celluy de toꝰ les aultres dieux & ses, que la clarte du soleil surmonte celle de la lune, tout cecy ne sert de riens au propos mis en termes, ne la rifiance de noz faictz & pouoirs illustres na point de en la matiere subiecte. Ne tu noble enfant: nes point iuge, pour congnoistre de noz valeurs intrinseques, car ne suffiroit ton industrie, ne aussi le temps qui requiert longue speculation, ains seullement as receu delega faculte deliure: de desduire sommairement, & de plain figure de plet le proces verbal jcy intente par noꝰ deu presence. Et pource faire choisir de tes beaux yeulx relz laquelle de nous trois te semble de prime face d emporter le pris en beaulte naturelle, & en declaire opinion par arrest diffinitif. Et en ce consistent les bo ta iudicature, dont ie'taduertiz voulentiers affin que ne pregnes en laissant le principal pour laccessoire. Et le gratieux nauire de ton franc arbitre selon la demon de ma charte propice. Eschappe lēnuy de tenebrosite se & le labeur de briefue sollicitude. Ie congnois que rine enflee du vēt impetueux des parolles de Iuno su & presomptueuses, & de ses promesses farsies de vaine re: a fatigue le batteau de ta ieunesse esgaree, iappcoy q̃ que as este esbranle par limpetuosite des vagues P nes plaines de vaine parlerie pour enueloupe ta noble taisie en ses tourbillons sophistiques, en ses regortz putations moralles, phisicales: & faire hurter la gelee

DV GRAND OLYMPE. Fueillet.XVII.

...se contre la roche obscure de ses syllogismes politicqs
...ntrincquez & entouillez de craincte mal seant a ieune
...nce.Pour estre resorbe en ses abysmes parfondz & in-
...igables englouty ou fons de ses figures,de difficille in-
...cture,& voultre ou canal enigmaticque de ses ppositiõs
...bteuses,& parabolles ambigues.Ouquel se tu eusses vne
...este detenu,ton plaisir estoit frustre a tousiours mais de
...upte corporelle,qui est en ma saisine,Et ta liesse genialle
...rumpue de tristesse Saturnienne,& changee en taciturni
...melancolicque,Mais il te fault vigoureusement esuertuer
...contraire resister a toute rigueur a leurs enhortemēs tem
...oires,& ensuyure ma doctrine naturelle & la propre in-
...ation de ton sens.

Ourne dõcqs a gauche,ensuy le grãt che
min,visite de la pluspart deshumais.Fais
muer tes autenes,rasseure tes cables & tõ
cordaige,cõmãde singler a la haulte mer
de menuz plaisirs,laisse le riuaige de gra
uite ancienne & de trop saige sottise,eui
te le pol articque:la region septentriona
le,la froideur transmontane,la mer con-
...e de continence.

I test necessite densuyure ma beaulte ra-
diante &ma facunditate desirable.Et ne te
chaille de tenir guet au plushault de ta
hune car ie veilleray assez a ta garde.four
niray a ton trinquet vent du leuant pro-
pice a la boulingue.Si ny aura monstre
marin ne belue si hardie,ne pyratte cour
...saire si entreprenant,q te ose approucher
...endu que de la mer ie suis extraicte)Et quant la marine
...calme & transquille,Lors mes graces,auec tes gens &
...otz,matheloz & appetiz sensuelz armerõt leurs armes a

c c

LE VNZIESME LIVRE

la vogue. Mes nymphes & mes fees, mes feraines en ch[]
doulcement tireront tout vaiſſeau hors de toute labori[]
ſpirituelle, caleront les voiles & le meneront a bort, &[]
riuaige de plante de delices corporelles, de faueur po[]
laire: cheriſſement des tiens & amour des eſtrangiers. Si[]
meront ton ancre, en ſtation delectable, ou tu auras m[]
fluence ſans male influence, doulceur ſans douleur au[]
ſans auſterite: honneur ſans horreur, & luyſance ſans n[]
ſance: auecques le iouyr en tiltre de mariage, de ma pr[]
ſeur charnelle, la plus recommandee en beaulte qui onc[]
fut nee de mere, ne qui iamais ſera. ceſt la belle Helaine[]
ne de Lacedemone, fille de monſeigneur Iuppiter, & de[]
da femme du roy Tyndarus: lun des plus nobles du m[]
de. Ceſt loutrepaſſe en beaulte non ſeullement dentre c[]
de Grece, Mais auſſi entre toutes celles que nature ſe[]
oncques creer. De laquelle te reſerue la fruition cert[]
pour te remunerer des guerdons deſſeruis. Car ceſt bien[]
ſon: que les deux plus beaux perſonnaiges du monde ſo[]
aliez enſemble. Et pource mon filz Cupido, te deliure[]
deeſſe des femmes. Et ma niepce Volupte lentretiendr[]
lieſſe. Mon frere & amy le dieu Mars te garantira a la po[]
cte de ſon eſpee enuers & côtre tous. Et de tât plus ſeray[]
cline a toutes ces choſes comme tu es mieulx digne. Et d[]
doibz tu auoir parfaicte confidence.

Eloquence artificielle de madame V[]
ſes parolles deliccates, & ſa doulce []
ſuaſion cauſerêt tel efficace: & telle []
tion au cueur du ieune adoleſcent []
encores en pourra il mauldire les r[]
ricques couleurs: qui luy ſeront r[]
nees en douleurs. Ce nonobſtant il[]
ſa encores mot reſpondre, ains de[]

DV GRAND OLYMPE.　　　Fueillet. XVIII.

mme vne Image:pēsant a lambiguite soubdaine du cas
uenant:iusques a ce que le dieu Mercure luy dist. No-
ng Troien combien que ceste aduenture te soit autant
teuse comme emerueillable. Neautmoins puis quil a
a si haultes dames se soubzmettre a ton iugement, Il te
icy desployer la tresample sagesse de ton entendemēt &
udēce de iuger:dont tu es renomme partout le monde.
roferāt sans pluslōgue mutation:ou demeure la senten-
nt il sera memoire a tous tēps;& a iamais. Tu vois quel
s elle te font:& quelz guerdons elles te mettēt en auāt.
s loeil aueugle, Car en toy gist liberal & planier arbi-
e, Or considere meurement & attrempeement ton af-
:& puis apres selon lordonnance que tu en pronunceras
iement & sans crainĉte ie feray deliurance de la pom-
or qui est cause motifue de leur difference a la plusbel-
trois.

　　　Le Denuement des troys
　　deesses deuant Paris.

cc ij

LE VNZIESME LIVRE

Vant le noble adolescent Paris ale[xan]
dre eut regardé aucune espace de t[ps]
la pomme dor enrichie de sa tige &
fueilletes de mesmes, & leu lescrip[t qui]
estoit a lenuiró, il dressa sa parolle au[dict]
Mercure disant ainsi. Tressainct & tr[es]
quet dieu q̃ seroit auiourdhuy la c[reatu]
re viuant sur terre tát doulce, de par[faicte]
de doctrine on de perspicacité dentendement, qui ne [se]
sast vne charge si pesante & sy dangereuse que ceste cy,
que les Dieux mesmes ne lont voulu demesler. Voyans [que]
sans acquerir la male grace des deux, ne se peut adiu[ger]
chose contentieuse a la tierce. Doncques se ie suis si ten[d]
re, q̃ de la cuider mettre a fin:ce nest pas merueille car la [dou]
bte que iay de mesprendre me faict tressuer dangoisse [et]
griefue destresse. En mesbaissant comme le plaisir de me[s]
haultes & tresredoubtables deesses, cest condescendu a [vou]
loir accepter le iugement de si basse personne comme [ie]
ne suis que vng simple bergier & le moindre des hom[mes]
mortelz, encore tout obumbré de ieune ignorance, peu [ap]
te en telz affaires, & q̃ a peines sose auēturer de sentrem[ettre]
des menuz debatz, de ses cõpaignons pareil & esgaux, [ne]
scay cõiecturer aultre chose, sinon q̃ par cõfidēce dung [tro]
ample raport q faict leur a esté de ma petitesse elles se so[nt ac]
cordees a mettre en hazart, la cõparatió de leurs diuin[es for]
mes. & speciositez. Voyant doncques ny pouoir allegu[er re]
sistence, ains fault q̃ ie flechisse soubz le ioug du leur s[ainc]
tien tressacre, & trescremeu commandement Ie delibe[re en]
men acquiter en brief sans acception de personnes, & [que]
les choses promises me meuuent en riens. Si te suppli[e en]
humblesse my vouloir prester confort & ayde, pour m[e venir]
a chief ce p̃sent affaire mõ honneur &preu. car en tant q[ui me]
touche ie ne voy aucũ pouoir dy sauluer ma beniuole[nce]

DV GRAND OLYMPE. Fueillet.XIX.

chafcune partie. Ne auſſi dy ſcauoir riens diſcerner au[de]s la pure verite, tandis que leurs benoiſtes corpulences [ſo]iēt couuertes,& voillees de ces precieux aornemēs.

Donc Mercure va dire, certainemēt mes treſhonorees dames, Sa raiſõ eſt droicturierement bonne,& bien fondee, car ſi la pierre precieuſe eſtāt expoſee en eſtimation de ſa propre bonte:& value:neſt veue a deſcouuert ſans vmbraige:& ſans fueille, il neſt au mōde ſi bō lapidaire, ne ſi ſaige congnoiſſeur: q̃ ſceut au vray iuger de ſa nobilite. Voz p̃cieux habille[s] [vo]us pourroient decepuoir ſon oeil. Car ilz occupēt la pfectiõ [de] voſtre belle facture,& muſſent lintegrite de voz perfe[ctiõ]s. Si voſtre different giſoit ſans pl9 en leſtimatiõ de la reſ[plā]deur des bagues,& ioyaulx, dont vous vous parez: ou en [l]ouēge des facōs de voz riches habitz & acheſmes, armes [ioy]aulx,& aultres acouſtremēs, ie diroye q̃ ne priſies pas la [pei]ne de mettre ius voz nobles veſtemēs mais non, ains tēd a [plus] haulte choſe. ceſtaſſauoir en lequiparatiõ de la formoſite [de] vous propres diuines corpulences:& en diſcerner prudē[m]ent le choix & lequipollence de voz membres illuſtres.

Ces parolles les deeſſes feurent aulcunement troublees pour la nudite que failloit que mõſtraſſent, touteſſoys en fin toutes dung accord ſe retirerēt ſoubz diuerſes vmbraiges, en lieu de garderobes.& ſe firēt deſhabiller vne chaſcune a part par leurs nymphes & damoyſelles [&] mirēt ius leurs riches habillemens, Et quant elles eurēt deſ[ab]le coiphes, guimples, atours, courōne, chappeau, ſalade & [au]tres acouſtremens de teſte, mis ius fermailletz, chaines [ioy]eaulx, bulletes, carquans, cainctures & tiſſuz &deueſtu ro[be]s, cottes, manteau, cuiraſſe,& tous habitz flairās, de diuer[ſes]

cc iij

LE VNZIESME LIVRE

ſes odeurs exqſes. Semblables a baulme naturel, meſle
toutes les fleurs de violettes quō ſcauroit excogiter, iuſ
aux patins dorez & diaprez douuraige ſupernaturel. Le
les elles retīdrēt en leurs piedz, de paour que lherbette p
gnant noffenſaſt leurs plantes tendres & doulcettes. Q
elles ſe pſenterēt toutes trois ſur le beau bout. ¶ Adōc
ſteur Alexandre, rauy ex extaſe: eſblouy de ſi extincell
lumiere. Offuſque de la clarte procedant des corps celeſ
pourgeſtoit ſes beaulx yeux aſſez foibles du long & du
ge de leurs formes, par grand ſagacite.

Vno la royne plaine de grauite ma
nalle & honneſtete pudique entre
ſes acoutremēs ne reſerua riens, ſonſ
euſt prins vng fin cueurechief de cr
long & large & bien delie, tout oi
franges de fil de ſoye, dont lune d
Nymphes eſtoit tocquee. Et leuſ
ſur ſon eſpaule ſeneſtre pēdāt en eſcħ
pe, & noue ſur le coſte dextre. Dōt pource que les bout
letās en lair par leur legierete, ſeſleuoient aulcuneſfois c
ſon gre au mouuemēt de ſa marche, elle tenoit lūe des
ſur ſon pis & laultre plus bas daultre coſte. Pallas la pru
pucelle plaine de vergōgne virginalle ne voulut point m
tre ius ſa riche chemiſe tiſſue frōcee & ouuree de ſa treſi
ſtrieuſe main & broudee dor traict, & de ſemences de p
ſelon les liſieres. La raiſon pourquoy elle ne la deſpou
fut pource quelle eſtoit dune ſoye biſſine, blāche cōe ly
clere & ſi ſubtille quon pouuoit bien choiſir parmy ſa
parēce, toute lintegrite de ſa belle facture.

Ais Venus la treſmōdaine deeſſe, non tant p
mōſtrer hōteuſe modeſte, cōe pour dōner p
gratieux artifice augmētatiō a ſa niepce Vol
vng grand floquart de roſes blāches & vermē

DV GRAND OLYMPE. Fuillet.XX.

...n garny de ioncz paluftres par dedans, affin que les bran
...ettes efpineufes neviolaffent fa chair tendrette. Elle feftoit
...ȧ mettre & adapter en forte quil enuironnoit fes lar-
...s rains & repofoit fnr fes groffes hāches, dōnāt gratieufe
...ūbration a fō noble fexe. Et certes ce fimple aornemēt fai
...t obtenir a la deeffe vne grace finguliere, & vne faueur
...cialle. Si aduint que au moyen de fa contenance liberal
...de fa prefentation moins difficille de fa propre gayete, &
...iere pl9 hōuefte. Elle cōtraignit ladolefcēt Paris ieufne dās
...de fens a feiourner fon regard fur elle pl9 q̄ fur les aultres.
Enus doncq̄s feftoit plantee fur le pied
droiƈt, & auācoit le gauche. La maiu de
xtre pliee fur la hāche & laultre eftādue
au lōg de fa cuiffe feneftre. Or nota Pa-
ris tout a loifir la refplēdeur de fes tref-
fes dorees lōgues & efpeffes dōt les floc
quōs efpars fans ordre ca & la dōnoient
merueilleufe decoratiō au chief & aux
...aules eburines. Cōfidera lāplitude & fpaciofite de fō cler
...ot bien arondy. Larcure de fes forcilz noirs, la fplendeur
...mirable, & laƈtraiƈt amoureux & penetratif de fes yeulx
...rds. La forme de fon nez traƈtiz. La frefche couleur & le
...au tainƈt de fa face. La rōdeur de fes ioues purpurees, la pe
...eſſe de fa bouche riāt, auec leleuation de fes leures coralli-
...s & biē ioiƈtiffes, q̄ delles mefmes femblioiēt femōdre vng
...ıſer, & auffi la grace de fō foffelu mētō & la blācheur deli-
...uſe de fō goufier criftallī. Puifaps Paris p grād attētion
...pnt a remirer la trouffure des deux māmelles de la deeffe,
...le grād iterualle q eftoit être elles, la gracilite du faulx de
...corps, la folidite de fes bras, & la fpeciofite de fes mains, la
...olliſſure de fon vētre marbrī, la groffe tourneure de fes cuif
...s, la plaine charneure de fes genoulx, la vuydure elegan-
...de fes belles iambes. La facon de fes petitz piedz. Et

c c iiij

LE VNZIESME LIVRE

que perfection totalle du demeurant de sa noble fac‍[ture]
corpulence qui tant luy pleut que mieulx vausist que[]
ne leust veue. Car il neust pas le sens de la reduyre en co[mpa]-
ration a lextreme formosite, & souueraine excellēce spi[rituel]
le des deux autres deesses. Aincois sarresta du tout a co[m]
pler la beaulte corporelle de Venus. ¶ Alors Iuno & Pa[llas]
commencerent a auoir paour de leur cause perdue, & c[rain]
dre la legierette de leur iuge indiscret, la ou Venus au co[n]
traire monstroit semblant tresasseure, par ses gestes plain[s]
asciuite feminine. Toutesfuoyes elles se souffrirent vng[]
attendans doubteusement lopinion du bergier. Duqu[el les]
yeulx estincellans, & les prunelles errans & vagabunde[s au]
tour de lymaige venericque, denotoient assez son appeti[t sen]
suel, estre chatoille dūg desir non caste, & tout enflambe[de]
luxure excessiue. ¶ Si prononca finablement larrest & [sen]
tence de son iugement : & dune voix tremblant, & cass[e]
plaine de crainte, ayāt le visage hōteux : dit en ceste mani[ere]

℘ Le iugemēt & sentence de la pōme
par Paris a Venus.

DV GRAND OLYMPE. Fueillet. XXI.

Reshaultes & trespuissantes deesses, puis q̃ ainsi est quil a pleu a voz maiestez souueraines de soubzmettre le choix de voz formes non pareilles a la loy de mon simple iugement. Ien diray ores selon la rudesse & petitesse de mon engin ce que ien treuue: par la nudite de voz beaultez [c]ouuertes: cest q̃ apres meure deliberatiõ bien debatue & [con]sultee entre mes yeulx & ma pensee: lesquelz nont sinon [dro]it, raison, & verite, deuant leur ymagination, sans faueur, [hay]ne, ou corruption quelzconques. Ie dis & prononce, par [sent]ence diffinitiue, que combien que toutes soyez remplies [de f]ormosite souueraine, & resplendeur esmerueillable, com[me] treshaultes princesses deificques que vous estes. Neant[mo]ins ainsi quil me semble (soubz la benigne grace & sup[por]tation de voz haultesses) ma dame Venus, surpasse en li[nea]ture & droitesse de corsaige vous aultres deux mes tresre[dou]btees dames & deesses. Parquoy la pomme dor: selõ lin[scri]ption qui est en elle entaillee, luy doit estre deliuree paisi[ble]ment, si vous supplie prendre en gre ce que ma rude sen[tence] a sceu dicter, & au surplus me pardonner se a tou[s ne] nay peu complaire.

Es que Paris eut fine la pronũciation de sa sentence, Mercure deliura prõptemẽt la põme litigieuse, es mains de la deesse Venus sa seur, laquelle la receut a grãd ioye & exultation. Mais Iuno & Pallas q[ui] furent desia fait reuestir a grand haste: ne pouoiẽt couurir ou dissimuler le semblant de leur douleur. Car il nest point [p]lusgrief desdaing a vne noble femme, q̃ de se veoir vain[cue] & surmontee en question de beaulte corporelle. Toutesf[ois] la pucelle Pallas, supportoit assez modestement la passiõ [de s]on cueur, & digeroit couuertemẽt a par elle sa griefue in[iure]

LE VNZIESME LIVRE.

dignation. ¶ Mais Iuno saturnienne(embrasee en grand
& impatience)ne se peust oncques abstenir de degorg[er]
fumee de son despit. Aincois dun visage enflamme, & d[es]
yeulx alumez par grand fureur, dune voix aigre, soub[daine]
& chaulde, & dune oraison satyricque & pleine de mor[da]
cite, increpa son iuge Paris, en ceste maniere.

Homme brutal beste transforme, cr[eatu]
re destinee a toute infelicite. Idolle [be]-
stique qui sembles ce que tu nes pa[s,]
seau corrūpu de lubricite vilaine, & [or]-
fiés & pourriture, Mal est éployee b[el]-
te corporelle en si lache couraige, m[al]
assignez les biens de dieu & de na[ture]
en chose si desnaturee, Nas tu eu ho[nte]
de preferer la vie voluptueuse & inutile, a la vie actiue & [con]
templatiue. Nas tu eu vergoigne de postposer la perdu[rable]
a la trasitoire. De laisser le grain pour la paille, la sceue po[ur]
scorce, le fruict pour les fueilles: & le gaing pour la pert[e,]
mespriser la vraye viuacite des Images celestes pour le [fard]
coloure & tainct sophisticque dune statue plate & vuide [de]
finablement de changer les tresors du souuerain bien, [et]
mas de doulceur scientificq̄, aux fanges de toute basse [va]-
leur & au mespris de toute infamete, iuge legier & rusti[que,]
plus inconstant que nest la plume au vent, prodigue de [ton]
hōneur, Couraige enuilleny polu dū legier promettre, [cueur]
vermoulu dinconstance, mal sainement deliberant, aue[ugle]
choisisseur, as tu ose vomir de ton puant estomac senten[ce si]
orde, si inique, & si sanguinolēte, qui te coustera la vie: [&]
cent mille Millions de toy, en cuydes tu demourer i[mpu]
gny. Crains tu point ma puissance incōparable, quāt ell[e est]
adonnee a vēgeāce. ¶ Ignores tu comment ie pugni[s]
ta folle tante Antigona fille de Laomedon, & seur de so[n]

DV GRAND OLYMPE. Fueillet.XXII.

am.Scez tu point que le malheureux visaige, dont elle se
rifoit,en osant sa beaulte oultrecuidee,comparer a la miē
uy fut par moy trasforme en vng bec de Cigoigne, du~
l iusques a maintenant elle pesche & peschera tousiours
crapaulx & raines,parmy les marescaiges,pour son viure
ubstentation.

IE congnois ores,que ceulx de ta maison ne sōt
nez,fors pour me faire iniure. Il me souuiēt du
rauissemēt de Ganimedes,tō proayeul,qui fut
fait & perpetre au desauantaige de moy & de
ma fille Hebe. Et nay pas oublie la rudesse que
tō ayeul Laomedon fit a mon frere Neptune en
fiant les murs de la cite de Troye. Mais ores est venu le
que iay trouue occasion de retribuer payement,selon
herite, & de madonner du tout a hayne & vengeance im
rtelle. De laquelle ie ne seray assouuie,iusques a ce que la
lheureuse maison ou tu as prins origine soit exterminee
ton moyen. Et le pays circunuoisin depopule: & la na~
n esparse parmy le monde, ainsi q̃ la paille dorge que les
oureux ventēt au vent. ¶ Ainsi que Iuno disoit ces parol~
& fremissoit encoires entre ses dēs:elle monta sur son cha
redoublāt mille menasses. Pallas non cōtente du mespris
dist autre chose de cler:en ses murmurations,Fors quelle
aissoit abesty en sa propre ignorance,de laquelle il nau~
t iamais congnoissance,iusques au temps de son final de~
uisement, & mort irremediable(Car quant la puissance di
ne veult demonstrer grand signe de couroux & vengean~
sur Homme. Cest de luy tollir son prope sens)Ainsi parti~
t les deux deesses,concepuās vne hayne non appaisable,
contre les Troyens,mais elles prindrent diuers chemins,
s retourner a lassemblee des dieux. Pour ce quelles estoiēt
rises de honte de courroux. Pallas sen alla a Athenes,& Iu
en lisle de Samos.

LE VNZIESME LIVRE

Aris tout trouble de la dure inue[stie]
de Iuno:& des menaffes de toutes de[esses]
se preparoit de plusieurs excuses, m[ais]
leur soubdain despartement ne luy d[onna]
na lieu de parler. Lors Venus q[ui se] st
reueftue tout a loifir le confola dou[l]ment, disant quil ne sen failloit que [peu]
& quil ne sen souciast ne sesbahift,
leur māiere est ainsi haultaine & superbe & leur parler pl[ein]
de menaffes & vantifes, mais contre tous & toutes elle &
amy le dieu Mars luy seront bon garantz. Ofte toute crain
te & soucy, car iamais ne te abandonneray. Or vueil com[men]
cer a tenseigner cōmēt tu viendras en hault degre. Escou[te]
ie te apprendray les articles lesquelz ie commande aux a[mou]
mans, se deuenir le veulx maintiēs ma doctrine qui telle [est]

¶ Soyes coict & appert sans orgueil, & sans felonnie, gr[a]
tieux, large, seruiable & debōhaire, dechaffe toute vilen[ni]
ne de chose que aultre face ne mesditz, le blasme des fē[mes]
couure se mesdire en oys.

¶ Soyes courtois & beau parleur, & non raporteur de no[u]
uelles, repreneur, faulx vanteur ne mēteur ne soyes.

¶ Fuys ialoufie se iouyr veulx damours & damye. Car de [ia]
loufie vient haine & haftiue ire, iamais naura ialoux paix [ne]
lieffe. il est raison q̄ tu aymes & crois tamye sans en rien[s]
mescroire, & ainsi sera lamour iterinee en la ioye parfaicte.

¶ Aymes toutes femmes pour lamour dune, & a chascu[ne]
fais beau semblant pour les mesdifans decepuoir, si ne sca[u]
ront laquelle entre toutes tu aymeras quant en toy telz d[i]
uers semblans verront.

¶ Mais ia ne soyes tel quelq̄ semblāt q̄ tu faces, que tu me[s]
ces vers celle que ton cueur aymera. Elle apperceura bi[en]
que par couuerture le fais selle a sēs, & que coulpe toutes l[es]
aultres pour elle seulle descoulper si ten aymera de myeul[x]

DV GRAND OLYMPE. Fueillet. XXIII.

si ne faces aulcũ semblant apparãt a elle, fors en lieux ou
le doibs.
Se deuant gens la vois ne fais semblãt q̃ tu la voyes, si ce
st que tu ayes occasiõ de parler a elle, & lors parle si saige,
q̃ ceulx ne lappercoiuent qui ty orront parler.
Et quant en secret tu la tiendras, ne luy demande riens,
is delle fais a ton plaisir si loysir as, ne la laisse par couardi
se pour chose q̃lle te die, car moins te priseroit: mais bien
te s tu prẽgnes garde a son visaige q̃ ton soulas ne luy des
ise, ne ten fais ia si priue q̃ tu lesforces, ie ne prise en riẽs le
st q̃ viẽt a force cõtre cueur dõt fine amour doibt venir.
S'il luy desplaist seuffre toy a tant, & si te offre tousiours
souffrir tãt qui luy plaira, aumoins ne luy desplaira ia.
Prés le baiser leq̃l riens ie ne prise de bouche, se la saueur
cueur ne touche, mais celluy q̃ vient du cueur est doulx.
Et si taduiẽt q̃ par sõ gre puissesvng tel baiser auoir, ausur
s te peux bien attendre.
Encore te fais sage q̃ message ne quieres a ta besõgne met
a fin, se tu le peulx faire. Car amour vault tant cõme on
ele, & a peine sont sans trahison amours qui vont par mes
e, & souuent en vient contraires & grãs meschief.
Nonobstãt te cõmande a descouurir ton conseil a tel qui
bon, saige & loyal se aduenir y peulx. Car moult te peult
vng besoing ayder vng tel amy.
Or estis tel a q̃ tu oses dire ton conseil en confessiõ, q̃ dece
on ne face vers toy de tamye, & que ne la fortraye. Moult
est te seroit le trouuer ainsi, & se recouurer en peulx bien
y peux fier & tõ secret descouurir.
Fais luy les plemẽs en requoy, si quon ne sache de quoy
vostre deuis, ne ia voyant la gent. Et pour cest affaire ne
fais aulcun signe damours, on voyt peu de compaignõs
il ny ait aucune vilennie.

LE VNZIESME LIVRE

VA ten a Troye a ton pere Priam, & a ton par[
taige, la seras receu a grand ioye, va ten appre[
pour aller querir Helaine en Grece, ne luy lai[
pour vergōgne de luy dire ton vouloir, ne te ch[
le se au premier assault elle te soit vng petit fiere, il nest [
me quelque quelle soit qui ne soit de telle maniere. Car q[
conques damours la prie soit beau ou lait que au comm[
cement ne face refuz ou danger. Il leur aduient de escon[
re: mais pour riens quelles dient ne doibuēt laisser les amo[
reux leurs entreprinses a poursuyuir. Celluy doit auoir h[
dy cueur qui veult auoir belle amye, cest vne grand proes[
Amours ne veult mesure mettre a son faict. Si se doibt do[
ques lamoureux mettre en aduenture sans aulcune rai[
ou mesure. Amours ayde aux hardis, & les couards per[
souuent par leurs negligences ce quilz ont acquis. Pour [
dist on communement. Oncques couart neut belle am[
prens en patience ce chose te dit qui te desplaise, & se tu [
temps descouure luy sans cesser les maulx que tu sens po[
lamour delle. Ne laisse par paour quoy quelle die, pas ne[
ra si folle q̄ de toy mercy ne luy prengne puis que entrem[
tre men vouldray. Metz donc peine a garder mes commā[
mens si acquerras belles amours.

PAris en grande deuotion mist son cueur &[
entente aux cōmādemens de Venus apprē[
quelq̄ fin q̄l en deust aduenir. Moult les ret[
biē diligēmēt, puis respōdist amiablemēt a V[
nus. Dame biē mauez endoctrine & enseig[
car tāt ay le cueur inspire de vr̄e grace, q̄l n[
hōe viuāt q̄ my eulx fist les cōmādemens q̄ mauez appri[
ie feray, auoir, richesse, force, ne sens ne prise vng seul den[
enuers vostre dō. Iamais ne quiers garder ouailles ne breb[
desormais seray vr̄e disciple & seruiteur, ne ia ēuers amou[
ne fauceray ne desobeyray en riēs, pour mal q̄ mō cueur [

DV GRAND OLYMPE. Fueillet.XXIIII.

Ne pour dōmaige q̄ ie y aye voz cōmādemēs ne trefe
ray. Ie mē vois a voftre cōge. Lors laiffa paris fes brebis
alla vers la noble cite de Troye, veoir fon pere q̄ grief
achaptera par temps le fol iugemēt de fon filz, car en
temps en fera fa cite deftruicte.

¶ De Peleus pere Dachilles qui fut exile de
fa terre pour le meudre q̄l fit de Phocus fon
frere, & cōmēt il arriua deuers le roy Cepx.

Vāt lexploict duvoiage de Paris en Grece pour
rauir le comble de beaulte Helaine. Peleꝰ ma
ry de Thetis auoit defia eu Achilles le vaillant,
leq̄l quāt il vint en aage fut le plus fort hōe &
le plꝰ plain de cheuallerie & de hardieffe q̄ fuft
au pays de Grece. Par fon effort & p̄ fa ꝓeffe fu
deftruictz & mis a mort les plꝰ puiffans princes de Troye.
ult eftoit Peleꝰ pour luy craint & redoubte & en grand
ſperite, moult eftoit heureux: riēs neftoit q̄ luy nuyfift fil
uft meurdry Phocꝰ fon frere aifne, dōt il luy cōuint perdre
royaulme: & fouyr en eftrange terre querre habita
Si vint en Trachine ou le roy Cepx regnoit filz de Lu
er qui alors moult eftoit trifte & dolēt pour Dedalion fon

LE VNZIESME LIVRE

frere qui nouuellement estoit mue en vng espreuier pa[r]
bus. Peleus qui pour son meffait de son pays estoit[
vint en la cite de Ceyx las & trauaille & a peu de gēs. So[n]
stial ses gēs & son harnois auoit laisse hors de la ville en[
plain chāp. Il auoit lieu de parler au roy. Si laraisonna &[
reqst secours. Ceyx luy demāda son nō: de q̄lle terre il e[
de q̄lles gens & pourquoy il ainsi estoit exille en terre [
ges. Peleus controuua que par guerre estoit de son pay[
ty, mais la verite de ses gens & de son nō luy dist. Et luy [
que par sa grace luy donnast tant de terre que faire y p[
son manoir. Le roy luy octroya & luy dist. Ie ne vould[
point denyer ma terre a nulle gent, moult me plaist toy[
puoir & ta cōpagnie. Pource que tu es de noble lignee[
le que ma terre est te soit partie, car ie la te octroye, & sa[
que mieulx me plairoit se mieulx pour toy honorer y a[
En ce disant plouroit Ceyx, & quant Pele⁹ le vit plorer i[l
demanda quelle chose il auoit, & quelle estoit la cause d[
dueil. Ceyx luy dist. Certes dist il par aduenture tel v[
vng oyseau appelle Aultour que pas ne croiroit q̄l eust[
ques aultre este, mais si a, car il fut homme de grande pu[
ce, fier, courageux batailleur & plain de proesse & de [
ualerie. Sur tous hommes voulut seigneurier & domin[
soubmist plusieurs roys & princes. Dedaliō auoit nō & [
mon frere, mais de diuerses meurs estions. Il estoit fier [
ay mis mon cueur a viure en paix sans nul debat & a [
der mon mariage.

      De Chione fille de Dedalion qui cō-
    ceut des dieux Phebus & Mercure
      deux filz dune portee, & cō-
        ment Dedaliō fut muee
          en Aultour p le
           dieu Phebus.

DV GRAND OLYMPE. Fueillet.XXV.

Edalion mon frere Dict Ceyx eut vne belle fille nommee Chione laquelle fut requise de maint baron depuis que elle eut treize ans. Or aduint vng iour par aduanture que le dieu Phebus de Delphos retournoit & Mercurius du mont de Cyllene tenant sa verge endormable. Si virent [chio]ne ensemble, & de son amour sesprindrēt, chascū deulx [eu]t vouloir den faire son plaisir. Pheb⁹ souffrit iusques a la [nuy]t, mais Mercurius a qui en pesast, ne peut plus souffrir ne [dif]fer. Ains alla tantost la belle veoir & lendormit de sa ver[ge,] puis en dormāt la defflora & engrossa. La nuyt ensuyuāt [la] oincta Phebus en semblance de vieille & secondement [eng]rossa, car Chione ne luy refusa riens quil voulsist, cuy[dāt] que ce fust son premier amy qui en ceste semblance se [fut] mis. Quant ce vint a lacouchement de deuz diuers en[fans] fut mere dont chascun ressembloit a son pere. Lung eut [Au]tolicus a nom & fut plain de fraude & de deception in[geni]eulx & enchanteuz, & si sceut lart de larrecin. cestuy ne [mes]gnoit pas a son pere Mercurius qui est larron & qui biē [luy] apprins a son filz de faire de noir blanc & de blāc noir. [Laut]re filz que Chione eut de Phebus fut bel, plaisant & [pla]yssant, moult bien ressembloit a son pere, il auoit Phe[bon] a nom. Moult fut ma niepce belle, gēte & renommee [es]mee des deux beaulx filz, Mais gloire nuyst souuent a [plusi]eurs. Si fist elle a elle. car par sa grande beaulte & oul[trec]uydance despita & mesprisa Dyane qui moult cruelle[mēt] sen vengea. car dune flesche mortelle luy persa la lan[gue] dont en morut. De sa mort fus moult dolent & encore [plus] pour le dueil quen faisoit mon frere a qui estoit fille. [Mō] frere conforter cuyday de ce dueil, Mais oncques ne [peu]z pour riens que sceusse faire ne dire. Il senfelonna tant [q]l voulsist bien estre mort, si print a courre cōme tho[reau] que est en challeur la ou son ire tournoit plustost quil

dd

LE VNZIESME LIVRE

ne fouloit courre tellemēt que bien aduis eſtoit quil vo
Sur le mōt Pernaſus ſen alla & puis aual ſe treſbuſcha
ment q̃ mort euſt eſte au cheoir ſe neuſt eſte Phebus q̃
mua en aultour vng oyſeau volāt lequel a le bec tortu &
ongles. Fel & fier fut & encore eſt, fort & plain de rap
Encore ne ceſſe les autres oyſeaulx ſubmettre & maiſtr
quant attaindre il les peult.

De la nymphe Pſamathe qui fiſt par vng loup
occire toutes les beſtes de Peleus.

I comme Ceyx auoit racōpte de ſon frere
dalion qui eſtoit deuenu aultour, vint vng
paſteurs que Peleꝰ auoit laiſſe a la garde d
beſtes leq̃l haultement en oyant luy diſt. O
leus ie tapporte nouuelle plaine de triſteſſe
droit midy eſtoiēt les brebis & les beufz p
repoſer ſur le riuage dōt lune ptie couchee eſtoit en lo
& lautre ptie par la plaine ſe eſbatoit lune ca & lautre l
aucunes nageoiēt par la marine. La pres eſt vng temple
marine tenebreux, obſcur & vmbreux auq̃l eſt aioinſte
ſaulſoye ample & eſpeſſe plaine de boe & de bourbe p
reſſors des vndes de la mer q̃ la redondoiēt. De la ſailli
le riuaige vng loup familleux & enrage pluſtoſt que ſo
deſcēdit & ſes yeulx reſſembloiēt ardans charbōs. Celle
glante beſte vint la gueule ouuerte aſſaillir voſtre beſtial
deffendre cuydaſmes, Mais vers luy ne valut riens n
puiſſance, grāde partie de voz amys a deuorez, & ſi bleſſe
te les ouailles & met a perdition, & fait telle effuſion de
que tout le riuaige en eſt enſanglāte & rouge. Iamais de
ſtes ne auras ioye ſe ne te haſtes de ſecourre le demourā
quil ait tout deſtruict. Mais aſſemblons nous toſt & pre
tous noꝰ armes & acerez darz pour occire le loup famil
Peleus entendit cōme grant dommaige le loup faiſoit

DV GRAND OLYMPE. Fuillet.XXVI.

it luy chaloit, mais plus luy pesoit du forfait pour qui ce
venoit. Bien scauoit que ce meschief luy faisoit la deesse
de mer Psamathe qui le hayoit pour Phocus son filz quil
auoit occis, si luy vouloit loccision chierement vendre. Et
Ceyx qui auoit le messaiger ouy commanda sa gent armer
aux bestes aller recourre & mesme y voulut aller. Mais Al-
cyone qui sa femme estoit se print trop a lamenter, & ten-
drement plourãt lembrassa, & luy pria que il ny allast point,
sauuast dung corps deux cueurs, mais y enuoyast assez
de sa mesgnee. Quant Peleus vit la dame effrayer pitie len
print & la conforta en disant. Dame ne plourez plus, Car de
vostre seigneur ne de sa mesgnee nay besoing la sienne mer-
cy quant ayder me veult & ne mest mestier porter armes:
car mieulx pourray par priere vaincre & appaiser lire diui-
ne, parquoy ce danger me vient que aultrement par force
darmes. Lors allerent monter au sommet dune montaigne
sur le riuaige ou les lasses nefz arriuoient, de la virent les
toreaulx mors que les Loups auoient deuorez. Quant
Peleus vit ce dommaige vers la marine tẽdit ses mains pour
prier & pacifier lire des dieux qui sur ses biens estoit esmue,
& qui la male belue auoit enuoyee. Humblement print a re-
clamer Psamathe deesse que son yre cessast, & pardonner
son mal talẽt luy voulsist. Mais long tẽps peut prier en vain,
sans amollir Psamathe q trop le hayoit, se sa fẽme & son
filz nye ne fust. Laqlle luy impetra misericorde, & si luy fist sa
paix, Non pourtant le loup plain de raige ne cessoit de bestes
occire & deuorer pour la doulceur du sang qꝉ auoit aleche
comme celluy qui vouloit tout deuorer iusques a tant quil eut
occis vne genice. Et lors fut mue par la voulẽte diuine en mar-
bre de telle figure & de tel taint comme il par auant estoit. Et
auec Peleꝰ neut plus cõge de en celle terre demourer. Il sen
alla en Magnete vne autre region ou demouroit vng sainct
hermite nomme Acastus, duquel il requist penitence de son

dd ij

LE VNZIESME LIVRE

meffait. Laquelle chose Acastus fist & par son conseil Pe[
recouura son royaulme & lamour de son peuple.

De Ceyx qui se mist en mer pour aller en Delph[
contre la voulente de Alcyone sa femme
la ou il se noya par la tempeste
des vens & de la mer.

Ropos vint a Ceyx daller au dieu d[
clarte qui les cueurs conforte pour e[
querre sort dont il se peust esiouyr. l[
voye estoit encōbree vers Delphe, tel[
ment que par la ne osoit passer, car v[
roy qui nomme estoit Phorbas lemp[
choit. Ceyx reuela a sa femme qui mo[
aymoit & en laquellle moult il se fi[
tout son propos & en print a elle conseil. Quant la dame e[
entēdue la voulēte de son mary, moult fut dolête & esbahy[
si se print a plourer, a souspirer & a demener grant dueil, t[
lement que a peine pouoit elle parler. Et quant elle fut reu[

DV GRAND OLYMPE. Fueillet.XXVII.

a parolle si dist ainsi. Treschier sire & tresame mary q̃lle
aduenture vous meut de ceste besongne entreprẽdre.
doncques passee la tresgrãt amour que souloit entre vous
moy estre? vous desplaist doncques ma cõpaignie, voulez
laisser vostre amye pour entrer es perilz de la mer? Vous
nuye il que ie vous voye? & se aller voulez en telle terre
ne vous voye, allez y par terre. Aller y pouez seurement
ne mennuira vostre absence, par la mer nauez que faire,
elle est trop doubtable. En peril est q y chemine, & trop
ncombrier & de mal aduenture y peut auoir. Se mouuoir
voy par mer ie ne seray iamais seure, ie souspecõneray
siours que ne ayez aucune greuance. Tous les membres
tremblent, & le cueur me fremist quant ie me remembre
perilz de mer, trop de gens y ont acoustume de noyer.
ya gueres que au riuaige ie vy plusieurs nefz rompues &
noyez. Espoir vous asseurez pour Eolus qui est mon pere
souuerain des vens cuidãt que il les doibue enclorre &
seraffin que dõmaiger ne vous puissent tandis que vous
uriez nager. O trescher amy ny ayez ia espoir, trop fole
y auroit, car ia ny auriez auãtage. Quãt les vẽs sont hors
eur abysmes, & ilz ont la mer a habandon, ilz courent si
donneemẽt q̃ riens ne les peut tenir ne cõtrester, tẽpester
toute la mer & meuuẽt les nues par leurs terribles sous⸗
nẽs, & par leurs cours chassent ilz les clers feux, a maint
sant hõme ont fait cõtraire & ennuy. Celluy q pl9 les cõ⸗
oist plus les doubte. Bien cõgnois leur puissance. Car chez
n pere les vy quant petite estoye, trop veoye & trouuoye
ulx de rage. Et se par admõnestement ne voulez changer
tre propos de y aller per mer, ie vous prie que me menez
cques vous. Si verray ce q̃ vous verrez, & si auray ce que
s aurez, soit bien soit mal quelle chose quil vous en ad⸗
ngne, & seray parsonniere de tout ce qui vous aduiẽdra,
e me cõuiẽdra doubter fors ce q̃ ie verray & soustiẽdray,

dd iij

LE VNZIESME LIVRE

& ainsi serons compaignons deschapper ou de noyer.

Elz molz disoit la dame en plora[nt] [ten]dreme[n]t par grande amytie, dont Ce[yx] moult laymoit en eut grant pitie, [mais] oncques pour ce ne voulut le voyage [de la] mer laisser, ne auec luy mener celle q[ui tant] laymoit, ne la mettre en laduenture o[u] se mettoit, mais moult la reconforto[it et] asseuroit se asseurer la peust. Et celle [pour] chose quelle ouyst ne si pouoit co[n]sentir. Ceyx luy iura s[on ot] & luy promit de retourner dedans deux moys, s[i] luy e[st] possible en aucune maniere. La dame sappaisa vng petit q[uant] elle ouyt la promesse pour lespoir du retour. Ceyx app[resta] tout son affaire & fist venir la nef au port. Grant angoiss[e eut] la dame & fut moult troublee quant la nef vit, car ia luy d[e]noit son couraige la douleur & la perte qui luy estoient p[ro]chaineme[n]t aduenir. Si ne se pouoit tenir de plourer parf[on]deme[n]t, & celluy estroicteme[n]t lembrassa qui son cueur aym[oit] & tristeme[n]t a dieu le co[m]manda. Quant Alcyone vit partir [son] amy elle cheut pasmee & a peu que le cueur ne luy faillit[. Les] mariniers se prindrent sans delay fort a nager, & la desco[n]tee adressa ses yeulx deuers la nef si vit Ceyx esta[n]t au de[rnier] estaige qui luy faisoit signe: & celle par autre enseigne [luy] respo[n]dit. Tant singla la nef en la mer que la royne ne po[uoit] plus so[n] mary veoir ne choisir, mais ta[n]t co[m]me elle peut su[iuit] aux yeulx la nef qui moult isnellement singloit au vent[.] quant la veue en perdit elle sattendit au mast & au voile[.] quant la voile & le mast eust perdus: ta[n]t fut dolente q[ue] m[ieulx] aymast a mourir que viure: sur son lict sen alla coucher [et] print a plourer & a so[n] dueil renouueller pour lamytie de [cel]luy qui sen alloit. Touteffois quelle veoit son lict vuid[e de] son amy plouroit parfondement.

De Ceyx & Alcyone.

DV GRAND OLYMPE. Fueillet.XXVIII.

Eyx & ses gens nagerent tant ce iour comme
ceulx qui pour retourner se hastoient quilz
paruindrēt entre deux isles, moult estoient las
de nager. Si dresserent la voile au vent pour les
vens cueillir. Lors suruint vne tempeste tant
impetueuse que la marine se cōmenca a trou⸗
uer. Et quant celluy q̄ la nauire gouuernoit apperceut lor꜠
ꝟel de la mer, il cōmāda les cordes du mast aualler & des⸗
cēdre le mast se iamais on se vouloit sauuer. Mais il ne peut
ꝑ biē estre entēdu pour le bruit des vēs q̄ la mer tēpestoiēt.
A leur gre se apprestoiēt les mariniers les aucuns de soubz⸗
mettre les auirōs, les autres de deffēdre les vndes de la tēpeste
les autres a espuiser la nef de leaue q̄ dedās entroit. Pesle
messle sentremettoiēt la tēpeste croissoit tousiours & les vēs q̄
sē bataillioēt les espouēteret fort. Le maistre de la nef se
doubta moult quāt il vit limpetuosite des vēs qui la marine
mouuoiēt, & qui tāt de cōtraire leur faisoiēt. Il ne scauoit
quelle voye tenir ne aller, pour la tempeste tāt impetueuse &
horrible entreoublioit sa maistrise, Fort crioient les mariniers
lesquelz nesperoient nul confort; de plus en plus se troubloit

d d iiij.

LE VNZIESME LIVRE

lair & la mer senfloit, toutes les nuees estoient troubl[es]
tant auoit la mer son horreur esmeue que couleur auoi[t]
nuee. La nef Ceyx se troubloit fort vne heure hault vers [les]
nuees tellement quil sembloit a ceulx de dedans que soub[z]
eulx veoient le fons dabisme. Autressois descendoit plus [asp]
rement & si cruellement quelle bruyoit plus que fouldr[e]
Pour la tempeste du vent sesmouuoit souuent la mer plus o[r]
gueilleusement que lyon ou autre beste ne fait contre son [en]
nemy. En la fin eut la riuiere tãt endure que plus ne peut [sou]
stenir, du ciel cheoit vne pluye espesse qui lair obscurciss[oit]
& la mer troubloit, il sembloit que les cieulx deussent che[oir]
& que la mer par ses vndes & tempestes le deust surmon[ter]
Pour la pluye alloit le voile amortissant & apesantissant [la]
nuyt se obscurcissoit pour le têps impetueux. Mais les fou[l]
dres qui sailloient de toutes pars lenluminoient. La nef q[ui]
plus endurer ne pouoit se descloyt, ouurit & rõpit, & le m[or]
tel flot se lanca dedans par les ouuertures, dont les marini[ers]
qui la dedans estoient commêcerêt plus fort a doubter t[ant]
plus q̃ les gens de ville assise voyant leurs ennemys entre[r &]
les aultres miner p̃ dehors. Moult se descõfortoiêt to⁹ ce[ulx]
de la nef, to⁹ les cueurs leur failloiêt chascunefois q ilz v[oy]
ent venir les flotz cõtre eulx cõe ceulx q tousiours cuyd[oient]
mourir. Les autres plouroiêt & disoient q leur seroit bõ[tost]
tost mourir affin destre hors de ce tourment qui tellemê[t les]
angoissoit. Les vngz entendoient a prier dieu & a faire vœ[u]
& promesses, les aultres reclamoient leurs parens & amy[s]
mais Ceyx ne ramêteuoit fors Alcyone : celle seulle auoit [il]
en sa bouche & seulle au cueur luy venoit, non pourtant [qu il]
ne voulsist q̃lle fust auec luy pour partir a celle tourmête. V[ou]
lêtiers retournast sa face vers sa terre dont il estoit party, m[ais]
moult sesbahyssoit & lobscurite doubtoit pour le troub[le]
ment du temps, & pour la nuyt tellement que ilz ne veoi[ent]
ne ciel ne terre. La pluye, le vent & les vndes les guerroy[ent]

DV GRAND OLYMPE. Fueillet.XXIX.

uernail & tous autres habillemés leur deffroiſſoiét. Vng
qui des aultres ſe partit monta hault vers lair, puis deſcē
m arſonnant plus peſantement que ne cheiſſent embas
mons Athos & Pidus. Le grant fais dicelle vnde confroiſ
ute la nef & ſi noya grande partie des gens, mais aucūs
eulx reſcourre & ſauuer ſaiſirent & prindrēt aiz ou au
pieces de la nef briſee, leſqlz le flot deboutoit a ſon plai
Le roy Ceyx tint vng aix briſe, auquel a grāt doubte &
ur il ſe trainoit. Son pere & ſon ſeigneur reclamoit, & ſur
ſa femme Alcyone laqlle oublier ne pouoit. Il ne ceſſ
de prier ql peuſt arriuer en lieu ou celle le peuſt tenir &
ttre en terre, ſur le bois en grāde doubte nageoit au vou
des flotz, en fin vne noire laide & eſpeſſe vnde tourna
luy & lenfondra ſans reſſourdre ou parfons de la mer &
il ſe noya. Triſte & dolēte fut leſtoille Lucifer celle nuyt
celle male aduenture & requiſt quelle ne fuſt cōgneue
veue dhomme viuant ceſte nuyt durant.

De la deeſſe Iuno q enuoya Iris au dieu du ſommeil
fin ql feiſt ſcauoir a Alcyone la mort de Ceyx ſō mary.

LE VNZIESME LIVRE

Alcyone qui des maulx son seigneur rien[s] scauoit nombroit les iours & les nuytz di[sant] Brief est le seiour que monseigneur doit [faire] doresenauāt. Si apprestoit richesrobes & n[oble] conroy dont parer le vouloit & elle mes[me de] sa reuenue. Ainsi deuinoit Alcyone & r[e]moit dieux & deesses q̄ a sauuemēt luy ramenassent so[n] mary, & especialement Iuno par sacrifice, & luy prioit [sou]uent que autre ampye ne peust accointer en ce voyage. A[insi] requeroit la royne dieux & deesses, & souuerainement I[uno] qui plus ne peust souffrir longuement quelle perdist sa [pe]re. Iris sa loyalle messagiere appella, & luy commanda q[ue] allast au dieu de dormir dire q̄l feist par sōge apparoir [a Al]cyone la verite comment son amy estoit pery. Et la mes[saige]re Iris sappareilla daller la ou sa dame lenuoyoit. En vng [p]se tomba & arcoya, si descendit par le firmament diuer[se]coulouree & chez le dieu des dormans vint.

La description de la maison du dieu des songes & des dormans.

La maison du dieu de sommeil estoit en r[e]
soubz vne nuee ou pl⁹ coye lieu du mōde o[u]
soleil iamais nesclaire. Nue en obscurte m[er]
y sourt qui le lieu trouble tellement quil se[m]
ble tousiours quil soit entre chien & loup [ou]
dort le dieu, riens ny rend clarte ne son qui [de]
stourner luy puisse son repos. La ne raisonne aucune ch[ose] fors roseaulx & doulce oublie, q̄ la murmure court & so[ue] Et la grauelle fait souefuement raisonner pour donner a[ppe]tit de sommeil. A lētree de la sale auoit a plante de pauo[t fleu]rissans & maintes herbes donnans sommeil dont la nuy[t cueil]loit le iour cueillant qui les multiplioit pour departir le [som]meil au monde. En celle maison ny a porte ne portier, &

DV GRAND OLYMPE. Fueillet.XXX.

assez seure. Ou meillieu dune obscure caue auoit vng lict
hement aorne couuert de vng vieil couuertouer, le chalit
oit richement ouure comme de fin or. La se reposoit le
u de sommeil, entour luy multiplication de vanite & de
ges plus quil ny a despics en moissons de este, ne dares
sur la riue de la mer. La vint Iris pour faire le message que
Iuno commande luy auoit soy deffendant aux mains, car les
ges lalloient sousprenāt, & le dormir vint entour elle. La
ulte de la messagiere & la resplendisseur de sa robe gecta
leans grant clarte. Quant le roy dormant la vit vng peu
ueilla, non pourtant encore sommeilloit, si entreclouoit &
couuroit ses yeulx & par la force du sōmeil reclīa le chief
chancella & sendormit de rechief. Touteffois il sefforca cō
n quil se tenist a greue tellement quil se leua & accoutta
son coutte, puis enquist a Iris la cause de sa venue, & quel
hose elle venoit illec chercher. Iris luy respondit. Dieu de
mmeil & de repos paix de cueur & recreement de tous mē
s qui delectablement les trauaillez assoulages & les fais
rmir, & les metz hors de soucy & desmoy par moy te mā
Iuno que tu faces scauoir par songes a Alcyone la dolēte
me la verite cōmēt Ceyx son mary est en mer noye. Adōc
s qui se sentoit enuelopee de dormir pour le sommeil qui
estoit, sen retourna en son repaire par larc ou elle estoit
nue: car sans larc ensuiuir iamais de celle caue ne fust res
mee.

Du dieu des dormans qui enuoya Mor
pheus le dieu des songes a Alcyone
en forme de Ceyx son mary pour
luy donner a congnoistre sa
piteuse mort.

LE VNZIESME LIVRE

Tantost le dieu de sõmeil pour ce cõmãdemẽt accõplir esleut vng de ses trois filz qui estoiẽt entour luy, lesquelz sentremettoient de dire mestier quant de leur pere, qui par dessus eulx regnoit, en auoient le cõmandemẽt. & vng y auoit qui pnoit semblãce dhumaine natuɾe forme, façon & habit & faisoit semblãce daller, de venir & pler de qlcõq hõe quil vouloit. Morpheus estoit de son pɾopɾe pelle. Le second diuersifioit trop & prenoit semblance de ɾfeaulx, de serpens & de toutes bestes quelques quelles fent. Et le tiers prenoit forme deaue, de fust ou daultre c ture qui ayme a. Ces trois freres ne sapparent fors a gens gɾãd reñõm. Et si apparẽt de nuyt en songeãt & tous les tres a cõmunes gens en diuerses similitudes. Et cest leur urage & mestier par faictes illusiõs & visiõs nocturnes ɾ sent ilz le peuple en dormant. De tous ceulx esleut le d Morpheus seullemẽt le plus sage deulx, & luy cõmãda pɾẽ dre la forme du roy Ceyx & de sen aller vers la royne sa fẽ me luy donner entreseignes par lesqlles elle apptemẽt vɾ

DV GRAND OLYMPE. Fueillet. XXXI.

frage & perillemēt de son mary. Aps ce rēclina le roy
chief, & de rechief sendormit. Morpheꝰ sappresta sans ar
& vola par lair secretemēt tāt que en brief terme vint en
salle ou la royne se gisoit au lict, si prit la forme q̄ Ceyx
it quāt il estoit vif. Pale & descouloré sembla ayāt la bar
& les cheueulx mouillez, puis senclina sur la couche ap
ant la royne & faisant signe de trop grands pleurs & grā
complainctes & si luy disoit. O ma doulente cōpaigne
cōgnois tu ton las mary, ouures tes yeulx & si me ver
& trouueras pour ton mary seullement lōbre, peu mont
tes prieres: car mort suis pas vng vēt pluuieux qui fit la
esmouuoir, & ma nef fut en mer perie & mes gēs noyez
ortz: ie qui trop te reclamoye cōme celluy q̄ taymoye
alt. perꝟ suis & noye, moy mesmes suis celluy p̄sentemēt
e te dis, si doibs sans doubte myeulx croire ma perte &
t que ie tanōce q̄ se vng aultrre lé te disoit q̄ mensonge
ir y mist. Lieue sus si pleure & complains & te vestz de
s draps, & ne me laisse mie sans pleur faire descendre en
antise infernalle.

De la piteuse cōplaincte q̄ fit Alcyone pour la mort de son mary Ceyx.

EN telle maniere fist le dieu Morpheus sō messa
ge q̄ sēbla q̄ ce fust ꝑpremēt Ceyx q̄ perꝟ estoit
en la mer, car la facon, la voix, & la contenance
auoit celluy q̄ Ceyx souloit auoir & sembloit
quil plorast. Lors print Alcyone fort a gemir
& plourer en dormāt, & pour le prendre tendit
ain, mais riens ny trōua. Ha chier amy dist elle demeu
attēs ta doulēte amye qui trop tayme, auec toy vueil al
a dame sesueilla pour la forme q̄ p̄due auoit & pour son
si se leua & entour son lict quist & chercha selle pourroit
uer celluy q̄ pres delle estoit nauoit gueres quelle cuy
auoir veu. Pour la noise sesueillerēt les gēs & les chābe

LE VNZIESME LIVRE

rieres & coururẽt a tout la lũiere deuers la dame q cher[cha]
lõguemẽt son mary p toute la chãbre, mais trouver ne le p[ou]
uoit. Riens ne luy valoit, pdue auoit lõbre, parquoy m[oult]
estoit esbahye, ses poigs destordoit, rõpoit sa robe & se[s che]
ueulx, batoit sa poictrine, & esgratignoit sa tẽdre face. T[ant]
estoit la doulẽte a grãd meschief, la mere qui nourrie la[uoit]
luy enqst pourquoy elle se douloit si ameremẽt & conso[ler]
la cuyda, mais la dame luy dist, laissez le sermõner, mor[te est]
Alcyõe auec sõ mary q est pery en la mer p la tormẽte, de [con]
fort ny a aucũ besoig, car mort & noye lay veu, ouy & c[ognoi]
gneu, de ce ne me pourroit on riẽ cõtredire. Quãt ma m[ain]
tẽdis pour le prẽdre, lõbre veis q seuanouyt de mes yeul[x ie]
scay de verite q̃ ce fut lõbre de mõ amy. Haa dieu cõe so[n vi]
ge estoit lait & descouloure, encores auoit il le chief mo[uille]
& fouille de la marine. Ie lasse le vis doulẽte en ceste pla[ce &]
biẽ recõgneuz sa face & sa voix, mais pas ny estoit. Hela[s ce]
soit elle moult luy dis & priay q̃l escheuast les vẽs par q[plu]
sieurs perissoiẽt en mer, or est aduenu si cõe en mon cu[er ie]
doubtoye. Haa mõ cher amy, fol ppost eustes de mõ co[nseil]
mescroire, cõtre mõ admõnestement entrastes en mer p[our]
mort recepuoir & si ne me voulsistes ẽmener auec vou[s, se]
ie eusse este sãs moy ne fussiez poĩt pery, & se auec vo[us]
este ce meust este pffit & grãd soulas, car sans moy n[e fus]
siez mort, ne sans voꝰ ne vesq̃sse, auec voꝰ eusse souffert m[ort]
Si me eust moĩs greue. Or est celluy mort q̃ trop aymo[ye &]
ie vouldroye mourir auec luy, plꝰ aigremẽt suis tẽpeste[e q̃]
ne le voy q̃l ne fut au flotemẽt de la mer. Et encores plu[s lõ]
guemẽt le seroye se plꝰ lõguemẽt en ce monde viuoye, [mais]
de plꝰ lõguemẽt viure ne messorceray. Myeulx vueil m[ourir]
& estre sa cõpaigne iacoit ce q̃ luy & moy ne puisson[s estre]
mis en vne mesme sepulture ensẽble si ne serõs noꝰ de[s]
ains serõs ensemble assemblez. Tãt gemit & plora que [plus]
parler ne pouoit.

GRAND OLYMPE. Fueillet XXXII.

La fin de Alcyone & Ceix son mary q̃ furẽt muez en oyseaulx de leurs noms.

AV matin alla la douloureuse Alcyone q̃rãt sur le riuaige de la mer se par aduenture y verroit repairer son amy mort quelle auoit veu partir dilec vif. Helas dist elle en ce riuaige me baisoit mon amy de spartir quant il se mist en la mer. Tandis que Alcyone [dis]oit & regrettoit ces parolles. A tant apparut le corps du [cor]ps flotant par la marine, mais elle ne pouoit encore choi[sir s]e estoit celluy q̃lle attendoit, cõbien q̃lle y mist son entẽ[te à] le regarder, & le corps tandis approchoit petit a petit le [riu]aige, si q̃ peu dheure on pouoit biẽ appceuoir q̃ cestoit [le] corps mort flotãt. Lors plora Alcyone moult tẽdrement [s]ur celluy dõt elle doubtoit, ia fust q̃ elle ne le cõgneust, & [mo]ult languissoit de paour doubtãt q̃ semblablemẽt ne fust [ve]nu a son amy, ou q̃ ce ne fust luy mesmes, si dist en plo[ran]t. Ha corps que de male heure nasquis tu q a tel martyre [me]ine, & ta femme ou tõ amye si nest pas moins meschante [que] moy. Cõe plus regardoit la chestiue le corps qui illec ap[pro]choit, pl9 se douloussoit & mois de sẽs auoit. Tãt demẽa le [flot] de la mer le corps que pres de la terre arriua. Et quãt cel[le le] vit de pres, de douleur & dangoisse luy taingnit la cou[leu]r, car biẽ le recongneut. Si print sa robe & ses cheueulx a [dest]ropre, sa poictrine batre & sa face esgratigner en disant. [He]las cest mon amy que nagueres auoye veu. Ceyx mon [am]y comment venez vous a moy, la mer qui mis a en vous [la] mort ma tollu ioye & mis en dueil & tristesse perpetuelle. [Ces] parolles disant sapprocha la doulente hastifuement a [une] haulte roche q ps du riuaige estoit, merueille fut cõe ce [p]eut faire: mais estoit muce & plumes auoit. Dillec vola au [cor]ps mort q̃lle veoit en mer & en volãt lalla baiser & acol[er] & dess9 luy plorer & gemir. Ceyx sẽtit celle q̃ le baisoit &

LE VNZIESME LIVRE

leaue en flotāt si le faisoit dresser au baiser de sampre, m̄
cuyde q̄ pas ne estoit leaue, ais estoit vie q̄ soubdainem̄
cōe il pleut a dieu luy estoit reuenue. Si le sentoit appr̄
car en celle mesme heure en ce moum̄et deuindr̄et oyse
semblables, lesquelz tient amour & cōioinct en ses rok
comme il furent ou tēps de lors & pour faonner sentrē
blent ilz & les appelle on Alcyones. En yuer par mau
tēps volēt ilz par la marine & lors est fol celluy qui en m
mect sans grāde necessite pour les tēpestes & les vens q̄
dainement y suruiennent lors. Quant il fait temps soue
ponent leurs oeufz & couuent. Et adont fait bon nager.
Eolus le dieu des vens se repose tant q̄ sa fille pont & co
❧ De Eiacus filz du roy Priā de troye q̄ deuint plōge

Vng bon homme estoit pres de la riue qui r
doit iceulx oyseaulx, & loua leur loyalle am
touteffoys en vit voller vng aultre nouelle
mue appelle Esacꝰ filz du fort roy Priā q̄ tin
seigneurie de Troye, & frere au vaillāt & pr
Hector. Espoir neust il eu de force ne de va

DV GRAND OLYMPE. Fueillet. XXXIII.

moindre ny de renom q̃ son frere s'il eust vescu p̱fait aage,
~~~ trop tost le desauança fortune. Cōbiē q̃ il fust de royalle
~~~, si ne se tenoit il en cōpaignee de gēs fors le moins q̱
~~~it. Bourgs, villes & citez hayoit & fuioit sales & palais.
~~~paira in ces montaignes secretes es champs & deserts. Il
~~~ saige, discret & plain de toute apertise. Il auoit mise tou
~~~ cure en amours & auoit lōg temps aymē Hesperie la re‑
~~~nee pucelle, mais auoir sa voulente nen pouoit. Vng iour
~~~ seoir sur vne riuiere, cestuy q̱ voulētiers la forcast la cuy‑
~~~llec saisir pour en faire sa voulēte, mais celle moult s'effor‑
~~~ fuyr pour eschapper affin quelle ne fust violee. La belle
~~~perie en fuyant fut par vng venimeux serpent poincte au
~~~ q̱ luy entoxiqua tantost tout le corps tellemēt q̃ incōti‑
~~~morte cheit. Esacus q̱ de pres la suyuoit l'ēbrassa en disāt.
~~~ doulce amye il me poise moult que ie t'ay ainsi mise
~~~hasse, car la mort t'en ay pourchassee, mais helas qui eust
~~~ que icelle chose deust aduenir. Moy & le serpēt tauōs a
~~~ mise, mais puis q̃ ie t'ay perdue, sache q̃ longuement ne
~~~y apres toy. Car ie mourray par toy q̃ cause de mort sās
~~~ceu t'ay pourchassee. Ainsi se cōplaignoit le dolēt Esacus
~~~ l'amour de la belle Hesperie, pour la mort de laquelle il
~~~it le sens, A tant courut soubdainemēt & monta sur vne
~~~ roche ou la mer batoit ou pied du sōmet de laquelle il
~~~sa tresbuscher en la mer pour luy mettre a mort. Mais
~~~tis ne le voulut laisser perir, par pitie le retint & luy dōna
~~~es & esles. De ce se courrouca fort Esacus & si le desdai‑
~~~quāt de luy noyer neut point de pouoir. Souuēt se plon‑
~~~en la mer pour soy noyer, mais il ny pouoit perir, dont
~~~ luy ennuya. Oysel est deuenu q̱ lōgues entreseignes a
~~~sses le col long & le corps maigre, & encores se plōge il
~~~ haulte mer pour affermer son courroux. Et pource q̱ se
~~~ cōtinuellemēt, en telle maniere est il plōgeon appele.

☞ Fin de l'onzieme liure du grant Olympe.

e e

LE DOVZIESME LIVRE

Le douziesme liure Du grant Olympe des Histo[ires]
poetiques En la Metamorphose de Ouide.
Le voyage de Paris en Grece pour Rauir
la belle Helaine.

E roy Priam ne scauoit q̃ son filz Es[aius]
fust mue en oyseau: mais il le plouroi[t com]
me mort & en faisoit obseques, auecq
luy Hector & toute la royalle lignee[, à]
celle solēnite ne fut pas Paris, car lon[g]
enhortemēt de Ven[9] nageoit par m[er, de]
tātsingla iour & nuyt q̃l arriua au po[rt de]
Mycenes, si trouua a la riue Menela[us, q̃]
son arroy foisoit apprester, car mouuoir vouloit sans arr[est]
mener sō ost en Crete pour vng grant affaire q̃l y auoit[. Me]
nelaus vit la belle nef de Paris arriuer q̃ la plusbelle & l[a plus]
richemēt aornee estoit q̃ oncq̃s par auāt fust veue. A ceul[x]
dedās la nef enquist & demāda leur estre & q̃ maistre e[stoit]
de la nef. Paris respōdit q̃l en estoit le seigneur. Lors luy [en]
quist Menelaus son nom, & q̃ il venoit querre, & de que[lle]

DV GRAND OLYMPE Fueillet.XXXIIII.

de qlz gēs il estoit. Et Paris luy respōdit. Ie suis ne Dasie.
mē pere Priā en tiēt toute la seigneurie, & est sire de la grāt
Troye, tāt ay ouy dire de biēs de vo9 & de vostre empire q cy
vo9 suis venu seruir pour desseruir vostre amour & pour apē
dre le langaige & lusage de Grece, se retenir me voulez.
Amy dist Menela9 vo9 soyez le tresbiē venu biē me plaist vo
stre seruice & que demeurez auec moy pour mō auoir, mais
partir me cōuiēt sās arrest & aller en Crete pour vng grāt be
soing dont tost reuiēdray, car de la seiourner ne ay talent. Ie
vouldroye desia estre au retour affin que ma besongue fust
faicte, laquelle par moy acheuee, tātost au retour me mettray.
Ma femme iusques au retour vous entretiendra.

DE ses parolles se esiouyt moult Paris esperant da
uoir tēps pour son desir mettre a fin. Biē eut voulu
que iamais Menelaus ne fust retourne. Biē estoit
le roy fol q laissoit sa fēme en la garde de celluy q
tant laymoit, & qui pour lamour delle estoit de si loingtaine
terre venu & a si grāt peine en auoit passee la mer. Le roy fai
soit du loup le pasteur, dōt il ouyt auāt son retour nouuelles
qui pas ne luy pleurēt. A tāt se voulut Menelaus partir, & a sō
partemēt sa fēme baisa & luy pria q garde prinst de sō nouuel
hoste iusqs a sō retour. Vng peu en soubzrit la belle, mais biē
garda q sō mary ne lapperceust. Biē croy q elle ouyt voulen
tiers se dernier cōmandemēt. Quāt le roy Menela9 fut party
Paris q demoure estoit auec Helaine, & q longuemēt lauoit
desiree, mist corps cueur pensee a elle seruir a gre. Moult lin
duisoit amour a elle bien seruir a gre, cōme celluy a qui il
sembloit q en hault hōneur seroit, se son seruice daignoit cel
le recepuoir en gre. Il ne fut pas trop hastif, ains attēdit maitz
iours a descouurir sō couraige, & biē le sceut celer au moins
de dire qlle laymast, mais par souspirs & simples regardz sen
pouoit Helaine bien apperceuoir, se elle y daignoit prendre
garde, si luy faisoit scauoir p cōtenāces & p signe si trop fiere

ee ij

LE DOVZIESME LIVRE

la trouueroit quant de son amour luy requerroit. Ainsi cher
cha & enquist sagement aux manieres & ou changemēt de
visage, & puis quant il veit temps & point il luy descouur
son couraige & luy dist en telle maniere.

☙ De la subtille requeste que Paris fist a
Helaine pour son amour auoir.

Elle dame dist Paris ne vous desplaise se mō
penser vous descoeuure. Tant ay souffert q̄
plus ne puis, & non plus que on ne pourro
nombrer les goutes de la mer q̄ iay pour voꝰ
passee, ne pourroit on nombrer les maulx qu
pour vostre amour ie seuffre. Ne soyez ve
moy trop dure, Ie Alexādre que on dit Paris filz au roy Pr
de Troye suis icy venu de moult loing pour vostre amour
querre, & nō pas pour richesse, car assez en ay, si men debu
mieulx aymer. Iay grāt fiance en vostre amour, car Venus
deesse qui sur les amās domine & seigneurist, vous a a moy
promise q̄ en mō iugemēt se submirent les trois deesses De
quelles la premiere Iuno me promettoit grās richesses se ie

DV GRAND OLYMPE. Fueillet. XXXV.

geoie estre la plus belle. Pallas la secõde me oftroya force
science. Et Venus la tierce me promist vostre amour, se la
põme luy dõnoye que la plus belle debuoit auoir. Richesses
ens & force q̃ les deux me promirent mis pour vous en non
chaloir, point ne men dois plaindre se auoir vo⁹ puis a mon
vouloir sicõme Venus men fist promesse, par laquelle ie suis
cy transmis & enuoye: & par q iay la mer passee. Trouuee
vous ay par son conseil, pas ne vous ayme dauãture, car ains
que vous eusse veue estoit toute ma pensee en vous. Haa ma
chiere amye vous estes tant belle que renommee ne peut tou
te vostre beaulte tesmoigner. Certes moult emprint Theseus
haulte besongne quãt il vo⁹ rauist : biẽ vous debuoit aymer,
Mais de ce q̃ vo⁹ voulut oncq̃s rendre fust il trop a blasmer.
Aincois me feusse laisser detrencher que de mon gre vous
eusse rendue, & se rendre vous conuenist, ia tant ne feusse si
mal que de vous baisiers ne prenisse largement, ou plus riche
rançon. Gẽtille dame ne vo⁹ vueille desplaire se vostre amour vo⁹
requiers, Mais receuez moy a amãt, & ie vous iure q̃ iamais
aultre amye ne accointeray. Biẽ suis digne dauoir telle dame.
Et se ma femme voulez estre moult gẽtil mariage aurez. De
royalle lignee suis ie ne du lignage Iuppiter : & de la belle
Electra, sãs mes autres nobles p̃decesseurs. Mon pere Priã a la
seigneurie Dasie, il nest hõme viuãt q̃ ait si grãde dominatiõ
ne si grãde terre a maintenir cõme luy. Se auec moy voulez
venir vo⁹ verrez les grãdes delectatiõs de Troye, Les tours &
le fort chasteau de Ilion ou vostre demeure sera, & si verrez
les grãs barõs de Troye que ne vo⁹ scauroye nõbrer. Les da-
mes tãt nobles q̃ chascune resseble biẽ estre deesse ou nym-
phe. Quãt vous verrez la grãt noblesse & la richesse de mon
pais, Adonc scaurez vous de verite que plus a de richesses en
ug des palays de la cite, q̃ en toutes les citez de ce royaulme.
Point ne le dis pour vo⁹ despriser, Mais elle nest digne de tel
le dame auoir. Car elle ne vo⁹ pourroit maĩtenir a la haultesse

ee iij

LE DOVZIESME LIVRE

q̄l vous coūiēt. Veoir le pouez presentement, car se moy & mes seruiteurs sommes maintenāt en estrange terre cointe, plus sans cōparaison le sont les dames de nostre cōtree, car la plus poure est mieulx paree q̄ la plus belle de ceste terre. Da me & maistresse plaise vo[9] estre mamye & ne me reffusez de richesses, de honneurs, naurez besoing. Le vaillant Ganime des de Troye q̄ des cieulx a la seigneurie est mō oncle. De uoir, de cheualerie, de noblesse ne de parēs nest point Mene laus mon pareil. Ie vouldroye quil pleust aux dieux q̄ celluy de nous deux q̄ est le plus puissant & qui mieulx conquerir vous pourroit vous eust. Iamais Menela[9] auec vous ne cou cheroit, mais de ce nest maintenāt nul besoing, car vers vo[9] ne me vault la bataille, Dame octroyez moy le deduyt de vo stre amour. Ne tenez a hōte vostre mariage briser, pour auoir si courtois amoureux cōme moy, car ce ne vo[9] sera point vi lenie. Lache serez auec tant de beaulte, se viure cuydez cha stemēt. Estre ne peult fēme belle & chaste se nature ne ment. Lūg ou lautre coūiēt laisser. Ployer vo[9] coūiēt vostre orgueil q̄ reffuse les amans & dechasse. Ou il vous coūient changer la beaulte de vostre visaige. Ia fustes par amour engēdree de Iuppiter & de Leda: & puis q̄ de telles gēs estes extraicte vo[9] ne pouez estre chaste se amours ne ment qui oncques ne fa lit. Bien vouldroye que chaste feussiez quant ensemble serō en Troye, & q̄ serez ma femme & mamye. Mais maintenāt ie ne loue pas que pour chastemēt viure me reffusiez a amer Belle faictes mō plaisir, bon loisir auōs de ce faire, la vostre mary nen scaura riēs, il sen est alle pour nous dōner laysir de ce faire. Oncques plus conuenablemēt ne peut aller hors de la contree: riens ny deffault fors vostre aduis, & quil vous plaise, Cuydez vous que le fol sache que vostre beaulte vault certes nenny, Car sil le sceust: ia ne vous eust laissee en garde a estranger homme, a son partement vous pria que vous pre nissiez garde de moy, Certes mal faictes son commandemēt

DV GRAND OLYMPE Fueillet.XXXVI.

ous deussiez estre esmue pour layfement que fortune nous donne. Trop serons folz se ce temps laissons passer en oysiueté. Ja ne soyez desdaigneuse, Mais faictes ma priere. Auec moy vous meneray a Troye & la vous espouseray & donneray grant seigneurie, & si vous tiendray foy & loyaulte tous les iours de ma vie. Se vous en doubtez tout le blasme prenderay sur moy ou ie vous feray rauir par mes gens. Si direz que on vous a efforcee. Voyez icy mes gens moult bien garniz darmes prestz au port de faire mon commandement. En tät ioyeusete passerez la mer & arriuerez en la terre honnoree, ou vous serez receue en moult grande solennite, & si aurez plaisirs & biens plus que on ne vous scauroit dire. Ne cuidez ia que pour vous requerre Menelaus meuue guerre contre moy. On en a maintes aultres rauies q oncques puis ne furent rendues. Boreas le vent de bise rauist la belle Orithye. Et Theseus Ariadna & si nen vint oncques puis guerre pour elles. En telle amour y a trop plus dauentureux gaingz que de pertes. Et se Menelaus amenoit a Troye son effort, plus a en Asie or & argent, vins & bledz, destriers & gens que en toute Grece. Or y viengne Menelaus s'il se pour guerroyer contre moy, sans doubte bien le recepuray en bataille ou corps a corps. Car il nest, mon pareil de proesse ne de valeur. Quant en aucune armee suis bien scay ferir despee ou de lance. Et se mestier est greuer mes ennemis de loing traire de larc. De ce ne scet riens Menelaus & si na frere qui tät vaille comme fait Hector. Cestuy seul vault cent hömes ensemble, tous ceulx de Grece ne luy pourroiët contrester. Et se a guerroyer venoit bien deburoye pour tel loyer comme vous faire grant effort & grant bruit de cheualerie. Belle amye plus ne vous scay que dire Mais allons nous en tandis que nous auons espace. On dit communement que layfement fait le larron. Tant eut Paris loisir quil descouurir a Helaine tout son plaisir & lattraist a

ee iiij

LE DOUZIESME LIVRE

sa corde, au moins de cueur, combien quelle deist aucune[s] le contraire. Mais tant a en femme de tricherie que ia n[e] desireuse quelle ne face la dangereuse.

☙ La responce de Helaine a Paris moult double.

Angereuse se fist Helaine a Paris, & [ne] luy dist point tantost quelle laymast, [ains] luy respondit come par desdaing. E[stes] vous pour cecy venu fire Paris, & vo[stre] monseigneur mon mary retenu en [son] hostel pour luy faire vne telle ho[nte] Myeulx me plaist que me tenez a vil[lai]ne, que lon die que Helaine a fait vil[le]nie. Pourtant se iay riant visage: nen suis ie pas moins p[reu]de fême. Ia de mõ blasme norrez parler, ie ne scay pourq[uoy] vous estes en tel fol espoir. Si Theseus me print a force, e[st] pour ce droit que de rechief soye de vous efforcee, moult [en] suis dolente, & se il meust efforcee si ny deusse ie auoir au[cun] blasme, car ce fut cõtre mõ vouloir, mais il ne me messist [que] de paour, & sans plus, a force & maulgre moy me baisa. [Ainsi] me auiez, ie croy que vous ne seriez pas de telle souff[rance]

DV GRAND OLYMPE. Fueillet.XXXVII.

comme il fut, mais dieu ne ma pas tant hay. Theseus se
tint de sa folie, me debuez vous pource auoir. Ne men
ult se vous priez, ia ne vous blasmeray se sans faintise me
nez, car on ne doit porter haine a son amant. Mais maintz
es ont par leurs deceptuables parolles trahyes & deceues
intes pucelles & maintes femmes. Vous dictes quil vous
ble que femme ne peult estre chaste & belle de visage en
ble, il ne men chault q aultres femmes facet, mais q ie ne
e lune, ia pour ce ne feray folie. Se ma mere fut deceue,
q ie fus coceue par amours, me voulez vous pourtat decep
t, Iuppiter pour rauir & deflorer ma mere se mist en sem
ce de cygne & ainsi lesforca, de ce ne me dois douloir, car
y ay dhonneur q de honte. Vous racoptez q moult estes en
itez, & vous vatez de Iuppiter qui est mo pere a vous que
artiet il. Se voz terres son grades aussi est le royaulme dar
la dieu mercy, & si puis bien trouuer icy grandes riches
Et sily a plus or & argent, vins & bledz: destriers & che
iers il peut bie estre, mais nous nauons de tout ce nul be-
ng, vous me promettez si gras dos se mamour vous done
seulement par voz grans promesses pourriez les deesses
aire, mais mieulx vault par honneur grades richesses refu.
que les recepuoir a deshonneur. Pour riens que promet
me sachez ie ne vueil enfraindre ma chastete, cure nay de
guerdon que me presentez. Et se au foloyer venoit plus
ldroit vostre amour, & mieulx que vostre do. Le do si est
ult acceptable q viet de vaillat psone. Pl9 fais copte de ce
t mauez aymee q pour moy auez passe la mer, q de tout
emourat. Bie ay voz signes apperceuz plusieurs fois sans
blat q ien feisse. Mais oncques pourtat ne mua mo cou-
ge a ce q mamour vous donasse, quoy q a merueille soyez
& gracieux, Et q bie seroit en vo9 hault honneur assis. Co
bie le trouuerez ie ne doubte, mais myeulx ayme q vne
tre en ait ioye, q moy deshoneur & tristesse. Pour ries vo

LE DOVZIESME LIVRE

ceue auoit le brādō dōt Troye seroit arse. Par tout est [di]
guee la renōmee q̄ la cite de Troye sera cōfōdue & d[e]
ēte se dame auez de ceste terre. Menelaus est courageu[x]
semblera a luy tous les barōs de Grece, si requerra sa f[me]
le scay. Pour Ypodame q̄ Pyrrhus prīt esmeust guerre v[s]
Cētaures. Cōtre Menelaus & mes freres auec leurs gē[s]
pourroiēt garātir chasteaux ne forteresses q̄ occis nē fu[s]
Vous vous vētez de vasselage, mais point ne pert a vostre b[..]
visage que vous soyez de grād effort ne batailleur, laisse[z]
ctor le fort vostre frere cōbatre. Dignes nestes de port[er]
armes, mais bien lestes de gētillesses faire entres les b[ras]
vostre amye. Se ie fusse hardie, ia ne refusasse le desdu[it]
auec vous mē allasse a Troye. Et certes pour hōte ie ne [la]
ray a acheuer mō plaisir: si feray vostre volente sans p[lus]
tredire. Et qui vouldra si en mesdie ie nē fais compte,
vous me rauirez ainsi comme a force, si nen seray pa[s]
blasmee.

Le rauissement de Helaine.

GRAND OLYMPE.   Fueillet.XXXIX.

Ainsi pourparlerēt leur affaire & aduiserent lieu & point q̄ la belle Helaine seroit rauie. Paris fist appr
ster les nefz,& ses hōes armer pour cōbatre si be-
soig estoit. En la cite Darges eut vng iour vne grā
nite de Iuno la deesse. La estoiēt assemblez la pl⁹ grād
des gēs du pays dēuirō pour veoir la feste & le seruice
Helaine q̄ auoit aultre chose en sa pēsee ny alla poīt, ais
u chasteau de Lerda sur mer en lisle de Cytharee. Pol-
Castor ses deux freres estoiēt en la terre de Perse, & y
menee la fille de Helaine hermiōe a sō ōcle Agamenō
ne le pouoiēt adonc destourber, & aussi auoit en lisle
gēs deffensable pour lēpescher p̄ effort. Helaine la bel
it biē prins son cōseil. Ven⁹ auoit en icelle isle vng tē-
q̄l celle nuict eut veille & belle feste selō le peu de gēs
auoit. Celle nuict veilla Helaine au tēple par deuotiō
tes par deception. Et Paris q̄ son affaire eut appareille
mynuict au tēple, a q̄ q̄l pleust ou ennuyast rauit la bel
paour par semblāt trēbloit, & moult cōtrefaisoit les-
en escryāt a haulte voix. Ayde ayde bōne gēs on mes
pour dieu ne soffrez q̄ ie soye hōnie. Cōmēt sire vassal
sera ce force. Lors sesmeut toute la ville & se misrent
de deffēce, mais Paris a layde de ses gēs la tollit & em
a force & la mist en sa nef, & a tout elle nagerēt ilz tāt
& iour a ioye & desduict q̄lz arriuerēt au port de Tene
de Troye. La fut Helaine receue a grād solennite.
De Castor & Pollux qui furent noyez en la rescousse
leur seur & deifiez au ciel au signe de Gemini.

Car toute Grece fut tantost sceu q̄ Paris emmenee
auoit la belle Helaine: & aussi en Perse le ouyrent
dire ses deux freres q̄ p̄stemēt firēt apprester leur
nauires pour leur seur Helaine rescourre. Mais
q̄lz la peussent rataindre leua telle tēpeste & tel vēt q̄ le
veirēt taindre & espartir, & la mer fieremēt esmouoir

LE DOVZIESME LIVRE

ceue auoit le brādō dōt Troye seroit arse. Par tout est d[i]
guee la renōmee q̄ la cite de Troye sera cōfōdue & d[e]
ēte se dame auez de ceste terre. Menela⁹ est courageu[x]
semblera a luy to⁹ les barōs de Grece, si requerra sa f[em]
le scap. Pour Ypodame q̄ Pyrrh⁹ prīt esmeust guerre ve[rs]
Cētaures. Cōtre Menela⁹ & mes freres auec leurs gē[s]
pourroiēt garātir chasteaux ne forteresses q̄ occis ne fu[ssent]
Vo⁹ vo⁹ vētez de vasselage, mais point ne pert a vostre b[eau]
visage que vo⁹ soyez de grād effort ne batailleur, laisse[z]
ctor le fort vostre frere cōbatre. Dignes n'estes de por[ter]
armes, mais bien lestes de gētillesses faire entres les b[ras]
vostre amye. Se ie fusse hardie, ia ne refusasse le desdu[it]
auec vous mē allasse a Troye. Et certes pour hōte ie ne[de]
ray a acheuer mō plaisir: si feray vostre volente sans p[lus con]
tredire. Et qui vouldra si en mesdie ie nē fais compte,
vous me rauirez ainsi comme a force, si nen seray pa[s]
blasmee.

ꙮLe rauissement de Helaine.ꙮ

GRAND OLYMPE. Fueillet.XXXIX.

Ainsi pourparlerẽt leur affaire & aduiserent lieu & point q̃ la belle Helaine seroit rauie. Paris fist appr̃ster les nefz, & ses hões armer pour cõbatre si besoĩg estoit. En la cite Darges eut vng iour vne grã̄nite de Iuno la deesse. La estoiẽt assemblez la pl⁹ grãd des gẽs du pays dẽuirõ pour veoir la feste & le seruice Helaine q̃ auoit aultre chose en sa pẽsee ny alla poĩt, ais chasteau de Lerda sur mer en lisle de Cytharee. Pol. Castor ses deux freres estoiẽt en la terre de Perse, & y menee la fille de Helaine hermiõe a sõ õcle Agamenõ ne le pouoiẽt adonc destourber, & aussi auoit en lisle gẽs deffensable pour lẽpescher p̃ effort. Helaine la bel it biẽ prins son cõseil. Ven⁹ auoit en icelle isle vng tẽ q̃ celle nuict eut veille & belle feste selõ le peu de gẽs auoit. Celle nuict veilla Helaine au tẽple par deuotiõ tes par deception. Et Paris q̃ son affaire eut appareille mynuict au tẽple, a q̃ ql pleust ou ennuyast rauit la bel paour par semblãt trẽbloit, & moult cõtrefaisoit les en escryãt a haulte voix. Ayde ayde bõne gẽs on mes pour dieu ne soffrez q̃ ie soye hõnie. Cõmẽt sire vassal e sera ce force. Lors sesmeut toute la ville & se misrent de deffẽce, mais Paris a layde de ses gẽs la tollit & em a force & la mist en sa nef, & a tout elle nagerẽt ilz tãt & iour a ioye & desduict q̃lz arriuerẽt au port de Tene de Troye. La fut Helaine receue a grãd solennite.
De Castor & Pollux qui furent noyez en la rescousse leur sœur & deifiez au ciel au signe de Gemini.

Par toute Grece fut tantost sceu q̃ Paris emmenee auoit la belle Helaine: & aussi en Perse le ouyrent dire ses deux freres q̃ p̃stemẽt firẽt apprester leur nauires pour leur seur Helaine rescourre. Mais ilz la peussent rataindre leua telle tẽpeste & tel vẽt q̃ le veirẽt taindre & espartir, & la mer fieremẽt esmouoir

LE DOVZIESME LIVRE

dont rõpre cõuint voilles, cordes & mast, tellemēt q̃ nēat
ne tenoiēt q̃ paniers, enfondrer les cõuint en mer. Oncq[ues]
puis nulz deulx ne vindrēt a port, ne les freres furēt veuz
cõe les anciens le creurēt & pourvray le certifierēt. Ces d[eux]
freres furēt deifiez & fais signes es cieulx, cestassauoir l[e si]
gne de Gemini, par q̃ le soleil fait son cours en may. D[ont]
naura iamais Menela[us] nul secours pour reconquerre sa [fē]
me, pour mouuoir vers Paris guerre.

☙ Lexpeditiõ des Gregeois pour aller en Troye rauoir Helaine.

Enelaus reuenoit de Crete & ia estoit en [l'is]
le du retour, ou il sesbatoit auec le roy N[estor]
quāt on luy dist q̃ Paris ēmenoit Helaine m[al]
gre elle a Troye & q̃ rauie lauoit en Cith[aree]
au tēple de Ven[us] par sõ effort. Quāt le roy o[uyt]
ces nouuelles si grād dueil demena q[ue] il n'est
me viuāt q̃ dire ne penser le peust, il ne scauoit quest de i[oy]e
sie. De ce dõt Helaine estoit ioyeuse, estoit Menelaus sō[ma]
ry moult doulēt: si la plora & regreta en disant. Haa belle [fem]
ne & loyalle p[ar] q̃lle aduēture mauez vo[us] este fortraicte. [He]
las pourquoy allay ie oncq̃s en Crete q̃ ie ne me garday [de]
ceste iniure. Vo[us] ne me fustes oncq̃s cõtraire de v[ost]re cu[er]
Mais le faulx & desloyal vo[us] ēporte par force, helas ie do[ub]
te q[ue] il ne vo[us] face hōte. Certes puis q̃ p[er]due ie vo[us] ay q̃ tāt
moye, desormais il ne mē chault de ma vie. Bon roy luy [dit]
Nestor ne tesbahis & laisse ce dueil, riēs ny peulx cōqu[erir]
il nest point honneste chose a roy de mener tel dueil. A[ins]
doibz cueur de lyō, & sans lōgue cõplaincte faire emplo[yer]
cueur & corps a vēger le blasme & la honte q̃ faicte a e[ste a]
ta femme & a toy. Ie te feray secours a tout leffort de to[utes]
mes gēs. Et aussi tō frere te viendra secourir. Si pourras b[ien]
ta fēme par ceste maniere rauoir & vēger sa hōte & la ti[enne]
gaster & cōfondre tout le royaulme de Troye aux gēs q̃

DV GRAND OLYMPE. Fueillet.XL.

...ras. Or te diray de quelle chose tu as grād besoing de
...Mestier ne as de cy pl9 longuemēt seiourner, mais fais
...areiller tō ost & mādes tes hōes, & p vng messaiger fais
...oir a tō frere tō aduēture & le deshōneur q̄ on ta fait au
...issemēt de ta fēme, Ayder te viēdra incōtinēt a tout sō po-
...r, & biē scay q̄ quāt il le scaura, riēs ne le tiēdra q̄l ne teviē
...incōtinēt ayder. Lors print Menela9 vng messager, & p
...māda a son frere tout son faict en luy priāt q̄ a ce besoig
...fist ayde & secours. Le messager ne cessa iusq̄s a tant q̄ il
...ten Arges ou il trouua Agamenō, & luy racōpta sō mes-
...Quāt Agamenō leut entēdu doulent fut de liniure, &
...r le vēger fist apprester son atour, si vīt en Parthe ou son
...trouua. Et la p son cōseil furēt faictes vnes lettres pour
...p tout lēpire de Grece scauoir le deshōneur que Paris
...oit fait aux Gregeois, laq̄lle chose doibt a tous toucher &
...plaire. Et cōmēt se de celluy meffait nest prise vēgeāce, a
...iours mais en aurōt reproche les Gregeois, & plustost se
...coustumerōt vne aultre fois a pis faire. Du desplaisir q̄ les
...oyēs firēt iadis a Iason souuīt moult biē a ses cōpaignōs,
...insi le laissent moins en serōt crains & prisez, & reproue
...leur en sera a tousiours.

Ost sesmeurēt to9 ceulx de Grece des nouuelles
q̄lz ouyrēt. Et tindrēt to9 a eulx ceste honte. Si
ny demeura roy, prince, duc, ne vaillant hōe q̄
ne se ostroyast a la vengeance faire contre les
Troyens, Chascū assembla son effort, & toutes
leurs nauires se assemblerent au port soubz
...henes pour passer la mer ensemble. Ceste entreprinse ne
...uoit demourer sans grāde vengeance, car toute Grece &
...rope en fut estōnee & esmeute. Vlixes ouyt ces nouuelles
...t il fut moult doulēt, car de guerroyer nauoit voulente,
...reux aymast se solacier auec Penelope sa fēme la pl9 vaillāt

LE DOVZIESME LIVRE

dont rōpre cōuint voilles, cordes & maſt, tellemēt q̄ nēat[p]
ne tenoiēt q̄ paniers, enfondrer les cōuint en mer. Oncq[ues]
puis nulz deulx ne vindrēt a port, ne les freres furēt veuz
cōe les anciens le creurēt & pourvray le certifierēt. Ces d[eux]
freres furēt deifiez & fais ſignes es cieulx, ceſt aſſauoir le [ſi]
gne de Gemini, par q̄ le ſoleil fait ſon cours en may. D[e]
naura iamais Menelaꝰ nul ſecours pour reconquerre ſa [fem]
me, pour mouuoir vers Paris guerre.

❧ Lexpeditiō des Gregeois pour aller en Troye rauoir Helaine.

MEnelaus reuenoit de Crete & ia eſtoit en [voy]
le du retour, ou il ſeſ batoit auec le roy Ne[ſtor]
quāt on luy diſt q̄ Paris emenoit Helaine m[al]
gre elle a Troye & q̄ rauie lauoit en Citha[ree]
au tēple de Venꝰ par ſō effort. Quāt le roy o[uyt]
ces nouuelles ſi grād dueil demena q̄ neſt [hō]
me viuāt q̄ dire ne penſer le peuſt, il ne ſcauoit queſt de ſa [vi]
ſie. De ce dōt Helaine eſtoit ioyeuſe, eſtoit Menelaus ſō [ma]
ry moult doulēt: ſi la plora & regreta en diſant. Haa belle
ne & loyalle p q̄lle aduēture mauez voꝰ eſte fortraicte. H[e]
las pourquoy allay ie oncq̄s en Crete q̄ ie ne me garday
ceſte iniure. Voꝰ ne me fuſtes oncq̄s cōtraire de vře cu[eur]
Mais le faulx & deſloyal voꝰ ēporte par force, helas ie d[ou]
te q̄ ne voꝰ face hōte. Certes puis q̄ perdue ie voꝰ ay q̄ tāt
moye, deſormais il ne mē chault de ma vie. Bon roy luy [dit]
Neſtor ne teſ bahis & laiſſe ce dueil, riēs ny peulx cōq[uerir]
il neſt point honneſte choſe a roy de mener tel dueil. Au[ſſi]
doibz cueur de lyō, & ſans lōgue cōplainčte faire emplo[yer]
cueur & corps a vēger le blaſme & la honte q̄ faičte a c[eſté]
ta femme & a toy. Ie te feray ſecours a tout leffort de to[utes]
mes gēs. Et auſſi tō frere te viendra ſecourir. Si pourras [rau?]
ta fēme par ceſte maniere rauoir & vēger ſa hōte & la tie[nne]
gaſter & cōfondre tout le royaulme de Troye aux gēs q̄

DV GRAND OLYMPE. Fueillet. XL.

neras. Or te diray de quelle chose tu as grād besoing de
Mestier ne as de cy pl9 longuemēt seiourner, mais fais
areiller tō ost & mādes tes hōes, & p vng messaiger fais
uoir a tō frere tō aduēture & le deshōneur q̄ on ta fait au
issemēt de ta fēme, A yder te viēdra incōtinēt a tout sō po
r, & biē scay q̄ quāt il le scaura, riēs ne le tiēdra q̄l ne teviē
incōtinēt ayder. Lors print Menela9 vng messager, & p
māda a son frere tout son faict en luy priāt q̄ a ce besoig
fist ayde & secours. Le messager ne cessa iusq̄s a tant q̄ il
t en Arges ou il trouua Agamenō, & luy racōpta sō mes
. Quāt Agamenō leut entēdu doulent fut de liniure, &
ur le véger fist apprester son atour, si vit en Parthe ou son
retrouua. Et la p son cōseil furēt faictes vnes lettres pour
ep tout lēpire de Grece scauoir le deshōneur que Paris
oit fait aux Gregeois, laq̄lle chose doibt a tous toucher &
plaire. Et cōmēt se de celluy messait nest prise vēgeāce, a
usiours mais en aurōt reproche les Gregeois, & plustost se
coustumerōt vne aultre fois a pis faire. Du desplaisir q̄ les
oyes firēt iadis a Iason souuīt moult biē a ses cōpaignōs,
ainsi le laissent moins en serōt crains & prisez, & reprou
leur en sera a tousiours.

LOst sesmeurēt to9 ceulx de Grece des nouuelles
q̄lz ouyrēt. Et tindrēt to9 a eulx ceste honte. Si
ny demeura roy, prince, duc, ne vaillant hōe q̄
ne se octroyast a la vengeance faire contre les
Troyens. Chascū assembla son effort, & toutes
leurs nauires se assemblerent au port soubz
henes pour passer la mer ensemble. Ceste entreprinse ne
uoit demourer sans grāde vengeance, car toute Grece &
urope en fut estōnee & esmeute. Vlixes ouyt ces nouuelles
t il fut moult doulēt, car de guerroyer nauoit voulente,
reux aymast se solacier auec Penelope sa fēme la pl9 vaillāt

LE DOVZIESME LIVRE

dame dõt onçqs hõe en sõ viuãt ouyt parler. Le duc Vli[xes]
de duliſſie eſcheuaſt voulẽtiers ce voyage pour lamour [de Pe]
nelope ſa fẽme ou par couardiſe, par tel ſi q̃ il ne euſt hõte
le malgre des Gregois. Trop luy ſembloit griefue choſe [al]
ler en eſtrange terre mouuoir guerre pour aultruy fẽme [la]
ſienne luy ſouffiſoit. Si ſe appẽſa q̃ ſil pouoit eſcheuer ſi f[olle]
empriſe, ia ne ſortiroit de ſa terre, ains ſil pouoit il y dem[eu]
roit. Lors pour ce faire ſe faignit eſtre forcéne pour main[tenir]
Si print vne charrue & alla aux chãps cõe bouuier culti[uer]
la terre, & y ſemoit ſel en lieu dauoine.

De la cautelle que fiſt Vlixes affin quil nallaſt a Tr[oye]

Es princes eſtoiẽt en Athenes ou la cheualerie [sa]
aſſembloit. Ilz demãderẽt entre eulx ou eſtoit V[li]
xes q̃l ne venoit & ou il tardoit. Si enuoyerent [en]
Duliſſie & tant le demanderent quilz le trouu[erent]
aux chãps en guiſe de fol, ou il menoit la charrue. Et qu[ant]
ainſi le trouuerent Palamedes qui ſubtil & ingenieux eſt[oit]
apperceut ſa ſimulation, & pour le faire aux aultres appar[oir]

DV GRAND OLYMPE. Fueillet.XLI.

...int Thelemachus le filz de Vlixes & le mist deuāt la cha...
...puis dist a ses cōpaignons Sil est fol il affolera lenfant, &
...lest point il lespargnera. Quant Vlixes vit son filz en ce
...y a peu que le cueur de yre & de maltalent ne luy fendit,
...le deceut Palamedes quāt en tel point luy mist son filz.
...pere laymoit tant que mettre a mort ne le vouloit, pytie
...mour luy desconseilloiēt, ce que honte reproche, & mau
...ie luy enhortoient, & par ceste maniere ne peut celer sa
...telle. & conuenoit estre descouuerte sa fraude, sil ne me
...t sur lenfant sa charue, mais il la destourna & conduysit
...utre sens cōme celluy p̃ pas nestoit fol. Et adonc fut prins
...ɾes par les Grecz & mene a Athenes, auec les barons de
...royaulme, dont Penelope sa femme mena tel dueil q̃ a peu
...lle ne forcena. Ainsi alla Vlixes bon gre malgre en Athe...
...Bien croy que il en print noise contre Palamedes par q̃
...oit este reprins de simulation & pensa q̃ sil pouoit oncq̃s
...oit fait si chiere entreprinse q̃ luy tournast a tel dōmaige.
¶De Thetis la mere Dachilles qui le mist en guise de
pucelle auec le roy Lycomedes, affin que il nallast
en la guerre, ou il engendra Pyrrhus.

Vant les barons Gregeois eurēt Vlixes le sage
filz en furent moult ioyeulx. Ensemble aduiserent que bon seroit q̃ entre eulx esleussent vng
prince auquel tous sur leur foy obeyssent, & q̃
de tout lost eust lēpire & fist droit des malfaicteurs, & q̃ bien ordonnast les estours & les ba
...es. Lors de cōmun accord esleurēt Agamenon pource q̃
...& loyal iusticier le scauoiēt, anciē, vaillāt & de grāt en
...inse. Sur eulx tous le firent prince & empereur: & il en
...rint voulentiers le fait & la charge, puis enuoya aux de
...senquerre a q̃lle fin ilz viēdroiēt de ceste entreprinse. Et
...t leur donna a entendre q̃ ia ne prēdroiēt Troye par nul
...filz nauoiēt Achilles le vaillāt, car par luy deuoit estre

ff

LE DOVZIESME LIVRE

Troye destruicte & les habitans occis. Lors enuoyerēt qu[erir]
Achilles, mais sa mere q estoit deesse scauoit biē q sil ill[oit]
y mourroit, si le mist en la maisō du roy Lycomedes q m[aints]
iours le garda auec plusieurs belles filles que il auoit, & n[e]
scauoit nul hōme du mōde fors luy seul, & le tenoit cōm[e]
celle. Et ledit Achilles tandis q il fut la se accointa de la p[lus]
belle des damoyselles & lēgrossa dūg filz q eut nom Pyn[rus]
leql depuis fut fier & renōme. Longuemēt fut Achilles [sans]
de hōme estre apperceu ne cōgneu. Les Gregeois le qu[irēt]
par tout, mais enseigne nen pouoient trouuer.

¶ De Vlixes qui par sa subtilite recōgneut Achilles e[ntre]
les dames & le mena auec luy en lost. Et de la second[e]
destruction de Thebes par Achilles.

Vlixes sapensa, car il estoit moult subtil & i[nge]-
nieux q Achilles se tenoit en aucun reclusage [&]
q ia nen yssiroit se nestoit par subtilite. Lors p[rint]
nobles armeures & beaulx ornemēs & ioyau[lx de]
damoyselles, & vint au palays & entre les pucelles ge[cta les]
armeures & les ioyaux. Les pucelles coururēt aux ioya[ux q]
nauoiēt q faire darmes, & Achilles q cure nauoit des fem-
nes choses se tira vers les armes, & quāt ce faire le vit Vl[ixes]
par la main le saisit, & luy dist. Haa gētil hōme q fait tu [icy]
trop y as este, viēs auec moy si laisse ce reclusaige, tu persi[s tō]
tēps & ta proesse entre ces fēmes. Noble es & appert. Prē[s les]
armes si les essaye. p toy doibt estre prise la forte & la pu[issāt]
cite de Troye, sās toy ny pourriōs nul mal ne grief faire. [Hō]
neur tē attēt, plº y cōquerras hōneur & pris q a icy estre[.]
Tāt fit Vlixes p ses parolles que Achilles a luy se rēdit cō[sent]
& q hastiuemēt il sē alla auec luy en Athenes ou lost latt[ēdoit]
& de la ne se vouloient encores mouuoir iusqs a ce q tou[s les]
nobles & prices de Grece fussent venuz & illec assemble[z car]
tout lēpire de Grece ne demoura ieune ne vieil fust sō p[ere]
ou non q ne venist a ce besoig, & specialleme t cheuali[ers &]
barons. ceulx de Thebes estoiēt fiers fors & orgueille[ux]

DV GRAND OLYMPE   Fueillet.XLII.

oult se fioiēt en leur puissance, si ne voulurēt faire secours
ex Gregeois q to[us] se esmeurēt & despit en eurēt. Achilles y
enuoyerēt auec grāde cōpaignie de gēs pour requerre ayde,
mais oncq̄s ne leur en sceut tāt prier q̄ octroyer luy daignasse
ēt,dōt Achilles eut grāt despit,& en print si cruelle vēgeā=
ce q̄ tout mist a destructiō & les murs mist & rasa a terre q̄ de
nouueau estoiēt refais,& toutes les gēs mist a perditiō p[ar] feu
par espee. De Thelephus eust fait pareillemēt sil neust pro=
mis sō ayde & secours aux Gregeois. Si reprint la cite de luy
& maintz autres exilla par la fiere & orgueilleuse gent q̄ fai=
re ne voulut sa priere. Grāt secours fit Achilles venir en lost,
tandis faisoent les barons assembler leurs nauires au port
pour ayder le roy Menelaus contre les Troyens.

¶ Des respons de Apollo, & comment Achilles
amena auec luy Calcas le diuin de Troye.

V port Dathenes se assemblerēt par compte Neuf
cēs quatre vingtz & six nefz. Les Gregeois se mirēt
vng iour au cōseil sur lētreprinse quilz auoiēt affai=
re, cōment il la pourroient mieulx acheuer & me=
ner a fin. Car moult y auoit doubteux affaire. Ilz enuoyerēt

ff ij

LE DOVZIESME LIVRE

aux diuins pour sçauoir silz auroient victore, & fist Achil[les]
ce messaige. La trouua il le sage Calcas que les Troyens
auoient enuoye & la sacompaignerent ensemble & deui[n]-
drent amys. Calcas renuoya les siens & il se allia aux G[re]-
geois sicomme Phebus luy auoit conseille, puis vindrent e[n]
lost ioyeux de la responce quilz auoient, car Phebus auoit d[it]
quilz seroiet vainqueurs. Pour ces nouuelles & pour Cal[cas]
firent en lost grant chiere & ioye. Or ny a disoient ilz q[ue]
daller a Troye. Sans plus attendre vouloient mouuoir. M[ais]
firent dresser & voiles tendre. Il ny restoit que de esquip[er]
des auirons mettre a bort quant vng orage leur aduint q[ui]
leur erre destourba, car tant deuint la mer tempestueuse q[ue]
nul home ne pouoit passer. Moult sen esbahyrent tous ceu[lx]
de lost & disoient que les dieux leur estoient contraires, [&]
quil ne leur plaisoit point q[ue] vengeace fut prinse de la mes[pri]-
son de Troye & des Troyens. Agamenon en fist faire a[ux]
dieux sacrifices. Et tandis quilz sacrifioient ilz veiret sur v[ng]
arbre vng nyd, ouquel huyt oyseaulx auoit. Et la les couu[oit]
leur mere. Apres ce virent vng serpent ramper contrem[ont]
larbre qui happa & print hors du nyd la mere & tous les p[e]-
tis poussins, puis fut mue en pierre ayant forme de serpe[nt].
Tous ceulx qui ceste chose virent sen esbahirent & mou[lt]
sesmerueillerent que ce pouoit signifier, & disoient que[les]
dieux leur estoient contraires & que par demonstrance le[ur]
reueloient toute la mescheance qui dessus eulx debuoit d[e]-
scendre, & que silz alloient en la bataille a Troye: ia hom[e]
deulx ne retourneroit. A peu qlz ne delaisseret leur entrepr[i]-
se, & ia murmuroiet fort du retour: mais Calcas le sage diui[n]
les asseuroit & leur exposoit en autre sens leur aduêture q[ue]
ilz auoiêt veue. Et leur dist quilz seroient vainqueurs & q[ue]
Troye seroit confondue, mais auant que ce aduenist pas[se]-
roient dix ans entiers ou plus & puis seroit la guerre ach[e]-
uee, Troye destruicte & les gens mis a meschief.

DV GRAND OLYMPE. Fueillet. XLIII.

Du sacrifice que fist Agamenon pour appaiser la tempeste.

Vcunemēt se asseurerent les Gregeois par les ditz de Calcas, mais trop leur duroit la tempeste de la mer qui les arrestoit. De ce sesbahirēt les plus hardis & disoient que ainsi les detrioit & empeschoit ur entreprinse a acheuer Neptun? le dieu de la mer q̄ de la artie des Troyēs se tenoit:& iamais ne cuidoiēt auoir aucū on vent: mais Calcas leur dist en audience que celle tēpeste oit par Diane qui courroucee estoit de ce q̄ le roy Agame on luy auoit occis son blanc cerf en la forest de Aulide, & ur dist que ce tourment iamais ne cesseroit se la deesse ne oit appaisee pour ce messait q̄ le roy luy a fait, & veult que higenia sa fille soit sacrifiee:& par tāt sera appaisee, & puis ous aurons vent sans targer. Le roy Agamenon ne voulut corder que sa fille Iphigenia fust a mort mise, Il aymoit ieulx tousiours la seiourner, ou que tout lost se departist & retournast chascun dont il venoit. Ceulx de Grece en oient tous esbays, & pour trahys se tenoiēt se ainsi demou it la chose. Plusieurs requirent humblement le roy Agame on & nommeement Vlixes que de tout lost eust pitie, & se cques auoit ayme Menelaus quil a ceste fois le monstrast, luy souuenist de la grace & de lhōneur q̄ tous luy auoiēt it q̄ dessus eulx lauoient fait souuerain, & q̄ bien deburoit troyer leur requeste:mesmement en ceste entreprinse, car luy debuoit toucher au cueur pour venger la honte & la proche faicte a Helaine sa belle seur, & liurer a la mort sa lle Iphigenia pour rappaiser la deesse qui empeschoit leur ntreprinse.

Insi ne les peult Agamenon desdire & leur octroya sa fille cōbien que triste & dolēt en fust. Lors sapresta Vlixes sans targer pour aller querir la fille. Ou regne de Parthe alla ou il trouua la royne laq̄lle il

ff iij

LE DOVZIESME LIVRE

salua moult reueremmēt, mais point declairer ne luy voul[ut]
la cause de sa venue, ains reqst a la dame subtillemēt Iphi[ge]
nia sa fille en faignāt nouuelle occasiō. Dame dist ilvenu s[uis]
querre vr̄e fille, baillez la moy lōguemēt ne puis seiou[rner]
Mōseigneur le roy vostre mary le vo9 māde, & si regers q[uelle]
soit paree noblemēt, car mariee la a vng vaillāt barō q veu[lt]
veoir son gēt corps & sa belle māiere. Biē sceut Vlixes te[lles]
sainctes cōtrouuer & eneuloper la mere & la faire esiouir [me]
neāt tellemēt que ioyeusemēt sa fille luy deliura, & en gr[āt]
& riche appareil auec luy la ramena en lost. De la venue [de]
la pucelle furent tous grans & petis moult ioyeulx, si en fi[rent]
grād ioye & dueil. Ioye pource q̄ vent esperoient auoir p[ar]
sacrifiemēt, & dueil pour si belle creature qui mise a mor[t se]
roit sans sa coulpe, celluy q la debuoit sacrifier la fist sur l[]
tel deuestir & lier piedz & mains. La ploroiēt parfondem[ent]
les Gregeois pour sa destruction, mais Diane qui la fille vo[u]
lut garātir y fist lors moult notable miracle, car sicōe celluy [qui]
voulut frapper q le sacrifice vouloit faire. Diane luy retint[le]
cop, & luy tollit la belle couuerte dune obscure nuee. Et a[insi]
lemporta par lair au royaulme de Siche & la fist prestresse [de]
son tēple pour y faire diuin seruice. Au lieu de la belle Iphi[ge]
genia fut vne cerfue sacrifiee, & par tant fut la deesse app[ai]
see & cessa la tourmēte de la mer. Lors se departirent les G[re]
geois a grād deport a tout leurs nauires & tant singlerēt q[uilz]
arriuerent en Lampe. La fut par le cōseil de Vlixes Philo[cte]
tes laisse pour vne grād maladie quil auoit. Ceste chose le[ur]
debuoit tourner a grād dōmaige, car sās luy ne pouoit es[tre]
Troye prinse, pource q̄ les dars de Hercules auoit par les[quelz]
Troye debuoit finir. De la sen allerent les Gregeois droi[cte]
voye pour guerroyer les Troyēs & prindrēt port a Tened[e]

¶ Des Grecz qui prindrent port deuāt
Troye. Et de Achilles qui occist Cygn9,
& la descriptiō de la maisō de renōmee.

DV GRAND OLYMPE   Fueillet.XLIIII.

AV meilliéu du monde, esgalemēt entre ciel & terre est vng lieu dont on voit tout ce q̄ on fait par tout le mōde, la scet on toutes lez nouuel‑ les quō fait en toutes les regiōs du mōde, cest la maison de dame renōmee laq̄lle est sans clo‑ sture, entrer y peut on par pl⁹ de mille entrees, portes & sans huys a toutes heures. La vōt courant sās re‑ & sās silēce les nouuelles de tout le mōde. Voix les repe‑ & recōmēce, soit de verite ou mensonge la y arriuēt de pl⁹ mille manieres chascun iour. La vōt & viennent ceulx qui uuelles vōt trouuāt & ne font q̄ paistre le vēt & les oreilles oyās, si sōt plusieurs envain ioyeulx. Les aucūs repetēt les uuelles & parolles quō leur a dictes. Aultres tesmoignent rite, & autres diēt mensonges & vanitez, & en racōptant issent la fable, vaine liesse, vaine creāce, vain desport, vaine ubte, vaine erreur, vaīe esperāce, vaine paour, vaine discor‑ & vaine murmure q̄ repete tout ce q̄ il ot aux autres re‑ ure. Brief on ne peut riens faire en tout le mōde, loing ne sq̄ tout ne voye dame renōmee q̄ la demeure. Celle fist sça‑ u aux Troyēs q̄ Gregeois les venoiēt guerroier affin que

ff iiij

LE DOVZIESME LIVRE

deceuz ne fussent. Roidemēt furēt les Gregeois receuz q̄
ilz deurent port prendre en Tenedon. Moult bien leur sce
contredire & deffendre Hector a layde de ses gēs. Le pru
& sage Prothesilaus occist il premier en celle assemblee. L
ne gēt contre lautre ferit & iousta: car moult faisoit deulx H
ctor grant meudre & grant occision, non pourtant de la sie
ne partie eut il griefue perte: du sang des mors & des ble
estoit toute la riue tainte & couuerte. Cygnus qui les gre
hayoit a mort sadressa contre eulx & au fer de la lāce il en
cist mille ou plus auant que Achilles ne autres veist qui l
contrestast, ne qui contre son glaiue peust durer en la bata
le. A quelque peine que ce fust prindrent les Crecz port d
uant Troye. Achilles le vaillant vint en la bataille, si cōmē
grant occision sur les Troyens.

Chilles a sa trēchant espee detrēchoit & abat
Troyens. Hector & Cygnus q̄roit, car vers eu
se vouloit esprouer, de legier peut trouer Cy
q̄ les grecz ne doubtoit, plusieurs en auoit oc
& encoresse esprouuoit. Quāt Achilles le vit,
cheuaulx du chariot ou il estoit aguillona pour adresser

DV GRAND OLYMPE.   Fueillet. XLV.

...luy, car moult luy plaisoit de encontrer le fier aduersaire
...gnus. Sa lāce brādist & luy escria en telle maniere. Haa
...utō cōfort dois auoir quāt mort recepuoir tē cōuiēdra p
...q ay nō Achilles, ta mort en sera de' grāt renō. A dōc le
...t de son roid espieu fort & vigoureusement, mais petit dō
...ige luy fist, la forte poincte pu dart ploya & ressortit. Et
...āt ce vit Achilles moult sen tinta mal cōtent, car oncques
...is neust de son dart feru sur armeures en vai. Cygn⁹ arrai
...ina Achilles en telle maniere. O tu filz de deesse ce dit on
...ne doubte coup de glaiue quil soit, Car sil me venoit a plai
...ie pourroye attēdre ton coup sans armeures, pas nest mō
...ps si tēdre que percer le puist espieu, flesche, ne dart. Ie ne
...rte heaulme dacier, bonnet, targe, crete de corne ne forte
...meure fors par cointise. Aussi croy se nud estoye si ne me
...urroit fer entamer. Filz suis au dieu Neptun⁹, si dois bien
...oir q̄q̄ auātage, mais te vueil faire scauoir se mō dart re-
...urse ou ploie. Lors le gecta a Achilles sur lescu tel coup q̄
...arre en fendit & neuf des cuirs & le dixiesme se fēdit tel-
...nt q̄ la pointe ne le peut faulser ne empirer. Achilles bran
...t son espieu & il luy enuoya p grāde fierte le second dart,
...s riēs ne luy messist. Tierce fois luy relāca Achilles sans
...y greuer dont moult se tinta deceu, & print a regarder sa
...ce cōme celuy q̄ cuydoit q̄ le fer en fust cheu, mais il vit
...er dōt tout fut en grāt melēcolie & tristesse. Si print a dire
...luy mesmes. Hee & q̄st deuenue ma force & ma proesse
...āt ay ailleurs esprouuee, lay ie pdue, iadis ma mai souloit
...forte. Ie prins p mō effort Larne & en trebuschay les
...urs & si prins Thebes & la fis en sang lauer, & ie ne puis
...n hōme vaincre don trop mesmerueille, iay rougy la riuie
...du sang de ceulx q̄ par ma main ay mis a perditiō. Thele-
...us nauray & mort leusse se vers moy ne se fust pacifie par
...er mercy, ie le blecay & puis le regueris. Or me semble q̄
...vain me trauaille quant ferir ne puis coup qui prouffite

LE DOVZIESME LIVRE

iay grāt merueille q̄ ce peut estre, Ceste iournee mesme[s]
ma dextre & ma vertu esprouue & puissāce trouuee, sur le [r]
uage vy gesir les iouuenceaulx par grands mons que iay o[c]
cis & naurez. Encores essayeray mon dart sil ne pourra tai[l]
ler. Lors ferit Menetes vng cheualier de Lice tellemēt que [la]
poictrine luy pourfendit & labatit mort que oncques ne [luy]
peut garantir armeures, puis retrait son dart sanglant Ach[illes]
les en disant, Ha ma main bien congnois que encores nest[e]
faillie: si vueil essaier se player en pourray Cygnus, lors alla [de]
grāt ire ferir Cygnus en lespaule senestre: mais le dart ne [luy]
peut oncq̄s blecer ne a sa chair entrer, ains ressortit cōme [sil]
ferist dess[us] vne roche dure, mais le lieu ou il le frappa taig[nit]
de sang, dōc Achilles fut moult ioyeux. quāt le sang appe[rceut]
cuidāt q̄ playe leut, mais non auoit cestoit du sang Menet[es]
q̄ dernieremēt auoit occis Tout effraye descēdit du char[iot]
ou il estoit. & le alla de p̄s reqrre a lespee. Cygnus estoit tr[op]
seur & peu dobtoit, mais Achilles luy rōpit la targe & le h[e]
aulme luy ēbarra, Mais oncq̄s ne peut entamer sō dur cor[ps]
de playe a lespee ains cōtre le corps cōuenoit ployer. Qu[ant]
Achilles vit q̄ en vain employoit ses coups il tourna son gl[a]
ue & du pōmeau luy dōna tāt de cous q̄ toute luy estōna [la]
teste. Cygnus print a reculer & Achilles le hasta tāt q̄l le tr[ou]
bla & effraya. Cygnus q̄ se vit demene & angoisse tellemē[t]
reprendre ne pouoit son alaine sesbahit, & pdit cueur & fia[n]
ce. La veue luy troubla & couurit dobscurite tellemēt q̄ p[oi]
ne veoit a soy cōduire. Emmy le chāp eut vne roche a laq[lle]
Cygn[us] se achopa, & auec ce Achilles le empaīt p telle vertu [q]
a terre labatit, puis luy saillit sur le ventre, si le charga de so[n]
corps & de sa targe & si fort luy estraīgnit le col q̄l luy esta[i]
dit la vie hors de sō corps. Et quāt vaincu le vit despouiller [le]
cuyda, mais il trouua le corps desnue de lame que ia auoit [le]
dieu Neptunus mue en oyseau blanc qui encores porte [le]
nom quil auoit.

DV GRAND OLYMPE. Fueillet XLVI.

De plusieurs merueilles que le vieil duc Nestor racõpta a Achiles & aux barons de Grece.

Ong têps auoiẽt les Cregeois & les Troyẽs dune part & dautre bataille, dõt de trauail estoient tous lassez, si pridrẽt treues entre eulx & furẽt plusieurs iours sans guerroyer, mais tousiours faisoient les [p]arties tresbõ guet pour plus estre asseurez lẽs vngz des aul[tre]s. Aduint vng iour en ces treues dessusdictes q̃ tous festoi[e]nt en lost, & que Achilles auoit fait sacrifice dune geni[sse] a Pallas pour la victoire quil auoit eue de Cygnus. Dessus [l]autel fut fait vng feu & arses les entrailles de la genice, dont [la] plaisante fumee mõta p̃stemẽt vers le ciel, Moult pleut aux [die]ux le p̃sent de ce sacrifice. Du remenãt de ceste beste furẽt [s]adez tous les barõs Gregeois, si mãgerẽt a ce diuin seruice [...]air. Et beurẽt tãt de vin q̃ tous en eurẽt assez. la ne fust chã[son] harpe, corne ne busine sonnee. Mais on y tenoit cõpte de [prou]esce & de vaillãce. Entre leurs cõptes parlerẽt moult les Gre[ge]ois de la vaillãce dachilles & de sa bõte, & ramẽturẽt entre [e]ulx la victoire q̃l auoit eue de Cygn9 par sa grãde puesse, to[us] parloient & sesmerueilloient dont il auoit la chair si du[re] quon ne la pouoit par glaiue entamer. Achilles mesmes

LE DOVZIESME LIVRE

sen esmerueilloit. Lors dist Nestor. Oncqs hõe de vostre a[age]
ne vist hõme si fort q[ue] ne doubtast coup de glaiue. Oncqs [en]
mõ teps ne v[y] semblable aducture, car sans ouurir playe lu[y]
vy pl[us] de mille coups dõner a vng barõ nõme Cenis. En[co]
res ay ie veu pl[us] de grans merueilles: telles q[ue] oncqs pareil[le]
ne ouy. Car celluy fut premierement femme auãt que hõ[me]
De celle nouuelle sesbahirent durem[en]t to[us] les oyans: & p[rie]
rent Nestor q[ui] dist cõm[en]t ceste merueille estoit aduenue q[ue]
Cenis de femme estoit hõe deuenu si dur que ployer on [ne]
le pouoit, & mesmes luy en pria Achilles & luy enq[ui]st en q[uelle]
terre il auoit cestuy veu & congneu, si fut vaincu en la bat[ail]
te & qui le vainquist. Adõc dist Nestor. Iay vescu beauco[up]
dãs & ay veu moult de choses dõt maintenant ne me pe[ult]
souuenir, mais õcqs ne vy en quelq[ue] lieu que ce fust aduen[u]
chose dont myeulx me souuenist que de ceste. Et se on pe[ult]
pour beaucop viure auoir veu des fais passez, iay p[lu]s de.ccc[ans]
Ie veis la belle Ceneis fille de Elathe[us] Lapithe vierge no[ble]
& de grãd renõ, en toute la cite de Thebes nauoit si belle [fem]
me ne damoiselle, Celle fut par sa grãde beaulte req[ui]se de m[ain]
te hõe vaillãt q[ue] de son amour estoiẽt esprins, mais õcqs d[el]
le ne peurẽt iouyr. Elle ne daignoit escouter hõe q[ue] de ma[ria]
ge luy parlast. cõe celle q[ue] vouloit garder sa virginite. Pele[us]
leust voulentiers prinse a espouse & a femme sil eust este p[os]
sible, mais il auoit espousee Thetis, laquelle on luy auoit [pro]
mise, pource se abstint de luy en prier. Aisi ne voulut Cene[is]
prendre mary. mais si cõe dist me fut Neptun[us] la despuce[la]
sur la grauelle de la mer a force & contre son gre. Et quan[d il]
eut faict de la belle son plaisir moult en fut doulente & v[er]
gongneuse & cõmẽca a plourer. Neptunus pour la reconf[or]
ter dist. Ne vo[us] esmayez belle, mais requerez moy tout ce [que]
vous plaira & ie le feray sans doubte de ce soyez certain[e]
Ceneis respondit, Sire Neptunus la grãde iniure me faict [re]
querre grãdes amẽdes, si vous requiers que iamais ne seu[ffre]

DV GRAND OLYMPE. Fueillet.XLVII.

de reproche & si me faictes vng bel iouuēcel,& si maurez
en guerdonnee a mon aduis. A ces motz luy print la voix
engroissir tellemēt q̄ point ne sembloit de fēme,mais de hō
Et si estoit elle,car sa requeste auoit ia le dieu Neptunus
troyee. Hōe lauoit fait,& encores luy donna il plus. Ce
soit que ia sō corps par glaiue ne seroit naure. Ceneis sem
print nom Ceneis q̄ par grāde proesse fist despuis main
belle cheuallerie,& se tint de ce don bien cōtent,& moult
remercia Neptunus.

¶ Des Centaures q̄ rauirent Hippodame la da
me des nopces de Pirothous. Et de la gran
de & horrible bataille quil y
eut a la rescousse.

Adis print Pirothous la belle Hippodame a fē
me vne damoiselle de lapithe. De laquelle ne
pourroit estre racomptee ne recordee la moin
dre partie de sa grāde beaulte. Trop estoit bel
le,saige, simple,coye, & courtoise. Extraicte
estoit de hault lignage. Planiere fut la feste q̄
y fist,& y furent gēs de diuerses nations & estranges ma
res. De tout le pays denuiron ne demoura cheuallier da
ne damoiselle qui ny venist si grande occupatiō ne le te
a. Tous y vindrēt ceulx de Thessalle & de lapithe,le pa
& les sales furent plaines,chascū y eut vin & viāde a son
ir. En vng iardin plāte darbres māgeoiēt les cētaures. Si
int q̄ quāt chascun eut disner a loisir auāt q̄ les tables fus
ostees cōmēcerent les dames a dancer. De la grād beaul
& fresche couleur q̄ lespousee auoit sesmerueilloiēt tous
lx q̄ la veoiēt. Tāt allerēt les dames en dāsant quelles vin
la ou les Cētaures sagittaires māgeoiēt. Lesq̄lz dardeur
le yuresse furēt surprins & eschauffez. Et quāt les dames
Euryt⁹ q̄ deulx estoit maistre & chief cōmēca de les vo
esforcer,dōt elles cōmēcerēt moult fort a estre esbahyes.

LE DOVZIESME LIVRE

Nonobstāt entreprint ce iour pour luy & pour les siens c[
se moult greuable. Il versa la table & saillit sus, puis print
pousee aux dāses, & chascū des siens print celle ql peut
mier saisir. Se aucunement eussent eu les Centaures de
sir la besōgne fust mal allee, car les dames en eussēt este a
hōneur. Elles furent des sagittaires moult effrayees, Si pr
drent fort a crier tellemēt que on neust pas ouy dieu tō
Tout firent resonner le palaix, pour neant eust este le feu
la ville. Troublee en fut toute la sale & la feste. Si prindre
courir celle part to⁹ ceulx de Thessale & de Laphite. De
tous desrompit la presse le roy Dathenes Theseus & sap
cha de celluy q tenoit lespousee, & luy dist par grand ir
Haha mauluais traistre tu ne lēporteras pas ainsi. Mal
en mon viuant mesprendre vers mon chier cōpaignō. A
se esuertua & luy alla tollir la belle. Et le Cētaure de ire &
maltalent espris frappa le roy en la poictrine sans mot d
cōe celluy q par iniure ne se vouloit vēger. Mais ne le b
ne abatit, car moult estoit de grand vertu. Lors Thes⁹ le
ble roy Dathenes vit dauenture sus vne couche vng h
moult noblemēt pourtraict & entaille. Celluy print il &
procha du glouton q lauoit frappe, si lē frappa tel coup
saige q la ceruelle luy abatit. Quāt ses freres le virēt mor
ire furent moult espris, si coururēt a le venger, & les au
aussi les assaillirent fierement & coururēt de toutes par
armes les vngs cōtre les aultres, & lācoient potz & ha
plateaulx salieres & cousteaulx, pieces de chair, pais ent
ou entamez ou aultre chose q premierement trouuoient
abatoit laultre. La meslee fut grāde en telle maniere que
ques ny eut armes, espees ne glaiues, fors les metz de la
ble, mais despuis fut plus horrible, car quāt les metz de la
ble faillirēt aux armes coururent, & qui nē pouoit trou
au poing sesprouua. La eut vng Cētaure qui deuant vng
tel choysit vng chādelier & le print duquel il frappa Ce

DV GRAND OLYMPE. Fueillet.XLVIII.

que la ceruelle luy eſpandit.Et vng aultre qui eut nom Pe
ntes le acheua de tuer dung pied de ſelle q̃ il auoit arrache.

N ce tumulte en la place ou la bataille eſtoit aſpre
demeuroit Aphynas q̃ ſoĩg nauoit de cõbatre. En
ſa maĩ tenoit vng pot dõt il auoit beu le vin tant q̃
enyure eſtoit, la dormoit gueule bee affuble de la
au dung ours. A celluy diſt Phorbas. Tu penſes de boire
is tel breuuaige te deſtrẽperay q̃ õcq̃s de tel ne beu. Adõc
ãca dũg dart & le tua en dormãt. Petreꝰ courut a vng chef
q eſtoit en la court & lembraſſa pour larracher, mais Piro
ꝯ latacha a larbre dune lãce affilee, & puis occiſt Lycꝯ &
hromis dõt moult en fut loue, puis ferit Helops dung dart
my loreille, ſi q̃ a laultre coſte luy en fiſt le fer apparoir, apſ
ulut il frapper Dictys, mais il ſe miſt a la fuyte tãt q̃ a la val
 dũg roide mõt cheut ſi fort ſurvng cheſne q̃ ſur ſon corps
ait. Pour venger Dictys arracha Phareus vne roche de la
aigne de laquelle moult euſt greue Pirothous ſe rue luy
ſt. Mais Theſeus lempeſcha qui par grand ire le frappa
g tiſon de cheſne tellement q̃ le bras luy briſa, puis le priſ

LE DOVZIESME LIVRE

sa si petit que frapper ne le daigna ou loisir né eut, mais
puis frappa Theseus Byanor au chief de ce tison en le te
p les cheueulx si q̃ mort labbatit, & occist Nedimn° Lice
Hipason, Riphe° & Thereus, Grãd ire eut Demoleon &
ger les cuyda, pour ce faire voulut de terre arracher vng
mais oncques ne peut, nõ pourtãt le desrompit & si en g
la piece. Theseus qui destourna le cop doubtãt la pesan
du fust q̃ pas ne cheut en vain, ains brisa a Crãtor la poi
Dolẽt fut Peleus pour son maistre a qui long tẽps auoit
uy, car moult laymoit si le voulut vẽger. Au cẽtaure lan
ire & maltalent vne lance & luy mist au corps par les co
Pour langoisse fremist le Cẽtaure. Le fust tira dehors, m
fer ne peut onq̃s pour nulle riens arracher, puis enuahit
ennemy pour soy vẽger si le fist tresbucher & le soulla
piedz, moult fut a Peleus grãd besoing de soy deffendr
par les espaules assena il le Cẽtaure du branc dacier, si q
passa parmy la poictrine & labatit mort. Par auãt occis a
Phlegreõ, Hylas, Hiphino°, Danis, Dorylas. La corne d
cerf tenoit Dorylas de laquelle il auoit faict occisiõ tres
de, leq̃l moy Nestor aduisay si luy tiray vne flesche, & D
las pour le coup retenir mist la main au deuant de son fr
mais si bien laduisay q̃ la main a son frõt luy cousis dõt
en fut ris, Peleus le paracheua de tuer de son branc, &
corps luy auallerent les entrailles, La estoit Cyllarius
ieusne centaure la plus belle creature dont onques ouy
parler. En tant quil auoit forme dhõme ne conuenoit q
re corps de plus belle facon, & despuis le nombril en au
son forme cheualline, nestoit il pas moindre de beaulte
ctes femmes lauoient prie damours, mais il ne les daign
mer. Oncq̃s ne peurent de son amour iouyr, fors Hyl
me. A celle estoit le Cẽtaure amoureux & donne luy
son cueur, son entendement & son amour, & point n
mal employe son temps, car elle estoit a merueilles be

DV GRAND OLYMPE. Fueillet. XLIX.

...lt laymoit. Eulx deux eſtoient dung couraige, dung
...loir, & dune beaulte, & ſi eſtoient enſemble iour, &
..., & en traueil, & en ſeiour. La eſtoient venuz enſem-
... mais leur amour miſt a fin quelcun par vng quarrel
...ier, ne ſcay qui le lanca, mais Cillarius ferit tellement
... cheoir le fiſt paſme & naure a mort, dont moult eut
...nt dueil Hylomone, laquelle entre ſes bras le print, &
... baiſa ſa face & yeulx en le moult regrettant. Maintes lar-
...s ploura ſur luy & lame retint tãt comme elle peult, mais
... ne luy valut, car mourir luy conuint du coup, & la bel-
...u dart meſmes qui auoit occis ſon amy ſe occiſt. Pheoco-
... vng des fiers Centaures leua a ſon col vng arbre ou bie
... it le faix de vingt beufz. Ceſtuy eſtoit couuert de vng
... de Lyon. Larbre geſta par grant effort & en ferit Pho-
...enides tellement que oncques armes ne le garentirent de
...t. Par le nez, par la bouche & par les oreilles fiſt ſaillir la
...elle, ainſi comme fait le laict de la ficelle quant on en
... le frōmaige, puis deſpouiller le voulut pour ſes armes
...ndre. Mais moy Neſtor le choyſis ſi luy mis ou flanc le
...nc dacier, & mort lenuerſay. Et moy auſſi y occis Chtho-
... & Teleboas de mon eſpee, deſquelz lung portoit la
...ne de ce que lung mauoit au viſaige blece, tellement que
...ores y pert il. Lors eſtoye fort & courageux, ſi parloit on
...proeſſes & des vaillances que ie faiſoye. A ce temps me
...ſt on auoir enuoye guerroyer contre ceulx de Troye, car
... euſſe peu a vng eſtour cõbatre Hector. Et ſe vaincre ne
...ſe peu, aumoins luy euſſe ie faict grant deſtourbier. Mais
...ores ne eſtoit pas ne en ce temps. Or ſuis vieulx & foible
... puis plus faire grant effort.

N cores vous vueil de leſtour racompter. Periphas
occiſt Piretus, Ampicus, Oeclus, Macareus, Eri-
dupus, Cymelus, Neſſeus, Moſooditès. Des occis
& des naurez & blecez eſtoit couuerte toute la

LE DOVZIESME LIVRE

terre, si y fut grande la perte des deux parties. Bien si p[rou]
Ceneus, car en peu dheure il occist de sa main cinq Cent[au]
res Stiphelus, Bromus, Antimachus, Helimus & Pyracm[on]
Lequel portoit en sa main vne grande coignie. A tãt luy v[int]
vng fier Centaure nomme Latreus lequel a vng damoy[selle]
de Thesalle auoit treche le nez & sestoit arme de sa despo[uille]
courageux estoit, si dist a Ceneus. Femme quelle rage ta [me]
amenee nombree de cheualerie, iay merueille quel force[-]
mẽt te fait si oultrecuydee, mieulx tevaulsist estre a desuui[der]
tes fusees & laisser Pistor mon Centaure a ceulx de Laph[ites]
Ceneus qui tenoit vne lãce louyt si luy bouta par les cou[stez]
ou corps: & le Centaure qui blece se sentit le ferit par g[rãt]
ire dung glaiue a descouuert, maisle coup cõme fait la gr[esle]
qui chiet sur thuille rebondit, puis le ferit dune espee e[n la]
poictrine, mais aucunemẽt blecer ne le pouoit: & puis de[re]
chief le saisit par les flans & le ferit au long des costez, m[ais]
la dure peau la garentit & fist le coup ressortir & lespe[e en]
deux briser dont celluy moult sesmerueilla & esbahit te[lle]
ment que a peu du dueil ne yssit hors du sens quant c[õme]
icelluy vit son espee rompre & que riens ne lauoit dõ[mage]
Quant Ceneus eut assez de celluy souffert il le frappa en [di]
sant, il est temps que ie essaye se ie te pourray blecer & le [fe]
rit par telle vertu que la main auec le manche de lespee [luy]
mist ou corps & mort labatit. La mort de celluy voulu[rent]
venger les Centaures qui dolens en furent. Ilz enuahy[rent]
Ceneus de toutes pars. Et luy lancerent dars trench[ans]
agus, pelz & quarreaulx acerez: mais oncques pour ch[ose]
quilz sceussent faire ne le peurent blecer a sang. Lors le[ur]
dist Monichus, nous sommes tous ahontiz pour vng ho[m]
me & surmontez. La paresse & les mauuais cueurs que n[ous]
auons nous font deuenir femenins. Trouue auons ma[istre]
en vng petit demy masle, peu nous proffite nostre gr[ãt]
force ne la grandeur de noz doubles corps, quãt vne de[my]

DV GRAND OLYMPE. Fueillet.L.

me nous a tous furmõtez.Effrontons le de fuſt ou de ro-
Se tous me voulez enfuyuir longuement ne pourra du-
puis que de luy ne pouõs fang traire eſtouffons le de grãt
rge.Adonc gecta celluy vng grant arbre fur Ceneus &
eillement firent les autres,tous les arbres dune foreſt luy
rent fur fon corps dont moult leſchaufferent & grande
e luy firent fouffrir. Et quant Ceneus fe vit ainfi charge
a peine pouoit il refpirer.Si fierement fe crofla quil fem-
it que tout le lieu en tremblaiſt.Pour fa fin furent aucuns
ifcord. Mort eſtouffe & eſtainct le iugeoient, & pery en
r.Et les autres difoient autrement efpeciallemẽt Ampy-
s qui deffoubz le fuſt auoit veu vng oyfeau.Loyfeau dit
r nous volleta ie le vy,mais oncqs puis fon femblable ne
ne deuant nauoye veu. Grãt ioye en eut Mopfus qui fon
ur auoit celle part, & en le regardant fefcria haultement
eul oyfeau que ie voy la voler haultement, fi eſt Ceneus
fut.La fleur de Laphite & le plus puiffant du monde fans
il fuſt,& fãs pareil viura feul, & pareil naura. Toꝰ fufmes
ens de ce q̃ vng feul auoit eſte vaincu de fi grant nombre
gens.Si courufmes tous celle part pour vengeance pren-
, & fi en mifmes tant a mort que le compte ne fcay. Tous
uffions mis a honte & a perditiõ fe neuſt eſte la nuyt qui
uint.Parquoy les aucuns efchapperent.

☞ De Tlepolemus qui fe courrouca a Neſtor
pource que en fon compte paffoit foubz
filence les prouefles de fon pere Her-
cules encontre les Centaures.

Infi racomptoit Neſtor descentaures que ceulx
de Laphite auoiẽt mis a confufion & a la fuyte.
Mais il ny fiſt oncques mention de Hercules
qui feul fiſt plus de proeffes & deffort en celle
bataille que tout le demourant, dont Tlepole-
mus fon filz fen courroucea & len miſt a raifon

gg ij

LE DOVZIESME LIVRE

en telle maniere. Dea seigneur Nestor pour quelle ca[use]
oubliez vous en ceste besongne Hercules mon pere. Il[z]
souloit racompter quil auoit plusieurs foys vaincus les Ce[n]
taures & Lapithes & que par luy furent mis plusieurs de [ces]
Centaures en exil. Lors se print Nestor a souspirer & luy d[ist]
Amy tu me fays recorder mes pleurs & douleurs & les [grans]
grans maulx passez, pour verite dire on ne pourroit raco[mpter]
les vaillances que la fist Hercules, non pas la seulleme[nt]
mais aussi par tout le monde. Cela me poise, car ien ay do[m]
maige. Et pour cause se ie peusse ses fais ie celasse voulē[tiers]
car non voulentiers loue lon son ennemy. Ton pere ma[fist]
maint grief dommaige. Oncques en ma terre de Puille [ne]
me laissa ville ne chasteau que feu ny feist mettre, ne ba[ron]
quil ne occist dont iay grant ennuy. Douze vaillans fre[res]
fusmes tous dung pere engendrez lesquelz sont tous m[ors]
fors moy par le glaiue Hercules, si ay le cueur angoisse[ux]
plus ay merueille de lonziesme que des autres. Car ce[stuy]
estoit sans pareil & si auoit grant auantaige quil se muo[it en]
quelque forme quil vouloit. Et quant bon luy sembloit [se]
remettoit en sa premiere forme. Il estoit nomme Pericly[me]
nus. Si luy auoit donne ce don Neptunus. Mais oncq[ues]
pour muance quil sceust prendre ne peut eschapper qu[a]
la fin Hercules ne loccist. Nonobstant pour soy desse[ndre se mist]
en aigle au bec courbe: aux ongles & aux esles isnell[es]
esprouuoit dont moult fust Hercules dolent. Si tendist [son]
fort arc pour le traire & lassena en volant dune sagette b[ar]
belee dont luy brisa la ioincture de lesle. Assez estoit la pl[ume]
legiere se en telle maniere ne leust attainct que lesle en [fust]
eslochee. Mais ce luy auanca sa mort. Car plus ne se po[uoit]
en lair mouuoir, si luy conuint verser en vng mont su[r vne]
flesche qui luy tresperfa la gorge & ainsi mourut. Ainsi [des]
vnze freres par Hercules mors, ce nest point merueille [se de]
luy me tais. Non pourtant pour mal que il mait fait ne a[utre]

DV GRAND OLYMPE. Fuillet.LI.

rs ne suis point ton mal vueillāt & ia nen quiers vēgeāce
oir fors de faire ses bonnes oeuures, mais celles ne puis ra-
mpter, doncques soyons toy & moy bons amis.

⁋ Digression traictant dung discord qui sourdit
entre Agamenon & Achilles a cause de
leurs amies Chryseis & Briseis,
& des proesses de Aiax.

Insi racōptoit Nestor le bon vieillart les
batailles pe Pirothous & le dommage q̄
Hercules auoit fait a son lignage. Adōc
fut tēps de leuer les tables. Les barons se
lauerent & puis beurēt. Et quāt les lictz
furēt faitz coucher sen allerēt dormir &
reposer. Longuemēt dura la guerre de
Troye, si tindrent les barōs de Grece le
ge & gasterent & foulerēt toute la terre dēuiron. Agame-
on cōquist en forrage vne simple pucelle de corps & de vi-
ge nōmee Chryseis & en fist samie, mais cher fut vēdue ce
amour. Car Chryseus sō pere se reclama & voua a Pheb⁹

g g iiij

LE DOVZIESME LIVRE

qi moult auoit chier & se cõplaignoit du roy qui sa fille lu[y]
auoit tollue. Pour laqlle cause Phebus enuoya sur tout l[e]
generalemēt telle pestilēce q̃ tous mouroiēt sans playe au[oir]
a grant martyre & si nen pouoient medecine trouuer. Bi[en]
sceut Calcas que pour la belle Chryseis auoient ce grief &
tous seroiēt mors se Chryseis nestoit rendue a son pere. S[ca]
uoir fist a Achilles quil ne doubtast la malvueillãce du r[oy]
Agamenon, & luy fist en commun scauoir la cause de la p[e]
stilence, laqlle iamais ne cesseroit se Chryseis samye rend[ue]
a son pere Chryseus nestoit. Tropt fut dolent le roy Aga[-]
menõ quant la chose entendit & de son gre ne vouloit la b[el]
le rendre, Mais cõme efforce la rendit, car il auoit tout l[e]
cõtre luy. Il en eut Achilles en hayne q la parolle auoit po[r]
tee, & bien luy cuydoit rendre le pareil, car Achilles auoit [con]
quis vne belle damoyselle nommee Briseis, de laqlle il au[oit]
samye fait. Celle vit Agamenon & en fut esprins, & la ra[uit]
dont Achilles fut moult courrouce, & si plain de maltale[nt]
quil en voulut mettre le roy a mort, car bien scauoit quen [ven]
vēgeāce de Chryseis lauoit fait. La deesse Pallas ne peu so[uf]
frir ce discord si les appaisa & les fist baiser lung lautre. M[ais]
pas ne dura long tēps. Moult fut Achilles dolent cõe cell[uy]
a q lon efforca samye & moult hayoit celluy q rauie la[uoit]
& ne vouloit faire secour aux Gregeois p aucũ tēps, si auo[ient]
souuent par son default grande perte. Car quant celluy d[e]
failloit a la bataille, peu prisoient les Troyens le demou[rant]
de leurs aduersaires, cõbiē quilz se contenissent & que s[es]
estours leur liurassent, souuent en auoient les grecz le p[ire]
car souuēt leur liuroit Hector grās assaulx & moult les esp[ou]
uentoit. Aduint vng iour que Hector & ses gens enuoye[rent]
les grecz, Et tant les hasterent que ilz les chasserent iusq[ues]
au riuage. La fut fier assault. Troyens eussent ce iour ar[s les]
nauires dõt Gregeois eussent perdu leur retour se neust [esté]
Aiax qui se rendit dũg estour & contracta aux Troyēs & s[i]

DV GRAND OLYMPE. Fueillet.LII.

Hector a plain au pis tellement que a terre labatit: moult dur assay des Troyês. Dune part se traioiêt Grecz pourpres ans toute la champaigne. Et Hector en la force de sa cheuarie les enuahissoit moult fieremêt, & si durement les demenoit que ressortir les conuint au riuage vers leurs nefz.

Patroclus prit adôc les armes dachilles si sen arma, & puis sen allast sâs faire arrest en lestour enuahir Troyês & moult les greua, & tressort les acouardit & tourner les fist en fuyte, plus au dire verite pour la semblance de Achilles que pour autre chose. Il enuahit Sarpedon & le serit par tel ire que mort le renuersa du destrier. Or poingnoit uant or arriere, trop greuoit ses ennemis: biê luy peust souffire a tant: mais fortune que les haulx hômes abaisse & renuerse, & les bas & petis est ieue & exaulce, le mena a descôfire, car il ne tenoit mesure ne ordre a côfondre ses mortelz aduersaires, en fortune trop se fioit.

Quant Hector vit ressortir sa gent par Patroclus qui mal les menoit celle part brocha Galathee le noble destrier vers luy vertueusement au poing le fort espieu. Si sentreferirent tellement que leurs lances briserent, puis tirerent leurs espees, si sentreferirent de plus pres. Mais Patroclus ne peut endurer les cops de Hector, si fut tout lourdy. Hector le print lors par le nassel du heaulme & y tira le heaulme hors du chief. Lors ne sceut Patroclus ue faire. Hector le regarda en la face, si apperceut bien que nestoit point Achilles, dont par desdaing luy dist ainsi. assal dist Hector grande folie entreprins quant tu reuestis es riches armes, moult nous as huy greuez plus par tes mes que ta personne, dôt doresenauant seront noz Troyês sleur. A ce mot le ferit par telle vertu que mort labatit, puis le despouilla des armes que il auoit, & auecques

LE DOVZIESME LIVRE.

luy les emporta. Tristes & moult esperdus furēt Gregeois pour la mort de Patroclus. En fuyte tournerent vers leurs tentes mieulx pouoit, mais Aiax rescouit le corps de Patroclus q les Troyens deffouloient de leurs piedz & des piedz des cheuaulx & le tira hors de la presse. Si lemporterēt lez Grecz a leurs tentes demenant grant dueil.

☞ Du grāt dueil que demena Achilles pour la mort de son amy Patroclus, & des armes que Thetis sa mere luy fit forger par Vulcan au lieu des siennes que perdues auoit.

Our la mort de Patrocl⁹ se descōforterēt moult gregeois. Quāt Achilles vit le corps il ne se pouoit abstenir de demener grāt dueil, estroictemēt le brassa & luy baisa ses yeulx & sa face, & maintes larmes ploura sur luy. Haa Patroclus mon chier amy. Achilles rōpāt sa robe & batāt sa poictrine, piteusemēt & a grāt douleur me a mis celluy qui vous a occis, iamais ne meray ne ioye naray tāt qͥl viue. Biē luy feray apparceuoir se ie le treuue, il a mes armes mais chieres luy serōt vēdues, tout vif le feray trainer a queue de cheuaux, desormais

DV GRAND OLYMPE. Fueillet.LIII.

oiſt peine ſe tenir le puis aux chãps. Aps lõgz pleurs Achil
ſe alla à Thetis ſa mere,& luy demãda nouelles armes. Et
lle les luy promiſt bõnes & belles,faictes par le grand ou
rier Vulcã q volétiers emprint celle beſongne a faire, ſi for
les armes du duc Achilles de telle maniere q oncqs ne
rẽt faictes armes ſi riche & de tãt grãt beaulte ne ſi ſubtille
pourtraictes,& biẽ ouurees p̃ grãd artifice auec vne mer
illeuſe paicture & lẽtailleure q eſtoit de fin or. Le haulbert
valoit point moins,de ſes ꝓpres mains lauoit Vulcã forge
quatre doubles mailles, Il ny auoit haulbert au mõde q le
lſiſt. Et le heaulme de meſme main & ouurage, mais trop
forte & dure loeuure q coup ne doubtoit daucũ glaiue.
uant les armes furent ouurees Vulcan les donna a The
Et celle les donna tantoſt a ſon filz Achilles.

¶De Achilles qui retourna a tout ſes nouuelles
armes en la bataille ou il fiſt grãt occiſiõ de Troyẽs.

AChilles fut arme des meilleures armes de ce mõ
de. Si le ſemont proueſſe & hõneur auec douleur
de vẽger ſon amy Patrocl⁹ par Hector mis a mort.
Or ſe partẽt ſes aduerſaires. Car a dueil les ſera ſi

LE DOVZIESME LIVRE

nir se aux champs les peut auoir. Achilles se mist en lesse
q riés tant ne desiroit que de loccire. La auoit mise toute s[on]
entente. Eneas choisit Achilles de loing si brocha vers luy [a]
grande fierte. Et Achilles côtre luy de radon, si se entreseri[rent]
es escus. Mais lassemblance nestoit pas esgale, se longueme[nt]
eust dure Eneas eust perdu la vie, mais des Troyens fut il t[ost]
tost secouru. Qui adonc eust veu Achilles par les rencz b[ou-]
cher & mettre ses ennemys a peine & a martyre Bien e[ust]
peu affermer q oncqs plus enrage neust veu. Tât le redou[b-]
toient Troyens que tous luy vuydoient la châpaigne ou [il]
allast. Deuant luy les chassoit tenant vne grande hache [au]
poig. Si que en la riuiere de Chasse les bouta, la fut la ba[tail-]
le fiere. Car les deux ostz monstrerêt lung côtre lautre le[urs]
effors. Maint en occist Achilles en plôgeant parmy leaue:
tant se pena & entendit a la bataille q̃ a peu q̃l ne se noya [en]
la riuiere de Chasse. Tandis se ralierent les Troyens, si sa[illi-]
rent de vng gue & assaillirêt fort les Gregeois & plusieu[rs]
decouperent & occirent, & Achilles qui estoit dedans ex[...]
ce se deuelopa de leaue & reprint vng peu son alaine pui[s]
courut sur les Troyens la hache en son poing, & en fist g[ran-]
de destructiô. A celle bataille nestoit point Hector le pr[ince]
des preux & la soustenance de Troye, en sa vaillance & [ex-]
cellête proesse les Troyês auoient mis toute leur esperan[ce]
Retenu lauoient a force & malgre luy Priamus son per[e &]
les siens, car ce iour estoit sa mort p̃destinee sil alloit a la b[a-]
taille. Bien saperceurent lors les Troyens de labsence de [leur]
vaillant capitaine, car hardiesse & force leur en descroiss[oit]
Si ne peurent plus auant soustenir lessort des Gregeois, [si]
leur conuint voulsissent ou non abandonner la place, &[fu-]
rent des grecz enchassez & reboutez iusques aux porte[s de]
la cite & par force rembarrez. Moult les deffoula Achille[s &]
Hector de la ou il estoit vit & entendit clerement le cr[y de]
ses gens, si en eut telle yre que pour riens ne se fust tenu [...]

DV GRAND OLYMPE. Fueillet.LIIII.

en la bataille. Ses armes vestit sãs le sceu de ses amys. Et
se mist a la voye. Si yssit hors de la cite par vne posterne,
Achilles auec les siens auoit tant demene les Troyēs que
culez les auoit dedans Troye, ou ia rēclos sestoient ains q̃
ector venist en la meslee. Ainsi & par telle maniere vint la
scōfiture & la pesante perte que ceulx de Troye receurēt.
ar leur deffension en perdirent, ce fut la mort de Hector en
ui tous biens estoient habondans a grande affluence, tout
ōneur, toute valeur, toute noblesse & toute proesse.
　　　De la mort du preux & vaillant Hector de
　　Troye. Et comment Achilles loccist.

AChilles vit Hector venir seul bien le recōgneut
de loĩg si brocha le cheual contre luy plus terri
blement que fouldre ne descend du ciel. Et
quant Hector le vit venir, il le doubta & ce ne
fut pas merueille. Car pas ne estoit la chose pa
reille. Il estoit tout seul & pource luy tourna le
os, pas ne dy que il le fist par couardise ne par lasche cou
ige, car a son viuant ne eut pareil a luy. Mais en tout il
cheuoit la mort, comme celluy qui bien se veoit auoir le

LE DOVZIESME LIVRE

pire. Ce nestoit point grãde mesprison, & Achilles qui e[st]
acõpaigne & q grand hardemẽt prenoit en ses nouuelle[s]
mes & en ses Gregeois q tel auantaige luy dõnoiẽt quil [e]
stoit hõe tãt courageux hardy ne asseure qui paour n[e de]
bien auoir le print a chasser. Hector ne scauoit q̃ faire, [ne]
scauoit de sauuete. En la cite ne pouoit rentrer & si ne [fai]
la pas bõ demourer. Car Achilles pour les Gregeois e[sq]
se fioit le menassoit de mort & lalloit chassant entour la [ci]
A Hector degoutoit la sueur parmy le menton dangoiss[e]
de douleur. Si luy fut aduis ainsi cõe il fuyoit quil veoit [ue]
nir son frere Deiphebus pource que si trespensif estoit q[l ne]
scauoit se il dormoit ou veilloit, lors cuyda Hector auoi[r se]
cours si se retourna vers Achilles, & Achilles vers luy p[ar g]rand
effort luy fiant en ses riches armes, en sa force, & en son v[as]sa
lage, & es Grecz qui le suyuoient qui luy ayderẽt aussi a [oc]
cire le preux Hector, lors fut Hector le bõ des bons enu[iron]ne
de ses ennemys. Et especiallement de Achilles & moult [en]
gresserent lung laultre, car chascũ estoit en grand desir d[e de]
struire son aduersaire, mais Hector estoit seul cõtre tout[e la]
fleur de Grece & cõtre Achilles le tresorgueilleux che[ua]
lier. Si nestoit merueille sil auoit du pire: nonobstant q[uil fit]
grande occision de Grecz ses ennemis. Hector & Achi[lles]
hastoient lung laultre a lespee trenchant & faisoiẽt meru[eil]
les. En fin sentreprindrent a luiter bras a bras & longue[ment]
luicterent entre eulx, & tandis approcherent les Grecz [& en]
uironnerent. Et cõme Polibetes vng noble roy de Grece [qui]
moult bien estoit arme dunes precieuses armes noblem[ent]
dorees approcha Hector lespee au poing pour le frapper[, He]
ctor le hasta & vng si terrible coup luy dõna que la teste [luy]
pourfendit iusques aux espaules. Et comme celluy roy [fut]
cheut a terre Hector sabaissa pour le despouiller & luy o[ster]
son riche harnois especiallemẽt son heaulme. Et tandis q[uil]
estoit a ce faire occupe il geta son escu derriere son dos [&]

DV GRAND OLYMPE.   Fueillet.LV.

[poi]ctrine demeura defgarnie. A dōc Achilles voyant que He[ctor] de nul ne fe gardoit print vng fort & court efpieu, & [co]urut de randōnee a Hector & le frappa en fa poictrine par [si] grāde vertu quil perca tout oultre le corps du vaillāt He[ctor] dont il tomba mort.

OR fut le preux Hector naure a mort dūg coup dōt il ne fe dōna garde. En ce iour receurēt les Troyens en la mort du plus vaillāt & plus vertueux prince q̄ fuft def foubz le firmament grād perte, bien en debuoient amerement pleurer dames & pucelles, ieufnes & vieux. Especiallemēt le roy Priam fon pere & Hecuba fa me[re] & Paris fon frere qui caufe eftoit de fa mort, car lors eftoit [ap]paru le miftere aduenir du brandon de feu q̄ Hecuba fon[gea] en la conception de Paris qui fignifioit leftincelle ardāt. [Il] apparut biē que la riche & puiffante cite de Troye feroit [arf]e & cōfondue puis q̄ abatu & creuante eftoit ius le pillier [que] la noble cite auoit fouftenue, & que briefuemēt prēdroit [fin] la guerre q̄ fi lōg tēps auoit efte menee. Cōe Hector dōc [fu]t de fon cheual a terre naure a mort, il pria a fon enne[my] qȝ le laiffaft mort rendre a fon pere: affin quil ploraft fa [m]ort & que fon corps peuft auoir fepulture. Et luy dift enco[res fi] loyer en vouloit auoir q̄ fon pere luy en donneroit grāt [re]com. & fe fans aulcun guerdon pour honneur de nobleff[e le] vouloit rendre a fes parens & amys moult grād louāge [en] acquerroit. Achilles qui fes parolles ouyt dire cōme for[cen]e luy refpondit. Cuides tu par vaines prieres amoulir mō [h]altalēt & mon courage. Point nay en moy tāt de clemēce [&] debonhairete. Car tu me as mainteffois fait fouffrir tref[gr]āde douleur. Et tant fuis de grande deftreffe & courroux [en]treprins quant il me fouuient de Patroclus mon chier & [bo]n amy & treftoyal compaignō que tu occis, que pour cer[tain]

LE DOVZIESME LIVRE

tain se ie tauoye piece a piece detreche. si ne seroye ie po
appaise de mon courroux. Et pource te feray cōe a vng me
drier detraire a la queue de mon cheual. Et puis feray t
corps par pieces detrencher & dōner a deuorer aux chies
aux oyseaulx. A ces parolles perdit Hector la vie & mou
aux chāp. Helas fleur de cheuallerie. Ha soustenance & d
ce de la puissante cite de Troye. Ha ioye & deffensiō de to
les citoiens, courtois, humble & doulx cheuallier, frāc, am
ble & honnorable. Simple, aux rebelles terrible & fier cō
vng lyon. Or est ton grand courage, ta valeur, ta courtoi
& ta grande proesse par malle fortune abbatue.

☞ Des grandes cōplainctes & pleurs que firēt les Tro
pour la mort de Hector, & comment Achilles
rendit le corps au roy Priam.

Ort est Hector le meilleur de tous les cheualli
du monde, cest grād douleur & nō recouurab
dōmaige pour ses amis, & tresgrāde idicible ly
se a tous ses ennemys. Achilles lya le noble co

DV GRAND OLYMPE. Fueillet. LVI.

[la] tresvaillant & trespreux Hector de la mesme ceincture q[l]
[aou]it. Laqlle Aiax luy auoit donee par cointance au riuaige
[de] Troye en celluy iour mesme q̃ Hector fist ardoir toute la
[na]uire de Grece se adonc ne eussent este prinses treues, & He[ct]
[or] luy fist don dune espee dõt mesmes il fut occis. Aisi luy
[fur]ent ses dons dõmage. Achilles cõe vng cruel tyrãt & trai[stre]
[re]atacha le corps dũg si hault & noble price a la queue de
[so]n cheual & le traina entour les murs de la cite de Troye.
[O] victorieux mais desloyal chãpiõ desgarny de frãche che[ua]
[le]rie mal tractable & courtois a ton esgal, mal gardant les
[lo]ix de lart militaire au cheualier sans per, qui en desarroy
[est] prins & nõ en prefle & force belliq̃. Trop recois icy grãd
[des]honneur & trop te detornes de cheualereuse generosite
[d]ainsi trainer vng filz de roy meilleur que toy, remply de
[tou]te vertu & de proesse. Certes cest a toy trop grand blasme
[&] trop grãd tyrannie & desraison. O Achilles pense q̃ se for[tu]
[ne] par son orgueil ta donne auantaige ceste fois par quoy
[es] venu au dessus de ton aduersaire. Tost te aura icelle re[nuer]
[s]e & mis au dessoubz quant il luy plaira, car les pl⁹ esle[uez]
[se] tresbuchent soubdainement. Le bon heur ou n⁹ som[mes]
[e]n na a peine point de certainete ne de stabilite. Quant le
[roy] Priam vit de dessus les murs de la cite le train du corps
[de] son aisne filz Hector a peu que le cueur de douleur ne luy
[fen]dit. Et tant en plaignit & souspira, quil en perdit toute
[sa] memoire. En celle grande douleur que pour son filz auoit
[fe]n alla tout seul & desarme iusques aux tentes de ses en[ne]
[m]ys, dont moult sen esmerueillerent les Grecz quant ilz
[le] virent, mesmes Achilles auquel le triste roy parla, & en ba[issa]
[n]t sa poictrine & soy enclinant deuant luy, luy pria que le
[co]rps mort de son filz Hector luy rendist. Tous les Gregeois
[eu]rent de luy pitie, & a grand peine se pouuoiẽt abstenir de
[la]rmoyer voyans la desmesuree tristesse de son cueur. Adõc
[A]chilles vaincu par prieres, luy fist rendre le noble corps

LE DOVZIESME LIVRE

de Hector. Et quant Priam le tint en sa cite, il le fist ard[oir en]
cendre & mettre en vne noble & riche sepulture bien en[vel]
lee & garnie de pierres precieuses & luy fist faire s[eruice]
moult solennel.

¶ De Achilles qui vint veoir lenniuersaire
de Hector. Et comment il sen amoura
de la belle Polixene.

Vant le trespreux & vaillant Hect[or]
occis par les mains de Achilles m[oult]
en furent ceulx de la cite de leurs fo[rces]
amoindris, & nonobstāt depuis sa [mort]
maintindrent ilz la guerre longue[ment]
& vigoureusement se deffendire[nt &]
aux Grecz rendirēt maintz dur saff[aulx]
Lan passa si reuint le iour que on f[ist]
lenniuersaire de Hector, si vit on par la cite faire tel due[il co]
me sil fust ce iour mesmes mort. Les Gregeois auoient [les]
treues. Si vindrent aucuns Grecz en la cite de Troye [pour]
veoir faire le seruice de Hector. Par sa oultrecuydance
Achilles, la lenuahit amours & le naura sans en auoir g[ari]
son, son cueur emprisonna sans iamais en auoir deliur[ance]
Car vne belle fille que Priam auoit plaine de toutes bo[nnes]
meurs nommee Polixene & non moins belle que He[ctor]
estoit en lenniuersaire auecques son pere & sa mere & [toute]
lautre gent Troyenne qui tous petis & grans plaign[oient]
la mort de Hector. Polixene la belle par especial plaign[oit &]
plouroit trop cordiallement la mort de son frere Hecto[r, qui]
faisoit ce grant dueil coulourer & embellir, en cest e[stat]
regarda Achilles & moult la souhaicta, & comme plu[s sou]
uent la regardoit plus lesprenoit & alumoit amour. [Tel]
frisson luy en print au cueur que ia fust sens ou folie so[n en]
nemye luy cōuint aymer, voulentiers luy requist pard[on de]
tout ce que il luy auoit mesfait, & se sa bien vueillan[ce]

DV GRAND OLYMPE.   Fueillet. LVII.

ere ou par don pouoit auoir il appaiseroit la guerre, & se
departir les Gregeois pour lamour delle.
¶ Du message que fist Achilles a la royne Hecuba
pour lamour de Polixene sa fille, & des conue‑
nances quilz eurent ensemble.

Chilles manda son penser par vng sien secret mes‑
sager a la royne Hecuba, & celle le dist au roy Priã
son seigneur qui a peine si voulut accorder, mais
en la fin si accorda. Assauoir que sil pouoit faire
[p]artir les ostz de Grece du siege comme il promettoit & q̃
[m]ais ne leur messeissent riens, ains fussent de ce iour en
[aua]nt bōs amys. Il auroit leur fille Polixene en mariage: ces
[nouu]elles raporta de Troye le messager de Achilles a son
[seig]neur qui moult en fut ioyeulx. Si cōseilla a ceulx de Gre‑
[ce q]uilz laissassent la guerre, car riens ny pouoient conque‑
[rir] ne gaigner vers les Troyens pour effort q̃lz leur feissent.
[Trop] est la cite forte & puissante, dist Achilles aux grecz, &
[bien] garnie de richesses & de bons vassaulx, petit leur auons
[enue]nuahies ne dassaulx dont nous nayons eu leu le pire.
[C]est trop grāde follie de perdre pour vne seulle femme vng
h h

tel empire. Menelaus preigne vne autre femme car Hela[i]
est trop griefue a reconquerre, & si veult la guerre côtre
Troyens maintenir, si la maintiêne, & qui vouldra luy tie[n]
ne cõpaignie, car endroit moy nen sera iamais guerre ma[in]
tenue. Achilles louoit aux Grecz leur retour, mais peu
trouua qui si accordassent, ains disoient tous dung acco[rd]
iamais le siege de deuant la cite de Troye ne leueroiêt iu[s]
a tant quelle seroit prinse, de ce fust Achilles moult dolent
leur dist. Puis que vous ne voulez faire mon conseil ie [ne]
puis aultre chose faire, mais certainement ie ne men com[ba]
tray iamais, ne homme que iaye aussi, si verrez comment
vostre force prendrez Troye. Sans laide Achilles firent
Grecz mainte enuahie contre Troyens: lesquelz par leur
fort en destruirent & occirêt moult. Tristes furent Grege[ois]
pour le secours de Achilles que ilz auoiêt perdu, si nen s[eu]
rent que faire. Car oncqs pour priere ne pour requeste ne
voulut secourir, si leur tournoit la guerre a trop gât côtra[ire]
Et pour celle occasiõ se fussent mis au retour si ne fut Ca[l]
q[ui] leur affermoit q[ue] la noble cite de Troye seroit en peu de
[te]me prinse, & que longuement ne pourroiêt les Troyê le[s]
assaulx endurer ne soustenir.

De Achilles qui occist le noble Troylus & si le
trainna a la queue de son cheual.

Alcas par ses parolles rasseura les Gregeois, [du]
ra la guerre long temps depuis que Achilles
voulut pour riens faire secours ne ayde aux [Gre]
geois, fors que quant vint a la fin il leur b[aill]a
ses Mirmidoines pour eulx ayder. Ceulx [par]
leur puissance trauaillerent moult les Troyens & pour c[e]
sen tindrêt les Grecz plus fors. Troyl[us] au fier couraige le
Pria[m] fist aux Grecz plusieurs dommaiges & maintz en oc[cist]
Cestuy têpesta vng iour trop fort les Gregeois, & les ench[assa]
par force iusques aux tentes de Achilles. Lors Achilles q[ui]

DV GRAND OLYMPE Fueillet.LVIII.

Troylus si griefuement dōmager ses gens, a peu que de ire & de dueil nenragea. Aux armes courut sans arrest pour luy & pour ses gens deffendre. En luy sendormit lors amours, & aucune lesueilla, il mist en oubly Polixene & la promesse q̄ pur elle auoit faicte aux Troyēs, en lestour se mist dont Gre cois se enhardirēt & les Troyēs sacouardirēt, trop destour/ la loeuure par sa venue. Car Achilles y occist Troylus & Mennon, pour laq̄lle mort sa mere Aurora pleure & pleurera tousiours a lheure que lestoille iournal esclaire. Alors veist les Troyens grant dueil demener. Bien cuyda forcener Hecuba pour lamour de son filz Troylus. Et en ce grant en/ nuy a Paris son filz se plaignit & luy descouurit toute lor/ donnance du parlement lequel entreprins estoit, & vēgean/ ce luy demāda de Achilles se iamais vouloit quelle eut ioye, & Paris luy accorda a faire son plaisir quoy quil en deust ad/ uenir ou cas que Achilles y venist.

☙ La mort du puyssant & redoubte Achilles.

Tant auoit duree la guerre être les Grecz & les Troyens ia plus de dix ans quant Neptunus appella son nepueu Apollo celluy de son lignage q̄ mieulx aymoit & luy dist. Beau nepueu celluy que plus ayme de tous les enfans de mon frere. Auec moy tay mis en peine de faire les murs de Troye & de Ilion q̄ les desrai/ sonnables Grecz destruisent. Et ceulx q̄ longuemēt lont def/ fendue, si sera briefuemēt destruicte ladicte cite se prochain cōseil ny est mis. Ne te remēbre il pas cōmēt Hector nostre bon & loyal amy est mort. Et si fut trainne entour les murs de la cite par le mauuais & traistre Achilles q̄ tāt doibs hayr que iamais nauray ioye tant que ie le sache viuāt en ce mō/ de. Trop a vers nous mespris, gastee & foulee nostre oeuure, destruit les Troyens. Certes se ie pouoye de mon sens ie

h h ij

LE DOVZIESME LIVRE

luy môstreroye ma vertu. Mais iusques la ne puis aller po[ur] luy monstrer mon courroux, Si te prie que repostement & cachettes loccies dune flesche en trayant pour acompl[ir le] commādement de son oncle, & pour greuer le duc Achil[les] sasslubla Phebus dune espesse nuee, & ainsi sen alla a la b[a]taille des Troyens. Si trouua Paris entre gens quil ne co[n]gnoissoit angoissant ses ennemis & detrēchāt de quarrea[ux] barbelez, si luy reuela Apollo & luy dist. O Paris pourquoy vas tu icy coups perdant & en vain en espandant le sang [de] ceste chestiue gent. Se venger veulx tes freres & tes am[is &] confondre tes ennemis & tes aduersaires ne gaste pas a[insi] tes coups. Tourne toy deuers Achilles si luy tresperce [le] corps. Lors luy monstra Achilles qui en la bataille detr[en]choit les Troyens & Paris tournast son fort arc, & sadr[esse] vers Achilles, & si roidement luy descocha vne mortelle fl[e]che que de ce coup se pouoit Priam resiouyr & toute Tro[ye] Car vaincu en fut Achilles le fort combateur qui plusi[eurs] fois auoit les fors vaicus, sil cuydast mourir il aymast mie[ux] la mort par hache au par guisarme que autrement. Or [est] mort le fort Achilles que tant doubtoient les Troyens, & [les] Gregeois par contraire tant auoient ayme. En luy seul a[uoi]doient car en luy auoient mis leur espoir. Si en furent les G[re]geois esperdus quant ainsi fut occis, Celluy seul estoit la s[ou]stenance de tout lost de grece, la gloire lhonneur & toute [la] deffence des grecz. Oncquesmais nauoit ce Prince p[eu] estre par espee vaincu en bataille ne estour. Or la occis f[ut] a ce coup. Son corps fut ars, & la cendre enclose en vng p[e]tit pot lequel a peine le peut emplir. De son corps demo[ura] petite partie, mais la grant gloire de sa renommee demeu[ra]

¶ Dune grande controuersie qui sesmeut entres le[s] barons de Grece pour scauoir lequel auroit les riche[s] armes dachilles, & des parolles qui sourdirent entr[e] Aiax & Vlixes pour auoir icelles.

DV GRAND OLYMPE. Fueillet. LIX.

Ort est Achilles ce est aux Grecz moult grant dommage. Et en leur ost l'ont tost sceu & apperceu, tous les barons de Grece en furēt moult esbahis. Se longuemēt eut vescu les Troyens neussent gueres duré. Pour ses riches armeures dorees, pour sa grosse lance, & pour son bel & plaisant escu qui sās seigneur demoure‐
nt, sourdit entre la baronnie de Grece grant debat & discē‐
n. Oncques Agamenon & Menelaus son frere ne peurent
faire enuers Dyomedes que Aiax ne luy contredist, qui
oir les vouloit. Et dautre part le duc Vlixes disoit que sur
les autres & par plus grāt droit mieulx les debuoit auoir
e nul des aultres, car il auoit plus fait au proffit des gens
armes que on ne pourroit nullement retraire ne dire. Adōc
dist Aiax, Des armes de Achilles reqrir, te peulx tu moult
taire, en mon viuant ne estriue pas contre moy, car ia
t comme ie viue nen auras la possession ne nen seras arme,
miennes sont, doibuēt estre & serōt. Trop seroit ta dextre

hh iiij

LE TREZIESME LIVRE

foible pour les porter, si te pourroit mesaduenir dentrepredre a porter si gratieuses armes, & saches q̃ moult grādemēt me desplaist ta fole oultrecuydance. Et Vlixes luy respondit en ceste maniere. Cuides tu q̃ pour la doubte de ta rudesse, ne de tes menasses ie laisse a requerir les armes. Ie les reqers & les requerray, ne ia ne mē abstiēdray ne deporteray pour toy car par raison myeulx les doibs auoir q̃ toy ne aultre. Et bien suis cōtēt dē attēdre droict & iugemēt p̄ deuāt tous les princes Ne ia nē reqers aultremēt estriuer ne debatre, se ilz iugent que ie les aye, miēnes soiēt, & si tiēnes si les ayes. Lors respond Aiax. Et ie le veux bien.

꧂ Fine le douziesme liure du grant Olympe de histoires Poetiques.

꧂ Le treziesme liure du grād Olympe
꧂ Le proces & oraisons touchāt les armes de Achilles.

Es princes de Grece sassirēt pour ouyr q̃ meilleures causes monstreroient pour les armes de Achilles auoir, & le menu peuple en estat lenuironn Lors Aiax tēdāt ses mains dist impatiēmēt. O Iu

DV GRAND OLYMPE   Fueillet.LX.

...er.Cy auõs debat des armes de Achilles, de cy peut veoir
Vlixes les nefz pour lesquelles garder il nauoit talēt desmou
uoir tenson ne debat cōtre Hector & sa cōpaignie quant il y
mist le feu,il estriuoit au pl9 tost courir sās faire cōtre Troyēs
fort de resistāce pour les nefz secourir. Lors chassay des nefz
...ez ennemys qui le feu auoiēt bouté & mys esdictes nefz &
sustay a lēcōtre du fort Hector. Mieulx se scet Vlixes cōba-
...e de la lāgne q̄ de la main: mais ie ne scay plaidoyer mieulx
...auroie faire vne iouste,or deust il racōpter les proesses q̄ l a
...istes. Pas nest besoig q̄ recitees soiēt cy endroit les miēnes,
...r chascun en son endroit le scet biē. Veu auez cōment par
...ce iay maint pesant faix soustenu pour le droit & la deffē-
...e des Grecz,mō corps en ay mis en habādon biē scay q̄ grāt
...on requiers a auoir les armes Achilles. Et de ce q̄ Vlixes se
...tremet de les demāder acquier il pris seullemēt pourtāt q̄
...ōtre moy a empris cōtention:ia soit ce q̄ l faillist a son enten-
...,car grāt hōneur luy sera que debat & cōtentiō aura prins
...moy.Se iauoye,dist Aiax,moins de proesse q̄ ie nay, si suis
...filz dé Thelamō le vaillāt q̄ par son effort iadis print la cite
...e Troye auec le preux Hercules,& qui fut en Colcos auec
...y la toison dor querre. Si est le roy Eacus mon ayeul q̄ les
...fernaulx tormente selon ce que chascun aura deseruy.
Trop est fol Vlixes quant a moy sacompare qui suis de tel li-
naige extrait.Cy a belle comparation du larron vers le iu-
...icier. Iuppiter le dieu des dieux est mon bisayeul. Mais ie
...our ceste genealogie ne qers auoir les armes,fors Achilles
...ui estoit mon cousin germain.Aumoins par raison de pro-
...mite les doibs auoir,puis quil ne vient plus prochain hoir
...e moy.Les doibs ie pdre, se de mō gre sans cōtrainte & sans
...cusemēt vins premierement a la bataille,& si les ayt celluy
...dernieremēt y vint,& maugre luy.Il se faignit enrage sicō-
...e vous scauez menāt la charue aux chāps cōme vng labou
...ur pource q̄ couraige nauoit de venir auec lost de Troye.

h h   iiij

LE TREZIESME LIVRE

foible pour les porter, si te pourroit mesaduenir d'entreprēd[re]
a porter si gratieuses armes, & saches q̄ moult grādemēt m[e]
desplaist ta fole oultrecuydance. Et Vlixes luy respondit e[n]
ceste maniere. Cuides tu q̄ pour la doubte de ta rudesse, n[e]
de tes menasses ie laisse a requerir les armes. Ie les reqers [&]
les requerray, ne ia ne mē abstiēdray ne deporteray pour to[y]
car par raison myeulx les doibs auoir q̄ toy ne aultre. Et bi[en]
suis cōtēt de attēdre droict & iugemēt p[ar] deuāt to[us] les pri[n]ces
Ne ia nē reqers aultremēt estriuer ne debatre, se ilz iugent [que]
ie les aye, miēnes soiēt, & si tiēnes si les ayes. Lors respondi[t]
Aiax. Et ie le veux bien.

  ☙ Fine le douziesme liure du grant Olympe
    de histoires Poetiques.
  ☙ Le treziesme liure du grād Olympe
☙ Le proces & oraisons touchāt les armes de Achilles.

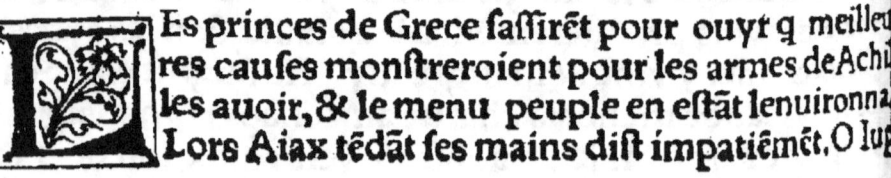

Es princes de Grece sassirēt pour ouyr q̄ meille[u]-
res causes monstreroient pour les armes de Achi[l]-
les auoir, & le menu peuple en estat lenuironn[a]
Lors Aiax tēdāt ses mains dist impatiēmēt. O lu[y]

DV GRAND OLYMPE Fueillet.LX.

piter. Cy auõs debat des armes de Achilles, de cy peut veoir Vlixes les nefz pour lesquelles garder il nauoit talêt desmouuoir tenson ne debat côtre Hector & sa cõpaignie quant il y mist le feu, il estriuoit au pl9 tost courir sãs faire côtre Troyés effort de resistãce pour les nefz secourir. Lors chassay des nefz noz ennemys qui le feu auoiêt boute & mys esdictes nefz & boutay a lêcôtre du fort Hector. Mieulx se scet Vlixes côbatre de la lãgne q̃ de la main: mais ie ne scay plaidoyer mieulx sauroie faire vne iouste, or deust il racõpter les proesses q̃ l a faictes. Pas nest besoĩg q̃ recitees soiêt cy endroit les mienes, car chascun en son endroit le scet biê. Veu auez cõment par force iay maint pesant faix soustenu pour le droit & la deffêse des Grecz, mõ corps en ay mis en habãdon biê scay q̃ grãt don requiers a auoir les armes Achilles. Et de ce q̃ Vlixes se entremet de les demãder acquier il pris seullemêt pourtãt q̃ cõtre moy a empris cõtention: ia soit ce q̃ l faillist a son entente, car grãt hõneur luy sera que debat & cõtentiõ aura prins a moy. Se iauoye, dist Aiax, moins de proesse q̃ ie nay, si suis ie filz de Thelamõ le vaillãt q̃ par son effort iadis print la cite de Troye auec le preux Hercules, & qui fut en Colcos auec luy la toison dor querre. Si est le roy Eacus mon ayeul q̃ les infernaulx tormente selon ce que chascun aura deseruy. Trop est fol Vlixes quant a moy sacompare qui suis de tel lignaige extrait. Cy a belle comparation du larron vers le iusticier. Iuppiter le dieu des dieux est mon bisayeul. Mais ie pour ceste genealogie ne qers auoir les armes, fors Achilles qui estoit mon cousin germain. Au moins par raison de proximite les doibs auoir, puis quil ne vient plus prochain hoir de moy. Les doibs ie pdre, se de mõ gre sans cõtrainte & sans accusemêt vins premierement a la bataille, & si les ayt celluy q̃ dernieremêt y vint, & maugre luy. Il se faignit enrage sicõme vous scauez menãt la charue aux chãps cõme vng laboureur pource q̃ couraige nauoit de venir auec lost de Troye.

h h iiij

LE TREZIESME LIVRE

Bien le vous demonstra Palamedes qui sa faintise & rena[...]
die apperceut, dõt depuis luy est grant mal venu. Et se Vlix[es]
est cy venu cõme celluy qui contredire ne le a peu, doit
auoir les meilleures armes de ce monde, Et ie qui pour ga[r]
der nostre droit ay receu maint pesant coup, perdray ie ce[...]
mest escheu, Cest dõmaige q̃ le traistre neut reallemẽt la[...]
ge ia ne fut icy venu. Depuis en sont aduenus maintz ma[...]
q̃ demourez fussent. Par son conseil laissasme en lisle de H[...]
laine Philoctetes dont grãt reproche debuons auoir. La p[...]
& requiert soir & matĩ que dieu vueille dõner au traistre p[...]
te selon sa desserte, dieu en vueille sa priere ouyr & acomp[...]
qui ainsi est droicturiere. Philoctetes auoit promis sa foy q[...]
nous acõpaigneroit iusques a tãt q̃ Troye seroit cõquise[...]
quelle ne le pouoit estre sans luy ne les dars de Hercule[s]
celluy a qui seul habite es desers de lisle. Aincois fust vif [Pa]
lamedes ou mort honnorablemẽt se ne fust le faulx Vlixe[s]
celeement le hayoit & q̃ a autre cause ne pretẽdoit, fors a[...]
trahir sans en faire aucun semblãt, le peruers & mauuais [...]
fouit vne masse dor dessoubz sont lict. Et luy qui riens ne[...]
uoit du mal que celluy luy apprestoit, luy faisoit poisons b[...]
re, chiere cõme a son vray & parfait amy luy mõstroit. M[...]
cestuy vous monstra lor muce & vous fist acroire que tra[...]
vous auoit, & q̃ lor q̃l auoit illec enfouy il lauoit eu en gu[...]
dont. Par tel engin le fist sans desserte mourir a douleur, a[...]
a seruy Vlixes, Mais tãt se sache il de plait ayder, si ne se p[...]
roit il par raison excuser de la trahison q̃l fist de laisser le
vieillart Nestor, & si veoit le traistre les Troyens venir p[...]
loccire. Helas cestuy estoit foible & vieil, & son cheual e[st]
fort playe. Si crioit a Vlixes, sire mercy aydez moy par v[...]
frãchise, Mais oncques il ne luy ayda, ains le laissa cheoir [...]
tre ses ennemis, ne cuydez seigneurs que ce par moy m[...]
mes aye trouue, sil le denioit bien se prouueroit par son a[...]
Diomedes, lequel voyant le bon homme entre ses enne[...]

DV GRAND OLYMPE. Fueillet.LXI.

...s ayde & celluy par couardise fouyr, luy escria haultement,
...mauluais retourne a lestour. Mais oncques pour ses parol-
...s neut sens ne volente de retourner a la bataille.

Ors dist Aiax, q a chascū rendroit reallemēt sa
desserte, il meritoit biē a Vlixes le meffait de son
compaignon q il trahit: vng iour lēua hirent les
Troyēs seul sans compagnie & tant que moult
eut besoing de secours. Celluy qui aultruy ne
voulut secourir on le deust auoit abandonné &
...isse en lestour sicomme il auoit fait Nestor. Le meschant se
...ioit vng iour haultement que secours luy feissions. Ie le
...ay secourre en la bataille ou palle & tremblant estoit pour
paour & crainte de la mort qui luy estoit prochaine. Et la
...mon escu le couury, depuis a il par par moy vescust, cest
...u dhonneur & de victoire pour luy. O mauluais recreant
tu eusses en memoire le lieu & le point ou tu estoyes, dit
...iax a Vlixes, quant ie te sauuay dessoubz mon escu, ia ne te
...usses entremis de contredire a lencontre de moy. Et se con-
...ndre y veulx retourne ou lieu ou ie te deffendy, & si soyes
...mis soubz les mains de tes aduersaires si douloureux, si tre-
...lāt, si palle & si effraye comme tu estoyes quant soubz mō
...cu te boutoyes, car quant de ce peril leuz retrait, luy qui a
...eine se pouoit soustenir se mist a la fuyte. Et adonc vint He-
...or & sa compaignie a la bataille, dōt les Grecz furent moult
...pez. Oncqs ny eut si hardy q cōtre ledict Hector osast
...nir estant, fors moy qui au piz le fery, & labaty enuers, puis
...uint il en la meslee querant qui contre luy ioustast, mais
...ncques ny trouua a qui iouster fors moy qui contre luy iou-
...ay. Les Grecz qui les ioustes virent moult en furent tous es-
...ahys, & pour moy prierent les dieux & biē croy que leurs
...rieres moult me valurent. Bien scaiuent ceulx qui la furent
...oncques Hector ne me peut surmōter, Et si me puis bien

LE TREZIESME LIVRE.

de tant vanter que ie seul par mon vasselage garantys & de-
fendys la nauire de ardoir ou Troyens en lay de du sort H[ec]-
ctor auoient boute le feu. Pour la garantir me mis en laba[n]-
don. Bruslees eussent este les nefz se au secours ne fusse ven[u]
ou estoit lors Vlixes qui scet maintenant tant bien plaidoi[er]
que ne venoit il secourir sa nef seulement? Se meilleur a[mi]
q̃ luy neust eu sa nef ne fust eschapee, si neussent aussi fait t[ous]
les aultres, tard veissions nostre côtree. O seigneurs baro[ns]
voyans vos yeulx deliuray la nauire, or men soit de mieu[lx]
en merite, & en guerdon me dōnez ces riches armes. Et [fai]-
tes q̃ la verite en vouldra dire plus que ie ne les desire a auc[un]
me desirent elles. Seigneurs se donnees me sont par moy [se]-
ront honnorees, & moy pour elles.

A ie croy dit Aiax q̃ Vlixes demande[les]
armes pour Dolō quil occit, & pour H[e]-
lenus quil embla de nuyt, sont ce faic[tz]
de barons. Et qui pour lesdictes oeuu[res]
luy vouldra rendre telz merites quil a[ura]
les armes, grãt partie en deburoit au[oir]
Dyomedes qui en ce fait fut son comp[ai]-
gnon & qui plus y fist que luy. Que[lle]
affaire Vlixes, qui oncq̃s riens naprint a faire fors de nuyt [&]
desarme, de telles armes, se arme en estoit, adonc domma[ige]
luy porteroient, Car la clarte du heaulme laccuseroit a[ux]
guettes, Et trop nuyst la clarte aux larrons & malfaicteurs
Et auec ce sont elles si pesantes quil ne les pourroit sousten[ir]
ne tenir en son point. A son estat naffiert point ce noble e[lme]
ne cestuy haulbert, Cheoir luy conuiendroit soubz le fais,
chetif a requerre ces armes tu requiers ta mort, se on les te[don]-
noit despouillees te seroient daucuns qui de elles auroi[ent en]-
uie. Si en pourroies recepuoir ta meschãce. Car toy qui tou[s]
iours a aprins a courir & fuyr seroyes tost rataint pour la[s]

DV GRAND OLYMPE.   Fueillet.LXII.

neur du faix.O meschāt regarde q̄ tu reqers,mestier ne te
ces armes voy ton escu sain & entier qui pas ne vas sou-
ent en bataille.Le mien ou on fiert souuēt de dars despieux
de lances,est si desrompu que a peine vault il mais riens.
ay bon besoing den auoir vng neuf.Seigneurs & barons
nen scay plus que dire Fors tāt q̄ de ma part vous prie que
us le faciez mettre en place & le plus puissāt de nous deux
acquiere au trenchant de lespee.Se encōtre moy les peult
ixes conquerre.   Que vous les luy donnez. Et se il est par
y vaincu,que elles me demeurent.

    ¶Loraison du treseloquent Vlixes,par
       laquelle il gaigna les armes
           de Achilles.

A Dōc se teut Aiax & Vlixes pensa vng petit.Le peu
ple dētour print a murmurer & disoient aucuns q̄
Aiax par droit debuoit auoir les armes. Vlixes qui
fut plain de grant scauoir se maintint sagement

LE TREZIESME LIVRE

& laissa la murmure passer, sur piedz estoit le chief enclin[é]
quāt le bruyt fut cesse son visaige dressa & cōmēca sa rai[son]
en ceste maniere. Seigneurs & barons se a mō vueil fust, [il]
ne cōuenist plaidoyer pour ces armes, car Achilles les eu[t de]
droit y auoit & fust encore vif, mais mort est dont il me p[oi]se. A ce mot torcha son visaige & sembloit q'il plorast de p[itié]
pour son amour, & puis recōmenca a dire. En sa mort au[ons]
tel dōmaige q iamais ne le recouurerons. O seigneurs q[ue ce]
semble, les doibt Aiax mieulx auoir que moy quāt ie la[gai]nay par mō sens auec les aultres barons. Se Aiax est negli[gent]
cōe luy mesmes tesmoigne, est il raison q il y gaigne? I[l ne]
doibt pas gaigner. Et se ie scay mon droit par bōne eloqu[en]ce remonstrer me doibt il tourner a preiudice ne a greu[ance]
Mon eloquēce me a valu, pour vous ay maintesfois plaid[é]
ores le me conuient faire pour moy mesme. On ne doibt [les]
bienfaictz amoidrir ne blasmer, & si ne se doibt on daultr[uy]
fais mieulx priser ne daultruy dōmage. Se de grand lign[age]
sommes sachons en gré a noz parens q esleue nous ont. Q[ue]
monte a nous aultruy poesse. Et pource q Aiax nous racōpt[e il]
est du lignage de Iuppiter aussi suis ie, il est mon bisaieul
par mon pere. Si n'y a de mō lignage q par oultraige, ne [par]
meurdre q'il ait fait ne pourchasse fust oncques dechasse
son pays. Laertes est mon pere lequel fut filz de Actisius q[ue]
Iuppiter engēdra. & de par ma mere ie suis du lignage [Mer]cure dune partie, & daultre partie mest Iuppiter le souu[erain]
dieu appartenāt. Aiax nest pas de si nobles gens, cōe ie [suis]
de par ma mere, & si ne croy pas que oncques ouyssiez d[ire]
que ma mere en sa vie fist chose deshonneste, & si suis n[é de]
loyal mariage dont de ce que ie scay ne se doibt vāter, m[ais]
pour toutes ces choses ne demande ie pas les armes, ain[cois]
prenez garde a noz vertus. Se Aiax est du lignage de Ach[il]les si ne doibt pas auoir les armes apres la mort du baro[n]
En nostre requeste n'affiert point de lignage, mais vassela[ge]

DV GRAND OLYMPE. Fueillet.LXIII.

...us, & se par lignage on a les armes elles doibuent rema‑
...& demeurer au plus prochain hoir. Achilles auoit pere
...filz si les ait lung deulx, Peleus fut son pere, & Pyrrhº est
...filz. Teucer qui son oncle est ne les demande pas, & se il
...requeroit si scet il bien que point ne les auroit, car ia pour
...nage ne seront les armes donnees, mais celluy q par force
... par sens aura plus fait de proesse. Aiax a les siennes venti
...sime couient les miennes reciter & retraire. Et se ie puis
...cap toutes les racompteray par ordre tellemet quil ny aura
...e reprendre.

Vant les Grecz debuoient venir deuant ceste
cite(dist Vlixes) Thetis cuyda Achilles son
filz retenir, car bien scauoit que iamas nen re
tourneroit sil y alloit. Elle lenuoya & transmist
deuers le roy Lycomedes en habit de femme,
auec les filles dicelluy roy. Long temps y fut sãs
...cõgneu pour son habit feminin, mais moy qui bien cõ‑
...uz ce barat pris armes pour damoiseaulx & aussi ioyaux
...damoiselles. Chascune des damoiselles print les ioy‑
...& telz que mieulx a plaisir leur vindrent en laissant les
...:& Achilles print les armes qui par nature les couuoi
...plº que les aultres ioyaulx. Lors le prins en tel habit cõme
...toit tantost par la main & le tiray par mon engin hors de
...mue ou il estoit. Et par ainsi puis ie dire q tout tant que
...despuis faict est par moy, & q tous ses fais sont miens. Ie
...suis Telephº & prins Thebes. Lesbos, & Tenedos, Chry
Cilla, Syrus & Lyrnesº, & plusieurs aultres oeuures ay fai
...aincois diray ie par moy seul lay Troyens destruis, iay
...e celluy qui a mis a mort & occis Hector le preux &
...puissant, dont les Troyens sont trop adommagez. Par ces
...mes trouuay Achilles, & si lamenay, & si les luy donnay
...son viuant, si les veulx rauoir apres sa mort. Quãt on nº
...recite que Paris auoit rauie Helaine, & lost fut assemble

LE TREZIESME LIVRE

au port pour venir venger cest oultrage, longuement at[tendu]
disfmes vent au riuaige & encores y fussions attendans [sans]
vent auoir se Agamenon ne eust Iphigenie sa fille oftro[yée]
aux dieux pour la sacrifier & occire qui moult dennuy [luy]
fist, & a cueur doulent & pas ne fut merueilles, car moult [l'ay]
moit. Il estoit sire & empereur sur nous tous si le trouua[s]
fier. Ie luy conseillay que pour le proffit cõmun ne cõtre[dist]
cest affaire & que des dieux fist la volente. Talent nen a[uoit]
mais ie fis tant par ma parolle quil si accorda, ie le cõgnoi[s]
si luy prie ql nē ait maltalent vers moy, bien sceut ache[uer]
ceste besongne & mettre a fin quoy quil le iuge aussi a[u con]
traire, pour faire le cõmun exploict, & pour venger la ho[nte]
de son frere & pour la seigneurie ql auoit lors sur nous,
octroya il sa propre fille pour sacrifier & appaiser les die[ux]
Ie fuz enuoye pour la querre. Se Aiax y fust alle pour la q[uer]
re encores ne leussions pas en attendant vent, Ie exploi[tay]
tant par mon sens que iamenay la pucelle par laquelle n[ous]
eusmes vent, puis allay en Troye faire le message de par [l'em]
pereur des Gregeois, si vy le pays & lassemblee des gens [que]
Hector faicte auoit pour eulx garantir & deffendre, on[ques]
ne laissay par couardise que fierement ne feisse le messa[ge]
comme commande mestoit. Au roy Priam requis quon
amendast liniure que Paris auoit faict aux Grecz & que [ren]
due nous fust Helaine. Ou sinon ie luy dis que Troye se[roit]
confondue. Et les Citoiens abbatuz & mors. Moult sen [indig]
na Paris, & a peu quil ne me tollit la vie, luy, ses freres &[ses]
parens, ce sceut Menelaus qui auec moy estoit, & grãd p[eine]
y eut. Trop auroye a penser se tout vouloye reciter ce [que]
iay en ceste guerre faict despuis que nostre ost a este a ce[ste]
de Troye assemble, & trop longuement vous tiendroye [a]
racompter. Tandis que les Troyens se tindrent encloz [sans]
venir hors aux champs, de quoy seruoit Aiax en lost. Se [de]
mande q̃ ie y faisoye, ie guetoye noz ennemys, & noz a[mis]

DV GRAND OLYMPE. Fueillet.LXIIII.

nfortoye, & leur controuuoye ieux & desduictz. Et si
oye dresser enuiron les murs de la cité engins & perries
pour les murs despecer. Ie faisoye escharguetter nostre
& scauoye bien que a lost soustenir estoit necessite de vi
sauoir, & faisoye venir monitions, fourrages, & appareil
les armures & harnois pour estre plus prestz a batailler. A
choses ne mettoit Aiax cure, ains estoit oyseux en sa téte.

V roy Agamenō fut aduis en dor
māt q̄ vne voix luy dist. Par le com
mādemēt de Iuppiter q̄ du retour
sappareillast & sen allast, car la de
meurāce peu luy vauldroit, & q̄ pe
dre y pourroit & riens cōquester.
Pour celle voix fist le roy appster sō
erre pour faire le cōmandemēt de
Iuppiter, & pour luy & tout lost
mettre au retour. Ce ne deust pas
souffert Aiax, ains deust cōtre Troyés la guerre main
, & lost rappeller & faire reuenir a lestour, & recommē

LE TREZIESME LIVRE

cer la bataille & lassault. Pas ne fut hôme tant boubanc
& vantāt quāt luy mesmes senfuyt. Ie le vy dont fort mes
his quil ne disoit ne faisoit aucune resistance. Tersites cō
disoit & rāprosnoit les barōs & ny auoit nul q osast dire
que moy q en euz discord si en prins cruelle vengeance
puis bien dire que par mon sens & par mes parolles feis a
des pl? couars hardis. Oncques ne fist Aiax oeuure de v
lage se ie ne luy ay fait faire & ainsi est sa proesse mienne,
tous les barōs de lost (dist encores Vlixes) qui est celluy
Aiax soit loué ne ayme, ne qui vueille sa compaignie. Pa
doubte que Diomedes ne se fie en moy, & moy en luy, il
mon compaignon & ie suis le sien. Sans sort que sur n
cheist & sans cōmandement de nully alloye de nuyt har
ment gaigner noz ennemys sans esmoy, si prins Delon d
blee & par nuyt dont par les espies me fut recite le con
des Troyens, & le maintien de lorgueilleuse guerre dōt
stre grāt prouffit acquis. Car par ce tout le secret des Tro
sceusmes. Bien men peusse a tāt estre repaire a mon hōne
Car moult noble victoire auoye faicte, mais oncques pou
ne men vouluz venir ains allay occire Rhesus le roy &
compaignons en sa tente qui logez estoient sur la riue
exentes par dehors Troye, & amenay auec moy les bla
cheuaulx quil eust a Delon dōne pour luy celle nuyt esch
gueter. Si vous dis bien que se ilz fussent eschappez tra
feussions. Car iamais pour nostre effort neustions Troye,
ainsi estoit la chose iugee, Sarpedon occis de mon brand
sa compaignie, Ceranon, Iphitides, Alastor, Cromius, Al
drus, Halius, Noemon, Prytanis, Pheridamas, Throa, C
ropes, Eunomon, & maint autre dont ie ne scay les noms
par mon effort occis. Durement y fus naure. Adonc leu
vesture pour a eulx monstrer sa playe & leur dist. Main
fois ay pour vous trauaille mon corps & pour vostre bes
gne, si est bien raison quil vous en souuiengne, Tand

DV GRAND OLYMPE. Fueillet.LXV.

posoit Aiax en sa tente sans cop donner ne recepuoir si en obt bien auoir loyer. Pour quoy se vante il tant & dit quil ti garentir les nefz. Verite est que bien sesprouua, autruy ne vueil amortir ne adnichiler, mais cōment ose il retrai-
que luy seul les sauluast. Il rencōtra adōc plusieurs de noz ons, bien si esprouua & mōstra son vasselage Patroclus le dp arme des armes de Achilles. Cestuy auec les autres ba ns saulua & rescouyst les nefz. Encores dict Aiax plus que il corps a corps maintenist lestour cōtre le fort Hector, de le de Menelaꝰ ne luy souuiēt mye & de moy, a celle enua-
fusmes neuf en sa cōpaignie. Si en eut par sort le premier up, aussi eust este mien se laduēture le meust dōne: car toꝰ us habandonnasmes au sort recepuoir. Mais maintenant die Aiax la verite qui tellemēt se cointoye de celluy cop. elle chose y conquist il, Hector sen alla sans dommaige. telle angoisse recois au cueur quant du iour malheureux souuient auquel nous eusmes tāt de dommage q̄ Achil-
nostre deffenseur fut occis par grant mescheance. Oncq̄s ir paour ne pour dueil ne lassay que ne le allasse a mon rapporter, & quant ie le peuz porter auec ses armes bien teray les armes sans le cheualier ce bien le scauez enten-
& interpreter, & q̄ vouldroit dire les maintiens qui sont dans lescu pourtraictes, & furent pource faictes les armes cestuy fol les deust auoir. La mer y est pourtraicte sicōme ceing & enuironne toute la terre. Les elemens les pla-
tes & aussi les estoilles, Archas y est, Orion & Pleiades & regions diuerses auec les citez. Si ne scauroit que ce signi oit quant il les porteroit a son corps ne rendre aucunes ons des choses qui pourtraictes y sont. Il me reprent de venir a la bataille, mais en ce va il Achilles blasmant. Se zintise suis blasme aussi est Achilles mesmes qui sen fuyt habit de femme pour demourer plus hastiuemēt vins icy Achilles, sa bōne mere le detint, & ma femme remanoir

i i

LE TREZIESME LIVRE

me faiſoit. Si ne vo9 en deuez pas plaidre ſe pour leur am[e]
demouraſmes. Se men blaſmez Achilles ne pouez ex[cuſer]
touteſuoyes ne men a pas Aiax reprouue & ſi me repr[oche]
au cõtraire par ſa folie, pas ne men dõne merueille. Si d[e]
nous tous grant honte, car ſe iay riens meſpris en ce quil
reproche q̃ a tort accuſay Palamedes reprins en deuez [eſtre]
ſe vous lauez a tort iuge a mort, Mais ce nauez pas fai[t]
pas ne laccuſay a tort. Il ne peult oncques ſa felonnie ex[cu]
ſer. Car trop fuſt apparente par la maſſe dor qui la trahy[ſon]
deſcouurit, ce veiſtes vous. Sil me blaſme de Philoctetes
quel eſt en la mer, mais quelle reproche men affiert? qu[elle]
choſe y ay ie meſpris? voſtre fait deuez deffendre, ce fu[t]
voſtre aſſentement quil y demoura & demoure, bien c[og]
gnois que de ce conſeil ne eſt mye coulpable, car le cõſei[l fut]
bon puis que trauaille eſtoit & malade. Or eſt la mercy d[e dieu]
guery pour le repos quil a eu. Et les diuins nous certif[ient]
que ſans luy ne pouons les Troyens cõfondre, victoire a[uoir]
ne les murs briſer. Enuoyez Aiax a luy faire ce meſſage [ia ne]
menera ſe ie ne mens. Aincois ameneroit ceulx ce Troy[ens a]
voſtre ayde, & ſi courroiẽt toutes riuieres contremont [ſe]
Aiax ſceuſt par ſon ſens ſans moy auoir Philoctetes, ne [autre]
choſe q̃ y vaille. Philoctetes me hait & me menace: mais p[our]
ce ne lairray ie pas que ne le voiſe querir, ſi laineneray a[uec]
ſes fleſches au ſiege ſe ſens & lãgue ne me faillent, autre[ment]
ay pl9 grãdes beſongnes acheuees & tirees a fin: mort ge[tay]
Delon a terre. Ie prins Helenus le diuin & enquis to9 le[s ſe]
cretz de Troye, & le Palladiõ allay prẽdre & querre au [no]
ſtre donion, cõment oſe Aiax enuers moy cõtẽdre q̃ ay t[elles]
choſes faictes. Ou ſont ſes oeuures qui tant eſt couraig[eux]
que neſtoit il tant hardy q̃l ſaduenturaſt cõme moy qui [de]
nuyt me mys a laduenture entre noz ennemis en la f[orte]
tour Dylion ou ie conquis le Palladion. Se apporte ne l[euſſe]
en vain euſt Aiax porte armes en ceſt eſtour, car ſe le P[alladion]

DV GRAND OLYMPE Fueillet. LXVI.

...ne euſſions iamais ne euſſions prins le donion qui tant ...eſtoit. Et dont prins ie Troye quant par mon engin & ...bilite prins le Palladion qui ce nous empeſchoit, puis que ...lx de Troye le ont perdu contenir ne ſe pourront, moult ...ſtes en ſont.

¶ La replicque de Aiax cõtre Vlixes touchant la prinſe du Palladion.

Ors Aiax par vng trauerſain regard luy dit. Ha ha comment dis tu telles choſes ne pour quoy ten vantes tu ce fuſt Diomedes qui print le Palladion & non pas toy. Ie ne me vante pas dautruy fait, reſpondit Vlixes, il eſt bien verite que il me tint compaignie quant ie allay querir le Palladion, auſſi ne allas tu pas deffendre ...nefz tout ſeul comme tu las dit, ains y fuſmes neuf a ta cõ...gnie, & a toy en appliques tout lhõneur, mais ie me mis ...aduenture auec Diomedes ſans autre compaignie. Ce ...tu requiers requiſt voulentiers Diomedes, auſſi fit le fier ...ripylus, Thoas, Idomeneus, Meriones & pluſieurs autres ...nulle mention nen font, & touteffois font ilz en armes ...ux hardis & ny a celluy qui ne te ayt bien voulu pour ...ur maintenir. Mais ilz ſcauent bien que tant en ayt fait ...mon ſens que myeulx doy les armes auoir que toy ne ...x ne aultres. Aſſez as force, Mais peu de raiſon: ſans mon ...ſeil ne peulx oeuure traire a bon chief, tu ſcez biẽ bataille de la main. Mais diſpoſer ne ſcais quant il eſt temps, tu ...lx ſeullement de corps. Et moy ie vaulx de corps & de ...s autant plus que le ſeigneur ou maiſtre doibt plus va...que le ſeruiteur, & comme lor vault mieulx que largent ...ant vault mieulx ma ſcience que ta force: aſſez ſage ſuis ...ſi nay pas pourtant la force perdue. O vous ſeigneurs ...ons par la voſtre grande entente laquelle iay miſe touſ-

ii ij

LE TREZIESME LIVRE

iouts pour vous feruir pour voftre amour acquerre, pour le
trauaulx & pour les grandes aduentures que pour vous a
endurees & mon corps a martire offert, donnez moy les ar
mes. Bien doys auoir tel guerdon pour voz peines que ia
affinees. Iay prins Troye & Ilion puis que ie ay le paladio
ou les Troyens auoient toute leur fiance. Cestoit la destine
qui nous empeschoit aux murs de Troye confondre, bar
pour le grant espoir que vous auez de Troye prendre, p
tout ce que vous pouez confondre voz ennemys, par tous l
perilleux faictz que vous auez au poursuyuir & au parfou
nir, par tout ce que aduenir vous doibt, & par les deitez q
iay toullues a ceulx de Troye, vous prie que les armes m
donnez qu a la deesse qui est icy. Lors leur monstra Vlixes l
mage fatale de Minerue laquelle il auoit apportee de Troy
Par ces doulces & aornees parolles furent esmeuz les bar
de Grece vers luy, tellement que oncques ne fut escondit
riens quil requist.

℣ Des armes Dachilles que furent adiugees au saige
Vlixes, & comment Aiax se occist.

DV GRAND OLYMPE. Fueillet.LXVII.

Ainsi furent donnees les armes de Achilles au sage aduocat Vlixes par le iugemēt de tous les barons de Grece. Aiax le fort, le vigoureux & le batailleur q̄ tant de fois vint iouster au noble Hector corps a corps,& qui par sa puissance & force defendit seul dardoir la nauire de Grece, perdu par son mal plaidoier les armes de Achilles contre Vlixes dont il eut telle ire que forcener luy en conuint & oncques ne sen peut ne sceut refrener. En ce maltalent quil auoit tira son espee laquelle auoit este mainteffois tainte dedans le sang des cheualiers Troyēs: puis dist. Ceste espee est miēne, dist Aiax ie essayeray se elle trenche. Et affin que on ne se puist vanter que par aucun soye conquis men occiray. A ces parolles sen ferit a la poictrine iusques au poing, ce fut la premiere playe que oncques eut & la derniere. Tant en fut blesse quon ne len pouoit tirer hors, mais la roideur du sang len tyra. Ainsi mourut Aiax dont ce fut grant dōmaige. La firent les dieux en remembrance de sa mort apperte demonstrāce, car de son sang nasquit vne fleur iaulnete semblable a lys fors de couleur,si a escript par remēbrāce lettres representans son nom. Et la nomme on Iacinthus qui mue y est par Phebus.

¶ De la noble & puissante cite de Troye qui fut prinse des Gregeois, arse & demolie.

LEs grecz enuoyerent Vlixes en lisle de lamye pour les dars de Hercules. Cestuy Vlixes par sō scauoir amena en lost Philoctetes a tout ses dars. Encores leur firent leurs sors acroire que victoire ne pourroient auoir des Troyens sans Pirrhus le filz dachilles. Si lenuoierēt querir par Menelaus q̄ lamena au siege. Ce faict la cite fut prinse, trahye & vendue aux Grecz, toute

ii iij

LE TREZIESME LIVRE

arfe & côfôdue mauluaifemêt fut deceu Priā. La royne eut le cueur trifte & efpdu pour la perte de fon lignage, pour la mort de Hector, de fes êfãs, & de fes aultres amys, & encore receut depuis plufgrād pte, car elle pdit fa ppre forme & deuint chien abbayant & vrlant. De toutes pars fut prinfe la cite de Troye, & tous les gens deftruictz & mors. Priam fu facrifie fur lautel Iuppiter, & Caffandra fa fille la deuinereffe fut fouftraicte du têple Apollo & trainee par les cheueulx. Des temples furent les dames de la cite traictes pour eftre proye aux vainqueurs. Lors pillars & robeurs coururêt par tout pour charger & defrober la proye de la cite qui nagueres eftoit peuplee & plaine de tous biés, & maintenāt eft deftruicte & defolee. Aftyanax le filz de Hector fut ius dune tour gette ou on le fouloit porter efbatre pour fon pere veoir batailler. Boreas accorda vêt au plaifir & a la voulête des Gregeois apres ces chofes faictes pour retourner en leur pays. Lefquelz firêt appareiller leurs nefz & leurs voilles au vent defployer, & quāt les dames virent q̄ prifonnieres & cheftiues les conuenoit aller en eftrāges cōtrees, de grād dueil cōmencerêt a plorer & crier, en cōmēdāt aux dieux la terre ou nourries auoient efte & baiferent tous les riuaiges ais q̄ de dans les nefz entraffent. Hecuba eftoit feulle demouree trifte & efploree & plaine de dueil & de rage elle douloufant entre fes filz occis. Les aulcūs embraffoit & baifoit arroufant de pleurs tāt cōe elle en auoit le loifir. Mais Vlixes q̄ la trouua la mena en fa nef. Adōc cuyda le cueur dicelle departir. La pouldre de Hector fon filz print du fepulchre, & en fon ceing la mift affin de lêporter auecq̄s elle laquelle en change de deport luy ramêteuoit fa douleur. Sa fepulture faifoit de fa cheueleure & de fes larmes cōme celle qui lors ne le pouoit de aultre prefent enrichir.

⁑ De lefperit Dachilles q̄ fe apparut aux Gregeois, & du facrifice que fift Pyrrhus de la vierge Polixene deffus le fepulchre de fon pere Achilles.

DV GRAND OLYMPE   Fueillet.LXVIII.

LE duc Agamenon & toute la barõnie Gregeoise auoit sa nauire ancree au port de Troye iusques a tant que la mer fust appaisee & les vens qui les contrestoient. Tãdis que lost illest arrestoit la terre se ouurit deuant eulx & yssit vne ymage a la semblãce ce leur sembloit de Achilles,de pl⁹ espouêtable maniere q̃ il nestoit quãt il voulut occire Agamenon,pource q̃l luy auoit soubstraite samye Briseis & disoit lymage menassablemẽt. Quest ce cy Gregeois ne vo⁹ ouuiẽt il des biẽs q̃ fais vous ay par tãt de fois, & maintenãt nest riẽs ma vertu en memoire,tost mauez mis en oubly.Faites pour mõ hõneur ma sepulture & pour mon ame rappaiſer faictes sacrifice de Polixene. A la voix de lombre obeirẽt les Gregeois q̃ moult sen esbahirẽt.Si prĩdrẽt Polixene ou giõ de sa mere & la menerẽt au sepulchre de Achilles ou estre debuoit sacrifice. Quãt la vaillãte pucelle qui de si grãt courage estoit souuenãte de son parẽtage vit le mortel encõbrier que on luy debuoit presenter, & Pyrrh⁹ present q̃ la debuoit tuer & sacrifier dessus lautel leq̃l sesbahissoit en regardant sa belle face & retardoit loffice,elle en telle maniere luy dist.

LE TREZIESME LIVRE.

Pyrrhus(dist Polixene)fais sans demourance to[n] entreprinse,occis moy & me sacrifie Plus ne soi[t] prolonge le terme ne respit donne que mon sang ne soit espandu. Fens mō pis a ton espee & me cou[p]pe la gorge.Mieulx desire a mourir pour estre deliure & fra[n]che que de viure en aultruy seruage.La mort me plaist se m[a] chiere mere nen fust dolente.Bien vouldroye mourir se estr[e] pouoit par tel si que a ma mere ne ennuyast. Non pourtāt ne doit elle prier pour moy,car plus luy doit sa vie desplaire que ma mort q[ui] me maine a chief de tous maulx.Or vous reqer[s] bouchier que mon corps ne vueillez mettre ne atoucher m[a] virginite,affin que mieulx sen tienne appaise celluy pour q[ui] vous me sacrifiez.Et se vous qui mauez en voz mains pouē[s] ouyr oraisō de chestiue priāt a dueil de cueur.Ie vierge roy[a]le fille iadis au roy Priā,vous prie que a ma poure & desole[e] mere rendez ma charongne,Non pas pourtāt q[ue] elle la mett[e] en sepulture dor ou dargēt,ce ne pourroit elle faire a p[re]sent iasoit ce que en vng tēps passe elle leust bien fait. Mais ell[e] me face obseq[ue] de pleurs & de larmes & ce luy suffise. Ains[i] disoit Polixene la belle & franche de courage qui pour elle ne daignoit plourer, & tout le peuple mesmement ses enne[]mis en plouroient.Lors la print Pyrrh[us] & en plourant luy r[om]pit & tresperssa les entrailles & la fist cheoir morte a terre.Et elle en mourant iusq[ue]s au dernier souspir mettoit son entent[e] a couurir son sexe comme celle qui pas ne vouloit pourtan[t] selle estoit nue:estre veue en descōuenable lieu viue ne mor[]te,qui luy tourna a grant honneur.Et quant les dames Tro[]yennes la virent morte cheoir,le corps receurēt en regretta[nt] le dommage & la perte du grant lignaige Priamus qui [en] si grant destruction estoit mis.Si complaignoient Polixen[e] & Hecuba qui iadis souloit estre vaillante dame royalle [&] maistresse de Asie.Or est triste & chetiue. Trop cher auoit c[om] pare lamour de Helaine & Paris. Elle nauoit oncques eu

DV GRAND OLYMPE. Fueillet. LXIX.

de richesses, de noblesses ne de seigneuries quelle neust plus grande pourete & misere La dolente auoit perdu son seigneur, & puis ses enfans. si rompoit ses cheueulx & esgratignoit sa face, trop se tourne fortune en petit dheure.

¶ Despiteux regretz q̃ fist la royne Hecuba pour la mort de Polixene sa fille, Et du grãt dueil que elle eut pour la mort de Polidorus son filz.

Hascun prengne exemple a celle royne a qui hõneur & bienheurete petit dura. Et puis eut tant de tribulations & de maulx que oncques en sa vie nauoit eu autant de liesse, Tristement se demenoit la dame Et cellesaussi q̃ de Troye estoient auecques elle, Mais plus auoient grãt ennuy de sa douleur, q̃ du leur ppre quãt leur dame veoient si villemẽt cheue en aultruy seruaige, sans ruffuge ne cõfort auoir. Elles en estoiẽt doletes & desolees. Moult se doulousa Hecuba pour Polixene sa fille q̃ elle vit morte a peu q̃lle ne pasma. Le corps embrassa & baisa estroictemẽt. Point nauoit mene moindre dueil pour son seigneur ne pour ses filz que lors menoit pour sa fille de laq̃lle le corps mort & sans ame

renuerce a terre luy renouuelloit toutes ses douleurs. Elle
larrousoit de larmes & disoit en desrõpãt ses cheueulx & en
esgratignãt sa face tellemẽt q̃ le visage auoit tout ensanglãté
Ha ma treschiere & doulce fille en grãde angoisse & en grã
douleur a mis mõ cueur celluy q ta occise. Tõ sang q̃ ie voy
espãdu &'ta belle poictrine fendũe me angoisse trop. Helas
eust pense quil fust hõme viuant en ce mõde qui eust si du
cueur q̃ de toy mettre a mort. Biẽ me cuydoie en ce fier q̃
de glaiue ne mourusses cõme ton pere & tes freres. Celluy
mesmes ta fait occire par leq̃lz ilz sont mors, quãt Paris eut
mortellemẽt feru Achilles de la flesche bien cuiday q̃ iamais
ne me fist greuance, ne aussi a mõ lignage, mais encores fore
cene il cõtre les miens, & autãt cõme il faisoit vif. Encore ne
se peut il saouler dafoler ma poictrine mort ou vif riẽs ne luy
eschappe. Helas maint'enfãt auoye eu que tous a fait mettre
a martire. Tous nasquirent pour sa rage appaiser vif & mort
tousiours me guerroie, bien est Troye a tousiours destrui
cte a vng coup fors a moy ce me semble, mais tousiours de
meure & croist ma mescheãce. Iadis fuz noble puissante &
riche dame, si auoye assez filz & filles & autre amis vaillans
& bons & si estoye femme a treshault seigneur sur tous au
tres. Or suis ie chestiue en orphãite poure desheritee, exillee
& desconseillee de seigneur & de parente, & si est aduenu q̃
estrange femme sera ma ma stresse. Serue seray a Penelope,
si me monstrera a ses damoiselles en soy mocquãt & de moy
faisant ses risees en disant, vela celle qui fut femme au roy
Priamus & mere au noble Hector qui est maintenant en po
ure atour, & ma serue. Ainsi fera de moy sa ianglerie. Mais
moins me greuast ma grande meschance se auec moy eusse
eu Polixene ma fille. Si me double mon cruel dueil que elle
est morte sans sa desserte. Et pour appaiser mon mortel enne
my elle pour la mort a le visaige descouloure. Las que ne me
fault le cueur, trop suis de mauuaise nature quant ie viz en

DV GRAND OLYMPE. Fueillet.LXX.

...lle destresse, de tous biens despouillee & si suis ia vieille. ...e fust temps q ie mourusse, mais viure me faict griefue for ...ne pour plus auoir de meschance. Ie tiens le roy Priam ...eureux qui est mort, car ensemble a ses dueilx passez. Il ...voit pas sa fille Polixene morte pour laquelle ie me duelz ...nt. Au moins selle eust eu tel obseque quil affiert a fille de ...oy & que son corps feust mis ou sepulchre de ses amis, ...oins en eusse de doleance, mais pas ne est enuers moy for ...ne tant fauorable. Faire ne luy puis seruice ne hõneur fors ...e gemir & si la lairray en estrange terre. Helas dolente ...ut ay perdu ce que ie auoye.

R natens confort de riens ou mõde fors seulement de Polidorus mon beau filz que iay de remanant que de tous mes enfans estoit le moindre. Cestuy ay bail le a nourrir en ce pays au Roy de Thra ce, encore attens par luy aucun biẽ. Cest la cause pourquoy ie vueil encore viure vng petit. Mais ie ne scay pourquoy ie ...laye de lauer la playe de ma fille q gist morte en ma p̃sen ..., & son visage q tout est de sang couuert qui sur elle sespart ...ors courut la bõne vieille Hecuba ses cheueulx desrom... ...ant, & demanda vng pot pour puiser de leaue a la riuiere ...ur lauer la morte, si comme Hecuba vint vers le riuage el... regarda & vit Polydor° son filz, ouq̃l elle auoit son espoir, ...ort. Moult sen esbahirent les dames de Troye quant elles ...virẽt, il ny eut celle qui dueil nen feist, a leurs criz faisoiẽt ...tentir lair, mais la mere ne pouoit mot sonner, ains perdit ...angoisse parolles, pleurs & deuint semblable a vne pierre ...nant les yeulx fischez en terre, & ainsi troublee les tour... ...a vers lair, & puis regarda crueusement son ieusne filz

LE TREZIESME LIVRE

qui mal estoit atourne. Si print lors Hecuba en elle telle hardiesse cõe selle fust puissante royne, le cueur luy alloit croissant, & tãt se ferma en ire q̃ repos ne vouloit prẽdre iusques a tãt q̃ elle fust vẽgee de la fraude & trahison du desloyal tyrãt q̃ son filz auoit meurdrir, & ia luy sembloit en son courage q̃ bie̅ en pouoit estre vẽgee, pl⁹ estoit enragee q̃ lyõnesse rãt a la trace celluy q̃ ses faõs emporte, de sõ aage ne luy souuenoit, mais hardie & plaine de resuerie sen alla auecq̃s les dames, elle accõpaignãs au roy Polymestor le desloyal q oc cis auoit lẽfant, & luy arracha les yeulx du visaige a tout ses ongles, & puis de crainste q̃lle eut des poursuiuãs q̃ luy getoiẽt des pierres vinst enragee, & fut muee en chienne de celle nature que quãt on leur rue des pierres courẽt apres.

¶ Des complainctes q̃ fist la deesse Aurora au souuerain dieu Iuppiter pour la mort de Menõ sõ filz occis p̃ Achilles.

Vrora menoit grãd dueil pour Menõ son filz q̃ Achilles auoit occis & mort deuãt Troye. Pour celle cause eut Aurora tel dueil q̃ sa vermeille couleur en pallit p̃ laq̃lle la matinee souloit estre elluminee. En signe de tristesse fut couuert le cie dune obscure bruine, a peu q̃ le cueur ne fendoit a la deesse quant le corps de son filz vist brusler & mettre en cendre. S fen alla toute escheuelee cõme lasse mere triste & plourable elle se getta aux piedz de Iuppiter en soy cõplaignãt en telle maniere. Souuerain dieu Iuppiter sire & maistre du ciel (dist Aurora) de toy viẽs. Car deesse suis quoy que desprise soye, si te sers de partir le iour & la nuict. Sire ne te desplaise mes beaulx faictz te reproche. Le grãd dueil q me touch au cueur me fait requerre douletemẽt nõ pas hõneur ne glore, cõbien q̃ assez laye desseruy, il ne mẽ chault, mais pour m filz Menõ q mort est p̃ Achilles, & pour la tristesse aleger, pour sa mort me angoisse. Ie te prie q̃ tu luy faces faire au cũ hõneur. A sa fille Aurora octroya Iuppiter sa reqste, ca

DV GRAND OLYMPE.   Fueillet.LXXI.

ainſi quon ardoit le corps de Mēnon ſe eſpeſſa la fumee du feu & fiſt le ciel obſcurcir & auſſi le iour en telle maniere q̄ eaue ſourdāt du fleuue deffendit la clarte du ſoleil avenir en bas. Les flāmeſches q̄ p lair en hault voloient ſe amōcelloiēt & prindrēt forme & couleur de eaue par la challeur du feu q̄ en hault gectoit la flāme & la legiereté leur dōnoit eſles, ſi ſembloient ꝑpremēt oyſeaulx, & auſſi eſtoient ilz oyſeaulx. Oyſeaulx deuindrēt & allerēt volletāt parmy lair par grand routes, & enuironnerēt la fumee p̄ trois fois auec grand ge-miſſemēt, & au quart donnerent douloureux ſon, en cōplai-gnant en lair ſe deſpartirent en diuerſes parties & debatoiēt crueſemēt aux becz & aux ongles tellemēt q̄ eulx aīſi de-batus cheurēt to9 mors a terre, ces corps des oyſeaulx q̄ ſen-retuerēt furēt couuers & eſepueliz en la cēdre, dōt ilz eſtoiēt nez, & furēt ces oyſeaulx nōmez Menoīdes pour la remem-brāce dicelluy Mēnō dōt ilz eſtoiēt iſſus. Et quāt le ſoleil eut to9 ſes cercles treſpaſſez & paſſez ces douze ſignes, ces oy-ſeaulx reuindrent pour vne aultre fois remourir.

☙ Du voyage De Eneas pour aller en Italie. ☙

LE TREZIESME LIVRE

Ombien que Troye fust toute destruicte, si
descheut pas toute lesperance des Troyés, c[ar]
Eneas a tout grand richesse eschappa les m[or]
telz perilz. Et si mist auec luy Anchises son [pe]
re & Ascani[us] son filz, & sen alla par mer a to[ut]
grand cōpaignie de nefz cōe cellu[y] qui pl[us]
vouloit illec arreste. De sa terre se despartit & laissa Thrace
quelle encore du sang Polydorus estoit ensanglantee: il e[ut]
bon vent, si erra tant a tout sa compaignie quil arriua au p[ort]
de Delon. En la cite Dapollo entra en laquelle il trouua le b[on]
roy Anius homme bien renomme & biē faisant lune & la[u]
tre office de roy & de souuerain euesque, tellemēt q̃ ses sub
gectz se tenoient a bien contens. Ce roy les receut biē & h[o]
norablement. Grād'honneur & grand feste leur fist & le[ur]
monstra sa riche cite, son temple, & ses manoirs & les deu[x]
throsnes a qui Lathona sapuya quāt elle enfanta sa lignee,
sauoir Castor, Pollux & Helaine. Le prestre selon son vsa
ge fist au temple sacrifice dencens, de vin & de sang, & ta[n]
dis appareilla on le manger & les tables.

Vant cestuy eut le seruice fait il les mena en [la]
salle royalle qui pas tenebreuse nestoit, ma[is]
bien & richement estoit paree. La beurent &
mangerent vins & viandes delitieuses a lois[ir]
& a leur plaisir. Et quant ilz eurent beu & m[an]
ge deuant que les tables fussent ostees, racon[t]
pterent & deuiserēt de moult de choses. Anchises dist a An[ius]
Sire ie ne lay oblie, quant ie vins icy premieremēt tu auoy[es]
vng filz & quatre filles preux, saiges, gentes & belles q̃ so[nt]
ilz deuenuz. Lors crosla le roy son chief chenu ql auoit du[ng]
blanc samit enueloppe en gectant vng souspir & luy respo[n]
dit en ceste facon. Vaillant hōme bien est verite que cinq e[nfans]
sans souloy̨e auoir. Mais le monde est tant muable que ve[z cy]
suis en exil dung filz & de quatre filles, que orphelin en su[is]

DV GRAND OLYMPE. Fueillet.LXXII.

peu sen fault, car quelle ayde ay ie de mõ filz, q en terre vingtaine se tiẽt & regne, laquelle de son pere & de son nõ appelle Andros. Phebus le fit augurien & deuin & Bacchus donna plus grand auantaige aux filles que on ne pourroit croire. Car par leur atouchement elles muoient toutes choses en bledz, en vins & en miel. Tout le pays estoit remply par elles, mais quant Agamenon le sceut qui le grand dommaige a fait aux Troyens, affin que fussions des persecutions de guerre, & des participations de vostre moleste, il enuoya tātost pour les auoir & les querre pour lost des Crecz registre. Contenter ne les peuz par nulle maniere pourquoy les luy eusse enuoye quant elles sen fouyrent chascune ou elle peut, car seruir ne vouloient lost. En Boecie se mucerent les deux & les aultres deux en Andron auec leur frere, & la les fist Agamenõ a ses efforts aller querre. Si les rẽdit leur frere Andros fust bon gre ou malgre, car pas nestoit la Hector preux qui les deffendist, & ainsi ne pouuoit mon filz contre eulx estriuer par bataille. Par paour fut adoncques lamyo vaincue. pas ne fut grand laschete quant il laissa aller ses seurs pour soy garantir & demourer en paix. Si fist on amener tantost grādes chaines de fer pour mes filles enchainer. Mais auant que liees fussent leuerent leus faces & leurs bras enuers le ciel en requerant ay de. Bacchus les secourut merueilleusement. Loccasion ne scay dire pourquoy elles perdirent leurs figures, mais est laduenture telle, & est congneue & sceue que pennes & plumes receurent & furent muees en blancs coulombs.

  ❧Des riches dons & presens que le
roy Anius donna a Eneas & Asca‑
nius, & Eneas pareillement
   a luy.

LE TREZIESME LIVRE

AV desptir De Eneas & de Anchises aps au[oir] prins loracle de Apollo Ani[us] pour lamour q[ue] leur portoit leur fist de beaulx dōs. A Anchi[ses] donna vng sceptre & vng mantel, & a Ascan[ius] vng arc & vng carquois. Et a Eneas vne cou[p]pe dor que iadis luy auoit enuoyee de Theb[es] son amy Tharses, & lauoit forgee Alcō vng maistre orseu[re] Degypte qui grād entente y auoit mys & mainctę oeuure auoit richement pourtraicte. Il y auoit entaille & painct [en] esmail la tresclere cite de Thebes ayant sept portes, & deu[ant] la cite forse tumbeaulx, funerailles, & sepultures, & maī[tes] meres vefues & orphelines toutes esplorees. & nymphes p[leu]rans. Et au millieu auoit faict les deux belles filles de Ech[ion] qui pour sauluer leur pays voulurēt mourir, & mises au f[eu] funeral, pource que du tout ne prenissent fin, des pucell[es] naissoient par merueilleuse aduenture ce sembloit deux io[u]uenceaulx beaulx & coinctes des flammesches, lesquell[es] estoient nommees Stephanos, & hōnouroient sicomme i[l]

DV GRAND OLYMPE. Fueillet. LXXIII.

buoiẽt la cendre de laquelle ilz eſtoiẽt nez. Et faiſoient en
mainte belle proceſſion en maniere de courõne. Toutes
choſes furent en la coupe dor figurees & pourtraictes,
ult eſtoit de noble entailleure, & ſi eſtoit flouretee deſſus
enuiron dune belle fleur & plaiſante. Eneas receut la no
coupe laquelle il loua & priſa, & de ſes ioyaulx donna au
vng calice & vne couronne dor ou il y auoit moult de
erres precieuſes & vng moult noble encẽſoir dor & moult
nnoroient lung lautre.

℣ Des grans perilz & dangereux paſſaiges
ou Eneas & ſes nefz paſſerent.

Ource que Eneas & ſes hõmes eurẽt ouy en re
ſpõce du dieu Phebus que ilz yroiẽt a leur pre
miere mere & de la ne yroient plus auant, ains
y feroient leurs habitations. Ilz penſerent que
iadis auoit eſte premierement extraicte leur na
tion des lombars. Si conuenoit que leur nauire
arriuaſt. Ilz prindrent congé du roy Anius, & tant nagérẽt
mer iour & nuyt que ilz arriuerent en Crete ou petit de

kk

LE TREZIESME LIVRE

temps feiournerent: pource que lair leur eſtoit contrai[re]
Dillec ſen allerent laiſſant cent citez,& ia eſtoient pres d[e]
riuer la ou ilz deſiroient quant yuer forcenant par grãs v[ens]
& tourmens les deſtourna & mena en vne loingtaine te[rre]
nommee Strophade: en laquelle ne habitoit que mauu[ais]
eſpriz. La ouyrent vne telle reſponce qui moult les eſbah[it]
laquelle leur certifia quil leur conuiendroit manger leur [ta]-
ble auant quilz veniſſent a leur contree que ilz requeroie[nt]
Dillec ſe partirent & paſſerent les portz Dulicie, Itacha, S[a]-
mus, Neritus, Ambracia. Puis paſſerent apres par Dodone[&]
par Chaone ou on cuyda par trahiſon deſtruire les filz [de]
Moloſſus par feu ardant. Leſquelz eurent eſles ſi ſen volle[rent]
& eſchapperent lembraſement, puis paſſerent Pheace laq[uelle]
eſtoit chargee de pommes & de la les champaignes de E[pi]-
ros, & de la en Butrotos vne cite fermee de nouuel laque[lle]
auoit baſtie Helenus en ſemblance de Troye.

DE Butrot[9] la cite ſe ptit Eneas a piteux couraig[e&]
tout ſa meſgnie & tãt allerent quilz arriueren[t&]
arreſterent leur nauire en Sicanie qui en la me[r]
eſtend entre mõtaignes dont elle eſt a vmbree d[es]
quelles vers auſtre ſeſtend Pachinus, vers Zephire Lilybe[o]
& deuers Boreas Peloſus. La ſe arreſterent & prindrent p[ort]
vne nuyt iuſques au point du iour. Pres dillec auoit deux [pe]
rilz marins ou pluſieurs nefz eſtoiẽt peries. Lũg eſtoit Scy[lla]
qui eſtoit a dextre, & lautre Charybdis qui eſtoit a ſeneſtr[e]
comme auaricieuſe & gloute trãſgloutiſſoit les nefz & pu[is]
ce quelle auoit beu vomiſſoit. Ce peril a pluſieurs greue[z&]
Scylla en a maint dõmage qui depuis le ventre en aual [eſt]
plaine de chiens marins eſtranges & diuers. Et par aucu[ns]
temps portauiſaige de pucelle belle, gente, ieune & aduen[ente]
elle fut iadis femme & vierge & belle pucelle qui de main[ts]
barõs fut requiſe, mais elle eſtoit tãt orgueilleuſe q̃ tous l[es]
eſcondiſſoit, puis alloit aux nymphes de mer dont elle eſto[it]

DV GRAND OLYMPE. Fueillet.LXXIIII.

cointee, & a elles se vantoit & disoit q̃ par amour lauoient & telz requis & quelle sen mocquoit, & desprisoit & faisit comme folz amuser & vser leurs temps en folie.

¶ De Galathee qui racõpta a Scylla les amours delle & de Acis, & comment elle fut despucellee par vng geant nomme Polyphemus.

Vng iour Galathee q̃ ses cheueux pignoit luy dist. Ie suis certaine que longuement ne peulx refuser ne faire amuser la courtoise baronnie qui damourte requiert que en la fin ne ten mesaduiengne, par mesmes le scay & par espreuue moy qui de grãt parage suis & qui grant plante de seurs ay, & qui suis fille a Nereus dieu de la mer & a Doris, ne peuz refuser sans dommage le nostre hydeux q̃ me veult aymer. Et toy qui es poure & de ligne refuseras sans dommage les couraigeux iouuenceaulx. A ce mot se print la belle Galathee a plourer, & la pucelle la cõforta & luy torcha sa face & ses yeulx en luy priant quelle sappaisast & q̃ la cause de sa douleur luy dist laquelle celer ne luy debuoit, car elle estoit sa leale amye. Lors Galathee dist a Scylla la cause de sa douleur en telle maniere.

PAs nest merueille dist Galathee, se ie larmoye, car iadis aymay Acis le bel & plaisãt iouuẽcel q̃ estoit extrait de grãt parage, mais tousiours estoie de pl9 grãs q̃ luy, ses parẽs le tenoiẽt de pres q̃ pl9 defans auoiẽt, cestuy si estoit toute ma ioye. Il nauoit pas pl9 de seize ans, mais le geãt q̃ ne pẽsoit a riẽs fors a mon amour le occist en gettãt dune pierre dõt iay grãde tristesse. Ha cõe amours gãt puissance quãt celle treshorrible creature q̃ desprisoit les souuerains & q̃ tant lait & hideux estoit q̃ l effrayoit touses gẽs q̃ le veoiẽt & q̃ ame ne le veist q̃ seullemẽt du veoir ne luy mescheist. Cestuy vif dyable ouq̃l ny auoit aucune douleur estoit surprins de mõ amour & ie le hayoie plus q̃ ie ne sauroye dire, il se amignotoit pour mon amour & pour se mettre en ma grace le plus quil pouoit. Bien se scet Venus

LE TREZIESME LIVRE

iouer des folz quant elle leur sçet embler leurs cueurs si su[b]
tillemēt que apperceuoir ne sen sceuēt. Est il riens q̄ amou[r]
ne maistrie. Polyphem[us] le geant fardoit sa crueuse face po[ur]
plus estre plaisant & se pignoit & testonnoit ses cheueul[x]
tout vng grant Rasteau en lieu de pingne,& rongnoit sa b[ar]
be a tout sa faulz.Et si se miroit & regardoit en la mer. Et [si]
mettoit son entente en aymer que sa grande cruaulte [en]
oublioit. Si que sans encombrier laissoit les nefz passer [&]
souloit espier pour elles destruire. Lors suruint nageant p[ar]
la mer le diuin Telem[us] & sapprocha du terrible Polyphe[mus]
auquel il dist. Toy combien que tu ne ayes que vng oeil [au]
meillieu du front, touteffois viendra Vlyxes briefuemē[t &]
le te emblera & demourras sans lumiere. De ces parolles [com]
menca Polyphemus a rire & tint a mensonge tout ce que [le]
diuin luy auoit dit. Puis par courroux luy dist. Fol diuin p[oint]
ne sera mon oeil prins ne emble par home, car desia vne b[el]
le fille la rauy. Vne heure couroit lenrage par la marine, a[ul]
tre heure se mussoit en ses cauernes quant tant estoit las q[ue]
plus ne pouoit & q̄ dormir le couenoit par necessite. Cestu[y]
dieu de mer montoit & se seoit pour moy espier & veoir s[ur]
vne roche enuironnee de mer, & laissoit son bestial sa[ns]
conducteur.

Int vng iour que sur celle roche estoit Polyph[e]
mus assis tenant vng pin dont il touchoit [ses]
bestes plus grant q̄ vng mast de nauyre. Cellu[y]
mist a terre deuāt ses piedz, & print en sa ma[in]
vne fleuste de cent roseaulx dont il flaiolloit [si]
hault que la mer en resonnoit. Ie loys qui tr[em]
me doubtay,si me boutay en vne roche auec mon amy A[cis]
& me Assis sur son giron, si escoutay & notay bien le son [&]
les parolles du geant qui estoient telles. O Galathee pl[us]
blanche que fleur de ligoustre, plus fleurissant que pre[z]
Ha gent corps bel & appert,plus droit que nest mast en ne[f]

DV GRAND OLYMPE. Fueillet. LXXV.

plus resplédissant que voirre, & plus deduisant que ieunes
heureaulx. Ha corps plus poly que le dedãs dung huytre, &
plus agreable que rays de soleil en yuer, & que nest lombre
celeste. Dame plus parãt que palme, plus noble, mieulx flai-
rant & mieulx coulouree que doulce pomme. Ha belle plus
splendissant que glace, plus doulce que raysin meur, vaillãt
me & debõnaire, plus blãche que plume de cigne ou laict.
si tu me fuis & refuses plus orgueilleuse que thoreau, plus
dure que chesne, & plus orgueilleuse que paon, moins piteu-
se que nest ceste roche, plus dommageuse & plus cuisant
que feu fait de charbon ou de seiche busche: plus aspre & pl9
poingnant que chardon: plus cruelle que ourse nouuellemēt
sonnee, plus sourde que mer trouble, pl9 desloyale que ydre
boulee, plus fuyable & effraye que cerf vene, plus variable
que vent. Voulentiers te prendoye se ie auoye ceste isnellete,
ien croy que tu ten repentiroyes se bien me congnoissoies
ce que tu me fuys & que tant demeures, & si mettroyes
peine a parfaire ma voulente.

Ay, dit Polyphemus, maison & caue ou
meillieu dune roche ou nupre ne me
peut chaleur ne froidure. La viēdras de-
meurer auecques moy, en mon iardin a
pommes dont les rainceaulx sõt greuez
pour la charge des pommes qui y pen-
dent. Sur mes vignes a raisins blancs &
noirs desquelz tu mangeras se venir y
daignes de ceulx qui myeulx te viēdront a goust & des frai-
ses tu les aymes, des cormes & des prunes se prendre me
daignes a mary, des chataignes aussi auras a grant plante &
de doulx fruictz darbres & de buyssons, riche te feray ia ne
te fauldra esmayer, iay tāt de biens q̃ le nombre nen scay, po-
ure est celluy q̃ peult scauoir le nombre de son auoir. Et se tu
me croys que ce soit verite de ma richesse viens la veoir &

kk iij

LE TREZIESME LIVRE.

tu en trouueras encores plus Et en tout temps ay du lai[ct]
[f]oison, en ce que ie te recite te pourras delecter & non pas [en]
ce seullement. Mais en plusieurs autres dons que ie te do[n]
neray. Se tu veulx tu auras connis, lieures, cheureaulx do[nt]
tu pourras faire ton soulas & plaisir, & vne paire de coulo[mbes]
q̃ ialay lautre nuyt abatre du nid, & si ay encores deux o[ur]
ses dune face & dune aage que ie ay trouuees en vne haul[te]
montaigne lesquelz ie garde pour toy faire present a ton [ve]
nir. Belle ne refuse mes beaulx presens trais hors ton be[au]
chief de la mer & viens a moy, car bien suis digne de est[re]
ayme. Ie suis resplendissant dit le monstre, mire me suis d[ans]
dans leaue & si sembles de mõ corps & de mõ visage le g[rãd]
Iuppiter, ne scay de q̃l dieu vous parlez entre vous gens: e[n]
es cieulx nest pas ie croy plus bel que moy ne plus gent. [ay]
grand cheueulx qui me coeuurent les espaules qui bien m[e]
affiert, vng cheual est lait quãt crigne luy fault, la plume co[uu]
ure les oyseaulx aultrement ilz seroient laitz a veoir. Bien [af]
fiert aux brebis la laine, si est layde chose homme sans bar[be]
bien maffiert le poil qui a mon col pend qui est long & h[er]
risse, & bien me aduient vng seul oeil, il ny a au ciel que v[ng]
seul soleil. Belle fille ne ten orgueillis vers moy. Recois m[oy]
en mariage. Mon pere regne en mer, belle fais ma reque[ste]
deuotemẽt te prie. A toy suis subgect & vueil estre. Ie cra[ins]
plus ton ire que fouldre. Certes se tu fouysses tous autres [&]
reboutasses comme moy, moins en eusse de ennuy & si feu[s]
se plus patient, Mais trop ay de desdaing que moy geant [re]
fuse pour aymer Acis le chetif. Certes se ie le puis tenir quo[y]
qui te plaise le cueur luy trairay du ventre a qui que poise,
le despeceray & espãdray & getteray parmy la voye, parm[y]
les chãps & parmy la mer tellement que tu le pourras veoi[r]
Ainsi vous desassembleray. Ie suis ialoux si ay langoisseu[se]
flame en la poictrine qui autant me greue que fait Ethna, c[e]
ste langueur & tristesse ay pour toy, & si nen as pitie.

DV GRAND OLIMPE. Fueillet.LXXVI.

☙ Du geant Polyphemus qui occist Acis qui fut mue en roche de mer.

Insi se demenoit en cōpaignant le geant Polyphemus, & ie veoye & oyoye bien tout ce que il faisoit & disoit, puis se leua tout forcene plus fier que le thoreau qui suyt la vache que on luy a substraicte. Si couroit lune heure auant & lautre arriere par roches & mōtaignes cōme celluy q̃ de soy nauoit maniere. quāt il me vit quant auec mon amy Acis qui ne cuydions pas estre en peine que il nous deust trouuer en la roche ou nous estions aucez pour nous deduyre lors dist. Ie les voy certes ilz sont ensemble maintenant. Ie feray tant que ie les departiray sans jamais rassembler, il cryoit tant q̃ la mōtaigne en retantissoit. Pour la doubte du geant me boutay en mer & laissay mon amy Acis dont trop mennuye, & il se mist a la fuytte en disant. Ha belle doulce amye aydez moy & si appelloit ses parens qui ayde & secours luy feissent sans point lescondire

k k iiij

LE TREZIESME LIVRE

a ce besoing, & Siclops le geant arracha du mont vne gra[n]
de piece si la gecta a Acis par telle vertu que mort lacraua[n]
ta. Moy auecques son pere & ses parēs feismes pour le retra[i]
re a sa premiere nature tout ce que on peult de mort dho[m]
me faire. De la roche dure & pesante couroit le sang verme[il]
Mais gueres ne demoura quāt il sesuanouyt & se prit a es[cu]
mer & rayer cōme clere eaue p[ar] les crenaces de la roche q[ui]
pour luy se creua, si y sourdit vng ruissel de clere eaue bruy[ant]
ou vng damoysel apparut le chief cornu enuirōne de vers
seaulx ployez & ānexez ensemble cōme vne courōne. Il e[stoit]
le corps grāt & appert q[ue] iusques au ventre en leaue appar[oit]
soit & sembloit q[ue] ce fust Acis q[ue] le geāt auoit tue, Fors tāt s[eu]
lemēt q[ue]il auoit la hure bleue & si estoit de plus grāt estatu[re]
que Acis ne sembloit parauāt estre. Et ce estoit il certaineme[nt]
q[ue] nouuellement estoit mue en leaue. Acis eut nom auant,
puis encores tient leaue tel nom.

¶ Du dieu Glaucus qui se amoura de Scylla la belle.

Vāt Galathee eut sa raison finee de la[n]
partit & sen repaira en mer auec ses co[m]
paignes & seurs, & Scylla q[ui] nager ne s[ca]
uoit sen alla ailleurs ou son repaire esto[it]
Moult souuent sesbatoit dessus la gre[ue]
de la mer, & quāt lassee estoit se baign[oit]
& reposoit pres de la mer en vne riuie[re]
Helas q[ue]lle estoit en grāt repos se demo[u]
ree fust & eust chastemēt vescu en cest estat Aduint que tā[dis]
q[ue]lle en ce gours seule se baignoit, Glaucus q[ui] iadis auoit e[ste]
pescheur & nouuellemēt estoit mue en dieu & heritier d[e]
meruint fendāt les vagues p[ar] la marine. Et lors sarresta Scy[lla]
pour regarder qui estoit celluy q[ui] tāt se hastoit & de loing
prioit daymer. Et quant elle le vit moult sen esbahit pour
lay de figure q[ue]il auoit, & pour sa couleur & pour sa cheuel[eu]
re q[ui] plus grāde estoit que queue de cheual, laquelle luy co[uroit]

DV GRAND OLYMPE. Fueillet. LXXVII.

soit les espaules & la poictrine, & encores sesmerueilloit pl'
& ce quil auoit la moitie du corps tel que poisson ou mon-
stre marin. Si le regardoit & disoit en requoy. Ha qui est cel
luy qui damours me semont. Cestuy fut bas du mot au pied
appuye q bien sapperceut & pensa q celle sepouetoit & esmer
ueilloit de sa figure si lapella & luy dist en telle maniere. Bel
le fille ne tesbahis, monstre ne suis ne fantosme dot doubter
te doibues. Vng dieu suis qui te vueil aymer. Pas nont en la
mer plus grans droitz Protheus Triton ne Palemon qui fut
le filz de Athamas que iay. Ie fuz iadis homme mortel. Si te
diray comment & par quelle raison ce peult aduenir que ie
suis deuenu diuin. Iestoye pescheur si repairoye en la mer &
y mettoye rethz, filez & hamecons pour poissons prendre &
de ce me viuoye. Vne tresbelle praierie auoit pres du riuage
de la mer qui si recellee estoit que creature ne la scauoit. E so
pesse y estoit lherbe, car oncque ny auoit este couppee pastu-
re ne arrachee, ne oncqs pucelles ny auoiet fait chapeaulx
quant premier y allay, moult y auoit bel esbatement. Les
rethz y estendis pour essuier & vng iour que ie vins de pes-
cher me assis sur lherbe & estendiz les poissons que iauoye
prins pour tous les veoir & scauoir le nobre. Et quāt mis les
euz tous deuant moy en la praierie telle merueille y aduint
que a paine le pourroit on croire : car si tost que les poissons
sentirent la verdeur de lherbe ilz commencerent a paistre &
p la verdeur de lherbe se prindrēt a mouuoir & a nager par
terre come silz fussent en mer dont moult mesmerueillay. Ilz
esuanouyrēt tous de mes yeulx, & se partirent de moy sans
coge prendre, en mer se plongerent. Moult mesbahis que ce
pouoit estre se ce nestoit dieu ou herbe que eust telle vertu, &
prins a dire en moy mesmes. Pourroit il estre que herbe eust
telle vertu. Et en ce disant en cueilly & mis en ma bouche. Et
si tost que le ius matoucha a la gorge ie senty ma poictrine
trembler & muer ma nature. Et si prins a courir en mer aps

LE TREZIESME LIVRE

ma poissonnaille comme celluy qui plus ne pouoit endu[rer]
ne demourer en terre si comme deuant fait auoye. si me pl[on]
geay en la marine. Les dieux de la mer qui me furent deb[on]
naires me receurent honnestemēt en leur compaignie. T[he]
tis en pria Neptunus qui me changeast le mortel & le co[ul]
pable corps & me fist dieu. Aisi fus ie fait. On me arrousa [de]
cent fleuues a vne fois, & si dist on dessus mon chief neuf f[ois]
vng charme purgeant homme. Et de diuerses pars furent [re]
ues espadues par dessus moy & toute la mer versee sur ma [te]
ste. Si fus par ceste chose dautre corps & dautre nature q[ue]
nauoye par auant este & dautre voulente, des adonc fus f[ait]
immortel & euz demy corps pareil que poisson & demy [tel]
que tu me vois a tout ma grande crigne que ie trainne la [sur]
le coeuure mes grandes espaules. Mais q̄ me vault ceste fo[r]
me & ceste diuine nature se tāt es fiere que ma priere ne p[en]
se, Et se de moy ne as pitie qui par a mytie te requiers. Ai[nsi]
prioit Glaucus Scylla de son amour qui la luy refusa pres[te]
ment, si en eut cestuy grant desdaing, tellement que peu s[en]
faillit quil nen yssit hors du sens. Il sen alla a Circes la m[er]
ueilleuse enchāteresse prendre cōseil cōmēt il pourroit la fi[e]
re amolir qui son amour luy auoit ainsi refuse & escondit.

❦ Fine le treziesme liure du grand
Olympe des histoires Poetiques.

❦ Commence le quatorziesme liure du
grand Olympe des histoires Poetiques.

DV GRAND OLYMPE. Fueillet.LXXVIII.

IA auoit Glaucus paſſe Ethna la haulte montaigne embraſee du feu denfer miſe ſur la ioue au
geant ou beuf ne pouoit arer, enceinte de la cru
euſe mer Euboique ou maītes nefz ont eſte pe
rillees entre Auſone & Cecile, tant ſe ſuertua q̄l
paſſa la mer tyrrhene & narreſta ſi nō ou palais
ḋe la deeſſe q̄l ſalua, & celle luy rendit ſon ſalut, puis luy
ḋt Glaucus. Dame ſage & vaillante qui des herbes ſcauez
ṫoutes les vertus. Ie vous prie que de moy ayez pytie. Si me
ḋegez la grant raige damour qui me ſouſprent. Aūltre que
ṽous deeſſe ne me peut ayder. Mais bien ſcay que trop gran
ḋe vertu ont les herbes, car p̄ elles ay eſte mue. Et ſe il vous
ḃlaiſt a ouyr la cauſe de ma doleance ie la vous diray. Ou ri
ṽage de Boecie cōtre les murs de Meſſine vy baigner la bel
Scÿlla qui trop me fut plaiſante. Si la requis damour, mais
ṫant fut fiere & orgueilleuſe quelle me refuſa dequoy ie ſuis
ṁoult dolēt, ſi te prie que tu me donnes conſeil, & ſe en char
ṁe a aucune force, charme la tant quelle ſe conſente a mon
ạmour, ou q̄ tu lenforces par herbes a faire mon vouloir &

LE QVATORZIESME LIVRE

plaisir, pas ne desire ma langueur estre sanee, car guerisõ
veux auoir, mais quelle face ma voulête. Et Circe q pl? e[st]
a aymer encline que femme du monde, & qui auoit le cu[eur]
amoureux, ne scay se de ses meurs ou de sa nature luy ven[oit]
ou se cestoit pour Venus q pour son pere le hayoit, & q a[utre]
le chose le attrahit dist a Glaucus. Se mõ conseil crois, dit [el]
ce, tu mettras celle garse en nonchaloir q ainsi te despite[,]
aymeras vne aultre amye qui tayme, & certes tu nes pas [tel]
que ton amour face a reffuser, car oncques ne fut celle sa[ge]
qui ta reffuse, car mieulx te deust prier, & saches q̃ ce tu [me]
octroyes ton amour ie te aymeroye sans ce que men pria[sse]
aincois te prieroye. Pas ne te despite pour ta forme, car tu [es]
bel, plaisant & amyable. Ie qui deesse suis & dame de gra[nt]
puissance, fille du dieu Phebus & qui scay de medicine [,]
herbes & charmes tãt que aultre en peult scauoir te oftro[yer]
mon amour se receptioir la veux. Prês ce present, ayme m[oy]
qui tayme, & desprise celle qui te desprise. Si en serons de[ux]
en vne amour.

Insi tempestoit Circes. Glaucus qui luy res[pon]
dit plainement quil naymeroit elle ne aul[tre]
tant que Scylla fust viue. Et que plustost co[u]
roiêt riuieres contremõt quil se despartist d[e la]
mour de Scylla. De ce refus eut la deesse hõ[te]
& despit, mais le dieu ne pouoit greuer ou [fem]
me bien aduisee ne luy voulut monstrer son ire, mais cõ[me]
ialouse se courrouca vers celle q plus fut aymee, quelle [,]
amassa des pierres, des herbes de la terre, & en fist ius si [,]
charma, puis affubla vne cape bleue, & yssit sans delay de [la]
salle q plaine estoit de diuerses bestes & tant esploicta q Z[an]
gle passa. Puis alla a Regiũ sur mer a pied sec comme sur t[er]
re & sans trace faire. En vne place pres de la mer auoit v[n]
petit gort enceint, auquel se baignoit accoustumeemẽt S[cyl]
la quant elle auoit chault & souuẽt, La vint Circe, qui bi[en]

DV GRAND OLYMPE.   Fueillet. LXXIX.

...oit le recep, si lempoisonna de vng mauluais ius, & dist
...armes & enchantemēs à ce seruans. Et especiallement en
...vng a bas murmure trois fois neuf fois dont obscure fut
...entence & attoucha leaue enfantosmee puis sen partit.
...lla qui de ses enchantemēs rien ne scauoit vint tantost au
...ou elle se desuestit pour elle baigner & desduire. Si se
...en leaue iusques au ventre, & incontinent y vindrēt mō-
...canins abayans qui la lenglotirent & pourprindrent p
...orce du venin. Paoureuse & entreprinse fut Scylla quāt
...merueille sentit, moult se esbahissoit. Elle ne scauoit dōt
...mōstres venoiēt & ne cuidoit pas q̄ a elle se tinsent, pour
...deulx elle se mist à la fuite, mais quelque part quelle
...it auec elle les auoit. Piedz, iambes & cuisses auoit plai-
...de chiens enragez & ioinctz au ventre. A plorer en prit
...c° son amy quāt ainsi la vit atournee, & tint Circe pour
...nemie qui si cruellemēt auoit prins delle telle vengeance.
...oncques despuis ne ayma Glaucus Circe.
¶De Eneas & ses cōpaignōs qui arriuerēt en Carthage
ou la royne Dido les receut honorablement, &
puis se occist pour lamour de Eneas.

LE QVATORZIESME LIVRE

SCylla demoura en celle mer, si hayssoit m[ou]lt
Circe pour sa cruaulte, elle eust versee les n[efz]
de Eneas en la mer selle en eust eu la puissa[nce]
mais elle estoit muee en roches q̃ les sages m[a]-
riniers fuyent. Tant sefforcerent en nagea[nt les]
mariniers de la nef Eneas, q[i]lz passerẽt les d[eux]
perilz sans mal recepuoir & vindrẽt en vng lieu pres des [ter]-
rains de Ausone quant vng vent tempestueux vint, qui [les]
contraignit & mena en Lybie. Ioyeuse en fut & bien les [re]-
ceut Dido royne de Carthage, & en sõ cueur ayma tell[ement]
Eneas, car bien a mary le cuydoit auoir, q̃ son corps, sa te[rre]
& son auoir elle luy habandonna. Auoir pouuoit Enea[s ri]-
che couronne & tenir grand terre sans esmouuoir guer[re se]
il daignast illec demourer, la royne eust eu en mariaige, [mais]
ce nestoit pas son propos. Nompourtant print il illec gr[ant]
repos tant que il eut ses nefz refaictes & rafreschiz ses g[ens]
des grands trauaulx quilz auoient eu, & puis sans le sce[u de]
la royne a tout ses gens & son conroy se partit & sen all[a na]-
geant, Il laissoit ce quil auoit & alloit querre en estrange [ter]-
re ce q̃ pas ne auoit, aise & delitz laissoit pour ẽtrer es m[aulx]
telz perilz de la mer. Dido pour le despit quauoit du de[partir]
de Eneas delibera de mourir & fist faire vng feu en son [pa]-
lays. Anne sa seur estoit bien doulente de la destresse de [Di]-
do sa seur, & voulentiers leust recõfortee selle eust peu, [mais]
confort riens ne luy valoit, car Anne si pres ne la sceut [gar]-
der quelle ne se occist de lespee Eneas & se gecta au feu. [La]
fut son corps ars, ainsi print a la royne de Carthage Did[o de]
son amour,

☙ Dont les singes vindrent &
furent premierement faictz.

DV GRAND OLYMPE. Fueillet. LXXX.

Eneas s'en fuyoit a grãds exploictz auec gês na[vi]geans par la haulte mer. Par Acestes tindrent leur voye, la fist Eneas côe loyal filz obseq̃ & sacrifice pour son pere Anchises q̃ la estoit en[se]puely & si secourut les nefz que Yris la chã[m]beriere & messagiere de Iuno vouloit par le cõ[m]andement de sa mere embraser. Puis passerẽt le regne Hip[p]ades & les terres sulphuries Acheoly delaissant & les ro[ches] des Seraines, puis Inarime, & les terres de Pithecuse [en] couerse mainte singe & habite. Car Iuppiter qui cure na[ue] fraulde hayssoit les desloyaulx Cicropiens pource q̃ tous [es]toient a trahyson, si fist de ses gens laides bestes, & abbre[gea] leurs corps, si leur fist pasle visaige & nez camuz, & si les [cou]urit de gris poil, fors seullemẽt le cul quilz ont tousiours [des]couuert. Et si leur tollit parolle tellement que mal dire ne [sce]uẽt ne se mocquer daultruy comme ilz souloient. Quãt [ilz] cuydent & veullent parler, ilz barbetent a voix enrouee, [en]cores font aux gens la moue, ces bestes sont en partie [sem]blans aux gens. En Pithecuse les mist le dieu Iuppiter. [Cel]le isle passa Eneas & Parthenope vers dextre & a senestre [le] bel Missenus, & les lieux plains de pallus, & alla arri[uer a] Cumes, ou il trouua la saige Sibille qui estoit mucee [en v]ne roche, celle en son temps prophetisa moult de choses [nota]bles, car moult scauoit de choses diuines. A celle pria [Ene]as que par son plaisir le menast en enfer & ramenast vif [affi]n pour veoir lame de son pere Anchises luy disant que [cr]oyoit certainement que ceste chose pouuoit bien faire p[ar sa] prudence sil luy plaisoit.

¶ De la Sibille Cumee qui conduysit
Eneas en Enfer, & des parolles q̃l eut
auec son pere Anchises.

LE QVATORZIESME LIVRE

A Sibille auoir ouy la requeste de En(eas)
vng petit pensa le chief enclin: puis
telle maniere luy respondit & dist.
Eneas de qui la pesse & bōte est espro
uee, grande reqste me as faicte, nōpo(ur)
tant ie la te octroye, si teconduiray ce
voye qui trop est hantee. Lētree qui t(u)
est cōmune, est assez pres dicy, mais p(eu)
de gens treuuēt le retour se bon ducteur ne les ramaine. N(on)
obstāt a sauuemēt ty meneray & rameneray, si te mōstre(ray)
lame de tō pere Anchises. Il nest entreprinse difficile aue(c)
adōc le mena Sybille en la forest Proserpine dame dēser, v(n)
arbre dor y auoit: duquel Sybille fist a Eneas cueillir vne b(ran)
che: puis se mirēt ensemble au chemin tant que en enfer v(in)
drent ou il entrerent en la porte. Si vit Eneas espouuenta(ble)
contree, ou les douloureux pecheurs estoient tourmente(z)
La veoit Eneas ses predecesseurs. Le roy Priam & son lign(a)
ge, & Anchises son pere qui moult bien le recongneut, le(quel)
luy monstra la difficulte de ses prochaines fortunes & adu(entures)

DV GRAND OLYMPE. Fueillet. LXXXI.

Quant Eneas eut aprins ce quil demandoit de son pere
Anchises, il print congé de luy & se mist au retour auec la
belle sa conducteresse, & tandis quilz reuenoiēt & tenoiēt
chemin denfer. Eneas araisonna la Sibille & luy dist. Da-
me saincte & bonne personne, a tousiours seray tō serui-
teur. Bien doy par raison honnorer & faire temples, autelz &
sacrifices en lhonneur de toy & te tenir pour deesse si tost que
en terre reuiendray, car au corps mas sauue la vie & fait grā-
de courtoisie. Par ton ayde ie suis denfer yssu.

La Sibille en souspirāt regarda Eneas & si luy dist.
Amy pas ne doibs dire q̄ suis deesse, car pas ne suis
digne dauoir autelz ne tēples, mortelle fēme suis
ayāt telle destinee q̄ mille ansme cōuiēt viure & nō
plus. Et se ieusse voulu aymer le dieu Phebꝰ il meust octroyé
ieunesse ppetuelle. Grāde cure mist a me attraire a son amour
& me promist tout ce q̄ de luy vouldroye auoir, mais oncqs
ne vouluz auoir richesses. Vers la rene de la mer me abaissay si
prins plaine poignee & luy requis q̄ autāt dās vesquisse
comme iauoye de grans de sable en la main. Se ie eusse reqs

11

LE QVATORZIESME LIVRE

a viure tousiours en ieunesse il le meust donne & octro
mais ie ne fuz pas tāt sage ie eusse eu ma demāde:& trop
eusse peu amēder se son vouloir eusse fait:car pardurable ie
nesse eusse eue mais ie ne le vouluz faire. En la pouldre
enpoignay auoit mille grains darene. Petit pensoye au g
encōbrier que du dieu mestoit a aduenir. Mourir ne puis
uāt mille ans:si ay moult ma ieunesse gastee. la y a sept c
ans que ie naquis & encores en ay trois cens a viure. V
temps sera que vieille seiche & ridee seray, assez suis bien
ēte de corps, mais adonc seray ie si retraicte & si laide quil
sera hōme qui doyue cuider que oncqs Phebus me aym
Lors ne me cōgnoistra on fors q a la voix tant seray muee.
ces choses racōptant vindrent denser en la cōtree de Boec
& la sacrifia Eneas aux dieux q lauoiēt garanty des perilz
il auoit este, puis se partit de la Sibille Caieta & se remist e
voyage, mais auāt enterra il sa nourrice sus le riuaige, app
du nom de sa nourrice & la fist les obseques.

☙ Des diuises qui furent entre Machareus & Ac
menides qui estoient eschappez des gens a Vlixes.

DV GRAND OLYMPE Fueillet.LXXXII.

Andis q̃ Eneas sarrestoit pour enterrer sa nourrice: vint Machareus lung des cõpaignons de Vlixes au riuaige. Maintes peines & maitz perilz auoient souffert auec luy ca & la par mer ainsi q̃ le vent les auoit demenez, mais par fortune en delaissant Vlixes estoit la venu arriuer: trouua la Achimenides q iadis auoit este de la cõpaignie Vlixes. Quãt Machareus le vit moult eut grant ioye & en esmerueille, si luy enquist qui la lauoit mis cõmẽt il auoit esgarde de mort, & cõment les gens Troyẽnes le pouoiẽt ofrir, ne en q̃lle terre ilz tendoiẽt. Achimenides q̃ ne auoit ꝗe robbe que de son poil, dist a Machare9. Dieu mẽuoye grãt mescheance q̃ reuenir puisse es mains de Polyphem9 plus ne suis tenu a mon amy Enee, & se plus ne le plains q̃ on propre corps, car il ma fait plus de biẽ & de courtoysie ꝗe hõme du monde. Iamais ne pourroye oublier ses biensfaitz. Il mest plus priue q̃ oncq̃s ne fut Vlixes, riẽ du sien ne refuse que ie vueille auoir. Sa nef, ses dars & sa viãde madõne & tout tãt ql me fault aussi biẽ cõme aux siẽs. Oncq̃s mayma Vlixes autãt cõme il fait, par luy suis maintenant vie & garãty de mort, car se il ne fut Polyphemus meust ẽcore & fusse mort en la mõtaigne ou long temps fus puis ꝗe dauec moy partistes & me laissastes en esmoy.

Vant Vlixes eut emble loeil au geant & en son dormãt aueugle ie vey loing du riuage & vo9 sans moy estre en la nef, bien cuyday de dueil enrager & nosay de crainte crier affin que le geant ne me oyst & sceust ou iestoye, car tost meust occis. Vlixes pour haste cria ses cõpaignõs, mais le geãt louyst. Et peu sen faillit q̃ to9 ne vo9 fist perir, car deux grãdes roches vo9 rua. Moult doubtoye q̃ en gettãt la roche ne vo9 occist ou q̃ les flotz ne fist surõder & effõꝺ voftre nauire. Aduis mestoit q̃ encores estoit en la nef pis,

ll ij

LE QVATORZIESME LIVRE

que tant doubtoye. Quāt eschappez luy fustes & esquip[
loing du riuage plain dyre & de douleur alloit le ge[
brupāt par Ethna, la ou sa rage labouroit comme cellu[
aueugle estoit tastant a ses mains la voye, & luy souuēt [
pant & mauldissant le Gregeois, moult menacoit & iu[
que se par aucune aduenture trouuoit Vlixes ne les sien[
son danger bien sen vengeroit. car les cueurs des vōtres [
tairoit & tous vifz les demembreroit, si en paistroit sa gl[
pance, & en beuuroit le sang. Telles parolles ou semblab[
disoit le cruel mōstre dōt ialoye tressaillant de grande pa[
& horreur que iauoye qui son horrible visage taint & en[
glāte veoye: par la barbe luy decouroit le sang des gēs m[
ql auoit occis deuorez & mangez. Si regarday ses sangl[
mains dont mainte occision auoit faicte & la cicatrice de l[
gin dōt Vlixes luy auoit tire son oeil. Lors mestoit aduis [
ma mort mestoit presente & bien cuyday quil me deust p[
dre & deuorer & que eschapper ne luy peusse, car plusie[
en auoit deuorez. Et si me souuint du tēps douloureux [
le fel monstre auoit deuorer mes compaignons. Veu auc[
trois foys ou quatre eulx mettre a perdition, & comme Ly[
forcene manger leur chair & boire leur sang & succer l[
moelle. Quant toutes ces choses auoye aduise couleur [
sang perdoye, car tousiours cuydoye par luy estre destru[
En celle angoisse & en celle tristesse fuz longuement, & q[
aucun resonnement oyoie doysel, de beste, de vent ou dau[
chose tellement me effrayoie cōme celluy qui tousiours [
doit mourir, & a la verite dire bien eusse voulu estre m[
pour estre hors de tel martire. Quant rage de famine me [
noit par terre me trainoye pour querir ma dolente vie, ie m[
geoie du gland, herbes & racines, car autre viande ne tro[
uoye. la si longuement fuz sans cōfort ne esperance dho[
me qui fust en vie tāt que ie vy loing du desert ceste nef pl[
ne de gent Troyenne nageant en la mer, Si leur feis sig[

DV GRAND OLYMPE. Fueillet. LXXXIII.

nageant quilz me recueilliſſent auec eulx & allay courāt
le riuaige ou Eneas me receut, ſi ſuis encores de ſa compignie. Or ſcays bel amy mes aduantures ſi te prie que tu
racompte les tiennes & comment puis que de moy par
vous eſtes contenus toy, Vlixes & ſes cōpaignons qui par
mer vous enſuyſtes.

¶ Des merueilleuſes auentures que Machareus
racompta a ſon compaignon Achimenides qui
luy eſtoiēt aduenues en la mer. Et cōment
Vlixes encloyr les vens en vne
peau de beuf.

Achareus luy diſt. En la mer de Toſcane
regne Eolus le maiſtre des vens, filz de
Hippotas. Quant nous fuſmes la venuz
Vlixes par ſa grande ſapience enferma
les vens en xng cuyr de beuf bien couſu
qui long temps nous auoient guerroyé
& greué affin que plus ne nous peuſſent
deſtourber. Si paſſaſmes ainſi la tormente des vens qui grant empeſchement nous auoient donne. Et
nageaſmes ſeurement par leſpace de neuf iours acompliz, &
eſtions pres darriuer en la terre que nous demandions laquelle no⁹ veiſmes de biē pres. Mais au dixieſme iour apres
aucuns de noſtre compaignee par couuoytiſe denrichir voulurent ſcauoir quelle choſe auoit Vlixes ſi bien encloſe dedans le cuyr de beuf cuydant que il y euſt mys de lor. Lors
par couuoitiſe qui a mal faire les atyra ouurirent le cuyr. Et
quant les vens ſe ſentirent deffermez ilz yſſerent & ſoufflerēt
de tel randon quilz firent retraire la nef aux perilz dont elle
par deuant eſtoit eſchappee, & la remirent & nous auſſi dedans les cruelz deſtrois Eolus. Puis vinſmes a Leſtrigone
vne groſſe & anciéne cite de celle region ou eſtoit ſeigneur
Antiphates. La fuz enuoye moy & deux de mes compai

LE QVATORZIESME LIVRE

gnons pour scauoir se nous pourrions estre sauluemēt [sa]
encombrier, & quant nous trois vinsmes deuant le felon
rant nous luy comptasmes nostre message. Mais petit sen [s]
lut que tous ny fussions mors. Moy & vng aultre par leg[i]
rement courre nous meismes a sauluete. Et le tiers fut pri[s]
& deuore, si le mangea Antiphates & sen repeut, puis asse[m]
bla sa mauluaise maisgnie & vindrent courant deuers n[oz]
nefz si en noyerent plusieurs & plongerent noz gens a g[rans]
éter de grands boys & de grandes roches. Toutes noz ne[fz]
& noz gens furent plongez, & nen eschappa, fors la nef [ou]
Vlixes estoit auec peu de gens. Moult estions doulés de n[oz]
compaignons que le tyrant auoit fait mourir. Ainsi a gra[nt]
de peine eschappasmes par mer nageans de celle terre, loi[ng]
dicy vous pourrez lisle veoir. Et se tu mē croys dist celluy [tu]
te garderas dy aller, si ne lapproche pas de prés & prend[ras]
aincois aultre voye.

☙ Des compaignons de Vlixes qui de
uindrent porcz par lenchantement de
la deesse Circes, & commēt Vli
xes par sa prudence les des
fist de lenchātement.

Neas dist a Machareus. Bel amy puis [que]
la guerre de Troye est finee pas nes n[ostre]
stre ennemy. Si te dis pour bien que t[u]
te gardes de arriuer a Lestrigon, & a[u]
port Circe lenchanteresse mauluaise
a peu que tous nen fusmes periz qua[nt]
nostre nef y fut arriuee & ancree. Vl[i]
xes requist scauoir mon lesquelz iroie[nt]
de par luy a Circe la dame de la terre dire quelle nous lai[s]
sast en paix passer par sa terre. Alors nous souuint il de de[ux]
messages ou tant nous auions receu de mal, premieremē[t]

DV GRAND OLYMPE Fueillet.LXXXIIII.

deuers Polyphemus le geánt, & secondement deuers Antiphates lestrigon. Si ny eut nul qui se octroyast a ce messaige faire pour paour de pis auoir côbien que Vlixes en priast. Si nous conuint par accord gecter le fort qui sans contredit ce messaige feroit. Si côuint par force que ie y allasse & menasse auec moy. xvij. compaignons. Lors nous mismes tous.xviij. ensemble pour aller ou Vlixes nous enuoyoit. Quant la ville approchasmes vne tresgrande infinite de loups, de ours & de lyons veismes venir deuers la cite contre nous, dôt nous nous doubtasmes cuydâsq̃ ilz venissent pour no⁹ mal faire. Mais couraige nen auoyent, ains nous accôpaignerent iusques a ce que damoyselles & chamberieres vindrent qui nous receurent & menerent a la resplendissant salle belle de fin marbre couuerte. Deuant la dame fusmes conduitz qui en vng bel habit sur vne chaiere bien aornee estoit assise & estoit toute sa robe a or brodee. Auec elle estoient nymphes Nereides qui ne seruoient fors deslire herbes & fleurs diuerses & de mettre chascune a part en diuers paniers quelles auoiẽt par le cômandement de la dame qui dautre oeuure ne auoit que faire, & qui scauoit & cognoissoit la vertu dicelles herbes & fleurs, & quelle force chascune auoit a part elle ou mixtionnee auec aultres ou plusieurs. Si en faisoit a poiz & par portions diuerses mixtions. Circe la desloyalle saluames & luy feismes nostre message. Et elle moult liement & ioyeusemẽt nous rendit nostre salut. Et fist incontinent faire vne mixtion de grains dorge, de miel, de vin & de lait. En ce doulx beuurage fut meslee si forte poisõ de ius de herbes & de fleurs q̃ celluy q en beuuoit deuenoit truye ou porceau. Pas ne cuydiôs q̃ telle mescheâce nous aduenist quant elle nous pria de boire, & no⁹ tẽdit le beuurage. Nous le receusmes, car pas ne scauiôs q̃ mesaduenir no⁹ en deust, & tantost quelle veit le beuurage a noz bouches elle nous toucha aux cheueulx de vne verge & incontinẽt, ia pour honte ne le gers

LE QVATORZIESME LIVRE.

denier. Ie deuins porceau & aussi firêt pareillemēt les cōp-
gnons q auec moy estoiēt par la force de la poison q donn[é]
nous auoit la deesse, aisi fusmes tous muez fors Eurylo[che]
le sage q oncqs du beuurage ne voulut gouster. Cestuy [se]
fuit grāt alleure dire a Vlixes cōmēt il auoit veu hōteuse[ment]
ses cōpaignons demener. Et bien sachez q se celluy eust g[ou]-
ste du beuurage il eust este pareillemēt mue en porc cōe n[ous]
& aisi ne fust ia venu Vlyxes pour nos deliurer & rescou[re].

Ays le dieu de eloquence Mercure luy dōna v[ne]
blāche fleur q lō appelle moly tenant a noire ra[ci]-
ne q moult valoit a celluy q la portoit. A tout [celle]
le fleur entra Vlyxes en la porte de lenchāteress[e].
Et quāt elle le veit qui les autres auoit enchante, legierem[ent]
cuyda faire de luy cōme elle auoit fait aux autres, si luy pr[e]-
sēta le beuurage ou il y auoit du ius de Lathos & le voul[ut]
ferir vers le chief. Mais Vlixes refusa le beuurage & si bou-
tat lenchanteresse en sus de luy. Et si la menaca lespee trai[te]
pour ses gens desquelz elle lauoit despouille. Et quant cel[le]
le veit de la mort eu grande paour. Si luy requist mercy p[ar]
telle conuenance que ses compaignons luy rendroit. Cel[le]
luy iura & asseura & si se donna a suy entierement par mar[i]-
ge. Vlixes demanda tantost sa promesse & que ses gens lu[y]
fussent rendus. Edonc sans delay feusmes mādez pour auo[ir]
guerison. Si nous arrousa on dune aultre meilleure poiso[n]
& plus saine. On nous frappoit en la teste dune mesmes ver-
ge a leuers, & lisoit on dessus nous la controuersie du char-
me quōn nous auoit dit a muet, Et comme plus Circe no[us]
descharmoit tant plus reuenismes a nostre droicte forme hu-
maine. Vlyxes pour nostre amour plouroit de pitie & nou[s]
aussi quant en nostre premiere forme fusmes retournez, & [a]
peine nous en peusmes saouler de le humblemēt remercie[r]
du bien & de lhonneur quil nous auoit fait. Vng an entie[r]
seiournames la sans departir se ce ne fut pour nous aller e[s]

DV GRAND OLYMPE. Fueillet.LXXXV.

atre. Leans auoit quatre chamberieres qui moult de cho
me cōpterent & mōstrerent. Lune especialement me reue
en secret maintes merueilles q̄ Circe sa dame auoit faicte.

Lle me monstra secretement ou temple
vne belle ymage dor entaillee de mar
bre blanc qui sur son chief portoit vng
pin vert, & si estoit toute pourprise de
couronnes de maintes guises. Ie luy de
manday qui estoit celuy roy, & pour q̄l
le cause il estoit en la saincte maison aou
ree, qui mis luy eut, & que ces oyseaulx
signifioiēt que en telle maniere portoit. Ce que tu demā
dist la chamberiere orras. Si pourras scauoir le grant po
uoir de ma dame se a mon compte veulx ouyr & entendre.
Fut iadis de Ausone Picc9 de la lignee de Saturne & fut
moult puissant & cheualereux, si pouez veoir par ceste yma
ge sa beaulte, car telle fut sa figure, bel fut & assez plus har
dy & si estoit ieune. Oncques ne veis en la guerre Troyēne
grec de son aage tant esprouue de vasselage. Maintes nim
phes le couuoiterent, mais toutes les mist arriere pour vne
qu il auoit mis son cueur nee du mont Palatin belle, gēte &
renōmee, fille de Venillie & de Ianus, & celle aussi ne volut
mettre son couraige par amour ne en mariage forsen Picc9.
En elle eut son ētête. Lūg eut sō cueur mis en lautre, si furent
ioigtz p mariage. Celle chātoit si biē q pour son beau chā
ter lapelloient ceulx q la cōgnoissoient Canēs. Tāt bien chā
toit q̄ les bois & les roches souloit esmouuoir: & les coura
ges des cruelles bestes appriuoiser. Et retenir & amuser les
oyseaulx qui voler souloiēt par lair, & les riuieres de courir.
Tādis que la belle tendoit a attraire p son chāt bestes & oy
seaulx alla Picc9 chasser aux sāgliers en la forest de Laurēce,

LE QVATORZIESME LIVRE

De la deesse Circes qui mua le roy
Picc⁹ en vng oyseau:& de la force
& vertu de ses charmes
& enchantemês.

Lors que Piccus alla en la forest de Laure[nce]
chasser aux sangliers il estoit, vestu dung m[an]
tel a pourpre orfroye & seoit sur vng che[ual]
fort & aigre & si tenoit deux dars. Circes q[ui]
souuent y alloit cueillir herbes & fleurs po[ur]
faire charmes estoit la venue en celle heure[&]
veit dung lieu ou elle estoit mucee Piccus roy de Laure[nce]
Et quant si bel le veit tant la surprist amours que maniere [ne]
scauoit tenir. Et côme esbahye & trespêsiue perdit les fle[urs]
que cueillies auoit. Et puis quant elle se fut pourpensee s[on]
plaisir cuyda dire au roy. Mais le loysir nen eut, car la m[e]
gnie du roy la destourberent & le cheual qui trop fort le[m]
porta. Adonc dist la dame, & si plus tost couroyes que ven[t]
te tiendray ie mat & prins en mes las, se sens & engin ne m[e]
faillent, & medecines de herbes ayent valeur, & si ne pen[se]
pas que ces choses me deffaillent, car bien scay que mede[ci]
nes dherbes valent. Adonc fist Circe par son enchantem[ent]
deuenir & apparoir deuant le roy vng sanglier courant q[ui]
sans arrest se bouta ou plus fort de la forest en lieu qu on [ne]
pouoit cheuaucher. Piccus descendit du cheual & se mis[t a]
suyuir le faulx vmbre du porc que il cuydoit auoir veu &[se]
bouta apres en lespesse forest brandissant son espieu. Et lo[rs]
fist Circe inuocations, côiurations & charmes comme cel[le]
laquelle trop biê en scauoit vser. Entre les aultres elle en f[ist]
vng dont souuent elle auoit tollu au soleil sa clarte & la lu[ne]
obscurcir. Si fist lair obscurcir tellement que il sembloit q[ue]
tout le monde fust en tenebres. La compaignie du roy q[ui]
ne veit perdit la trace de son seigneur & ne sceut quelle pa[rt]

DV GRAND OLYMPE. Fueillet.LXXXVI.

estoit alle, si prindrent les cōpaignōs a errer & se foruoyer
ung ca & lautre la.

Vant Circe veit le roy seul en lespesse forest & veit que tēps & loisir auoit de luy
dire sa voulente. Si laraisonna en telle ma
niere. Damoisel agreable le plus delectable & le plus plaisant qui soit au monde
par tes beaulx yeulx q les miés ont prins
& par ton beauvisage q mis ma au cueur
la rage qui tellement mestraint que il cōuient que damours te requiere. Si te prie que de moy ayes
pitie & me prens a femme. Ie suis haulte dame & puissante
& ne fille au dieu du soleil. Ne desprise ma priere se premier te prie. Piccus luy respondit. Ia dieu ne plaise que face
a mamye telle desloyaulte. Se tu es saige puissante & de
hault parage, de ce ne me chault. Iay mise mō entēte a autre
assez bien aprise, laquelle pour toy changer ne vueil, ne pour
autre enfraindre mō mariage, tant que dieu la tiengne viue.
Plusieurs fois laraisonna Circe, mais pour chose quelle deist
ne peut de son amour finer. Et quāt elle veit que Piccus tous
iours la desprisoit de ire & de rage esprise luy dist. Mal mas
mis en refus, car ce despit vengeray asprement sur toy. Et
te monstreray que femme puissante peult faire q damour
est refusee tellement que iamais ne tiēdras celle que tant ay
mes & desires. Lors se tourna Circe vers orient deux fois &
deux fois vers occident & toucha Piccus trois fois de vng ba
ston & dist trois charmes. A donc fut cestuy mue en oyseau.
Si sen vola dont moult sesmerueilla, & de dueil quil en eut
cōe ire prist a frapper de sō dur bec & pcer les arbres. Sa plu
me fut de telle couleur q souloit estre sa robe. La teste auoit

LE QVATORZIESME LIVRE

par deſſus dorees,& briefuement a dire,riens que premie[r]
ment euſt eu ne luy demoura fors le nom que il auoit eu.

Andis que Circe mua le roy Piccus [en]
forme de oyſeau le queroient ſes ſer[ui]
teurs par tout & lappelloient.mais o[n]
ques ne le peurent trouuer & ſi trouu[e]
rent en la fin Circe ſeulle en la fondri[e]
le ou faicte auoit la mauluaiſe oeuu[re]
car faillie eſtoit lobſcurte q̃ faicte auo[it]
par vēt & par ſoleil retraire.Quāt ceu[lx]
qui leur ſeigneur auoient perdu la trouuerent,bien pēſere[nt]
que par ſon enchantement les auoit deſpouillez de leur ſe[i]
gneur diſant que ſelle ne leur rendoit grand deſhōneur lu[y]
feroient.Et celle qui ſe doubta print a faire charmes & ſor[ce]
ries & les attouchoit dung ius dherbe qui trop leur nuyſo[it]
& pria les dieux de la nuict Erebus,Chaos & Hecates,Lo[rs]
par ſes inuocations la terre trembla & ſe print a croiſtre vn[g]
grand boys & a plouuoir eſpeſſement ſang.Et les pierres [ſe]
ouurirent & donnerent grans mugiſſemens & ſi apparur[ent]
de tous coſtez chiens enragez, & de noire ſerpentine, & d[e]
vermine venimeuſe fut couuerte la terre denuiron & ſi vo[l]
loient ſe ſembloit en lair les ames & eſperitz des mors.Qu[ant]
ce veirent les compaignons ſi fort ſe effrairent que ilz ne ſc[a]
uoient que faire,& Circe les enuenima & toucha de ſa ve[r]
ge plaine de venin.Si leur tollit leurs formes humaines&le[s]
mua en diuerſes beſtes venimeuſes & ſauluaiges.

E ſoleil eſtoit ia abſconſe quant Canens en
uoya ſes ſeruiteus querre le roy duquel la re[ue]
uenue moult deſiroit qui trop ſi luy ſembloi[t]
tardoit a reuenir dōt elle eſtoit triſte.Nō pour
tant encores eſperoit ſa reuenue.Ses meſſage[rs]
le q̃roient par la foreſt & lieux deuoyables po[r]
tans des brandons alumes,& Canēs plouroit & deſſiroit ſe[s]

DV GRAND OLYMPE.　　Fueillet. LXXXVII.

receulx. Pas ne se abstint la Nymphe a tant, ains chemina & courut côe folle par vallees, par chemins, & par terre la fortune & aduenture la menoient, six iours entiers ne fi-ne de chercher sans seiourner que oncques neut q̃ boire ne manger. En la fin trauaillee de cheminer senclina sur la rive du tymbre pleurant & gemissant la perte de son amy a basse voix meurdrie de douleur côe vng Cygne mourant q̃ chante deuant sa mort, tãt demena celle damoiselle son dueil que tout en perdit sang & couleur petit a petit a legier vent. Ainsi ne sceut on quelle deuint, mais la renōmee dura. les paysans de la contree donnerent a ce lieu le nom de la Nymphe, si que despuis lappellerent Canens.

De Eneas qui fut receu du roy Latin, & des
batailles quil eut contre Turnus pour lamour
de Lauine qui despuis fut sa femme espousee.

TAnt demoura Eneas a ce riuaige que sa nour-rice eut enterree, puis se partit, & sen alla par mer nageant luy & ses gens eslongnans a leur pouuoir la court de Circe q̃ trop mal estoit re nommee. Si nagerent tant quilz arriuerent ou le Timbre descent en mer. Mais pas ce ne fut sans grandes batailles. Tant fist Eneas qlarriua en la cite, q̃ despuis fut siéne. Grãtioye en fist le roy Latĩ. Sa fille Lauine luy donna en mariaige laquelle moult estoit frãche belle, hõ nourable & saige. Et toute sa terre en douaire, mais Turnus vng riche & puissant vassal luy cõtredist disant q̃ ia ne souf-friroit que aultre fors que luy eust samye. Car on luy auoit promise & accordee premierement. Parquoy sans arrest en-uoya Venulus vers Diomedes luy prier que ayder luy voul-sist contre Eneas q̃ soustraire luy vouloit sa terre & samye. Diomedes se excusa disant q̃ faire ne pouuoit ce que Turn⁹ luy mandoit, & dist au message en telle maniere. Amy aider ne vo⁹ puis, car pas ne suis de ceste terre seigneur, ne mener

LE QVATORZIESME LIVRE

ne doy les gēs en aultruy querelle sans conge, auſſi nay p[as]
gens propice dont au present aider vous puiſſe, & affin q[ue]
vous sachez q̄ ce soit verite ie vous racompteray la perte q[ue]
meſt aduenue puis que Troye fut exillee iacoit ce que la [re]
membrance face mon dueil renouueller. Despuis q̄ la gue[r]
re Troyenne fut finee. & toute la terre deſtruicte cuydam[es]
eſtre aſſeurez sans doubtance q̄ aultre mal despuis ne no[us]
deuſt aduenir & cuydasmes que ioyeusement en noz terr[es]
deuſſions repairer, mais trop no⁹ greua Minerue qui po[ur]
le mal de Vlixes nous hayoit si nous fiſt trop de dommai[ge]
pource quil auoit oſte le Palladium du tēple de la deeſſe. [Et]
rauie Caſſandra la fille de Priamus pour laquelle il ēcou[rut]
lyre diuine, dont tous en receuſmes grans dōmages, car to[us]
fuſmes disparez & lōguement vagans par la mer a grāt m[es]
chief sans venir a port conuenable. Cōtraires & rebelles n[ous]
furent les vens & trop no⁹ fiſt douloir lair de la mer. Et pou[r]
aſſouir les griefz que lōg temps souffriſmes pluſieurs de no[z]
compaignons perirent & moururent en mer. Et pource q[ue]
trop vous tiendroye se tous les grans meschiefz esquelz n[ous]
eſtions vous racomptoye par ordre & les paours q̄ nous eu[s]
mes. Briefuemēt a dire nous en euſmes tāt que se le roy P[ria]
mus noſtre aduersaire nous euſt veu il en peuſt auoir m[es]
mes plorer de pitie, touteſſois a quelq̄ peine q̄ ce fuſt ie iſſ[y]
des flotz & descendy a terre par layde de ladicte Minerue [qui]
par sa pitie ne me voulut laiſſer perir es perilleuses vndes. [Ie]
cuyday venir a mon pays, mais chaſſe en fuz dōt moult d[e]
uoyes eſtre esbahy, quāt ma fēme & ceulx me deschaſſoie[nt]
qui me debuoient auoir auance & en ioye receu. Venus [la]
saincte deeſſe remembrant lancienne playe que faicte lu[y]
auoye men paya. Tant euz de honte & tant souffris de me[s]
chief par terre & par mer trauailz & perilz que plus nē peu[t]
on souffrir sans mort. Peu de compaignōs euz qui neuſſe[nt]
to⁹ les cueurs failliz, & q̄ plus peuſſent souffrir les douleu[rs]

y GRAND OLYMPE. Fueillet. LXXXVIII.

lz auoient: si queroient de leurs angoisses final chief, &
os. Entre les aultres en y eut vng desdaigneux nomme
mon, celluy murmuroit des miseres ql enduroit disant.
el mal plus dommaigeux pouuons auoir, ia pis ne nous
uient doubter. On ne pourroit pis auoir que no⁹ auons.
ne peut meriter qui de tous maulx a la somme. Iacoit ce
Venus me oye, & que elle haye les hommes de Dio-
des, si desprise ie sa haine & son courroux, & petit prise
pouoir & ne doubte sa maliuolence. Ainsi murmuroit
mon & Venus aguillonnoit a pis faire par les afflictions
celluy qui resueille faisoit lire endormie. Aulcuns de noz
mpaignons y auoit ausqlz le sol iargonnement dicelluy
lsoit, & plusieurs de no⁹ len blasmions & len reprenions,
is lors aduint sicomme il cuyda respondre que la parolle
faillit & pdit sa droicte forme & fut mue en oyseau. Ly-
s, Idas, Nycteus & Abas sen esmerueillant, se virent muer
pareille forme. La plus grãde partie de mes compaignõs
rent en oyseaulx muez, & sen volerent par la mer.

Insi sexcusa Diomedes vers Venu
lus & reffusoit son aide quil demã
doit pour Turn⁹ a qui il estoit mes
sager, puis se partit Venulus de la,
& sen retourna deuers Turnus, &
passa les champs de Messapie ou il
trouua des grands fossez & grands
creux a vmbrez de grandes forestz
desgoutans assiduellement. La se
souloient iadis habiter Nymphes.
Mais maintenant y a Pan son manoir. Appulus vng pasteur
plain de derision & de mocquerie enchassa les Nymphes
outes effrayes & esperdues, mais quant elles se rauiserẽt pl⁹

LE QVATORZIESME LIVRE

ne daignerent pour luy enfuyr ains defpriferent tanto[st]
menace, si se arresterent & menerent vng virelay. Le vill[ain]
pasteur ne laissa point les menacer iusques a tant que il [fut]
mue en vng arbre lequel tiet encores lamertume que le v[il]
lain auoit a lors, & a nom Oliuier sauuaige, portant oli[ues]
ameres. Tant erra Venulus qui vint a Turn[us] qui ia auec [les]
siens se combatoit & auoit fierement la guerre encomm[en]
cee contre Eneas, Turnus guerroyoit fort auec ses gens c[on]
tre Eneas, de toutes les deux parties y eut grant domma[ge]
Turnus bouta le feu es nefz de Eneas & les embrafa. Ma[int]
peril auoiet paffe, mais maintenant eftoient au plufgrat. C[ar]
le feu print a ardoir par la prore tellement que par les ma[s]
alloit la flamme en hault & alumoit les voilles & fi faifoit [fu]
mer les cordes.

[A]R ses & peries euffent efte toutes les ne[fz]
fe haftiuement neuffent eu secours: ma[is]
Cybeles y courut ifnellement qui les [se]
courut cõe celle qui pas ne vouloit q[ue]
par faulte dayde periffet. Vne buiffine[te]
noit dont elle cornaft & fift tout lair re[ten]
tir, elle vint per lair en vng chariot q p[or]
toiet Lyons vollãs, & fe arrefta la ou T[ur]
nus boutoit le feu pour ardoir la nauire, & côme par mena[ce]
luy dift. O fol & mauuais q vault chofe que tu faces, cuid[es]
tu que par faulte daide tu puiffes destruire les nefz de m[on]
amy, nenny non ie les garderay & leur eftaindray tous l[es]
feux. A ces motz, prift a tonner & a plouuoir efpeffement [&]
les vês a vêter enfemble qui moult troubloiet toute la m[er]
La deeffe efleut des vens les pluffors & les efmeut contre l[es]
nefz frigiênes. Par la force de ces vês rompiret toutes les c[or]
des a quoy les nefz tenoient q feu foufprenoit & les cõdu[it]
enclinees en la mer ou elle les plongea pour les refcourre [du]
feu. Et elles a ces motz furent muees en corps femenins,

DV GRAND OLIMPE. Fueillet.LXXXIX.

nt Nereides de mer. Es montaignes nasquirent ou bois &
oient este par mer en grande doubte. Or y sont maintenāt
ne leur souuient de leur premiere naissance. Mais pas nōt
is en oubliance les grans perilz que en mer estoient souste
us. Et quant elles voyēt nef perillans, elle les approchent &
eusement les adressent exceptees les nef des Grecz, celles
veulent elles ayder, car bien leur souuient des Troyēs que
struitz ont. Et quant le meschief veirent aduenir aux Gre-
ois moult sen esiouyrent, Ioyeuses furent quāt elles veirēt
snefz de Vlixes despecer, & moult sesiouyrent quāt la nef
Neritius veirent muer en pierre.

℣ De Eneas qui occist Turnus. Et de la
deification de Eneas apres sa mort.

Vcuns cuyderent q̄ la guerre deust finer pour
celle merueille, mais Turnus, nauoit talent de
refleschir ains sefforcoit tousiours de guer-
royer Eneas pl9 que deuant: tāt fut demene le
combat q̄ tous sefforcoiēt de vaincre plus pour
gloire auoir que pour la dame ne pour la terre.

m m

LE QVATORZIESME LIVRE

En la fin fut Turnus honteufement tue, fon orgueil matte
fes gens efperdus. Arfe la cite de grant renom & fa terre
ftee par feu barbarin. La fut veu vng oyfeau volant & co
gneu premieremēt qui cruelle voix auoit, fa maifgrete fa ta
le & fa couleur & tout ce q̄ il auoit eftoit tel q̄l affiert a la c
arfe: & ou defprifement du nom de la cite fut nōme loyfe
Ardea. Ioyeufe fut Venus quant de Eneas fon filz oyt la
ctoire. Tant fut efprouuee fa vertu & cōgneue que tous
dieux q auoient veu fes beaulx faitz furēt deuersluy efme
de grace. Iuno mefmes luy pardonna fa haine, & quant to
Enee eut fait & par fa proeffe appaife eut fes ennemis &
fut en grande haulteffe riche dauoir & exaulce damis &
fuft Iulius Afcanius fon filz creu. Tant quil ne eftoit pas tr
ieune pour terre tenir, & que bien fuft temps que Eneas v
nift a la fin de tous trauaulz & de tous mefchief, dont mo
en auoit efte greue, & que eftre deuft ou ciel efleu pardur
blement en repos. Venus qui curieufement penfoit de fo
amour & auancemēt en pria aux dieux & mefmement a fo
pere. Et en lembraffant elle luy dift.

Beau doulx pere toufiours mauez efte d
bonnaire, & oncques ne me fuftes du
Or eft il befoing fe oncq̄s me aymaft
que voftre grace foit toft demōftree a m
filz. Dont de par moy eftes falue, donn
luy deite & le faictes dieu fil vous plai
Biē vous peut fouffrire tant de peines q
endurees & fouffertes & que veu a v
fois enfer. A la requefte de Venus faccorderēt tous les dieu
fās cōtredit, & mefme Iuno q hay lauoit. Iuppiter dift. Biē
digne dhonneur, & que voulētiers feroit la requefte de fa f
le dont Venᵍ fut ioyeufe & moult len mercia. Dillec fen vi
vollant par lair en vng chariot que tiroient coulons en la
ne on fon filz Eneas eftoit & la farrefta fur la riue de Numi

DV GRAND OLYMPE Fueillet. XC.

quelle court en la mer, si luy pria & cōmāda q̃lle nectoyast
tout ce que son filz auoit de mortel & le portast en mer. Sans
arrest fist la requeste de Venus. Tout purgea & nectoya tout
ce que il auoit en Eneas de corrompable. Si luy resta seule-
ment la partie immortelle De diuin oingnement aromatisa
Venus son filz, si luy arrousa la bouche & atoucha Dambroi-
se & de pigment si le deifia. La gent Iulienne appellerent ce
dieu Indigene pource q̃ longuemēt auoit cōuerse entreulx,
& que deulx auoit este par sa puissance roy, ilz ladorerent &
seruirent, & luy firent temples & autelz.

❦ Les amours de Vertūnus & de la desse Pomona.

AV temps de Palatin9 eut en Italie vne pucelle tāt
belle & tant aduenāte q̃ en toute la terre Latine na-
uoit pl9 belle ne plus aduenāte, & moult estoit bō-
ne Iardiniere & curieuse dextirper toutes les mau-
uaises herbes de son vergier. Toute son entente estoit de ar-
tificier arbres. Hōte luy sembloit de aller en riuieres ou en
bois, si nauoit soing de porter arcs ne flesches, riens naymoit
fors arbres & iardinages. Des pommiers eut elle nom Po-
mone. Iamais ne cessoit de planter, ne aussi de anter ou

LE QVATORZIESME LIVRE

ioindre greffes de arbres enfemble ou de arroufer fes ieu[r]
plantes ce eftoit toute fa cure. Moult eftoit la pucelle aym[
pour fa beaulte, & auffi moult plus pour fon fcauoir, mefm[
ment des Satyres & du cornu Pan & de Silenus & du di[
des Iardins, mais Vertūnus les paffoit a aymer touteffoys n[
ftoit pas pl[9] heureux que eulx, en diuerfes formes fe trāfm[
pour eftre agreable a la nymphe & eftre ayme delle. En [
print la figure dune venerable vieille tenant a la main v[
bafton & fen entra au iardin de la belle. Et a celle dift la vi[
le. Belle moult es fachant, oncques ne vy pucelle qui ta[
euft de beaulte & bonte. Ie me fuis cy venu vmbroier en [
iardin, mais pour dieu ne te ennuye. certes dift la puc[
le nenny, mais vous foyez la trefbien venue. Vertūnus ne[
pouoit lors abftenir de baifer la belle. Oncques mais ne do[
na vieille a pucelle fi trefdoulx baifer & a ce baifier fabād[
na cōme celle qui cuydoit que vraye fēme la baifaft. Voul[
tiers euft celluy fait le furplus fil ofaft. Mais il celloit fa vo[
te attendant temps & lieu conuenable & quil fceut le cou[
ge delle. En lombre fe affift Vertūnus fur lherbe: la vit ces a[
bres ployant pour la grāt pefanteur du fruict dont charg[
eftoient qui leur faix ne pouoient fouftenir. Grandes coulo[
nes y auoit qui les fouftenoient pour leurs rainceaulx gard[
de rompre: & fi vit entre les autres arbres vng oliuier & v[
vigne. Moult belle eftoit loliue & celluy le regarda moult[
voulentiers trouua occafion daraifonner la belle : fi luy di[
Fille icy a bel affemblement. Se la vigne eftoit defioincte [
loliue, elle cherroit a terre & pourriroit, & loliue auffi fa[
ladicte vigne peu vauldroit, or fait lung valoir lautre. Ain[
tu deuffes auoir la compaignie de aucun par amours ou p[
mariage pour faire fruict. Oncques Helaine ne la pucelle [
Laphite ne Penelope ne furent de tant de nobles homm[
requifes comme toy. Ia coit ce que cure ne ayes de leurs pri[
res & que tu les defprifes. Les plus efleuz de Lombardie [

DV GRAND OLYMPE. Fueillet.XCI.

Toscanne te requierēt. Mais se tant estoyes saige que ma
te voulsisses & par mon chois prendre seigneur, ia ne le
〈pr〉endoies de bas lieu, ains prendroies vng noble homme ri
〈ch〉e & de grant pris qui te ayme plus que tu ne pourroyes
〈pen〉ser.

Est Vertūnus qui est tāt beau, bien seroies ie te affie mariee en bon lieu ou mōde na plus vaillant ne plus debonnaire q̄ luy, biē le cōgnois il est de ceste terre ney, si ne tayme point pour decepuoir cōme les autres amās font, lesq̄lz amours doibt hayr. Cestuy te ayme, craint & prise, & est prest de faire tes commādemens. Il est bien digne que tu le preignes

〈car〉 il scet moult bien arbres enter & planter en temps cō
〈ue〉nable, & si nest riens que tant desire que ton amour & ta
〈gr〉ace. Pour ton amour a cestuy tout mis en oubly & pour
〈ce〉u donne luy ta grace, & si ayes de luy mercy. Saches que
〈il〉 en prie & requier ainsi cōme sil parlast a toy presentemēt.
〈ce〉 que ie te requiers est pour soy, & ne le tue pas par ton dan
〈ge〉r, car vengeance en retourneroit a toy, & les dieux qui
〈s〉ont cure de ce. Ie te diray vne aduenture qui est aduenue
〈en〉 mon temps. Ie suis vieille & si ay moult veu fais ce que ie
〈te〉 conseille si feras que saige.

❧Les amours de Iphis & de Anaxarete.

N Cypre aduint vne merueille a laquelle exemple
doibs prendre & pour ce le te racompteray. Iphis
vng iouuēcel de basse parente auoit son cueur mis
en vne riche dame & de grant renom nommee

mm iiij

LE QVATORZIESME LIVRE

Anaxarete, & tant layma celluy q̃ son amour nen pouoit r[e]-
traire ne son cueur pour quelque peine quil y mist. Il se bl[a]-
moit fort de ce que a si grand honneur se prenoit, mais q̃ lu[y]
valoit ce, car en vain contre amour sefforcoit, qui est celluy
contre amour ait force. Quant il vit que contre amours n[e]
pouuoit estriuer pour chose quil sceust faire son cueur de[s]
couurit a la nourrice de la belle en luy priant humbleme[nt]
que nulle nuysance ne luy fist, & si prioit souuent aux cha[m]-
berieres quelles luy feissent ayde. Brief a dire tant de greu[a]-
ce & de maulx en tyra Iphis que plus ne pourroit home t[y]-
rer pour femme, plusieurs foys fist assauoir a la belle Anax[a]-
rete samye les maulx que pour elle enduroit: mais celle q[ui]
estoit plus dure que dyamant ne sesmouuoit en riens ve[rs]
luy pour ses maulx reconforter. Ains len blasmoit villain[e]-
ment. Or aduint que Iphis le las amoureux veit que merc[y]
nen pourroit auoir, il fut tāt angoisseux de douleur, q̃ mieu[x]
aymoit a mourir que a viure. Si dist a la parfin a celle q̃ ta[nt]
aymoit. Dame cruelle pour vr̃e amour mourray dōt ioyeu[se]
se ferez, car grand louēge acquiert qui son amy met a mor[t].
Certes ie prophetise que encores sera telle heure que de ce[s]-
le ioye serez doulente. Et si mauldirez lorgueil par leq̃l vo[us]
me aurez mis a mort & direz que vostre amy estoit bien [di]-
gne de vostre amour auoir. Pour vous mourray briefuemē[t]
mais tant que la vie aye au corps ne partira mon cueur de [vo]-
stre amour. Vie & mort perdray ensēble & brief orrez nou[u]-
uelle de ma mort. Et en ce disant attacha vng lyecol aux p[or]-
tes de samye & se pendist. Langoisse de la mort luy fist este[n]-
dre ses membres, & regiba des piedz, tellement que lhuy[s]
ouurit. Adonc fut apperceu le corps de la meignie de lho[s]-
tel qui le corps despendirent & lapporterent a sa mere, ca[r]
sans pere auoit long temps este. Qui lors veist la grād dou[-]
leur que la mere faisoit pour son enfant, bien luy en pou[r]-
roit prendre pitie. Quant le corps fut appreste pour enterr[er]

DV GRAND OLYMPE. Fueillet. XCII.

la procession le vint querir & fut porte par deuant lhostel de la fiere dame qui cause estoit de sa mort, & la mere alloit aps la biere laquelle demenoit grand dueil. Pitie & repentance en eut Anaxarete lorgueilleuse qui tāt de foys lauoit reffuse. Si vint a la fenestre pour le corps mort de son amy regarder. Mais a peine eut elle la biere aduisee quant la veue luy print a troubler tellement que goutte ne pouuoit veoir. Dillec se voulut remuer. Mais elle estoit ia tant reffroidie, que elle ne pouuoit. Encore est la fiere dame en Salamine la cite, & fut muee en vng marbre en forme de femme. Pource belle fille ie te conseille que tu secoure ton loyal aymant, car sage est qui se chastoye par aultruy.

Vant Vertūnus eut acheuee sa parolle quil auoit emprinse il se descouurit & reprinst sa droicte semblance, si apparut plus bel quant mise ius eut sa semblance de vieillesse ainsi comme le soleil qui soubz la nuee a este est plus bel quant au cler est apparant. Et quāt Vertūnus eut sa forme reprinse entre ses bras la print & la voulut efforcer. Mais ia besoing nen estoit car elle estoit toute preste de faire son plaisir comme celle q tant estoit surprinse de la beaulte quelle aduisa au iouuēcel qui plus laymoit & luy plaisoit quelle mesmes ne fist a luy.

Comment Romulus fut roy
& edifia premierement la
cite de Romme.

m m iiij

LE QVATORZIESME LIVRE

Vis que le roy Palatinus fut mort Num[itor] tor debuoit tenir le royaulme des latis mais sõ aisne frere Amuliꝰ lē desherita guerre. Puis reuit Numitor en son regn[e] par la force de Romulus son nepueu q[ui] le rendit arriere. Et succeda apres luy e[n] grand paix,en sa vieillesse. Et lors o[sta] Mars de sõ chief le heaulme & si pria e[n] telle maniere a Iupiter.Beau sire Romme est ores en grãt st[a] bilite fondee sur faulx fondement,si gouuerne vng seul pri[n] ce Romme & Sabine.Cest mon filz.Or te prie que tu me ti[e]ngne la promesse que long temps mas promis.Ce fut que vng temps qui viēdroit que vng homme gecteroye du monde l[e] quel es cieulx ie deifieroye. Si te prie que ma promesse so[it] ores tenue. Or est maintenãt le terme venu q̃ mõ filz vueil e[s] cieulx par tõ gre deifier. Iupiter octroya a Mars sa requeste[.] Lair couurit dune espesse nuee si cheit fouldre du ciel & to[nnerre] noirre espouuetable. Par ce signe sceut Mars sãs doubte quã[t] veue leut q̃ sa req̃ste auroit. Si sappuya sur sa hanste hardie[ment]

DV GRAND OLYMPE. Fuiellet. XCIII.

...nt ou chariot, dont les timõs estoiẽt sanglãs lequel cheuaulx ...toiẽt parmy lair. Si esperõna ses cheuaulx & narresta ius... tãt q̃ il vint sur le mõt Palatin charge darbres ou Romu... son filz estoit & ses hommes entour luy. Ses loix & ses ...itz escoutoient & faisoient ses commãdemens. La le print ...ars & lemporta, & en portant affina tãt q̃ en luy auoit de ...ortel. Si print forme diuine & fut de grãt auctorite.

De Hersilia femme de Romulus & de sa trãsformatiõ.

Hersilia estoit fort triste & dolẽte q̃ cuydoit auoir pdu sõ mary & son seigneur, car riẽs ne scauoit de ce q̃ Iupiter lauoit lors glorifie. Mais Iuno pour la reconforter luy enuoya sa messagiere Iris qui de son seigneur luy dist certaines enseignes & la verite, laquelle quãt descẽdue fut en barc couloure au cõmãdemẽt de Iuno sa maistresse luy dist en telle maniere. O royne vaillante honneur de Sabine & de Rome q̃ seule fus digne destre espouse & amye au noble roy Romulus, Laisse tõ dueil, car tõ mary est deifie & appelle Quirin. Et se tu as desir de le veoir, vien auec moy au bois ramu q̃ verdoye sus le mõt de Quirin ou son sainct tẽple est. Quãt la frãche dame veit la messagiere vergõgneuse fut, si enclina la face & a peine se osa vers elle dresser. Non pourtant luy respondit & dist. O vaillante deesse se tu me conduisoye la ou ie peusse veoir face a face mõseigneur & mary. Bien me sembleroit q̃ royne des cieulx seroye & que de ioye & bõne adueture passeroye toutes aultres. Adonc se mist Hersilia a la voye auec Iris ou mont Quirin, la descendit vne estoille qui lemporta au ciel: si fut deifiee & haultement assise decoste son mary en vng noble & riche siege. Son nom fut renouuelle & fut appellee Ora.

Fine le quatoziesme liure du grand Olympe des Histoires Poetiques.

LE QVINZIESME LIVRE

Le quinziesme & dernier liure du grand Olim
pe des histoires Poetiques.

De Micylus qui fut accuse a tort & des noi
res pierres muees en blanches.

Andis que la terre de Romme fut sans Roy o
qst vng sage hōme & loyal qui bien sceust go
uerner la terre apres si vaillant roy. Le preudh
me q fut esleu eut a nom Numa Pompilius, C
ituy ne mist pas son entente sans plus a apprē
dre les droictz & vsaiges de la terre, mais a plu
grande science mist son entente, cestassauoir lart de nature
Et pour plus diligēment estudier laissa le pays dōt il estoit n
& nourry & alla en la cite de Crotone qui siet es fins dyt
lie. La lauoit vng Grec fondee. Si demanda cōment & pou
quoy faicte lauoit aultrement seant q̄ les aultres citez de l
contree. Lors vng saige hōme ancien du regne qui de lanci
vsaige scauoit les coustumes luy dist. Hercules venoit iadi
despaigne a tout riche & grāt gaing q̄ la conqs auoit. Il pri

DV GRAND OLYMPE. Fueillet.XCIIII.

ce riuaige port & si arresta. En lherbage laissa son bestial
sturer. Et tādis vint pour le trauail qui loppressoit en lho‑
stel de Croton homme preux saige, large & courtois. Ceulx
qui son hostel demandoient estoiēt courtoysement hostelez
& receuz. La se reposa longuement Hercules, car bien y fut
veu. Et quant il se partit, il dist a son hoste. Vng temps vien
dra que ceste maison deuiendra cite de grant auctorite. Bien
veree est ceste parolle & vous orrez comment.

EN Arges eut iadis vng vaillāt hōme nōme Mi‑
cylus filz Alemō de grece duql le maintiē & le
stat pleut moult aux dieux. En celuy temps na‑
uoit este hōme de si grāde hōnestete ne q la gra
ce des dieux tant eust, car de loyal cueur les ser
uoit, cestuy vit vne fois de nuyt en vision deuāt
luy apparoir Hercules le dieu, portant vne massue lequel luy
dist que hors du regne dont il estoit ne sans arrest sen allast
pour habiter en aultre cōtree & que bastir luy cōuenoit vne
cite sur la riuiere de Soire en Calabre ou sa demeure seroit, &
se ce ne faisoit que mallement pugny en seroit. Quant Micy
lus sesueilla moult esmerueille fut de la visiō que en la nuyt
precedente auoit veue en son dormant. Si ne sceut que dire
ne que pēser, Car contredire ne vouloit dieu ne ses commā‑
demens enfraindre, & dautre part ne osoit il casser la loy ne
establissement du pays quil ne fust repute de trahison. Car
prins & iuge seroit a mort se on se apperceuoit quil se voul‑
sist du pays partir. Le iour passa & la nuyt vint, si se coucha le
preudhomme & sendormit, & le dieu ainsi comme deuant
auoit fait luy apparut & le admonnesta de rechief que sans
delay feist ce que commande luy auoit. Et que malgre luy se
roit se plus en queroit alongement. Encores luy dist que hō‑
te & meschief luy viendroit se sans plus de contredit ne ache
uoit son commandement. Lors cestuy qui lire diuine doub‑

LE QVINZIESME LIVRE

ta fapprefta pour aller fans arreft la ou le dieu le vouloit e[n]
uoyer, mais la renommee fe efpandit entre fes voifins q[ui] f[e]
apperceurent. Si dirent quil vouloit caffer leftabliffement d[u]
pays & aller querre maifon en aultre terre. Si fut accufe d[e]
trahifon:& arrefter par les iuges lefquelz voulurent enqu[er]
re fe feftoit verite quil voulfift le pays laiffer. Mais fon cri[me]
eftoit tout apperceu, & auffi fans contre luy tefmoigner il c[o]
gneut & cõfeffa tout ce q[ue] il auoit en pẽfe de faire. Si fut fa[ns]
arreft pour ces caufes iuge a mort dõt il deuint de paour p[a]
le & defcouloure. Ses mains tendit vers le ciel & y regar[da]
de humble courage. Si pria aux dieux que a ce befoing l[uy]
couruffent. Et nommeement il pria deuotement Hercules
qui ce luy aduenoit, quil luy fuft a ce befoing amy & que [le]
laydaft. En la ville ou on debuoit Micylus cõdamner & m[et]
tre a mort auoit vng vfage merueilleux, car blancs caillou[x]
& noirs cailloux y auoit en vng pot par nombre:& quant [il]
venoit que on les tyroit dehors. fe ceftuy eftoit a tort cond[am]
ne pour qui on le faifoit les noirs cailloux prenoient bla[nche]
couleur. Et par contraire les blancs prenoient couleur noi[re]
& p[ar] ce fcauoit on fe au forfaict duq[ue]l on le accufoit auoit co[ul]
pe ou non, & fil eftoit coulpable fi eftoit il pugny de crim[e]
apparant:& les blancs cailloux eftoient garans a ce nõ cou[l]
pable. Par la couftume Micylus fut efprouue & non trouu[e]
coulpable par les noirs cailloux q[ue] Hercules q[ui] les toucho[it]
felon fa voulente faifoit blanchir. & ainfi fut de la mort qui[t]
te & deliure. Ceftuy regracia le dieu & fe apprefta ioyeufe[ment]
ment de acheuer fans delay tout ce quil luy auoit comma[n]
de. Micylus mift tout fon harnois en vne nef & dedans en[tra]
tra a tout fa compaignie. Puis fen alla par la mer exploicta[nt]
& nageant. Si paffa Lacedemone, Tarente, Cibernie, Salern[e]
Turine, & les champaignes de Iafpigis & plufieurs aultre[s]
places & lieux. Tant paffa villes, portz, citez, & aultres ifle[s]
quil trouua le chief du fleuue de Heftree ou il debuoit edi[fier]

DV GRAND OLYMPE. Fueillet.XCV.

ville & manoir, & illec la fonda sur la fosse de Croton le p̃udhomme. Duquel nom on nomme la ville Crotone, & ainsi fut faicte Crotone la noble cite en la fin Ditalie.

⁂ De Pythagoras le philosophe ne en Same,
& de aulcuns de ses enseignemens.

N Crotone eut iadis vng clerc grand philoso=
phe noble & sage, ne dune isle nommee Same
qui fut nomme Pythagoras, bon astronomien
& en son temps ny fut trouue son pareil. De
Same estoit party pour la malueillance du sei=
gneur & de sa gẽt pour viure en frãchise hors
de sa male subiectiõ. Si vint en Crotone en exil. Il estoit preu
homme & saincte personne. Il scauoit plus des secretz na=
turelz que nul aultre. Si enseignoit sa science a ceulx qui vo
loient apprẽdre. Et leur monstroit cõment ilz debuoient vi
ure au monde & eulx gouuerner & contenir, & dont pou=
oient venir fouldres & tonnoires, & si disoit que par droict
raison vng homme mortel ne debuoit destruire aultruy

LE QVINZIESME LIVRE

corps pour luy saouler. Et q̃ on se doibt abstenir de boire[?]
& mãger chair. Aultres viãdes dist il sont assez dõt on p[eut]
estre cõuenablemẽt repeu, cõe bledz, raisins, poires, põme[s &]
autres fruictz de diuerses manieres. Laict, miel & herbes [?]
stables. La terre dist il est large, & largemẽt dõne a tous [?]
quil doibt bien suffire a chascun. Bestes sauluaiges & y[?]
ses dõmagẽt aultruy corps pour assoulager leur fain, ces[t]
scauoir Tigres, Liõs, Loups & semblables bestes, q̃ sont p[?]
nes de raige & se nourrissent par leur felonnie. Aultres en[?]
plus debõnaires qui doccision nõt cure cõe cheuaulx, b[?]
brebis & plusieurs aultres prenãs leurs vies aux paistres [?]
les herbages. Aussi la humaine creature ne doibt faire m[?]
aultruy pour saouler sa pance, car cest grande cruaulte du [?]
corps q̃ on met a mort pour repaistre vng aultre corps qu[?]
on peult tant de biens & de delices que la terre q̃ tant est [?]
tureuse soustient auoir & trouuer viãde qui suffise a la n[?]
riture du corps de lhõme ne sans espãdre sang ne mãger [?]
chair & sans deffaire aultruy corps, ce souloiẽt faire les ge[ns]
Cest trop mauluaise chose que de faire telle mesprison. Il [?]
iadis vng tẽps que les gens sans manger chairs viuoiẽt, &
uoureusement se nourrissoient des fruictz & des arbres, [?]
des herbes que nature leur produisoit. Ces gens furent [?]
franche origine plantureuse & bienheureuse, & furent a[?]
pellez gens dorez pour leur grande bonte. En ce temps [?]
doubtoient riens les oyseaux on ne tẽdoit nulz getz ne n[?]
les rethz pour les prendre. Les bestes viuoient seuremẽt a[?]
champs, & les poissons es eaues. Riens nestoit en souspec[?]
que on luy fist mal ne fraulde. En villes, en bois, & en chã[?]
& en plaines estoit tout asseur en paix. Et vesquirẽt de cru[?]
mangiers pour saouler leurs ventres. Mais despuis petit a [pe]
tit se sont habandonnez les hommes a toutes cruaultez. [?]
se prindrent & eurent leurs cueurs en toutes deceptions [?]
frauldes. Premierement ilz monstrerent leur rage aux sau[?]

DV GRAND OLYMPE. Fueillet.XCVI.

beftes. Au moins leur debuoit ilz fuffire de celles occire destruire qui fe efforcent dhomme greuer & deuorer. Bié feruết telles beftes par leur raige q̃ on les mette a la mort, mais on ne les doibt point mãger, car ce feroit defcõuenãce.

R eft tant creue la cruaulte q̃ on ne met point feullement les beftes fauluages a mort. Mais chafcun fe accouftume a les manger. Et encores ya il pis, car on mangeue maintenant les beftes fimples, & quiert on occafion de les occire. Si dift on que la truye a mort defferuie, pource que de fon groing elle fait trop de dommages dedãs bledz. Et la chieure pource quelle broufte & mangeue vignes, iacoit ce q̃ par leur coulpe leur aduiengne. Quel chofe ont meffaict les fimples brebis, pour eftre mifes a mort, car plus proffitent vifues aux hommes que mortes. Par elles auons nous laine pous nous couurir, & des chieures auons nous laict q̃ bon eft a manger. Pour quelle coulpe de mict on le beuf qui eft befte debonhaire & fans malice ne aulde, & duquel nous vient tant de biens. Par le beuf eft la terre ou les bledz croiffent: dont noftre nourriffemết vient. Bié deburoit auoir celluy fouffrete qui deftruit fon laboureur. Et encore ne leur fuffit il pas de faire fi grande felonnie, ains en mettent aux dieux fus la rage. Et fi font des entrailles charmes, & deuinailles cuydans par ce fcauoir la fuite des diuins iugemens. Encores font ilz chofes plus defconuenables. Quant ilz fe repaiffent des chairs des beftes qu'occiết des facrifices. Quelle rage efmeut humaine creature de prếdre plaifance a tel manger. Pour dieu bõnes gếs ne v'chaille de vo' paiftre de telles viãdes, venir ne vo' en peut nul bien. Mais mettez peine a retenir & a entếdre ce q̃ ie vo' enfeigneray, car puis q̃ dieu mế dõne grace & femõt, ie vous monftreray les fentences & les fecrectz qui font encloz en

LE QVINZIESME LIVRE

ma pensee plus que les anciens ne peurent scauoir. Par l[es]
estoilles men yray & vous en diray en appert ce que main[t]
aultres nen pourroient entreprendre. Les vanitez terrien[nes]
laisseray. Si men iray par lair volant & monstreray a tous [les ho]
mes qui nõt discretiõ, & par folie se vont de mort espouu[en]
tant tellement quilz ne entendent a bien comment ilz do[i]
uent viure,& lordonnance des destinees se ensuyuir vo[u]
loient ma doctrine & mes enseignemens.

¶ Des enseignemens de Pythagoras touchãt limmortalite de lame & de la mobilite de natu re & du téps.

Gens esgarez dist Pythagoras, dont vo[us] vie[nt]
celle vaine fraieur q tant vous espouëte. Po[ur]
quelle cause doubtez vo[us] a mourir. Soyez c[er]
tains que quoy quil aduiengne du corps ar[de]
ou pourrisse. Les ames ne peuuẽt finir, ne l[es]
bõnes auoir mal. Leur manoir est hault, & h[a]
bitent en nouueaux corps. Biẽ me recorde que iadis fuz

DV GRAND OLYMPE. Fueillet.XCVII.

...ps que la guerre fut a Troye autre homme que ie ne suis
present, depuis ay ie recongneu lescu que lors portoye,
...cores est il en Arges pendu dedās le tēple de Iuno. Tou-
choses se changent & se muent & tout meurt. Quant du
...ps mourant yst lame: elle erre tāt que elle retreuue repos.
soit ce quelle se deguise en diuerse forme. Donc est trop
...uel celluy qui pour la nourriture de sa gloute pance de-
uit vng autre corps. Trop se desnature homme qui du-
...ame se paist. Et puis que en parfonde mer suis volle & mis
uent & entreprins lay, dire vous vueil tout ce que iay au
...eur cōceu. Bien scay que toutes choses se varient, ne il nest
...ns qui arrester puisse en vng point. Ainsi cōme leaue ne
reste ne cesse iour ne nuyt deslongner sa sourse sans pren-
...e aucunement nul repos, ainsi pareillement se change le
...s. Ce qui est auiourdhuy ne fut point hier, ne ne sera pas
...main. Le temps sans faire ancū seiour sen fuyt soir, & ma-
... Mesmement le ciel ne est pas tousiours en vng mesme
...int. Ne aussi nest pas le iour tel cōme la nuyt. Pas na le so-
...l telle couleur au leuer cōme il a au coucher pour la terre
...il se approche. Ne cōme il a endroit midy, & la lune ne a
...s tousiours la forme semblable, vne heure elle est plaine &
...utre elle est cornue, en decours elle luyst au matī, & au soir
...ant elle est nouuellement refaicte.

Es ans se chāgent en quatre diuers tēps,
cestassauoir printemps, Este, Autonne &
yuer qui ont qualitez diuerses ressem-
blans aux estatz des hommes. Lors que
printēps est la terre se renouuelle la sai-
son tēdre & moite ressemblant a lenfant.
Lors naist nouuelle herbe qui ne peust
souffrir froidure. Les Aggrestes qui lher-
voyent sen esiouyssent par lesperance que il en ont dont
...uerdissent les chāps. Les prez & aussi les arbres flourissent,

n n

LE QVINZIESME LIVRE.

mais en ce temps les fleurs sont tendres. De printemps pa[sse]
lan en este qui plussort est ressemblant le Iouuenceau qui p[lus]
a de force. Adonc est le temps vigoureux, & deuient ther[?]
forte. Si est le temps sec & plain de ardeur. Ainsi est ieune[sse]
de chaulde nature & forte a plus soustenir, que enfance. L[e]
ste passe lan en Autonne qui plus se attrempe entre froit [&]
chault. Ainsi est la creature entree en ieunesse & vieillesse [at]
trempee raisonnablemêt si quil nest trop ieune ne trop vie[ulx]
Puis entre lan en yuer tremblant vieil & decrepite qui [sa]
crigne a perdue ou il la chenue. Et ainsi ne est corps dhom[
me longuement en vng estat. Ains se change & se transfo[r]
me, Pas ne serons demain ce que nous sommes de ceste he[u]
re, bien sen peult apperceuoir qui garde y prent. Premier[e]
ment nous fusmes semence enclose ou ventre de nostre me[re]
sãs forme auoir. Et puis nature par son sens y ouura tellem[ent]
que formez en yssismes & plains dame & de vie. Et tãt creu[s]
mes que nature nous tira hors du ventre ou nous estions. [Et]
quant ou monde fusmes venuz, nous gemismes foibles [&]
nudz & ne nous pouions aider sans auoir dautruy secou[rs]
puis creusmes & enforcasmes tãt que sur quatre piedz all[as]
mes en maniere de beste. Apres nous creut force & aage ta[nt]
que vng peu nous soustenismes sur deux piedz. Puis apr[es]
deuenismes fors iouuenceaux. Et puis en nostre moyen aa[ge]
meur & amesure. Puis vient laage de vieillesse dont par fo[i]
blesse cõuient lhomme rencheoir & perdre sa belle couleu[r]
tel souloit estre fort fier & appert en sa ieunesse qui ne se p[eut]
aider en sa vieillesse, petit a petit nous destruit vieillesse [&]
maine a la mort si latentemêt quon ne le appercoit. Ainsi
treschangent toutes choses, & mesmement les elemens [se]
desguisent.

❦ De la difference des quatre elemens, & de
la situation diceulx, & quelle contrariete
a entre eulx.

DV GRAND OLIMPE.　　Fueillet.XCVIII.

Qvatre elemês sont desquelz toutes choses du mõde sont extraictes. Les deux sont pesans. Cestassauoir terre & eaue & sont plus bas que les autres pour leur pesanteur. Les deux autres q̃ sõt moins pesans sõt assez pl⁹ hault. Cestassauoir lair & le feu. Ces quatre sõt assis en quatre lieux côuenablemêt. Et non obstant se seulêt ilz eulx trãsmuer lũg en lautre. La terre se amoindrist & si retourne en eaue, leaue en lair, & lair en feu. Ainsi chãge sa propriete chascũ deux en attenuissant sa nature. Le feu espessist & laisse sa tresgrande legierete & deuient air. Et air deuient eaue, & eaue deuiêt terre, & ainsi se muêt subtillemêt les elemês lung dedãs lautre & eschãgent leurs proprietez & especes, ainsi mue & renouuelle nature les choses si leur donne autres formes quelles ne auoient parauant. Riês en tout le monde qui ne se varie, & q̃ autre napparoisse q̃ premierement apparoissoit, & semble par son renouuellemêt estre toute nouuelle. Si dit on q̃ ce nest autre chose naistre q̃ comencer a estre la chose autre q̃lle ne eust este, & mourir est quant elle se mue & que elle laisse sa premiere forme & semblãce. Et côbien q̃ elle se trãslate, si ne meurt elle pas, car aussi se muêt les aages, & les siecles qui premierement furent dor deuindrent dargêt, apres deuindrent arain, & depuis deuindrent fer. Mesmemêt se transmuêt les lieux. Et aussi en main pays ce qui souloit estre terre est maintenãt mer. Et en autre pays ce qui souloit estre mer est maintenant deuenu terre. Cest legiere chose a prouuer. Car on peut trouuer loing de mer aux champs on lon messonne, & es montaignes les coquilles despoissons qui souloiêt en mer nouer. Et ce q̃ souloit estre large chãpaigne & mõtaigne est ores par le defoulemêt des vndes de la mer & des vês ouuert en marine. Ce aussi q̃ iadis paluz boeuse fut, est maintenant sablõneuse terre. Les fontaines sourdent ailleurs q̃lles ne souloiêt. Et ailleurs sont taris. Et ainsi par les vaines de la terre qui sen abeuurent

n n ij

LE QVINZIESME LIVRE

se cauẽt soubz terre qui autre part yssent & puis sur terre [
tent. Ainsi va Arethuse en cauant qui vient & sourt en Ar[
& si monstre son chief, & puis prent cours ailleurs quelle
souloit faire premierement. Amasenus court aucuneffois
Sicanie & aucuneffois quelle ny court point. Anigrus fut [
dis bonne a boire, mais depuis que les Centaures si baign[
rent dedans ne fut que qui en beut quil nen eust grant gr[
& nuysance. car ceulx enuenimerẽt leaue quant leurs play
y lauerẽt que faictes leur auoit Hercules de ses flesches q[
estoient entoxiquees de venin. En Scythie naist des mont[
gnes. Hyspanis qui iadis fut doulce & beuuable, & ores [
amere & salee. Pharos, Phenice & Thiros ces isles & ma[
tes autres souloient estre en mer encloses & maintenãt ne
sont pas, Leuchaide fut anciennement gaignable & labo[
rable terre hors de lenclos de la mer. Qui querroit Helice
Burin citez Achaides de grant renom soubz les eaues l[
trouueroit, or ny a sinon roches. Pres de Troye auoit iad[
vne large champaigne plaine & vnie. Or est vne grande mo[
taigne par vens qui en sousteraine se bouterent & neure[
par ou yssir. Si firent par leurs soufflemẽs les plaines estend[
& enfler, & oncques depuis ne peut lenfleure estre abaisse[
Si est des le temps de lors deuenue vne grande montaign[

Ay moult ouy, veu & congneu & ap[
prins, dist Pythagoras, si vous en dira[
aucun petit. Toute riens comme ie de[
uise se diuersisie, leaue mesme en diuer[
lieux se change diuersement. Nature [
en Libie mise vne fontaine q̃ entre iou[
& nuyt change trois fois son estat. A l[
droicte minuyt est fort chaulde, a mid[
froyde, & au matin tiede. Ailleurs a vne riuiere de telle ver[
tu que quaut on y boute du bois il art tant est ardante [
chaulde tandis que la lune est en croissant. Aussi treuue lo[

DV GRAND OLYMPE. Fueillet.XCIX.

autre fleuue de telle vertu que qui en beuuroit il auroit entrailles auſſi dures cōme marbre & pareillement toute choſe qui y atouche. Il y a pres de noſtre terre eaues qui dedans ſe baigneroit ſa cheueleure auroit de couleur dor. Si a eues dautre nature qui merueilleuſement muent les corps & les cueurs. Salamacis a telle vertu que tous ceulx qui dedans ſe baignent ſe muent en autre nature. En Ethiope tel eaue que qui en boit dormir luy cōuiēt tellement que on ne le peult eſueiller. Homme mortel ne boit de la fontaine de Clitoire q iamais vueille boire de vin & ſi ne ſcet on pourquoy Ors tant que aucuns dient que ceſte eaue auoit nature contraire au vin. Et les autres dient que quant Melampus anciēnement eut ſauuees les filles Pretus qui forcenees eſtoient & que fait auoit medecines dherbes de racines, & Charmes, miſt en leaue le remanant deſdictes herbes, & ainſi demeure en leaue la haine du vin. Vne autre eaue eſt q qui en boit il ſedeſyure. Pheneū vng lac en Archade eſt q de nuyt eſt amere & ſalee, tellemēt q qui de nuyt en beuuroit il ſeroit en peril de mort. Et par iour en peut boire ſās dōmage recepuoir. Ainſi ſe chāgent les eaues par le mōde en diuerſes manieres. Symphegades fut iadis vng chāp aſſis de to⁹ coſtez en croſieres & riuieres. Ores eſt en lieu ſec ſeāt. Cyclades eſtoiēt iadis iſles flotās par la mer auec les vēs & vndes ſi firēt maītes nefz effondrer quāt elles venoiēt hurtās. Ceulx q la nef Iaſon menoiēt en furēt en grāt doubte & peril. Ores ſont aſſiſes ſās elles mouuoir pour vnde ne pour vent ql face. Ethna q rend aſſiduellement flamme. Vng temps viendra que la flamme ceſſera & nardra plus, car la terre a ame & vie. Sicōme aucūs racomptent dont la flamme ſault de la terre. Et quant elle reſpire les conduis pourront eſtre fermez & clos par ou la flāme yſt des cōduis de la terre. Ainſi pourra la flamme ailleurs querir cōduit dont elle ſauldra & les conduis de Ethna fauldront, ou ſe la terre ſe remue comme beſte elle change les

n n iij

LE, QVINZIESME LIVRE

conduis par ou la flamme yſt. Autres ſont qui eſperent q[ue]
Ethna rend aſſiduellent flamme ardante par les ſoufflemen[s]
des vens qui en terre ſe creuſent en cauernes ſi võt par leur
rigueurs hurter durement les roches deſſoubz terre lune
lautre dont conuient que flãme ardante en ſaille. Mais qu[e]
le ſoufflement abaiſſera la flamme ceſſera dont la mõtaign[e]
art. Et ſelon celle opinion naiſt celle ardeur de poix & d[u]
ſouffre ardant & perdra icelle combuſtion ſa flamme quan[t]
elle p[er]dra ſa nourriture de Poix & du ſouffre & quelle naur[a]
qui la nouriſſe. On diſt que enuers Septẽtrion en vne regi[on]
dicte Pallene a gens leſquelz ſont couuers de plumes cõm[e]
oyſeaulx, ceulx qui nõt neuf fois eſte aux paluz de Triom[ph]
ce. En Scythie a femmes ſorcieres qui peuent ce dit on ainſ[i]
faire. Et eſprouue eſt que des charongnes pourries ſont trou[
uees petites beſtes dautres formes, eſcarboutes ſont nees &
nourries de cheuaulx mors, qui les piedz arracheroit & lau
tre partie enterreroit la partie en terre ſe cõuertiroit en eſco[r]
pions. Papillõs ſe forment de chenilles. Du limon de la terr[e]
yſt vne vile ſemence ſans forme dont raynes ſans piedz vien
nent & naiſſent. Puis leur viennent piedz & iambes & pou[r]
plus loing ſaillir, elles ont les iambes de derriere plus lõgne[s]
q̃ celles de deuant. Quant lourſe enfante ſon faon, ce ne ſem
ble fors vng billot ou maſſe de chair mal viue. Puis luy vien[t]
forme & vie p[ar] lalainemẽt & le lechemẽt de ſa mere. Les mou
ches qui font la cire naiſſent ſans piedz. Et puis piedz leu[r]
viennent. Qui le paon, laigle & aultres beſtes verroit, a tar[d]
croiroit ſil ne lauoit eſprouue que de vng oeuf naſquiſſent.
Aucũs dient que de leſchine de vng homme mort quant ell[e]
torne a pourriture peult naiſtre vng ſerpẽt. Mais on voit ſou
uent q̃ telles choſes q̃ veues ay, ſõt faictes de aultres eſpeces.

❧ La nature du Fenix, & de pluſieurs aultres beſtes & animaux.

DV GRAND OLIYMPE   Fueillet.C.

Ne chose est qui delle mesmes
se repare cest le Fenix qui habi
te en Asie. Pas ne vit de la pastu
re de laqlle les autres ont leur
nourriture ains vit de cinamo
me, dencens & dautres espices.
& quant le temps de cinq cens
ans viēt il assemble au sommet
dung palmier vng lict despices
& la se mue & fine sa vie en
doulce odeur, de luy renaist
vng petit Fenix qui autāt doibt
viure quil a fait. Et quāt parcreu est & ql a force & vigueur le
nyd son pere lieue & le berceaul ou nourry a este. Si lēporte
hault deuers le ciel & laissiet honnorablement deuant le tē
ple du soleil. Vng serpent est engendre de telle nature que
lune heure est masle & lautre heure est femelle, lequel est ap
pelle Hyena. Chamaleon est vng animal de telle nature ql ne
vit fors de lair & se taīt en sēblable forme q̄ les choses ql attaīt.

nn   iiij

LE QVINZIESME LIVRE

Linx est vne beste q ne pisse sinon pierre, car son pissat deu[ient]
pierre si tost quelle a l'air. Coral est de telle nature que hors [de]
leaue est dur côme pierre & ce q est couuert de mer est v[er]-
ge toute verde. Brief a dire toutes choses se chãgêt dõt no[us]
voyons aucunes gens qui furent iadis foibles qui mainten[ant]
sont fors. Et plusieurs autres q furêt fors qui sont maintena[nt]
foibles. Troye fut moult noble & puissante cite qui fort g[re]-
ua ses ennemis & se tint dix ans vigoreusemêt côtre tãt d[ad]-
uersaires, or est poure & deserte. Sparte, Michenes, Theb[es]
& Athenes furêt de grãt auctorite. Mais maintenãt sont d[e]-
struictes & desertes & si nê est q le nom, or se lieue vne no[u]-
uelle Rôme q croist de iour en iour & qui tant sera riche [&]
puissante qlle sera dame royne & chief de tout se monde [si]
comme dient les auguriens & les deuins. Ainsi le disoit ia-
dis Helenus a Eneas lequel plouroit la destruction Troye[n]-
ne. Helenus qui de vray scauoit les choses a aduenir dist [a]
Eneas. Se tu scauoyes ce q ie scay tu te abstiendroys de plo[u]-
rer. Tu restaureras la pte de Troye, tu escapperas & passer[as]
sain & sauf par feu & iras en terre amiable & seure & y fo[n]-
deras vne riche cite & auctorisee ou tõ lignage regnera, on[c]-
ques ne fut, ores n'est, ne iamais ne sera si puissante. Et naistr[a]
de ton lignage vng baron qui la fera maistresse & dame d[u]
mõde. Si supeditera toutes terres, & mettra par force toute[s]
gens soubz lempire & dominatiõ de celle noble cite. Moul[t]
sera sa valeur prisee, quãt la terre aura mis en paix il monter[a]
es cieulx ioyeusemêt & sera deifie. Ainsi le racomptoit Hel[e]-
nus en sa deuinaille a Eneas en le recõfortant. Lequel ia vin[t]
de Troye apportant les dieux auec luy quil auoit tirez d[u]
feu. Bien men remembre & si ay grant ioye quant Romm[e]
voy si puissante & croistre de iour en iour. Et si mesiouyz d[e]
ce que les Troyens furent vaincuz des Grecz qui en ce leu[r]
firent grant prouffit, car par celle desconfiture vindrent le[s]
Troyês a telle haultesse & honneur que les Rommains do[iuent]

DV GRAND OLYMPE. Fueillet.CI.

gent auoir, si comme ilz eurent ioye & paix. Ainsi affin que
mon propos ne me eslongne ie vueil retourner a ma pre-
miere matiere, si puis bien affermer que ciel, terre, mer & tât
que il y a & mesmement les abismes changent leurs formes.
Or nest dont chose appartenant que lhomme occie autre be-
ste pour son corps paistre, ains les doit on laisser en paix. Si
est grant honte & grant cruaulte de deuorer corps qui luy
appartienne, ne destruisez pas dôc bestes nô nuisables: & les
nuisables destruisez. Et ce vous suffise sans manger de telle
occision, car on treuue des aultres viandes assez, desquelles
en peult bien & honnestement viure.

❧ De Numa Pompilius, & de sa femme Ege
rie qui deuint fontaine apres sa mort.

Vant Numa Pompilius eut comme saige hom
me ses doctrines & enseignemens diligemmêt
apprins & retenuz il reuint a Romme remply
de science. De luy firent les Rômains leur gou
uerneur & luy baillerent la maistrise du royaul
me & luy dônerent belle femme & riche a son

LE QVINZIESME LIVRE.

chois, sage: prudente, vaillante, courtoise & de hault ligna[ge]
ge, bien sentraymerēt eulx deux. Si fut la court plaine de [sa]
ge baronnie. Cestuy mist premier ou Kalendrier Ianuier [&]
Feburier, car par auant nauoit eu que dix moys en lā. Il f[ut]
sage si sceut biē gouuerner son royaulme en tous temps [de]
paix & de guerre & apprint a viure en paix les gens de gu[er]
re qui par auant nauoient mis leur estude fors que a batai[l]
ler & tint toute sa vie le royaulme en paix, puis mourut p[ar]
vieillesse. Pour la mort du roy demenerent grant dueil ceul[x]
du royaulme, ieunes & vieulx & sur tous aultres son espou[se]
nōmee Egerie. Celle laissa sa cite pour son dueil faire & sen
fuyt sans que femme ne hōme le sceust & fist le dueil de so[n]
mary si tresgrant que cestoit grant pytie a le veoir. Les nym
phes q ou bois demouroient se penoient la recōforter, ma[is]
cōfort ne volut recepuoir. Hippolytus iadis filz de Theseu[s]
luy monstra par exemple q elle se debuoit de si grāt dueil r[e]
traire. Et luy racompta dune mauuaise aduanture que iad[is]
luy estoit aduenue.

De Hippolytus qui fut deux foys homme.

Yez dame dist Hippolyt⁹ oyez racōpte[r]
comment Theseus fist vng sien filz det[ti]
rer p ladmōnestement de sa femme fill[e]
Pasiphe laquelle requist son fillastre d[e]
fole amour. Et pource ql ne la luy volu[t]
accorder elle luy mist sus q efforcer la[u]
uoit voulu. Si laccusa enuers son mary
pour le despit quelle eut du iouenceau
qui refusee lauoit. & aussi pour doubte de son vice quelle n[e]
fust accusee & blasmee, si tourna sus le iouuenceau le me[s]
schief & ladultere delle disāt que efforcer la vouloit. Et le p[e]
re qui pas ne scauoit la verite creut la mesonge trop legiere
ment qui plaine estoit diniquite & si mescreut son filz a tort.
Ie fus mesmes celluy dōt a p̄sent parle que sa faulce marastre

DV GRAND OLYMPE. Fueillet.CII.

accusa. Si menchassa mon pere, pour ladicte cause en fus de
luy comme exille.& moy qui triste & las estoye Ie tenoye le
riuage de la mer Corinthe la ou ie vy soubdainemēt la haul
te mer monter & assembler en vng mont bruire & mugir cō
me vng beuf sauuage dont en yssit vng thoreau qui apparut
hors iusques au pis. Il auoit vng grant museau large & tout
ouuert dont il vomissoit leaue de la marine. Quant mes com
paignons veirent la male beste ilz en furent moult esbahis,
mais ie ne men esbahis de riens, car tant esperdu me tenoye
& mon pays que iauoye perdu cōme celluy qui cuidoye q̄
iamais pis ne peusse auoir. Mais les cheuaulx qui menoient
le chariot ou assis estoye se effrayerent pour le mōstre & sen
fuirent contre vng mont sabotans mon chariot aux roches.
Vainement mefforcay mon chariot conduire & de mes che-
uaux refrener la paour. Tirer vouloye ma resne & biē y meis
& telle paine que ia les fors cheuaulx pour rage que ilz eus-
sent ne me peussent surmonter & que bien ne les tenisse se la
roue du chariot ne fust cassee sur vng grāt trōq ou elle passa.
Si me conuint verser du chariot. Et fus en grāt trauail dessus
le tronq la ou ie chey, dillec ne me fusse mue se les cheuaux
qui me tenoient dedans leur harnois atrape ne men eussent
entraine. A ce meslocherent & debriserent tous les mem-
bres & les entrailles me partirent tellement que mieulx sem
bloye mort que vif: si nauoye forme que on peust de moy cō
gnoistre. Si ne peut on doncques comparer ta perte a la miē
ne. Ie veis la tenebreuse peine denfer & si y fus dont en nul
iour ne fusse yssu se du noble & vaillāt Esculapius le filz Da
polin neusse eu laide. Peon le bon medecin qui Esculapius
fut nomme par force dherbes me tira dehors & si me fist re-
uiure malgre Pluto qui me tenoit, dont moult dolent fut. Et
pource que ma dame Dyane ne voulut pas que recon-
gneu ie fusse, qui enuie eust de moy veoir ressuscite, dune

LE QVINZIESME LIVRE

immenſe obſcurte me couurit & me donna forme face & fi-
gure, puis fut elle en doubte q̃lle feroit de moy ſelle me lai...
feroit en Crete ou en Delon, mais icy ma poſe & mis pour...
doubte de mes ennemys. Le nõ me oſta q̃ premier auoye...
ſi ne voulut pas q̃ ieuſſe nõ Ypolite, ains voulut q̃ deſlors...
ſe nõme Virbius & auſſi le ſuis, Or eſt a moy honneur diu...
ne & ſuis des demy dieux lũg des moindres. Et des lors ſu...
mis en ce bocage en lhommage & en lhonneur de Diane...
me gueriſt.

A doulente Egerie ne print oncques cõfort pou...
riés q̃ Virbius diſt. Sõ dueil ne ceſſoit de croiſt...
& augmẽter: ainſi q̃ ſon dueil la ſemõnoit, elle ſ...
muca au pied dũg mont plaignãt & pleurãt aſ...
duellement, & tãt demena la laſſe ſon dueil & ſon plorem...
q̃ toute ſen confondit. Dame Diane qui de ſon dueil eut p...
tie luy mua ſon corps en froide fontaine, moult ſen eſbahy...
rent les nymphes q̃ le ſceurẽt, & ſi grãde merueille en eurẽ...
q̃ oncq̃s pl⁹ grãde nauoiẽt eue. Pl⁹ ſen eſbahit Virbi⁹ q̃ Tu...
nus lagreſte ne fiſt quãt il veit emmy les chãps vne gerbe

DV GRAND OLYMPE. Fueillet.CIII.

et elle prendre forme dhõme & la bouche ouurir pour dire
choses aduenir aux saiges deuis, ceulx de Toscane lapel
lerent Tagê. Ou en telle maniere sesbahit que Romulus fist
veoir sa seiche lanceverdoyer & perdre sa seicheresse & ata
cher cõme vif arbre en terre. Et dõner vmbre aux vmbroyãs
& aux merueillans qui furent ioyeulx. Ou plus sesmerueilla
Ipolitus que ne fist Cipius quant premierement se mira en
eaue & veit sa face cornue. Laquelle quãt il leut veue ne tint
pas que ce fust verite ne que cornes peust en son front auoir,
& quant aux mains les eut tastees bien sceut que cestoit veri
te. Et si comme il venoit de la bataille de lênemy que il auoit
dõpte il sarresta de son gre ses mains tendans vers le ciel et
la face cornue disant aux demy dieux. Que peut estre ceste
auenture, ne que peut elle signifier. Sil vous plaist que certi
te en soye. Si ce est bon heur sur Romme & pour les Rom
mains soit. Et se est le contraire sur moy seulemẽt viengne &
nõ sur autruy. Adonc sacrifia sans arrester sus vng autel fait
herbe verte & mist en vng calice vin. Et par le deuin fist sca
uoir aux veines dune ieune beste que ce pouoit signifier. Le
deuin y regarda si veit que grande chose signifioit celle mer
ueille. Et touteffois ne pouoit il par veines que il y peult sca
uoir le mistere du signe iusques a tant que il eu traicte la lu
miere dont il alumoit a lenuirõ du corps de Cipius. Et adõc
veit appertement le mistere & haultement sescria a luy en di
sant. Roy des Rõmains dieu te saulue La seigneurie du mõ
de auras & a toy obeiront les Rõmains. Or tost entre en la ci
te & regarde les portes ouuertes. La destinee est telle que tu
seras pour roy tenu tantost queuenu y seras. Et franchement
vseras du sceptre & de la seigneurie. Quant Cipius luy ouyt
ce dire de la cite se destourna & dist que ia a dieu ne pleust q̃
tel honneur luy aduint. Et que mieulx luy valoit viure fran
chement en exil. Nonobstant fist il venir & assembler le se
nat, mais auant couurir ses cornes dune verde couronne de

LE QVINZIESME LIVRE

laurier, puis leur dist. Entre vous a vng homme qui vo[us]
sera roy & seigneur & a luy sera le royaulme se il être en R[om]
me sicome dist le deuin. Or vous enseigneray qui il est fa[ites]
le nommer. Cest vng qui a la teste cornue, se il luy eust ple[u]
entre fust en la cite sans contredict de nully fors de moy q[ui]
le trahy & contrestay, Touteffoys ia na il homme qui de p[lus]
pres mapartienne. Or luy deffendez quil ny entre ou vo[us]
le predrez, lierez & loccirez, si vous plaist pour yssir dicel[le]
suspection. Adonc prindrent les princes des Rommains [&]
le peuple a bruyre tellement comme se ce fust vent ou bu[yn]es
hurtans en mer contre roches, ainsi murmuroient to[us &]
demandoient tous a vng bruit qui celluy estoit, & le qroi[ent]
en demandant ou il estoit. Et Cipius leur dist quêtre eulx
uoient. Alors descouurit sa teste & leur monstra les corn[es]
quil auoit. Et quãt le peuple de Romme les vist chascũ pri[nt a]
gemir & a couurir son visaige non vueillãs le regarder, ma[is]
oncques garder ne sen sceurent que chascun malgre luy [ne]
veist sa noble teste, nonobstãt luy firent ilz honneur & lu[y]
aornerent la teste dune noble riche couronne dor. Et pou[r]
ce que il ne voulut entrer en la cite on luy donna la baron
nie hors de la cite en demaine tant de terre quil pourroit [com]
prendre, charier & enclorre par beufz en vng iour. Et pou[r]
remẽbrance de la forme que il auoit, firent entailler dessu[s]
les murs vne ymage comme de fin or semblable a homm[e]
cornu.

℣ De Esculapius qui fut par les Rom╱
mains amene de Epidaure a Rõme
pour faire cesser la pestilẽce
qui lors regnoit

Adis eut vne pestilence en la cite de Romme q[ue]
tout lair infectoit & enuenimoit. Si en fut la gẽ[t]
en peu dheure surprinse de si griefue maladie qu[e]
riens ny vailloit medicine. Pourquoy ilz eure[nt]

DV GRAND OLYMPE. Fueillet.CIIII.

...olente daller ou denuoyer en Delphos au mont Parnasus ...i est au millieu du monde.au dieu Apollo qui illec estoit ...re,prier & requerir secours & aide de ceste pestilēce.laql̄ ...mettoit Romme en telle destresse.Quant ceulx qui y alle... ...nt furent la venuz, Apollo fist par miracle trembler lymaº ...dessus laultel & tout le lieu,& vint ainsi comme vne voix ...nt moult seffrayerent ceulx qui louyrent.Celle voix leur ...st.O Rommains que estes vous cy venuz querre secours ...loing,se de plus pres leussiez prie,plus pres leussies trou... ...& plus pres le vous conuient querir,mestier nest que ie ...us face ayde.Esculapius mon filz le vous doibt faire. Alº ...z a luy si lappellez a vostre ayde,& par luy aurez deliuran ...de voz douleurs.A tant sen retournerent les Rommains, ...is par auant enquirent ilz ou estoit ce filz:& il leur ensei ...a en Epidaure,& leur donna certaine enseigne comment ...le querroyent & trouueroient.En mer entrerent les Rõ... ...ins,& tant nagerent que en Epidaure arriuerēt.Si arrai... ...nerent les Grecz & leur dirent loccasion de leur voye,& ...venoiēt querir ayde & secours a leur dieu,lequel doibt ...sa presence finer la pestilence qui les Rommains endom ...mageoit.La requeste des Rommais ne voulurēt octroyer les ...recz,car pour riens ce disoient ilz ne leur liureroient leurs ...eux.Car on ne doibt donner a aultruy ce dõt on pourroit ...esmes mestier auoir.Les aulcuns saccordoient a leur deli... ...er,affermans quilz ne debuoiēt reffuser ne escōdire leurs ...dieux a nully qui en eust besoing.Les aultres disoient quō ...leur debuoit traire ne oster le saulueur de leur cite.Et au ...tres disoient que mal feroit de reffuser les dieux aux Romº ...mains qui secourir les debuoit.Moult estoit entre eulx leur ...sentence fort contraire.Ainsi se passa le iour sans besongner, ...& les Rommains prioient a dieu humblement qui les secou ...rust de mal & dencombrier.Quant ce vint ala nuyct que les

LE QVINZIESME LIVRE

Rommains dormoient ilz veirēt comme il leur sembloit le
dieu tel quil souloit estre ou temple, tenant comme Aggre
vne croce en la main senestre, & a sa dextre demenoit
crins & sa barbe, en leur disant amiablement. Ne doubtez
vous ayderay & si laisseray les simulacres Gregeoises si
auecvous a Rōme en forme que ie prendray de serpent si
me il affiert a dieu. Or aduisez lymage du serpent, si me co
gnoistrez myeulx quant ie auray prins celle semblance,
demain tel vous apperray. Adonc sesmerueillerent les Ro
mains, si perdirent la vision & la voix de Esculapius. La nu
se passa & le iour commenca a venir. Les Grecz ne scauoie
que faire bailler leur dieu ou non. Au temple firent tout
peuple venir & la se conseillerent prians & requerās au di
que aucun certain signe leur demōstrast, par lequel il les m
hors de la doubte ou ilz estoient, & que veoir & scauoir pe
sent ou mieulx luy estoit aggreable de demourer & sie
auoir. Le dieu en forme de serpēt se mist & arresta entre eu
Creste estoit & sisloit a son aduenement, & fist par mirac
trembler lymage, lautel & tout le pauement du temple
tout loracle, & auoit pl⁹ rouge regard qūg ardāt charbō
si regardoit entour de luy. Tremblans & paoureux fure
ceulx qui le veirent: bien congneut le mistere du signe
prebstre qui estoit reuestu, & leur dist que son plaisir esto
pour lutilite & le bien de toute la compaignie que de sa gr
ce voulsist estre debonnaire & fauorable au deuot peuple
le aouroit. Sire ainsi puist il estre de cueur & de bouche
Ceulx de Romme luy crioient mercy & quil leur aydast p
sa pitie. Et le dieu en signe damour & de ottroy leur cros
la teste, en mouuāt sa creste doree, en sislant & en languetā
Puis sespandit & gecta son corps hors du temple, ouquel
estoit par les degrez tournant la chiere enuers le temple dō
il se partoit & saluant lautel & labitacle, & salletoit moul
solennellement par la cite dont les chemins furent couue

DV GRAND OLYMPE. Fueillet.CV.

vertes herbes & de nouuelles fleurs. A grant deport le
[con]uoient les gens & alla au port sans arrest, puis entra en la
[nef] des Rommains.

Q[u]ant le peuple le veit en la nef sur le riuaige ilz
luy firent sacrifice dung Thoreau. Puis desan‑
crerent leur nef & y entrerent ioyeusement.
Si dresserent tous leurs voiles & le vēt empai‑
gnit la nef qui estoit paincte & paree richemēt
si sen alla son chemin. Le dieu auoit assiege la
[te]ste sur le bort de la nef derriere & regardoit de toutes
[p]ars, & le vent les mena ioyeusemēt & sans peine tant quilz
[vi]ndrent en Italie & entrerent dedans la sixiesme iournee.
[Ta]nt tindrent leur chemin quilz vindrent au bout du tim‑
[b]re. Toutes les gens de la contree allerent la ou la nef sarre‑
[st]a, & les pucelles du temple Vesta y menerent ioyeusement
[leu]r procession en chantant deuotement. Sur lung & sur lau
[t]re riuaige estoit le peuple demenāt ioye a lencontre du dieu
[cha]ntāt & faisant autelz sur lesquelz y eut grās feux alumez.
[D]e lencens quilz ardoient & des bestes quilz sacrifioient
[est]oit grande suauite qui tous les embausmoit. Briefuement
[a] dire grant feste faisoit tout le peuple. Et la nef singla tant q̄
[el]le entra en Romme & le serpent se dressa & appuya sa teste
[d]essus le mast, & regarda par tout sil verroit lieu conuenable
[o]u il sasserroit. En Rōme auoit vne isle qui le tymbre enuirō‑
[n]oit de deux pars egalement. La sadressa la nef: & le serpent
[fi]st vng grant sault de la nef en lisle. La se arresta, & reprint sa
[d]iuine semblance que premierement auoit eue, & tira a sa
[p]resence tout le peuple a sante & medicina toute Rōme.

De Iulius Cesar qui fust occis, & des
grandes complainctes que Venus
en fist aux dieux.

oo

LE QVINZIESME LIVRE

Esculapius fut en Romme richement receu & pour dieu tenu. Mais Cesar estoit en la cite q sienne estoit honnore & seruy pour dieu, & bié le debuoit estre, car en temps de paix & de guerre il fut le pl9 souuerain, le plus sage, le pl9 preux & le pl9 puissant des hões nez de mere. Il conquist sur tous ses ennemis victoire, & encores auoit il plusgrāt hōneur & gloire pour la vaillance & pour le pris de son filz, & pl9 tost en fut es cieulx deifie q̄ par oeuure ql feist oncq̄s. Ie ne cuyde pas ql fist oncq̄s oeuure dōt il eust plus grāt hōneur q̄ dengēdrer hōme si preux, si sage, si noble & si vaillant. Cesar cōquist plusieurs riches & puissantes regiōs. Aucunes par paix & autres par guerre, Mais tout ce ne mōta riēs vers la gloire ql eut dēgēdrer si vaillāt filz par leql lēpire de Rōme seigneurist par tout luniuersel mōde. Les dieux en firēt grāt hōneur a toutle mōde dauoir tel seigneur. Se Iule Cesar ne fust mortelle semēce, il eust este dieu. Quāt Ven9 la mere Eneas q̄ estoit chief de son lignage, veit pourchasser p trahysō la mort de Cesar q̄ pourparlee & iuree estoit, moult

DV GRAND OLYMPE. Fueillet.CVI.

en deuît triste & pale de douleur. A tous lesdieux q̃lle enhortoit môstroit la male aduêture q de Cesar estoit a aduenir, disant. Helas ne voyez vous que on me espie par trahyson, tairene me puis des griefz qui cõtinuellemẽt me sont fais. Triste fuz de Troye q fut cõfõdue. Et puis de mõ filz Enee fuz en grãt destresse q nagea tant en mer en doubte de perir & q veit les perilz dêfer & auq̃l Turnus fist depuis maintz griefz traualz, Mais que me vault ores racompter les aduersitez q̃ souffert a le mien lignage ou temps passe, bien me ay dautre chose a cõplaindre. Ie voy aguiser les glaiues & greffes pour ma lignee amoĩdrir. Et pour mettre a mort le puissant duc q fait le sacrifice Vesta. Seigneurs dieux ne souffrez pas ceste chose pour lamour de moy vostre amye.

Es dieux en auoyent pitie. Mais la destinee q̃ aduenir debuoit ne pouoit p nulle maniere estre destournee, car sans doubtãce la mort de Cesar estoit iuree de telz quon ne la pouoit desdire, Mais en signe de dueil q a aduenir estoit: firẽt au mõde apparoir en lair merueilleux signes & doubtables flammes p les nues. Si oyoit on resonner & retentir parmy le ciel cors & buisines qui couuertemẽt demonstroient quil aduiendroit quelque mauuaise aduenture au monde. Le soleil en signe de dueil changea sa couleur & deuint palle & trouble. Maintes ardantes flambes vit on en lair & si plouuoit pluye ensanglantee. Lucifer deuint blanc & si eut le visage couuert : & la lune mua sa couleur. Si oyoit on chanter les fressayes & les chauãs par les montaignes & par les boys. Par telz exemples quant ilz auoiẽt este veuz furent les Romaĩs fort esmeuz. Si firent faire sacrifices aux dieux pour scauoir que ce vouloit signifier. Mais estre nen pouoient certifiez fors tant que lon troua & veit ou pays de Bouille vng felon signe represen-

oo ij

LE QVINZIESME LIVRE

tant vng chief trenche & grande tumulte en signe de me[s]
chief. De nuyt abayoient chiens par la cite lesquelz estoi[ent]
plains diniquitez enuironnans les temples, & si crioient le[s]
ames des mors, & Romme crosla durement. Tous ces signe[s]
& autres furent veuz, Mais oncques pourtant ne fut ladue[n]
ture ne le meschief sceu, iusques a tant q̃ tout fut acheue: [&]
ainsi ne fut Cesar secouru de mort.

AV temple entrerent les traistres tenans leurs cou[s]
teaulx mucez pour Iuli[us] cesar mettre a mort, Bru[s]
tus & Cassius a tout leur mesgnie entrerẽt ou t[em]
ple, car pour felonnie faire nauoit lieu comme i[l]
leur sembloit plus conuenable en toute la cite. Venus dan[s]
goisse & de dueil trembloit & batoit a ses deux mains sa po[i]
ctrine quãt elle veoit querir Cesar pour loccire. Dune obscu[-]
re nuee & espesse dont elle couurit Paris quant Menelaus le
cuyda ferir a descouuert, & Eneas sõ filz pour lespee de Dio[-]
medes cuyda Cesar muser & couurir, mais riẽs ny valut, ca[r]
iuge estoit a mort. Et Iuppiter qui la veoit en vain efforcer,
car pour riens ne peut faulser la destinee, luy dist. Fille cuy[-]
de tu lestablissement des destinees destourner, mais en vain
tu te trauailles, car estre ne peult destournee lordonnance, si
pers ta peine, se au manoir des trois seurs estoyes tu verroyes
leur establissement entaille en pardurables dyamans plus
fermes que dacier telz que on ne les peult destourber ne aus[si]
si doubte dassault ne de lire diuine, ne de tempestes. Ce sont
les destinees escriptes & notees de la geste Rommanie. Ie
les y vey si les notay, & pource que certaine en soies ie les
te diray.

CEsar pour qui tu Ven[us] ma fille te trauailles, dist
Iuppiter, a eu en terre maintes peines, si cõuiẽt
venir le terme que ses trauaulx soient finez. Si
sera glorifie & fait estoille ou ciel & deiffie sans
longue demeure faire, & pour la tienne amour
regnera Auguste son filz qui sera filz & hom[me]

DV GRAND OLYMPE. Fueillet.CVII.

me de dieu, par tout le mõde naura aultre Empereur de luy. Si vengera la mort de son pere & la forte cite de Mitine prendra par force & tiendra a mercy, & si fera tãt espãdre de sang en la terre de Pharsalle, en Emathye & en chãp Phelippe q ce sera merueilles, & si fera du tout estaindre le nom de Pompee en loccisiõ de son hoir, & Cleopatra la femme Anthoine qui se penera pour la fiance son seigneur a mettre lhonneur de Romme en Egypte, & vantee sen sera, elle villainement domptee & decheute de sa fole entreprise, a honte & a danement perira. Fille ne scay que te diroye ou racõpteroye, il ne sera terre deca la mer ne dela qui ne soit en sa iurisdition subiecte & redeuable, & en son gouuernemẽt. Et quãt paix aura donne en terre son cueur applicquera a faire droitz & establissemens & a maintenir iustice, & a son peuple gouuerner & mettra tout son entẽdemẽt a les endoctriner en bõnes meurs affin que ses filz, son hoir & son lignage le puissent en suiuir. Et ainsi par semblance dessus tout le mõde regnerõt & seront de son nõ nõmez. Et quãt au mõde aura vescu biẽ longuement & que son aage sera acheue, par ses merites se ra glorifie & stellifie sur les nues. Puis dist Iuppiter a Venꝰ. Va reprendre lame de son pere qui du corps est rauie: si sera faicte estoille luysante & deifiee & mise pres de mon temple pour garder nostre capitole. Auãt que Iupiter eut acheue, vit Venus sans a homme apparoir & print lame de Iule cesar sõ acointe. Si lẽporta es cieulx. Et cõme elle lẽportoit eschauffer & enflammer le sentit & prendre forme diuine. Alors la mist Venus hors de son sain & celle incontinẽt sen vola auec elle plus haultemẽt & fut faicte estoille comette traynãt vne grande queue resplendissant. Or a Cesar honneur, gloire & lyesse. Mais maintenant sesiouyst des proesses de son filz & des beaulx faictz qui passent les siens. Et sont de grande auctorite.

oo iij

CONCLVSION DE LAVTEVR.

Vis que auec celeste faueur suis venu au bout de mon entreprinse & que iay parcouru le zodiaque de mon Olympe depuis le matin iusques au vespre ayant trouuee lestoille de Repos nagueres stellifiee illuminant lobscurite dobliuion, vienne quāt luy plaira icelle nuyt laqlle na droit que sur cestuy corps pour le soporer en son triste dormir: car de la partie meilleure ie veilleray & viuray longuement pour la louable occupation de mon esperit a eterniser mon nom par oeuure vtile de delectable, laquelle si mon intétion ne fault sera leue de tant nobles entendemens prenans recreation a ma lecture infatigable. Et sera tenue entre les honnorables mains de mes dames & maistresses louant paraduanture lindustruye & plaisant labeur du leur tresaffectionne seruiteur. Et lors tout trauail & peine me sera tournee en recōpense de ioye incredible pour auoir le renom de satisfaire aux ardās appetiz de choses nouuelles tant profitables cachees soubz la tendre escorce de solacieux passetemps. Ce que prie a tout bon oeil franc & liberal qui sur moy gettera son regard pour repaistre sa delicatte veue vouloir accepter les choses exhibees a gracieux & debonnaire visage.

La fin du Quinziesme & dernier liure du grand
Olympe des histoires Poetiques contenant trois parties
diuisees chascune par cinq liures, oeuure de grande
efficace & merueilleux entendemēt a tous vrays
amateurs de lettres humaines, Imprimee
nouuellement a Lyon par fidele
imprimeur Denys de Harsy.
Lan de grace
1532

LA TABLE DV GRAND OLYMPE

TABLE DES CHOSES memorables du grand Olympe des Histoires Poétiqs, en troys parties diuise, dont chascune cōtiēt cinq liures, redigee par bon ordre.

Le premier liure.

DE Chaos & de la separatiō des Elemēs. Fueillet.ij.
La situation des Elemens. fueillet.iij.
La nature des Elemens. fueillet.iiij.
Laornement des Elemens. fueillet.v.
La formation de lhomme. fueillet.v.
Laage dore. fueillet.vj.
Laage dargent. fueillet.vij.
Laage de fer. fueillet.viij.
La guerre des Geans contre les dieux. Fu.ix.
Conseil des dieux pour destruire le monde. Fueillet.x.
De Lycaon, & de sa cruaulte. Fu.x.
Le deluge. Fueillet.xij.
La reparation du monde par Deucalion. Fu.xiij.
Les amours de Phebus a Daphne. Fu.xiiij.
Les amours de Iuppiter a Io. Fu.xv.
Les amours de Pan a Syringa. Fu. xvij.
De Argus le pasteur & de sa mort. Fu.xviij.
Le debat de Epaphus & Phaeton. Fu.xix.

oo iiij

LA TABLE
Le second liure.

LE triumphe de la salle du Soleil.   Fueillet. xx.
LA demande de Phaeton a son pere.   Fu. xx.
Le chariot du Soleil mal regy par Phaeton.   Fueillet. xxij.
La mort de Phaeton, & du dueil de sa mere.   Fu. xxiij.
Les amours de Iuppiter a Calisto   Fu. xxiiij.
La transformation de Calisto   Fu. xxvij.
Le corbeau mue de blanc en noir   Fu. xxviij.
Coronis muee en corneille   Fu. xxix.
De Esculapius & de son scauoir   Fu. xxx.
De Chiron le centaure.   Fu. xxxj.
De Ocyroe la deuineresse   Fu. xxxj.
De Apollo qui fut banny des cieulx, & de Mercure. f. xxxij.
La paix entre Phebus & Mercure   Fu. xxxij.
Des amours de Mercure a Herse   Fu. xxxiij.
La punition de Aglauros par Enuie.   Fu. xxxiiij.
De cinquante freres mariez a cinquante seurs.   fueil. xxxv.
Les amours de Iuppiter a Europe   Fu. xxxvij.

Le tiers liure.

DE Cadmus & de ses vaillances   Fu. xxxviij.
Des gendarmes qui nasquirent des dens dung serpēt. Fueillet.   Fueillet. xl.
La briefue fortune de Cadmus.   Fu. xlj.
La mutation de Acteon le veneur en cerf   Fu. xlj.
Du despucellage de Semele par Iuppiter   Fu. xlij.
La mort de Semele & la naissance de Bacchus   Fu. xliij.
La question de Iuppiter & Iuno touchant le ieu damours. Fueillet.   xliiij.

DV GRAND OLYMPE.

La responce de Thiresias a la mere de Narcissus. Fu.xlv.
Les amours de Echo a Narcissus Fu.xlvj.
Le voyage de Bacch⁹ a Thebes Fu.xlix.
De Pentheus qui mesprisa Bacchus Fu.lij.

Le quatriesme liure.

Les amours de Pyramus & Tisbee. Fu.liiij.
Ladultere de Mars a Venus Fu.lviij.
La vengeance de Venus a Phebus. Fue.lix.
De Hermafroditus & Salmacis qui layma. Fu.lx.
La punition des Mynediennes. Fu.lxij.
La malice de marastre enuers ses fillastres. Fu.lxij.
De lorigine de la toison dor. Fu.lxiiij.
De la hardiesse dung amoureux. Fu.lxiiij.
Du voyage de Iuno aux enfers. Fu.lxvj.
De la cruaulte de Athamas. Fu.lxviij.
De la transformation de Cadmus. Fueillet.lxix.
Iuppiter en goutte dor au cein dune pucelle. Fu.lxix.
Des proces de Perseus. Fu.lxx.
De la cheuallerie de Bellorophon. Fu.lxxj.
Du grand roy Athlas. Fu.lxxj.
De la deliurance de la gente brunette Fu.lxxij.

Le cinquiesme liure.

DE Perseus qui vaillammēt deffendit samye. Fu.lxxiiij.
De la humanite de Perseus enuers son ennemy. lxxix.
Du voyage de Pallas a la fontaine des Muses. Fu.lxxx.
Des disputations des neuf Muses. Fu.lxxxj.
Du rauissement de Proserpine. Fu.lxxxij.

LA TABLE

Des aduentures de Seres querāt sa fille. Fu.lxxxiij.
Des enseignes de Proserpine a Ceres. Fu.lxxxiiij.
Ascalaphus mue en chouette. Fu.lxxxv.
L'origine des Seraines. Fu.lxxxv.
De Arethusa muee en fontaine. Fu.lxxxvj.
La restauratiō des bledz par Triptoleme. Fu.lxxxvij.

La seconde partie du grand Olympe cō menceāt au sixiesme Liure.

LE debat de Pallas & Arachne. Fu.ij.
Le despit de Arachne pour estre vaicue. f.iiij.
La vēgeāce de Lathōa a Nyobe & ses ēfās. f.v.
Punition de villainie & rusticite. Fu.viij.
De Marsias q̄ cuyda trop scauoir. Fu.ix.
Du festin de Tantalus aux dieux. Fu.x.
Du violement de la belle Philomena. Fu.xj.
De la mere q̄ pour vēger sa seur occist son filz. Fu.xvij.
De la mort de Pandion pour ses filles. Fu.xix.

Le septiesme liure.

LA conqueste de la toyson dor. Fu.xx.&.xxiij.
Du voyage de Iason en Colchos. Fu.xxj.
Des amours de Medee & Iason. Fu.xxij.
Du retour des Argonautes de la toyson dor. Fu.xxiiij.
Du raieunissement du pere de Iason. Fu.xxv.
Des enchantemens de Medee. Fu.xxvj.
De la mort du roy Pelyas par ses filles. Fu.xxvij.
De la Ialousie de Medee. Fu.xxix.

DV GRAND OLIYMPE.

Le voyage de Theseus aux enfers. Fu.xxx.
Le secours de Hercules aux deux vrays amys. Fu.xxxj.
Du retour de Theseus en Athenes. Fu.xxxij.
Du comencemēt des Pygmiens, les petis hōmes. Fu.xxxiiij.
Des propos de Phocus & Cephalus. Fu.xxxv.
De la loyaulte de Procris enuers son mary. Fu.xxxv.
De la mort de la loyalle Procris. Fu.xxxvij.

Le huytiesme liure.

DE la trahison que Scylla feit de son pays. Fu.xl.
Du cheueul fatal que Scylla couppa a son pere. Fu.xlj.
De la conception du Minotaurus. Fu.xlij.
De la subtilite de Dedalº pour satiffaire a vne fēme. Fu.xliij.
Du labyrinthe & la deffaicte du minotaure. Fu.xliiij.
De la fuyte de Dedalus qui sen volla par lair. Eu.xlvj.
De la conuersion de Talus en vne perdrix. Fu.xlvij.
De la chasse du sanglier de Calidoine. Fu.xlviiij.
Des regretz de la mere de Meleager. Fu.lj.
De la vie de Meleager qui tenoit a vng tyson. Fo.lj.
Du retour de Theseus de la chasse du sanglier. Fu.liij.
De la repeue de Iuppiter en pouure maison. Fu.liiij.
De la punition des couppeurs de boys. Fu.lvj.

Le neufuiesme liure.

LE combat Dhercules pour la belle Deianira. Fu.lix.
La deffaicte de Nessus le Centaure. Fu.lxij.
Les secondes amours de Hercules. Fu.lxiij.
La mort de Hercules p la chemise enuenimee. Fu.lxiiij.
Le loyer de Lychas qui porta la chemise a Hercules. Fu.lxvj.

LA TABLE

La deification de Hercules. fueillet.lxvij.
Le dueil de la mere de Hercules. fueillet.lxviij.
La ruse dūe seruāte pour faire enfāter sa maistresse. fu. lxviij.
La mutation de Dryope en vng peschier. fueillet.lxix.
La prophetie de Themis sur Thebes. fueillet.lxx.
La mort de Capaneus & Amphiaraus. fneillet.lxxj.
Les desriglees amours de Biblis. fueillet.lxxij.
Lespistre de Biblis a son frere Caunus. fueillet.lxxiiij.
Le reffuz de Caunus a Biblis. fueillet.lxxvj.
La mutation de Iphis de femme en homme. fueillet.lxxviij.

Le dixiesme Liure.

LE mariage de Orpheus auec Eurydice. fueillet.lxxxj.
La chanson de Orpheus. fueillet.lxxxj.
Les regretz de Orpheus pour samye. fueillet.lxxxij.
La mutation du beau Hyacinthus. fueillet.lxxxiiij.
De Pygmalion q̃ fut amoureux de son image. fueil.lxxxiiij.
De Myrrha qui follement ayma. fueillet.lxxxv.
La naissance de Adonis filz de Myrrha. fueillet.xcij.
De Hypomenes q̃ vainquist Atalanta a la course. fueil.xciij.

La tierce partie du grand Olympe cõmenceant a Lunziesme Liure.

LA mort de Orpheº le bõ Ioueur de harpe. fueil.ij.
De Mydas q̃ ce q̃l touchoit deuenoit or. fueil.iij.
De Mydas qui eut oreilles dasne fueillet.iij.
La fondation de Troye. fueillet.vj.
La genealogie de Thelamon & Aiax. fueillet.vij.
Les mutatiõs de Thetis entre les bras de sõ amy. fueillet.vij.
Les nopses de Peleus & Thetis. fueillet.viij.

DV GRAND OLYMPE.

Le debat de la pōme dor entre les troys deesses. fueillet.viij.
Le voyage des trois deesses vers Paris Alexandre. fueil.xj.
La harangue de la deesse Iuno. fueillet.xj.
De la harangue de Pallas. fueillet.xiij.
De loraison parsuasiue de Venus q obtinst la pōme. fueil.xv.
Du deuestemēt des troys deesses. fueillet.xviij.
De la sentence donnee par Paris de la pomme dor. fueil.xx.
Les pceptz damours dōnez par Venꝰ a Paris. fueil. xxij.
De Peleus pere Dachilles & de son exil. fueillet.xxiiij.
De Chione fille de Dedalion. fueillet.xxv.
De la vengeance de Psamate euuers Peleus. fueillet.xxv.
De lhistoire de Ceyx & Alcyone. fueillet.xxvj.
De Iuno qui enuoya Iris au dieu de sommeil. fueillet.xxix.
Description de la maison du dieu des songes. fueillet.xxix.
Du dieu des dormans & de Morpheus. fueillet.xxx.
Cōplaincte de Alcyone pour la mort de son mary. fueil.xxxj.
La mutation de Alcyone & Ceyx en oyseaux. fueil.xxxij.
La mutation de Esacus en Heron. fueillet.xxxij.

Le douziesme Liure.

DV voyage de Paris en Grece pour la belle Helaine. fueillet. xxxiij.
De la subtile requeste de Paris a Helaine. fueillet.xxxiiij.
De la response de Helaine a Paris. fueillet.xxxvj.
Du rauissement de la belle Helaine. fueillet.xxxvj.
De lentreprinse des Grecz pour aller a Troye. fueillet.xxxix.
De la cautelle de Vlixes pour ne aller a Troye. fu.xl.
De Achilles estant auecques les pucelles. fueillet.xlj.
De Vlixes pour trouuer Achilles. fueillet.xlj.
De loracle Dappollo aux Gregeois. fueillet.xlij.
Du piteux sacrifice que feist Agamenon. fueillet.xliij.
De la venue des grecz deuant Troye. fueillet.xliiij.

LA TABLE

De Nestor racomptāt plusieurs cas aux grecz. fueillet.xlv
La bataille des Centaures pour Hyppodame. fueil.xlvj
Du courroux de Thlepolemus a Nestor. fueillet.
Du discord entre Agamenon & Achilles. fueillet.l
Du dueil de Achilles pour la mort de Patroclus. fueil.li
Les vaillances de Achilles contre les Troyés. fueil.lii
La mort du preux & vaillant Hector. fueillet.liii
Du dueil des Troyens pour la mort de Hector. fueil.lv
Les amours de Achilles a la belle Polixene. fueil.lv
Le messaige de Achilles a la royne Hecuba. fueil.lvi
De la mort du fort Troilus. fueillet.lvi
La mort du cheualier redoubte Achilles. fueillet.lvii
Du debat des Grecz pour les armes de Achilles. fueillet.lix

Le treziesme Liure.

Le proces des armes de Achilles. fueillet.lix
Loraison de treseloquent Vlixes. fueillet.lxij
La replicque de Aiax contre Vlixes. fueil.lxvj
La sentence donnee pour les armes de Achilles. fueillet.lxvj
La prinse de Troye par les grecz. fueil.lxvij
De lesperit de Achilles qui sapparut aux Grecz. fueil.lxviij
Les regretz de Hecuba pour Polixene. fueil. lxix
Des complainctes de Aurora & Iuppiter. fueil.lxx
Du voyage de Eneas vers Italie. fueil.lxx
Les dons que fist le roy Anius a Eneas. fueil.lxxi
Des dangiers & perilz que passa Eneas. fueillet.lxxii
Les amours de Galathee & Acis & du geant Polipheme
fueillet. lxxiiij
De Polypheme qui tua Acis. fueillet.lxxv
Des amours de Glaucus & la belle Scylla. fueillet.lxxv

DV GRAND OLYMPE.
Le quatorziefme Liure.

DE Circe & de fes enchantemens. feullet.lxxviij.
La venue de Eneas en Cartage vers Dido. fueil.lxxix.
ont vindrent premierement les Cynges. fueil.lxxx.
de la Sibille qui conduyt Eneas en enfer. fueil.lxxx.
es propros entre Machareus & Achimenides. fueil.lxxxj.
e Vlixes q enferma les vês en la peau dũg beuf. fu.lxxxiiij.
es cõpaignõs de Vlixes q deuidrêt porceaulx. fueil.lxxxiij.
 mutation du roy Picus en oyfeau. fueil.lxxxv.
e Eneas qui fut receu du roy Latin. fueil.lxxxvij.
u combat de Eneas & Turnus. fueillet.lxxxix.
s amours de Vertũnus & la deeffe Pomona. fueil.xc.
s amours de Iphis & Anaxarete. fueillet.xcj.
 fundation de Romme. fueillet.xcij.

Le quinziefme Liure.

DE Mycilus qui fut a tort accufe. fueillet.xcij.
Les enfeignemens de pythagoras. fueillet.xcv.
la immortalite de lame felon Pythagoras. fueil.xcvj.
 difference des quatre Elemens. fueillet.xcvij.
 Phenix & de fa nature. fueillet.c.
 roy Numa & de fa femme Egerie. fueillet.cj.
 Hippolytus qui fut deux foys homme. fueillet.cj.
 Efculapius qui feift ceffer la pefte a Romme. fueillet.ciij.
 Iule Cefar & de fa mort. fueillet.cv.
 nclufion de Lauteur. fueillet.cvij.

Fin de la Table.

DE FRANCE

FIN

PYc 1627

Entier

R 115944

de : 4h30 Volts : 73 : 5
ate : 11.0h.98 EF

Service de la reproduction
I -RICHELIEU

www.ingramcontent.com/pod-product-compliance
Lightning Source LLC
Chambersburg PA
CBHW051318230426
43668CB00010B/1061